詳説 カルタヘナ法

遺伝子組換え生物等の使用等の規制による
生物の多様性の確保に関する法律

序

　近年の科学技術の進展に伴って伝子組換え技術等が著しく発達しており、遺伝子操作により生物に新たな形質を付与することが容易となってきています。

　しかしながら、新しく生み出された生物の形質によっては、野生生物種の急激な減少を引き起こすなど、生物の多様性に甚大な影響を与える可能性が危惧されることから、改変された生物が生物多様性に悪影響を生じさせることを防止するため、平成12年にカルタヘナ議定書が採択されました。

　そして、この議定書を国内担保するため、我が国では、平成15年6月にカルタヘナ法が制定されました。この法律では、拡散防止措置を執らないで行う遺伝子組換え生物等の使用等を"第一種"、拡散防止措置を執って行う使用等を"第二種"と位置づけ、これらの使用等に関する手続について規定するとともに、これらの規制の実効性を高めるため、輸入する生物の検査、さらには情報の提供について定めています。

　輸入する生物の検査とは、生物多様性影響が生じるおそれがないとはいえない遺伝子組換え生物等をこれに該当すると知らないで輸入されることを防止するための措置であり、情報の提供とは、遺伝子組換え生物等を入手した者がその使用等にあたって必要となる情報を確実に認識できるようにするための措置となります。

　さて、カルタヘナ議定書の採択時において、国境を越えて移動する改変された生物により損害が生じた場合の対応措置が積み残し課題となっていましたが、平成22年に補足議定書が採択されました。そして、この補足議定書を国内担保するため、平成29年4月にカルタヘナ法の改正が行われ、遺伝子組換え生物等の使用等により生じる損害の回復命令等の措置を講ずることができるようになりました。

　人の暮らしは生物の多様性がもたらす様々な恵みにより成り立っており、これは現在においても将来にわたっても生活を支える重要な基盤であるといえます。それゆえ、遺伝子組換え生物等を取り扱う方々においては、「そのような規制があったとは知らなかった」では済まされませんので、その責務を適正に果たすことができるよう、本書をデスクに備え、日々の業務にあたっていただければと思っております。

　本書が皆様にとって一助となるよう切に願っております。

平成31年　春

株式会社ドーモ

代表取締役　團野　浩

目 次

凡例 ・・ iv

平成 29 年の法改正の概要 ・・ vii

第一章　総則

第一条(目的) ・・・ 1

第二条(定義) ・・・ 24

第三条(基本的事項の公表) ・・・・・・・・・・・・・・・・・・・・・・・・・・・・・・・・・・・・ 42

第二章　国内における遺伝子組換え生物等の使用等の規制に関する措置

第一節　遺伝子組換え生物等の第一種使用等

第四条(遺伝子組換え生物等の第一種使用等に係る第一種使用規程の承認) ・・・・・・・・・・ 55

第五条(第一種使用規程の修正等) ・・・・・・・・・・・・・・・・・・・・・・・・・・・・ 168

第六条(承認取得者の義務等) ・・・・・・・・・・・・・・・・・・・・・・・・・・・・・・・・ 170

第七条(承認した第一種使用規程の変更等) ・・・・・・・・・・・・・・・・・・・・ 172

第八条(承認した第一種使用規程等の公表) ・・・・・・・・・・・・・・・・・・・・ 176

第九条(本邦への輸出者等に係る第一種使用規程についての承認) ・・・・・・・・・ 178

第十条(第一種使用等に関する措置命令) ・・・・・・・・・・・・・・・・・・・・・・ 186

第十一条(第一種使用等に関する事故時の措置) ・・・・・・・・・・・・・・・・・ 198

第二節　遺伝子組換え生物等の第二種使用等

第十二条(主務省令で定める拡散防止措置の実施) ・・・・・・・・・・・・・・・ 201

第十三条(確認を受けた拡散防止措置の実施) ・・・・・・・・・・・・・・・・・・・ 233

第十四条(第二種使用等に関する措置命令) ・・・・・・・・・・・・・・・・・・・・ 259

第十五条(第二種使用等に関する事故時の措置) ・・・・・・・・・・・・・・・・・ 264

第三節　生物検査

第十六条(輸入の届出) ・・・・・・・・・・・・・・・・・・・・・・・・・・・・・・・・・・・・・・ 266

第十七条(生物検査命令) ・・・・・・・・・・・・・・・・・・・・・・・・・・・・・・・・・・・・ 268

第十八条(登録検査機関) ・・・・・・・・・・・・・・・・・・・・・・・・・・・・・・・・・・・・ 272

i

第十九条(遵守事項等) ･･･ 291

第二十条(秘密保持義務等) ･････････････････････････････････････ 302

第二十一条(適合命令等) ･･･ 303

第二十二条(報告徴収及び立入検査) ･････････････････････････ 309

第二十三条(公示) ･･ 312

第二十四条(手数料) ･･ 313

第四節　情報の提供

第二十五条(適正使用情報) ･･･････････････････････････････････ 315

第二十六条(情報の提供) ･･･････････････････････････････････････ 318

第三章　輸出に関する措置

第二十七条(輸出の通告) ･･･････････････････････････････････････ 327

第二十八条(輸出の際の表示) ･････････････････････････････････ 332

第二十九条(輸出に関する命令) ･････････････････････････････ 336

第四章　雑則

第三十条(報告徴収) ･･ 339

第三十一条(立入検査等) ･･･････････････････････････････････････ 342

第三十二条(センター等による立入検査等) ･･･････････････ 347

第三十三条(センター等に対する命令) ･･･････････････････････ 355

第三十四条(科学的知見の充実のための措置) ････････････ 356

第三十五条(国民の意見の聴取) ･･･････････････････････････････ 357

第三十五条の二(主務大臣への協議) ･････････････････････････ 358

第三十六条(主務大臣等) ･･･････････････････････････････････････ 361

第三十六条の二(権限の委任) ･････････････････････････････････ 367

第三十七条(経過措置) ･･ 368

第五章　罰則

第三十八条 ･･ 369

第三十九条 ･･ 370

第四十条 ･･ 371

第四十一条 ･･ 372

第四十二条 ･･ 373

第四十三条 ・・ 374

第四十四条 ・・ 375

第四十五条 ・・ 376

第四十六条 ・・ 377

第四十七条 ・・ 378

第四十八条 ・・ 378

関係法令

○ 生物の多様性に関する条約のバイオセーフティに関するカルタヘナ議定書
〔議定書〕 ・・・ 381

○ バイオセーフティに関するカルタヘナ議定書の責任及び救済に関する名古屋
・クアラルンプール補足議定書〔補足議定書〕 ・・・・・・・・・・・・・・・・・・・・・ 396

○ 遺伝子組換え生物等の使用等の規制による生物の多様性の確保に関する法律
〔カルタヘナ法〕 ・・・ 401

○ 遺伝子組換え生物等の使用等の規制による生物の多様性の確保に関する法律
施行規則〔施行規則〕 ・・ 416

○ 研究開発等に係る遺伝子組換え生物等の第二種使用等に当たって執るべき拡
散防止措置等を定める省令〔研究開発二種省令〕 ・・・・・・・・・・・・・・・・・・ 426

○ 遺伝子組換え生物等の第二種使用等のうち産業上の使用等に当たって執るべ
き拡散防止措置等を定める省令〔産業利用二種省令〕 ・・・・・・・・・・・・・・ 439

○ 遺伝子組換え生物等の使用等の規制による生物の多様性の確保に関する法律
第三条の規定に基づく基本的事項〔基本的事項告示〕 ・・・・・・・・・・・・・・ 442

○ 遺伝子組換え生物等の第一種使用等による生物多様性影響評価実施要領
〔評価要領一種告示〕 ・・ 449

索引 ・・ 453

凡 例

生物多様性条約——平成 5 年 12 月 21 日条約第 9 号「生物の多様性に関する条約」

議定書——平成 15 年 11 月 27 日条約第 7 号「生物の多様性に関する条約のバイオセーフティに関するカルタヘナ議定書」

補足議定書——平成 29 年 12 月 8 日条約第 31 号「バイオセーフティに関するカルタヘナ議定書の責任及び救済に関する名古屋・クアラルンプール補足議定書」

カルタヘナ法、法——平成 15 年 6 月 18 日法律第 97 号「遺伝子組換え生物等の使用等の規制による生物の多様性の確保に関する法律」

    最近改正：平成 29 年 4 月 21 日法律第 18 号、平成 29 年 5 月 31 日法律第 41 号

主務大臣政令——平成 15 年 6 月 18 日政令第 263 号「遺伝子組換え生物等の使用等の規制による生物の多様性の確保に関する法律における主務大臣を定める政令」

施行規則、則——平成 15 年 11 月 21 日財務省・文部科学省・厚生労働省・農林水産省・経済産業省・環境省令第 1 号「遺伝子組換え生物等の使用等の規制による生物の多様性の確保に関する法律施行規則」

    最近改正：平成 29 年 12 月 1 日財務省・文部科学省・厚生労働省・農林水産省・経済産業省・環境省令第 1 号

研究開発二種省令——平成 16 年 1 月 29 日文部科学省・環境省令第 1 号「研究開発等に係る遺伝子組換え生物等の第二種使用等に当たって執るべき拡散防止措置等を定める省令」

産業利用二種省令——平成 16 年 1 月 29 日財務省・厚生労働省・農林水産省・経済産業省・環境省令第 1 号「遺伝子組換え生物等の第二種使用等のうち産業上の使用等に当たって執るべき拡散防止措置等を定める省令」

    最近改正：平成 18 年 6 月 6 日財務省・厚生労働省・農林水産省・経済産業省・環境省令第二号

e-文書法施行規則——平成 17 年 3 月 28 日財務省・厚生労働省・農林水産省・経済産業省・環境省令第 3 号「遺伝子組換え生物等の使用等の規制による生物の多様性の確保に関する法律に係る民間事業者等が行う書面の保存等における情報通信の技術の利用に関する法律施行規則」

種地域省令——平成 29 年 12 月 5 日環境省令第 28 号「遺伝子組換え生物等の使用等の規制による生物の多様性の確保に関する法律第三条第四号、第十条第三項、第十四条第三項及び第二十六条第三項の環境省令で定める種又は地域を定める省令」

厚生労働省立入検査省令——平成 16 年 4 月 1 日厚生労働省令第 87 号「遺伝子組換え生物
　　等の使用等の規制による生物の多様性の確保に関する法律第三十二条の規定による
　　立入検査等に関する省令」

　　　最近改正：平成 28 年 6 月 8 日厚生労働省令第 108 号

農林水産省立入検査省令——平成 16 年 2 月 17 日農林水産省令第 10 号「遺伝子組換え生物
　　等の使用等の規制による生物の多様性の確保に関する法律第三十二条の規定による
　　立入検査等及び報告に関する省令」

　　　最近改正：平成 28 年 3 月 30 日農林水産省令第 21 号

経済産業省立入検査省令——平成 16 年 2 月 19 日経済産業省令第 14 号「遺伝子組換え生物
　　等の使用等の規制による生物の多様性の確保に関する法律第三十二条の規定による
　　立入検査等に関する省令」

　　　最近改正：平成 30 年 2 月 28 日経済産業省令第 4 号

基本的事項告示——平成 15 年 11 月 21 日財務省・文部科学省・厚生労働省・農林水産省・
　　経済産業省・環境省告示第 1 号「遺伝子組換え生物等の使用等の規制による生物の
　　多様性の確保に関する法律第三条の規定に基づく基本的事項」

　　　最近改正：平成 29 年 12 月 4 日財務省・文部科学省・厚生労働省・農林水産省・経済産業省・
　　　環境省告示第 2 号

評価要領一種告示——平成 15 年 11 月 21 日財務省・文部科学省・厚生労働省・農林水産省・
　　経済産業省・環境省告示第 2 号「遺伝子組換え生物等の第一種使用等による生物多
　　様性影響評価実施要領」

認定宿主ベクター系告示——平成 16 年 1 月 29 日文部科学省告示第 7 号「研究開発等に係
　　る遺伝子組換え生物等の第二種使用等に当たって執るべき拡散防止措置等を定める
　　省令の規定に基づき認定宿主ベクター系等を定める件」

　　　最近改正：平成 26 年 3 月 26 日文部科学省告示第 49 号

厚生労働省 GILSP 告示——平成 16 年 2 月 19 日厚生労働省告示第 27 号「遺伝子組換え生物
　　等の第二種使用等のうち産業上の使用等に当たって執るべき拡散防止措置等を定め
　　る省令別表第一号の規定に基づき厚生労働大臣が定める GILSP 遺伝子組換え微生物」

　　　最近改正：平成 27 年 6 月 23 日厚生労働省告示第 298 号

経済産業省 GILSP 告示——平成 16 年 1 月 29 日経済産業省告示第 13 号「遺伝子組換え生物
　　等の第二種使用等のうち産業上の使用等に当たって執るべき拡散防止措置等を定め
　　る省令別表第一号の規定に基づき経済産業大臣が定める GILSP 遺伝子組換え微生物」

　　　最近改正：平成 30 年 6 月 15 日経済産業省告示第 113 号

電子文書法——平成 16 年 12 月 1 日法律第 149 号「民間事業者等が行う書面の保存等における情報通信の技術の利用に関する法律」

電子文書法施行令——平成 17 年 1 月 20 日政令第 8 号「民間事業者等が行う書面の保存等における情報通信の技術の利用に関する法律施行令」

行政手続オンライン化法——平成 14 年 12 月 13 日法律第 151 号「行政手続等における情報通信の技術の利用に関する法律」

薬機法——昭和 35 年 8 月 10 日法律第 145 号「医薬品、医療機器等の品質、有効性及び安全性の確保等に関する法律」

種の保存法——平成 4 年 6 月 5 日法律第 75 号「絶滅のおそれのある野生動植物の種の保存に関する法律」

鳥獣保護管理法——平成 14 年 7 月 12 日法律第 88 号「鳥獣の保護及び管理並びに狩猟の適正化に関する法律」

平成２９年の法改正の概要

平成 29 年において、2 回のカルタヘナ法改正が行われた。その内容は次のとおりである。

[1] 平成 29 年 4 月 21 日法律第 18 号「遺伝子組換え生物等の使用等の規制による生物の多様性の確保に関する法律の一部を改正する法律」(平成 30 年 3 月 5 日施行)

　平成 13 年、遺伝子組換え生物等が生物の多様性に悪影響を生じさせることを防止するための措置等について規定した議定書が採択され、我が国は、この議定書を国内担保するため、「遺伝子組換え生物等の使用等の規制による生物の多様性の確保に関する法律」を平成 15 年 6 月に制定し、同年 11 月に議定書を締結した。

　一方、遺伝子組換え生物等から生ずる損害に係る責任及び救済の分野については、議定書の交渉の過程では締約国間で合意に至らなかったため、その後も交渉が重ねられ、平成 22 年 10 月に名古屋市で開催された議定書第 5 回締約国会議において、補足議定書が採択された。

　補足議定書は、国境を越えて移動する遺伝子組換え生物等により損害が生じた場合に対応措置をとること等を締約国に義務づけることをその内容としている。

　＊「議定書」とは、生物の多様性に関する条約のバイオセーフティに関するカルタヘナ議定書をいう。
　＊「補足議定書」とは、バイオセーフティに関するカルタヘナ議定書の責任及び救済に関する名古屋・クアラルンプール補足議定書をいう。

　この法改正は、補足議定書の的確かつ円滑な実施を確保するため、所要の国内法整備を行うことを目的とするものである。

○ 法律の目的に、「補足議定書の的確かつ円滑な実施の確保」を加えたこと (法第 1 条)

○ 主務大臣が定めて公表することとされている基本的事項に、「遺伝子組換え生物等の使用等により生ずる影響であって、生物の多様性を損なうもの又は損なうおそれの著しいものが生じた場合における当該影響による生物の多様性に係る損害の回復を図るための施策の実施に関する基本的な事項」を加えたこと (法第 3 条)

○ 法律の規定に違反して、遺伝子組換え生物等の第一種使用等、第二種使用等又は譲渡し等が行われた場合について、遺伝子組換え生物等の使用等により生ずる影響であって、生物の多様性を損なうもの又は損なうおそれの著しいものが生じたと認めるときは、環境大臣は、当該影響による生物の多様性に係る損害の回復を図るため必要な措置をとるべきことを命ずることができるものとしたこと (法第 10 条、第 14 条、第 26 条)

○ 環境大臣は、生物の多様性に係る損害の回復に関する環境省令を制定し改廃しようとするとき、回復命令をしようとするときは、主務大臣と協議するものとしたこと(法第35条の2)

○ 環境大臣の回復命令に違反した者は、1年以下の懲役もしくは100万円以下の罰金に処し、又はこれを併科するものとしたこと(法第38条)

[2] 平成29年5月31日「学校教育法の一部を改正する法律」(平成31年4月1日施行)

　この法改正は、社会経済情勢の変化に即応した職業教育の推進を図るため、学校教育法を改正し、専門性が求められる職業を担うための実践的かつ応用的な能力を展開させることを目的とする専門職大学の制度を設けること等を目的とするものであり、併せてカルタヘナ法において所要の措置を講じたものである。

○ 登録検査機関の登録の基準の人的要件として、専門職大学の前期課程を修了した後、3年以上分子生物学的検査の業務に従事した経験を有する者を新たに加えるものとしたこと(法第18条第3項第2号ロ)

逐条解説

第1章　総則

第一章　総則

第一条（目的）

（平二九法一八・一部改正）

> この法律は、国際的に協力して生物の多様性の確保を図るため、遺伝子組換え生物等の使用等の規制に関する措置を講ずることにより生物の多様性に関する条約のバイオセーフティに関するカルタヘナ議定書（以下「議定書」という。）及びバイオセーフティに関するカルタヘナ議定書の責任及び救済に関する名古屋・クアラルンプール補足議定書（以下「補足議定書」という。）の的確かつ円滑な実施を確保し、もって人類の福祉に貢献するとともに現在及び将来の国民の健康で文化的な生活の確保に寄与することを目的とする。

趣旨

本規定は、「遺伝子組換え生物等の使用等の規制による生物の多様性の確保に関する法律」（カルタヘナ法）の目的を明記したものである。本法は、改変された生物（LMO）の利用等が生物多様性の保全及びその持続可能な利用に及ぼす悪影響を防止するための国際的な枠組みである議定書及び補足議定書の担保法という位置づけを持ち、それぞれの議定書の的確かつ円滑な実施を目的としている。

* ＊「改変された生物」とは、現代のバイオテクノロジーの利用によって得られる遺伝素材の新たな組合せを有する生物をいう。
* ＊「LMO」とは、Living Modified Organisms の略

解説

1　本法は、遺伝子組換え生物等の使用等や輸出に関する規制を定めること等により、生物の多様性を確保するという公益の実現を図ることを内容とするものであることをかんがみ、その題名が「遺伝子組換え生物等の使用等の規制による生物の多様性の確保に関する法律」と定められた。

2　「生物の多様性」とは、次のような遺伝子レベル、種レベル、生態系レベルの生物の多様な有様を総称したものといえる。

(ｱ) 同一の種であっても、生息・生育する地域によって遺伝的な違いがあること

(ｲ) 大型の哺乳類から微生物まで、様々な環境に適応して多様な生物種が生息し生育していること

(ｳ) 多様な種と大気、水、土壌等が相互に関係しながら一体となって、森林、湖沼、干潟等の様々な生態系を形成していること

なお、生物多様性条約では、すべての生物（陸上生態系、海洋その他の水界生態系、これらが複合した生態系その他生息又は生育の場のいかんを問わない。）の間の変異性をいうものとし、種内の多様性、種間の多様性及び生態系の多様性を含むものとしている。

＊「生物多様性条約」とは、生物の多様性に関する条約（平成5年12月21日条約第9号）をいう。

3　「生物の多様性の確保」とは、生物の多様性の保全及び持続可能な利用を意味する。

1

改変された生物を環境に導入した際に生じる可能性がある影響(生物多様性の保全及び持続可能な利用への影響)として、次のような場合が考えられる。

(ア) 生態系への侵入による影響

○ 遺伝子組換え植物が雑草化し、圃場の周辺の在来植物を駆逐してしまう場合

(イ) 近縁野生種との交雑による影響

○ 遺伝子組換え植物の花粉が圃場の外に飛散して、近縁の野生種と交雑し、近縁の野生種が交雑したものに置き換わってしまう場合

(ウ) 有害物質の産生による影響

○ 遺伝子組換え植物から有害物質が生み出され、他の植物を枯死させ、昆虫を死亡させてしまう場合

4　「生物の多様性の確保を図るため」とあるように、本法は、食品や医薬品等の安全性を確保するための法律ではなく、あくまで生物多様性への影響を防止するために定められたものである。食品の安全性については食品衛生法により、医薬品の安全性については薬機法により確保されている。

＊「薬機法」とは、医薬品、医療機器等の品質、有効性及び安全性の確保等に関する法律(昭和35年8月10日法律第145号)の略称。医薬品医療機器等法、医薬品医療機器法とも呼ばれる。

5　「遺伝子組換え生物等」とあるが、これについてのみ本法の対象とし、『外来種』を対象としていない理由について、次のように整理することができる。

(ア) 遺伝子組換え生物等の特性からみた規制の必要性

遺伝子組換え生物等は、遺伝子の組換え技術が、動物、植物、微生物といった種類の壁を越えて様々な形質を導入し得るという自由度を持ち、導入した遺伝子のもたらす形質によっては、遺伝子導入された生物の性質を大きく変化させ、在来種の減少を容易に引き起こす可能性を持つ生物を生み出すこともできる。

このため、遺伝子組換え生物等が導入された場合にもたらされる生物多様性への悪影響(例：在来種の減少)を防止するための措置を執ることが必要であるといえる。

(イ) 外来種による影響との比較

本来その地域に生息又は生育していなかった生物(外来種)を導入することによっても生物多様性への悪影響が生じ得るが、本法は外来種による生物多様性への影響を防止することを目的としていない。

外来種を比較すると、①遺伝子の組換え技術の自由度が高く、これがもたらす生物多様性への悪影響の可能性は外来種と比べて格段に高いこと、②既に地球上に存在している外来種とは違い、新たに生み出された生物であるため、その生態に関する情報が蓄積されていないこと、等から、遺伝子組換え生物等については、事前に環境導入による影響を評価し、適切な防止措置を執らなければ生物多様性への悪影響を未然に防止できないと考えられる。

しかしながら外来種については、農作物など主として一次産業での利用の歴史が長いものが多く、これまでの利用経験においては、環境への導入により、ただちに他の生物種の減少が引き起こされるといった悪影響の可能性は低いことが知られているた

め、一方に影響評価の必要性があるのではないかとの意見があるものの、遺伝子組換え生物等と同様の規制を設ける必要はないと考えられる。

6 「遺伝子組換え生物等」と『農薬』の違いについて、次のように整理することができる。

(ｱ) 農薬と遺伝子組換え生物等の基本的な性格の違い

　① 毒性

　　　農薬は、殺虫等の用途に用いられるものであり、基本的には毒性を有することがその効用につながっているといえる。

　　　一方、遺伝子組換え生物等は、遺伝子組換え技術により、その生物に特定の有用な能力を付与することを目的としたものであり、その生物が毒性を産生するようになることがあるにせよ、基本的には安全なものであると考えられる。

　② 知見の蓄積

　　　農薬は原則として化学品であり、遺伝子組換え生物等は生命体であるという相違点がある。したがって、農薬の場合には、検体を用いて毒性や残留性等の評価を行うことが容易である。また、人畜に対する毒性等の科学的知見は相当程度の蓄積があり、その安全性の検査結果は、概ね確定的なものといえる。

　　　一方、遺伝子組換え生物等については、生態系の中で当該遺伝子組換え生物等がどのように振る舞うのかあらかじめ検証することが容易ではない。また、その科学的知見の蓄積は必ずしも十分ではないことから、その生物多様性影響の評価結果は現時点での限定的な知見によるものにすぎず、たとえ承認を受けて環境中で使用等する場合であっても、長期的な視野に立った観察が不可欠といえる。

　③ 同一性

　　　農薬は一定の製法に基づき製造される製品であるため、たとえ原料が同じであっても、製造工程の違いによって化学的性質の異なる製品が製造され得る。

　　　一方、遺伝子組換え生物等は、個体が増殖したものであるため、いずれの個体にも同じ遺伝情報が組み込まれており、生物として同一の性質を有するものといえる。

(ｲ) 法規制の方法の基本的な違い

　① 毒性を踏まえた担保

　　　農薬は、毒性を有する物質であることから厳重な販売規制が設けられている。

　　　一方、遺伝子組換え生物等は、一般に毒性を有するものではなく、生物多様性の保全等の観点から必要な管理措置を講じて使用等することとしているにすぎないため、特段の販売規制は設けられていない。

　② 知見の蓄積性を踏まえた担保

　　　農薬の場合、人畜に対する毒性等の科学的知見は相当程度の蓄積があるため、農林水産大臣に登録すれば、これを製造し、加工し、輸入できることとしている。

　　　一方、遺伝子組換え生物等の場合、主務大臣は当該第一種使用規程に係る承認取得者に対して必要な情報の提供を求めることができることとし、また、第一種使用規程の承認の日以降における科学的知見の充実により、当該第一種使用規程に従っ

て第一種使用等がなされるとした場合においてもなお生物多様性影響が生ずるおそれがあると認められる場合には、主務大臣自らが当該第一種使用規程を変更し、又は廃止できることとしている。

③　同一性を踏まえた担保

農薬の場合、製造工程の違いによって化学的性質が異なり得ることから、申請者ごとに農薬の見本を提出させ、独立行政法人農林水産消費安全技術センターが安全性の検査を行うこととしている

一方、遺伝子組換え生物等の場合、個々の個体には同じ遺伝情報が組み込まれていることをかんがみ、承認取得者と異なる者が使用等しようとする場合であっても、あらためて第一種使用規程の承認を受ける必要はないこととしている。

7　「生物の多様性に関する条約のバイオセーフティに関するカルタヘナ議定書(略)及び(略)名古屋・クアラルンプール補足議定書」とあるように、本法は、「生物の多様性に関する条約」に基づくものではなく、議定書及び補足議定書に基づき法制化されたものである。

生物多様性条約において、『バイオテクノロジーにより改変された生物であって、生物の多様性の保全及び持続可能な利用に悪影響を及ぼす可能性のあるものについて、その安全な移送、取扱い及び利用の分野における適当な手続を定める議定書の必要性及び態様について検討する(同条約第 19 条第 3 項)。』と規定されているように、生物多様性条約ではなく、同条約に基づき策定された議定書及び補足議定書により、締結国に具体的な義務等を求めることとしている。

8　議定書では、責任及び救済の分野に関する国際的な規制等の作成に向けた努力を締結国会合に求める(議定書第 27 条)ことにとどまっており、締結国に具体的な義務を課してはいない。補足議定書によってはじめて、責任及び救済の分野について締結国に具体的な義務が課されている。

9　「補足議定書」とあるが、これは、平成 22 年の議定書第 5 回締約国会議において、『バイオセーフティに関するカルタヘナ議定書の責任と救済についての名古屋・クアラルンプール補足議定書』が採択されたことを受け、平成 29 年の法改正により新たに盛り込まれた文言である。

10　「議定書(略)及び(略)補足議定書(略)の的確かつ円滑な実施を確保し」とあるように、本法は、議定書及び補足議定書の担保法という位置づけとなっている。

11　「議定書」「補足議定書」という名称であっても、国会承認を受けたものは、『条約第▲▲号』という条約番号が付される。既に条約が発効していれば、国会承認を経て加入書が寄託された後に番号が付され、条約が公布されることとなる。未発効の条約であれば、それが発効された後に番号が付され公布される。

12　「人類の福祉」とあるように、『国民の福祉』とはしていない。これは、国際的な取り組みに貢献するという意味合いを含めたものであるためである。

13　「国民の健康」とあるが、本法は人の健康の保護を直接の目的としたものではないため、あくまで生物多様性の確保を図る際に付随的に考慮すべきものとして整理される。

第1章　総則

なお、生物多様性条約の『生物』に人は含まれないと解されており、同条約においても人の健康の保護は目的としていない。

14　「国民の健康で文化的な生活の確保に寄与」とあるが、本法は、生物の多様性の確保を図るため、遺伝子組換え生物等の使用等による生物の多様性への影響を防止しようとするものであり、生物の多様性が確保されることにより、生物の多様性が有している様々な価値を国民が享受できることになる。

生物多様性条約の前文において、生物の多様性が有している様々な価値とは、生態学上、遺伝上、社会上、経済上、科学上、教育上、文化上、レクリエーション上及び芸術上の価値とされている。それらの価値が保全されることにより、人類の生活基盤である環境が維持されるということだけでなく、社会経済的、文化的価値も維持されることとなる。具体的には、次のような観点から、国民の健康で文化的な生活の確保に寄与するものと考えられる。

(ア) 生物は、食品、工業材料、医薬品、燃料等の資源の源泉となっており、生物の多様性を確保することにより、現在利用されている生物資源を持続的に利用できることとなるほか、現在、人間にとって利用価値が見い出されていない生物であっても、新薬開発の材料になる等の潜在的な価値を持つものであり、様々な遺伝資源が地球全体で維持されることによって、現在及び将来にわたり、個々の人間生活を支えることになること

(イ) それぞれの地域の生物の多様性は、それを育む環境と相まって、地域独自の祭礼（例：豊穣祭、熊祭り）や信仰（例：神社の神鹿、シマフクロウ信仰）など、地域の文化の多様性を生み出す源泉となっており、生物の多様性を確保し、地域の多様な文化の維持が図られることにより、人々が多様な文化と触れ合う機会が生まれ、人間生活を豊かなものにすること

(ウ) 生物の多様性が確保されることにより、生物種の進化や生命現象の解明のための基盤となり、人の医療の進展や教育上の効果が得られること

(エ) 生物の多様性が確保されることにより、人が自然と触れ合う機会が様々に得られることとなり、人間生活を豊かなものにすること

＜生物多様性条約＞

15　生物多様性条約は、生物の多様性を包括的に保全し、その構成要素の持続可能な利用を行うための国際的な枠組みを定めること等を内容とするものである。

人類は、地球生態系の一員として他の生物と共存しており、また、生物を食糧、医療、科学等に幅広く利用しているが、近年、野生生物の種の絶滅が過去にない速度で進行し、その原因となっている生物の生息環境の悪化及び生態系の破壊に対する懸念が深刻なものとなっている。

このような事情を背景として、希少種の取引規制や特定の地域の生物種の保護を目的とする既存の国際条約（例：ワシントン条約、ラムサール条約）を補完し、生物の多様性を包括的に保全して生物資源の持続可能な利用を行うための国際的な枠組みを設ける必要性が国連等において議論されるようになり、平成5年12月29日、生物多様性条約が

発効した。

　　生物多様性条約は、①生物多様性の保全、②生物多様性の構成要素の持続可能な利用、
③遺伝資源の利用から生ずる利益の公正かつ衡平な配分を目的としている。

　　＊「ワシントン条約」とは、絶滅のおそれのある野生動植物の種の国際取引に関する条約（昭和
　　　55年8月23日条約第25号）をいう。
　　＊「ラムサール条約」とは、特に水鳥の生息地として国際的に重要な湿地に関する条約（昭和 55
　　　年9月22日条約第28号）をいう。

16　生物多様性条約の目的において、生物の多様性の保全、その構成要素の持続可能な利
　用及び遺伝資源の利用から生ずる利益の公正かつ衡平な配分をこの条約の関係規定に従
　って実現することが掲げられている。

　　なお、この『生物の多様性』という概念においては、人間は生物に含まれていない。
　これは、平成7年の生物多様性条約第2回締約国会議において、『遺伝資源』には人間の
　遺伝資源を含まないことが決議されていることからも明らかである。

＜議定書＞

17　議定書は、改変された生物の国境を越える移動に先立ち、輸入国が生物多様性の保全
　及びその持続可能な利用への影響を評価し、改変された生物の輸入の可否を決定するた
　めの手続きなど、国際的な枠組みを定めたものである。

　　生物多様性条約は、バイオテクノロジーにより改変された生物の取扱い等の分野にお
　ける手続を定めていなかったことから、平成7年の生物多様性条約第2回締約国会議に
　おいて、現在のバイオテクノロジーにより改変された生物であって、生物の多様性及び
　持続可能な利用に悪影響を及ぼす可能性のあるものについて、特に越境移動（特に事前の
　情報に基づく合意のための適切な手続き）に焦点を当てた“バイオセーフティ議定書”を
　検討すること等が決定された。

　　締約国会議の下に作業部会が設置され、計6回にわたる作業部会を経て、平成12年1
　月、議定書が採択された。その後、平成15年6月に50カ国が締結したことを踏まえて、
　その90日後の9月に議定書が国際発効した。

　　＊「生物」とは、議定書において、遺伝素材を移転し又は複製する能力を有するあらゆる生物学
　　　上の存在（不稔性の生物、ウイルス及びウイロイドを含む。）をいう。
　　＊「輸入」とは、議定書において、一の締約国への他の締約国からの意図的な国境を越える移動
　　　をいう。
　　＊「現代のバイオテクノロジー」とは、モダンバイオテクノロジーとも呼ばれ、自然界における
　　　生理学上の生殖又は組換えの障壁を克服する技術であって伝統的な育種及び選抜において用い
　　　られない次のものを適用することをいう。
　　　① 生体外における核酸加工の技術（組換えデオキシリボ核酸（組換え DNA）の技術及び細胞又は
　　　　細胞小器官に核酸を直接注入することを含む。）
　　　② 異なる分類学上の科に属する生物の細胞の融合
　　＊「自然界における生理学上の生殖の障壁」とは、分類学的に遠縁の生物同士を交配させた場合
　　　に、受精しなかったり、受精したとしても胚が個体まで発育しないといった、生理学的な要因
　　　により生殖のプロセスが正常に進行しない状態を意味する。
　　＊「生殖」とは、生物の個体が自己と同じ種類の新しい個体を生み出すことをいう。
　　＊「自然界における組換え」とは、自然な状態において、ある種の細菌やウイルス等が生物に感
　　　染することにより、感染を受けた生物の遺伝素材に当該細菌やウイルス等が持つ遺伝素材が組
　　　み入れられる等、生殖を介さない方法により生物の遺伝素材が組み換えられることをいう。

第1章　総則

＊「自然界における組換えの障壁」とは、自然界における組換えが一定のプロセスでしか起こりえないことを意味する。

＊「伝統的な育種」とは、作物の人工授粉や家畜の人工授精等、生物の同種又は近縁種を交配することにより、有用生物の性質を人間の都合がよいように改良することを意味する。

＊「伝統的な選抜」とは、伝統的な育種により作出された生物のうち、有用な性質をもつものを選び出すことを意味する。

18　議定書では、改変された生物を『現代のバイオテクノロジーの利用によって得られた遺伝物質の新たな組み合わせを有する、あらゆる生きている生物(議定書第3条(g))』と定義し、その現代のバイオテクノロジーに該当するものとして、『遺伝子組換え技術であって自然の生理学的な繁殖又は自然の組換えの障壁を越えるもの』及び『分類学上の科を越える細胞融合技術』の二つを掲げている(議定書第3条(i))。

　　この『遺伝子組換え技術』及び『分類学上の科を越える細胞融合技術』とは、次のようなものである。

(ｱ)　遺伝子組換え技術

①　遺伝子組換え技術とは、ある生物から有用な遺伝子を取り出し、改良しようとする生物の細胞に導入することにより、生物に新たな性質を付与する技術である。

　　例：大腸菌のプラスミドを取り出し、これに有用遺伝子を組み込んだ後、当該ベクターを改めて大腸菌に導入する技術

②　交配による品種改良に比べ、広い範囲の遺伝子資源を活用でき、かつ、目的とする性質のみを付与することができるため、これを利用することにより、今までの品種改良ではできなかった有用な性質を持った作物等の育種を短期間で行うことが可能である。

③　遺伝子組換え技術のうち自然の生理学的な繁殖又は自然の組換えの障壁を越えないもの、すなわち交配等により得ることが可能な遺伝子の組換えをもたらす遺伝子組換え技術については、遺伝子の新たな組み合わせをもたらすものではないため、議定書の対象外となっている。

(ｲ)　分類学上の科を越える細胞融合技術

①　細胞融合技術とは、二つの異なった生物の細胞を化学物質や電気刺激等によって人工的に融合させ、一つの新しい雑種細胞を作る技術である。

　　例：植物のプロトプラストを細胞融合させる技術

　　＊「プロトプラスト」とは、細胞壁溶解酵素により細胞壁が分解した植物、糸状菌の細胞を意味する。

②　細胞融合技術のうち、分類学上の科が異なる生物同士を融合させるものについては、これまでにその技術によって作成された生物が存在せず、その生物による環境への影響が著しく不確実である等の理由により、議定書の対象となっている。

③　生物学では、個体を対象として『種』に類別し、さらに上位の段階として『属』、『科』等による類別を重ね、生物集団の種類構成を秩序立てて認識している。

　　『種』は、相互に交配し合い、かつ、他のそうした集合体から生殖的に隔離されている自然集団の集合体として定義される。なお、種が異なっていても人為的に交配させることが可能なものも一部に存在する。

例：科——イネ科、ウリ科

　　　　属——イネ属、コムギ属、オオムギ属

　　　　種——栽培稲、西アフリカの栽培稲、野生稲

　　　　品種——コシヒカリ、ササニシキ、ヒトメボレ

19　人の健康への影響防止について、議定書では、改変された生物が生物の多様性の保全及び持続可能な利用に及ぼす可能性のある悪影響（人の健康に対する危険も考慮したもの）を防止することを掲げており、生物多様性への影響に関しては、人に健康に対するリスクも考慮に入れている。

　　他方、議定書では、環境への意図的な導入を目的とした改変された生物について、輸入に際して適切なリスク評価の実施の確保、そのための輸出に際しての通告の実施の確保を求めているが、食料や飼料として直接利用し又は加工することを目的とする改変された生物については、『環境への意図的な導入』の対象としていない。

　　このような規定の存在を考慮すると、議定書で対象としている人の健康に対するリスクには、人が飲食等により直接摂取することによる健康への影響は含まれていないと解される。

　　飲食に係る人の健康については、食品衛生法により食品等として市場に出回る遺伝子組換え生物等による影響の防止、薬機法により医薬品、医薬部外品、化粧品、医療機器及び再生医療等製品として市場に出回る遺伝子組換え生物等による影響の防止を担保している。

　　また、その他の人の健康への影響として、遺伝子組換え生物等が有害物質を環境中に放出し、その環境を介して人の健康に影響を及ぼすケースが考えられる。このような場合、まずは環境に影響をもたらすものと考えられることから、本法に基づく生物多様性影響評価において、動植物に対する影響の評価を行い、適切な措置を講ずることにより、結果的に人の健康への影響の防止が図られることになる。

20　議定書における締約国の義務は、次のように整理することができる。

（ア）締約国の義務

　　① 改変された生物の作成、取扱い、輸送、利用、移送及び放出が、生物の多様性に対する危険を防止し又は減少させる方法で行われることを確保すること（議定書第2条第2項）

　　② 食料もしくは飼料として直接利用し又は加工することを目的として行われる国境を越える移動の対象となり得る改変された生物の国内利用について最終的な決定を行った場合は、バイオセーフティ・クリアリングハウスにその決定につき通報し、その通報には、附属書Ⅱに定める情報を含めること（議定書第11条第1項）

　　　　なお、附属書Ⅱの情報の一部であるリスク評価は、附属書Ⅲの規定に従うこと（議定書第15条第1項）

　　③ ②の決定に係る申請者が提供する情報は正確なものでなくてはならないため、法的要件を設けることを確保すること（議定書第11条第2項）

　　④ リスク評価によって特定されたリスクであって、改変された生物の利用、取扱い及

び国境を越える移動に係るものを規制し、管理し及び制御するための適当な制度、措置及び戦略を定め及び維持すること(議定書第 16 条第 1 項)

⑤ リスク評価に基づく措置は、輸入締約国の領域内において、改変された生物が生物の多様性の保全及び持続可能な利用に及ぼす悪影響を防止するために必要な範囲内でとること(議定書第 16 条第 2 項)

⑥ 改変された生物の意図的でない国境を越える移動を防止するため、最初の放出に先立ってリスク評価を実施することを義務づける措置等の適当な措置を執ること(議定書第 16 条第 3 項)

⑦ 改変された生物の意図的でない国境を越える移動につながり又はつながる可能性のある放出をもたらす事態が自国の管轄下において生じたことを知った場合には、関係国等に通報するための適当な措置を執ること(議定書第 17 条第 1 項)

その通報には所定の事項を含めること(議定書第 17 条第 3 項)

⑧ 自国の国内措置に違反して行われる改変された生物の国境を越える移動を防止し及び適当な場合には処罰するための適当な国内措置を執ること(議定書第 25 条第 1 項)

⑨ 自国より開始された改変された生物の不法な国境を越える移動によって影響を受けた締約国が、当該改変された生物を処分することを要請する場合には、その要請に対応すること(議定書第 25 条第 2 項)

(イ) 輸出締約国の義務

① 環境への意図的な導入を目的とする改変された生物の最初の意図的な国境を越える移動に先立って、輸出締約国(輸出者)は、輸入締約国に対して当該移動について通告し、その通告には、附属書Ⅰに定める情報を含めること(議定書第 8 条第 1 項)

② ①の通告に係る輸出者が提供する情報は正確なものでなくてはならないため、法的要件を設けることを確保すること(議定書第 8 条第 2 項)

③ 意図的な国境を越える移動の対象となる改変された生物が、安全な状況の下で取り扱われ、包装され及び輸送されることを義務づけるために必要な措置を執ること(議定書第 18 条第 1 項)

④ 改変された生物の分類に応じ、改変された生物であること等を表示する文書を添付すること(議定書第 18 条第 2 項)

(ウ) 輸入締約国の義務

① 輸出締約国(輸出者)から通告のあった環境への意図的な導入を目的とする改変された生物の輸入の可否をリスク評価(附属書Ⅰの情報に基づくもので、附属書Ⅲの規定に従うもの)を行った上で決定すること(議定書第 10 条、第 15 条第 1 項・第 2 項)

② AIA 手続において受領した秘密の情報を保護すること(議定書第 21 条第 3 項)

＊ 「AIA」とは、Advance Informed Agreement Procedure の略
＊ 「AIA 手続」とは、事前の通告による同意手続を意味する。

21 議定書の内容を踏まえ、遺伝子組換え生物等の国内使用等について、次のような内容を有する担保法を設けることが締約国に求められている。

(ア) 議定書第 7 条等に基づき、第一種使用等に供される遺伝子組み換え生物等の国境を

越える移動については、輸入の際のリスク評価として生物多様性影響評価を実施し、輸出の際に相手国へ通告(輸入締約国が通告を必要としているものに限る。)すること

(イ) 議定書第6条第2項に基づき、第二種使用等の用に供される目的で輸入された遺伝子組換え生物等については、国内において適切に拡散防止のための措置が行われることを確保するための基準を担保法の下に置き、遺伝子組換え生物等の使用等をする者に対して当該基準の遵守義務を課すとともに、当該基準の遵守を担保するための措置(主務大臣による措置命令等)を講ずること

(ウ) 締約国からの遺伝子組換え生物等の輸入のみならず、国内で開発された遺伝子組換え生物等の第一種使用等や第二種使用等に該当するものも考えられるが、これらについても適切な利用が行われない場合には、生物多様性影響が生じる原因となる。

そのため、議定書第2条第2項において、遺伝子組換え生物等の使用等が生物の多様性に対するリスクを防止し又は減少させる方法で行われることを確保することとしている。また、議定書第16条第3項において、遺伝子組換え生物等の意図せざる国境を越える移動を防止する観点から、その最初の環境への導入に先立ってリスク評価を義務づけること等の措置を講ずる必要があるとしている。

これらを踏まえ、本法において次のような規定を設けることが求められている。

① 国内開発された遺伝子組換え生物等の第一種使用等についても、その開発者等に、生物多様性影響評価書を添付の上、第一種使用等に関する承認を受けさせること

② 国内開発された遺伝子組換え生物等の第二種使用等についても、国内において適切な拡散防止措置が執られることを確保するための基準を使用等をする者に遵守させるとともに、当該基準の遵守を担保するための措置(主務大臣による措置命令等)を規定すること

22 議定書の概要は、次のとおりである。

(ア) 議定書の目的(議定書第1条)

生物多様性の保全及びその持続可能な利用に悪影響を与える可能性のある改変された生物の安全な移送、取扱い及び利用の分野において、人の健康へのリスクをも考慮し、特に国境を越える移動に焦点をあて、適切な程度の保護レベルの確保に寄与することを目的とする。

(イ) 議定書の適用範囲(議定書第4条)

生物多様性の保全及びその持続可能な利用に悪影響を与える可能性のあるすべての改変された生物の国境を越える移動、通過、取扱い及び利用が適用範囲となる。ただし、人用の医薬品の国境を越える移動については対象外である。

(ウ) 輸出入に関する手続き

① 環境導入利用を目的とする場合(議定書第7条から第12条まで、第15条)

環境導入利用を目的とする改変された生物(例:栽培用種子)の輸出入に際しては、AIA手続を必要とする。

輸出国(又は輸出者)は、改変された生物の最初の意図的な国境を越える移動に先

立ち、輸入国に対して事前通告を行う。通告を受けた輸入国は、必要な情報を踏まえてリスク評価を実施し、当該改変された生物の輸入の可否を決定することとなる。

* 「輸出」とは、議定書において、一の締約国から他の締約国への意図的な国境を越える移動をいう。
* 「輸出者」とは、議定書において、改変された生物の輸出を行う法人又は自然人であって輸出締約国の管轄の下にあるものをいう。

＜環境導入利用の場合のAIA手続＞

輸出国（又は輸出者）から輸入国への輸出の事前通告
↓
輸入国によるリスク評価の実施
↓
輸入の可否の回答
↓
輸出（輸入『可』の回答の場合）

② 食料、飼料及び加工に利用することを目的とする場合（議定書第11条）

食料用、飼料用及び加工用の改変された生物に関し、その改変された生物を国内で利用することを承認した国は、バイオセーフティ・クリアリングハウス（BCH）に通報する義務がある。

なお、輸入国は、議定書の目的に整合的な国内規制の枠組みに従って、改変された生物の輸入の可否につき決定することができる。

* 「食料、飼料及び加工に利用することを目的とする改変された生物」は、コモディティと呼ばれる。食料、飼料、加工に利用する改変された生物は、栽培目的ではなく、環境中に直接放出されるものではないため、AIA手続の適用除外とされている。
* 「BCH」とは、Biosafety Clearing House の略。議定書に基づき、議定書事務局が運営しているバイオセーフティに関する国際的な情報交換センターをいう。

③ 拡散防止措置の下での利用を目的とする場合（議定書第6条）

拡散防止措置の下で利用される改変された生物の輸出入であって、輸入国の基準に従い取り扱われる場合には、AIA手続の適用除外とする。

(エ) リスク評価、リスク管理の実施（議定書第15条、第16条）

締約国は、輸入（最初の国境を越える移動）に際してのリスク評価（議定書付属書Ⅲ）の実施を確保するとともに、リスク評価により特定されたリスクを規制し、管理し、制御するための適当な制度、措置及び戦略を確立し維持する。また、改変された生物の国内での最初の放出に先立ってリスク評価を実施する。

(オ) 取扱い、運搬、包装及び文書の添付（議定書第18条）

議定書の締約国は、国境を越える移動の対象となる改変された生物が安全な条件の下に取り扱われ、包装され及び運搬されることを義務づけるために必要な措置を執る。

また、移送される改変された生物には、議定書に規定された情報を含んだ文書を添付する。

(カ) 他の国際協定との関係(議定書前文)

他の国際協定との関係は相互に補完的であり、議定書は、現行の国際協定に基づく締約国の権利及び義務を変更するものと解釈してはならない。なお、これは議定書が他の国際協定に従属することを意図するものではない。

23 解説 22(ウ)①の「環境導入利用」とは、拡散防止措置の下での利用以外の改変された生物の利用を指し、次のような事例が考えられる。

○ 改変された生物の栽培

○ 改変された生物による環境浄化

○ 改変された生物の食料、飼料、加工への利用

24 解説 22(ウ)③の「拡散防止措置の下での利用」とは、"封じ込め"が行われた状態での改変された生物の利用をいう。この"封じ込め"とは、改変された生物の大気、水、土壌への拡散を防止するための手段のことで、次の手段を組み合わせて行うものである。

＊「拡散防止措置の下での利用」とは、施設、設備その他の物理的な構造物の中で行われる操作であって、外部の環境との接触及び外部の環境に対する影響を効果的に制限する特定の措置によって制御されている改変された生物に係るものをいう。

(i) 物理的封じ込め

改変された生物の取扱いを施設や設備の中で行うことにより、改変された生物の大気、水、土壌等への拡散を防止する。

例：研究開発段階の微生物使用実験の場合、微生物の特性に応じ、P1 レベルから P3 レベルまでの 3 段階が設定されている。それぞれのレベルの内容は、概ね次のようなものである。

P1 レベル	○ 概ね通常の微生物学実験室と同程度(実験台と手洗い器)
P2 レベル	P1 レベルの設備に加え、 ○ 安全キャビネットの設置 ○ 高圧滅菌器(オートクレーブ)の設置 ○ 実験室の入口等に「P2 レベル実験中」の表示、等
P3 レベル	P2 レベルの設備に加え、 ○ 更衣用の前室(前後の扉が同時に開かない構造)の設置 ○ 床、壁、天井の表面は、容易に洗浄できる構造及び材質であること ○ 出口に足で操作できる手洗い器の設置 ○ 空気が前室から実験区域に流れるよう設計された換気装置の設置 ○ 実験室の入口等に「P3 レベル実験中」の表示、等

(ii) 生物学的封じ込め

改変された生物の生物的な特性を利用することにより、改変された生物の大気、水、土壌等への拡散を防止する。

例：特殊な培養条件以外では生存しない宿主と、宿主以外の生物への伝播性がな

いベクターを組み合わせた『宿主─ベクター系』を用いて、改変された生物を作製することにより行う。

特殊な培養条件以外では生存しない宿主	○ 宿主となる微生物は特殊な培地でのみ生存・増殖でき、自然環境では生存できない
宿主以外の生物への伝播性がないベクター	○ 宿主以外の生物では、ベクターが導入され、増えることはない ○ ベクターが導入された宿主から、宿主以外の生物に当該ベクターが移行しない

（ⅲ）その他

　改変された生物の取扱者の講ずる措置等により、改変された生物の大気、水、土壌等への拡散を防止する。

　　例：改変植物の場合、花粉飛散を回避するための措置

25 解説 22(エ) の「リスク評価」について、議定書では、環境導入を行う改変された生物の輸入を決定する前に、議定書附属書Ⅲに従ってリスク評価を行うことを締約国に求めている。そのリスク評価は、人の健康に対するリスクも考慮して、改変された生物が潜在的な受容環境における生物の多様性の保全及び持続可能な利用に及ぼす可能性のある悪影響を特定し及び評価することを目的とし、科学的に適切かつ透明性のある方法により、個々の事例に応じて行うこととされている。

26 解説 22(エ) の「リスク管理」の措置とは、次のようなものである。

（A）リスク管理措置の概要

　（a1）リスク管理措置とは、リスク評価（議定書第 15 条）により特定されたリスクを規制し、管理し及び制御するための適当な措置である（議定書第 16 条第 1 項）。

　（a2）リスク管理措置とは、具体的には、改変された生物の栽培その他の利用において、次に掲げるもの等をいう。

　　① その利用に起因する環境への悪影響が防止され、又は許容し得るレベルのものとなるよう講じられるべき栽培その他の利用の条件（環境導入の条件）

　　② 環境への悪影響が生じていないかどうかのモニタリング（監視）

　　③ モニタリング等により、環境への悪影響が生じていたことが判明した場合において緊急に行う対応

　（a3）リスク管理措置は、リスク評価を踏まえ、個々の事例に応じて決定される。

（B）想定されるリスク管理措置

　（b1）用途や利用の条件の例

　　① 用途の具体例

　　　野外試験、消費・加工用生物の栽培及び育成等

　　② 利用の条件の具体例

　　　環境への悪影響を防止し、又は最小限に抑えることを目的とした、隔離距離の設定（例：遺伝子組換え生物の栽培圃場は、他の圃場から 4m 以上距離をとる）

(b2) モニタリング(監視)の例

あらかじめ選定したポイントにおいて、年1回、環境への悪影響の有無について調査する。

(b3) 緊急に行う対応例

改変された生物の雑草化が判明した場合には、当該改変された生物の刈り取りなど、あらかじめ定めておいた措置を実施する。

＜補足議定書＞

27 補足議定書は、改変された生物の国境を越える移動から生ずる損害についての責任及び救済に関する国際的な規則及び手続を定めたものである。

議定書の交渉において、改変された生物の国境を越える移動から生ずる損害についての責任及び救済に関する国際的な規則及び手続についても議定書に規定すべきとの意見が示されたものの、合意には至らなかったため、議定書の第1回締約国会合後4年以内に当該規則及び手続に関する作業を完了するよう努める旨の規定(議定書第27条)が置かれることとなった。

これを受け、平成16年にクアラルンプールにおいて開催された議定書第1回締約国会議、議定書第27条に定める交渉期限である平成20年の議定書第4回締約国会議までに5回の作業部会及び1回の特別会合において交渉が行われたものの、残念ながら合意に至らなかった。その後、更に4回の追加会合において交渉が行われた結果、平成22年10月、我が国が議長国となって愛知県名古屋市において開催された議定書第5回締約国会議において、補足議定書が採択された。

また、補足議定書の名称については、交渉が開始された議定書第1回締約国会議の開催地であるクアラルンプール及び採択が行われた議定書第5回締約国会議の開催地である名古屋の都市名を付して、「バイオセーフティに関するカルタヘナ議定書の責任及び救済についての名古屋・クアラルンプール補足議定書」とすることが決定された。

この補足議定書を国内担保するため、『遺伝子組換え生物等の使用等の規制による生物の多様性の確保に関する法律の一部を改正する法律(平成29年4月21日法律第18号)』によりカルタヘナ法の改正が行われた。その後、平成29年年12月に40カ国が締結したことを踏まえて、その90日後の平成30年3月5日に補足議定書が国際発効した。

28 名古屋・クアラルンプール補足議定書の採択に至るまでの議定書締約国会議は、次に掲げるとおりである。

(ｱ) 議定書第1回締約国会議(生物多様性条約第7回締約国会議)

平成16年2月23日から27日まで、マレーシアのクアラルンプールにおいて開催された。この会合では、バイオセーフティ・クリアリングハウス(BCH)の活動の態様、改変された生物の取扱い、輸送、包装、表示の詳細な要件、議定書の遵守制度、改変された生物の国境を越える移動から生ずる損害についての責任と救済の分野における国際的な規則及び手続等が議論され、議定書の効果的な実施に必要とされる事項につき、一応の合意が得られた。

(ｲ) 議定書第2回締約国会議

第1章　総則

た。この会合では、遵守委員会の手続き規則、BCH の運用のための複数年作業計画、危険性の評価に関するアドホック技術専門家会合の設置が決定された他、専門家登録制度（ROE）、改変された生物の輸出の際の通告の要件、取扱い・輸送・包装及び表示の詳細な要件、責任及び救済、社会経済上の影響、公衆の啓発及び参加等に関する決議が採択された。

最大の焦点であった食料飼料加工用改変された生物の輸出の際の表示に関する詳細な要件については合意に至らず、引き続き議論されることとなった。

(ウ) 議定書第3回締約国会議（生物多様性条約第8回締約国会議）

平成18年3月13日から17日まで、ブラジルのクリチバにおいて開催された。この会合の最大の成果として、食料、飼料及び加工用の改変された生物の輸出に際して議定書上、添付を確保することが求められている文書の詳細について、ようやく議論が決着に至った。この点を含め、早期に対応が必要な措置はほぼ満たされたことから、これまで毎年開催されてきた会合は、以後隔年で開催されることとなった。

(エ) 議定書第4回締約国会議（生物多様性条約第9回締約国会議）

平成20年5月12日から16日まで、ドイツのボンにおいて開催された。

議定書の交渉時、改変された生物の国境を越える移動から生じる損害についての責任と救済について規定を設けるか否かは、交渉初期から最終段階まで紛糾した論点であったが、結果として、後の議論のプロセスを確保する条項として議定書に第27条が設けられ、4年以内に完了するよう努めることとされた。その後、作業部会が5回、及び本会合に先立ち共同議長フレンズ特別会合が開催され、テキスト案の作成作業及び交渉が行われた。

この会合は、4年の交渉期間を経過した後に初めて迎えるものであり、同作業部会より報告が行われると同時に、共同議長フレンズ会合がコンタクトグループとして開催され、集中的な交渉が行われた。その交渉の結果として、責任と救済に関する規定作成を終了させるには至らなかったが、各国の立場の相違を埋めると共に、今後の作業方針について一定の共通認識を持ちつつ作業を継続することに合意した。

(オ) 議定書第5回締約国会議（生物多様性条約第10回締約国会議）

平成22年10月11日から15日まで、愛知県名古屋市において開催された。「バイオセーフティに関するカルタヘナ議定書の責任と救済についての名古屋・クアラルンプール補足議定書」が全会一致で採択された。

29 補足議定書は、議定書第27条に基づき、遺伝子組換え生物等が国境を越えて移動することによって生物多様性の保全及び持続可能な利用に損害が生じた際の責任と救済に関する国際的な規則と手続を規定し、遺伝子組換え生物等により損害が生じた後の事後対応を規定したものである。

その概要は、次のとおりである。

(ア) 補足議定書の目的（補足議定書第1条）

改変された生物に関する責任及び救済の分野における国際的な規則及び手続を定め

15

ることにより、人の健康に対する危険も考慮しつつ、生物の多様性の保全及び持続可能な利用に寄与することを目的とする。

(イ) 用語(補足議定書第2条)

① 損害とは、生物の多様性の保全及び持続可能な利用への悪影響(人の健康に対する危険も考慮したもの)であって、次のいずれの要件も満たすものをいう。

　(ⅰ) 測定することができる悪影響であること、又は人に起因する他の変化及び自然の変化を考慮して権限のある当局が認める科学的に確立された基準が存在する場合には、当該基準を考慮して観察することができる悪影響であること

　(ⅱ) 次の要素に基づいて決定される著しい悪影響であること

　　一 合理的な期間内に自然に回復することがない変化として理解される長期的又は恒久的な変化

　　二 生物の多様性の構成要素に悪影響を及ぼす質的又は量的な変化の程度

　　三 生物の多様性の構成要素が財及びサービスを提供する能力の低下

　　四 人の健康に及ぼす悪影響(議定書の文脈におけるもの)の程度

② 管理者とは、改変された生物を直接又は間接に管理する者をいい、適当な場合には、国内法令によって決定するところに従い、特に、許可を受けた者、改変された生物を市場取引に付した者、開発者、生産者、通告をした者、輸出者、輸入者、運送者又は供給者を含むことができる。

③ 対応措置とは、次のことを行うための合理的な行為をいう。

　(ⅰ) 状況に応じ、損害を防止し、最小限にし、封じ込め、緩和し、又は他の方法で回避すること

　(ⅱ) 次の優先順位によりとられる行為を通じて生物の多様性を復元すること

　　一 損害が発生する前に存在した状態又はこれに相当する最も近い状態に生物の多様性を復元すること

　　二 権限のある当局が「一」に定める復元が可能でないと決定する場合には、生物の多様性の喪失について、特に、同一の場所又は適当な場合にはこれに代替する場所において、同一又は他の目的で利用される生物の多様性の他の構成要素によって当該喪失を埋め合わせることにより、生物の多様性を復元すること

(ウ) 補足議定書の適用範囲(補足議定書第3条)

① この補足議定書は、国境を越える移動に起源を有する改変された生物から生ずる損害について適用する。当該改変された生物は、食料もしくは飼料として直接利用し、又は加工することを目的とするもの、拡散防止措置の下での利用を目的とするもの及び環境への意図的な導入を目的とするものとする。

② この補足議定書は、意図的な国境を越える移動に関しては、①に定める改変された生物の認められた利用から生ずる損害について適用する。

③ この補足議定書は、意図的でない国境を越える移動(議定書第17条)から生ずる損害及び不法な国境を越える移動(議定書第25条)から生ずる損害についても適用する。

④ この補足議定書は、改変された生物の国境を越える移動が自国の管轄内へ行われた

締約国については、この補足議定書が当該締約国について効力を生じた後に開始した当該国境を越える移動から生ずる損害について適用する。

⑤ この補足議定書は、締約国の管轄の下にある区域において生じた損害について適用する。

⑥ この補足議定書を実施する国内法令は、非締約国からの改変された生物の国境を越える移動から生ずる損害についても適用する。

(エ) 因果関係(補足議定書第4条)

損害と問題となる改変された生物との間の因果関係は、国内法令に従って確定される。

(オ) 対応措置(補足議定書第5条)

① 締約国は、損害が生ずる場合には、適当な管理者に対し、権限のある当局に直ちに報告すること、損害を評価すること及び適当な対応措置をとることを要求する。

② 権限のある当局は、損害を引き起こした管理者を特定し、損害を評価し、及び管理者がとるべき対応措置を決定する。

③ 時宜を得た対応措置がとられない場合には損害が生ずる可能性が高いことを関連情報が示すときは、管理者は、当該損害を回避するために適当な対応措置をとることを要求される。

④ 権限のある当局は、特に管理者が適当な対応措置をとることができなかった場合を含め、適当な対応措置をとることができる。

⑤ 権限のある当局は、損害の評価及び④に規定する適当な対応措置の実施により生じ、又はこれらに付随する費用及び経費を管理者から回収する権利を有する。

⑥ 管理者に対し対応措置をとることを要求する権限のある当局の決定は、理由を示すべきである。当該決定は、当該管理者に通告すべきである。国内法令は、救済措置(当該決定の行政上又は司法上の見直しのための機会を含む。)について定める。権限のある当局は、また、国内法令に従い、利用可能な救済措置について当該管理者に通知する。

(カ) 免責(補足議定書第6条)

① 締約国は、自国の国内法令において、天災又は不可抗力の場合及び戦争又は国内争乱の場合における免責について定めることができる。

② 締約国は、自国の国内法令において、適当と認めるその他の場合における免責又は責任の緩和について定めることができる。

(キ) 期限(補足議定書第7条)

締約国は、自国の国内法令において、相対的又は絶対的な期限(対応措置に関連する行為に係るものを含む。)及び期限を適用する期間の開始について定めることができる。

(ク) 限度額(補足議定書第8条)

締約国は、自国の国内法令において、対応措置に関連する費用及び経費の回収に係る限度額について定めることができる。

(ケ) 求償の権利(補足議定書第9条)

この補足議定書は、管理者が他の者に対して有する求償又は補償についての権利を限定し、又は制限するものではない。

（コ）金銭上の保証（補足議定書第 10 条）

　①　締約国は、自国の国内法令において金銭上の保証について定める権利を保持する。

　②　締約国は、国際法に基づく自国の権利及び義務に反しない方法で①に規定する権利を行使する。

　③　この補足議定書の効力発生の後最初に開催される議定書の締約国の会合としての役割を果たす締約国会議の会合は、事務局に対し、特に、金銭上の保証の仕組みの態様、金銭上の保証の仕組みの環境上、経済上及び社会上の影響（特に開発途上国に対するもの）の評価並びに金銭上の保証を提供する適当な主体の特定を対象とする包括的な研究を行うことを要請する。

（サ）国際的に不法な行為についての国家の責任（補足議定書第 11 条）

　　　この補足議定書は、国際的に不法な行為についての国家の責任に関する一般国際法の規則に基づく国家の権利及び義務に影響を及ぼすものではない。

（シ）履行及び民事上の責任との関係（補足議定書第 12 条）

　①　締約国は、自国の国内法令において、損害に対処するための規則及び手続について定める。締約国は、この義務を履行するため、この補足議定書に従って対応措置について定めるものとし、適当な場合には、次のいずれかのことを行うことができる。

　　（ⅰ）自国の既存の国内法令を適用すること

　　（ⅱ）民事上の責任に関する規則及び手続であって、特に当該義務を履行するためのものを適用し、又は定めること

　　（ⅲ）（ⅰ）に規定する国内法令を適用し、かつ、（ⅱ）に規定する規則及び手続を適用し、又は定めること

　②　締約国は、民事上の責任に関する自国の国内法令において損害（補足議定書第 2 条第 2 項(b)）に関連する物的又は人的な損害についての適当な規則及び手続を定めることを目指して、次のいずれかのことを行う。

　　（ⅰ）民事上の責任に関する自国の既存の法令であって、一般的なものを引き続き適用すること

　　（ⅱ）民事上の責任に関する法令であって、特に当該規則及び手続を定めるものを制定の上適用し、又は引き続き適用すること

　　（ⅲ）（ⅰ）に規定する法令を引き続き適用し、かつ、（ⅱ）に規定する法令を制定の上適用し、又は引き続き適用すること

　③　締約国は、①（ⅱ）もしくは（ⅲ）又は②（ⅱ）もしくは（ⅲ）に定める民事上の責任に関する法令を制定する際は、状況に応じて、特に、損害、責任の基準（厳格責任、過失に基づく責任等）、適当な場合における責任の所在の特定及び請求を行う権利を取り扱う。

（ス）評価及び再検討（補足議定書第 13 条）

　　　議定書の締約国の会合としての役割を果たす締約国会議は、この補足議定書の効力

発生の5年後に及びその後は5年ごとに、この補足議定書の有効性についての再検討を行う。

(セ) 議定書の締約国の会合としての役割を果たす締約国会議(補足議定書第14条)

① 議定書の締約国の会合としての役割を果たす締約国会議は、生物多様性条約第32条第2項の規定に従うことを条件として、この補足議定書の締約国の会合としての役割を果たす。

② 議定書の締約国の会合としての役割を果たす締約国会議は、この補足議定書の実施状況を定期的に検討し、及びその権限の範囲内でこの補足議定書の効果的な実施を促進するために必要な決定を行う。

(ソ) 事務局(補足議定書第15条)

生物多様性条約条約第24条の規定によって設置された事務局は、この補足議定書の事務局としての役割を果たす。

(タ) 条約及び議定書との関係(補足議定書第16条)

① この補足議定書は、議定書を補足するものとし、議定書を修正し、又は改正するものではない。

② この補足議定書は、この補足議定書の締約国の条約及び議定書に基づく権利及び義務に影響を及ぼすものではない。

(チ) 留保(補足議定書第19条)

この補足議定書には、いかなる留保も付することができない。

(ツ) 効力発生(補足議定書第18条)

この補足議定書は、議定書の締約国である国又は地域的な経済統合のための機関による40番目の批准書、受諾書、承認書又は加入書の寄託の日の後90日目の日に効力を生ずる。

＜カルタヘナ法＞

30 人類の生活は、生物多様性のもたらす様々な恵みにより成り立っており、生物の多様性は、現在及び将来にわたり人間の生活を支える重要な基盤となっている。

一方、近年の遺伝子組換え技術等の進展により、生物に新たな形質を付与することが容易となったため、当該生物の形質によっては、野生生物種の急激な減少等を引き起こし、生物の多様性に影響を与える可能性が危惧されている。

このため、平成12年、改変された生物が生物多様性に悪影響を生じさせることを防止するための措置等について規定した議定書が採択され、改変された生物につき、輸入に先立ってリスク評価等を講じることにより、生物多様性の保全及びその持続可能な利用を図るべきことが求められた。

我が国は、議定書を国内担保するためにカルタヘナ法を平成15年6月に制定し、これを踏まえて同年11月に議定書を締結した。

カルタヘナ法の主な概要は、次のとおりである。

(ア) 法の目的(法第1条)

国際的に協力して、生物の多様性の確保を図るため、遺伝子組換え生物等の使用等

の規制に関する措置を講ずることにより、議定書の的確かつ円滑な実施を確保し、もって人類の福祉に貢献するとともに現在及び未来の国民の健康で文化的な生活の確保に寄与することを目的とする。

(イ) 基本的事項の公表 (法第 3 条)

主務大臣は、遺伝子組換え生物等の使用等について、議定書の的確かつ円滑な実施を図るため、基本的事項を公表する。

(ウ) 第一種使用等 (拡散防止措置を執らないで行う使用等) に関する手続 (法第 4 条から第 11 条まで)

① 遺伝子組換え生物等の作成又は輸入をして第一種使用等する者その他の第一種使用等をしようとする者は、その第一種使用等に先立ち、第一種使用規程を提出して主務大臣の承認を受けなければならない。ただし、承認がなされた第一種使用規程に従って第一種使用等をしようとする場合その他の場合は対象外とする。

② 承認申請にあたっては生物多様性影響評価書を添付しなければならない。

③ 承認された第一種使用規程については、主務大臣が公表する。

④ 外国から本邦に輸出して他の者に第一種使用等をさせようとする者その他の遺伝子組換え生物等の第一種使用等を他の者にさせようとする者も第一種使用規程の承認を受けることができる。

(エ) 第二種使用等 (拡散防止措置を執って行う使用等) に関する手続 (法第 12 条から第 15 条まで)

① 第二種使用等をする者は、その第二種使用等にあたって執るべき拡散防止措置が主務省令で定められている場合には、当該拡散防止措置を執らなければならない。

② 執るべき拡散防止措置が定められていない場合には、あらかじめ主務大臣の確認を受けた拡散防止措置を執らなければならない。

(オ) 輸入する生物の検査 (法第 16 条から第 24 条まで)

① 生物多様性影響が生じるおそれがないとはいえない遺伝子組換え生物等をこれに該当すると知らないで輸入するおそれが高い場合等であって主務大臣が指定する場合、輸入しようとする者は、主務大臣に届け出なければならない。

② 主務大臣は、①の届出者に対し、その者が輸入する生物について、主務大臣又は登録検査機関の行う検査を受けることを命ずることができる。

③ 登録検査機関制度に関する諸規定

(カ) 情報の提供 (法第 25 条及び第 26 条)

① 主務大臣は、承認した第一種使用規程に係る遺伝子組換え生物等について、その第一種使用等が適正に行われるため、必要に応じ、譲受者等に伝えるべき適正使用情報を定めることとする。

② 遺伝子組換え生物等を譲渡し、提供し、又は委託して使用等をさせようとする者は、必要な情報を提供しなければならない。

(キ) 輸出に関する手続 (法第 27 条から第 29 条まで)

① 遺伝子組換え生物等を輸出しようとする者は、輸出国に対し、通告をしなければな

第1章　総則

らない。

② 遺伝子組換え生物等は、その使用等の態様を表示したものでなければ輸出してはならない。

(カ) その他(法第30条から第48条まで)

① 主務大臣は、必要な報告聴取、立入検査、措置命令等を実施することができる。

② 独立行政法人農林水産消費技術センター等に立入検査等を行わせる仕組み

③ 必要な罰則、経過措置等に関する規定

＜補足議定書の採択に伴う平成29年の法改正＞

31 補足議定書を締結することにより我が国は、次のような義務を負うこととなる。

(ア) 締約国は、損害が生ずる場合には、一又は二以上の適当な管理者に対し、権限のある当局に直に報告すること、損害を評価すること、適当な対応措置をとることを要求する(補足議定書第5条第1項)

(イ) 時宜を得た対応措置がとられない場合には損害が生ずる可能性が高いことを関連情報が示すときは、管理者は、当該損害を回避するために適当な対応措置をとることを要求される(補足議定書第5条第3項)

(ウ) 管理者に対し対応措置をとることを要求する権限のある当局の決定に関し、国内法令において救済措置を定める(補足議定書第5条第6項)

⇒ 上記(ア)及び(イ)については、締結国に損害が生じる場合又は損害が生じる可能性が高い場合に、管理者に対し、対応措置をとることを要求するよう求めている。

この対応措置とは、次のようにすること意味している。〈補足議定書第2条第2項(d)〉

① 損害を防止すること

② 損害を最小限にすること

③ 損害を封じ込めること

④ 損害を回避すること

⑤ 影響を緩和すること

⑥ 損害を復元すること

この点、カルタヘナ法では、従前より、次に掲げる規定を設け、これらの措置により、「①損害を防止すること」、「②損害を最小限にすること」、「③損害を封じ込めること」、「④損害を回避すること」については既に担保している。

(1) 違法な第一種使用等及び譲渡等に関し、遺伝子組換え生物等の回収を図ることその他の必要な措置(法第10条第1項、第26条第2項)を命ずることができること

(2) 違法な第二種使用等に関し、拡散防止措置を執ることその他の必要な措置(法第14条第1項)を命ずることができること

(3) 違法、適法にかかわらず緊急の必要があると認めるときは、第一種使用等を中止することその他の必要な措置(法第10条第2項)、第二種使用等に係る拡散防止措置を改善するための措置を執ることその他の必要な措置(法第14条第2項)を命ずることができること

21

また、遺伝子組換え生物等の回収等がなされることにより、生物多様性への影響が緩和することもあり得るため、「⑤影響を緩和すること」についても一部は既に担保されているといえる。しかし、回収等の措置のみでは、生物多様性への影響が止まらない場合には、影響を緩和するための積極的な措置（例：有害物質を発生される遺伝子組換え生物等の影響が生じた場合には、当該遺伝子組換え生物等を回収するのみならず、生じた有害物質の無害化を図るための措置）が必要となり、こうした措置は、「回収を図ることその他必要な措置」には含まれないと解される。

　さらに、「⑥損害を復元すること」は、生物多様性への影響が生じた場合において影響が発生する前の状態又はこれに相当する最も近い状態に戻すことをいうが、これについても、従前の本法の措置命令の範囲には含まれていない。

　したがって、補足議定書を国内担保するためには、本法に「⑤影響を緩和すること（の一部）」及び「⑥損害を復元すること」を担保するために規定を設ける必要がある。

＜補足議定書が求めている対応措置＞

損害を防止	損害を最小限	損害を封込	損害を回避	影響を緩和	損害を復元
従前より措置されている部分				平成29年の法改正より措置された部分	
【第一種使用等】 ・回収措置命令(法第10条第1項) ・使用中止措置命令(法第10条第2項)				【第一種使用等】 ・回復措置命令 　(法第10条第3項)	
【第二種使用等】 ・拡散防止措置命令(法第14条第1項) ・改善措置命令(法第14条第2項)				【第二種使用等】 ・回復措置命令 　(法第14条第3項)	
【譲渡等】 ・回収措置命令(法第26条第2項)				【譲渡等】 ・回復措置命令 　(法第26条第3項)	
【輸出】 ・回収措置命令(法第29条)				【輸出】 ―	

⇒　上記(ウ)について、議定書第27条の「責任及び救済」は締結国の義務となっていなかったが、本法を制定する際、我が国独自の判断で措置命令規定(法第10条、第14条、第26条)を設けており、行政不服審査法、行政事件訴訟法により救済措置が既に担保されている。

32　補足議定書の適用は、改変された生物の国境を超える移動から生じた損害に限られるが(補足議定書第3条第1項)、海外の管理者に起因して国内で損害が発生した場合、あるいは自国の管理者に起因して海外で損害が発生した場合において、当該管理者に対応措

置を求めることは、補足議定書上、締結国の義務とはなっていない。

　また、次のような事情を踏まえて、海外の管理者に起因して国内で損害が発生した場合においても、自国の管理者に起因して海外で損害が発生した場合においても、法的措置は講じないこととしている。

① 海外の管理者に起因して国内で損害が発生した場合、我が国の国内法を海外の管理者に適用することは困難であること

② 自国の管理者に起因して海外で損害が発生した場合、環境大臣が海外において損害を認定して適切な対応措置を命じることは困難であること、また、海外で復元措置を命じられるのは、輸出者にとって過度な負担となること

33　国境を越えて移動する改変された生物により損害が生じた場合に対応措置をとること等を締約国に義務づけた補足議定書が平成22年10月に採択され、この補足議定書の的確かつ円滑な実施を確保するための国内法整備を行うことを目的として、平成29年4月に法改正が行われた。

　これは、遺伝子組換え生物等の使用等により生じる損害の回復命令を追加する等の措置を講ずることができるようにしたもので、その具体的な内容は、次に掲げるとおりである。

(ｱ) 改正法の目的に、「補足議定書の的確かつ円滑な実施の確保」を加えたこと

(ｲ) 主務大臣が定めて公表することとされている基本的事項に、「遺伝子組換え生物等の使用等により生ずる影響であって、生物の多様性を損なうもの又は損なうおそれの著しいものが生じた場合における当該影響による生物の多様性に係る損害の回復を図るための施策の実施に関する基本的な事項」を加えたこと

(ｳ) 改正法の規定に違反して、遺伝子組換え生物等の第一種使用等、第二種使用等又は譲渡し等が行われた場合において、遺伝子組換え生物等の使用等により生ずる影響であって、生物の多様性を損なうもの又は損なうおそれの著しいものが生じたと認めるときは、環境大臣は、当該影響による生物の多様性に係る損害の回復を図るため必要な措置をとるべきことを命ずることができるものとしたこと

(ｴ) (ｳ)の命令に違反した者は、1年以下の懲役もしくは100万円以下の罰金に処し、又はこれを併科するものとしたこと

(ｵ) 改正法は補足議定書が日本国について効力を生ずる日から施行するものとしたこと

第二条（定義）

■第２条第１項■

この法律において「生物」とは、一の細胞[3]（細胞群[4]を構成しているものを除く[5]。）又は細胞群[2]であって核酸を移転し[7]又は複製する[8]能力を有するものとして主務省令で定めるもの[6]、ウイルス[14][10]及びウイロイド[11][12]をいう。

趣旨

本規定は、生物の定義を定めたものである。

解説

1　議定書において、生物とは、『遺伝素材を移転し又は複製する能力を有するあらゆる生物学上の存在（不稔性の生物、ウイルス及びウイロイドを含む。）』と定義している。

　　本法においても、議定書と同様、「生物」の範囲を明確にしておく必要があるため、これを定義することとしている。

　　＊「遺伝素材」とは、核酸であって遺伝に関する情報を有するものをいう。

　　＊「遺伝素材を移転する能力」とは、生物が配偶子を受精させる能力又はウイルス及びウイロイドが自らの遺伝素材を他の生物の遺伝素材に組み込む能力を意味する。

　　＊「遺伝素材を複製する能力」とは、生物が細胞分裂をすることにより、成長したり、細胞の更新をしたりする能力を意味する。

⇒　上記の「不稔性の生物」とは、植物の場合は種子を、動物の場合は子を生じ得ない性質を持つ生物を意味する。

　　不稔性の生物であっても自ら増殖することができる生物（例：分裂により増殖する微生物、地下茎や球根により増殖する植物）が存在し、また、人工的に増殖させることが可能であるため、不稔性の生物であることをもって生物多様性への影響がないとは見なされない。

2　「一の細胞（細胞群を構成しているものを除く。）又は細胞群」とあるように、単細胞生物、又は多細胞生物の個体もしくはその一部であることを生物の要件としている。

　　議定書が定義する生物のうち、ウイルス及びウイロイド以外のものについては、その構成単位が細胞であるため、生物の最小限の条件を「一の細胞」又は「細胞群」としたものである。なお、ウイルス及びウイロイドについては、本規定の後尾の文面から生物の範囲に加えることとしている。

3　「一の細胞」とは、細菌等の単細胞生物及び動植物をはじめとする多細胞生物の細胞を意味している。

4　「細胞群」とは、多細胞生物の個体及び個体の一部の臓器や組織を意味している。

5　「細胞群を構成しているものを除く」とあるように、細胞群を構成している細胞は生物に含めないこととしている。これは、多細胞生物の個々の細胞がすべて生物となってしまうことを避けたものである。

6　「核酸を移転し又は複製する能力を有するもの」とあるが、これは議定書において、

『遺伝素材を移転し又は複製する能力を有するもの』を生物の要件としていることに従ったものである。

7 「移転」とは、動植物の配偶子が異性の配偶子に自らの核酸を移入すること、あるいは、ウイルス及びウイロイドが自らの核酸を他の生物に組み込むことを意味している。

8 「複製」とは、生物の細胞の分裂に伴って核酸の複製が行われることを意味している。

9 「一の細胞（細胞群を構成しているものを除く。）又は細胞群であって核酸を移転し又は複製する能力」を有さないものとして、次のようなものが考えられる。

○ 動物の個体から切り離された臓器、組織

○ 切断された植物体であって再分化能のないもの

10 「ウイルス」とは、核酸及びそれを包むタンパク質のみで構成される微小構造体で、生物に感染し、当該生物の細胞の機能を利用することによって自らを増殖させることができる。

11 「ウイロイド」とは、核酸のみで構成される微小構造体で、ウイルスと同様、生物に感染し、当該生物の細胞の機能を利用することによって自らを増殖させることができる。

12 「ウイルス及びウイロイド」は、自らが持つ機能のみでは増殖することができないなど生物が持つ基本的属性を満たさないため、生物学においては、生物に分類されない。

しかし、遺伝子組換え技術によりその核酸を組み換えることができ、増殖して生物の多様性を損なうおそれがある点では生物と変わらないことから、議定書では、ウイルス及びウイロイドについても生物の範疇に加えている。

本法においても、議定書と同様、ウイルス及びウイロイドを生物に含めることとしている。

13 本法において、『不稔性の生物』の取扱いについては明記されていないが、不稔性の生物であっても、核酸を移転し又は複製する能力を有する細胞群であることに違いはないことから、当然に生物に含まれることになる。

14 「主務省令で定めるもの」は、次に掲げるもの以外のものとする。〈則第1条〉

(ｱ) ヒトの細胞等

＊「細胞等」とは、一の細胞（細胞群を構成しているものを除く。）又は細胞群をいう。

(ｲ) 分化する能力を有する、又は分化した細胞等（個体及び配偶子を除く。）であって、自然条件において個体に成育しないもの

⇒ 核酸を移転し又は複製する能力を有するものを明らかにしたものであり、上記(ｱ)及び(ｲ)に掲げられたもの以外のものは生物の定義に含まれることになる。

⇒ 上記(ｱ)について、人が遺伝子治療を受けること等により、遺伝子組換えが行われた場合であっても、その治療を受けた人は本法による規制の対象とならない。

⇒ 上記(ｱ)のとおり、ヒトiPS細胞は生物に該当しない。〈H27/7/16 厚生労働省事務連絡〉

⇒ 上記(ｲ)について、多細胞生物を構成する一部の細胞又は細胞群のうち、いかなる自然条件下（生物の体内を含む。）においても個体に成育しないものは、核酸を移転し又は複製する能力がないと判断されるため、生物とはみなされない。

一方、①単細胞生物、②多細胞生物の個体、③多細胞生物の配偶子は、すべて生物と

みなされ、本法による規制の対象となる。

  ＊「配偶子」とは、融合して新しい個体を生じる生殖細胞をいう。哺乳動物の場合、精子と卵子がこれに該当する。

⇒　上記(イ)の「能力」とは、自然条件において、自ら核酸を移転し又は複製できる能力をいう。

⇒　上記(イ)のとおり、動物培養細胞は生物に該当しない。〈H28/7/14 薬生発 0714 第 2 号〉

⇒　上記(イ)について、哺乳動物細胞が配偶子ではない場合であって、自然条件において個体に成育しないときは、生物に該当しない。哺乳動物細胞から樹立したセルバンクについても生物に該当しないこととなる。〈H27/7/16 厚生労働省事務連絡〉

15　プロウイルスは生物に該当しない。ただし、細胞において当該プロウイルスに由来する遺伝子組換えウイルスが産生されている場合、当該ウイルスについては生物に該当することとなる。〈H27/7/16 厚生労働省事務連絡〉

  ＊「プロウイルス」とは、宿主のゲノムに組み込まれた状態にあるレトロウイルス等に由来する 2 本鎖 DNA をいう。

16　プラスミド DNA は生物に該当しない。ただし、プラスミド DNA を製造するために、組換え遺伝子を導入した微生物を用いている場合、当該微生物は生物に該当することとなる。〈H27/7/16 厚生労働省事務連絡〉

17　海外で遺伝子組換え生物等を利用して製造された遺伝子組換えタンパク質など、生物に該当しないものを原薬等として輸入して国内で製剤化する場合は、本法の適用外と考えて差し支えない。ただし、遺伝子組換えウイルスを利用して製造されたものに遺伝子組換えウイルスが残存している場合は、本法に基づく手続を行う必要がある。〈H27/7/16 厚生労働省事務連絡〉

<＜生物の範囲＞>

植物	○ 作物の苗、鉢植え
	○ 栄養生殖する植物
	○ 穀類、豆類、果実の中の種子
	○ ニンジンの塊根、根がついたネギ、ニンニクの球根、挿し木用の枝
	【不稔性の植物】
	○ 雄性不稔系統のイネ、ターミネーター遺伝子が組み込まれている種子
	【受精するもの】
	○ 花粉
動物	【個体】
	○ ラット、ブタ
	【不妊性の個体】
	○ 不妊虫放飼用の昆虫、三倍体の魚
	【個体に準ずるもの】
	○ 胎児、受精卵

第1章　総則

	【受精するもの】
	○　未受精卵、精子
真菌類、菌類	
	○　キノコ、酵母、麹カビ
	○　納豆菌
ウイルス、ウイロイド	

＊「栄養生殖」とは、種子や胞子のような特別の生殖細胞によらず、根、茎、葉等の栄養器官から、次の世代の植物が生み出される生殖形態をいう。ジャガイモ、ハス等は栄養生殖により繁殖することができる。

＊「雄性不稔系統」とは、花粉を作ることができず、自家受粉できない植物の系統をいう。

＊「ターミネーター遺伝子」とは、収穫物の収量には影響しないが、その種子を発芽させても生育しない性質を持つ遺伝子をいう。遺伝子組み換え種子のいわゆるコピー防止のために開発された技術である。

＊「不妊虫放飼」とは、人工的に不妊化した害虫を大量に放すことにより、害虫の繁殖を妨げる方法をいう。不妊化した雄と交尾した雌が産んだ卵は孵化しないため、次世代の害虫数を減らすことができ、不妊虫放飼を繰り返すことにより害虫を根絶することができる。

＊「三倍体」とは、染色体が3組ある個体をいう。有性生殖により繁殖することができない。

＜生物でないものの範囲＞

生物でないもの		
植物	【いわゆる生きているもの】	
	○　カット野菜、種なし果実	
	【いわゆる死んでいるもの】	
	○　稲わら、製材された木材、精米された米	
動物	【いわゆる生きているもの】	
	○　臓器、組織	
	【いわゆる死んでいるもの】	
	○　スライス肉、魚の切り身	
ヒト	○　ヒトの細胞等、ヒトiPS細胞	
	○　遺伝子治療を受け、遺伝子組換えが行われたヒト	

27

■第2条第2項■

この法律において「遺伝子組換え生物等[3][4]」とは、次に掲げる技術の利用により得られた核酸[5]又はその複製物を有する生物[6]をいう。

一 細胞外において核酸を加工する技術[9][10]であって主務省令で定めるもの[11]

二 異なる分類学上の科[15]に属する生物の細胞を融合する技術[16][17]であって主務省令で定めるもの[18]

趣 旨

本規定は、遺伝子組換え生物等の定義を定めたものである。

解 説

1 議定書では、その規定対象となる改変された生物について、次の2種類の技術によって得られる、新たな遺伝物質の組み合わせを有する生物である旨を骨子として定義している。

① 生体外における核酸技術

② 異なる分類学上の科に属する細胞の融合

本法においても、議定書と同様、遺伝子組換え生物等を定義することとしている。

⇒ 上記①の「生体外における核酸技術」とは、細胞の外部(例:試験管の中)において、細胞から取り出した遺伝素材を人為的に組み換えたり、遺伝素材を人工的に合成したりした後、細胞内に当該遺伝素材を移入する過程を含む技術をいう。

⇒ 上記②の「細胞の融合」とは、二つ以上の生物の個体から細胞を取り出し、それらを化学物質や電気刺激等によって人工的に融合させ、一つの新しい細胞をつくりだすことをいう。

2 議定書において『改変された生物』としているが、本法では、これを「遺伝子組換え生物等」としている。その理由は、次に掲げるとおりである。

(ｱ) 議定書が規定する『組換えDNA技術』及び『細胞又は細胞小器官に核酸を直接注入する技術』は、国内法において既に使用されている「遺伝子組換え」に該当すること

　＊「組換えDNA技術」とは、組換えデオキシリボ核酸のこと。生物から抽出したり人工的に合成した遺伝素材をベクターと結合させ、そのベクターの性質を利用して生体内で増殖させる技術をいう。

　＊「ベクター」とは、細菌やウイルス等から抽出され、又は人工的に合成された核酸であって、組換えDNA技術に利用されるものをいう。

　＊「細胞小器官」とは、生物の細胞内にあって、一定の独立した構造と機能を持ち、独自の遺伝情報を有するものをいう。例えば、ミトコンドリア(エネルギーを産生する機能を持つ)や葉緑体(光合成を行う機能を持つ)がある。

　＊「核酸を直接注入する技術」とは、生物から抽出したり人工的に合成した遺伝素材を、ベクターを用いずに生物の細胞又は細胞小器官に直接的に導入する技術をいう。

(ｲ) 『改変された生物』の大部分は、今後においても「遺伝子組換え」により作成された生物であると考えられること

(ｳ) 遺伝子組換えにより作成された生物を示す用語として、「遺伝子組換え生物」が、政

第1章　総則

府、大学、メディア等において、既に広く使用されていること

(エ) 『改変された生物』は、遺伝子組換えにより作成された生物だけでなく、異なる科に属する生物の細胞を融合する技術によって作成されたもの等も含むこと

3 「遺伝子組換え生物」とは、生体外における核酸加工の技術(組換え DNA 技術及び細胞又は細胞小器官に核酸を直接注入することを含む。)の利用によって得られる、遺伝素材の新たな組合せを有する生物のことで、いわゆる組換え DNA 技術を用いて得られた生物(第1号)を意味する。

＊「遺伝素材の新たな組合せ」とは、遺伝素材であって、それが移入される生物にはもともと存在しなかったものをいう。

4 「遺伝子組換え生物等」の『等』とは、異なる分類学上の科に属する生物の細胞の融合技術の利用によって得られる、遺伝素材の新たな組合せを有する生物のことで、いわゆる細胞融合で得られた生物(第2号)を意味する。

5 「核酸」とは、塩基、糖及びリン酸から構成される高分子の酸性物質をいい、DNA と RNA に大別される。生物は、子孫等に遺伝情報を伝達するための物質として核酸を体内に有している。

＊「DNA」とは、deoxyribonucleic acid の略。デオキシリボ核酸と呼ばれる。
＊「RNA」とは、ribonucleic acid の略。リボ核酸と呼ばれる。

6 「その複製物を有する生物」とあるが、これは、生物の生殖等を通じて当該生物の核酸が子孫等に受け継がれていくことから、本規定に掲げる技術の利用により得られた核酸を有する生物の子孫についても、遺伝子組換え生物等に該当することを明示したものである。

＜第1号＞

7 本号の技術は、加工した核酸を細胞(ウイルス又はウイロイドの場合も含む。)の中で複製させること、又は他の細胞へ移転させることを目的として、細胞外において核酸を加工する技術である。

8 生物は、通常、同一の『種』に属するもの同士で交配して子孫を残している。一方、『種』が異なれば自然に交配して子孫を残すことはまずない。これは種が異なる場合には、子孫が発生するプロセス、すなわち雌雄が出会い、交配し、子孫の個体が完全になるまでのプロセスにおいて、生息場所の違い、配偶行動の違い、生殖器の形態の違い、染色体の数の違い等の様々な阻害要因が存在するためである。また、これらの阻害要因は、生物の分類学上の類縁関係が遠くなるほど強くなる傾向にある。

もしも阻害要因を人為的に取り除くことができれば、自然の状態において子孫を得ることができない生物同士の雑種を作成することが可能となる。

さて、生物の個体の発生に至る自然のプロセスを人為的なものに置き換えることにより、阻害要因を克服し、新たな生物を作成するための技術を育種技術という。人類の生物利用の歴史を通じて、様々な技術が開発されており、遺伝子組換え技術や細胞融合技術も育種技術の一つといえる。

人類は従来より、植物の人工授粉や家畜の人工授精など様々な育種技術を用いて品種改良を行ってきた。しかし、これら従来の育種技術は、個体の発生に至る自然のプロセ

スのごく一部を人為的なものに置き換えただけであり、分類学的に近縁の生物の特性を自然に近いプロセスを経て導入することしかできない。そのため、従来の育種技術により作成された生物は、自然に存在する生物との差異が小さい。また、これらの生物は、人類の生物利用の歴史を通じて長期にわたって環境中で利用されてきたが、生物多様性に重大な悪影響をもたらしたこともほとんどない。

したがって、従来の育種技術により新たに作成された生物を環境中で利用した場合であっても、生物多様性に悪影響を及ぼす可能性は極めて低いといえる。

さて、近年になって開発された遺伝子組換えという育種技術は、概ね、遺伝子を生物の細胞から取り出し、試験管等の中で様々な処理を施した上で、当該遺伝子を同一の又は異なる生物の細胞に導入する技術である。

この遺伝子組換え技術は、生物の個体の発生に至る自然のプロセスにあまり依存せずにすむことから、あらゆる生物の遺伝子を利用することができ、また、同一の遺伝子を複数導入するなど様々な組換えが可能となる。そのため、遺伝子組換え技術を利用して作成された生物は、自然に存在する生物と大きく異なり、極めて異質な存在となる可能性がある。さらにいえば、遺伝子組換え技術により作成された生物の環境中でに利用は最近始まったばかりであり、生物多様性への影響について予測することが難しく、重大な悪影響をもたらす可能性を否定することはできない。

したがって、遺伝子組換え技術により新たに作成された生物については、環境中で利用する前に生物多様性への影響を評価する仕組みが必要といえる。

＊「品種」とは、『種』以下の生物集団の単位である。

<育種技術により作成された生物の例>

技術の分類		作成された生物	
従来の育種技術	異なる品種の交配	ひとめぼれ	コシヒカリ×初星
	異なる種の交配	清美	温州ミカン×オレンジ
		ラバ	ウマ×ロバ
	異なる種の細胞融合	ポマト	ジャガイモ×トマト
	異なる属の細胞融合	オレタチ	オレンジ×カラタチ
遺伝子組換え技術		害虫抵抗性のトウモロコシ	微生物の遺伝子の一部をトウモロコシに導入
		光るメダカ	クラゲの遺伝子の一部をメダカに導入
科を越える細胞融合		作成例はほとんどない	

9 「細胞外において核酸を加工する技術」とは、細胞の外部において、核酸に塩基を加えたり一部の塩基を取り除いたりすること等により、当該核酸が細胞に移入された場合に目的とする機能を発揮するよう、核酸の構造を変化させる技術をいう。

10 「核酸を加工する技術」とあるが、核酸を複製させることそのものが目的ではなくと

第1章　総則

も、結果的に細胞内で核酸が複製することになるのであれば、その技術は本法による規制の対象となる。

11　「主務省令で定めるもの」は、細胞、ウイルス又はウイロイドに核酸を移入して当該核酸を移転させ、又は複製させることを目的として細胞外において核酸を加工する技術であって、次に掲げるもの以外のものとする。〈則第2条〉

(ｱ)　細胞に移入する核酸として、次に掲げるもののみを用いて加工する技術

①　当該細胞が由来する生物と同一の分類学上の種に属する生物の核酸

②　自然条件において当該細胞が由来する生物の属する分類学上の種との間で核酸を交換する種に属する生物の核酸

(ｲ)　ウイルス又はウイロイドに移入する核酸として、自然条件において当該ウイルス又はウイロイドとの間で核酸を交換するウイルス又はウイロイドの核酸のみを用いて加工する技術

⇒　上記(ｱ)は、①のセルフクローニングのみを用いて加工する技術、②のナチュラルオカレンスのみを用いて加工する技術は、規制の対象から除外することとしたものである。

このように、伝統的な育種及び選抜において用いられる技術は、本法による規制の対象としていない。

＊「セルフクローニング」とは、細胞に移入する核酸として、当該細胞が由来する生物と同一の分類学上の種に属する生物の核酸のみを用いて加工する技術をいう。つまり、同種の核酸のみを用いる場合が該当する。

＊「ナチュラルオカレンス」とは、細胞に移入する核酸として、自然条件において当該細胞が由来する生物の属する分類学上の種との間で核酸を交換する種に属する生物の核酸のみを用いて加工する技術をいう。つまり、異種の核酸を用いる場合であっても自然条件で核酸を交換することが知られている種の核酸のみを用いる場合が該当する。

⇒　上記(ｲ)は、ウイルス等と自然条件の下（体内を含む。）で核酸を交換することが認められているウイルス等の核酸のみを用いて加工する技術は、本法による規制対象から除外することとしたものである。

12　セルフクローニング及びナチュラルオカレンスの該当性については、科学的根拠が求められ、次の要件のいずれかを満たす必要があるとされる。

(ｱ)　査読のある論文に公表されていること

(ｲ)　学会のポジションペーパーなど、複数の専門家により根拠のあるものとして紙面にまとめられていること

(ｳ)　関連する国の審議会、検討会等において、複数の専門家によりコンセンサスが得られていること

＜第2号＞

13　本号の技術は、異なる分類学上の科に属する生物の細胞を融合する技術（従来から用いられているものを除く。）である。

14　二つ以上の異なる生物から細胞を取り出し、それらを化学物質や電気刺激等によって人工的に融合させ、一つの新しい"雑種の"細胞を作る技術のことを細胞融合技術という。従来の細胞融合技術では、生物の細胞を人工的に融合させるプロセス以外は、自然

31

のプロセスをそのまま利用するものであり、分類学的に近縁の生物にしか適用すること
ができない。そのため、従来の細胞融合技術を利用して作成された生物は、自然に存在
する生物との差異が必然的に小さく、また、これまで数十年にわたり支障なく利用され
ている。したがって、従来の細胞融合技術は、従来の育種技術の範疇に収まるものであ
り、本法の対象とする必要はないといえる。

　さて、「科」を越える細胞融合は、従来の細胞融合技術では不可能であった、分類学上
の異なる「科」に属する生物の細胞を人工的に融合することであり、現在の科学水準に
おいてさえ、極めて難しいとされている。

　生物の類縁関係は、分類学上、近い順から『種』、『属』、「科」、『目』等となっている
が、同一の「科」に属する生物は、その属性に大きな違いはみられない。

　一般に、「科」が異なる場合には生物の属性が著しく異なることから、細胞融合技術を
利用して異なる「科」に属する生物の細胞を融合して新しい生物を作成した場合、その
生物は自然に存在する生物と比較して極めて異質な存在になることが予想されるため、
新たに作成された生物を環境中で利用する前に生物多様性への影響を評価する仕組みが
必要と考えられる。

15　「科」とあるが、生物の分類は、最新の知見に基づき、国際植物学会議などの国際的
　　な会議において適宜見直しが行われている。『種』や『属』の分類において見直しが行
　　われることはあるが、「科」の分類について見直しが行われることは稀である。

<分類学上の「科」に属する生物の例>

目	科	属
ネコ目	ネコ科	ネコ属
		オオヤマネコ属
		ヒョウ属
	アザラシ科	ゴマフアザラシ属
		ワモンアザラシ
		アゴヒゲアザラシ属
ムクロジ目	ムクロジ科	ムクロジ属
		カエデ属
		フウセンカズラ属
	ミカン科	ミカン属
		カラタチ属
		キンカン属

16　「生物の細胞を融合する技術」とは、人工授粉や人口授精等の交配、そして生物の細胞
　　を取り出して試験管等の内部で人工的に細胞を融合させる技術をいう。

17　「異なる分類学上の科に属する生物の細胞を融合する技術」とあるが、『種』や『属』

第 1 章　総則

を越えた生物の細胞を融合させることにより新個体を生み出すことは比較的容易とされるものの、「科」を越えた生物の細胞の融合より新個体を作成することは難しく、現代の細胞融合技術においても容易ではない。

18　「主務省令で定めるもの」は、異なる分類学上の科に属する生物の細胞を融合する技術であって、交配等従来から用いられているもの以外のものとする。〈則第 3 条〉

⇒　上記に「従来から用いられているもの」とあるように、異なる科に属する生物の細胞を融合させる技術のうち、交配など伝統的な育種及び選抜において用いられる技術については、本法による規制対象から除外されている。

＜カルタヘナ法の対象となる技術＞

細胞外において核酸を加工する技術	遺伝子組換え技術の工程の一部
	人工ウイルスを作成する技術の工程の一部
細胞を融合する技術	異なる分類学上の科に属する生物の細胞を融合する技術

【法の対象である理由】

　遠縁の生物が有する核酸を導入することが可能であるため、作成された生物は、本来有する形質と当該核酸により生ずる形質との組み合わせの結果、自然には生じない形質を有することになる。例えば、微生物が産生する毒素を有する植物が生み出されることもあり得る。また、これらの技術により作成された生物は、環境中における利用経験がないため、当該生物の生物多様性への影響が不明であり、リスク評価を行う必要があると考えられる。

＊「遺伝子組換え技術」とは、細胞外において核酸を加工し、加工された核酸を細胞内に移入する技術を意味する。
＊「人工ウイルスを作成する技術」とは、細胞外において核酸を加工し、加工された核酸を有するウイルスを作成する技術を意味する。

＜カルタヘナ法の対象とならない技術＞

細胞内にある核酸を変化させる技術	突然変異を誘発する技術
	倍数体を誘導する技術
細胞を融合する技術	同一の分類学上の科に属する生物の細胞を融合する技術

【法の対象としていない理由】

　近縁の生物が有する核酸を導入すること、あるいは自らの核酸を変化させることしかできないため、作成された生物が自然に存在する生物と大きく異なることはない。また、これらの技術により作成された生物の多くは、長い年月にわたって環境中において支障なく利用されてきているため、当該生物が生物多様性に影響を与えることはないと考えられる。

■第2条第3項■

この法律において「使用等」とは、食用、飼料用その他の用に供するための使用、栽培その他の育成、加工、保管、運搬及び廃棄並びにこれらに付随する行為をいう。

趣 旨

本規定は、使用等の定義を定めたものである。

解 説

1 「その他の育成」として、次のような行為が考えられる。

○ 動物の飼育

2 「これらに付随する行為」とあるように、遺伝子組換え生物等を用いて行うあらゆる行為が「使用等」に含まれることになる。例えば、運搬に付随する行為として、次のようなものが考えられる。

○ 運搬のために行う包装行為

3 「食用、飼料用その他の用に供するための使用、栽培その他の育成、加工、保管、運搬及び廃棄並びにこれらに付随する行為」とあるが、遺伝子組換え生物等の『作成』及び『輸入』の行為そのものは「使用等」に含まれない。『作成』、『輸入』以降の行為（例：運搬、保管）から「使用等」に該当することとなる。

4 「廃棄」とあるように、遺伝子組換え生物等を含む製品を廃棄する行為についても「使用等」に該当する。ただし、遺伝子組換え生物等を不活化した後であれば、そもそも生物（法第2条第1項）に該当しなくなるため、その場合の"廃棄"の行為については「使用等」に含まれない。

第1章　総則

■第2条第4項■

> この法律において「生物の多様性」とは、生物の多様性に関する条約第二条に規定する生物の多様性をいう。

趣 旨

本規定は、生物の多様性の定義を定めたものである。

解 説

1　「生物の多様性」とは、すべての生物（陸上生態系、海洋その他の水界生態系、これらが複合した生態系その他生息又は生育の場のいかんを問わない。）の間の変異性をいうものとし、種内の多様性、種間の多様性及び生態系の多様性を含むものとする。〈生物多様性条約第2条〉

■第２条第５項■

> この法律において「第一種使用等」とは、次項に規定する措置を執らないで行う使用等をいう。

趣旨

本規定は、第一種使用等の定義を定めたものである。

解説

1 第一種使用等とは、概ね、遺伝子組換え生物等の拡散防止措置を執らないで行う開放環境下での使用等をいう。

2 議定書は、改変された生物が環境に影響を及ぼすことを防止する観点から、必要な措置を講ずることをその目的としている。そのため、環境への意図的な導入を AIA 手続の対象として規定するなど、改変された生物と環境との関わり合いの有無を軸として議定書の諸規定が構成されている。

具体的には、環境への意図的な導入を目的とする国境移動に先立ち、AIA 手続を適用することとしているが（議定書第７条）、輸入締約国の基準に従って行われる拡散防止措置の下での利用を目的とする国境移動には適用しないものとしている（議定書第６条）。

また、各締約国は、改変された生物の意図的でない国境を越える移動を防止するため、改変された生物の最初の放出に先立ってリスク評価を実施することを義務づける措置等の適当な措置を執るものとしている（議定書第 16 条第３項）。

そこで、議定書の担保法である本法においては、遺伝子組換え生物等が施設等の外に拡散することを防止しないで行う使用等を「第一種使用等」とし、施設等の外に拡散することを防止しつつ行う使用等を「第二種使用等」としている。

言い換えれば、遺伝子組換え生物等のいわゆる開放系利用が「第一種使用等」にあたり、いわゆる閉鎖系利用が「第二種使用等」に該当する。

これは、本法による規制の趣旨が、遺伝子組換え生物等が生物多様性に与える影響を防止するために必要な措置を講ずることにあり、その必要な措置は、環境中で行われるものであるかどうかで、大きく異なることによるものである。

具体的には、第一種使用等をする場合に遺伝子組換え生物等が与える影響は、生物ごと、受容環境ごとに異なるため、個別にリスク評価を行い、その評価結果に基づいて必要な措置を講ずることとなる。

一方、第二種使用等をする場合に生物多様性影響を防止するために必要な措置とは、あくまで遺伝子組換え生物等を封じ込める措置であり、リスク評価の結果に基づく措置ではない。これは、遺伝子組換え生物等と環境との関わりが存在しないため、受容環境ごとにリスク評価を行う必要がないことによる。

3 食料用、飼料用又は加工用の遺伝子組換え生物等の取扱いについて、次のように整理することができる。

(ｱ) 議定書における位置づけ

第1章　総則

議定書において、AIA 手続の対象となる環境への意図的な導入の範疇に、食料用、飼料用又は加工用の改変された生物は含まれないとしている(議定書第7条第2項)。このため、食料用、飼料用又は加工用の改変された生物の輸出入にあたっては、AIA 手続が免除されており、輸出国側からの事前通告はなされない(議定書第7条第2項)。

とはいえ、輸入国側は自国の国内規制の枠組みに従い、食料用、飼料用又は加工用の改変された生物の輸入の決定を行うことができ(議定書第11条第4項)、この決定にあたっては、バイオセーフティ・クリアリングハウスを通じて締約国に通知しなければならないとされている(議定書第11条第1項)。また、通知する情報として、改変された生物の名称及び特性のほか、リスク評価の報告が要求されている(議定書附属書II(j))。

したがって、我が国が食料用、飼料用又は加工用の改変された生物の輸入の適否を決定するにあたっては、リスク評価の報告をバイオセーフティ・クリアリングハウスに対して行わなければならないため、何らかの形でリスク評価を行う必要がある。

(イ) 本法における位置づけ

食料用、飼料用又は加工用の遺伝子組換え生物等については、①環境導入されることなく利用されるものとはいえ、その輸送や保管の段階で袋からこぼれ落ちたり、漏出することもあり得ること、②一般に、流通後にどのような取扱いがなされるか分からず、栽培されたり、野生生物の生息地に放置される可能性も否定できないこと、③我が国に流通している遺伝子組換え生物等の大部分は、食料用、飼料用又は加工用のものであること、等の事情を踏まえると、拡散防止措置を遵守して使用等される場合を除き、国内利用に関してその適否を決定する仕組みを設ける必要がある。

したがって、食料用、資料用及び加工用を目的とする場合は、環境に導入して利用することを目的としていないが、環境導入利用の場合と同様にリスク評価を行う必要があり、結果的に環境導入利用の場合と同様の規制措置が必要となるため、第一種使用等の概念に含めることとしている。

37

■第２条第６項■

　この法律において「第二種使用等」とは、施設、設備その他の構造物（以下「施設等」という。）の外の大気、水又は土壌中への遺伝子組換え生物等の拡散を防止する意図をもって行う使用等であって、そのことを明示する措置その他の主務省令で定める措置を執って行うものをいう。

趣　旨
　本規定は、第二種使用等の定義を定めたものである。

解　説
1　第二種使用等とは、概ね、遺伝子組換え生物等の拡散防止措置を執って行う閉鎖環境下での使用等をいう。

2　第二種使用等は、次のすべての要件を満たす使用等であるといえる。

(ア) 施設等の中で行う使用等

(イ) 施設等の外の環境中へ遺伝子組換え生物等の拡散を防止させる意図をもって行う使用等

(ウ) (イ)の意図を明示する措置その他の主務省令で定める措置を執って行う使用等

3　「主務省令で定める措置」は、次に掲げる場合の区分に応じ、それぞれに定めるとおりとする。〈則第４条第１項〉

(ア) 遺伝子組換え生物等の使用等（運搬を除く。）の場合――次のいずれかに該当する施設等を用いること

① 拡散防止機能を有する実験室（研究開発に係る動物の飼育室及び植物の栽培室を含む。）

＊「拡散防止機能」とは、施設等の外の大気、水又は土壌中への遺伝子組換え生物等の拡散を防止する機能をいう。

② 拡散防止機能を有する培養又は発酵の用に供する設備及びこれらに付随して用いられる拡散防止機能を有する設備

③ ①及び②に掲げるもののほか、拡散防止機能を有する施設等であってその外の大気、水又は土壌中への遺伝子組換え生物等の拡散を防止する意図をもって行う使用等である旨を記載した標識が見やすい箇所に掲げられている施設等

(イ) 遺伝子組換え生物等の運搬の場合――(ア)に掲げる施設等を用いた遺伝子組換え生物等の使用等のための運搬の用に供される蓋をし、又は封を施した試験管その他の施設等であって拡散防止機能を有するものを用いること

⇒　第二種使用等であることを明示する等の措置として、遺伝子組換え生物等の運搬とそれ以外の使用等に分けて規定している。

⇒　上記(ア)①は、拡散防止機能を有する実験室を用いることにより、第二種使用等であることを明示する措置を執っていることとしている。

⇒　上記(ア)②は、拡散防止機能を有する発酵タンク等を用いることにより、第二種使用等

であることを明示する措置を執っていることとしている。

⇒ 上記(ア)③は、拡散防止機能を有する施設等に第二種使用等を行っている旨を示す標識を掲げることにより、第二種使用等であることを明示する措置を執っていることとしている。

⇒ 上記(イ)は、蓋など拡散防止機能を有する運搬施設(封をした試験管等を含む。)を用いることにより、第二種使用等であることを明示する措置を執っていることとしている。

⇒ 施設等への表示の方法については、主務省令(法第12条)において定められている。

4 主務省令で定める拡散防止等の措置(則第4条第1項)を執る場合であっても、次に掲げるときは、当該措置は、第二種使用等であることを明示する措置(法第2条第6項)としないものとする。〈則第4条第2項〉

(ア) 特定遺伝子組換え生物等の第一種使用等をしようとするとき

  * 「特定遺伝子組換え生物等」とは、その性状等からみて第一種使用等による生物多様性影響が生じないことが明らかな生物として主務大臣が指定する遺伝子組換え生物等をいう(法第4条第1項)が、現在のところ指定されたものはない。

(イ) 承認を受けた第一種使用規程に定める第一種使用等をしようとするとき

(ウ) その他主務省令で定めるとき(則第5条)

⇒ 上記(イ)について、第二種使用等であることを明示する措置を執った施設等で行う使用等であっても、第一種使用規程の承認を受けた遺伝子組換え生物等を当該規程に従って使用等をする場合には、第二種使用等とみなさないこととしている。これは、第一種使用規程の承認を受けた遺伝子組換え生物等は、拡散防止措置を執らずに使用等が認められたものであることを考慮し、第一種使用規程に従って使用等する場合には拡散防止措置を執ることが義務づけられることがないようにしたものである。

<使用等に関する規制の考え方>

使用の形態	規制の考え方
第一種使用等 ＊拡散防止措置を執らないで行う環境中での使用等	○ 生物多様性影響は遺伝子組換え生物等の種類ごとに異なり、また、第一種使用等は環境中に放出する使用形態であるため、個別の受容環境に応じて必要な措置を講ずることが必要となる。 ○ 言い換えれば、受容環境が決まらなければ生物多様性影響を防ぐ手法も決まらないため、あらかじめ基準を定めることはできない。 ○ そこで、第一種使用等をしようとする者が第一種使用等に関する規程を定め、主務大臣がこれを承認することとする。
第二種使用等 ＊拡散防止措置を執って行う使用等	【基準が定められてるケース】 ○ 拡散防止措置を執って使用されるため、第一種使用等のように個別の外部環境を勘案する必要はない。 ○ 生物を封じ込める措置を基準として類型化することは可能である。 ○ そこで、個別の案件ごとの承認制とはせず、執るべき措置を省令で定め、その遵守義務のみを課すこととする。
	【基準が定められていないケース】 ○ 拡散防止措置は、基本的には基準として類型化することが可能であるが、案件によっては当該基準に執るべき拡散防止措置が明示されていない場合があり得る。 ○ そのような場合は、使用者が現に執ろうとする拡散防止措置の適正性を主務大臣が確認することとする。

第 1 章　総則

■第 2 条第 7 項■

　この法律において「拡散防止措置」とは、遺伝子組換え生物等の使用等に当たって、施設等を用いることその他必要な方法により施設等の外の大気、水又は土壌中に当該遺伝子組換え生物等が拡散することを防止するために執る措置をいう。

趣　旨

　本規定は、拡散防止措置の定義を定めたものである。

解　説

1　拡散防止機能を有する施設で使用等をしていれば自動的に拡散防止措置が執られているとみなされるわけではない。例えば、開口部を閉じることができる温室について、その開口部を閉じないで使っている場合、拡散防止措置を執っているとは言い難い。

　　つまり、拡散防止機能を有する施設等を適切に管理して拡散防止を図っていることをもって、拡散防止措置が執られている状態ということができる。

2　拡散防止措置には、主務省令(法第 12 条)において定められたものと、主務大臣の確認(法第 13 条)を受けたものとがある。なお、拡散防止措置として、施設等のハード面の措置と、施設の運転管理等に関するソフト面の措置が規定されている。

41

第三条（基本的事項の公表）

（平二九法一八・一部改正）

主務大臣は、議定書及び補足議定書の的確かつ円滑な実施を図るため、次に掲げる事項（以下「基本的事項」という。）を定めて公表するものとする。これを変更したときも、同様とする。

一　遺伝子組換え生物等の使用等により生ずる影響であって、生物の多様性を損なうおそれのあるもの（以下「生物多様性影響」という。）を防止するための施策の実施に関する基本的な事項

二　遺伝子組換え生物等の使用等をする者がその行為を適正に行うために配慮しなければならない基本的な事項

三　前二号に掲げるもののほか、遺伝子組換え生物等の使用等が適正に行われることを確保するための重要な事項

四　遺伝子組換え生物等の使用等により生ずる影響であって、生物の多様性（生物の多様性の確保上特に重要なものとして環境省令で定める種又は地域に係るものに限る。以下この号において同じ。）を損なうもの又は損なうおそれの著しいものが生じた場合における当該影響による生物の多様性に係る損害の回復を図るための施策の実施に関する基本的な事項

趣　旨

本規定は、主務大臣が議定書及び補足議定書の的確かつ円滑な実施を図るため、基本的事項を定めて公表する旨を定めたものである。その趣旨は、議定書及び補足議定書で要請されている事項のうち法律上の規制等では十分対応できない訓示的事項や、法律上規定されている事項の詳細等を明示することにより、本法について広く関係者の理解と協力を得ようとするものである。

解　説

1　本法では、遺伝子組換え生物等による生物多様性への影響を防止するため、第一種使用等に先立って生物多様性影響評価を行うこと（法第4条第2項）等を柱としているが、遺伝子組換え技術等の進歩が著しいことを考慮すると、最新の科学的知見に基づく生物多様性影響評価の方法を示し、その評価の適切な実施を確保しなければならない。

そのためには、最新の科学的知見に基づいて、常に更新された第一種使用規程の承認基準を定め、また、最新の科学的知見に基づき生物多様性影響評価の指針を申請者に示しておく必要がある。

また、通常、一般に議定書の担保法という性格の法律においては、「基本的事項の公表」の規定を設けており、許可等やその基準の考え方、事業者が配慮しなければならない事項等を明示している。これは、担保法に基づく規制的措置により対応すべきもののほか、規制的措置では十分対応できないものもあり、それを訓示規定としているためである。

そこで、本法においても、第一種使用規程の承認に関する基準等に関する基本的な事

項を定めるとともに、議定書及び補足議定書を国内実施する上で利用者が配慮しなければならない基本的な事項等を定め、広く関係者の協力を得て議定書の的確かつ円滑な実施を図ることとしている。

　なお、明示的に締約国の義務とされていないが、その趣旨から締約国が行うことが期待されている事項として、次のようなものがある。

（ア）輸入締約国の決定の通報がない場合には輸出を行わないこと

（イ）途上国がリスク評価を行う旨を宣言した場合は、輸出者が輸出に先立って通告を行うこと

⇒　上記の「担保法という性格の法律」として、次のようなものがある。

　　○　特定有害廃棄物等の輸出入等の規制に関する法律（平成 4 年 12 月 16 日法律第 108 号）

　　○　特定物質の規制等によるオゾン層の保護に関する法律（昭和 63 年 5 月 20 日法律第 53 号）

　　○　南極地域の環境の保護に関する法律（平成 9 年 5 月 28 日法律第 61 号）

2　「主務大臣」は、財務大臣、文部科学大臣、厚生労働大臣、農林水産大臣、経済産業大臣及び環境大臣とする。〈主務大臣政令〉

3　「議定書」とは、生物の多様性に関する条約のバイオセーフティに関するカルタヘナ議定書（平成 15 年 11 月 27 日条約第 7 号）をいう。〈法第 1 条〉

4　「補足議定書」とは、バイオセーフティに関するカルタヘナ議定書の責任及び救済に関する名古屋・クアラルンプール補足議定書（平成 29 年 12 月 8 日条約第 31 号）をいう。〈法第 1 条〉

＜第 1 号＞

5　「生物の多様性」とは、生物多様性条約第 2 条に規定する生物の多様性をいう。〈法第 2 条第 4 項〉

6　遺伝子組換え生物等の使用等によって生物の多様性が損なわれる事例として、次のような場合が考えられる。

　　○　生態系に侵入して他の野生生物を駆逐してしまう場合

　　○　近縁の野生生物と交雑し、その野生生物種を減少させてしまう場合

　　○　有害物質等を産生し、周辺の野生生物を減少させてしまう場合

　そのため、本号において、遺伝子組換え生物等の使用等により生ずる影響であって、生物の多様性を損なうおそれのあるものを「生物多様性影響」と定義するとともに、第一種使用規程の承認基準として、『野生動植物の種又は個体群の維持に支障を及ぼすおそれがある影響（法第 4 条第 5 項）』を例示し、防止すべき生物多様性影響の内容を具体的に示している。

7　遺伝子組換え生物等の使用等により生ずる影響であって、生物の多様性を損なうおそれのあるものを防止するための施策の実施に関する基本的な事項として、次のとおり定められている。〈基本的事項告示〉

（A）遺伝子組換え生物等の第一種使用等に係る基本的な事項

　　遺伝子組換え生物等を作成し又は輸入して第一種使用等をしようとする者その他の

遺伝子組換え生物等の第一種使用等をしようとする者が、既に公表された第一種使用規程に従った第一種使用等をする場合等を除き、受けなければならない第一種使用規程の承認に係る手続については、次によること

(a1) 第一種使用規程の承認の申請

(ｱ) 第一種使用規程の承認の申請にあたり提出すべき生物多様性影響評価書は、次に掲げる事項に留意して主務大臣が定める評価の方法に従って作成すること

① 生物多様性影響の評価に際して着目すべき点は、遺伝子組換え生物等の特性によって様々であることから、植物、動物及び微生物ごとに評価の項目を定めること

＊「植物」とは、植物界に属する生物及び菌界に属する生物のうちきのこ類をいう。
＊「動物」とは、動物界に属する生物をいう。
＊「微生物」とは、菌界に属する生物(きのこ類を除く。)、原生生物界に属する生物、原核生物界に属する生物、ウイルス及びウイロイドをいう。

② 生物多様性影響の評価に必要とされる情報は、最新の科学的知見によることとし、遺伝子組換え生物等の第一種使用等の目的、内容及び方法に応じ、当該遺伝子組換え生物等の宿主又は当該宿主の属する分類学上の種に関する情報、遺伝子組換え生物等の調製等に関する情報及び遺伝子組換え生物等の使用等に関する情報とすること

③ 生物多様性影響の評価は、議定書附属書Ⅲに規定された方法に沿って、影響を受ける可能性のある野生動植物等の特定、影響の具体的内容の評価、影響の生じやすさの評価、生物多様性影響が生じるおそれの有無等の判断の手順によること

④ ②の遺伝子組換え生物等の使用等に関する情報には、必要に応じ、承認を受けようとする者による第一種使用等の開始後における情報収集、生物多様性影響が生ずるおそれのある場合における生物多様性影響を防止するための措置、実験室等での使用等又は第一種使用等が予定されている環境と類似の環境での使用等(原則として遺伝子組換え生物等の生活環又は世代時間に相応する適当な期間行われるものをいう。)の結果等を含むこと

(ｲ) 第一種使用規程の承認の申請にあたり申請書とともに提出する書類は、生物多様性影響評価書のほか、承認を受けようとする者による生物多様性影響の効果的な防止に資する措置(当該承認を受けようとする者による第一種使用等の開始後における情報収集及び生物多様性影響が生ずるおそれのある場合における生物多様性影響を防止するための措置を含む。)の内容を記載した書類とすること(主務大臣が必要と認める場合に限る。)

(a2) 第一種使用規程の承認の審査

(ｱ) 学識経験者からの意見聴取

学識経験者については、第一種使用等をする遺伝子組換え生物等の特性に関し知見を有する専門家及び遺伝子組換え生物等の第一種使用等によって影響を受ける可能性のある生物、生態系等に関し知見を有する専門家から選定すること

第1章　総則

(イ) 第一種使用規程の承認の基準

　　第一種使用規程の承認の申請が次の①から③までのいずれにも適合しているときは、生物多様性影響が生ずるおそれがないものとして、第一種使用規程の承認をするものとする。

① 当該第一種使用規程が、次のいずれかに該当するものであること。

　　(i) 生物多様性影響評価書及び学識経験者から聴取した意見の内容に照らし、当該第一種使用規程に従って第一種使用等をした場合に影響を受ける可能性があると特定された野生動植物の種又は個体群の維持に支障を及ぼすおそれがないと認められる遺伝子組換え生物等に係る第一種使用規程であること

　　(ii) その宿主又は宿主の属する分類学上の種について我が国での長期間の使用等の経験のある遺伝子組換え生物等であって、生物多様性影響評価書及び学識経験者から聴取した意見の内容に照らし、当該宿主又は宿主の属する分類学上の種と比較して、生物多様性に及ぼす影響の程度が高まっていないと認められるものに係る第一種使用規程であること

② 当該遺伝子組換え生物等の特性又はその第一種使用等の内容及び方法に応じ、実験室等での使用等又は第一種使用等が予定されている環境と類似の環境での使用等(原則として遺伝子組換え生物等の生活環又は世代時間に相応する適当な期間行われるものをいう。)をすることにより、生物多様性影響を評価するための情報が得られていること

③ 当該遺伝子組換え生物等の特性又はその第一種使用等の内容及び方法に応じ、生物多様性影響の評価に際し勘案した生物多様性影響の効果的な防止に資する措置(当該承認を受けようとする者による第一種使用等の開始後における情報収集及び生物多様性影響が生ずるおそれのある場合における生物多様性影響を防止するための措置を含む。)が確実に講じられるものであること

(ウ) 国民の意見の聴取

　　遺伝子組換え生物等の使用等により生ずる生物多様性影響について国民各層の関心が高いことから、主務大臣は、第一種使用規程の承認にあたって、第一種使用等の内容及び方法に応じ、国民に対し当該承認の申請に係る第一種使用規程等を公表し、それに対して提出された意見及び情報を考慮すること

(エ) 第一種使用規程の承認にあたって考慮すべき事項

　　主務大臣は第一種使用規程の承認にあたって、遺伝子組換え生物等の第一種使用等による人の健康に対する影響を考慮するとともに、食品として国内で第一種使用等をすることが第一種使用規程の承認申請書で示されているものにあっては、『食品、添加物等の規格基準(昭和34年12月28日厚生省告示第370号)』の規定による安全性審査との整合性、飼料として国内で第一種使用等をすることが第一種使用規程の承認申請書で示されているものにあっては、『飼料及び飼料添加物の成分規格等に関する省令(昭和51年7月24日農林省令第35号)』の規定による安全性についての確認との整合性を考慮すること

(a3) 承認取得者等による情報の収集等

(ｱ) 承認取得者は、生物多様性影響の評価に際し勘案した第一種使用等の開始後における情報収集及び生物多様性影響が生ずるおそれのある場合における生物多様性影響を防止するための措置を執る必要があること

(ｲ) 承認取得者は、主務大臣が必要な情報の提供を求めた場合(法第6条第2項)に対応できるよう、第一種使用規程の承認を受けた遺伝子組換え生物等について、当該遺伝子組換え生物等の第一種使用等をする者に対し、その第一種使用等の状況、第一種使用等により生ずる影響に関する情報の収集を求めることも含め、第一種使用等の状況、第一種使用等により生ずる影響に関する情報の収集に努めること

(ｳ) 遺伝子組換え生物等の第一種使用等(環境への意図的な導入を目的とするものに限る。)をする者は、当該第一種使用等の状況を把握し、第一種使用等により生ずる影響に関する情報の収集に努めるとともに、必要に応じて関係する行政機関に連絡するよう努めること

(B) 遺伝子組換え生物等の第二種使用等に係る基本的な事項

遺伝子組換え生物等の第二種使用等に関し、執るべき拡散防止措置を主務省令により定める場合の考え方及び拡散防止措置の確認の手続については、次によること

(b1) 執るべき拡散防止措置を主務省令により定める場合の考え方

主務大臣は、遺伝子組換え生物等の使用等の実績及び科学的知見を踏まえ、執るべき拡散防止措置をあらかじめ定めることができると判断される第二種使用等について定め、必要に応じ見直しを行うこと。その際、遺伝子組換え生物等の特性により生物多様性影響を生ずる可能性のある拡散の程度が異なることから、事業等の従事者への影響も考慮しつつ、執るべき拡散防止措置を拡散の程度に応じ段階に分けて定めること

(b2) 主務大臣による拡散防止措置の確認に係る手続

主務大臣は、第二種使用等をしようとする遺伝子組換え生物等について、その特性及び使用等の態様に応じ、用いようとする施設等及び管理方法がその拡散を効果的に防止するものであることを確認すること

(C) 遺伝子組換え生物等の輸出入に係る基本的な事項

(c1) 遺伝子組換え生物等の輸入に係る手続等

環境への意図的な導入を目的とした遺伝子組換え生物等の輸入に係る手続等については、次によること

(ｱ) 権限のある当局

我が国の議定書における権限のある当局は、環境省であること

(ｲ) 輸入に係る通告の受領及び連絡

環境大臣は、環境への意図的な導入を目的とした遺伝子組換え生物等の輸出について書面による通告を受領したときは、当該書面の写しを大臣(環境大臣を除く。)(則第40条第1項各号)に送付するとともに、当該書面に記載された輸入予定者に対し、通告があった旨及び法に基づく第一種使用規程の承認の必要の有無につ

第 1 章　総則

いて連絡を行うこと

(ｳ) 輸入に係る通告者に対する通報

環境大臣は、通告を受領した日から 90 日以内に、所定の事項(議定書第 9 条 2)及び所定の情報(議定書第 10 条 2)を、当該通告をした者に対して書面により通報すること。その際、必要に応じ、予定される使用等に関連する他法令についての情報を提供すること

(ｴ) 輸入に係る通告に関する決定

環境大臣は、通告を受領した日から 270 日以内に、我が国における使用等に係る決定を、当該通告をした者及び情報交換センターに対して書面により通報すること。なお、当該通告をした者に対する通報に際し、必要に応じ、予定される使用等に関連する他法令についての情報を提供すること

＊「情報交換センター」とは、議定書第 20 条に規定するバイオセーフティに関する情報交換センターをいう。

(c2) 遺伝子組換え生物等の輸出に係る手続

遺伝子組換え生物等の輸出に係る手続については、次によること

(ｱ) 輸入締約国の環境への意図的な導入を目的とする遺伝子組換え生物等の輸出について

① 輸出に係る通告

遺伝子組換え生物等を締約国に対し輸出しようとする者は、当該締約国の権限のある当局に対して、書面により通告(法第 27 条)を行うこと。なお、当該締約国がいかなる遺伝子組換え生物等について通告を必要とするか、当該締約国の権限のある当局がどこであるか等については、情報交換センターの情報により判断すること

＊「締約国」とは、議定書の締約国をいう。

② 追加的な関連情報の提供

締約国に通告を行った場合、当該締約国から追加的な関連情報を求められたときは、輸出しようとする者は、議定書の趣旨を踏まえ、必要な情報を提供すること

③ 危険性の評価

締約国に通告を行った場合、当該締約国から危険性の評価の実施及びその費用の負担を求められたとき(議定書第 15 条 2)は、輸出しようとする者は、議定書の趣旨を踏まえ、必要な対応を行うこと

④ 輸入に係る締約国の意思の尊重

締約国に通告を行った場合、輸出しようとする者は、当該締約国における輸入についての決定に従うこと

⑤ 表示

輸出しようとする者は、必要な表示(法第 28 条)をした上で、輸出を行うこと

⑥ 違法な輸出に対する措置

47

主務大臣は、遺伝子組換え生物等の輸出が違法に行われた場合には、措置命令の適切な発動等を通じ、生物の多様性の確保を図ること

⑦ 秘密情報の取扱い

輸出しようとする者は、①に基づき通告した情報(議定書第 21 条 6 に掲げる情報を除く。)又は②に基づき提供した追加的な関連情報であって、秘密のものとして取り扱われるべきものを特定することができること。この場合において、輸入に係る締約国が要請するときは、当該締約国に対し、理由を示す必要があること。また、特定した情報であっても、当該締約国が、そのような取扱いの対象としないと決定する場合(議定書第 21 条第 2 項)もあることに留意すること

(ｲ) 食料もしくは飼料として直接利用し又は加工することを目的とする遺伝子組換え生物等の輸出について

① 輸入に係る締約国の意思の尊重

輸出しようとする者は、輸入に係る締約国が当該締約国の国内規制の枠組みに従い、輸入に関する決定を行っている場合(議定書第 11 条第 4 項)又は情報交換センターを通じて危険性の評価等に従って輸入について決定することを宣言している場合(議定書第 11 条第 6 項)については、これらの決定に従うこと

② 表示

輸出しようとする者は、必要な表示(法第 28 条)をした上で、輸出を行うこと

③ 違法な輸出に対する措置

主務大臣は、遺伝子組換え生物等の輸出が違法に行われた場合には、措置命令の適切な発動等を通じ、生物の多様性の確保を図ること

(ｳ) 拡散防止措置の下での利用を目的とする遺伝子組換え生物等の輸出について

① 表示

輸出しようとする者は、必要な表示(法第 28 条)をした上で、輸出を行うこと

② 違法な輸出に対する措置

主務大臣は、遺伝子組換え生物等の輸出が違法に行われた場合には、措置命令の適切な発動等を通じ、生物の多様性の確保を図ること

＜第 2 号＞

8 遺伝子組換え生物等の使用等をする者がその行為を適正に行うために配慮しなければならない基本的な事項として、次のとおり定められている。〈基本的事項告示〉

(ｱ) 他法令の遵守に関する事項

遺伝子組換え生物等の使用等を行う者は、法の規定によるほか、人の健康の保護を図ることを目的とした法令等予定される使用等に関連する他法令を遵守すること

＊「人の健康の保護を図ることを目的とした法令」として、例えば、労働安全衛生法、放射性同位元素等による放射線障害の防止に関する法律がある。

(ｲ) 遺伝子組換え生物等の取扱いに係る体制の整備に関する事項

第一種使用規程(第一種使用等の場所を限定する等生物多様性影響を防止するために第一種使用等の方法を限定する場合に限る。)の承認を受けようとする者又は第二種

使用等をしようとする者は、遺伝子組換え生物等の使用等をする事業所等において生物多様性への影響を防止するための措置を適切に行うことができるよう、遺伝子組換え生物等の特性及び使用等の態様に応じ、遺伝子組換え生物等の安全な取扱いについて検討する委員会等を設置し、第一種使用規程の承認もしくは拡散防止措置の確認を受けるにあたり又は第二種使用等を行うにあたり、あらかじめ遺伝子組換え生物等の安全な取扱いについての検討を行うとともに、遺伝子組換え生物等の取扱いについて経験を有する者の配置、遺伝子組換え生物等の取扱いに関する教育訓練、事故時における連絡体制の整備を行うよう努めること

(ウ) 情報の提供に関する事項

譲渡者等は、譲受者等に対し、主務省令で定められる情報を提供する際、遺伝子組換え生物等の性状等に応じて、譲受者等が当該遺伝子組換え生物等を適切に取り扱うために提供することが望ましいと判断される情報を有する場合には、当該情報についても提供するよう努めること

(エ) 記録の保管に関する事項

第一種使用規程(第一種使用等の場所を限定する等生物多様性影響を防止するために第一種使用等の方法を限定する場合に限る。)の承認取得者及び第二種使用等をする者は、使用等の態様、(イ)の委員会等における検討結果、譲渡等に際して提供した又は提供を受けた情報等を記録し、保管するよう努めること

＜第3号＞

9 その他遺伝子組換え生物等の使用等が適正に行われることを確保するための重要事項として、次のとおり定められている。〈基本的事項告示〉

(ア) 科学的知見の充実のための措置に関する事項

国は、遺伝子組換え生物等及びその使用等により生ずる生物多様性影響に関する科学的知見の充実を図るため、遺伝子組換え生物等の使用等による影響の監視を実施する等、これらに関する情報の収集、整理及び分析並びに研究の推進その他必要な措置を講ずるよう努めること

(イ) 情報の提供及び国民の意見の聴取に関する事項

国は、法を的確に運用するため、承認を受けた第一種使用規程に関する情報、国外で使用等が認められている遺伝子組換え生物等に関する情報、生物多様性影響についての新しい知見に関する情報等、遺伝子組換え生物等の使用等をする者にとって必要とされる情報を幅広く提供するよう努めること。また、国は、法に基づく施策に国民の意見を反映し、関係者相互間の情報及び意見の交換の促進を図るため、関係各省それぞれに蓄積される情報を集積し、提供するバイオセーフティに関する共通の情報基盤を整備し、情報提供を幅広く行い、広く国民の意見を求めること

(ウ) 秘密情報等に関する事項

国は、情報の提供及び国民の意見の聴取にあたっては、『行政機関の保有する情報の公開に関する法律(平成11年5月14日法律第42号)』の規定に基づき、第一種使用規程の承認の申請をした者、使用等をする者等の秘密情報等の提供は行わないこと

＊「秘密情報」とは、秘密として管理されている事業活動又は研究活動に有用な技術上の情報であって公然と知られていないものをいう。

(エ) 関係者相互間の連携に関する事項

　主務大臣は、法を的確に運用するため、(イ)のバイオセーフティに関する共通の情報基盤を活用して、第一種使用規程の承認、拡散防止措置の確認等に関する情報の共有化を図るとともに、相互の連絡をとることにより、遺伝子組換え生物等の使用等をする者等に対する指導等を円滑に行うこと

(オ) 国際協力に関する事項

　国は、開発途上締約国及び移行経済締約国における議定書の効果的な実施のため、議定書事務局の管理する専門家の名簿に専門家を登録すること等により、開発途上国及び移行経済締約国における遺伝子組換え生物等の安全な使用等に関して知見を有する者の養成及び遺伝子組換え生物等の安全な使用等のための国内制度の充実に協力すること

＜第4号＞

10　本号は、平成22年の議定書第5回締約国会議において、「バイオセーフティに関するカルタヘナ議定書の責任と救済についての名古屋・クアラルンプール補足議定書」が採択されたことを受け、平成29年の法改正により新設されたものである。

　同年の法改正により新しく設けられた回復措置命令(法第10条第3項、第14条第3項、第26条第3項)の趣旨、その発動についての細目を明示することが関係者の理解と協力を得るために必要であること、回復措置命令を発動できない場合には必要に応じて国が措置を講じることがあり得ることから、そのような内容を明らかにしておくことが望ましいため、本号が基本的事項に追加された。

11　本規定の第1号から第3号までは「生物多様性の防止に関する事項」を定めているのに対し、本号の内容は「生物多様性の影響が生じた場合の施策に関する事項」であるため、第3号の次に、『第4号』として規定されている。

12　我が国では、生物多様性の保全の観点等から特に重要な種や地域を現行法で指定して所定の行為を規制し、また、国として一定程度の状況把握を行っているため、本法に基づく損害の範囲は、そうした種や地域に係るものに限定するという考え方に基づき、種又は地域に係る環境省令が定められている。

⇒　上記の「現行法」とは、その目的に生物の多様性の確保を掲げている次のような法律をいう。

① 自然公園法

　この法律は、優れた自然の風景地を保護するとともに、その利用の増進を図ることにより、国民の保健、休養及び教化に資するとともに、生物の多様性の確保に寄与することを目的とする。

② 自然環境保全法

　この法律は、自然公園法その他の自然環境の保全を目的とする法律と相まって、自然環境を保全することが特に必要な区域等の生物の多様性の確保その他の自然環境の

第1章　総則

適正な保全を総合的に推進することにより、広く国民が自然環境の恵沢を享受するとともに、将来の国民にこれを継承できるようにし、もって現在及び将来の国民の健康で文化的な生活の確保に寄与することを目的とする。

③　種の保存法

この法律は、野生動植物が、生態系の重要な構成要素であるだけでなく、自然環境の重要な一部として人類の豊かな生活に欠かすことのできないものであることに鑑み、絶滅のおそれのある野生動植物の種の保存を図ることにより、生物の多様性を確保するとともに、良好な自然環境を保全し、もって現在及び将来の国民の健康で文化的な生活の確保に寄与することを目的とする。

④　鳥獣保護管理法

この法律は、鳥獣の保護及び管理を図るための事業を実施するとともに、猟具の使用に係る危険を予防することにより、鳥獣の保護及び管理並びに狩猟の適正化を図り、もって生物の多様性の確保（生態系の保護を含む。）、生活環境の保全及び農林水産業の健全な発展に寄与することを通じて、自然環境の恵沢を享受できる国民生活の確保及び地域社会の健全な発展に資することを目的とする。

13　「環境省令で定める種」は、国内希少野生動植物種とする。〈種地域省令〉

⇒　上記の「国内希少野生動植物種」とは、その個体が本邦に生息し又は生育する絶滅のおそれのある野生動植物の種であって、政令で定めるもの（例：シジュウカラガン、トキ）をいう。〈種の保存法第4条第3項〉

＊「政令」とは、絶滅のおそれのある野生動植物の種の保存に関する法律施行令をいう。

14　「環境省令で定める（略）地域」は、次に掲げるものとする。〈種地域省令〉

①　国立公園の区域のうち、環境大臣の指定を受けた区域（自然公園法第20条第3項第12号、第14号）

＊「環境大臣の指定を受けた区域」とは、この場合、国立公園の特別地域（環境大臣が指定する、動物を放つ行為又は植物の植栽が規制された区域に限る。）を意味する。

②　国立公園の区域のうち、特別保護地区（自然公園法第21条第1項）

③　原生自然環境保全地域（自然環境保全法第14条第1項）

④　自然環境保全地域の区域のうち、環境大臣の指定を受けた区域（自然環境保全法第25条第4項第4号、第5号）

＊「環境大臣の指定を受けた区域」とは、この場合、自然環境保全地域の特別地区（環境大臣が指定する、動物を放つ行為又は植物の植栽が規制された区域に限る。）を意味する。

⑤　生息地等保護区の区域のうち、種の保存法第37条第4項各号列記以外の部分の規定による環境大臣の指定を受けた区域（同項第11号に掲げる行為に係るものに限る。）

＊「環境大臣の指定を受けた区域」とは、この場合、生息地等保護区の管理地区（環境大臣が指定する、個体を放つ行為、植栽、種子をまく行為が規制された区域に限る。）を意味する。

⑥　環境大臣の指定を受けた鳥獣保護区の区域のうち、環境大臣の指定を受けた区域（鳥獣保護法第29条第7項第4号）

＊「環境大臣の指定を受けた区域」とは、この場合、国指定鳥獣保護区特別保護地区（環境大臣が指定する、動物を放つ行為が規制された区域に限る。）を意味する。

15　遺伝子組換え生物等の使用等により生ずる影響であって、生物の多様性を損なうもの

又は損なうおそれの著しいものが生じた場合における当該影響による生物の多様性に係る損害の回復を図るための施策の実施に関する基本的な事項として、次のとおり定められている。〈基本的事項告示〉

回復措置命令（法第10条第3項、第14条第3項、第26条第3項）に基づく、法の規定に違反して遺伝子組換え生物等の使用等がなされている場合又はなされた場合における遺伝子組換え生物等の使用等により生ずる影響であって、生物の多様性を損なうもの又は損なうおそれの著しいものが生じた場合における当該影響による生物の多様性に係る損害の回復を図るための施策の実施にあたっては、次によること

＊「生物の多様性」とあるが、生物の多様性の確保上特に重要なものとして環境省令で定める種又は地域に係るものに限られる。

(ｱ) 遺伝子組換え生物等の使用等により生ずる影響による生物の多様性に係る損害の回復を図るための措置命令の要件に関する事項

① 「遺伝子組換え生物等の使用等により生ずる影響」の認定

環境大臣は、「遺伝子組換え生物等の使用等により生ずる影響」の認定にあたっては、遺伝子組換え生物等の使用等と生じた影響との間に因果関係が認められること及び遺伝子組換え生物等の遺伝子の組換えにより、競合における優位性、有害物質の産生性、捕食性、寄生性、交雑性その他の性質の変化が生じたことに起因して当該影響が生じたと認められることにより判断すること

② 「影響であって、生物の多様性を損なうもの又は損なうおそれの著しいものが生じた」ことの認定

環境大臣は、「影響であって、生物の多様性を損なうもの又は損なうおそれの著しいものが生じた」ことの認定にあたっては、種又は地域の特性を考慮し、遺伝子組換え生物等の使用等による影響が生ずる前後の種又は地域の状態を比較し、野生動植物の種や個体群の相当程度の縮小や絶滅に至るような状況等が生じているかどうかを個別具体的に判断すること。その判断にあたっては、種については、生育密度もしくは生息密度の低下、生育地もしくは生息地の面積の減少又は生育環境もしくは生息環境の悪化等が測定され、又は観察されるかどうかを、地域については、当該地域に生育し、もしくは生息する野生動植物の種もしくは個体群、生育地もしくは生息地又は生育環境もしくは生息環境等に係る著しい変化が測定され、又は観察されるかどうかを判断基準の一つとすること

③ 「法の規定に違反して遺伝子組換え生物等の使用等がなされている」こと又は「なされた」ことの認定

環境大臣は、遺伝子組換え生物等の使用等が法の規定に違反して行われたかどうかを個別具体的に判断して「法の規定に違反して遺伝子組換え生物等の使用等がなされている」こと又は「なされた」ことを認定すること

(ｲ) 損害の回復を図るために必要な措置の内容に関する事項

環境大臣は、「影響による生物の多様性に係る損害の回復を図るため必要な措置」の内容について、生育環境又は生息環境の整備、個体の増殖その他の損害の内容を踏ま

えた合理的な措置とすること。措置の合理性については、措置の実施に要する費用及び期間、措置の効果及びその程度、措置の実施によって生じ得る影響の内容及びその程度並びに命令を受けた者の帰責性の程度を考慮するとともに、損害に応じて個別具体的に判断する。

(ウ) その他

① 主務大臣から環境大臣への情報提供

　　環境大臣以外の主務大臣が法の規定に違反する遺伝子組換え生物等の使用等の事実を把握し、この使用等によって、遺伝子組換え生物等の使用等により生ずる影響であって、生物の多様性を損なうもの又は損なうおそれの著しいものが生ずる可能性があると判断した場合には、当該主務大臣は環境大臣に対して、速やかに当該事案について情報提供すること

② 環境大臣から主務大臣への協議等

　　環境大臣は、主務大臣への協議(法第35条の2第2号)にあたっては、回復措置命令(法第10条第3項、第14条第3項、第26条第3項)が必要と判断する根拠等を示すこと。また、環境大臣は、措置命令をしようとするときは、必要に応じて専門家の意見を聴取すること

＜生物多様性の防止に関する事項＞

カルタヘナ法が定める規制に係る細目事項

＜第1号＞
- ○ 第一種使用規程の承認の申請(法第4条第1項から第3項まで)
- ○ 第一種使用規程の承認の審査(法第4条第4項から第7項まで)
- ○ 承認取得者等による情報の収集等(法第6条)
- ○ 執るべき拡散防止措置を主務省令により定める場合の考え方(法第12条)
- ○ 主務大臣による拡散防止措置の確認に係る手続(法第13条)
- ○ 遺伝子組換え生物等の輸入に係る手続等(議定書第7条、第8条／法第4条、第12条、第13条)
- ○ 遺伝子組換え生物等の輸出に係る手続(法第27条から第29条まで)

カルタヘナ法が定める規制以外で配慮し、取り組むべき事項

＜第2号＞
- ○ 他法令を遵守すること
- ○ 遺伝子組換え生物等の取扱いに係る体制の整備に努めること
- ○ 遺伝子組換え生物等を適切に取り扱うための情報の提供に努めること
- ○ 遺伝子組換え生物等に関する記録等の保管に努めること

＜第3号＞
- ○ 国が科学的知見の充実に努めること
- ○ 国が情報の提供、国民の意見の聴取に努めること
- ○ 秘密情報等の取扱いに配慮すること
- ○ 主務大臣が相互に連携すること
- ○ 国が国際協力を進めること

＜生物多様性の影響が生じた場合の施策に関する事項＞

＜第4号＞
- ○ 回復措置命令の要件の認定に係る事項
- ○ 回復措置の内容に係る事項
- ○ 主務大臣から環境大臣への情報提供
- ○ 環境大臣から主務大臣への協議等

第２章第１節　遺伝子組換え生物等の第一種使用等

第二章　国内における遺伝子組換え生物等の使用等の規制に関する措置

〔平二九法一八・改称〕

第一節　遺伝子組換え生物等の第一種使用等

第四条（遺伝子組換え生物等の第一種使用等に係る第一種使用規程の承認）

■第４条第１項■

　　遺伝子組換え生物等を作成し又は輸入して第一種使用等をしようとする者その他の遺伝子組換え生物等の第一種使用等をしようとする者は、遺伝子組換え生物等の種類ごとにその第一種使用等に関する規程（以下「第一種使用規程」という。）を定め、これにつき主務大臣の承認を受けなければならない。ただし、その性状等からみて第一種使用等による生物多様性影響が生じないことが明らかな生物として主務大臣が指定する遺伝子組換え生物等（以下「特定遺伝子組換え生物等」という。）の第一種使用等をしようとする場合、この項又は第九条第一項の規定に基づき主務大臣の承認を受けた第一種使用規程（第七条第一項（第九条第四項において準用する場合を含む。）の規定に基づき主務大臣により変更された第一種使用規程については、その変更後のもの）に定める第一種使用等をしようとする場合その他主務省令で定める場合は、この限りでない。

趣　旨

　　本規定は、遺伝子組換え生物等を作成し又は輸入して第一種使用等をしようとする者等に対し、遺伝子組換え生物等の種類ごとに第一種使用規程を定め、主務大臣の承認を受けることを義務づけたものである。

解　説

1　議定書では、改変された生物の国内使用等について、次のように位置づけている。

　(ア)　改変された生物の利用が生物の多様性に対するリスクを防止し又は減少させる方法で行われることを確保しなければならない（議定書第２条第２項）。

　　　また、改変された生物の意図せざる国境を越える移動を防止する観点から、その最初の環境への導入に先立ってリスク評価を義務づけること等の措置を講ずる必要がある（議定書第16条第３項）。

　(イ)　環境への意図的な導入を目的とした、改変された生物の国境を越える移動については、リスク評価を含むAIA手続を行うべきである（議定書第７条等）。

　　　＊「議定書第７条等」とは、議定書第７条から第12条まで及び第15条をいう。

　(ウ)　拡散防止措置の下での利用に供される改変された生物の国境を越える移動については、例外的にAIA手続の対象外とする（議定書第６条第２項）。

　①　締約国は、輸入の決定を下す際にすべての改変された生物をリスク評価の対象とし、

55

自国の管轄区域における拡散防止措置の下での利用のために基準を定める権利を有すること

② AIA手続は、輸入締約国の基準に従って行われる拡散防止措置の下での利用を目的とした、改変された生物の国境を越える移動には適用しないこと

⇒ 上記(ウ)②の「AIA手続」の免除は、輸入された改変された生物の拡散防止措置の下での利用については、輸入締約国の基準に従って行われることが確保されればよいとの考え方に基づくものである。したがって、拡散防止措置の下での利用に供される目的で輸入される改変された生物については、輸出入時に規制を課す必要はないものとしている。

＜本文＞

2 第一種使用規程の承認を受けなければならない者とは、遺伝子組換え生物等を我が国の環境中にさらす行為をしようとする者であり、次のような者が考えられる。

(ア) 海外から国内に遺伝子組換え生物等を持ち込む者

○ 海外で作成された農作物の種子につき、国内販売に先立って国内の隔離圃場で栽培実験を行うために輸入しようとする場合

○ 屋外の環境中で利用する環境浄化用微生物を輸入しようとする場合

○ 農薬耐性のある種子を販売の目的で輸入しようとする場合

○ 日持ちのするトマトを販売の目的で輸入しようとする場合

(イ) 拡散防止措置がなされている状態からなされていない状態に移行させる者

○ 海外で作成された種子につき、試験研究のため第二種使用等の目的で輸入し、一定期間の拡散防止措置の下での研究結果を踏まえ、隔離圃場で栽培実験をしようとする場合

○ 国内の拡散防止措置の執られた施設等において作成され、栽培されていた種子につき、隔離圃場で栽培実験をしようとする場合

○ 国内の拡散防止措置の執られた施設等において作成され、栽培されていた種子につき、（隔離圃場での栽培実験を経ることなく、）栽培用種子として販売しようとする場合

○ 国内の拡散防止措置の執られた植物工場で栽培された遺伝子組換え植物につき、食用として販売しようとする場合

＊ 食用の目的であり、環境導入利用を目的としたものではないが、流通過程のこぼれ落ちや廃棄による環境拡散を念頭におき、承認制度の対象としている。

(ウ) 屋外で遺伝子組換え生物等を作成しようとする者

○ あえて生物多様性影響評価を行い、拡散防止措置の執られた施設等の外で遺伝子組換え生物等を作成しようとする場合

3 「生物」とは、一の細胞（細胞群を構成しているものを除く。）又は細胞群であって核酸を移転し又は複製する能力を有するものとして主務省令で定めるもの（則第1条）、ウイルス及びウイロイドをいう。〈法第2条第1項〉

4 「遺伝子組換え生物等」とは、①細胞外において核酸を加工する技術であって主務省令で定めるもの（則第2条）、②異なる分類学上の科に属する生物の細胞を融合する技術で

あって主務省令で定めるもの(則第 3 条)の利用により得られた核酸又はその複製物を有する生物をいう。〈法第 2 条第 2 項〉

5　「作成」とは、人為により遺伝子組換え生物等を生み出すことを意味している。

作成の行為自体は、生物多様性影響をもたらすものではないが、その作成直後から開始される行為によって生物多様性影響が生じることになるとの位置けがなされている。なお、作成直後から開始される行為として、次のようなものが考えられる。

○ 作成された遺伝子組換え生物等が死滅しないように、栄養物を与えたり保温したりする場合、これらの行為は「育成」に該当する。

○ 栄養物を与えずに低温保存する等、作成された遺伝子組換え生物等の生長を念頭に置かずにその状態を保つ場合、この行為は「保管」に該当する。

○ 作成された遺伝子組換え生物等を持ち運ぶ場合、この行為は「運搬」に該当する。

6　「輸入」とは、外国から本邦に到着した貨物又は輸出の許可を受けた貨物を本邦に(保税地域を経由するものについては、保税地域を経て本邦に)引き取ることをいう。〈関税法第 2 条第 1 項第 1 号〉

輸入の行為自体は生物多様性に影響をもたらさないが、輸入直後から開始される行為によって生物多様性に影響を及ぼすことになるとの位置づけがなされている。

＊「保税」とは、関税の徴収が留保されている状態であることをいう。

＊「保税地域」とは、外国から本邦に到着した貨物であって、税関の輸入の許可が未済のものについて、関税を留保したまま置いておくことのできる場所をいう。

7　「作成し又は輸入して」とあるが、これについて次のように整理することができる。

(ア) 遺伝子組換え生物等を作成又は輸入する者は、遺伝子組換え生物等を"我が国に導入する者"と位置づけることができる。

(イ) 第一種使用規程の承認を受ける義務は、遺伝子組換え生物等の販売者や貸与者ではなく、開発者や輸入者に対して課せられている。

これは、遺伝子組換え生物等の単なる販売者がリスク評価に必要な情報を有していることは通常あり得ないためである。また、仮に販売者に承認義務を課すこととした場合、我が国に遺伝子組換え生物等が導入されてから実際に販売されるまでの間は何ら規制がかからないことになり、その間の不適切な管理によって、リスク評価を経ていない遺伝子組換え生物等が環境中に拡散し、生物多様性影響が生じるおそれがあるためである。

そこで、遺伝子組換え生物等が我が国に導入される際に確実にリスク評価を行うことができるよう、その開発者又は輸入者に対して承認を受ける義務を課すこととしている。

8　「使用等」とは、食用、飼料用その他の用に供するための使用、栽培その他の育成、加工、保管、運搬及び廃棄並びにこれらに付随する行為をいう。〈法第 2 条第 3 項〉

9　「第一種使用等」とは、施設等の外の大気、水又は土壌中への遺伝子組換え生物等の拡散を防止する意図をもって行う使用等であることを明示する措置その他の主務省令で定める措置(則第 4 条第 1 項)を執らないで行う使用等をいう。〈法第 2 条第 5 項〉

⇒ 上記の「施設等」とは、施設、設備その他の構造物をいう。〈法第 2 条第 6 項〉

10 「その他の遺伝子組換え生物等の第一種使用等をしようとする者」として、次のような者が考えられる。

○ 遺伝子組換え生物等の用途変換者

＊「用途変換者」とは、第二種使用等に供していた遺伝子組換え生物等を第一種使用等に用いようとする者をいう。

11 「第一種使用等」の取扱いについて、次のように示されている。

（ア）医薬品等の第一種使用等とは、研究開発段階以外での第一種使用等をさし、通常、治験（遺伝子組換え生物等の拡散を防止して行う治験は除く。）段階以降の第一種使用等をいうものである。したがって、治験の依頼者又は自ら治験を実施しようとする者は、当該医薬品等の治験計画の届出を行う前までに、第一種使用規程の承認を受けなければならない。〈H28/7/14 薬生発 0714 第 2 号〉

＊「医薬品等」と、医薬品、医薬部外品、化粧品、医療機器及び再生医療等製品をいう。

（イ）遺伝子組換え生物等を含有し又は遺伝子組換え生物等から構成される医薬品等の第一種使用等をしようとする者は、第一種使用規程を定め、厚生労働大臣及び環境大臣の承認を受けなければならない。なお、厚生労働省・環境省告示により公表された第一種使用規程に従って第一種使用等をする場合はこの限りではない。〈H28/7/14 薬生発 0714 第 2 号〉

（ウ）上記（イ）の医薬品等の製造を行う場合は、第二種使用等に該当し、第二種使用等に係る確認申請が別途必要となる。〈H28/7/14 薬生発 0714 第 2 号〉

なお、DNA ワクチンの製造過程において、組換えプラスミドを移入させた生物を培養することは第二種使用等に該当するが、DNA ワクチンそのものは細菌由来のプラスミド DNA であり、細胞、細胞群、ウイルス又はウイロイドのいずれでもないため、生物（法第 2 条第 1 項）に該当しない。したがって、DNA ワクチンの保管、運搬、動物への接種については、本法の規制対象とはならない。

＊「DNA ワクチン」は、接種された動物に免疫反応を誘導する抗原をコードした細菌のプラスミドをいう。

（エ）治験に用いる遺伝子組換えウイルス等について、治験開始前に実施が必要とされる非臨床安全性試験（治験薬等の品質管理を目的として繰り返し実施される試験を除く。）の実施は、臨床の段階にない第二種使用等と解釈して差し支えない。〈H27/7/16 厚生労働省事務連絡〉

（オ）遺伝子治療臨床研究のうち、遺伝子組換え生物等の使用等（保管、運搬、廃棄も含む。）を行う研究は、第一種使用等として取り扱われる。〈H16/2/19 科発第 0219001 号〉

12 「規程」とは、事務処理規程や服務規程等のように一定の目的のために定められた一連の条項の総体をいう。

13 本章（法第 4 条から第 26 条まで）の「主務大臣」は、当該遺伝子組換え生物等の性状、その使用等の内容等を勘案して財務省令・文部科学省令・厚生労働省令・農林水産省令・経済産業省令・環境省令で定める区分に応じ、財務大臣、文部科学大臣、厚生労働大臣、農林水産大臣、経済産業大臣又は環境大臣とする。〈主務大臣政令〉

14 本条の「主務大臣」は、次に掲げる区分に応じ、それぞれに定める大臣のいずれもとする。〈則第40条第1項〉

（ア）研究開発段階（理事会勧告に準拠して審査がなされることが望ましい遺伝子組換え生物等である物の商業化又は実用化に向けた使用等及び遺伝子治療臨床研究その他の臨床研究として行われる使用等をする段階を除く。）の遺伝子組換え生物等である物に関する事項

① 文部科学大臣

② 環境大臣

（イ）（ア）に掲げる事項以外の事項

① 物資所管大臣（財務大臣、厚生労働大臣、農林水産大臣又は経済産業大臣であって、当該遺伝子組換え生物等である物の生産又は流通を所管する大臣）

② 環境大臣

⇒ 上記に「及び②環境大臣」とあるように、第一種使用規程の承認権者は、分野ごとの主務大臣及び環境大臣となる。

⇒ 各大臣は、概ねそれぞれに掲げる分野の遺伝子組換え生物等を所管することになる。

○ 財務大臣は酒類製造の分野

○ 文部科学大臣は研究開発の分野

○ 厚生労働大臣は医薬品等の分野

○ 農林水産大臣は農林水産の分野

○ 経済産業大臣は鉱工業の分野

15 「承認」とは、申請に係る第一種使用規程が適当であるとした公認行為をいう。

より具体的にいえば、ある遺伝子組換え生物等の環境導入利用を可能なものとする観点から生物多様性影響評価を行い、その結果を踏まえて定められた第一種使用規程を検証し、これに従って第一種使用等をするならば生物多様性影響を生じないとして公認する行為をいう。

16 遺伝子組換え生物等の第一種使用等に係る承認は、「使用等」の行為ではなく、「規程」に対して行われる。

これは、仮に「使用等」の行為そのものを承認の対象とした場合、その承認が取り消された場合であっても、遺伝子組換え生物等の「作成」や「輸入」の行為ができてしまうことになるため、「規程」という一連の条項の総体を承認の対象としたものである。

17 アメリカ、カナダ、オーストラリア、アルゼンチン等の主要な農作物の輸出国は、議定書の締約国ではないが、これらの国々から遺伝子組み換え生物等を輸入して第一種使用等をしようとする場合であっても、本規定による第一種使用規程の承認を受けなければならない。

18 主務大臣は、第一種使用規程の承認について、関係する他の主務大臣が必要な情報を得られるようにするものとする。〈則第43条第1項〉

19 第一種使用規程（第一種使用等の場所を限定するなど生物多様性影響を防止するために第一種使用等の方法を限定する場合に限る。）の承認を受けようとする者は、遺伝子組

換え生物等の使用等をする事業所等において生物多様性への影響を防止するための措置を適切に行うことができるよう、遺伝子組換え生物等の特性及び使用等の態様に応じ、遺伝子組換え生物等の安全な取扱いについて検討する委員会等を設置し、あらかじめ遺伝子組換え生物等の安全な取扱いについての検討を行うとともに、遺伝子組換え生物等の取扱いについて経験を有する者の配置、遺伝子組換え生物等の取扱いに関する教育訓練、事故時における連絡体制の整備を行うよう努めることとされている。〈**基本的事項告示**〉

20 本規定に違反して第一種使用等をした者は、6月以下の懲役もしくは50万円以下の罰金に処し、又はこれを併科する。〈**法第39条第1号**〉

　　また、いわゆる両罰規定の対象となっており、この行為者を使用する法人又は人には50万円以下の罰金刑が科される。〈**法第45条**〉

21 偽りその他不正の手段により本規定の承認を受けた者は、6月以下の懲役もしくは50万円以下の罰金に処し、又はこれを併科する。〈**法第39条第2号**〉

　　また、いわゆる両罰規定の対象となっており、この行為者を使用する法人又は人には50万円以下の罰金刑が科される。〈**法第45条**〉

＜但書＞

22 本号は、①特定遺伝子組換え生物等の第一種使用等をしようとする場合、②既に承認を受けた第一種使用規程に定める第一種使用等をしようとする場合、③主務省令(則第5条)で定める場合においては、第一種使用規程の承認を受ける必要がないこととしている。

23 議定書において、締約国は、すべての改変された生物の作成、取扱い、輸送、利用、移送及び放出が生物の多様性に対するリスクを防止し又は減少させる方法で行われることを確保し(議定書第2条第2項)、また、改変された生物の意図的でない国境を越える移動を防止するため、改変された生物の最初の放出に先立ってリスク評価の実施を義務づけること等の適当な措置を執ることとされてる(議定書第16条第3項)。

　　そのため、議定書の担保法となる本法においては、原則としてすべての改変された生物の利用について、リスク評価の義務づけ又はこれに代わる措置を講じる必要がある。

　　本法では、原則としてすべての遺伝子組換え生物等の使用等をリスク評価の対象とするという考え方に立脚しつつ、次に掲げるものについては、それぞれに掲げる措置を『適当な措置(議定書第16条第3項)』とみなし、本但書によりリスク評価の対象としないこととしている。

(ｱ) 特定遺伝子組換え生物等の第一種使用等をしようとする場合

(ｲ) 承認を受けた第一種使用規程に従って第一種使用等をしようとする場合

(ｳ) 第一種使用等をしようとする場合であって主務省令で定めるとき

(ｴ) 遺伝子組換え生物等の第二種使用等をしようとする場合

⇒　上記(ｱ)については、『生物の多様性の保全及び持続可能な利用に悪影響を及ぼすおそれがないものとして特定された改変された生物(議定書第7条第4項)』を第一種使用等をしようとする場合が該当し、生物多様性への影響が生じないことが明らかであるため、第一種使用規程の承認を受ける必要はないこととしている。

第2章第1節　遺伝子組換え生物等の第一種使用等

⇒　上記(ｲ)について、最初の使用等に際して生物多様性影響評価を行って承認を受けた第一種使用規程に従って第一種使用等をしている限りにおいては、生物多様性影響が生じるおそれがないことから、あらためて第一種使用規程の承認を受ける必要はないこととしている。

⇒　上記(ｴ)について、第二種使用等がなされる遺伝子組換え生物等は、①国が定める基準に従って行われる拡散防止措置の下での利用を目的とする場合にはAIA手続が求められていないこと(議定書第6条第2項)、②適切な拡散防止措置の下での利用であるならば、生物多様性への影響が生じないためリスク評価を行う必要性がないこと等の理由から、第一種使用規程の承認を受ける必要はないこととしている。

24　「特定遺伝子組換え生物等」として、生物多様性への影響がなく無条件で利用できる遺伝子組換え生物等が主務大臣により指定されることとなる。

　　なお、現在のところ特定遺伝子組換え生物等として指定されたものはない。

25　「この項」に基づく承認とは、遺伝子組換え生物等を作成し又は輸入して第一種使用等をしようとする者等の申請に係る第一種使用規程の承認をいう。

26　「第九条第一項」に基づく承認とは、遺伝子組換え生物等を本邦に輸出して他の者に第一種使用等をさせようとする者等の申請に係る第一種使用規程の承認をいう。

27　「主務省令で定める場合」は、次に掲げる場合とする。〈則第5条〉

(ｱ)　人の生命もしくは身体の保護のための措置又は非常災害に対する応急の措置として、緊急に遺伝子組換え生物等の第一種使用等をする必要がある場合として主務大臣が別に定める場合

(ｲ)　生物検査(法第17条)、収去した遺伝子組換え生物等の検査(法第31条、第32条)を実施するため、又はその準備を行うため、必要最小限の第一種使用等をする場合

(ｳ)　輸入された生物に遺伝子組換え生物等が混入していた場合(輸入された生物の使用等に際し承認を受けた第一種使用規程に従わないで、又は第一種使用規程の承認を受けないで当該遺伝子組換え生物等の第一種使用等をすることを避けることができない場合のうち、主務大臣が別に定める場合に限る。)

　　＊「承認を受けた第一種使用規程」とは、法第4条第1項又は第9条第1項の規定に基づき主務大臣の承認を受けた第一種使用規程(法第7条第1項(法第9条第4項において準用する場合を含む。)の規定に基づき主務大臣により変更された第一種使用規程については、その変更後のもの)をいう。

(ｴ)　人が体内に遺伝子組換え生物等を有することにより日常生活において当該遺伝子組換え生物等の第一種使用等をする場合

(ｵ)　承認を受けた第一種使用規程に従っていないこと又は第一種使用規程の承認を受けていないことを知らないで、譲渡もしくは提供を受けた遺伝子組換え生物等の第一種使用等をする場合又は委託を受けて遺伝子組換え生物等の第一種使用等をする場合

(ｶ)　承認を受けた第一種使用規程に従わないで又は第一種使用規程の承認を受けないで第一種使用等がなされた遺伝子組換え生物等に係る生物多様性影響を防止するため、必要最小限の第一種使用等をする場合

⇒　上記(ｱ)は、緊急に医薬品を使用する必要がある場合など、生物多様性影響評価を行っ

て第一種使用規程の承認を受ける時間的余裕がない場合には第一種使用規程の承認を受けなくてもよいこととしている。

⇒　上記(イ)は、本法に基づく検査を行う際には未承認の遺伝子組換え生物等が含まれている可能性があるため、そのような場合の使用等を適用除外としている。また、遺伝子組換え生物等が含まれているかどうかの検査に際し、検出しようとしている遺伝子組換え生物等の検出方法をあらかじめ確立する必要があるため、そのような事前準備の段階での使用等についても適用除外とし、本法に基づく検査の迅速かつ的確な実施を確保している。

⇒　上記(ウ)は、国外の農作物の生産現場において、我が国で未承認の遺伝子組換え生物等が交雑により混入することが避けられず、輸入された農作物を使用等する際に未承認の遺伝子組換え生物等を使用等することが避けられない場合を承認の適用除外としている。

　　なお、「第一種使用等をすることを避けることができない場合」とあるが、混入している遺伝子組換え生物等を外見上区別できるなど、容易に分離できる場合はこれに該当しない。

⇒　上記(エ)は、遺伝子治療を受けたこと等により、日常生活において遺伝子組換え生物等を第一種使用等してしまう場合を承認の承認の適用除外としている。

　　なお、遺伝子組換え生物等が含まれている医薬品等については第一種使用規程の承認が必要となり、その際に、当該医薬品等を使用した者からの排泄等についても生物多様性影響評価がなされているので、遺伝子治療を受けた者の行為を適用除外としても生物多様性影響が生ずるおそれはないと考えられる。

⇒　上記(オ)は、その遺伝子組換え生物等が承認を受けた第一種使用規程に従っていないこと又は第一種使用規程の承認を受けていないことを知らないで提供を受け、第一種使用等をした場合には場合を承認の適用除外としている。例えば、農家が未承認の遺伝子組換え作物を栽培している場合であっても、それと知らずに種子を入手して用いてしまった場合は違反性を問われないことになる。

⇒　上記(カ)は、その遺伝子組換え生物等が承認を受けた第一種使用規程に従っていないこと又は第一種使用規程の承認を受けていないことを知らないで使用等してしまい、後になってその事実が判明したため、必要最小限の措置を執る場合を承認の適用除外としている。例えば、農家が未承認の遺伝子組換え生物の種子とは知らずに栽培しており、後になってその事実が判明したことから、当該作物を刈り取り、廃棄する場合は違反性を問われないことになる。

＜第一種使用使用等に関する行政手続＞

28　第一種使用等に関する行政手続について、次のように整理することができる。

　(A)　第一種使用規程の承認

　　(ア)　第一種使用規程（法第4条第1項）

　　　　遺伝子組換え生物等の第一種使用等をしようとする者は、第一種使用規程を定めて主務大臣に提出し、その承認を受けなければならない。

　　　　ただし、次に掲げる場合は、既にリスク評価がなされていること等の理由から、

承認を受ける義務の適用が除外される。

① リスク評価するまでもなく安全性が確認されている遺伝子組換え生物等である場合

② 公表された第一種使用規程に従って第一種使用等をしようとする場合

③ 応急の措置として緊急に第一種使用等をする必要がある場合

④ 生物検査や収去した遺伝子組換え生物等の検査のため、必要最小限の第一種使用等をする場合

⑤ 輸入された生物に遺伝子組換え生物等が混入していた場合

⑥ 遺伝子治療を受けたこと人が日常生活において第一種使用等してしまう場合

⑦ 承認を受けた第一種使用規程に従っていないことを知らないで、譲渡又は提供を受けた遺伝子組換え生物等の第一種使用等をする場合等

⑧ 承認を受けた第一種使用規程に従わないで第一種使用等がなされた遺伝子組換え生物等に係る生物多様性影響を防止するため、必要最小限の第一種使用等をする場合等

(イ) 生物多様性影響評価書(法第4条第2項)

　第一種使用規程の承認を申請する際には、主務大臣が定めるところにより作成した生物多様性影響評価書を添付しなければならない。

(ウ) 主務大臣の承認審査手続

① 学識経験者の意見(法第4条第4項)

　申請に係る第一種使用規程については、最新の科学的知見に基づく評価を行う必要があるため、主務大臣は、生物多様性影響に関し専門の学識経験を有する者の意見を聴かなければならない。

② 承認の判断(法第4条第5項)

　主務大臣は、申請に係る第一種使用規程について、生物多様性影響が生ずるおそれがないと認めるときは、承認をしなければならない。

③ 修正の指示(法第5条)

　主務大臣は、申請に係る第一種使用規程について、生物多様性影響を防止するため必要があると認めるときは、修正を指示しなければならない。

(エ) 外国の開発者等による特例承認の申請(法第9条)

　外国の開発者等であっても、第一種使用規程の特例承認を受けることができる。

(B) 第一種使用規程の変更等(法第7条)

　主務大臣は、第一種使用規程に従って第一種使用等がなされる場合においても生物多様性影響が生ずるおそれがあると認められるに至ったときは、その職権により当該第一種使用規程を変更し、又は廃止しなければならない。

(C) 第一種使用規程の公表(法第8条)

　主務大臣は、遅滞なく、承認した第一種使用規程を公表しなければならない。

(D) 生物多様性影響の防止のためのリスク管理措置

① 情報提供の要請(法第6条第2項)

主務大臣は、第一種使用規程の承認取得者に対し、必要な情報の提供を求めることができる。

② 適正使用情報（法第 25 条）

主務大臣は、第一種使用規程に係る遺伝子組換え生物等の譲渡者がその譲受者に提供すべき情報を定め、公表する。

(E) 第一種使用規程を遵守させるための措置

① 措置命令（法第 10 条）

第一種使用規程に従わずに第一種使用等している場合又は緊急の必要がある場合、主務大臣は必要な措置命令を下すことができる。

② 事故時の措置（法第 11 条）

第一種使用等をしている者は、事故時においては応急の措置を執るとともに、その概要を主務大臣に届け出なければならない。

第2章第1節　遺伝子組換え生物等の第一種使用等

■第4条第2項■

　前項の承認を受けようとする者は、遺伝子組換え生物等の種類ごとにその第一種使用等に
よる生物多様性影響について主務大臣が定めるところにより評価を行い、その結果を記載し
た図書(以下「生物多様性影響評価書」という。)その他主務省令で定める書類とともに、次
の事項を記載した申請書を主務大臣に提出しなければならない。
一　氏名及び住所(法人にあっては、その名称、代表者の氏名及び主たる事務所の所在地。
　第十三条第二項第一号及び第十八条第四項第二号において同じ。)
二　第一種使用規程

趣旨

　本規定は、第一種使用規程の承認を受けようとする者は、遺伝子組換え生物等の種類ご
とに生物多様性影響について評価を行い、生物多様性影響評価書等を添付して承認申請書
を主務大臣に提出しなければならない旨を定めたものである。

解説

1　「前項の承認を受けようとする者」とあるように、生物多様性影響評価の実施は、第
　一種使用等を行おうとする個々の者ではなく、第一種使用規程の承認を受けようとする
　者に課せられている。

　　これは、そもそも生物多様性影響評価は、ある遺伝性組換え生物等を特定の条件下に
　おいて使用等した場合における生物多様性への影響について予測し、評価するものであ
　り、当該遺伝子組換え生物等を同じ条件の下で使用等するのであれば、たとえ別の者が
　生物多様性影響評価を実施したとしても全く同じ評価になるものであるためである。

2　第一種使用規程の承認を受けようとする者が行う生物多様性影響の評価が科学的か
　つ適正に行われ、また、その結果を記載した生物多様性影響評価書が適正に作成される
　ために必要な事項として、次のとおり定められている。〈評価要領一種告示〉

　(A)　生物多様性影響の評価に必要とされる情報

　　　生物多様性影響の評価は、次に掲げる情報を収集した上で、これらの情報を用いて
　　行う。ただし、当該情報の一部を用いる必要がないと考える合理的な理由がある場合
　　には、それらの情報を収集しなくてもよい。また、(B)表B2に定める生物多様性影響
　　の評価の手順に沿って評価を行う際、当該情報以外の情報を収集する必要が生じた場
　　合には、その情報を追加して収集した上で、評価を行う。

　　　＊「合理的な理由」として、(i)花粉や種子の飛散防止措置が執られている(摘花、野生生物によ
　　　る持出し防止等)、(ii)周囲に交雑する野生生物が存在しないこと等により、施設外の野生生物
　　　に影響を及ぼすおそれがないことが確実であること等が考えられ、これに該当するかどうか
　　　は審査において判断される。

　　(a1)　宿主又は宿主の属する分類学上の種に関する情報

　　　(ア)　分類学上の位置付け及び自然環境における分布状況

　　　(イ)　使用等の歴史及び現状

　　　　○　国内外における使用の歴史、栽培地域や流通状況

(ウ) 生理学的及び生態学的特性

① 基本的特性

○ 一年生と多年生の別、形態の特性等の生育特性

② 生息又は生育可能な環境の条件

③ 捕食性又は寄生性

④ 繁殖又は増殖の様式

⑤ 病原性

⑥ 有害物質の産生性

⑦ その他の情報

(a2) 遺伝子組換え生物等の調製等に関する情報

(ア) 供与核酸に関する情報

＊「供与核酸」とは、細胞外において核酸を加工する技術であって主務省令で定めるもの（法第2条第2項第1号）の利用により得られた核酸又はその複製物のうち、ベクター以外のものをいう。

＊「ベクター」とは、細胞外において核酸を加工する技術であって主務省令で定めるもの（法第2条第2項第1号）の利用により得られた核酸又はその複製物のうち、移入された宿主内でその全部又は一部を複製させるものをいう。

① 構成及び構成要素の由来

○ 構成要素であるプロモーター、目的遺伝子、ターミネーター等のサイズ、由来、機能

② 構成要素の機能

○ 各遺伝子の組換え植物体内での機能や発現されるタンパク質特性

(イ) ベクターに関する情報

① 名称及び由来

○ ベクターの名称、由来、作成の方法

② 特性

○ ベクターの塩基数、基本構造及び特定の機能を果たす塩基配列

○ ベクター図

○ ベクターの宿主域や感染性

(ウ) 遺伝子組換え生物等の調製方法

① 宿主内に移入された核酸全体の構成

○ ベクター内での核酸の位置

② 宿主内に移入された核酸の移入方法

○ アグロバクテリウム法、エレクトロポレーション法、パーティクルガン法など核酸の移入方法の種類

③ 遺伝子組換え生物等の育成の経過

○ 核酸が移入された細胞の選抜方法、移入にアグロバクテリウムを用いた場合はその植物体での残存の有無、用いる系統までの育成過程

(エ) 細胞内に移入した核酸の存在状態及び当該核酸による形質発現の安定性

　　　　＊　例えば、次のような情報が該当する。
　　　　　(i)　移入された核酸の複製物が存在する場所——移入された核酸が染色体内に組み込
　　　　　　まれているか、細胞質内に存在するか等を後代における分離比データの解析等によ
　　　　　　り確認
　　　　　(ii)　移入核酸の複製物のコピー数、当該複製物の複数世代での伝達安定性——導入され
　　　　　　たコピー数及び育成過程での世代間での伝達状況を確認
　　　　　(iii)　その他——ウイルス感染等を経由して移入した核酸が野生動植物に伝達されるお
　　　　　　それのある場合は、当該伝達性の有無及び程度。染色体に複数コピーが存在する場
　　　　　　合はその状態(隣接して存在するか等)

　(オ)　遺伝子組換え生物等の検出及び識別の方法並びにそれらの感度及び信頼性

　(カ)　宿主又は宿主の属する分類学上の種との相違

　　　　＊　例えば、次のような情報が該当する。
　　　　①　移入核酸の複製物の発現により付与された生理学的又は生態学的特性の具体的内容
　　　　②　生理学的又は生態学的特性について宿主の属する分類学上の植物種との間の相違
　　　　　の有無及び相違がある場合はその程度
　　　　　(i)　形態の特性——かん長、穂数、草型、分けつ数等
　　　　　(ii)　生育の特性——発芽、出穂、開花等の時期
　　　　　(iii)　生育初期における低温又は高温耐性
　　　　　(iv)　成体の越冬性及び越夏性
　　　　　(v)　花粉の形態及び稔性
　　　　　(vi)　種子の生産量、休眠性及び発芽率、脱粒性——穂数、一穂粒数、穂重等。休眠
　　　　　　性、発芽率については、適切な条件下で種子を保管した後、発芽試験を行うこと
　　　　　　により計測
　　　　　(vii)　交雑率——交雑可能な野生植物が存在する場合に、宿主の特性に応じた受粉環
　　　　　　境を再現し、一定距離を隔てた当該野生植物との交雑率を計測し、宿主の属する
　　　　　　分類学上の植物種と比較
　　　　　(viii)　有害物質の産生性——分泌物が他の植物や土壌微生物に与える影響、植物体が
　　　　　　内部に有し、枯死した後に他の植物に与える影響を土壌微生物試験、後作試験、
　　　　　　鋤込み試験等により調査し、宿主の属する分類学上の植物種と比較

(a3)　遺伝子組換え生物等の使用等に関する情報

　(ア)　使用等の内容

　(イ)　使用等の方法

　(ウ)　承認を受けようとする者による第一種使用等の開始後における情報収集の方法

　(エ)　生物多様性影響が生ずるおそれのある場合における生物多様性影響を防止する
　　　ための措置

　(オ)　実験室等での使用等又は第一種使用等が予定されている環境と類似の環境での
　　　使用等(原則として遺伝子組換え生物等の生活環又は世代時間に相応する適当な
　　　期間行われるものをいう。)の結果

　(カ)　国外における使用等に関する情報

(B)　生物多様性影響の評価の項目及び手順

　　生物多様性影響の評価は、表 B1 の左欄に掲げる遺伝子組換え生物等の区分に応じ、
　それぞれ右欄に掲げる評価の項目ごとに、表 B2 に定める生物多様性影響の評価の手順
　に沿って行い、その評価の結果を踏まえ、生物多様性影響が生ずるおそれがあるかど
　うかを総合的に判断する。

＜表B1＞	
遺伝子組換え生物等の区分	評価の項目（生物多様性影響を生じさせる可能性のある遺伝子組換え生物等の性質）
植物 ＊「植物」とは、植物界に属する生物及び菌界に属する生物のうちきのこ類をいう。	競合における優位性（野生植物と栄養分、日照、生育場所等の資源を巡って競合し、それらの生育に支障を及ぼす性質）
	有害物質の産生性（野生動植物等の生息又は生育に支障を及ぼす物質を産生する性質） 　＊「野生動植物等」とは、野生動植物又は微生物をいう。
	交雑性（近縁の野生植物と交雑し、法が対象とする技術により移入された核酸をそれらに伝達する性質）
	その他の性質（上に掲げる性質以外の性質であって、生態系の基盤を改変させることを通じて間接的に野生動植物等に影響を与える性質等生物多様性影響の評価を行うことが適切であると考えられるもの）
動物 ＊「動物」とは、動物界に属する生物をいう。	競合における優位性（野生動物と食物、営巣場所、生息場所等の資源を巡って競合し、それらの生息に支障を及ぼす性質）
	捕食性又は寄生性（野生動植物等を捕食し、又は野生動植物に寄生することにより野生動植物の生息又は生育に支障を及ぼす性質）
	有害物質の産生性（野生動植物等の生息又は生育に支障を及ぼす物質を産生する性質）
	交雑性（近縁の野生動物と交雑し、法が対象とする技術により移入された核酸をそれらに伝達する性質）
	その他の性質（上に掲げる性質以外の性質であって、生態系の基盤を改変させることを通じて間接的に野生動植物等に影響を与える性質等生物多様性影響の評価を行うことが適切であると考えられるもの）
微生物 ＊「微生物」とは、菌界に属する生物（きのこ類を除く。）、原生生物界に属する生物、原核生物界に属する生物、ウイルス及びウイロイドをいう。	他の微生物を減少させる性質（競合、有害物質の産生等により他の微生物を減少させる性質）
	病原性（野生動植物に感染し、それらの野生動植物の生息又は生育に支障を及ぼす性質）
	有害物質の産生性（野生動植物の生息又は生育に支障を及ぼす物質を産生する性質）
	核酸を水平伝達する性質（法が対象とする技術により移入された核酸を野生動植物又は他の微生物に伝達する性質）
	その他の性質（上に掲げる性質以外の性質であって、生態系の基盤を変化させることを通じて間接的に野生動植物等に影響を与える性質等生物多様性影響の評価を行うことが適切であると考えられるもの）

第 2 章第 1 節　遺伝子組換え生物等の第一種使用等

＜表 B2＞	
生物多様性影響の評価の手順	評価の実施の方法
(ア) 影響を受ける可能性のある野生動植物等の特定	表 B1 の右欄に掲げられた評価の項目である遺伝子組換え生物等の性質により影響を受けると考えられる野生動植物等の種類を、分類学上の種その他の属性により特定する。 なお、当該野生動植物等の種類の数が多数に上る場合は、それらの種の生育又は生息環境、当該第一種使用等に係る遺伝子組換え生物等が産生する有害物質への感受性、当該遺伝子組換え生物等との近縁性等を勘案し、(イ)から(エ)までに定められた評価等を行う対象とすることが適当であると考えられる野生動植物等の種を選定することができる。 ただし、その宿主又は宿主の属する分類学上の種について我が国での長期間の使用等の経験のある遺伝子組換え生物等に関しては、表 B2 の右欄に掲げられた評価の項目である遺伝子組換え生物等の性質のすべてについて当該遺伝子組換え生物等と宿主又は宿主の属する分類学上の種との間で異なるところがない場合には、影響を受ける可能性のある野生動植物等を特定しなくてもよい。
(イ) 影響の具体的内容の評価	(ア)で特定又は選定された野生動植物等が遺伝子組換え生物等から受ける影響の具体的内容について、当該野生動植物等の個体の反応についての実験を行うこと、関連する情報を収集すること等により評価する。
(ウ) 影響の生じやすさの評価	第一種使用規程に従って第一種使用等をした場合に、(ア)で特定又は選定された野生動植物等が遺伝子組換え生物等から受ける影響の生じやすさについて、当該野生動植物等の生息又は生育する場所又は時期その他の関連する情報を収集することにより評価する。
(エ) 生物多様性影響が生ずるおそれの有無等の判断	当該野生動植物等の種又は個体群の維持に支障を及ぼすおそれがあるか否かを判断する。 なお、その宿主又は宿主の属する分類学上の種について我が国での長期間の使用等の経験がある遺伝子組換え生物等に関しては、当該宿主又は宿主の属する分類学上の種と比較して影響の程度が高まっているか否かにより判断することができる。

69

(C) 生物多様性影響評価書の記載

　生物多様性影響評価書は、次に定める項目に沿って記載する。

(ア) 生物多様性影響の評価にあたり収集した情報

　(A)に従い収集した情報を(A)に掲げる項目に沿って記載する。その際、当該情報の出典(当該情報が学識経験者又は評価を行う者の有する知識又は経験に基づくものである場合は、その旨)が明らかになるように記載する。

(イ) 項目ごとの生物多様性影響の評価

　(B)表 B1 に掲げる評価の項目ごとに、(B)表 B2 に定める生物多様性影響の評価の手順に従い実施した評価の内容を記載する。その際、評価を行うにあたり用いられた情報の出典(当該情報が学識経験者又は評価を行う者の有する知識又は経験に基づくものである場合は、その旨)が明らかになるように記載する。また、評価を行う者が行った判断については、その判断の根拠を明らかにする。

(ウ) 生物多様性影響の総合的評価

　(イ)の項目ごとの評価結果の概要及びこれらの評価結果を踏まえた総合的な判断の結果を記載する。

3　「主務省令で定める書類」は、第一種使用規程の承認を受けようとする者による生物多様性影響の効果的な防止に資する措置の内容を記載した書類とする(主務大臣が必要と認める場合に限る。)。〈則第 6 条〉

⇒　上記に「承認を受けようとする者による生物多様性影響の効果的な防止に資する措置の内容を記載した書類」とあるが、基本的事項告示において、『承認を受けようとする者による生物多様性影響の効果的な防止に資する措置(当該承認を受けようとする者による第一種使用等の開始後における情報収集及び生物多様性影響が生ずるおそれのある場合における生物多様性影響を防止するための措置を含む。)の内容を記載した書類』と明記されているとおり、これは、承認を受けた者による措置として生物多様性影響の防止が図ることができる場合に、その内容を定めることとなる。

　当該措置が生物多様性影響を防止するために必要であれば、生物多様性影響評価書に記載し、同時に申請書の添付資料としても提出する必要がある。

　なお、承認申請に係る遺伝子組換え生物等の使用等をする者すべてが一定の措置を執る必要がある場合には、第一種使用規程にその内容を定める必要がある。

4　「申請」とは、許認可等を求める行為であって、当該行為に対して行政庁が諾否の応答をすべきこととされているものをいう。〈行政手続法第 2 条第 3 号〉

　＊「許認可等」とは、法令に基づき、行政庁の許可、認可、免許その他の自己に対し何らかの利益を付与する処分をいう。

5　「申請書」は、様式第一(第一種使用規程承認申請書)とする。〈則第 7 条〉

6　申請書等を主務大臣に提出する場合においては、次に掲げる区分に応じ、それぞれに定める大臣に提出するものとする。〈則第 41 条第 1 項〉

　＊「申請書等」とは、申請書その他の書類をいう。

(ア) 研究開発段階(理事会勧告に準拠して審査がなされることが望ましい遺伝子組換え

生物等である物の商業化又は実用化に向けた使用等及び遺伝子治療臨床研究その他の臨床研究として行われる使用等をする段階を除く。)の遺伝子組換え生物等である物に関する事項——文部科学大臣

(イ) (ア)に掲げる事項以外の事項——財務大臣、厚生労働大臣、農林水産大臣、経済産業大臣又は環境大臣であって、当該遺伝子組換え生物等である物の生産又は流通を所管する大臣

⇒ 上記(ア)及び(イ)に定める大臣(環境大臣を除く。)に申請書等を提出する場合は、その写し一通を添付しなければならない。〈則第41条第2項〉

これは、承認申請書を複数の大臣に提出するという不便を解消するため、申請窓口を一つに整理したものである。

⇒ 上記(ア)及び(イ)に定める大臣(環境大臣を除く。)は、申請書等及びその写しを受理したときは、遅滞なく、当該写しを環境大臣に送付するものとする。この場合において、当該申請書等は、大臣が受理した日において環境大臣に提出されたものとみなす。〈則第41条第3項〉

7　第一種使用等に関する申請先の事例として、次のようなものが考えられる。
○ 研究開発段階の遺伝子組換え植物(農作物・樹木)——文部科学省
○ 輸入・流通・栽培等を目的とした遺伝子組換え植物(農作物・樹木)——農林水産省
○ 人用の医薬品である遺伝子組換え生物——厚生労働省
○ 製造・接種等を目的とした遺伝子組換え生ワクチン(動物用医薬品)——農林水産省

＜厚生労働省関係＞

8　医薬品等の第一種使用等に係る申請書等は、主務大臣(厚生労働大臣及び環境大臣)に提出することとされているが、環境大臣への申請書についても厚生労働大臣宛てに提出する(則第41条)。その際、総合機構を経由して、厚生労働大臣宛て正本1通、副本2通を提出する。また、申請内容を記録した電磁的記録があれば、当該電磁的記録についても提出する必要がある。〈H28/7/14 薬生発0714第2号〉

＊「総合機構」とは、独立行政法人医薬品医療機器総合機構の略称。PMDAとも呼ばれる。

9　承認申請の標準的事務処理期間は6か月とする。〈H28/7/14 薬生発0714第2号〉

⇒ 次に掲げる期間は、標準的事務処理期間に含まないものとする。なお、申請までに必要に応じて総合機構に相談する等、申請資料に不備がないよう資料整備を十分に行う必要がある。〈H16/3/19 薬食審査発第0319001号(最近改正：H28/7/29 薬生薬審発0729第4号・薬生機審発0729第5号)〉

① 申請書等が提出された後にその不備が明らかになり、申請者がこれを修正するために要する期間
② 学識経験者の意見に基づき必要となった追加的な情報又は書類を申請者が提出するまでの期間

10　遺伝子組換えを行ったウイルス等を不活化せずに用いる製品については、遺伝子組換え生物等含有製品に該当するため、治験を行う場合や、製造販売後に医療機関で使用する場合は、第一種使用規程の承認を受けなければならない。なお、承認申請の手続を行

う場合であっても、対象となる製品に由来する遺伝子組換え生物等について、投与患者からの体外への排出や環境中に排出された際の影響等に関する情報に基づき、生物多様性影響が適切に評価された場合には、必ずしも患者を個室で管理すること等が一律に求められるものではない。〈H27/7/16 厚生労働省事務連絡〉

11　欧州など海外の議定書締約国の国内法に基づいて生物多様性影響評価が行われ、第一種使用等に相当する利用が許可されていることを理由として、第一種使用規程の承認申請の手続を省略することはできない。もっとも、第一種使用規程の承認申請に際し、先行する海外での使用実績を活用することは差し支えない。〈H27/7/16 厚生労働省事務連絡〉

12　臨床研究を行う際に定めた第一種使用規程に従って治験を実施することができるのであれば、当該治験を実施しようとする際に、あらためて第一種使用規程の承認を受ける必要はない。〈H27/7/16 厚生労働省事務連絡〉

13　遺伝子組換え生物等含有医薬品等の第一種使用規程の承認申請に必要な生物多様性影響評価の一般原則として、次のとおり示されている。〈H19/9/13 薬食発第0913005号〉

　(A) 目的

　　　生物多様性影響評価の目的は、遺伝子組換え生物等の環境中への放出がもたらし得る生物多様性への潜在的な悪影響を個別事例に基づいて確認・評価することであり、当該評価は、リスク管理の必要性の有無及び必要があるとすれば最も適切なリスクの管理方法はいかなるものかを確認する観点から行うものであること

　(B) 一般原則

　　　組換え生物等含有医薬品等の第一種使用等による生物多様性影響の評価は、評価要領一種告示に定められた評価の手順に沿って科学的かつ適正に実施するほか、次に掲げる一般原則に従って行わなければならないこと

　　(ア) 生物多様性影響の評価は、環境中に放出される遺伝子組換え生物等の種類、意図される用途及び受入れ環境等の第一種使用規程の内容を考慮し、個別事例に即して行うこと

　　(イ) 遺伝子組換え生物等の第一種使用等においては、適切に観察を実施する等により安全性を確認しつつ、より制限の少ない利用に移ること

　　(ウ) 生物多様性影響の評価においては、遺伝子組換え生物等の性質の中でも特に生残性に関する情報が重要であること。当該遺伝子組換え生物等が人の体外に排泄されるか否か及び体外に排泄された場合の各種の環境媒体(土壌、大気、淡水、海水、下水汚泥等)中における生残条件や生残時間等の情報は、生物多様性影響の評価を行う上で有効であることから、極力明らかにして評価を行うことが望ましいこと

　　(エ) 当該遺伝子組換え生物等の生物多様性に対する影響について新たな知見が得られた場合には、それによるリスクの程度の変化の有無を確認し、変化したと認められる場合はそれに伴ってリスク管理の方法を変更する必要性の有無を判断するため生物多様性影響の評価を再度行い、その結果、既に承認されている第一種使用規程の変更を行うか、又は新たに第一種使用規程を定め、主務大臣の承認を受ける必要が生じる場合があり得ること

第2章第1節　遺伝子組換え生物等の第一種使用等

(C) 評価方法

(c1) 遺伝子組換え生物等の性質

　　生物多様性影響の評価は個別の事例に応じて、遺伝子組換え生物等の性質等に関する情報を収集し、それを用いて行うこと

(c2) 生物多様性影響の評価の手順

　　生物多様性影響の評価は、遺伝子組換え生物等の区分(評価要領一種告示の別表第二の上欄)に応じ、それぞれに掲げる評価の項目ごとに、次に掲げる項目(評価要領一種告示の別表第三)について行い、その評価の結果を踏まえ、生物多様性影響の評価が生ずるおそれがあるか否かを総合的に評価すること

(ｱ) 影響を受ける可能性のある野生動植物等の特定

　　生物多様性に関して悪影響を受ける可能性のある野生動植物等の種類を、想定される組換え生物含有医薬品等の使用条件下で、非改変生物等を使用した場合と比較するなどして、分類学上の種その他の属性により特定すること。この場合、潜在的悪影響を、蓋然性が低いという理由で無視することがないようにすること。遺伝子組換え生物等の潜在影響として次のようなものが考えられる。

① 毒性及びアレルゲン性影響を含む野生動植物の病気

② 受入れ環境中の種又は各生物集団の遺伝的多様性への影響

③ 感染性疾患の伝播又は新たな宿主又は媒介者の発生を促す病原体への感受性の変化

④ 人用又は動物用医薬品に用いられる抗生物質に対する耐性を付与する遺伝子を伝達することにより、治療薬等を無効にすること

⑤ 土壌における有機物質の分解の変化を通じた炭素及び窒素の再循環等の生物地球科学的影響

⑥ 遺伝子組換え生物等の環境への伝播

⑦ 挿入遺伝子の他の生物への伝達

⑧ 他の生物との相互作用

(ｲ) 影響の具体的内容の評価

　　(ｱ)で特定又は選定された野生動植物等が組換え生物等含有医薬品等から受ける潜在的悪影響の具体的内容とその重篤度について評価すること。本評価は、影響の重篤度は組換え生物等含有医薬品等が放出される環境及び放出の方法に影響を受けるものであることに留意し、そのような悪影響が起きるものと仮定して行うこと

(ｳ) 影響の生じやすさの評価

　　第一種使用規程に従って第一種使用等した場合に、(ｱ)で特定又は選定された野生動植物等が遺伝子組換え生物等から受ける悪影響の生じやすさの程度について評価すること。悪影響の生じやすさを評価する際の主たる要素は、遺伝子組換え生物等の放出が意図されている環境の特性と放出の方法であること

(ｴ) 生物多様性影響が生ずるおそれの有無等の判断

73

悪影響を引き起こす可能性のある遺伝子組換え生物等により引き起こされる生物多様性へのリスク（当該野生動植物の種又は個体群の維持に支障が生じるおそれ）の推定は、最新の方法を用い、悪影響が生じる可能性とそれが起こった場合の帰結の重篤度とを組み合わせることにより、可能な限り行わなければならないこと

14 遺伝子組換え生物等含有医薬品等の第一種使用規程の承認申請に係る生物多様性影響の評価に必要な情報として、次のとおり示されている。〈H19/9/13 薬食発第 0913005 号〉

(A) 宿主又は宿主の属する分類学上の種に関する情報

遺伝子組換え分子が導入される細胞生物もしくは非細胞生物又はこれらの属する生物種の特徴及びそれを選択した理由を明らかにすること

(ｱ) 分類学上の位置付け（宿主域を含む。）

(ｲ) 自然環境における分布状況

(ｳ) 使用等の歴史及び現状（人用もしくは動物用医薬品としての利用の歴史又は産業的な利用の歴史及び現状を含む。）

(ｴ) 生理学的及び生態学的特性

① 基本的特性

② 生息又は生育可能な環境の条件

＊ 自然界における生存能力を明らかにすること

③ 捕食性又は寄生性

④ 繁殖又は増殖の様式

⑤ 病原性

＊ 特に人又は動物に対して著しい病原性が知られている場合は、その詳細を明らかにすること

⑥ 有害物質の産生性

⑦ その他の情報（不活化条件等を含む。）

(B) 遺伝子組換え生物等の調製等に関する情報

(ｱ) 供与核酸に関する情報

供与核酸について、次に掲げる事項を明らかにすること

① 構成及び構成要素の由来

② 構成要素の機能

＊ 構成要素については、その産業的な利用の歴史及び現状（実験室レベルのものを含む。）についても明らかにすること

(ｲ) ベクターに関する情報

ベクターを作製する場合には、次に掲げる項目に沿ってその由来（起原又は入手方法）、構成成分、構築手段、増幅方法及び精製方法を明らかにすること。天然には存在しない合成遺伝子を導入する場合は、その塩基配列の意味についても明らかにすること。また、ウイルスベクターを用いる場合は、その病原性等について示すこと

① 名称及び由来

② 特性

(ｳ) 遺伝子組換え生物等の調製方法

次に掲げる項目に沿って、導入核酸の構築方法及びその最終構築物の遺伝子構造を示すこと

① 宿主内に移入された核酸全体の構成

② 宿主内に移入された核酸の移入方法

③ 遺伝子組換え生物等の育成の経過

(エ) 細胞内に移入した核酸の存在状態及び当該核酸による形質発現の安定性

① 供与核酸の塩基配列を明らかにすること。目的遺伝子及びフランキング領域については塩基配列分析法を明らかにした上で塩基配列分析を行うこと。制限酵素地図及び構成成分の配置図を明らかにすること

② 供与核酸の発現機構を検討すること。遺伝子の発現が何らかの調節を受けるように設計されている場合には、その調節機構及び実験的根拠を明らかにすること。また、供与核酸のすべての翻訳可能領域を明らかにすること

③ 供与核酸からの発現産物の構造を明らかにするとともに、人に対する毒性等の影響の有無を調査すること

④ 供与核酸の宿主内での存在様式を明らかにすること。宿主染色体に組み込まれる場合には、部位特異的か非特異的かを明らかにすること

⑤ 目的遺伝子と自然界に存在する遺伝子とについて、構造及び塩基配列の違いを調査すること

⑥ 供与核酸配列の安定性について明らかにすること

(オ) 遺伝子組換え生物等の検出及び識別の方法並びにそれらの感度及び信頼性遺伝子組換え生物等の検出方法及び宿主との識別方法等を示すこと

(カ) 宿主又は宿主の属する分類学上の種との相違点

① 遺伝子組換え生物等が非細胞生物であり、原株の宿主とは別の宿主で増殖させる場合、伝播様式又は遺伝的特性等の相違の有無及び相違がある場合は、その内容を明らかにすること

② 遺伝子組換え生物等と遺伝子導入をした細胞生物又は非細胞生物とを比較した場合、伝播様式又は遺伝的特性において異なる場合には、その相違を明らかにすること

(C) 遺伝子組換え生物等の使用等に関する情報

第一種使用規程に定める組換え生物等含有医薬品等の使用等の内容に沿って、その投与方法・管理、事故等緊急時の対応等の情報について示すこと

(ア) 使用等の内容

(イ) 使用等の方法

(ウ) 承認を受けようとする者による第一種使用等の開始後における情報収集の方法

(エ) 生物多様性影響が生ずるおそれのある場合における生物多様性影響を防止するための措置

必要な場合には、想定外の事故等緊急時の対応について記載も記載すること

(オ) 実験室等での使用等又は第一種使用等が予定されている環境と類似の環境での使

用等の結果

　（カ）国外における使用等に関する情報

　(D)　生物多様性影響評価

　　　次の(ｱ)から(ｴ)までの項目について、①から④までに示した手順を踏まえて、その
　　内容を記載すること

　（ｱ）他の微生物を減少させる性質

　　①　影響を受ける可能性のある微生物の特定

　　②　影響の具体的内容の評価

　　③　影響の生じやすさの評価

　　④　生物多様性影響が生ずるおそれの有無等の判断

　（ｲ）病原性

　　①　影響を受ける可能性のある野生動植物等の特定

　　②　影響の具体的内容の評価

　　③　影響の生じやすさの評価

　　④　生物多様性影響が生ずるおそれの有無等の判断

　（ｳ）有害物質の産生性

　　①　影響を受ける可能性のある野生動植物等の特定

　　②　影響の具体的内容の評価

　　③　影響の生じやすさの評価

　　④　生物多様性影響が生ずるおそれの有無等の判断

　（ｴ）核酸を水平伝達する性質

　　①　影響を受ける可能性のある野生動植物又は他の微生物の特定

　　②　影響の具体的内容の評価

　　③　影響の生じやすさの評価

　　④　生物多様性影響が生ずるおそれの有無等の判断

　（ｵ）その他の性質

　(E)　総合的評価

　　　(D)の各項目を踏まえた上で総合評価を行うこと

＜農林水産省関係＞

15　次に掲げる遺伝子組換え生物等に係る申請書等の提出先は、農林水産省消費・安全局
　　農産安全管理課とする。なお、その際、申請書等の内容を記録した電磁的記録があれば、
　　当該電磁的記録についても提出する。〈H19/12/10 19 消安第 8999 号・環自野発第 071210001
　　号（最近改正：H28/8/19 28 消安第 1551 号等）、H19/12/10 19 消安第 9000 号・環自野発第
　　071210002 号（最近改正：H28/6/24 28 消安第 1429 号等）、H24/5/16 23 消安第 6226 号・環自
　　野発第 120516003 号（最近改正：H28/6/24 28 消安第 1429 号等）、H25/7/19 25 消安第 2007 号・
　　25 農会第 512 号・環自野発第 1307191 号（最近改正：H28/8/19 28 消安第 1551 号等）〉

　①　農林水産大臣がその生産又は流通を所管する遺伝子組換え植物（農作物、樹木）

　②　農林水産大臣がその生産又は流通を所管する遺伝子組換え生ワクチン（動物用医薬

品）

③ がん疾患の犬・猫の治療に使用する遺伝子組換えウイルス及び当該ウイルスの接種動物（犬・猫の遺伝子治療）

④ 農林水産大臣がその生産又は流通を所管する遺伝子組換えカイコ

16 承認申請の標準処理期間は6か月とする。ただし、次に掲げる期間は、標準処理期間に含まないものとする。〈H19/12/10 19 消安第 8999 号・環自野発第 071210001 号（最近改正：H28/8/19 28 消安第 1551 号等）、H19/12/10 19 消安第 9000 号・環自野発第 071210002 号（最近改正：H28/6/24 28 消安第 1429 号等）、H24/5/16 23 消安第 6226 号・環自野発第 120516003 号（最近改正：H28/6/24 28 消安第 1429 号等）、H25/7/19 25 消安第 2007 号・25 農会第 512 号・環自野発第 1307191 号（最近改正：H28/8/19 28 消安第 1551 号等）〉

① 申請書等が提出された後にその不備が明らかになり、申請者がこれを修正するために要する期間

② 学識経験者の意見に基づき必要となった追加的な情報又は書類について、その提出を求められてから申請者が当該情報又は書類を提出するまでの期間

＜農林水産省関係／遺伝子組換え農作物・樹木＞

17 農林水産大臣がその生産又は流通を所管する遺伝子組換え植物（農作物、樹木）に係る申請書等の内容に関する事項として、次のとおり示されている。〈H19/12/10 19 消安第 8999 号・環自野発第 071210001 号（最近改正：H28/8/19 28 消安第 1551 号等）〉

(A) 共通事項

(ア) 遺伝子組換え等の技術（則第 2 条）の利用により得られた核酸を有する生物に由来する遺伝子組換え植物のうち、当該核酸の複製物及びその周辺の核酸の同定等により互いに識別することが困難なものであって、それらの生理学的及び生態学的特性の変異の幅を考慮してまとめて生物多様性影響の評価を行うことが可能なものについては、申請を一括（（B）(イ)及び（C）(イ)に規定する隔離圃場試験の場合を除く。）して行う。なお、承認取得者は、後代系統のうち、承認に先立ち考慮された生理学的又は生態学的特性の変異の幅を超える特性を有するものに関する情報の収集に努め、それらが育成された旨の情報を入手した場合は、その旨を農林水産省消費・安全局農産安全管理課に報告する。

＊「隔離圃場試験」とは、遺伝子組換え農作物の一般的な使用（例：食用・飼料用としての輸入、流通、販売、栽培）等の申請に必要なデータを得るため、日本国内で、一定の期間、周辺の環境と隔離された圃場の中で行われる栽培試験をいう。

＊「後代系統」とは、承認に係る遺伝子組換え植物を用いて育成された遺伝子組換え植物（育成の過程において遺伝子組換え等の技術（則第 2 条、第 3 条）が利用されたものを除く。）をいう。

(イ) スタック系統等の取扱い

スタック系統であって承認に係る遺伝子組換え植物のみを交雑して育成されるもの、種間交雑系統であって承認に係る遺伝子組換え植物と遺伝子組換え植物ではない植物を交雑して育成されるもの等の後代系統のうち一括して申請し承認を受けたもの以外のものについては、第一種使用規程の承認を受けなければならない。

＊「スタック系統」とは、異なる種類の遺伝子組換え植物を交雑して育成される系統をいう。

＊「種間交雑系統」とは、異なる分類学上の種に属する植物を交雑して育成される系統をいう。
(ウ) 生物多様性影響の評価の過程において追加的に収集することが必要な情報

評価要領一種告示別表第三に規定する生物多様性影響の評価の手順に沿って評価を行う過程において影響を受けると考えられる野生動植物等が特定された場合は、評価要領一種告示別表第一に規定する情報に加えて、当該野生動植物等の個体の反応についての実験を行うこと、当該野生動植物等の生息又は生育する場所及び時期に関する情報を収集すること等により得られた当該影響に係る科学的情報を収集する。その上で、これらの情報を用いて評価を行い、その結果も併せて提出する。

○ 有害物質の産生性に関して影響の具体的内容の評価を行う場合は、必要に応じ、影響を受ける可能性のあるものとして特定された野生動植物等を用いたバイオアッセイ等を行う。

(エ) 緊急措置計画書

申請者は、申請に係る第一種使用等により生物多様性影響が生ずるおそれがあると認められるに至った場合に緊急措置をあらかじめ定めておくこととし、次に掲げる事項を含む緊急措置計画書を作成し、申請書に添付する。

＊「緊急措置」とは、申請者自らが可能な範囲で行う生物多様性影響を効果的に防止するための措置をいう。

① 実施体制及び責任者

② 申請に係る第一種使用等の状況の把握の方法((B)(イ)及び(C)(イ)に規定する隔離圃場試験の場合を除く。)

③ 申請に係る第一種使用等をしている者に緊急措置の具体的な内容を周知するための方法

④ 申請に係る遺伝子組換え植物を不活化する又は拡散防止措置を執ってその使用等を継続する(執るべき拡散防止措置が法に基づきあらかじめ定められている場合に限る。)ための具体的な措置の内容

＊「不活化」とは、遺伝子組換え植物を細胞等(則第 1 条)以外のものに人為的に変えることをいう。

⑤ 農林水産大臣及び環境大臣への速やかな連絡体制

⑥ その他必要な事項

(オ) モニタリング計画書

① モニタリング計画書が必要となる場合

申請者は、次のいずれかに該当する場合、モニタリング計画書を作成し、申請書に添付する。なお、次のいずれにも該当しない場合であっても、申請書等の審査の過程でモニタリングの必要性がある旨の意見が具体的な調査項目とともに学識経験者から出されたときは、申請者は当該モニタリング計画書を作成し、申請書に添付する。

＊「モニタリング」とは、申請に係る第一種使用等による野生動植物等への影響の有無及び影響がある場合におけるその具体的な内容についての調査をいう。

(i) 申請に係る第一種使用等の方法を限定することにより生物多様性影響を防止

することとしている場合((B)(イ)に規定する隔離圃場試験のうち別表第 3 の 2 の(7)の場合に該当しないもの及び(C)(イ)に規定する隔離圃場試験のうち別表第 6 の 2 の(8)の場合に該当しないものの場合を除く。)

(ii) 申請に係る第一種使用等による生物多様性影響を防止するため申請者が自らモニタリングを行うこととした場合

② モニタリング計画書の記載事項

モニタリング計画書には、次に掲げる事項を含めることとする。

(i) 実施体制及び責任者

(ii) モニタリングの対象となる野生動植物等の種類の名称

(iii) モニタリングを実施する場所及びその場所における対象となる野生動植物等の生息又は生育状況

(iv) モニタリングの期間

(v) 実施時期、頻度その他のモニタリングの方法

(vi) モニタリングの結果の解析の方法

(vii) 農林水産大臣及び環境大臣への結果の報告の方法

(viii) その他必要な事項

(カ) 隔離圃場における情報収集

実験室や外国の自然条件の下での使用等によりその特性についてかなりの程度の知見は得られているが、我が国の自然条件の下で生育した場合の特性が科学的見地から明らかではない遺伝子組換え植物の第一種使用等をする場合は、基本的事項告示第 1 の 1(1)イ④に規定する第一種使用等が予定されている環境と類似の環境での使用等について情報収集を行い、当該遺伝子組換え植物の我が国の自然条件の下で生育した場合の特性を明らかにする。なお、次の①及び②を満たす核酸の複製物が移入されたトウモロコシについては、我が国の自然条件の下で生育した場合の特性が科学的見地から明らかなことから、当該情報収集を行う必要はない。

① 査読を受けた論文の公表や関連する国の検討会等での複数の専門家による共通認識等により、作用機序が明らかであると認められるもの

② 移入された核酸の複製物により付与される性質が生じさせる可能性のある生物多様性影響の程度が、既に第一種使用規程の承認を受けているトウモロコシの生物多様性影響と同程度又は超えないと認められるもの

また、当該情報収集は、隔離圃場(遺伝子組換え農作物の場合にあっては別表第 3 に掲げる要件を満たす施設、遺伝子組換え樹木の場合にあっては別表第 6 に掲げる要件を満たす施設をいう。)で行う。

＊ 「遺伝子組換え樹木」とは、木本であって農作物を除いた遺伝子組換え植物をいう。

(B) 遺伝子組換え農作物の申請に関する事項

(ア) 生物多様性影響評価書の記載等に関する事項

① 情報の収集及び評価書の記載等

評価書の作成にあたって、評価要領一種告示別表第一に掲げる情報の具体的な

内容及び評価要領一種告示別表第四の1の具体的な記載方法は、別表第1の左欄に掲げる項目ごとに同表右欄に掲げるとおりとする。ただし、同表右欄に掲げる情報の内容の一部について、合理的な理由がある場合は、それらの情報を収集しなくてもよい。

　＊「評価書」とは、法第4条第2項に規定する生物多様性影響評価書をいう。

②　情報の収集方法

　別表第1の右欄に規定する情報の具体的な内容のうち別表第2の左欄に掲げるものについては、同表右欄に掲げる分析又は調査の方法により収集する。ただし、同表右欄に規定する方法より適切な方法が存在すると認められる場合は、それらを用いてもよい。なお、それぞれの方法により行われる分析又は調査ごとに、その供試材料、手順、結果、考察等を記載した資料を評価書に添付する。

(ｲ)　隔離圃場試験の申請

　隔離圃場試験の申請にあたっては、承認申請書の様式(則第7条)の「遺伝子組換え生物等の第一種使用等の内容の欄には「隔離圃場における栽培、保管、運搬及び廃棄並びにこれらに付随する行為」と記載し、同申請書の「遺伝子組換え生物等の第一種使用等の方法」の欄には当該施設及び作業要領の内容を具体的に記載する。

　＊「隔離圃場試験」とは、(A)(ｶ)の隔離圃場における第一種使用等をいう。

(ｳ)　栽培する予定のない遺伝子組換え農作物の承認の申請

　栽培する予定のない遺伝子組換え農作物の承認の申請を行おうとする者は、栽培用種子への混入が避けられない場合は、申請に先立つ生物多様性影響の評価に際し、当該遺伝子組換え農作物の生産、流通等の実態を勘案して混入の程度を想定し、当該混入に起因する生物多様性影響も併せて評価する。また、この場合、第一種使用等の内容の欄には、想定した混入の程度までの混入に伴う栽培を含む旨を記載する（第一種使用等の内容に栽培を含まない第一種使用規程が承認されている遺伝子組換え農作物が栽培用種子に混入し、当該種子が栽培された場合には、第一種使用規程に定められていない第一種使用等が行われることとなり、回収等の命令の対象となる。）。

(C)　遺伝子組換え樹木の申請に関する事項

(ｱ)　生物多様性影響評価書の記載等に関する事項

①　情報の収集及び評価書の記載等

　評価書の作成にあたって、評価要領一種告示別表第一に掲げる情報の具体的な内容及び評価要領一種告示別表第四の1の具体的な記載方法は、別表第4の左欄に掲げる項目ごとに同表右欄に掲げるとおりとする。ただし、別表第4の右欄に掲げる情報の内容の一部について、合理的な理由がある場合は、それらの情報を収集しなくてもよい。

②　情報の収集方法

　別表第4の右欄に規定する情報の具体的な内容のうち別表第5の左欄に掲げるものについては、同表右欄に掲げる分析又は調査の方法により収集する。ただし、

同表右欄に規定する方法より適切な方法が存在すると認められる場合は、それら
を用いてもよい。なお、それぞれの方法により行われる分析又は調査ごとに、そ
の供試材料、手順、結果、考察等を記載した資料を評価書に添付する。

(イ) 隔離圃場試験の申請

隔離圃場試験の申請にあたっては、第一種使用等の内容の欄には「隔離圃場にお
ける栽培、保管、運搬及び廃棄並びにこれらに付随する行為」と記載し、第一種使
用等の方法の欄には当該施設及び作業要領の内容を具体的に記載する。なお、別表
第6の2(1)の措置を講じる必要がないと考える合理的な理由がある場合は、その理
由等を記載した資料を評価書に添付する。

＜別表第1　遺伝子組換え農作物に関する情報収集の内容及び評価書の記載等＞

評価要領一種告示別表第一に掲げる項目	情報の具体的な内容及び評価書への具体的な記載方法
1　宿主又は宿主の属する分類学上の種に関する情報	左欄(1)から(3)までの各項目((1)の右欄②を除く。)報においては、宿主の属する分類学上の種に関する情報を収集することとし、それらについて経済協力開発機構環境局のバイオテクノロジーの規制的監督の調和に関する作業グループが作成したコンセンサス文書が存在する場合は、当該文書の内容を踏まえてそれらの情報を生物多様性影響評価書に記載すること ＊「宿主の属する分類学上の種」とあるが、申請の単位の範囲が宿主の属する分類学上の亜種その他の種以下の分類階級である場合は当該分類階級とする。 ＊「コンセンサス文書」については、http://www.oecd.org/document/51/0,2340,en_2649_34385_1889395_1_1_1_1,00.html を参照のこと
(1)　分類学上の位置付け及び自然環境における分布状況	①　和名、英名及び学名 ＊ Names in Current Use for Extant Plant Genera、The International Plant Names Index(http://www.ipni.org/index.html)、「日本の野生植物」(佐竹義輔他編)その他の広く使用されている分類体系を使用し、出典を明記すること ②　宿主の品種名(種苗法による品種登録がなされている場合は登録番号及び登録年月日を含む。)又は系統名 ③　国内及び国外の自然環境における自生地域(起原の中心及び遺伝的多様性の中心が判明している場合にはそれらの中心に関する情報、移入種として生物多様性に影響を与えている地域が存在する場合はそれらの地域及び影響の程度に関する情報を含む。)
(2)　使用等の歴史及び現状	①　国内及び国外における第一種使用等の歴史 ②　主たる栽培地域、栽培方法、流通実態及び用途

（3） 生理学的及び生態学的特性		左欄(3)のイからトまでの各項目においては、可能な限り、我が国の自然条件と類似の自然条件の下における生理学的及び生態学的特性を記載すること
	イ　基本的特性	我が国での長期間の第一種使用等の経験がない場合は、形態の特性、一年生、二年生又は多年生の別その他の基本的特性
	ロ　生息又は生育可能な環境の条件	生育可能な温度域、水分条件及び土壌条件
	ハ　捕食性又は寄生性	―
	ニ　繁殖又は増殖の様式	① 種子の脱粒性、散布様式、休眠性及び寿命 ② 栄養繁殖の様式(ひこばえ、塊茎、塊根、匍匐枝等)並びに自然条件において植物体を再生しうる組織又は器官からの出芽特性 ③ 自殖性、他殖性の程度、自家不和合性の有無、近縁野生種との交雑性及びアポミクシスを生ずる特性を有する場合はその程度 ④ 花粉の生産量、稔性、形状、媒介方法、飛散距離及び寿命
	ホ　病原性	―
	ヘ　有害物質の産生性	自然条件下で周囲の野生動植物等の生息又は生育に支障を及ぼす物質を産生することが知られている場合は、当該物質の種類、毒性、生産量、曝露経路その他の関連する情報
2　遺伝子組換え生物等の調製等に関する情報		
（1） 供与核酸に関する情報		
	イ　構成及び構成要素の由来	目的遺伝子、発現調節領域、局在化シグナル、選抜マーカーその他の供与核酸の構成要素それぞれの由来、塩基数及び塩基配列 ＊「供与核酸の構成要素それぞれの由来、塩基数及び塩基配列」については、発現カセットごとに、配列順に記載すること。発現カセットに属さないものについては、その他として記載すること。塩基配列については、GenBank、DNA Data Bank of Japan、European Molecular Biology Laboratory Nucleotide Sequence Database その他の公開データベースに登録されている場合は、登録番号その他のアクセス方法で代替できる。 ＊「発現カセット」とは、一の目的遺伝子又は一の選抜マーカーとそれを調節するプロモーター、ターミネーター、局在化シグナル等の組合せをいう。
	ロ　構成要素の機能	① 目的遺伝子、発現調節領域、局在化シグナル、選抜マ

第2章第1節　遺伝子組換え生物等の第一種使用等

	ーカーその他の供与核酸の構成要素それぞれの機能 ② 目的遺伝子及び選抜マーカーの発現により産生される蛋白質の機能及び当該蛋白質がアレルギー性（食品としてのアレルギー性を除く。）を有することが明らかとなっている蛋白質と相同性を有する場合はその旨 ③ 宿主の持つ代謝系を変化させる場合はその内容
(2) ベクターに関する情報	
イ　名称及び由来	ベクターの名称及び由来する生物の分類学上の位置を記載すること
ロ　特性	① ベクターの塩基数及び塩基配列 ② 特定の機能を有する塩基配列がある場合は、その機能 ＊ 特定の機能を有する塩基配列が、GenBank、DNA Data Bank of Japan、European Molecular Biology Laboratory Nucleotide Sequence Database その他の公開データベースに登録されている場合は、登録番号その他のアクセス方法で代替できる。 ③ ベクターの感染性の有無及び感染性を有する場合はその宿主域に関する情報
(3) 遺伝子組換え生物等の調製方法	
イ　宿主内に移入された核酸全体の構成	ベクター内での供与核酸の構成要素の位置及び方向並びに制限酵素による切断部位の図示
ロ　宿主内に移入された核酸の移入方法	アグロバクテリウム法、エレクトロポレーション法、パーティクルガン法その他の核酸の移入方法の種類の名称
ハ　遺伝子組換え生物等の育成の経過	① 核酸が移入された細胞の選抜の方法 ② 核酸の移入方法がアグロバクテリウム法の場合はアグロバクテリウムの菌体の残存の有無 ③ 核酸が移入された細胞から、移入された核酸の複製物の存在状態を確認した系統、隔離圃場試験に供した系統その他の生物多様性影響評価に必要な情報を収集するために用いられた系統までの育成の経過及び系統樹
(4) 細胞内に移入した核酸の存在状態及び当該核酸による形質発現の安定性	① 移入された核酸の複製物が存在する場所（染色体上、細胞小器官内、原形質内の別） ② 移入された核酸の複製物のコピー数及び移入された核酸の複製物の複数世代における伝達の安定性 ③ 染色体上に複数コピーが存在している場合は、それらが隣接しているか離れているかの別 ④ 左欄(6)の右欄①において具体的に示される特性について、自然条件の下での個体間及び世代間での発現の安

83

	定性
	⑤ ウイルスの感染その他の経路を経由して移入された核酸が野生動植物等に伝達されるおそれのある場合は、当該伝達性の有無及び程度
(5) 遺伝子組換え生物等の検出及び識別の方法並びにそれらの感度及び信頼性	移入された核酸の複製物及びその周辺の核酸を同定することによる方法その他の遺伝子組換え農作物の定性的な検出及び識別の方法並びにそれらの感度及び信頼性((B)(ウ)の場合は、遺伝子組換え農作物の定量の方法を含む。)
(6) 宿主又は宿主の属する分類学上の種との相違	① 移入された核酸の複製物の発現により付与された生理学的又は生態学的特性の具体的な内容(特定の組織又は生育段階において特異的に発現している場合は、その内容を含む。) ② 以下に掲げる生理学的又は生態学的特性について、遺伝子組換え農作物と宿主の属する分類学上の種との間の相違の有無及び相違がある場合はその程度(①においてこれらの特性が明らかにされている場合を除く。) 　a　形態及び生育の特性 　b　生育初期における低温又は高温耐性 　c　成体の越冬性又は越夏性(隔離圃場試験のための申請の場合を除く。) 　d　花粉の稔性及びサイズ 　e　種子の生産量、脱粒性、休眠性及び発芽率 　f　交雑率(交雑可能な近縁の野生植物が我が国において生育している場合に限る。) 　g　有害物質の産生性 ＊「有害物質」とあるが、根から分泌され他の植物に影響を与えるもの、根から分泌され土壌微生物に影響を与えるもの、植物体が内部に有し、枯死した後に他の植物に影響を与えるもの及び宿主の属する分類学上の種がその他の種類の有害物質を産生することが知られている場合は当該有害物質をいう。
3　遺伝子組換え生物等の使用等に関する情報	
(1) 使用等の内容	第一種使用規程承認申請書の第一種使用等の内容の欄に記載した事項と同様の事項を記載すること
(2) 使用等の方法	第一種使用規程承認申請書の第一種使用等の方法の欄に記載した事項と同様の事項を記載するとともに、隔離圃場試験の場合は、隔離圃場の所在地を示す地図及び隔離圃場内における試験区の配置図並びに隔離圃場試験の計画を

第2章第1節　遺伝子組換え生物等の第一種使用等

	添付すること
（3）承認を受けようとする者による第一種使用等の開始後における情報収集の方法	モニタリング計画書がある場合は「モニタリング計画書を参照」と記載すること
（4）生物多様性影響が生ずるおそれのある場合における生物多様性影響を防止するための措置	「緊急措置計画書を参照」と記載すること
（5）実験室等での使用等又は第一種使用等が予定されている環境と類似の環境での使用等の結果	左欄 2 の(6)の宿主又は宿主の属する分類学上の種との相違の項において記載すべき情報以外の情報であって生物多様性影響の評価の際に参考とすべきと考えられるものがある場合は、当該情報を記載すること
（6）国外における使用等に関する情報	諸外国において生物多様性影響の評価を受けている場合は、当該評価の際に使用された科学的情報、評価の結果及び影響を防止するための措置がある場合はその措置を記載するとともに、当該評価を受ける際に提出した書類を必要に応じ添付すること。また、諸外国における第一種使用等の状況を記載するとともに、諸外国における第一種使用等の結果を生物多様性影響の観点から科学的に評価した文献等がある場合は、当該文献等を添付すること

85

＜別表第2　遺伝子組換え農作物に関する情報の収集方法＞

情報の具体的な内容	情報の収集方法
移入された核酸の複製物のコピー数及び移入された核酸の複製物の複数世代における伝達の安定性並びに染色体上に複数コピーが存在している場合は、それらが隣接しているか離れているかの別（別表第1の2(4)②及び③関係）	移入された核酸の複製物をサザンハイブリダイゼーション法又はPCR法を用いて分析すること
移入された核酸の複製物の発現により付与された生理学的及び生態学的特性について、自然条件の下での個体間及び世代間での形質発現の安定性（別表第1の2(4)④関係）	表現型を観察すること並びに移入された目的遺伝子及び選抜マーカーから転写されたRNAをノーザンハイブリダイゼーション法又はRT-PCR法を用いて分析すること又は移入された目的遺伝子及び選抜マーカーの発現により産生され又は産生が阻害される蛋白質をイムノブロッティング法又はELISA法を用いて分析すること
形態の特性（別表第1の2(6)②a関係）	稈長、穂長、草型、分けつ数等を経時的に調査すること。その際、宿主の属する分類学上の種について種苗法に基づく品種登録における審査基準がある場合には当該基準を参考として調査項目を選定すること ＊　調査に用いる遺伝子組換え農作物の系統及び比較対象の農作物は、同一の条件において栽培されたものとすること。比較対象の農作物は、調査で用いる遺伝子組換え農作物の系統が有する生理学的及び生態学的特性（移入された核酸の複製物の発現により付与されたものを除く。）と可能な限り同等の生理学的及び生態学的特性を有する農作物であって遺伝子組換え農作物でないものとすること。また、隔離圃場試験以外の第一種使用等に係る申請の場合は、隔離圃場において栽培された遺伝子組換え農作物及び比較対象の農作物を用いること
生育の特性（別表第1の2(6)②a関係）	発芽始め、発芽揃い、出穂、開花始め、開花終わりその他の各生育段階の時期を調査すること。その際、宿主の属する分類学上の種について種苗法に基づく品種登録における審査基準がある場合は当該基準を参考として調査項目を選定すること
生育初期における低温又は高温耐性（別表第1の2(6)②b関係）	種子を恒温器等において育苗した後、夏作のものにあっては我が国の冬期を、冬作のものにあっては我が国の夏期を想定した温度条件下で生育の状況を観察すること
成体の越冬性又は越夏性（隔離圃場試験のための申請の場合を除く。）（別表第1の2(6)②c関係）	夏期に作付けした農作物にあっては冬期における、冬期に作付けした農作物にあっては夏期における生育の状況を観察し、必要に応じ、それぞれ越冬及び越夏後の植物体の

第2章第1節　遺伝子組換え生物等の第一種使用等

	再生力等を調査すること
花粉の稔性(別表第1の2(6)②d関係)	花粉を開花期に採取し、ヨウ素ヨウ化カリウム溶液、酢酸カーミンその他の花粉の稔性を確認するための染色液を用いて調査すること
花粉のサイズ(別表第1の2(6)②d関係)	開花期の花粉のサイズを調査すること
種子の生産量(別表第1の2(6)②e関係)	一の個体が産生する種子数を計測すること
種子の脱粒性(別表第1の2(6)②e関係)	成熟期に穂を手で握ることにより脱粒する種子の数を計測すること等それぞれの農作物ごとに適切な方法を用いて脱粒性を調査すること
種子の休眠性及び発芽率(別表第1の2(6)②e関係)	休眠性を調査するために適切と考えられる条件下で種子を保存しつつ、それぞれの農作物ごとに広く認められている発芽試験の方法を用いて、発芽率及び発芽速度を経時的に調査すること
交雑率(別表第1の2(6)②f関係)	以下のいずれかの方法によること。ただし、隔離圃場試験以外の第一種使用等に係る申請の場合は、可能な限り、①の方法によること。なお、これらの方法による調査が行われる場所の風速、温度、湿度等の環境条件に関する情報を(B)(ア)②に基づき評価書に添付される資料に記載すること ① 圃場において遺伝子組換え農作物及び比較対象の農作物の周辺に近縁の植物を一定の距離別に配置し、遺伝子組換え農作物及び比較対象の農作物由来の花粉による近縁の植物における交雑率を調査すること。また、主に虫媒性のものについては、必要に応じ訪花昆虫相の調査を行うこと ② 室内においておおむね 3〜4m/s の風速の人工風を開花中の遺伝子組換え農作物及び比較対象の農作物に当て、風下に一定の間隔で配置した近縁の植物との交雑率を調査すること(風媒性の花粉を有する場合に限る。) ③ 室内において花粉の媒介昆虫を放飼し、遺伝子組換え農作物及び比較対象の農作物から一定の間隔で配置した近縁の植物との交雑率を調査すること(虫媒性の花粉を有する場合に限る。)
有害物質(根から分泌され他の植物に影響を与えるもの)の産	以下のいずれかの方法によること ① プラントボックス法 ＊ 組織培養用のプラントボックス内の寒天培地に試験の対象と

87

生性(別表第 1 の 2 (6)②ｇ関係)	なる植物と検定植物を混植し、当該検定植物の生育状況を観察すること。詳細については農業環境研究情報 8:31-32(1991)を参照のこと ② 根圏土壌法 ＊ 試験の対象となる植物の根に付着している土壌をそれぞれ採取し、寒天を添加して培地とし、その上で検定植物を栽培し、当該検定植物の生育状況を観察すること。詳細については雑草研究 48(別):142-143(2003)を参照のこと ③ 後作試験 ＊ 試験の対象となる植物を成体となるまで栽培した後の圃場の土壌をそれぞれ採取し、それらの土壌で検定植物を栽培し、当該検定植物の生育状況を観察すること。詳細については農業環境研究情報 8:31-32(1991)を参照のこと
有害物質(根から分泌され土壌微生物に影響を与えるもの)の産生性(別表第 1 の 2 (6)②ｇ関係)	供試した農作物を成体となるまで栽培した土壌を採種し、希釈平板法を用いて調査すること。
有害物質(植物体が内部に有し、枯死した後に他の植物に影響を与えるもの)の産生性(別表第 1 の 2 (6)②ｇ関係)	以下のいずれかの方法によること。いずれの方法においても導入遺伝子が発現している部位が供試材料に含まれるよう留意すること ① 鋤込み法 ＊ 成体の地上部を乾燥、粉砕し、それを土壌と混和し、当該土壌を用いて検定植物を栽培し、検定植物の生育状況を観察すること ② サンドイッチ法 ＊ 葉又は茎をそれぞれ寒天培地でサンドイッチ状に包埋し、その上で検定植物を栽培して生育状況を観察すること。詳細については農業環境研究成果情報 14:35-36(1997)を参照のこと

第2章第1節　遺伝子組換え生物等の第一種使用等

＜別表第3　遺伝子組換え農作物に係る隔離圃場の要件＞

1　次に掲げる設備を有すること

(1)　フェンスその他の部外者の立入を防止するための囲い

(2)　隔離圃場であること、部外者は立入禁止であること及び管理責任者を選任した場合はその氏名を記載し、見やすいところに掲げられた標識

(3)　隔離圃場で使用した機械又は器具、隔離圃場で作業に従事した者の靴等に付着した遺伝子組換え農作物を洗浄する設備その他の遺伝子組換え農作物が隔離圃場の外に意図せずに持ち出されることを防止するための設備

(4)　防風林、防風網その他の花粉の飛散を減少させるための設備（花粉の広範な拡散が想定される遺伝子組換え農作物を栽培する場合に限る。）

2　次に掲げる事項を遵守するための作業要領を定めること

(1)　遺伝子組換え農作物及び比較対象の農作物以外の植物の隔離圃場内における生育を最小限に抑えること

(2)　遺伝子組換え農作物等（隔離圃場内で栽培した遺伝子組換え農作物以外の植物であって当該遺伝子組換え農作物との区別がつきにくいものを含む。(3)及び(4)において同じ。）を隔離圃場の外に運搬し、又は保管する場合は、遺伝子組換え農作物等の漏出を防止すること

(3)　(2)に掲げる場合を除き、遺伝子組換え農作物等の栽培が終了した後は、当該遺伝子組換え農作物等を隔離圃場内において不活化すること

(4)　隔離圃場で使用した機械又は器具、隔離圃場で作業に従事した者の靴等に付着した遺伝子組換え農作物等が隔離圃場の外に意図せずに持ち出されることを防止すること

(5)　設備が本来有すべき機能が十分に発揮されることを保持すること

(6)　(1)から(5)までに掲げる事項を第一種使用等を行う者に遵守させること

(7)　花粉が拡散する範囲内に影響を受ける可能性のある野生動植物等が生育又は生息している場合は、その範囲を含む範囲内においてモニタリングを実施すること

(8)　生物多様性影響のおそれがあると認められたときに(A)(エ)に基づき定められる措置を確実に講ずること

＜別表第4　遺伝子組換え樹木に関する情報収集の内容及び評価書への記載等＞

評価要領一種告示別表第一に掲げる項目	情報の具体的な内容及び評価書への具体的な記載方法
1　宿主又は宿主の属する分類学上の種に関する情報	左欄(1)から(3)までの各項目((1)の右欄②を除く。)においては、宿主の属する分類学上の種に関する情報を収集することとし、それらについて経済協力開発機構環境局のバイオテクノロジーの規制的監督の調和に関する作業グループが作成したコンセンサス文書が存在する場合は、当該文書の内容を踏まえてそれらの情報を生物多様性影響評価書に記載すること ＊「宿主の属する分類学上の種」とあるが、申請の単位の範囲が宿主の属する分類学上の亜種その他の種以下の分類階級である場合は当該分類階級とする。 ＊「コンセンサス文書」については、http://www.oecd.org/document/51/0,2340,en_2649_34385_1889395_1_1_1_1,00.html を参照のこと
(1)　分類学上の位置付け及び自然環境における分布状況	①　和名、英名及び学名 ＊ Names in Current Use for Extant Plant Genera、The International Plant Names Index(http://www.ipni.org/index.html)、「日本の野生植物(木本)」(佐竹義輔他編)、「樹木大図説」(上原敬二著)その他の広く使用されている分類体系を使用し、出典を明記すること ②　宿主の品種名(種苗法による品種登録がなされている場合は登録番号及び登録年月日を含む。)又は系統名 ③　国内及び国外の自然環境における自生地域(起原の中心及び遺伝的多様性の中心が判明している場合にはそれらの中心に関する情報、移入種として生物多様性に影響を与えている地域が存在する場合はそれらの地域及び影響の程度に関する情報を含む。)
(2)　使用等の歴史及び現状	①　国内及び国外における第一種使用等の歴史 ②　主たる栽培地域、栽培方法、利用樹齢、流通実態及び用途
(3)　生理学的及び生態学的特性	左欄(3)のイからトまでの各項目においては、可能な限り、我が国の自然条件と類似の自然条件の下における生理学的及び生態学的特性を記載すること
イ　基本的特性	我が国での長期間の第一種使用等の経験がない場合は、形態の特性、生育の特性その他の基本的特性
ロ　生息又は生育可能な環境の条件	生育可能な温度域、水分条件及び土壌条件
ハ　捕食性又は寄生性	―
ニ　繁殖又は増殖の様式	①　種子の散布様式、休眠性、寿命、形状、生産開始樹齢、

		飛散距離及び雌雄器官の形状
		② 栄養繁殖の様式(伏条、萌芽等)並びに自然条件において植物体を再生しうる組織又は器官からの出芽特性
		③ 自殖性、他殖性の程度、自家不和合性の有無、近縁野生種との交雑性及びアポミクシスを生ずる特性を有する場合はその程度
		④ 花粉の生産量、稔性、形状、媒介方法、生産開始樹齢、飛散距離及び寿命
	ホ　病原性	―
	ヘ　有害物質の産生性	自然条件下で周囲の野生動植物等の生息又は生育に支障を及ぼす物質を産生することが知られている場合は、当該物質の種類、毒性、生産量、曝露経路その他の関連する情報
	ト　その他の情報	左欄(3)のイからヘまでの右欄に従って記載するもの以外に考慮すべきと考えられるもの
2　遺伝子組換え生物等の調製等に関する情報		
(1) 供与核酸に関する情報		
	イ　構成及び構成要素の由来	目的遺伝子、発現調節領域、局在化シグナル、選抜マーカーその他の供与核酸の構成要素それぞれの由来、塩基数及び塩基配列
		＊「与核酸の構成要素それぞれの由来、塩基数及び塩基配列」については、発現カセットごとに、配列順に記載すること。発現カセットに属さないものについては、その他として記載すること。塩基配列については、GenBank、DNA Data Bank of Japan、European Molecular Biology Laboratory Nucleotide Sequence Database その他の公開データベースに登録されている場合は、登録番号その他のアクセス方法で代替できる。
	ロ　構成要素の機能	① 目的遺伝子、発現調節領域、局在化シグナル、選抜マーカーその他の供与核酸の構成要素それぞれの機能
		② 目的遺伝子及び選抜マーカーの発現により産生される蛋白質の機能及び当該蛋白質がアレルギー性(食品としてのアレルギー性を除く。)を有することが明らかとなっている蛋白質と相同性を有する場合はその旨
		③ 宿主の持つ代謝系を変化させる場合はその内容
(2) ベクターに関する情報		
	イ　名称及び由来	ベクターの名称及び由来する生物の分類学上の位置を記載すること
	ロ　特性	① ベクターの塩基数及び塩基配列

	② 特定の機能を有する塩基配列がある場合は、その機能 * 特定の機能を有する塩基配列が、GenBank、DNA Data Bank of Japan、European Molecular Biology Laboratory Nucleotide Sequence Database その他の公開データベースに登録されている場合は、登録番号その他のアクセス方法で代替できる。 ③ ベクターの感染性の有無及び感染性を有する場合はその宿主域に関する情報
(3) 遺伝子組換え生物等の調製方法	
イ 宿主内に移入された核酸全体の構成	ベクター内での供与核酸の構成要素の位置及び方向並びに制限酵素による切断部位の図示
ロ 宿主内に移入された核酸の移入方法	アグロバクテリウム法、エレクトロポレーション法、パーティクルガン法その他の核酸の移入方法の種類の名称
ハ 遺伝子組換え生物等の育成の経過	① 核酸が移入された細胞の選抜の方法 ② 核酸の移入方法がアグロバクテリウム法の場合はアグロバクテリウムの菌体の残存の有無 ③ 核酸が移入された細胞から、移入された核酸の複製物の存在状態を確認した系統、隔離圃場試験に供した系統その他の生物多様性影響評価に必要な情報を収集するために用いられた系統までの育成の経過及び系統樹
(4) 細胞内に移入した核酸の存在状態及び当該核酸による形質発現の安定性	① 移入された核酸の複製物が存在する場所(染色体上、細胞小器官内、原形質内の別) ② 移入された核酸の複製物のコピー数及び移入された核酸の複製物の複数世代における伝達の安定性 ③ 染色体上に複数コピーが存在している場合は、それらが隣接しているか離れているかの別 ④ 左欄(6)の右欄①において具体的に示される特性について、自然条件の下での個体間及び世代間での発現の安定性 ⑤ ウイルスの感染その他の経路を経由して移入された核酸が野生動植物等に伝達されるおそれのある場合は、当該伝達性の有無及び程度
(5) 遺伝子組換え生物等の検出及び識別の方法並びにそれらの感度及び信頼性	移入された核酸の複製物及びその周辺の核酸を同定することによる方法その他の遺伝子組換え樹木の定性的な検出及び識別の方法並びにそれらの感度及び信頼性
(6) 宿主又は宿主の属する分類学上の種との相違	① 移入された核酸の複製物の発現により付与された生理学的又は生態学的特性の具体的な内容(特定の組織又は生育段階において特異的に発現している場合は、その内

第2章第1節　遺伝子組換え生物等の第一種使用等

<table>
<tr>
<td></td>
<td>容を含む。）
② 以下に掲げる生理学的又は生態学的特性について、遺伝子組換え樹木と宿主の属する分類学上の種との間の相違の有無及び相違がある場合はその程度（①においてこれらの特性が明らかにされている場合を除く。）
　　a　形態及び生育の特性
　　b　生育初期における低温又は高温耐性
　　c　花粉の稔性、サイズ、寿命及び生産開始樹齢
　　d　種子の生産量、休眠性、発芽率及び生産開始樹齢
　　e　交雑率（交雑可能な近縁の植物が我が国において生育している場合に限る。）
　　f　有害物質の産生性
＊「有害物質」とあるが、根から分泌され他の植物に影響を与えるもの、根から分泌され土壌微生物に影響を与えるもの、植物体が内部に有し、枯死した後に他の植物に影響を与えるもの及び宿主の属する分類学上の種がその他の種類の有害物質を産生することが知られている場合は当該有害物質をいう。</td>
</tr>
<tr>
<td>3　遺伝子組換え生物等の使用等に関する情報</td>
<td></td>
</tr>
<tr>
<td>（1）使用等の内容</td>
<td>第一種使用規程承認申請書の第一種使用等の内容の欄に記載した事項と同様の事項を記載すること</td>
</tr>
<tr>
<td>（2）使用等の方法</td>
<td>第一種使用規程承認申請書の第一種使用等の方法の欄に記載した事項と同様の事項を記載するとともに、隔離圃場試験の場合は、隔離圃場の所在地を示す地図及び隔離圃場内における試験区の配置図並びに隔離圃場試験の計画を添付すること</td>
</tr>
<tr>
<td>（3）承認を受けようとする者による第一種使用等の開始後における情報収集の方法</td>
<td>モニタリング計画書がある場合は「モニタリング計画始書を参照」と記載すること</td>
</tr>
<tr>
<td>（4）生物多様性影響が生ずるおそれのある場合における生物多様性影響を防止するための措置</td>
<td>「緊急措置計画書を参照」と記載すること</td>
</tr>
<tr>
<td>（5）実験室等での使用等又は第一種使用等が予定されている環境と類似の環境での使用等の結果</td>
<td>左欄2の(6)の宿主又は宿主の属する分類学上の種との相違の項において記載すべき情報以外の情報であって生物多様性影響の評価の際に参考とすべきと考えられるものがある場合は、当該情報を記載すること</td>
</tr>
<tr>
<td>（6）国外における使用等に関する情報</td>
<td>諸外国において生物多様性影響の評価を受けている場合は、当該評価の際に使用された科学的情報、評価の結果及</td>
</tr>
</table>

93

| | び影響を防止するための措置がある場合はその措置を記載するとともに、当該評価を受ける際に提出した書類を必要に応じ添付すること。また、諸外国における第一種使用等の状況を記載するとともに、諸外国における第一種使用等の結果を生物多様性影響の観点から科学的に評価した文献等がある場合は、当該文献等を添付すること |

第2章第1節　遺伝子組換え生物等の第一種使用等

＜別表第5　遺伝子組換え樹木に関する情報の収集方法＞

情報の具体的な内容	情報の収集方法
移入された核酸の複製物のコピー数及び移入された核酸の複製物の次世代における伝達の安定性並びに染色体上に複数コピーが存在している場合は、それらが隣接しているか離れているかの別(別表第 4 の 2(4)②及び③関係)	移入された核酸の複製物をサザンハイブリダイゼーション法又はPCR法を用いて分析すること
移入された核酸の複製物の発現により付与された生理学的及び生態学的特性について、自然条件の下での個体間及び世代間での形質発現の安定性(別表第 4 の 2(4)④関係)	表現型を観察すること並びに移入された目的遺伝子及び選抜マーカーから転写されたRNAをノーザンハイブリダイゼーション法又は RT-PCR 法を用いて分析すること又は移入された目的遺伝子及び選抜マーカーの発現により産生され又は産生が阻害される蛋白質をイムノブロッティング法又はELISA法を用いて分析すること
形態の特性(別表第4の2(6)②a関係)	樹形、幹・枝・葉の形状等を経時的に調査すること。その際、宿主の属する分類学上の種について種苗法に基づく品種登録における審査基準がある場合には当該基準を参考として調査項目を選定すること ＊　調査に用いる遺伝子組換え樹木の系統及び比較対象の樹木は、同一の条件において栽培されたものとすること。比較対象の樹木は、調査で用いる遺伝子組換え樹木の系統が有する生理学的及び生態学的特性(移入された核酸の複製物の発現により付与されたものを除く。)と可能な限り同等の生理学的及び生態学的特性を有する樹木であって遺伝子組換え樹木でないものとすること。また、隔離圃場試験以外の第一種使用等に係る申請の場合は、隔離圃場において栽培された遺伝子組換え樹木及び比較対象の樹木を用いること
生育の特性(別表第4の2(6)②a関係)	成長、開花等を経時的に調査すること。その際、宿主の属する分類学上の種について種苗法に基づく品種登録における審査基準がある場合は当該基準を参考として調査項目を選定すること
生育初期における低温又は高温耐性(別表第4の2(6)②b関係)	種子を恒温器等において育苗した後、宿主の我が国における分布域の北限、南限を想定した温度条件下で生育の状況を観察すること
花粉の稔性(別表第4の2(6)②c関係)	成熟花粉をヨウ素ヨウ化カリウム溶液、酢酸カーミンその他の花粉の稔性を確認するための染色液を用いて調査すること
花粉のサイズ(別表第 4 の 2(6)②	成熟花粉のサイズを調査すること

c 関係)	
花粉の寿命(別表第4の2(6)②c関係)	第一種使用等が予定されている環境と類似の条件下で成熟花粉を保存しつつ、人工培地上での発芽率を経時的に調査すること
花粉の生産開始樹齢(別表第4の2(6)②c関係)	自然状態において花粉を生産する樹齢を調査すること
種子の生産量(別表第4の2(6)②d関係)	一の個体が産生する種子重量を計測すること
種子の休眠性及び発芽率(別表第4の2(6)②d関係)	休眠性を調査するために適切と考えられる条件下で種子を保存しつつ、それぞれの樹木ごとに広く認められている発芽試験の方法を用いて、発芽率及び発芽速度を経時的に調査すること
種子の生産開始樹齢(別表第4の2(6)②d関係)	自然状態において種子を生産する樹齢を調査すること
交雑率(別表第4の2(6)②e関係)	以下のいずれかの方法によること。なお、これらの方法による調査が行われる場所の温度、湿度等の環境条件に関する情報を(C)(ア)の②に基づき評価書に添付される資料に記載すること ① 圃場又は室内において人工交配により遺伝子組換え樹木及び比較対象の樹木と近縁の植物との交雑率を調査すること ② 室内において花粉の媒介昆虫を放飼し、遺伝子組換え樹木及び比較対象の樹木から一定の間隔で配置した近縁の植物との交雑率を調査すること(虫媒性の花粉を有する場合に限る。)
有害物質(根から分泌され他の植物に影響を与えるもの)の産生性(別表第4の2(6)②f関係)	以下のいずれかの方法によること。 ① プラントボックス法 ＊ 組織培養用のプラントボックス内の寒天培地に試験の対象となる植物と検定植物を混植し、当該検定植物の生育状況を観察すること。詳細については農業環境研究情報 8:31-32(1991)を参照のこと ② 根圏土壌法 ＊ 試験の対象となる植物の根に付着している土壌をそれぞれ採取し、寒天を添加して培地とし、その上で検定植物を栽培し、当該検定植物の生育状況を観察すること。詳細については雑草研究 48(別):142-143(2003)を参照のこと ③ 後作試験 ＊ 試験の対象となる植物を栽培した後の圃場の土壌をそれぞれ採取し、それらの土壌で検定植物を栽培し、当該検定植物の生育状況を観察すること。詳細については農業環境研究情報

第2章第1節　遺伝子組換え生物等の第一種使用等

	8:31-32(1991)を参照のこと
有害物質（根から分泌され土壌微生物に影響を与えるもの）の産生性（別表第4の2(6)②f関係）	供試した樹木を栽培した土壌を採種し、希釈平板法を用いて調査すること
有害物質（植物体が内部に有し、枯死した後に他の植物に影響を与えるもの）の産生性（別表第4の2(6)②f関係）	以下のいずれかの方法によること。いずれの方法においても導入遺伝子が発現している部位が供試材料に含まれるよう留意すること ①　鋤込み法 ＊　植物体の地上部を乾燥、粉砕し、それを土壌と混和し、当該土壌を用いて検定植物を栽培し、検定植物の生育状況を観察すること ②　サンドイッチ法 ＊　葉又は茎をそれぞれ寒天培地でサンドイッチ状に包埋し、その上で検定植物を栽培して生育状況を観察すること。詳細については農業環境研究成果情報 14:35-36(1997)を参照のこと

＜別表第6　遺伝子組換え樹木に係る隔離圃場の要件＞

1　次に掲げる設備を有すること

(1) フェンスその他の部外者の立入を防止するための囲い

(2) 隔離圃場であること、部外者は立入禁止であること及び管理責任者を選任した場合はその氏名を記載し、見やすいところに掲げられた標識

(3) 隔離圃場で使用した機械又は器具、隔離圃場で作業に従事した者の靴等に付着した遺伝子組換え樹木を洗浄する設備その他の遺伝子組換え樹木が隔離圃場の外に意図せずに持ち出されることを防止するための設備

(4) 防風林、防風網その他の花粉、種子の飛散を減少させるための設備（花粉、種子の広範な拡散が想定される遺伝子組換え樹木を栽培する場合に限る。）

2　次に掲げる事項を遵守するための作業要領を定めること

(1) 除雄、摘果又は袋掛けその他遺伝子組換え樹木の花粉、種子の飛散を防止するための措置を講じること

(2) 遺伝子組換え樹木及び比較対象の樹木以外の植物の隔離圃場内における生育を最小限に抑えること

(3) 遺伝子組換え樹木等（隔離圃場内で栽培した遺伝子組換え樹木以外の植物であって当該遺伝子組換え樹木との区別がつきにくいものを含む。(4)及び(5)において同じ。）を隔離圃場の外に運搬し、又は保管する場合は、遺伝子組換え樹木等の漏出を防止すること

(4) (3)に掲げる場合を除き、遺伝子組換え樹木等の栽培が終了した後は、当該遺伝子組換え樹木等を隔離圃場内において不活化すること

(5) 隔離圃場で使用した機械又は器具、隔離圃場で作業に従事した者の靴等に付着した遺伝子組換え樹木等が隔離圃場の外に意図せずに持ち出されることを防止すること

(6) 設備が本来有すべき機能が十分に発揮されることを保持すること

(7) (1)から(6)までに掲げる事項を第一種使用等を行う者に遵守させること

(8) 花粉、種子が拡散する範囲内に影響を受ける可能性のある野生動植物等が生育又は生息している場合は、その範囲を含む範囲内においてモニタリングを実施すること

(9) 生物多様性影響のおそれがあると認められたときに(A)(エ)に基づき定められる措置を確実に講ずること

18 農林水産大臣がその生産又は流通を所管する遺伝子組換え植物（農作物、樹木）の第一種使用等に係る体制の整備に関する事項として、次のとおり示されている。〈H19/12/10 19 消安第 8999 号・環自野発第 071210001 号(最近改正：H28/8/19 28 消安第 1551 号等)〉

(ア) 委員会の設置

第一種使用等の方法を限定した第一種使用規程の承認を受けようとする者は、申請に係る第一種使用等による生物多様性影響の防止に関する事項について検討するための委員会を設置するよう努めるとともに、設置した場合は、その委員の名簿を申請書等とともに提出する。

(イ) 委員会の構成

(ア)の委員会の委員は、次に掲げる者のうちから選定するよう努めるものとする。また、申請者が法人の場合は、可能な限り、当該法人に所属する者以外の者から委員を選定することが望ましい。

① 申請に係る遺伝子組換え植物の特性に関し専門の知見を有する者

＊ 「遺伝子組換え植物」とは、農林水産大臣がその生産又は流通を所管する遺伝子組換え生物等のうち、植物界に属する生物(藻類を除く。)をいう。

② 申請に係る遺伝子組換え植物の使用、育成、運搬その他の第一種使用等の実態に関し専門の知見を有する者

③ 申請に係る第一種使用等によって影響を受ける可能性のある野生動植物等、生態系等に関し専門の知見を有する者

④ 申請に係る第一種使用等を行う場所を管理する者

(ウ) 委員会による検討事項

委員会は次の事項に関する検討を行う。

① 申請に係る第一種使用等の方法

② モニタリング計画書の内容

③ 緊急措置計画書の内容

④ 生物多様性影響が生ずるおそれがあると認められる事態か否かの判断

⑤ 申請に係る第一種使用等を行う者の教育訓練の方法

⑥ その他申請に係る第一種使用等による生物多様性影響の防止に関する事項

(エ) 管理責任者及び管理主任者の選任

第一種使用等の方法を限定した第一種使用規程の承認を受けようとする者は、遺伝子組換え植物の使用等に関連する法令を熟知するとともに、次に掲げる役割を果たす管理責任者及びこれを補佐する管理主任者を遺伝子組換え植物の第一種使用等について経験を有する者の中から選任し、隔離圃場試験の場合は隔離圃場試験を行う事業所ごとに、それ以外の第一種使用等の場合は主な事業所に置くよう努める。

① 申請に係る第一種使用等を行う者の教育訓練を実施すること

② モニタリング計画書がある場合には、当該計画書に従いモニタリングを実施すること

③ 生物多様性影響のおそれがあると認められるに至った場合には、緊急措置計画書に

従い緊急措置を講ずること

④ 申請に係る第一種使用等による生物多様性影響を防止するための施設等を有する場合はその施設等の維持管理を行うこと

⑤ 隔離圃場試験の場合は、第一種使用等の経過を記録するとともに、当該記録を保存すること

⑥ 隔離圃場試験以外の第一種使用等の場合であって適正使用情報が定められている場合は、当該適正使用情報が申請に係る遺伝子組換え植物の譲渡もしくは提供を受ける者又は委託を受けてその第一種使用等を行う者に対し正確に提供されていることを確認すること

＜農林水産省関係／遺伝子組換え動物用医薬品＞

19 農林水産大臣がその生産又は流通を所管する遺伝子組換え生ワクチン（動物用医薬品）に係る申請書等の内容に関する事項として、次のとおり示されている。なお、遺伝子組換え生ワクチンは、薬機法に基づいて使用される必要があることから、同法に基づき必要とされる資料の一部についても併せて提出する必要がある。〈H19/12/10 19 消安第9000 号・環自野発第 071210002 号（最近改正：H28/6/24 28 消安第 1429 号等）〉

(A) 生物多様性影響評価書の記載等に関する事項

(ア) 情報の収集及び評価書の記載等

評価書の作成にあたって、評価要領一種告示別表第一に掲げる情報の具体的な内容及び評価要領一種告示別表第四の 1 の具体的な記載方法は、別表第 1 の左欄に掲げる項目ごとに同表右欄に掲げるとおりとする。ただし、同表右欄に掲げる情報の内容の一部について、合理的な理由がある場合は、それらの情報を収集しなくてもよい。また、評価要領一種告示別表第一に掲げる情報及び(A)(イ)の情報の収集は、科学的知見に基づく適切な方法により行うこととし、分析又は調査ごとに、その供試材料、手順、結果、考察等を記載した資料を評価書に添付する。

(イ) 追加的に収集することが必要な情報及びその記載方法

評価要領一種告示別表第三に規定する生物多様性影響の評価の手順に沿って評価を行う過程において影響を受けると考えられる野生動植物等が特定された場合は、評価要領一種告示別表第一に規定する情報に加えて、当該野生動植物等の個体の反応についての実験を行うこと、当該野生動植物等の生息又は生育する場所及び時期に関する情報を収集すること等により得られた当該影響に係る科学的情報を収集する。その上で、これらの情報を用いて評価を行い、その結果も併せて提出する。

また、遺伝子組換え生ワクチンが接種動物を介して環境中に放出されることが想定される場合、次に掲げる遺伝子組換え生ワクチンの挙動等に関する情報は、生物多様性影響の評価において必要であることから、我が国の自然条件と類似の自然条件の下における特性について情報を収集し、必要に応じ、模擬環境試験により情報を収集すること

　＊「遺伝子組換え生ワクチンが接種動物」とあるが、この『接種動物』とは、遺伝子組換え生ワクチンを接種した動物をいう。

第2章第1節　遺伝子組換え生物等の第一種使用等

＊「模擬環境試験」とは、別表第2に掲げる要件を満たす施設における第一種使用等をいう。

① 接種動物の体内における遺伝子組換え生ワクチンの消長に関する情報

② 接種動物体及び接種動物の排泄物、血液・体液、卵等からの遺伝子組換え生ワクチンの環境への拡散の有無に関する情報

③ 接種動物において当該遺伝子生ワクチンが垂直感染する可能性の有無に関する情報

④ 野生動植物への伝播の可能性の有無に関する情報

⑤ その他必要な情報

　①から⑤に掲げる情報の具体的な記載方法については、実施要領別表第一の3に、新たに「(7) 接種動物の体内における挙動に関する情報」を追加し、当該項目の下に①から⑤に掲げる情報を記載する。

(B) 第一種使用規程承認申請書の記載に関する事項

(ア) 遺伝子組換え生物等の種類の名称

　申請者は、「遺伝子組換え生物等の種類の名称」を定めるにあたっては、「当該遺伝子組換え生ワクチンの宿主又は親生物の属する分類学上の種の名称及び当該遺伝子組換え生ワクチンの特性等の情報」として、核酸供与体、供与核酸及び遺伝子を導入された微生物に関する情報並びに国際的な導入遺伝子名及び宿主の学名等を名称に含めることとし、さらに開発者が付した識別記号及び国際機関において統一的な識別記号が付されている場合はこれを加えて、他の遺伝子組換え生ワクチンと明確に区別できる名称を定め、承認申請書の様式(則第7条)の該当欄に記載する。

　また、上記の導入遺伝子名及び宿主の学名等並びに識別記号は、それぞれ括弧内に記載することとし、例えば、「▲▲菌由来▲▲遺伝子導入▲▲菌▲▲株(導入遺伝子名、宿主の学名等)(識別記号)」等と記載する。なお、当該遺伝子名及び学名等は、ICTV公表資料を参照する。

＊「ICTV」とは、International Committee on Taxonomy of Viruses の略。国際ウイルス命名委員会と呼ばれる。

(イ) 遺伝子組換え生物等の第一種使用等の内容

　通常のワクチン接種条件の下で遺伝子組換え生ワクチンの第一種使用等をする場合、当該遺伝子組換え生ワクチンの使用目的は専ら動物の感染症を予防するものであり、医薬品医療機器等法等関係法令との整合性を考慮する必要があることから、申請者は、「遺伝子組換え生物等の第一種使用等の内容」として、次に掲げる事項のうち該当する行為について、承認申請書の該当欄に列記して記載する。

① 運搬及び保管(生活力を有する遺伝子組換え生ワクチンを保有する接種動物の運搬及び保管を含む。)

② 治験に該当する場合は、薬機法第80条の2第2項に基づき届け出る治験計画届出書及び動物用医薬品の臨床試験の実施の基準に関する省令(平成9年10月23日農林水産省令第75号)第7条に基づき作成する治験実施計画書に従った使用

＊「治験」とは、薬機法第14条第3項の規定により提出すべき資料のうち臨床試験の試験成績に関する資料の収集を目的とする試験をいう。

③ 薬機法第 14 条第 1 項に基づく承認申請書に従った使用(④に該当する行為は除く。)

④ 接種

⑤ 廃棄物の処理及び清掃に関する法律(昭和45年12月25日法律第137号)第12条の2に基づき定める感染性産業廃棄物の処理基準に従った接種後の器具及び使用残さの廃棄

⑥ ⑤以外の廃棄(生活力を有する遺伝子組換え生ワクチンを保有する接種動物の廃棄に伴う場合を含む。)

⑦ ①から⑥までに付随する行為

また、接種動物の肉、乳その他の生産物が食用に供される可能性がある場合にあっては接種動物を明記し、食用に供される可能性がない場合にあってはその旨を明記する。

(C) 添付書類に関する事項

(ア) 緊急措置計画書

申請者は、申請に係る第一種使用等により生物多様性影響が生ずるおそれがあると認められるに至った場合に緊急措置をあらかじめ定めておくこととし、次に掲げる緊急措置計画書を作成し、承認申請書に添付する。

① 実施体制及び責任者

② 申請に係る第一種使用等の状況の把握の方法((D)(イ)に規定する模擬環境試験の場合を除く。)

③ 申請に係る第一種使用等をしている者に緊急措置の具体的な内容を周知するための方法

④ 申請に係る遺伝子組換え生ワクチンを不活化する又は拡散防止措置を執ってその使用等を継続する(執るべき拡散防止措置が法に基づきあらかじめ定められている場合に限る。)ための具体的な措置の内容

＊「不活化」とは、遺伝子組換え生ワクチンを細胞等(則第 1 条)以外のものに人為的に変えることをいう。

⑤ 農林水産大臣及び環境大臣への速やかな連絡体制

⑥ その他必要な事項

なお、④については、遺伝子組換え生ワクチンの状態に応じた具体的な不活化措置を記載するものとする。

(イ) モニタリング計画書

① モニタリング計画書が必要となる場合

申請者は、次のいずれかに該当する場合、モニタリング計画書を作成し、承認申請書に添付する。なお、次のいずれにも該当しない場合であっても、申請書等の審査の過程でモニタリングの必要性がある旨の意見が具体的な調査項目とともに学識経験者から出されたときは、申請者は当該モニタリング計画書を作成し、承認申請書に添付する。

（i）申請に係る第一種使用等の方法を限定することにより生物多様性影響を防止することとしている場合

（ii）申請に係る第一種使用等による生物多様性影響を防止するため申請者が自らモニタリングを行うこととした場合

② モニタリング計画書の記載事項

　　モニタリング計画書には、次に掲げる事項を含めることとする。

（i）実施体制及び責任者

（ii）モニタリングの対象となる野生動植物等の種類の名称

（iii）モニタリングを実施する場所及びその場所における対象となる野生動植物等の生息又は生育状況

（iv）モニタリングの期間

（v）実施時期、頻度その他のモニタリングの方法

（vi）モニタリングの結果の解析の方法

（vii）農林水産大臣及び環境大臣への結果の報告の方法

（viii）その他必要な事項

(D) 模擬環境試験の申請に関する事項

　(ｱ) 第一種使用等が予定されている環境と類似の環境での使用等

　　　実験室や外国の自然条件の下での使用等によりその特性についてかなりの程度の知見は得られているが、我が国の通常のワクチン接種条件の下で使用した場合の特性が科学的見地から明らかではない遺伝子組換え生ワクチンの第一種使用等をする場合は、基本的事項告示第1の1(1)イ④に規定する第一種使用等が予定されている環境と類似の環境での使用等について情報収集を行い、当該遺伝子組換え生ワクチンを我が国の通常のワクチン接種条件の下で使用した場合の当該特性を明らかにする。また、当該情報収集は、模擬環境試験で行う。

　(ｲ) 模擬環境試験の申請

　　　模擬環境試験の申請に当あたっては、承認申請書の「遺伝子組換え生物等の第一種使用等の内容」の欄に「模擬環境試験における動物への接種（「動物」については、接種対象をすべて明記すること）、保管、運搬及び廃棄並びにこれらに付随する行為」と記載し、同申請書の「遺伝子組換え生物等の第一種使用等の方法」の欄には当該施設及び作業要領の内容を具体的に記載する。

＜別表第1　情報の収集及び評価書の記載等＞

評価要領一種告示別表第一に掲げる項目	情報の具体的な内容及び評価書への具体的な記載方法
1　宿主又は宿主の属する分類学上の種に関する情報	
（1）分類学上の位置付け及び自然環境における分布状況	① 分類学上の位置・学名（属及び種）及び株名を記載すること ＊「学名」は、ICTV公表資料を参照のこと ② 公的な微生物保存機関から分与されたものである場合には、当該機関の名称及び株番号並びに受領年月日を記載すること ③ ②でない場合には、同定の根拠となる事項（既に学名により公認されている種との同異点及びその根拠、株の分離源及びそれから作製した基準株の寄託場所及び保管番号等）を記載すること ④ 宿主を誘導するために用いた遺伝的改変の内容を記載すること ＊ 野生株から利用しようとする宿主株までの系統図を示すとともに、付加した特性とその特性を移入するために行った操作（例：紫外線照射による突然変異の誘発、接合等）を記入する。ただし、既に文献等に記載されているものについては、系統図に代えて、当該文献等を添付し、改変された遺伝的特性のみを記入する。また、文献等に記載されている株から新たに誘導したものについては、その株からの由来を記入する。 ⑤ 宿主として野生株を用いる場合には、自然環境における分布状況を示し必要に応じて関連資料を添付すること
（2）使用等の歴史及び現状宿	宿主として利用する株が産業利用された歴史を有する場合には、その内容及び期間を記載し、必要に応じ関連資料を添付すること。特に、生ワクチンとしての使用歴が有る場合には、その問題点等を記載すること
（3）生理学的及び生態学（生物学）的特性	左欄（3）のイからトまでの各項目においては、我が国の自然条件と類似の自然条件の下における生理学的及び生物学的特性を記載すること
イ　基本的特性	宿主の生物学的性状及び人を含む動物への感染性について記入する。
ロ　生息又は生育（増殖）可能な環境の条件	増殖可能な環境条件（温度、嫌気性、好気性、栄養条件・増殖可能な動物組織等）を記入する。
ハ　捕食性又は寄生性	―

第2章第1節　遺伝子組換え生物等の第一種使用等

ニ　繁殖又は増殖の様式	宿主の増殖様式及び遺伝的特性に関し、次の点について記入する。 ① 宿主を誘導するために用いた遺伝的改変の内容 ＊ 野生株から利用しようとする宿主株までの系統図を示すとともに、付加した特性とその特性を移入するために行った操作（例：紫外線照射による突然変異の誘発、接合等）を記入する。ただし、既に文献等に記載されているものについては、系統図に代えて、当該文献等を添付し、遺伝的特性のみを記入する。また、文献等に記載されている株から新たに誘導したものについては、その株からの由来を記入する。 ② 生存能力又は増殖能力 ＊ 生存能力又は増殖能力に関し、増殖温度域、増殖速度、栄養要求性、薬剤感受性等の特性について記入するとともに、必要に応じ、関係する資料を添付する。 ③ 生殖の様式及び交雑性 ＊ 生殖の周期等増殖の様式について明らかな範囲で記入する。また、近縁種及び同種内の株との交雑性の有無について記入するとともに、交雑性がある場合は、交雑を行う範囲及び交雑の頻度について明らかな範囲で記入する。
ホ　病原性	宿主の病原性（発ガン性を含む。以下この欄①及び③において同じ。）に関し、次の点について記入する。 ① 病原性について ＊ 野生動植物等に対する病原性について記録又は報告がある場合は、関係する文献等を添付する。また、病原性について実験した場合は、その結果を記入する。 ② 病原性に関係あるウイルス及びプラスミドの有無 ③ 病原性の内容と予防及び治療の方法 ＊ 野生動植物等に対する病原性がある場合は、病名又は症状の概略のほか、診断の方法、予防対策及び治療法の有無とその具体的内容を記入する。また、発症に至らず、不顕性感染状態のまま生存するものについては、その旨を記入する。なお、感染の対象となる生物が特定されている場合は、当該生物の範囲を記入する。
ヘ　有害物質の産生性	野生動植物等に有害な影響を及ぼす生理活性物質等の産生性の有無を記入するとともに、該当する物質の存在が知られている場合は、その名称並びに活性及び毒性の強さについて併せて記入する。また、抗生物質の産生性等の主要な生理学的性質について記載し、必要に応じ関連資料を添付すること
ト　その他の情報	感染又は伝染することが知られている動物種とその感染性又は伝染性（感染の様式、感染力の強さ等）その他左欄(3)のイからへまでの右欄に従って記載するもの以外に考慮すべきと考えられるもの（排泄、同居感染性等）について

	記載すること
2　遺伝子組換え生物等の調製等に関する情報	
（1）供与核酸に関する情報	ベクターに挿入される配列を供与核酸として、左欄（1）のイ及びロの項目について右欄に従って記載すること
イ　構成及び構成要素の由来	①　目的遺伝子、発現調節領域、局在化シグナル、選抜マーカーその他の供与核酸の構成要素それぞれの由来、塩基数及び塩基配列について記入すること ＊　「供与核酸の構成要素それぞれの由来、塩基数及び塩基配列」については、発現カセットごとに、配列順に記載すること。発現カセットに属さないものについては、その他として記載すること。塩基配列については、GenBank、DNA Data Bank of Japan、European Molecular Biology Laboratory Nucleotide Sequence Database その他の公開データベースに登録されている場合は、登録番号その他のアクセス方法で代替できる。 ②　構造について、制限酵素地図及び塩基数を必要に応じ記入すること。当該構造を得るまでにとられた過程（調製方法、欠損・置換等の変異を導入方法）についても、記載すること
ロ　構成要素の機能	①　目的遺伝子、発現調節領域、局在化シグナル、選抜マーカーその他の供与核酸の構成要素それぞれの機能 ②　目的遺伝子及び選抜マーカーをコードする遺伝子の発現により産生される蛋白質の機能及び当該蛋白質がアレルギー性（食品としてのアレルギー性を除く。）を有することが明らかとなっている蛋白質と相同性を有する場合はその旨 ③　宿主の持つ代謝系を変化させるか否か、変化させる場合はその内容
（2）ベクターに関する情報	供与核酸が挿入される直前の配列をベクターとして、左欄（2）のイ及びロの項目について右欄に従って記載整備すること
イ　名称及び由来	ベクターの名称及び由来する生物の分類学上の位置を記載すること
ロ　特性	①　ベクターの塩基数及び塩基配列 ②　特定の機能を有する塩基配列がある場合は、その機能 ＊　特定の機能を有する塩基配列が、GenBank、DNA Data Bank of Japan、European Molecular Biology Laboratory Nucleotide Sequence Database その他の公開データベースに登録されている場合は、登録番号その他のアクセス方法で代替できる。 ③　ベクターの伝染性の有無及び伝染性・病原性を有する

	場合はその宿主域に関する情報
	④ 既知のベクターについて改造又は修飾を行い、新しいベクターを開発した場合は、改造又は修飾前のベクターに関する文献を添付し、改造又は修飾を行った部分について方法を具体的に説明すること
	⑤ ベクターの由来生物の特性についても必要に応じ記載すること
(3) 遺伝子組換え生物等の調製方法	供与核酸のベクターへの挿入から、遺伝子組換え生製方法物等ができあがるまでの過程について、左欄(3)のイからハまでの項目について右欄に従って記載整備すること
イ 宿主内に移入された核酸全体の構成	① ベクター内での供与核酸の構成要素の位置及び方向並びに制限酵素による切断部位について記入し、その要点を図示すること ② また、ベクターへの供与核酸の挿入方法について記入し、その要点を図示すること。
ロ 宿主内に移入された核酸の移入方法	エレクトロポレーション法、りん酸カルシウム法その他の核酸の移入方法について記入し、その要点を図示すること
ハ 遺伝子組換え生物等の育成の経過	遺伝子組換え生ワクチン原株の調製経過(遺伝子組換え生物等を選抜した方法及びその後の育成経過、セルバンクの構築)の概要について記入し、必要に応じてその要点を図示すること
(4) 細胞内(宿主体内)に移入した核酸の存在状態及び当該核酸による形質発現の安定性	① 目的遺伝子が宿主の染色体に組み込まれているか、プラスミドとして存在するか等について記入すること ② 移入された核酸の複製物の世代交代時における伝達の安定性について記入すること ③ 目的遺伝子の動物内での発現に関し、個体間の差異、培養条件の変化に対する発現の安定性等につき記入すること ④ 特定のファージの感染等によって目的遺伝子の宿主以外の生物への伝達性が生じるおそれの有無及びおそれのある場合には、伝達性に関する試験結果を記入するほか、目的遺伝子の発現形態について明らかな範囲で記入すること
(5) 遺伝子組換え生物等の検出及び識別の方法並びにそれらの感度及び信頼性	移入された核酸の複製物及びその周辺の核酸を同定することによる方法その他の遺伝子組換え生物等の定性的な検出及び識別の方法並びにそれらの感度及び信頼性について記入すること

(6) 宿主又は宿主の属する分類学上の種との相違	① 遺伝子組換え生物等と、その調製に利用した宿主又はこれらの属する生物種との特性の違いに関し、増殖様式（ウイルス血症及び新たな感染性ウイルスの発生の有無を含む。）及び遺伝的特性、病原性（発ガン性を含む。）、有害物質の産生性、感染性（組織親和性及び持続感染性を含む。）、内在性ウイルスの活性化及び病原性付与の可能性、接種動物から排泄される場合には自然環境中への放散量等、自然界での生存能力、同居感染性、有毒物質の産生性並びにその他の主要な生理学的性質に係る相違点について記入すること ② 遺伝子組換え生物等の宿主との識別を可能とするコロニー形成性、発色性等の特徴があれば、それを併せて記入すること
3　遺伝子組換え生物等の使用等に関する情報	
（1）　使用等の内容	第一種使用規程承認申請書の第一種使用等の内容の欄に記載した事項と同様の事項を記載すること
（2）　使用等の方法	第一種使用規程承認申請書の第一種使用等の方法の欄に記載した事項と同様の事項を記載するとともに、模擬環境試験に係る場合は、当該畜舎・牧場等の所在地を示す地図及び畜舎・牧場等内における設備及び飼育管理区画の配置図を添付すること
（3）　承認を受けようとする者による第一種使用等の開始後における情報収集の方法	モニタリング計画書がある場合は「モニタリング計画書を参照」と記載すること
（4）　生物多様性影響が生ずるおそれのある場合における生物多様性影響を防止するための措置	「緊急措置計画書を参照」と記載すること
（5）　実験室等での使用等又は第一種使用等が予定されている環境と類似の環境での使用等の結果	左欄2の(6)の宿主又は宿主の属する分類学上の種との相違の項において記載すべき情報以外の情報であって、生物多様性影響の評価の際に参考とすべきと考えられるものがある場合は、当該情報を記載すること
（6）　国外における使用等に関する情報	諸外国において生物多様性影響の評価を受けている場合は、当該評価の際に使用された科学的情報、評価の結果及び影響を防止するための措置がある場合はその措置を記載するとともに、当該評価を受ける際に提出した書類を、

第２章第１節　遺伝子組換え生物等の第一種使用等

| | 必要に応じ添付すること。また、諸外国における第一種使用等の状況を記載するとともに、諸外国における第一種使用等の結果を生物多様性影響の観点から科学的に評価した文献等がある場合は、当該文献等を添付すること |
| | |

＜別表第2　模擬環境試験に係る施設の要件＞

1　次に掲げる設備を有すること

　(1)　飼育管理区画に、接種動物の習性に応じた逃亡防止設備、野生動物の侵入防止設備及び部外者の立入防止設備

　　　＊「飼育管理区画」とは、接種動物を飼育する区画をいう。

　(2)　飼育管理区画に、模擬環境試験中であること、遺伝子組換え生ワクチンの使用中であること、部外者は立入禁止であること及び管理責任者を選任した場合はその氏名を記載し、見やすいところに掲げられた標識

　(3)　飼育管理区画で使用した機械又は器具、飼育管理区画で作業に従事した者の靴等を洗浄する設備その他の遺伝子組換え生ワクチンが飼育管理区画の外に意図せずに持ち出されることを防止するための設備

　(4)　遺伝子組換え生ワクチンを適切に保管できる設備、及び「遺伝子組換え生ワクチン（模擬環境試験）保管中」と記載し、見やすいところに掲げられた標識

　(5)　遺伝子組換え生ワクチン又はその残さ、接種動物に係る廃棄物（接種動物の死体及び生産物を含む。）等について不活化、焼却、消毒等の処理をするための設備

2　次に掲げる事項を遵守するための作業要領を定めること

　(1)　遺伝子組換え生ワクチンが人体等に付着することを防止するための措置を講ずること

　(2)　飼育管理区画で使用した機械又は器具、及び飼育管理区画で作業に従事した者の靴等を洗浄すること、飼育管理区画では専用の作業服等を着用し、使用した作業服等は消毒等を行うこと、その他遺伝子組換え生ワクチンが飼育管理区画外に意図せずに持ち出されることを防止するための措置を講ずること

　(3)　部外者がみだりに飼育管理区画に立ち入らないための措置を講ずること

　(4)　遺伝子組換え生ワクチンに係る残さは、不活化する等の措置を講ずること。また、接種動物に係る廃棄物については、必要に応じて消毒又は焼却等の処理を行うこと

　(5)　遺伝子組換え生ワクチンの保管は、遺伝子組換え生ワクチンである旨を明示して保管設備に保管すること。また、遺伝子組換え生ワクチンを含む保管物の目録を作成し、保存すること

　(6)　遺伝子組換え生ワクチン又はその残さを運搬する場合は、十分な強度を有する容器に納め密閉する等により漏出しないようにすること、容器の表面の見やすいところに「取扱注意」の朱文字を明記すること。また、接種動物を飼育管理区域外に運搬する場合は、接種動物の習性に応じた逃亡防止措置を講ずること

　(7)　接種動物の逃亡を防止するための措置を講ずること

　(8)　飼育管理区画を清潔に保ち、飼育管理区画及びその近傍においては、当該遺伝子組換え生ワクチンの使用に関係のない動物の飼育管理を最小限とすること。また、接種動物は個々の識別を行うことが望ましいが、個体識別が難しい場合には、飼育群ごとに管理すること

　(9)　遺伝子組換え生ワクチンの利用に係る設備・装置及び接種動物の取扱いに係る飼育設備・装置については、設置直後及び定期的に性能の検査を行い、当該設備・装置の本来

第2章第1節　遺伝子組換え生物等の第一種使用等

　　有するべき性能が十分に発揮されていることを確認すること
(10)モニタリングを行う場合においては「別添のモニタリング計画書に従ってモニタリングを行う。」旨を記載すること
(11)生物多様性影響のおそれがあると認められたときに(C)(ア)に基づき定められる措置を確実に講ずること

20 農林水産大臣がその生産又は流通を所管する遺伝子組換え生ワクチン（動物用医薬品）の第一種使用等に係る体制の整備に関する事項として、次のとおり示されている。〈H19/12/10 19消安第9000号、環自野発第071210002号（最近改正：H28/6/24 28消安第1429号等）〉

(ア) 委員会の設置

第一種使用等の方法を限定した第一種使用規程の承認を受けようとする者は、申請に係る第一種使用等による生物多様性影響の防止に関する事項について検討するための委員会を設置するよう努めるとともに、設置した場合は、その委員の名簿を申請書等とともに提出する。

(イ) 委員会の構成

(ア)の委員会の委員は、次に掲げる者のうちから選定するよう努めるものとする。また、申請者が法人の場合は、可能な限り、当該法人に所属する者以外の者から委員を選定することが望ましい。

① 申請に係る遺伝子組換え生ワクチンの特性に関し専門の知見を有する者

＊「遺伝子組換え生ワクチン」とは、農林水産大臣がその生産又は流通を所管する遺伝子組換え生物等のうち、微生物又はこれらの微生物を成分としたものであって、動物の感染症を予防する目的で動物体内に接種される動物用医薬品をいう。

② 申請に係る遺伝子組換え生ワクチンの使用、育成、運搬その他の第一種使用等の実態に関し専門の知見を有する者

③ 申請に係る第一種使用等によって影響を受ける可能性のある野生動植物等、生態系等に関し専門の知見を有する者

④ 申請に係る第一種使用等を行う場所を管理する者

(ウ) 委員会による検討事項

委員会は、次に掲げる事項に関する検討を行う。

① 申請に係る第一種使用等の方法

② モニタリング計画書の内容

③ 緊急措置計画書の内容

④ 生物多様性影響が生ずるおそれがあると認められる事態か否かの判断

⑤ 申請に係る第一種使用等を行う者の教育訓練の方法

⑥ その他申請に係る第一種使用等による生物多様性影響の防止に関する事項

(エ) 管理責任者及び管理主任者の選任

第一種使用等の方法を限定した第一種使用規程の承認を受けようとする者は、遺伝子組換え生ワクチンの使用等に関連する法令を熟知するとともに、次に掲げる役割を果たす管理責任者及びこれを補佐する管理主任者を遺伝子組換え生ワクチンの第一種使用等について経験を有する者の中から選任し、模擬環境試験の場合は模擬環境試験を行う事業所ごとに、それ以外の第一種使用等の場合は主な事業所に置くよう努める。

① 申請に係る第一種使用等を行う者の教育訓練を実施すること

② モニタリング計画書がある場合には、当該計画書に従いモニタリングを実施するこ

第2章第1節　遺伝子組換え生物等の第一種使用等

と

③　生物多様性影響のおそれがあると認められるに至った場合には、緊急措置計画書に従い緊急措置を講ずること

④　申請に係る第一種使用等による生物多様性影響を防止するための施設等を有する場合はその施設等の維持管理を行うこと

⑤　模擬環境試験の場合は、第一種使用等の経過を記録するとともに、当該記録を保存すること

⑥　模擬環境試験以外の第一種使用等の場合であって適正使用情報が定められている場合は、当該適正使用情報が申請に係る遺伝子組換え生ワクチンの譲渡若しくは提供を受ける者又は委託を受けてその第一種使用等を行う者に対し正確に提供されていることを確認すること

＜農林水産省関係／犬・猫の遺伝子治療＞

21　がん疾患の犬・猫の治療に使用する遺伝子組換えウイルス及び当該ウイルスの接種動物（犬・猫の遺伝子治療）に係る申請書等の内容に関する事項として、次のとおり示されている。なお、がん疾患の犬・猫の治療に使用する遺伝子組換えウイルスについては、環境中に拡散して生物多様性影響が生ずるおそれがあるかについての評価とともに、接種動物の体内における挙動、接種動物の体内の内在性ウイルスの活性化及び病原性の付与の可能性等の評価も行う。さらに、現時点における科学的知見では、がん疾患の犬・猫の治療に使用する遺伝子組換えウイルスに導入された目的遺伝子が接種動物の染色体に組み込まれる可能性を排除できない場合には、接種動物についても、遺伝子組換え生物として生物多様性影響の評価を行う。臨床試験に関する申請にあたっての手続については、対象疾患ががんであり、施行規則、基本的事項告示及び評価要領一種告示に定めるもののほか、本通知に定めるところによることとする。〈H24/5/16 23 消安第 6226 号・環自野発第 120516003 号（最近改正：H28/6/24 28 消安第 1429 号等）〉

（A）　生物多様性影響評価書の記載等に関する事項

　（ア）　情報の収集及び評価書の記載等

　　　評価書の作成にあたって、評価要領一種告示別表第一に掲げる情報の具体的な内容及び評価要領一種告示別表第四の1の具体的な記載方法は、別表第一の左欄に掲げる項目ごとにそれぞれ同表の右欄に掲げるとおりとする。ただし、同表の右欄に掲げる情報の内容の一部について、合理的な理由がある場合は、それらの情報を収集しなくてもよい。また、評価要領一種告示別表第一に掲げる情報及び（イ）の情報の収集は、科学的知見に基づく適切な方法により行うこととし、分析又は調査ごとに、その供試材料、手順、結果、考察等を記載した資料を評価書に添付する。

　（イ）　追加的に収集することが必要な情報及びその記載方法

　　　評価要領一種告示別表第三に定める生物多様性影響の評価の手順に沿って評価を行う過程において影響を受けると考えられる野生動植物等が特定された場合は、評価要領一種告示別表第一に規定する情報に加えて、当該野生動植物等の個体の反応についての実験や、当該野生動植物等の生息又は生育する場所及び時期等当該影響

に係る科学的情報を収集する。その上で、これらの情報を用いて評価を行い、その結果も併せて提出する。

　また、接種動物の体内におけるがん疾患の犬・猫の治療に使用する遺伝子組換えウイルスの挙動等に関する情報は、生物多様性影響の評価において必要であることから、我が国の自然条件と類似の自然条件の下における特性について、次に掲げる情報を収集する。

　　＊「接種動物」とは、がん疾患の犬・猫の治療に使用する遺伝子組換えウイルスを接種した犬・猫をいう。

① 接種動物の体内における当該遺伝子組換えウイルスの消長に関する情報

② 接種動物及び接種動物の血液、排泄物、体液等の分泌物からの当該遺伝子組換えウイルスの環境中への拡散の可能性の有無に関する情報

③ 接種動物において当該遺伝子組換えウイルスが垂直感染する可能性の有無に関する情報

④ 野生動植物への伝播の可能性の有無に関する情報

⑤ その他必要な情報

　①から⑤までに掲げる情報については、評価要領一種告示別表第一の３の項目に、新たに「(7)接種動物の体内における挙動に関する情報」を追加し、当該項目の下に記載する。

　さらに、接種動物の染色体に目的遺伝子が組み込まれる可能性を排除できない接種動物自体についても、別途、評価要領一種告示に基づき、別表第一に準じて評価書の作成を行う。なお、評価要領一種告示別表第一の２(6)に掲げる情報の具体的な内容は、別表第二の左欄に掲げる「接種動物の接種前の動物との相違」とし、評価要領一種告示第四の２の具体的な記載方法は、別表第二の右欄に掲げるとおりとする。

(B) 第一種使用規程承認申請書の記載に関する事項

(ア) 遺伝子組換え生物等の種類の名称

　　申請者は、「遺伝子組換え生物等の種類の名称」を定める際は、「当該遺伝子組換えウイルスの宿主又は親生物の属する分類学上の種の名称及び当該遺伝子組換えウイルスの特性等の情報」として、核酸供与体、供与核酸及び遺伝子を導入されたウイルスに関する情報並びに国際的な導入遺伝子名及び宿主の学名等を名称に含めることとし、さらに開発者が付した識別記号及び国際機関において統一的な識別記号が付されている場合はこれを加えて、他の遺伝子組換えウイルスと明確に区別できる名称を定め、承認申請書の様式(則第７条)の該当欄に記載する。

　　また、上記の導入遺伝子名及び宿主の学名等並びに識別記号は、それぞれ括弧内に記載することとし、例えば、「▲▲由来▲▲遺伝子導入▲▲ウイルス▲▲(▲▲株由来)(導入遺伝子名、宿主の学名等)(識別記号)」等と記載する。当該遺伝子名及び学名等は、ICTV公表資料を参照する。

　　なお、接種動物については、学名の和名であるイエイヌ及びイエネコを使用し、

例えば、「▲▲由来▲▲遺伝子導入▲▲ウイルス▲▲（▲▲株由来）を接種したイエイ
ヌ（ウイルス由来の導入遺伝子名、宿主の学名等）」、「▲▲由来▲▲遺伝子導入▲▲
ウイルス▲▲（▲▲株由来）を接種したイエネコ（ウイルス由来の導入遺伝子名、宿主
の学名等）（識別記号）」等と記載する。

（イ）遺伝子組換え生物等の第一種使用等の内容

　　申請者は、承認申請書中「遺伝子組換え生物等の第一種使用等の内容」として、
「治療施設における動物の治療を目的とした使用、保管、運搬及び廃棄並びにこれ
らに付随する行為」と記載し、同申請書の「遺伝子組換え生物等の第一種使用等の
方法」の欄には、治療施設の所在地、名称及び内容並びに治療対象疾患を明記する
とともに、治療方法等として動物への接種方法、その後の接種動物及び接種動物の
排泄物、分泌物等の管理方法など別表第三の記載内容に準じてがん疾患の犬・猫の
治療に使用する遺伝子組換えウイルスの環境中への拡散を極力抑制する一連の具体
的な方法を記載する。

　　また、治療施設の飼育室における接種動物の管理を解除した後は、一定期間、接
種動物の血液、分泌物、排泄物等中におけるがん疾患の犬・猫の治療に使用する遺
伝子組換えウイルスの有無についての定期的な検査を実施することとし、当該遺伝
子組換えウイルスが検出された場合は、直ちに治療施設の飼育室に移さなければな
らない旨を記載する。

　　さらに、接種動物の染色体への目的遺伝子の組込みの可能性を排除できない場合
には、接種動物である旨を識別するためのマイクロチップの埋込み等の措置を、ま
た、接種動物の生殖細胞への目的遺伝子の組込みの可能性を排除できない場合には、
繁殖能力をなくすための措置を行う旨を記載する。

　　なお、接種動物については、承認申請書中「遺伝子組換え生物等の第一種使用等
の内容」として、「治療施設における治療、育成、運搬、廃棄、退院後の国内での飼
養及びこれらに付随する行為」と記載し、同申請書の「遺伝子組換え生物等の第一
種使用等の方法」の欄には、がん疾患の犬・猫の治療に使用する遺伝子組換えウイ
ルスの第一種使用等の方法のうち、接種動物に係る内容を記載する。

　　＊「治療施設」とは、獣医療法に基づいて開設の届け出のあった診療施設をいう。

（C）添付書類に関する事項

（ア）緊急措置計画書

　　申請者は、申請に係る第一種使用等により生物多様性影響が生ずるおそれがある
と認められるに至った場合には、緊急措置をあらかじめ定めておくこととし、次に
掲げる事項を含む緊急措置計画書を作成し、承認申請書に添付する。

① 実施体制及び責任者

② 申請に係る第一種使用等の状況の把握の方法

③ 申請に係る第一種使用等をしている者に緊急措置の具体的な内容を周知するた
　めの方法

④ 申請に係るがん疾患の犬・猫の治療に使用する遺伝子組換えウイルスを不活化す

る具体的な措置の内容又は拡散防止措置を執ってその使用等を継続するための具体的な措置の内容（執るべき拡散防止措置が法に基づきあらかじめ定められている場合に限る。）

⑤ 申請に係るがん疾患の犬・猫の治療に使用する遺伝子組換えウイルスの接種動物を拡散防止措置を執ってその使用等を継続するための具体的な措置の内容（執るべき拡散防止措置が法に基づきあらかじめ定められている場合に限る。）

⑥ 農林水産大臣及び環境大臣への速やかな連絡体制

⑦ その他必要な事項

なお、④については、がん疾患の犬・猫の治療に使用する遺伝子組換えウイルスの状態に応じた具体的な不活化措置を記載するものとする。

(ｲ) モニタリング計画書

① モニタリング計画書が必要となる場合

申請者は、申請に係る第一種使用等の方法を限定することにより生物多様性影響を防止することが求められることから、モニタリング計画書を作成し、承認申請書に添付する。

② モニタリング計画書の記載事項

モニタリング計画書には、次に掲げる事項を含めることとする。

(i) 実施体制及び責任者

(ii) モニタリングの対象となる野生動植物等の種類の名称

(iii) モニタリングを実施する場所及びその場所における対象となる野生動植物等の生息又は生育状況

(iv) モニタリングの期間

(v) 実施時期、頻度その他のモニタリングの方法

(vi) モニタリングの結果の解析の方法

(vii) 農林水産大臣及び環境大臣への結果の報告の方法

(viii) その他必要な事項

第2章第1節　遺伝子組換え生物等の第一種使用等

＜別表第一　情報の収集及び評価書の記載等＞

評価要領一種告示別表第一に掲げる項目	情報の具体的な内容及び評価書への具体的な記載方法
1　宿主又は宿主の属する分類学上の種に関する情報	
（1）分類学上の位置付け及び自然環境における分布状況	①　分類学上の位置・学名（属及び種）及び株名を記載するこ ＊　学名はICTV公表資料を参照のこと ②　公的な微生物保存機関から分与されたものである場合には、当該機関の名称及び株番号並びに受領年月日を記載すること ③　②以外の場合には、同定の根拠となる事項（既に学名により公認されている種との同異点及びその根拠、株の分離源並びにそれから作製した基準株の寄託場所及び保管番号等）を記載すること ④　遺伝的改変を行ったものを宿主とする場合には、宿主を誘導するために用いた遺伝的改変の内容を記載すること ＊　野生株から利用しようとする宿主株までの系統図を示すとともに、付加した特性とその特性を移入するために行った操作（例：紫外線照射による突然変異の誘発等）を記載する。ただし、既に文献等に記載されているものについては、系統図に代えて、当該文献等を添付し、改変された遺伝的特性のみを記載する。また、文献等に記載されている株から新たに誘導したものについては、その株からの由来を記載する。 ⑤　宿主として野生株を用いる場合には、自然環境における分布状況を示し必要に応じて関連資料を添付すること
（2）使用等の歴史及び現状	宿主として利用する株が産業利用された歴史を有する場合には、その内容及び期間を記載し、必要に応じ関連資料を添付すること。特に、ヒトの遺伝子治療としての使用歴が有る場合には、具体的な使用歴やその問題点等を記載すること
（3）生理学的及び生態学（生物学）的特性	イからトまでの各項目においては、我が国の自然条件と類似の自然条件の下における生理学的及び生物学的特性を記載すること
イ　基本的特性	宿主の生物学的性状及び人を含む動物への感染性について記載すること
ロ　生息又は生育（増殖）可	①　増殖可能な環境条件（温度、増殖可能な動物組織等）を

117

	能な環境の条件	記載すること ② 自然環境(空気中や環境水中)での安定性を記載すること(例：25度の大気中では24時間で感染性が半減する。)
	ハ　捕食性又は寄生性	―
	ニ　繁殖又は増殖の様式	宿主の増殖様式及び遺伝的特性に関し、次の点について記載すること ① 生存能力又は増殖能力 ＊ 生存能力又は増殖能力に関し、感染細胞内での局在(増殖様式)、増殖速度、薬剤感受性等の特性について記載するとともに、必要に応じ、関係する資料を添付すること ② 複製(増殖)の様式及び交雑性 ＊ 増殖の様式について明らかな範囲で記載すること。また、他のウイルスとの交雑性がある場合は、交雑を行う範囲及び交雑の頻度について明らかな範囲で記載すること
	ホ　病原性	宿主の病原性(発がん性を含む。以下①及び③において同じ。)に関し、次の点について記載すること ① 病原性について ＊ 野生動植物等に対する病原性について記録又は報告がある場合は、関係する文献等を添付する。また、病原性について実験した場合は、その結果を記載すること ② 他病原体に感染している動物に重感染すると、その病原体の病原性に影響するおそれのあるウイルスか否か ③ 病原性の内容と予防及び治療の方法 ＊ 野生動植物等に対する病原性がある場合は、病名又は症状の概略のほか、診断の方法、予防対策及び治療法の有無とその具体的内容を記載すること。また、発症に至らず、不顕性感染状態のまま生存するものについては、その旨を記載すること。なお、感染の対象となる生物が特定されている場合は、当該生物の範囲を記載すること
	ヘ　有害物質の産生性	野生動植物等に有害な影響を及ぼす生理活性物質等の産生性の有無を記載するとともに、該当する物質の存在が知られている場合は、その名称並びに活性及び毒性の強さについて併せて記載すること。また、主要な生理学的性質について記載し、必要に応じ関連資料を添付すること
	ト　その他の情報	感染又は伝染することが知られている動物種とその感染性又は伝染性(感染の様式、感染力の強さ等)その他イからヘまでに記載するもの以外に考慮すべきと考えられるもの(排泄、水平感染性等)について記載すること
2　遺伝子組換え生物等の調製等に関する情報		
(1) 供与核酸に関する情報		ベクターに挿入される配列を供与核酸として、左欄(1)の

第2章第1節　遺伝子組換え生物等の第一種使用等

	イ及びロの項目についてそれぞれの右欄に従って記載すること
イ　構成及び構成要素の由来	① 目的遺伝子、発現調節領域、局在化シグナル、選抜マーカーその他の供与核酸の構成要素それぞれの由来、塩基数及び塩基配列について記載すること ＊ 発現カセットごとに、配列順に記載すること。発現カセットに属さないものについては、その他として記載すること。塩基配列については、GenBank、DNA Data Bank of Japan、European Molecular Biology Laboratory Nucleotide Sequence Database その他の公開データベースに登録されている場合は、登録番号その他のアクセス方法で代替できる。 ② 構造について、制限酵素地図及び塩基数を必要に応じ記載すること。当該構造を得るまでにとられた過程（調製方法、欠損・置換等の変異を導入方法）についても、記載すること
ロ　構成要素の機能	① 目的遺伝子、発現調節領域、局在化シグナル、選抜マーカーその他の供与核酸の構成要素それぞれの機能を記載すること ② 目的遺伝子及び選抜マーカーをコードする遺伝子の発現により産生される蛋白質の機能及び当該蛋白質がアレルギー性（食品としてのアレルギー性を除く。）を有することが明らかとなっている蛋白質と相同性を有する場合はその旨を記載すること ③ 宿主の持つ代謝系を変化させるか否か、変化させる場合はその内容を記載すること
(2) ベクターに関する情報	がん疾患の犬・猫の治療に使用する遺伝子組換えウイルスの作成に当たって使用する配列であって、供与核酸が挿入される直前の配列をベクターとして、イ及びロの項目についてそれぞれの右欄に従って記載すること
イ　名称及び由来	ベクターの名称及び由来する生物の分類学上の位置を記載すること
ロ　特性	① ベクターの塩基数及び塩基配列を記載すること ② 特定の機能を有する塩基配列がある場合は、その機能を記載すること ＊ 特定の機能を有する塩基配列が、GenBank、DNA Data Bank of Japan、European Molecular Biology Laboratory Nucleotide Sequence Database その他の公開データベースに登録されている場合は、登録番号その他のアクセス方法で代替できる。 ③ ベクターの伝染性・病原性の有無及び伝染性・病原性を有する場合はその宿主域に関する情報を記載するこ

119

	と
	④ 既知のベクターについて改造又は修飾を行い、新しいベクターを開発した場合は、改造又は修飾前のベクターに関する文献を添付し、改造又は修飾を行った部分について方法を具体的に記載すること
	⑤ ベクターの由来生物の特性についても必要に応じ記載すること
(3) 遺伝子組換え生物等の調製方法	供与核酸のベクターへの挿入から、遺伝子組換え生物等ができあがるまでの過程（例：Vero 細胞におけるがん疾患の犬・猫の治療に使用する遺伝子組換えウイルスの構築等）について、イからハまでの項目についてそれぞれの右欄に従って記載すること
イ 宿主内に移入された核酸全体の構成	① ベクター内での供与核酸の構成要素の位置及び方向並びに制限酵素による切断部位について記入し、その要点を図示すること
	② また、ベクターへの供与核酸の挿入方法について記入し、その要点を図示すること
ロ 宿主内に移入された核酸の移入方法	核酸の移入方法について記載し、その要点を図示すること
ハ 遺伝子組換え生物等の育成の経過	がん疾患の犬・猫の治療に使用する遺伝子組換えウイルス原株の調製経過（遺伝子組換え生物等を選抜した方法及びその後の育成経過、シードバンクの構築）の概要について記載し、必要に応じてその要点を図示すること
(4) 宿主内に移入した核酸の存在状態及び当該核酸による形質発現の安定性	① 目的遺伝子が移入された位置について記載すること
	② 移入された核酸の複製物の世代交代時における伝達の安定性について記載すること
	③ 目的遺伝子の動物体内での発現に関し、個体間又は動物種間における発現の安定性等につき記載すること
	④ 特定のウイルスとの共感染等によって目的遺伝子の宿主以外の生物への伝達性が生じるおそれの有無及びおそれのある場合には、伝達性に関する試験結果を記載するほか、目的遺伝子の発現形態について明らかな範囲で記載すること
(5) 遺伝子組換え生物等の検出及び識別の方法並びにそれらの感度及び信頼性	移入された核酸の複製物及びその周辺の核酸を同定する方法その他のがん疾患の犬・猫の治療に使用する遺伝子組換えウイルス等の定性的な検出及び識別の方法並びにそれらの感度及び信頼性について記載すること。

第2章第1節　遺伝子組換え生物等の第一種使用等

(6) 宿主又は宿主の属する分類学上の種との相違	① がん疾患の犬・猫の治療に使用する遺伝子組換えウイルス等と、その調製に利用した宿主又はこれらの属する生物種との特性の違いに関し、増殖様式（ウイルス血症及び新たな感染性ウイルスの発生の有無を含む。）、遺伝的特性、病原性（発がん性を含む。）、有害物質の産生性及び感染性（組織親和性及び持続感染性を含む。）並びに接種動物から排泄される場合には、自然環境中への放散量等、自然界での生存能力、水平感染性及び有害物質の産生性並びにその他の主要な生理学的性質に係る相違点について記載すること ② 内在性ウイルスの活性化、内在性ウイルスと組換えウイルスの組換え体の出現（内在性ウイルスに組換えウイルスから核酸断片が移動する場合とその逆の場合）等の知見がある場合は、当該ウイルスの性質、発生し得る過程及びその機構、検出方法及びその感度、特異性等について記載すること ③ がん疾患の犬・猫の治療に使用する遺伝子組換えウイルス等の宿主との識別を可能とする方法及びその感度、特異性、発色性等の特徴があれば、それを併せて記載すること
3　遺伝子組換え生物等の使用等に関する情報	
(1) 使用等の内容	第一種使用規程承認申請書の第一種使用等の内容の欄に記載した事項と同様の事項を記載すること
(2) 使用等の方法	第一種使用規程承認申請書の第一種使用等の方法の欄に記載した事項と同様の事項を記載すること
(3) 承認を受けようとする者による第一種使用等の開始後における情報収集の方法	モニタリング計画書がある場合は「モニタリング計画書を参照」と記載すること
(4) 生物多様性影響が生ずるおそれのある場合における生物多様性影響を防止するための措置	「緊急措置計画書を参照」と記載すること
(5) 実験室等での使用等の結果	左欄2の(6)の宿主又は宿主の属する分類学上の種との相違の項において記載すべき情報以外の情報であって、生物多様性影響の評価の際に参考とすべきと考えられるものがある場合は、当該情報を記載すること

121

(6) 国外における使用等に関する情報	諸外国において生物多様性影響の評価を受けている場合は、当該評価の際に使用された科学的情報、評価の結果及び影響を防止するための措置がある場合はその措置を記載するとともに、当該評価を受ける際に提出した書類を、必要に応じ添付すること。また、諸外国における第一種使用等の状況を記載するとともに、諸外国における第一種使用等の結果を生物多様性影響の観点から科学的に評価した文献等がある場合は、当該文献等を添付すること
(7) 接種動物の体内における挙動に関する情報	① 接種動物の体内におけるがん疾患の犬・猫の治療に使用する遺伝子組換えウイルスの消長に関し記載すること ② 接種動物体及び接種動物の血液、排泄物、体液等からの当該遺伝子組換えウイルスの環境中への拡散の可能性の有無に関し記載すること ③ 接種動物において当該遺伝子組換えウイルスが垂直感染する可能性の有無に関し記載すること ④ 野生動植物への伝播の可能性の有無に関し記載すること ⑤ その他必要な情報を記載すること

＜別表第二　情報の収集及び評価書の記載等＞

評価要領一種告示別表第一に掲げる項目	情報の具体的な内容及び評価書への具体的な記載方法
2　遺伝子組換え生物等の調製等に関する情報	
(6) 宿主又は宿主の属する分類学上の種との相違 　接種動物の接種前の動物との相違	接種前の飼養条件を変更する必要についての情報として、①染色体への組込みを示す情報、②有害物質の産生性及び残留の可能性、③内在性ウイルスの活性化及び病原性付与の可能性、④組織内における遺伝子組換えウイルスの残留の可能性、⑤自然界での生存能力、運動能力、凶暴性等の特性の有無等を記載すること

第２章第１節　遺伝子組換え生物等の第一種使用等

＜別表第三　第一種使用等の方法：治療施設の所在地、治療施設の名称、当該治療対象疾患、動物への接種方法、その後の接種動物及び接種動物の排泄物、分泌物等の管理方法等、がん疾患の犬・猫の治療に使用する遺伝子組換えウイルスの封じ込めに関する一連の方法、管理解除後の接種動物の定期的な検査の方法、並びに、接種動物の飼養方法の記載＞

治療施設の所在地	所在地については、使用等する治療施設の所在地を正式な名称で都道府県・市町村・字・番地まで記載すること。治療施設の所在地を示す地図を添付すること
治療施設の名称	施設内の該当する診療室等の名称まで記載すること
治療施設の内容	①　「配置」については、施設の平面図を示し、作業区域を明確に示すとともに、がん疾患の犬・猫の治療に使用する遺伝子組換えウイルス及び接種動物を取り扱う主要な設備の位置及び名称並びに必要に応じて部外者への注意書等の位置を図示すること ②　「構造」については、当該遺伝子組換えウイルス及び接種動物を取り扱う設備の仕様について記載すること。また、当該遺伝子組換えウイルス及び接種動物を取り扱うために排水系統、換気設備等について特別な設備を設置した場合には、当該設備を図示すること

（治療対象疾患）　犬・猫の治療対象疾患名を記載すること

（治療方法等）

(1) 治療に使用するがん疾患の犬・猫の治療に使用する遺伝子組換えウイルス溶液は、容器に密閉後、凍結状態で治療施設に移送し、施設内の P2 試験室内の冷蔵庫に保管する。

　＊「P2 試験室」とは、研究開発二種省令 P2 レベル試験室をいう。

(2) 凍結状態のがん疾患の犬・猫の治療に使用する遺伝子組換えウイルス溶液の融解、希釈及び分注操作は、P2 試験室内の安全キャビネット内で行う。当該遺伝子組換えウイルス希釈溶液の保管は、P2 試験室内の冷凍庫において行う。なお、当該遺伝子組換えウイルス希釈溶液又はその凍結品を解放系区域を通って他の P2 レベル区域に運搬する必要がある場合には、二重に密閉した容器に入れて運搬する。

(3) がん疾患の犬・猫の治療に使用する遺伝子組換えウイルス溶液（希釈溶液を含む。）を廃棄する際には、ウイルス不活化を行った後、当該治療施設で定められている医療廃棄物処理規程に従い廃棄する。

　＊「ウイルス不活化」は、消毒薬又は高圧蒸気滅菌処理による。
　＊「消毒薬」とは、▲▲％の次亜塩素酸ナトリウム溶液による消毒薬をいう。

(4) P2 試験室内の安全キャビネット内で治療溶液を、二重に密閉し、治療室又は CT 室に直ちに運搬し、注入セットに充填する。

　＊「治療溶液」とは、がん疾患の犬・猫の治療に使用する遺伝子組換えウイルス溶液を緩衝液で希釈し所定の接種量に調整したものをいう。

＊「治療室」とは、環境中への拡散防止措置を適切に講じた治療室をいう。
＊「CT 室」とは、コンピュータ断層撮影装置室をいう。
＊「注入セット」とは、専用の注入用穿刺針、注射器及びチューブから成るデバイスをいう。

(5) 動物へのがん疾患の犬・猫の治療に使用する遺伝子組換えウイルスの接種は、治療組織の対象腫瘍内については治療室内において超音波検査装置に装着された穿刺用ガイド装置を用いて、また、遠隔転移病巣内については CT 室内において注入用穿刺針を用いて、それぞれ治療溶液を注入することにより行う。注入針の抜去は慎重に行い、治療液の漏出及びエアロゾル化を防止する。注入部位の周辺には布(滅菌された不織布)を二重に敷き詰める。

(6) 動物へのがん疾患の犬・猫の治療に使用する遺伝子組換えウイルス接種後、接種動物の創部を消毒する。当該遺伝子組換えウイルス漏出予防のために安静にさせ、絆創膏等による局所からの漏出を防ぐ措置を行い、治療室又は CT 室から、飼育ケージに移送する。

＊「飼育ケージ」とは、環境中への拡散防止措置を適切に講じた陽圧でない治療施設の飼育室内の隔離した飼育条件下にある飼育ケージをいう。

(7) 上記(5)及び(6)で用いた注入セット等の器具並びに布及びガーゼ類は、不活化を行い、医療廃棄物処理規程に従い廃棄する。穿刺用ガイド装置等は不活化を行い再利用する。これらの不活化を治療室又は CT 室以外の区域で行う場合には、二重に密閉した容器に入れて運搬する。治療後の当該治療室は床を消毒液で拭き掃除する。なお、治療室内の空気は HEPAフィルターを用いた換気により約 5 分に 1 回(1 時間に 12 回)入れ替える。

(8) 動物へのがん疾患の犬・猫の治療に使用する遺伝子組換えウイルス接種後、当該遺伝子組換えウイルスが糞便、尿、唾液、分泌物等(末梢血を含む。)から検出できなくなるまで、接種動物を飼育ケージ内で管理する。検査等の理由で接種動物が一時的に飼育ケージから外の解放系区域に出る場合には、採血、排泄等を最小限に留め、絆創膏等による局所からの漏出を防ぐ措置を行いウイルス漏出防止措置を講じる。

(9) 飼育ケージにおける管理期間中の接種動物の排泄物(血液、体液、尿、糞便等)は、ウイルス不活化を行い、医療廃棄物処理規程に従い廃棄する。ウイルス不活化を P2 試験室以外の区域で行う場合には、二重の密閉した容器に入れて運搬する。なお、治療に使用したがん疾患の犬・猫の治療に使用する遺伝子組換えウイルスが検出されるか否かを調べるウイルス排泄試験に使用する接種動物の排泄物等の取扱いも同様とする。排泄物等が床等へ落下した場合は床を消毒液で拭き掃除をする。

(10) 飼育ケージにおける管理期間中、接種動物に使用した器具、接種動物の排泄物等に接触した器具等は、ウイルス不活化を行った後、医療廃棄物処理規程に従い廃棄又は十分に洗浄する。

(11) 治療室、CT 室又は飼育ケージにおける管理期間中、接種動物が死亡した場合は、遺体からがん疾患の犬・猫の治療に使用する遺伝子組換えウイルスや有害物質が逸出することがないよう、飼い主の同意を得た上で、不活化等の適切な処置を講ずる。

(12) 飼育ケージにおける接種動物の管理を解除する前に、接種動物の血液、体液及び尿中のがん疾患の犬・猫の治療に使用する遺伝子組換えウイルスが陰性であることを必ず確認する。当該遺伝子組換えウイルスが確認されたときは、飼育ケージにおける接種動物の管理を継続する。また、排泄物等の床等への落下の有無にかかわらず、飼育ケージにおける管

第2章第1節　遺伝子組換え生物等の第一種使用等

理終了後は床を消毒液で拭き掃除をする。

(13) 飼育ケージにおける接種動物の管理解除後は、一定期間接種動物に対して定期的な検査を行い、接種動物の血液、体液及び尿中からがん疾患の犬・猫の治療に使用する遺伝子組換えウイルスが検出された場合には、直ちに接種動物を飼育ケージにおける管理下に移し、上記(8)から(11)までと同様の措置を講ずる。

(14) (13)による定期的な検査を受けている間は、飼育ケージにおける管理の解除後も、飼い主により室内での飼養を行うなど、飼養環境から接種動物が逃げ出すことがないよう適切に管理を行う。

(15) (13)による定期的な検査を受けている間に接種動物が死亡した場合は、組織内におけるがん疾患の犬・猫の治療に使用する遺伝子組換えウイルスの残留が否定できないことから、飼い主により遺体からがん疾患の犬・猫の治療に使用する遺伝子組換えウイルスが逸出することがないよう適切な処置を講ずる。

(16) 飼育ケージにおける接種動物の管理を解除する前に、生命に危険のない限りにおいて、目的遺伝子の接触動物の染色体への組込みの可能性を排除できない場合にはマイクロチップの埋込み等の措置を、さらに、生殖細胞への組込みの可能性を排除できない場合には繁殖能力をなくすための措置を行う。なお、飼育ケージにおける接種動物の管理期間中に措置が行えない場合であっても、管理の解除後に体力が回復したときは、措置を行うこととする。

(記載上の留意事項)

○　接種動物の第一種使用規程には、(5)から(16)までを記載する。

○　(14)及び(15)については、生物多様性影響評価における、組織内における遺伝子組換えウイルスの残留の可能性、及び凶暴性等の特性の有無等接種前の飼養条件を変更する必要性の評価に基づき、「(13)による定期的な検査を受けている間」を削除するなど、必要に応じて記載する。

○　(16)の措置は、原則必須であるが、生物多様性影響評価における、接種動物の染色体に目的遺伝子が組み込まれる可能性の評価に基づき、講じる必要がないと判断される場合はこの限りではない。

22 がん疾患の犬・猫の治療に使用する遺伝子組換えウイルス及び当該ウイルスの接種動物（犬・猫の遺伝子治療）の第一種使用等に係る体制の整備に関する事項として、次のとおり示されている。〈H24/5/16 23 消安第 6226 号・環自野発第 120516003 号（最近改正：H28/6/24 28 消安第 1429 号等）〉

(ア) 治療施設における生物多様性影響を防止するための措置

　　　　第一種使用等の方法を限定した第一種使用規程の承認を受けようとする者は、基本的事項告示第二の2の規定に基づき、申請に係る第一種使用等による生物多様性影響を防止するために、治療施設において、がん疾患の犬・猫の治療に使用する遺伝子組換えウイルスの環境中への拡散を極力抑えるための措置をあらかじめ整備するものとする。また、当該治療施設の維持管理等を適切に行うとともに、当該措置を変更しようとする場合には、速やかに別表第四(略)により報告する。

　＊「がん疾患の犬・猫の治療に使用する遺伝子組換えウイルス」とは、犬・猫のがん疾患を治療する目的で、環境中への拡散を極力抑えた方法により動物体内に接種される遺伝子組換えウイルスをいう。

(イ) 委員会の設置

　　　　第一種使用等の方法を限定した第一種使用規程の承認を受けようとする者は、基本的事項告示第二の2の規定に基づき、申請に係る第一種使用等による生物多様性影響の防止に関する事項について検討するための委員会を設置するよう努めるとともに、委員会を設置した場合は、その委員の名簿を承認申請書等とともに提出する。

(ウ) 委員会の構成

　　　　委員会の委員は、次に掲げる者のうちから選定するよう努めるものとする。また、申請者が法人の場合は、可能な限り、当該法人に所属する者以外の者から委員を選定することが望ましい。

① 申請に係るがん疾患の犬・猫の治療に使用する遺伝子組換えウイルスの特性及び当該遺伝子組換えウイルスを使用したがん治療に関し専門の知見を有する者

② 申請に係るがん疾患の犬・猫の治療に使用する遺伝子組換えウイルスの使用、作製、運搬その他の第一種使用等の実態に関し専門の知見を有する者

③ 申請に係る第一種使用等によって影響を受ける可能性のある野生動植物等、生態系等に関し専門の知見を有する者

④ 申請に係る第一種使用等を行う場所を管理する者

(エ) 委員会による検討事項

　　　　委員会は、次に掲げる事項に関する検討を行う。

① 申請に係る第一種使用等の方法

② モニタリング計画書の内容

③ 緊急措置計画書の内容

④ 生物多様性影響が生ずるおそれがあると認められる事態か否かの判断

⑤ 申請に係る第一種使用等を行う者の教育訓練の方法

⑥ その他申請に係る第一種使用等による生物多様性影響の防止に関する事項

第2章第1節　遺伝子組換え生物等の第一種使用等

(オ) 管理責任者及び管理主任者の選任

　　第一種使用等の方法を限定した第一種使用規程の承認を受けようとする者は、申請に係るがん疾患の犬・猫の治療に使用する遺伝子組換えウイルスの使用等に関係する法令を熟知するとともに、次に掲げる役割を果たす管理責任者及びこれを補佐する管理主任者をがん疾患の犬・猫の治療に使用する遺伝子組換えウイルスの第一種使用等について経験を有する者の中から選任し、主な事業所に置くよう努める。

① 申請に係る第一種使用等を行う者の教育訓練の実施

② モニタリング計画書がある場合には、当該計画書に従ったモニタリングの実施

③ 生物多様性影響のおそれがあると認められるに至った場合には、緊急措置計画書に従った緊急措置の実施

＜農林水産省関係／遺伝子組換えカイコ＞

23　農林水産大臣がその生産又は流通を所管する遺伝子組換えカイコに係る申請書等の内容に関する事項として、次のとおり示されている。なお、遺伝子組換えカイコによる生物多様性影響を未然に防止するという観点から、通常の養蚕におけるリスク管理の目標を、遺伝子組換えカイコに導入された目的遺伝子がクワコの集団に浸透し、定着しないこととする。この目標を達成するために、適切なリスク管理措置の水準は、遺伝子組換えカイコの飼育区画の周囲の自然環境下で実施されるモニタリングにより遺伝子組換えカイコとクワコの交雑種が継続して検出されないこととし、これに基づいて生物多様性影響を評価する。〈H25/7/19 25消安第2007号・25農会第512号・環自野発第1307191号(最近改正：H28/8/19 28消安第1551号等)〉

　＊「クワコ」とは、カイコガ属クワコ(*Bombyx mandarina*)をいう。

(A) 共通事項

　(ア) 申請の単位

　　　近年、養蚕に用いられるカイコの品種は、例えば日本の固定種同士を交配した日日交雑原種と、中国の固定種同士を交配した中中交雑原種を、さらに交配した四元交雑種が用いられている。このことに鑑み、交雑原種の複数系統及びこれらの交配による一代雑種の遺伝子組換えカイコについては、生理学的及び生態学的特性の差異の幅を考慮して、三世代まとめて生物多様性影響の評価を行うことが可能な場合においては、申請を一括して行うこととする。

　(イ) 隔離飼育区画における情報収集

　　　実験室等での使用等によりその特性についてかなりの程度の知見は得られているが、日本国内の自然条件の下で生育した場合の特性が科学的見地から十分に明らかではない遺伝子組換えカイコの第一種使用等をする場合は、隔離飼育区画での使用等について情報収集を行い、遺伝子組換えカイコが日本国内の自然条件の下で生育した場合の特性を明らかにする。

(B) 第一種使用規程承認申請書の記載に関する事項

　(ア) 遺伝子組換え生物等の種類の名称

　　　申請者は、承認申請書(則第7条)に記載する「遺伝子組換え生物等の種類の名称」

を定める際は、「遺伝子組換えカイコの分類学上の名称及び遺伝子組換えカイコの特性等の情報」として、核酸供与体及び供与核酸に関する情報並びに遺伝子を導入された宿主であるカイコに関する情報並びに国際的に使われている導入遺伝子名（由来生物も記載）及び宿主の学名等を名称に含めることとし、さらに開発者が付した識別記号及び国際機関において統一的な識別記号が付されている場合はこれを加えて、他の遺伝子組換えカイコと明確に区別できる名称を定め、該当欄に記載する。

また、上記の導入遺伝子名及び宿主の学名等並びに識別記号は、それぞれ括弧内に記載することとし、例えば、「▲▲由来▲▲遺伝子導入▲▲カイコ（導入遺伝子名、宿主の学名等）（識別記号）」等と記載する。学名等は、ICZN を参照する。

　＊「ICZN」とは、International Code of Zoological Nomenclature の略。国際動物命名規約と呼ばれる。

(ｲ) 遺伝子組換え生物等の第一種使用等の内容

申請者は、承認申請書の「遺伝子組換え生物等の第一種使用等の内容」の欄には、「飼育区画におけるカイコの繭の生産を目的とした、卵の孵化、幼虫の飼育、繭の生産並びに幼虫と不活化前の繭の保管、運搬及び廃棄並びにこれらに付随する行為（系統維持を目的とした羽化、交尾又は産卵を伴う成虫の飼育並びに卵の保存及び運搬並びにこれに付随する行為を除く。）」等の遺伝子組換えカイコについて行う一連の使用等の内容を記載する。

隔離飼育区画試験の申請にあたっては、「隔離飼育区画における、卵の孵化、幼虫の飼育並びに繭の生産、保管、運搬、不活化処理及び廃棄並びにこれらに付随する行為」等の遺伝子組換えカイコについて行う一連の使用等の内容を記載する。

　＊「不活化」とは、一の細胞又は細胞群について、分化する能力を失うこと又は自然条件において個体に生育しない状態になることをいう。

　＊「隔離飼育区画」とは、基本的事項告示第一の 1(1)イ④に規定する第一種使用等が予定されている環境と類似の環境をいう。

　＊「隔離飼育区画試験」とは、隔離飼育区画における第一種使用等をいう。

(ｳ) 遺伝子組換え生物等の第一種使用等の方法

① 申請者は、承認申請書の「遺伝子組換え生物等の第一種使用等の方法」の欄には、卵を孵化させる設備、幼虫の飼育施設及び不活化処理のための設備を含む飼育区画の内容を明記するとともに、孵化方法、飼育作業手順、不活化前の繭並びに飼育残渣に含まれるカイコの保管、運搬及び不活化処理の方法等の遺伝子組換えカイコの環境中への拡散を極力抑制する具体的な方法を記載する。

② 隔離飼育区画試験の申請にあたっては、別表第 1 を参考の上、遺伝子組換えカイコについて行う使用等の方法を記載する。なお、隔離飼育区画において実施する試験の具体的な内容を明記し、別表第 2 の 3 に掲げる内容を記載の上、承認申請書に添付する。

(C) 生物多様性影響評価書の記載等に関する事項

(ｱ) 情報の収集及び評価書の記載等

評価書の作成にあたって、評価要領一種告示別表第一に掲げる情報の具体的な内

容及び評価要領一種告示別表第四の1の情報の具体的な記載方法は、別表第2の左欄に掲げる項目ごとに同表右欄に掲げるとおりとする。ただし、同表右欄に掲げる情報の内容の一部について、合理的な理由がある場合は、それらの情報を収集しなくてもよい。

(イ) 情報収集の方法

別表第2の右欄に規定する情報の具体的な内容のうち別表第3の左欄に掲げるものについては、別表第3の右欄に掲げる分析又は調査の方法により収集する。ただし、別表第3の右欄に規定する方法より適切な方法が存在すると認められる場合は、それらを用いてもよい。なお、それぞれの方法により行われる分析又は調査ごとに、その供試材料、手順、結果、考察等を記載した資料を評価書に添付する。

(ウ) 生物多様性影響の評価の過程において追加的に収集することが必要な情報

評価要領一種告示別表第三の一「影響を受ける可能性のある野生動植物等の特定」欄に規定する評価の実施方法に基づき、評価要領一種告示別表第二の交雑性において影響を受けると考えられる野生動植物等としてはクワコが特定される。このため、実施要領別表第一の1から3までに掲げる情報に加えて、クワコの生物学的特性及び生態情報(生息又は生育する場所及び時期等)に関する情報を収集する。収集情報は、遺伝子組換えカイコとクワコの生物学的特性及び生態情報の相違が明確となるよう、別表第2に掲げる項目ごとに記載する。

(エ) 生物多様性影響の評価に関する事項

評価実施要領別表第三の三「影響の生じやすさの評価」欄については、遺伝子組換えカイコとクワコの交雑を防止するための措置を行った場合に、遺伝子組換えカイコが使用等される場所の周辺における自然環境下で生じうる、以下の可能性について考察する。

① 遺伝子組換えカイコが野外へ逸出した場合にクワコと交雑し次世代を作る可能性

② 蚕室において交雑したクワコ又は遺伝子組換えカイコが野外へ逸出し次世代を作る可能性

なお、当該措置が複数ある場合には、各々について考察するものとする。

(D) 添付書類に関する事項

(ア) 緊急措置計画書

申請者は、申請に係る第一種使用等により生物多様性影響が生ずるおそれがあると認められるに至った場合に緊急措置をあらかじめ定めることとし、次に掲げる事項を含む緊急措置計画書を作成し、承認申請書に添付する。

① 緊急措置の実施体制及び責任者

② 申請に係る第一種使用等の状況の把握の方法(隔離飼育区画試験の場合を除く。)

③ 申請に係る第一種使用等をしている者に緊急措置の具体的な内容を周知するための方法

④ 申請に係る遺伝子組換えカイコ(卵、幼虫及び繭中の蛹)を不活化する又は拡散防

止措置を執ってその使用等を継続する（執るべき拡散防止措置が法令に基づきあらかじめ定められている場合に限る。）ための具体的な措置の内容

⑤　農林水産大臣及び環境大臣への速やかな連絡体制

⑥　その他必要な事項

（イ）モニタリング計画書

① モニタリング計画書の作成

申請者は、モニタリング計画書を作成し、承認申請書に添付する。

② モニタリング計画書の記載事項

モニタリング計画書には、次に掲げる事項を含めることとする。

（ⅰ）実施体制及び責任者

（ⅱ）モニタリングの対象となる野生動植物等の種類の名称

（ⅲ）モニタリングを実施する場所及びその場所における対象となる野生動植物等の生息又は生育の状況

（ⅳ）モニタリングの期間

（ⅴ）実施時期、頻度その他のモニタリングの方法

（ⅵ）モニタリングの結果の解析の方法

（ⅶ）農林水産大臣及び環境大臣への結果の報告の方法

（ⅷ）その他必要な事項

第2章第1節　遺伝子組換え生物等の第一種使用等

＜別表第1　遺伝子組換え生物等の第一種使用等の方法＞

隔離飼育区画の所在地	正式な名称で都道府県・市町村・字・番地まで記載すること
隔離飼育区画の名称	隔離飼育区画内の該当する施設・設備等の名称まで記載すること
使用等期間	隔離飼育区画において、遺伝子組換えカイコを使用等する期間を記載すること(例：承認日から平成〇年〇月〇日まで)
隔離飼育区画内の施設の内容	「隔離飼育区画の施設内容及び受容環境」　別紙1(以下)のとおり ［別紙1］ 1　隔離飼育区画の所在地等 　(1) 名称 　(2) 住所 　(3) 電話番号 　(4) 地図 2　責任者等 　(1) 隔離飼育区画において行う試験の責任者 　(2) 隔離飼育区画管理責任者 3　隔離飼育区画施設の概要 　・　遺伝子組換えカイコの卵の孵化、幼虫の飼育及び繭の生産に係る施設並びに飼育残渣である条桑等を処理する施設等の平面図を示すとともに、遺伝子組換えカイコを使用等する区域を明確に示すこと 　・　部外者への注意書等の位置を図示すること 　・　隔離飼育区画全体及び施設の面積を示すこと 4　設備の仕様等 　・　遺伝子組換えカイコを取り扱う設備の仕様について記載すること 5　隔離飼育区画の周辺環境 　(1) 地形 　(2) 周辺の土地利用状況 　(3) 周辺の環境保護区の名称と隔離飼育区画からの位置 　(4) 市町村が策定するハザードマップ上の位置づけ(策定されている場合) 6　隔離飼育区画周辺の生物相

	(1) 隔離飼育区画での遺伝子組換えカイコ飼育により影響を受ける可能性のある野生動植物の生態 (2) 野外におけるカイコ(鱗翅目の昆虫)の幼虫を捕食又は寄生すると考えられる鳥類・昆虫類 (3) クワの生育状況
隔離飼育区画の要件	1　次に掲げる設備を有すること (1) フェンスその他の部外者の立入を防止するための囲い (2) 隔離飼育区画であること、部外者は立入禁止であること及び管理責任者を選任した場合はその氏名が記載され、見やすいところに掲げられた標識 (3) 飼育残渣中に混入した又は異常な生育をした遺伝子組換えカイコの幼虫及び繭中の蛹を不活化する設備、作業着及び靴を着脱するスペース、粘着シートマット等遺伝子組換えカイコが隔離飼育区画の外に意図せずに持ち出されることを防止するための設備 (4) 屋根、壁、戸及び3齢から5齢までの幼虫期のカイコの大きさより小さい目の網又は網戸を設置した開閉可能な窓を備えた、自治体における適合(建築基準法第6条第1項)を満たす蚕室 (5) 冷凍庫(－30℃から－20℃までの設定により、○時間以上カイコを凍結)又は乾燥機(60℃設定、○時間以上カイコを処理)が設置された拡散防止措置が執られた区画 (6) 土壌微生物及び植物への影響調査を行う設備 2　次に掲げる事項を遵守すること (1) 別紙2(以下)の作業要領に従うこと ［別紙2］ 1　共通事項 ・ 部外者の立入りを防止するため、必要に応じフェンス等を施錠すること ・ 設備が本来有すべき機能が十分に発揮される状態を保持すること ・ 施設の維持管理を適切に行うとともに、これらに変更がある場合には、別紙3(略)により速やかに報告すること 2　遺伝子組換えカイコの飼育

第2章第1節　遺伝子組換え生物等の第一種使用等

	・　遺伝子組換えカイコ及び比較対象の非遺伝子組換えカイコの隔離飼育区画内における飼育頭数は最小限に抑えること ・　遺伝子組換えカイコの幼虫の隔離飼育区画内への搬入及び試験研究用サンプルとして飼育途中の遺伝子組換えカイコの隔離飼育区画外への搬出にあたっては、遺伝子組換えカイコが漏出、逃亡その他拡散しない構造の容器に入れるとともに、容器の見やすい箇所に取扱いに注意を要する旨を表示すること ・　遺伝子組換えカイコが飼育施設の外に意図せず持ち出されることを防止するため、飼育施設ではカイコの付着しにくい専用の作業服及び作業靴等を着用するとともに、飼育施設を退室の際には使用した設備、器具又は飼育区画で作業に従事した者の作業服や作業靴等にカイコが付着していないことを2人体制で確認すること ・　遺伝子組換えカイコの繭生産が終了した後は、運搬する場合を除き、すみやかに隔離飼育区画内の拡散防止措置が執られた区画内において不活化した上で、焼却や市町村が定める処理方法等に従い処理すること ・　生育異常のカイコ、飼育残渣中カイコ等についてはその都度、隔離飼育区画内の拡散防止措置が執られた区画内において不活化した上で、焼却や市町村が定める処理方法等に従い処理すること ・　遺伝子組換えカイコの蛹、生糸くずについては、飼料等に流通しないよう適切な処理を行うこと ・　蚕室を以下に掲げる手法の全部又はいずれかの方法により覆うこと 　　a)　▲mm 以下の網又は網戸を窓に設置し、常時閉鎖すること 　　b)　▲mm 以下の網又は網戸を窓に設置し、○の間、閉鎖すること 　　c)　▲mm 以下の覆いにより飼育容器を囲うこと 3　飼育残渣の処理 ・　以下に掲げる手法の全部又はいずれかの方法により処理すること 　　a)　堆肥舎等を設置すること 　　b)　桑の枝をカットして減容化後、飼育残渣の全面を

	シートカバーで包むこと
	(2) 別に定めるモニタリング計画書に基づき、遺伝子組換えカイコを使用した周囲の自然環境下でのクワコに関するモニタリングを実施すること
	(3) 生物多様性影響のおそれがあると認められた場合には別に定める緊急措置計画書に定める措置を確実に講ずること

第2章第1節　遺伝子組換え生物等の第一種使用等

＜別表第2　情報の収集及び評価書の記載等＞

評価要領一種告示別表第一に掲げる項目	情報の具体的な内容及び評価書への具体的な記載方法
1　宿主又は宿主の属する分類学上の種に関する情報	
（1）　分類学上の位置付け及び自然環境における分布状況	① 分類学上の位置、和名、英名、学名及び品種名等 ＊ 学名はICZNの最新版を参照し記載すること ② 公的なゲノムリソースの配布等を行う機関から分与された品種である場合には、当該機関の名称、蚕品種名及び受領年月日を記載すること ③ ②以外の場合には、同定の根拠となる事項（既に学名により公認されている種との同異点及びその根拠）を記載すること ④ 遺伝的改変を行ったものを宿主とする場合には、宿主の性質を改変するために用いた遺伝的改変の内容を記載すること。ただし、既に文献等に記載されている場合については、当該文献等を添付し、改変された遺伝的特性のみを記載すること ⑤ 日本に生息する近縁野生種としてのクワコ並びに交雑可能な昆虫としての中国産・韓国産等のクワコ及びインドクワコについて、国内及び国外の自然環境における生息状況を記載すること ⑥ クワコの生物学的特性について記載すること ⑦ 宿主の微粒子病の母蛾検査等の試験結果を添付すること
（2）　使用等の歴史及び現状	① 国内及び国外における第一種使用等の歴史を記載すること。宿主として利用する種が産業利用された歴史を有する場合には、その内容及び期間を記載し、必要に応じ関連資料を添付すること ② 主たる生産地域、生産方法、流通実態及び用途について記載すること。特に、ヒトを含む動物に影響を及ぼす物質の産生又はウイルスを含む微生物感染による有用タンパク質の産生を目的とした遺伝子組換え生物の宿主としての使用等の歴史を有する場合には、具体的な使用等の歴史やその問題点等を記載すること ③ 国内における養蚕を目的とした飼育の現状について、以下の例を参照し記載すること

135

	例1：蚕種製造業者による卵の生産 ・ カイコの卵は、国内では蚕種製造業者が品種ごとに生産している旨 ・ 近年、養蚕に用いられるカイコは、例えば固定種同士を交配した2元交雑種、日本の固定種同士を交配した日日交雑原種と外国の固定種同士を交配した中国の中中交雑原種を更に交配した4元交雑種が用いられており、複数品種の掛け合わせから作られる一代雑種のカイコのみを飼育するため、養蚕農家は自ら卵を採らず蚕種業者から購入する旨 ・ カイコの卵は、通常病原微生物の感染を検査することとされている旨 例2：稚蚕飼育所での養蚕農家による稚蚕までの共同飼育 ・ カイコの卵の孵化から3齢の終わりまでの期間（約12日間程度）は、通常、適切な温度及び湿度、室内照度並びに清潔な飼育環境を維持管理できる稚蚕飼育所において養蚕農家が共同で人工飼料により飼育する旨 例3：養蚕農家蚕室における4齢幼虫から繭までの飼育 ・ 4齢又は5齢の期間（約12日から13日間程度）は、各養蚕農家の蚕室で桑の葉を用い飼育し、吐糸開始から10日間程度で繭を回収し製糸工場へ出荷する旨 例4：不活化前の繭の製糸工場への出荷 ・ 繭の中の蛹は吐糸開始から3週間ほどで羽化するため、選別された上で袋に入れられ、製糸工場に出荷された後、直ちに熱風で繭を乾燥し、殺蛹される旨
(3) 生理学的及び生態学的特性	次のイからトまでの各項目においては、我が国の自然条件と類似の自然条件の下における生理学的及び生態学的特性を記載すること
イ　基本的特性	繭形質を含む形態的特性及び基本的特性並びに眠性・化性を含む生理的特性について記載すること。また、以下の例を参照し、家畜化された昆虫として品種改良を重ねることにより、自然条件下における生存能力を喪失している旨を記載すること。なお、クワコとの相違が明確になるよう記

第2章第1節　遺伝子組換え生物等の第一種使用等

	載する必要がある。 ＊「眠性」とは、幼虫期の眠の数をいう。 ＊「化性」とは、1年に発生する世代数をいう。 　　・　自然環境下で身を守る擬態の行動の喪失 　　・　保護色としての機能を発現する遺伝子の欠失 　　・　成虫の餌や異性を捜し求める行動能力の極端な低下に伴う脚力の低下や飛翔能力の喪失
ロ　生息又は生育可能な環境の条件	①　生育ステージ毎の飼育場所、食性、行動特性(幼虫の徘徊範囲、成虫の背地性、飛翔能力等)を記載すること ②　生息可能な環境条件(温度、湿度、日長バランス等)を記載すること
ハ　捕食性又は寄生性	―
ニ　繁殖又は増殖の様式	宿主の繁殖様式及び遺伝的特性に関し、次の点について記載すること ①　繁殖能力 ＊　繁殖様式、繁殖時期、1雌当たりの産卵数、蚕卵の越年性・不越年性、孵化日数、薬剤感受性等の特性、単為発生の有無について記載するとともに、必要に応じ、関係する文献又は資料を添付すること ②　二元交雑又は四元交雑による一代雑種の利用の有無 ③　共生菌等による細胞質不和合性が生じる可能性 ④　近縁野生種との交雑性 　　a　日本に生息するクワコ集団におけるカイコとの交雑の痕跡の有無に関する科学的知見 　　　　クワコ集団におけるカイコの核 DNA の存在の有無(クワコ雌成虫×カイコ雄成虫の交雑の可能性、カイコ雌成虫×クワコ雄成虫の交雑の可能性の有無)に関する科学的知見を記載すること。この際には、クワコ集団におけるカイコのミトコンドリア DNA 断片の存在の有無(カイコ雌成虫×クワコ雄成虫の交雑の可能性の有無を示す。)に関する科学的知見を補足すること。また上記の知見は、様々な地域集団を対象として調整すること 　　b　蚕室で飼育されるカイコとクワコとの交雑に関する情報 　　　　以下に掲げる可能性を考察するために必要となる情報を記載すること 　　　　・　各飼育工程におけるクワコの侵入の可能性(過去の文献等)

		・ 通常の養蚕農家の蚕室で収繭前に繭から羽化する、あるいは収繭後に繭が残存し羽化する可能性(早熟蚕の割合、収繭手順等) ・ 通常の養蚕農家の蚕室中でカイコ成虫がクワコ成虫と交尾する可能性(クワコ生息数、侵入率、繭が羽化する可能性等) ・ 蚕室内で交尾したカイコ雌成虫又はクワコ雌成虫が屋外へ逸出し桑樹周辺に産卵する可能性(例：蚕室清掃手順、蚕室構造と桑園の立地等) c 自然環境下でのカイコとクワコの交雑に関する科学的知見 ・ 自然環境下のクワコ(雌成虫・雄成虫)とカイコ(雄成虫・雌成虫)が交雑し次代を作る可能性に関する試験等の結果。また、自然環境下でのクワコ雌成虫とカイコ雄成虫との交尾、産卵及び雑種形成の可能性に関する文献等の知見
	ホ 病原性	―
	ヘ 有害物質の産生性	―
	ト その他の情報	① イからへまでの右欄に従って記載するもの以外に考慮すべきと考えられるものを記載すること ② 用いる蚕品種の発育途中の脱皮・変態や休眠等内分泌系ホルモンに関わる特性について記載すること ③ 寄生バエや蜂、ネズミ等の野生生物からの捕食の可能性について記載すること
2 遺伝子組換え生物等の調製等に関する情報		
(1) 供与核酸に関する情報		ベクターに挿入される配列を供与核酸として、次のイ及びロの項目についてそれぞれの右欄に従って記載すること
	イ 構成及び構成要素の由来	① 目的遺伝子、発現調節領域、局在化シグナル、選抜マーカーその他の供与核酸の構成要素それぞれの由来、塩基数及び塩基配列について記載すること ＊ 発現カセットごとに、配列順に記載すること。発現カセットに属さないものについては、その他として記載すること。塩基配列については、GenBank、DNA Data Bank of Japan、European Molecular Biology Laboratory Nucleotide Sequence Database その他の公開データベースに登録されている場合は、登録番号その他のアクセス方法で代替できる。 ② 構造について、制限酵素地図及び塩基数を必要に応じ記載すること。当該構造を得るまでの過程(調製方法、

第2章第1節　遺伝子組換え生物等の第一種使用等

		欠損・置換等の変異の導入方法)についても記載すること
ロ　構成要素の機能		① 目的遺伝子、発現調節領域、局在化シグナル、選抜マーカーその他の供与核酸の構成要素それぞれの機能を記載すること
		② 目的遺伝子及び選抜マーカーをコードする遺伝子の発現により産生される蛋白質の機能並びに当該蛋白質がアレルギー性(食品としてのアレルギー性を除く。)を有することが明らかとなっている蛋白質と相同性を有する場合はその旨を記載すること
		③ 宿主の持つ代謝系を変化させるか否か、変化させる場合はその内容を記載すること
(2) ベクターに関する情報		遺伝子組換えカイコの作成にあたって使用する配列であって、供与核酸が挿入される直前の配列をベクターとして、次のイ及びロの項目についてそれぞれの右欄に従って記載すること
イ　名称及び由来		ベクターの名称及び由来する生物の分類学上の位置を記載すること
ロ　特性		① ベクターの塩基数及び塩基配列を記載すること
		② 特定の機能を有する塩基配列がある場合は、その機能を記載すること
		＊ 特定の機能を有する塩基配列が、GenBank、DNA Data Bank of Japan、EuropeanMolecular Biology Laboratory Nucleotide SequenceDatabase その他の公開データベースに登録されている場合は、登録番号その他のアクセス方法で代替できる。
		③ ベクターとトランスポゾン *piggyBac* を併用した系を活用する場合は、トランスポゾン *piggyBac* を挿入して作られたプラスミドベクターとこれを基に作られたヘルパープラスミドについても記載すること
		④ ベクターの伝染性・病原性の有無及び伝染性・病原性を有する場合はその宿主域に関する情報を記載すること
		⑤ 既知のベクターについて改造又は修飾を行い、新しいベクターを開発した場合は、改造又は修飾前のベクターに関する文献を添付し、改造又は修飾を行った部分について方法を具体的に記載すること
		⑥ ベクターの由来生物の特性についても必要に応じ記載すること

139

（3） 遺伝子組換え生物等の調製方法	供与核酸のベクターへの挿入から、遺伝子組換え生物等ができあがるまでの過程について、次のイからハまでの項目についてそれぞれの右欄に従って記載すること
イ　宿主内に移入された核酸全体の構成	① ベクター内での供与核酸の構成要素の位置及び方向並びに制限酵素による切断部位について記入し、その要点を図示すること ② ベクターへの供与核酸の挿入方法について記載し、その要点を図示すること
ロ　宿主内に移入された核酸の移入方法	核酸の移入方法について記載し、その要点を図示すること
ハ　遺伝子組換え生物等の育成の経過	① 供与核酸が導入されたカイコの選抜方法を記載すること ② イラクサギンウワバ由来トランスポゾン *piggyBac* を使用している場合は、プラスミド DNA に *piggyBac* 特異的転移酵素が欠落していること及びクローニングに際し使用した核多角体ウイルスゲノムの断片の有無を確認し、記載すること ③ カイコ初期胚に注入後、移入された核酸の複製物の存在状況を確認した系統、その他の生物多様性影響評価に必要な情報を収集するために用いられた系統までの育成の経過及び系統樹を記載すること
（4） 細胞内に移入した核酸の存在状態及び当該核酸による形質発現の安定性	次の点について記載すること。 ① 移入された核酸の複製物が存在する場所 ② 移入された核酸の複製物のコピー数及び移入された核酸の複製物の複数世代における伝達の安定性 ③ 染色体上に複数コピーが存在している場合は、それらが隣接しているか離れているかの別 ④ （6）①において具体的に示される特性について、自然条件の下での個体間及び世代間での発現の安定性
（5） 遺伝子組換え生物等の検出及び識別の方法並びにそれらの感度及び信頼性	移入された核酸の複製物及びその周辺の核酸を同定する方法並びにそれらの感度及び信頼性について記載すること
（6） 宿主又は宿主の属する分類学上の種との相違	次の点について記載すること。 ① 移入された核酸の複製物の発現により付与された生理学的又は生態学的特性の具体的な内容（特定の組織又は成長段階において特異的に発現している場合はその内容を含む。）

第2章第1節　遺伝子組換え生物等の第一種使用等

	②　以下に掲げる生理学的又は生態学的特性について、遺伝子組換えカイコと宿主の属する分類学上の種との間の相違の有無及び相違がある場合はその程度（①においてこれらの特性が明らかにされている場合を除く。） 　a　　形態及び生育の特性 　b　　生存能力及び運動能力 　c　　繁殖様式 　d　　脱皮・変態・休眠等内分泌系ホルモンの制御機能 　e　　クワコとの交雑の可能性 　f　　病原性・有害物質の産生性（カイコ内部に存在し、埋設後に土壌中に影響を与えるもの等） ③　遺伝子組換えカイコと宿主との識別を可能とする方法及びその感度、特異性、発色性等の特徴があれば、併せて記載すること
3　　遺伝子組換え生物等の使用等に関する情報	
（1）　使用等の内容	第一種使用規程承認申請書の第一種使用等の内容の欄に記載した事項と同様の事項を記載すること
（2）　使用等の方法	第一種使用規程承認申請書の第一種使用等の方法の欄に記載した事項と同様の事項を記載するとともに、隔離飼育区画試験の場合は、隔離飼育区画の所在地を示す地図及び隔離飼育区画内における飼育区画の配置図並びに隔離飼育区画試験の計画を添付すること
（3）　承認を受けようとする者による第一種使用等の開始後における情報収集の方法	「モニタリング計画書を参照」と記載すること
（4）　生物多様性影響が生ずるおそれのある場合における生物多様性影響を防止するための措置	「緊急措置計画書を参照」と記載すること
（5）　実験室等での使用等の結果	2（6）の宿主又は宿主の属する分類学上の種との相違の項において記載すべき情報以外の情報であって、生物多様性影響の評価の際に参考とすべきと考えられるものがある場合は、当該情報を記載すること
（6）　国外における使用等に関する情報	諸外国において生物多様性影響の評価を受けている場合は、当該評価の際に使用された科学的情報、評価の結果及び影響を防止するための措置がある場合はその措置を記

| | 載するとともに、当該評価を受ける際に提出した書類を、必要に応じ添付すること。また、諸外国における第一種使用等の状況を記載するとともに、諸外国における第一種使用等の結果を生物多様性影響の観点から科学的に評価した文献等がある場合は、当該文献等を添付すること |

第２章第１節　遺伝子組換え生物等の第一種使用等

＜別表第３　情報の収集方法＞

情報の具体的な内容（別表第２の右欄の「具体的な記載方法」）	情報の収集方法
変態による生育ステージ毎の生息場所、食性、行動特性（別表第２の１(3)ロ関係）	行動特性について、幼虫は腹脚の把握力が低下しているために樹木に自力で付着し続けることはできず風が吹く等すると容易に落下してしまうこと、カイコの拡散性は温湿度又は光線などの刺激によって、また蚕品種間によっても差が生じること、成虫には翅はあるが翅面積を体重で割った翅指数が低く、飛翔筋も弱いこと等から、飛翔することはできないこと及び成虫の胸脚の力が弱く、産卵場所である桑の木を登って卵を産み付けられないこと等を文献、計測データ等を引用し説明すること
繁殖能力（別表第２の１(3)ニ関係）	① 自然条件下での生存能力に係る文献を引用すること ② 参考実測データとして宿主カイコの野外における生存性に係る定点観測を行い、観測結果を添付すること ③ 鱗翅目の幼虫を捕食する可能性のある鳥類・昆虫類のリストアップを行い添付すること
移入された核酸の複製物のコピー数及び移入された核酸の複製物の複数世代における伝達の安定性並びに染色体上に複数コピーが存在している場合は、それらが隣接しているか離れているかの別（別表第２の２(4)②及び③関係）	① 移入された核酸の複製物をサザンブロットハイブリダイゼーション法又は PCR 法を用いて分析すること ② 核酸移入に *piggyBac* 等のトランスポゾンを用いた場合には、その転移能回復の可能性について、既知のクワコのゲノムデータを検索し、又は PCR 法で検出し、遺伝子組換え技術で使用したトランスポゾンの転移酵素発現に係る塩基配列に似たものが無いことを確認し、転移能が回復する可能性がないことを説明すること
移入された核酸の複製物の発現により付与された生理学的及び生態学的特性について、自然条件の下での個体間及び世代間での形質発現の安定性（別表第２の２(4)④関係）	① 表現型を観察すること ② 移入された目的遺伝子及び選抜マーカーから転写された RNA を、ノーザンブロットハイブリダイゼーション法又は RT-PCR 法を用いて分析すること ③ 移入された目的遺伝子及び選抜マーカーの発現により産生され又は産生が阻害される蛋白質をイムノブロッティング法又は ELISA 法を用いて分析すること
形態の特性（別表第２の２(6)②関係）	① 体長は、幼虫（蟻蚕から最終齢まで）、蛹、成虫（雄・雌別）の生育ステージ別に記載すること ② 繭形質は、繭の形・大きさ（短径×長径）及び繭色を記載すること ③ 繭糸の長さ、繭の重さ等を含め調査項目を選定すること

	④ 調査に用いる遺伝子組換えカイコの系統及び比較対象の宿主であるカイコは、同一の条件において飼育されたものとすること ⑤ 隔離飼育区画以外の第一種使用等に係る申請の場合は、隔離飼育区画において飼育された遺伝子組換えカイコ及び比較対象の宿主カイコを用いること
生育の特性(別表第2の 2(6)②関係)	① 1世代で幼虫期、蛹化時、羽化時の脱皮により、卵、幼虫、蛹及び成虫と4つの形態に変わる完全変態の旨とともに、食性、孵化日数、産卵数、蛹化日数、羽化日数、寿命等を記載すること ② 特に4齢幼虫以降は、繭質及び収繭量の向上のためには、桑の葉を直接食べさせる条桑育等が有効で、桑の葉の消費量も大きく増加する旨記載すること
生存能力、運動能力(別表第2の 2(6)②関係)	宿主カイコと遺伝子組換えカイコの測定データの比較表を作成し、同等である旨を説明すること
内分泌系制御機能(別表第2の 2(6)②関係)	遺伝子組換えカイコの新たに付与された形質を説明し、内分泌制御機能は同等である旨を説明すること
クワコとの交雑の可能性(別表第 2の2(6)②関係)	以下の方法によること(ただし、宿主カイコと遺伝子組換えカイコが組み換えられた遺伝子による形質以外は同等とされた場合)。なお、これらの方法による調査が行われる場所の環境条件に関する情報を(C)(イ)に基づき評価書に添付される資料に記載すること ① 自然条件下でのカイコとクワコの交雑可能性についての試験の検証結果を記載すること(カイコは宿主カイコを使用するとともに、コントロールとしてクワコ同士の交雑試験も同様の条件下で行うこと)。併せて、クワコとカイコの間の形質や生態の違い及びクワコとの交雑種の自然発生事象の可能性について過去の文献等を引用し記載すること ② ①の交雑試験については、羽化当日に実施し、なるべく交尾期の環境(温度、室内照度、湿度、日長バランス及び換気条件)と類似したものに統一すること ③ 交尾した宿主カイコ雌蛾が桑の木に登って卵を産み付けられるか否か及び移動能力はどの程度かを過去の文献や実測データから記載すること ④ 宿主カイコ雌蛾又はカイコから抽出したフェロモンを使用したトラップを使用し、トラップされたクワコ雄成

	虫の回収を図り、桑園周辺の生息範囲、生息割合等を予測すること ⑤ 野外のクワコ成虫集団の遺伝子を調べ、宿主カイコの核遺伝子及びミトコンドリア遺伝子と比較した結果等により、カイコからクワコへの遺伝子流入の有無の説明を行うこと 上記①から⑤まで等を基に、実際に蚕室のカイコと野外のクワコの間で遺伝子交流があるか否かについて説明すること
有害物質(遺伝子組換えカイコから分泌され土壌微生物に影響を与えるもの)の産生性(別表第2の2(6)②関係)	① 遺伝子組換えカイコの死骸を埋設した土壌(堆肥化されたもの)を採取し、希釈平板法を用いて非遺伝子組換えカイコの場合と比較し、土壌微生物に与える影響を調査すること ② 補足試験として遺伝子組換えカイコの死骸を埋設した土壌中における供与核酸の分解状況を調べること
有害物質(遺伝子組換えカイコの体内に存在し遺伝子組換えカイコが死亡した後に他の植物及び動物に影響を与えるもの)の産生性(別表第2の2(6)②関係)	① 遺伝子組換えカイコを土壌中に埋却した後の周辺の植物への影響は以下のいずれかの方法により測定すること。いずれの方法においても目的遺伝子が発現している部位が供試材料に含まれるよう留意すること ・ 鋤込み法 ＊ 遺伝子組換えカイコを乾燥、粉砕し、それを土壌と混和し当該土壌を用いて検定植物を栽培し、検定植物の生育状況を観察すること ・ サンドイッチ法 ＊ 遺伝子組換えカイコを潰し、それぞれ寒天培地でサンドイッチ状に包埋し、その上で検定植物を栽培して生育状況を観察すること。詳細については農業環境研究成果情報14:35-36(1997)を参照のこと ② 捕食動物への影響について、遺伝子組換えカイコを捕食する動物に給餌し(例:幼虫を鶏等に、蛹を鯉等に給餌し)、又は遺伝子組換えカイコの体内を構成している成分の分析を行い、捕食動物の生息に影響があるか否かを確認すること
宿主との識別を可能とする方法(別表第2の2(6)③関係)	遺伝子組換え体の識別方法を記載すること

24 農林水産大臣がその生産又は流通を所管する遺伝子組換えカイコの第一種使用等に係る体制の整備に関する事項として、次のとおり示されている。〈H25/7/19 25 消安第 2007 号・25 農会第 512 号・環自野発第 1307191 号（最近改正：H28/8/19 28 消安第 1551 号等）〉

(ア) 飼育区画における生物多様性影響を防止するための措置

　　申請者は、基本的事項告示の第二の 2 の規定に基づき、生物多様性影響を防止するための措置を適切に行うことができるよう、あらかじめ遺伝子組換えカイコの安全な取扱いについて検討を行うとともに、飼育区画において、遺伝子組換えカイコの環境中への拡散を極力抑えるための措置を講じるものとする。

　　＊「遺伝子組換えカイコ」とは、農林水産大臣がその生産又は流通を所管する遺伝子組換え生物等のうち、宿主が動物界昆虫綱チョウ目カイコガ属カイコガであるものをいう。

(イ) 委員会の設置

　　申請者は、基本的事項告示の第二の 2 の規定に基づき、申請に係る第一種使用等による生物多様性影響の防止に関する事項について検討するための委員会を設置するよう努めるとともに、委員会を設置した場合は、その委員の名簿を申請書等とともに提出する。

(ウ) 委員会の構成

　　委員会の委員は、次に掲げる者のうちから選定するよう努めるものとする。また、申請者が法人の場合は、可能な限り、当該法人に所属する者以外の者から委員を選定することが望ましい。

① 申請に係る遺伝子組換えカイコの特性に関し専門の知見を有する者

② 申請に係る遺伝子組換えカイコの使用、育成、運搬その他第一種使用等の実態に関し専門の知見を有する者

③ 申請に係る第一種使用等によって影響を受ける可能性のある野生動植物等、生態系等に関し専門の知見を有する者

④ 申請に係る第一種使用等を行う場所を管理する者

(エ) 委員会による検討事項

　　委員会は次の事項に関する検討を行う。

① 申請に係る第一種使用等の方法

② モニタリング計画書の内容

③ 緊急措置計画書の内容

④ 生物多様性影響が生ずるおそれがあると認められる事態か否かの判断

⑤ 申請に係る第一種使用等を行う者の教育訓練の方法

⑥ その他申請に係る第一種使用等による生物多様性影響の防止に関する事項

(オ) 管理責任者及び管理主任者の選任

　　申請者は、申請に係る遺伝子組換えカイコの使用等に関連する法令を熟知するとともに、次に掲げる役割を果たす管理責任者及びこれを補佐する管理主任者を遺伝子組換えカイコの使用等について経験を有する者の中から選任し、隔離飼育区画試験の場合は隔離飼育区画試験を行う事業所ごとに、それ以外の第一種使用等の場合は主な事

業所に置くよう努める。

① 申請に係る第一種使用等を行う者の教育訓練の実施

② モニタリング計画によるモニタリングの実施

③ 生物多様性影響のおそれがあると認められるに至った場合には、緊急措置計画書による緊急措置の実施

④ 隔離飼育区画試験を行う場合は隔離飼育区画内の施設の管理

⑤ 隔離飼育区画試験を行う場合は、第一種使用等の経過を記録するとともに、当該記録を保存すること

⑥ 隔離飼育区画試験以外の第一種使用等の場合であって適正使用情報が定められている場合は、当該適正使用情報が、申請に係る遺伝子組換えカイコの譲渡もしくは提供を受ける者又は委託を受けて第一種使用等を行う者に対し、正確に提供されていることを確認すること

■第4条第3項■

第一種使用規程は、主務省令で定めるところにより、次の事項について定めるものとする。
一　遺伝子組換え生物等の種類の名称
二　遺伝子組換え生物等の第一種使用等の内容及び方法

趣　旨

本規定は、第一種使用規程の承認申請書の記載事項について明示したものである。

解　説

1　第一種使用規程は承認されれば公表（法第8条）され、その規程に従って遺伝子組換え生物等を第一種使用等する場合には承認を受ける必要がないことから、必要な情報が確実に盛り込まれるよう、承認申請書の記載事項についても定めることとしている。

2　「第一種使用規程」とは、第一種使用等に関する規程をいう。〈法第4条第1項〉

＜第1号＞

3　「種類の名称」は、当該遺伝子組換え生物等の宿主又は親生物の属する分類学上の種の名称及び当該遺伝子組換え生物等の特性等の情報を含めることにより、他の遺伝子組換え生物等と明確に区別できる名称とする。〈則第8条第1号〉

＊「宿主」とは、細胞外において核酸を加工する技術であって主務省令で定めるもの（法第2条第2項第1号）の利用により得られた核酸又はその複製物が移入される生物をいう。

＊「親生物」とは、異なる分類学上の科に属する生物の細胞を融合する技術であって主務省令で定めるもの（法第2条第2項第2号）の利用により得られた核酸又はその複製物が由来する生物をいう。

⇒　遺伝子組換え技術を用いたものについてはその宿主、細胞融合技術を用いたものについてはその親生物の種名、導入遺伝子によってもたらされる特性等の情報を名称に含め、他の遺伝子組換え生物等と明確に区別できるようにする。

　　そのため、開発者が付した識別記号及び国際機関において統一的な識別記号が付されている場合には、当該記号を括弧内に記載する必要がある。

＜第2号＞

4　「第一種使用等の内容」として、当該遺伝子組換え生物等について行う一連の使用等について定める。〈則第8条第2号〉

⇒　当該遺伝子組換え生物等について行う一連の使用等について、食用、飼料用その他の用に供するための使用（具体的に記載）、栽培その他の育成（具体的に記載）、加工、保管、運搬及び廃棄のうち該当するものを列記する。また、『及びこれらに付随する行為』と明記することにより、想定されている使用等の内容を網羅的に記載する必要がある。

⇒　記載された内容以外の使用等については承認を受けていないこととなるため、承認申請者は、当該遺伝子組換え生物等を手にした者が通常行う形態を十分に想定した上で、使用等の内容として申請書に記載しておく必要がある。

5　「第一種使用等の方法」として、当該第一種使用等を行うにあたって執るべき生物多様性影響を防止するための措置について定める（生物多様性影響を防止するため必要な場合に限る。）。〈則第8条第3号〉

第2章第1節　遺伝子組換え生物等の第一種使用等

⇒　遺伝子組換え生物等の使用等の方法、場所、期間を限定して生物多様性への影響を防
　止する場合には、それぞれ具体的に記載する必要がある（例：使用等を限定する場所の具
　体的な地域名、施設の名称及び所在地）。
　　　なお、これに特段の記載がない場合には、「使用等の内容」として記載されている行為
　が制限なく行われるものとみなされる。

■第４条第４項■

　　主務大臣は、第一項の承認の申請があった場合には、主務省令で定めるところにより、当該申請に係る第一種使用規程について、生物多様性影響に関し専門の学識経験を有する者[2][3]（以下「学識経験者」という。）の意見を聴かなければならない。

趣　旨

　本規定は、主務大臣は、第一種使用規程の承認申請があったときは、学識経験者の意見を聴取しなければならない旨を定めたものである。

解　説

1　主務大臣は、第一種使用規程の承認申請があったときは、申請者から提出される生物多様性影響評価書等から承認の可否を判断することになる。とはいえ、生物多様性影響の有無については科学的知見をベースに判断する必要があることから、学識経験者からの意見聴取を承認に係る法定手続として位置づけている。

2　主務大臣は、学識経験者の意見を聴くときは、学識経験者の名簿に記載されている者の意見を聴くものとする。〈則第９条〉

3　主務大臣は、生物多様性影響に関し専門の学識経験を有する者を選定して、学識経験者の名簿を作成し、これを公表するものとする。〈則第10条〉

⇒　学識経験者の選定については、第一種使用等をする遺伝子組換え生物等の特性に関し知見を有する専門家及び遺伝子組換え生物等の第一種使用等によって影響を受ける可能性のある生物、生態系等に関し知見を有する専門家から選定することとされている。〈基本的事項告示〉

＜厚生労働省関係＞

4　学識経験者として総合機構が選定されている。これは、総合機構は、遺伝子組換え生物等の使用等をしている場所への立入検査等を行うことができるとともに、申請のあった遺伝子組換え生物の使用等について、生物多様性影響に関する学識経験者から意見を聴く業務を行うことを考慮したものである。〈H28/7/14 薬生発 0714 第 2 号〉

＜農林水産省関係＞

5　次に掲げる遺伝子組換え生物等に係る承認申請があった場合には、名簿(則第10条)に記載されている学識経験者で構成される会議を開催することとし、その会議において集約された意見をもって、聴取された学識経験者の意見とする。会議は、承認申請者に対して必要に応じ、申請書等の説明及び学識経験者による質問に対する回答を行うよう求めることができる。〈H19/12/10 19 消安第 8999 号・環自野発第 071210001 号(最近改正：H28/8/19 28 消安第 1551 号等)、H19/12/10 19 消安第 9000 号・環自野発第 071210002 号(最近改正：H28/6/24 28 消安第 1429 号等)、H24/5/16 23 消安第 6226 号・環自野発第 120516003 号、H25/7/19 25 消安第 2007 号・25 農会第 512 号・環自野発第 1307191 号(最近改正：H28/6/24 28 消安第 1429 号等)〉

① 農林水産大臣がその生産又は流通を所管する遺伝子組換え植物(農作物、樹木)

第2章第1節　遺伝子組換え生物等の第一種使用等

② 農林水産大臣がその生産又は流通を所管する遺伝子組換え生ワクチン（動物用医薬品）

③ がん疾患の犬・猫の治療に使用する遺伝子組換えウイルス及び当該ウイルスの接種動物（犬・猫の遺伝子治療）

④ 農林水産大臣がその生産又は流通を所管する遺伝子組換えカイコ

6　名簿（則第10条）に記載されている学識経験者で構成される会議は、次に掲げる者がそれぞれに開催する。〈H19/12/10 19 消安第 8999 号・環自野発第 071210001 号（最近改正：H28/8/19 28 消安第 1551 号等）、H19/12/10 19 消安第 9000 号・環自野発第 071210002 号（最近改正：H28/6/24 28 消安第 1429 号等）、H24/5/16 23 消安第 6226 号・環自野発第 120516003 号（最近改正：H28/6/24 28 消安第 1429 号等）、H25/7/19 25 消安第 2007 号・25 農会第 512 号・環自野発第 1307191 号（最近改正：H28/8/19 28 消安第 1551 号等）〉

① 遺伝子組換え植物——農林水産省農林水産技術会議事務局長及び環境省自然環境局長

② 遺伝子組換え生ワクチン——薬事・食品衛生審議会薬事分科会再生医療等製品・生物由来技術部会長

③ 遺伝子組換えウイルス及び当該ウイルスの接種動物——（i）動物用医薬品又は動物用再生医療等製品としての製造販売を念頭に、薬機法に基づく承認を得ようとする場合等は、薬事・食品衛生審議会薬事分科会再生医療等製品・生物由来技術部会長、（ii）それ以外の場合は、農林水産省農林水産技術会議事務局長及び環境省自然環境局長

④ 遺伝子組換えカイコ——農林水産省農林水産技術会議事務局長及び環境省自然環境局長

■第４条第５項■

主務大臣は、前項の規定により学識経験[1]者から聴取した意見の内容及び基本的事項[2]に照らし、第一項の承認の申請に係る第一種使用規程に従って第一種使用等をする場合に野生[3]動植物[4]の種[5]又は個体群[6]の維持に支障を及ぼすおそれがある影響[7]その他の生物多様性影響[8]が生ずるおそれがないと認めるときは、当該第一種使用規程の承認[9]をしなければならない。

趣 旨

本規定は、第一種使用規程の承認基準を明示し、この基準を満たす場合には承認が与えられる旨を定めたものである。

解 説

1 「学識経験者」とは、生物多様性影響に関し専門の学識経験を有する者をいう。〈法第４条第４項〉

2 「基本的事項」とは、次に掲げる事項をいう。〈法第３条〉

① 生物多様性影響を防止するための施策の実施に関する基本的な事項

② 遺伝子組換え生物等の使用等をする者がその行為を適正に行うために配慮しなければならない基本的な事項

③ ①及び②に掲げるもののほか、遺伝子組換え生物等の使用等が適正に行われることを確保するための重要な事項

④ 遺伝子組換え生物等の使用等により生ずる影響であって、生物の多様性（生物の多様性の確保上特に重要なものとして環境省令で定める種又は地域に係るものに限る。）を損なうもの又は損なうおそれの著しいものが生じた場合における当該影響による生物の多様性に係る損害の回復を図るための施策の実施に関する基本的な事項

3 「野生」とは、人為によらずに生息している個体をいう。

4 「野生動植物」には、人が飼養している動物、栽培している植物は含まれない。家畜や農作物は、人が野生動植物から改良を重ねて作り出したものであり、人が作り出す環境に適応した生物であることから、生物多様性の構成要素である野生動植物とは異なるものとして、生物多様性影響評価の対象としていない。

5 「種」とあるが、これには亜種や変種も含まれる。

6 「個体群」とは、ある空間を占める同種個体の集まりで、「種」の一部を成すものである。本規定では、「種」の維持に支障が及ぶレベルでなくても、「個体群」の維持に支障が及ぶレベルであれば生物多様性への影響を評価すべきことを明確にするため明示したものである。

第2章第1節　遺伝子組換え生物等の第一種使用等

種	亜種	
ニホンジカ	エゾジカ	
	ホンシュウジカ	
	キュウシュウジカ	屋久島の個体群
		慶良間諸島の個体群
		対馬の個体群

7　「野生動植物の種又は個体群の維持に支障を及ぼすおそれがある影響」とあるが、こ
れは、生物多様性影響とはどういうものか、第一種使用規程の承認基準となり得る水準
にまで具体的に示したものである。

8　「生物多様性影響」とは、遺伝子組換え生物等の使用等により生ずる影響であって、
生物の多様性を損なうおそれのあるものをいう。〈法第3条第1号〉

9　「承認をしなければならない」とあるように、申請に係る第一種使用規程に従って第
一種使用等をする場合に生物多様性影響が生ずるおそれがないと認められるときは、主
務大臣は承認を与えなければならない。このように、承認基準を満たしている場合にお
いては、承認を与えるかどうかの判断にあたって主務大臣に裁量の余地は認められてい
ない。

＜農林水産省関係＞

10　遺伝子組換え農作物の第一種使用規程の承認申請・審査に係る標準手順書として、次
のとおり示されている。〈H22/8/31 農林水産省消費・安全局農産安全管理課〉

（A）予備的情報収集

（ア）申請予定に関する情報の収集

リスク管理者は、開発企業等から、遺伝子組換え農作物の第一種使用規程の承認申
請の予定及び遺伝子組換え農作物の開発情報を、定期的にできるだけ幅広く収集する。
申請予定に関する情報は、特許等の企業秘密に関する事項が含まれることから、情報
は行政部内のみで用いることとし、情報収集の際は、その旨を明らかにする。

＊「リスク」とは、遺伝子組換え農作物の使用等により、生物多様性影響が生じる可能性と
その影響の程度をいう。

＊「リスク管理」とは、すべての関係者と協議しながら、リスク低減のための政策・措置に
ついて技術的な実行可能性、費用対効果などを検討し、適切な政策・措置を決定、実施、
検証、見直しを行うことをいう。

＊「リスク管理者」とは、リスク管理を行う部署のことで、本手順書においては、農林水産
省のカルタヘナ法担当部署がこれに該当する。

＊「遺伝子組換え農作物」とは、遺伝子組換え技術を用いた遺伝的性質の改変によって育成
等された農作物（果樹、花きを含む。）であって、自然条件下で自ら増殖する能力を有してい
るものをいう。遺伝子組換え生物等のうち、農林水産大臣がその生産又は流通を所管する
農作物が該当する。

（イ）申請予定情報のリスト化

リスク管理者は、（ア）で収集した情報を取りまとめた申請予定リストを作成する。
申請予定リストは、新たに開発される遺伝子組換え農作物が、既存の評価及び管理

153

に関するガイダンスで十分対応できるかどうか等の検討や、計画的・効率的な審査に活用する。

 ＊「評価及び管理に関するガイダンス」とは、リスク評価及びリスク管理が、科学的に適正に行われるために必要な一般的な事項を定めた文書をいう。評価の項目や手順、隔離圃場の要件、モニタリング計画書の作成が必要な条件等が、①基本的事項告示、②評価要領一種告示、③農林水産大臣がその生産又は流通を所管する遺伝子組換え植物に係る第一種使用規程の承認の申請について(平成 19 年 12 月 10 日 19 消安第 8999 号・環自野発第 071210001 号)により定められている。

(ウ) 宿主となる農作物の基礎的情報整理

 リスク管理者は、(ア)で収集した情報を踏まえ、宿主となる農作物の来歴情報、基本特性、栽培情報、近縁野生種の情報等の生物多様性影響を考慮する上で参考となる情報を農作物ごとに文書化するとともに、学術論文等関連情報を農作物ごとにリスト化して整理する。

(エ) 導入形質に関する基礎的情報整理

 リスク管理者は、(ア)で収集した情報を踏まえ、導入される形質の種類ごとに、導入形質に関する遺伝子情報、タンパク質情報、形質発現に至る作用機作、当該形質が導入される遺伝子組換え農作物の生育や近縁野生種への影響等、導入形質に関する基礎的な情報等を文書化するとともに、導入形質の種類ごとに学術論文等関連情報をリスト化して整理する。

(オ) 第一種使用等に際し使用条件を追加する必要性の検討

 リスク管理者は、(ウ)及び(エ)で整理した情報を踏まえ、使用条件を追加した使用規程とする必要性があるかどうかをあらかじめ検討する。また、使用条件の検討にあたっては、次に掲げる事項に留意する。

 ＊「第一種使用等」とあるが、農作物の場合にあっては、野外での試験的な使用である『隔離圃場試験』と、商業栽培などの『一般使用』に大別される。

 ＊「使用条件」とは、我が国で第一種使用等をする際に、生物多様性影響を効果的に防止するために必要となる条件をいう。

① 隔離圃場試験の場合は、一定の要件を満たした隔離圃場で使用等することを踏まえ、隔離圃場の要件に加えてさらに使用条件を追加する必要性があるかどうかを検討すること

② 当該遺伝子組換え農作物の使用等に際し、使用条件を追加する必要があると判断した場合、どのような使用条件の下であれば、当該遺伝子組換え農作物による生物多様性への影響を防ぐことができるのかを整理すること

(B) 隔離圃場試験に係る事前相談

(ア) 評価及び管理に関するガイダンスの策定

 リスク管理者は、リスク評価方針のうち、リスク評価及びリスク管理が科学に基づき適正に行われるために必要な事項を評価及び管理に関するガイダンスとして策定する。その際、必要に応じ、学識経験者に相談する。評価及び管理に関するガイダンスには、リスク評価方針のほか、例えば有害物質の産生を確認するための試験方法など、リスク評価者が主体的に検討する事項が含まれる。このため、評価及び

第2章第1節　遺伝子組換え生物等の第一種使用等

管理に関するガイダンスの策定又は改定に際して、リスク管理者はリスク評価者との連携に留意する。リスク管理者は、評価及び管理に関するガイダンスの内容を公表するとともに、必要に応じ、遺伝子組換え農作物の開発者等の関係者に通知する。

　＊「リスク評価」とは、遺伝子組換え農作物の使用等によって、生物多様性影響が生じる可能性と程度を科学的に評価することをいう。

　＊「リスク評価方針」とは、遺伝子組換え農作物の第一種使用規程の承認を判断する際に、必要なリスク管理措置が適切に行われるよう、当該遺伝子組換え農作物が生物多様性に影響を与える可能性について、評価のための方針を取りまとめたものをいう。リスク評価方針のうち、リスク評価が科学的かつ適正に行われ、評価書が適正に作成されるために必要な一般的な事項は「評価及び管理に関するガイダンス」の一部としてまとめられる。また、例えば承認申請される遺伝子組換え農作物の宿主や導入形質が新しく、それまでに審査の経験が無い場合など、「評価及び管理に関するガイダンス」に示されたリスク評価方針に加えて、追加的にリスク評価方針を策定する必要があるか否か及びその内容については、リスク管理者が検討する。

(イ)　申請に係る事前の相談

　　リスク管理者は、申請予定者からの事前相談を随時受け付ける。事前相談は、申請予定者が承認申請に必要な評価書等の書類を作成する前でも受け付ける。

　　リスク管理者が得た情報については、①追加的にリスク評価方針の策定又は見直しを行う場合は、その意見募集の際に、②追加的にリスク評価方針の策定又は見直しを行わない場合は、第一種使用規程の承認申請を受理した際に、特許等の企業秘密以外は公表の対象となり得ることとし、このことについて、事前相談の際に明らかにする。

　＊「評価書」とは、遺伝子組換え生物等の第一種使用等による生物多様性影響についてリスク評価の結果を記載したもので、新たに遺伝子を導入しようとする農作物(宿主)の基本的特性、どのような遺伝子を導入したか、影響を受ける可能性のある野生動植物が国内にあるか、生物多様性影響の生じやすさ等が記載される。申請後に、学識経験者からの意見聴取等審査の過程において、生物多様性への影響を予測するために必要なデータが揃っているか、記述が科学的に適切か、最新の科学的知見に基づいているか確認され、不十分である場合はデータの追加や記述の修正等が行われる。本手順書においては、申請前の原案段階のものから、審査の過程を経て、最終的に承認の可否を判断する段階のものも含まれる。

(ウ)　リスク評価方針の追加的な策定等の判断

　　リスク管理者は、事前相談のあった遺伝子組換え農作物の使用等にあたり、適切なリスク管理措置を行うに際して、評価及び管理に関するガイダンスの内容をより具体的に明確化すべき項目がないか、不足している事項がないか等、既存の評価及び管理に関するガイダンスが十分かどうかを検討する。

　　既存の評価及び管理に関するガイダンスでは十分対応できないと判断した場合は、リスク評価方針を追加的に策定する。特に、これまでに審査経験のない新規の宿主や導入形質である場合は、リスク評価方針を追加的に策定しなければならない可能性があることに留意する。

　　なお、追加的に策定されるリスク評価方針は、導入形質の種類ごとに策定することを基本とすることから、既に類似の形質について追加的にリスク評価方針がある場合は、既存の評価及び管理に関するガイダンスと同様に、評価書作成や審査する

155

上で不足がないかどうかを検討し、十分ではないと判断した場合は、既存の追加的なリスク評価方針を見直す。

(エ) 追加的なリスク評価方針の策定等

リスク管理者は、追加的なリスク評価方針の策定又は既存の追加的なリスク評価方針について見直しが必要と判断したときは、申請予定の内容（宿主となる農作物の基礎的特性、導入形質、リスク管理措置等）に応じて、新たな評価項目の暫定的な追加あるいは既存の評価項目の具体化等、既存の評価及び管理に関するガイダンス又は追加的なリスク評価方針の内容に、追加又は補完すべき事項をまとめたリスク評価方針を策定する。

追加的なリスク評価方針の策定又は見直しにあたっては、次に掲げる事項に留意する。

① 導入形質の種類ごとの策定を基本

リスク評価方針は、将来の一般使用に係る申請に向けてデータ収集が行われることを念頭におきつつ、導入形質の種類ごとの策定を基本とすること

例：医薬品成分産生農作物の一般使用に係る使用の制限方法や、特に生物多様性影響を受けやすいと思われる地域での配慮事項

② 過去のリスク評価方針の策定状況の確認、見直し

申請予定の内容を踏まえ、当該遺伝子組換え農作物の導入形質について、リスク評価方針が追加的に策定されているかどうかを確認し、策定されていない場合は、新たに策定すること。ただし、リスク評価方針が既に追加的に策定されている場合であっても、当該リスク評価方針を用いて評価や審査を行った場合に、適切なリスク管理措置の決定に支障を来たすと予想される場合は、そのリスク評価方針を見直すこと

③ 評価及び管理に関するガイダンスへの反映の検討

複数回の審査に同一のリスク評価方針を用いた場合で、評価項目に一般性、普遍性が認められる場合には、評価及び管理に関するガイダンスへ追加的に策定したリスク評価方針の内容の反映を検討すること（例：追加的に策定したリスク評価方針に記載されている項目のうち、複数回の評価・審査経験から、当該形質を評価する場合に考慮することが不可欠と判断される項目がある場合）

また、評価及び管理に関するガイダンスへの反映の手続きは(ア)に準じ、必要に応じ学識経験者に相談すること

④ 隔離圃場試験の必要性の判断

隔離圃場試験は、実験室や外国の自然条件下での使用等によりその特性についてかなりの程度の知見は得られているが、我が国の自然条件の下で生育した場合の特性が科学的見地から明らかではない遺伝子組換え農作物を我が国で第一種使用等する場合には、評価及び管理に関するガイダンスに基づき実施することを基本とする。また、リスク管理者は、宿主と形質の組み合わせからみて、それまでに提出された試験データやリスク評価結果等に基づいて、隔離圃場試験のデータ

が不要と考えられる場合は、その旨リスク評価方針に記述すること

⑤ 複数回の審査経験を踏まえたリスク評価方針策定

　　さらに、複数回の評価・審査経験から、当該遺伝子組換え農作物の宿主と形質の組み合わせについて、我が国での栽培予定の有無に応じて、例えばモニタリング実施の有無等リスク管理措置や評価項目、評価内容を異ならせることが適当と判断する場合は、リスク評価方針にその差異を記述すること

⑥ 隔離圃場試験が必要な場合の指導

　　隔離圃場試験を行っていない遺伝子組換え農作物の一般使用について承認申請された場合、一般使用に係るリスク評価を行うための情報が不十分である等により隔離圃場試験が必要と判断したときは、隔離圃場試験の承認申請を行うよう指導すること

(オ) 追加的なリスク評価方針に関する意見聴取

　　リスク管理者は、必要に応じ、学識経験者の協力を得ながら、追加的に策定又は見直されたリスク評価方針の内容が適当かどうかについて、関係者から意見を聴取する。また、意見聴取にあたっては、次に掲げる事項に留意する。

　＊「関係者」とは、遺伝子組換え農作物の使用等やリスク管理措置に関与する、その影響を受ける、消費者、生産者、事業者、リスク分析に関わる者、研究者、開発企業、学界等すべての者をいう。ステークホルダーとも呼ばれる。

　＊「リスク分析」とは、遺伝子組換え農作物の使用等によって生物多様性影響が生じる可能性がある場合に、その発生を防止し、又はそのリスクを最小限にするための枠組みをいう。リスク管理、リスク評価及びリスクコミュニケーションの3つの要素から成る。

　＊「リスクコミュニケーション」とは、リスク分析の全過程において、関係者の間で、情報及び意見を相互に交換することをいう。

① 承認申請に係る特許等の企業秘密は、原則として非公開とすること

② 審査の効率化のため、意見聴取は、審査と同時並行的に行われる場合があること。その際、意見聴取の結果をリスク評価方針に反映できるように、意見聴取及び審査の工程管理に配慮すること

(カ) 意見聴取を踏まえた修正

　　リスク管理者は、意見聴取の結果を踏まえ、必要に応じ、当該リスク評価方針を修正する。当該リスク評価方針の策定又は見直しを行った場合は、申請予定者に対し、追加又は補完される内容を伝え、評価書作成等に反映するよう指示する。

(C) 隔離圃場試験申請に係る審査

(ア) 申請書類の確認

　　リスク管理者は、申請書類について、記載内容の妥当性等を確認する。特に、申請書類のうち、評価書については、過去の審査や学識経験者からの指摘事項、評価及び管理に関するガイダンスや追加的なリスク評価方針を踏まえて作成されているかを確認する。また、隔離圃場試験において、評価及び管理に関するガイダンスに定めるモニタリングを実施する場合又は追加的なリスク評価方針において別途定めのある場合は、モニタリング計画書が作成されているかを確認する。

　　リスク管理者は、確認の結果、申請書類や記載内容の過不足、記載内容の事実誤

認等の不備があった場合には、申請者に対し、その内容を連絡する。なお、申請者から、当該不備に関する所要の修正を行った申請書類が提出された場合には、リスク管理者は不備が解消されているかを確認し、不備が解消されていない場合は、不備が解消されるまで、上記の不備があった場合の過程を繰り返すものとする。

＊「申請書類」とは、承認申請にあたって必要な書類をいう。具体的には、申請書(則第 7 条)、生物多様性影響評価書(法第 4 条第 2 項)、緊急措置計画書が必須の書類となり、必要に応じ、モニタリング計画書を提出する必要がある。

(ｲ) 審査

リスク管理者は、申請書類の記載内容の妥当性等を確認した場合には、学識経験者に対し申請書類を提示し、評価及び管理に関するガイダンスや追加的なリスク評価方針に照らして評価書の妥当性等について意見を聴取する。なお、リスク管理者は、審査の過程で申請書類に記載されているリスク管理措置が十分でないと判断する場合は、必要なリスク管理措置の追加を検討する。

リスク管理者は、学識経験者からの意見を踏まえ、申請書類に記載されている内容の妥当性につき確認する。リスク管理者は、申請書類に記載されている内容の妥当性を確認した場合は、リスク評価方針の検討経過、審査経過、審査過程における主な指摘、生物多様性影響評価書の概要(評価書から特許等の企業秘密を除いたもの。)、緊急措置計画書、学識経験者の意見、第一種使用規程の承認申請に係る審査結果等から成る審査報告書をまとめる。

(ｳ) 第一種使用規程承認申請に関する意見聴取

リスク管理者は、審査報告書を公表し、関係者から意見を聴取する。聴取した意見を踏まえ、必要に応じて審査報告書を修正した場合は、修正した審査報告書を公表する。

(ｴ) 承認の可否の決定

リスク管理者は、関係者からの意見聴取において提出された意見も踏まえ、第一種使用規程に従って使用等する場合に生物多様性影響が生ずるおそれがないと認めるときは、当該第一種使用規程を承認する。

(D) 承認取得者による隔離圃場試験を通じた情報収集

＊「隔離圃場試験」とは、遺伝子組換え農作物が我が国の自然条件下で生育した場合に、交雑性等の特性がどのように変化するかを明らかにするために行われる試験をいう。遺伝子組換え農作物を試験的に野外で栽培することから、部外者の侵入や使用した器具への付着等により、遺伝子組換え農作物が隔離圃場の外に意図せずに持ち出されることを防止するよう措置された圃場において行われる。

(ｱ) 隔離圃場試験の実施

隔離圃場試験に係る第一種使用規程の承認取得者は、承認された第一種使用規程に従って、隔離圃場試験を実施する。

(ｲ) 隔離圃場試験結果の分析

隔離圃場試験に係る第一種使用規程の承認取得者は、隔離圃場試験が終了した後、その結果を分析する。なお、モニタリングを行った場合には、モニタリング結果も併せて分析する。

第2章第1節　遺伝子組換え生物等の第一種使用等

(E)　一般使用申請に係る事前相談

　　＊「一般使用」とは、野外での試験的な第一種使用等に対し、商業栽培、輸入、加工場までの
　　運搬など一般的に行われる第一種使用等をいう。

(ｱ)　申請に係る事前の相談

　　　リスク管理者は、申請予定者から一般使用申請に係る事前相談を随時受け付ける。
　　事前相談は、申請予定者が承認申請に必要な評価書等の書類を作成する前でも受け
　　付ける。

　　　リスク管理者は、承認取得者から得た情報や学術論文等の関係情報を基に、隔離
　　圃場試験に係る第一種使用規程承認時の生物多様性影響評価が妥当であるか、リス
　　ク管理措置が妥当であるか等について判断するための材料を整理する。

　　　リスク管理者が得た情報については、①追加的にリスク評価方針の変更を行う場
　　合は、その意見募集の際に、②追加的にリスク評価方針の変更を行わない場合は、
　　第一種使用規程の承認申請を受理した際に、特許等の企業秘密以外は公表の対象と
　　なり得ることとし、このことについて、事前相談の際に明らかにする。

(ｲ)　追加的なリスク評価方針の変更等の判断

　　　リスク管理者は、隔離圃場試験の結果や事前相談の内容を踏まえ、リスク評価に
　　必要な情報や項目を追加する必要があるか、リスク管理措置を追加する必要がある
　　か等について検討し、追加的なリスク評価方針を変更する必要があるかどうかを判
　　断する。また、追加的なリスク評価方針が策定されていない場合は、追加的なリス
　　ク評価方針を策定する必要があるかどうかを判断する。

(ｳ)　追加的なリスク評価方針の変更等

　　　隔離圃場試験の結果や事前相談の内容を踏まえ、既存の評価及び管理に関するガ
　　イダンスや隔離圃場試験に係る第一種使用規程承認時の評価項目やリスク管理措置
　　では不十分と判断する場合は、リスク評価方針を変更する。また、追加的なリスク
　　評価方針が策定されていない場合で、追加的なリスク評価方針を策定する必要があ
　　ると判断する場合は、新たに追加的なリスク評価方針を策定する。追加的なリスク
　　評価方針の策定又は変更は、(B)(ｴ)「追加的なリスク評価方針の策定等」に準じて
　　行う。

(ｴ)　追加的なリスク評価方針の変更等に関する意見聴取

　　　リスク管理者は、必要に応じ、学識経験者の協力を得ながら、変更又は新たに策
　　定された追加的なリスク評価方針の内容が適当かどうかについて関係者から意見を
　　聴取する。また、意見聴取に当たっては、次に掲げる事項に留意する。

　　①　承認申請に係る特許等の企業秘密は、原則として非公開とすること

　　②　審査の効率化のため、意見聴取は、審査と同時並行的に行われる場合があること。
　　　その際、意見聴取の結果をリスク評価方針に反映できるように、意見聴取及び審
　　　査の工程管理に配慮すること

(ｵ)　意見聴取を踏まえた修正

　　　リスク管理者は、意見聴取の結果を踏まえ、必要に応じ、当該リスク評価方針を

159

修正する。当該リスク評価方針を変更した場合、リスク管理者は申請予定者に対し、追加される評価項目やリスク管理措置を伝え、評価書作成に反映するよう指示する。

(F) 一般使用申請に係る審査

(ｱ) 申請書類の確認

リスク管理者は、申請者から提出された申請書類について、記載内容の妥当性等を確認する。特に、申請書類のうち評価書については、過去の審査や学識経験者からの指摘事項、評価及び管理に関するガイダンスや追加的なリスク評価方針を踏まえて評価されているかを確認する。

また、モニタリングについて、追加的なリスク評価方針において別途定めのある場合は、モニタリング計画書が作成されているかを確認する。リスク管理者は、確認の結果、申請書類や記載内容の過不足、記載内容の事実誤認等の不備があった場合には、申請者に対し、その内容を連絡する。

なお、申請者から、当該不備に関する所要の修正を行った申請書類が提出された場合には、リスク管理者は不備が解消されているかを確認し、不備が解消されていない場合は、不備が解消されるまで、上記の不備があった場合の過程を繰り返すものとする。

(ｲ) 審査

リスク管理者は、申請書類の記載内容の妥当性等を確認した場合には、学識経験者に対し申請書類を提示し、評価及び管理に関するガイダンスや追加的なリスク評価方針に照らして評価書の妥当性等について意見を聴取する。

なお、リスク管理者は、審査の過程で申請書類に記載されているリスク管理措置が十分でないと判断する場合は、必要なリスク管理措置の追加を検討する。また、隔離圃場試験を行っていない場合であって、審査の過程で一般使用に係るリスク評価を行うための情報が不十分であること等により隔離圃場試験が必要と判断した場合は、その時点で審査を中断し、隔離圃場試験の承認を申請するよう指示する。

リスク管理者は、学識経験者からの意見を踏まえ、申請書類に記載されている内容の妥当性につき確認する。リスク管理者は、申請書類に記載されている内容の妥当性を確認した場合は、リスク評価方針の検討経過、審査経過、審査過程における主な指摘、生物多様性影響評価書の概要、緊急措置計画書、学識経験者の意見、第一種使用規程の承認申請に係る審査結果等から成る審査報告書をまとめる。

(ｳ) 第一種使用規程承認申請に関する意見聴取

リスク管理者は審査報告書を公表し、関係者から意見を聴取する。聴取した意見を踏まえ、必要に応じて審査報告書を修正した場合は、修正した審査報告書を公表する。

(ｴ) 承認の可否の決定

リスク管理者は、関係者からの意見聴取において提出された意見も踏まえ、第一種使用規程に従って使用等する場合に、生物多様性影響が生ずるおそれがないと認めるときは、当該第一種使用規程を承認する。

第2章第1節　遺伝子組換え生物等の第一種使用等

(G) リスク管理措置等の見直し

(ア) 承認取得者及びリスク管理者によるモニタリングの実施

　　一般使用に係る第一種使用規程承認後、承認取得者及びリスク管理者は、必要に応じて、次に掲げる方法によりモニタリングを実施する。

　① 承認取得者によるモニタリング

　　(i) 申請書類にモニタリング計画書がある場合、承認取得者は、モニタリング計画書に基づきモニタリングを実施する。

　　(ii) 法第6条第2項に基づきリスク管理者からモニタリングを求められた場合、承認取得者は、求められた情報の収集を行い、その結果を分析し、リスク管理者へ報告する。報告の時期や方法等については、情報提供を求める際に、リスク管理者が指定する。

　② リスク管理者によるモニタリングの実施及び関係情報の収集リスク管理者は、例えば、それまでに評価・審査を行ったことのない形質が導入された遺伝子組換え農作物など、科学的知見の充実が必要と考えられる遺伝子組換え農作物を対象として、輸入港周辺又は栽培圃場周辺における生育状況等を調査する。また、査読された学術論文等、関係情報の収集に努める。

(イ) モニタリング結果の分析

　　リスク管理者は、輸入港周辺又は栽培圃場周辺における遺伝子組換え植物の生育状況等に関する自らの調査結果を分析する。また、自らの調査結果とともに、承認取得者から得たモニタリング結果や学術論文等の関係情報を基に、実施しているリスク管理措置の有効性及びリスク評価結果の妥当性を判断するための情報を整理する。また、リスク管理者が得た情報は、特許等の企業秘密以外は公表の対象となり得る。

(ウ) リスク管理措置等の見直しの必要性判断

　　リスク管理者は、(ア)及び(イ)の結果を踏まえ、既存のリスク管理措置が妥当であるかどうかを判断する。生物多様性影響が生じるおそれがある等、リスク管理措置の見直しが必要と判断した場合は、第一種使用規程の変更又は廃止(法第7条第1項)を検討するとともに、(A)(ウ)「宿主となる農作物の基礎的情報整理」、(B)(ア)「評価及び管理に関するガイダンスの策定」、(B)(エ)「追加的なリスク評価方針の策定等」等に基づき整理した内容について必要な見直しを行い、これらを取りまとめ、リスク管理措置等の見直し案を策定する。その際、リスク管理者は必要に応じて学識経験者に相談する。

　　なお、リスク管理者は、生物多様性影響が生じていると考えられる場合等、緊急の措置が必要と認めた場合は、第一種使用等の中止その他の必要な措置(法第10条第2項)を行うこととなる。

(エ) リスク管理措置等の見直しの判断についての意見聴取

　　リスク管理者は、リスク管理措置等の見直し案を、モニタリング結果や収集した情報など見直しの判断に用いた情報とともに公表し、リスク管理措置等の見直し案

について関係者から意見聴取する。リスク管理者は、聴取した意見を踏まえ、必要に応じて、(G)(ウ)「リスク管理措置等の見直しの必要性判断」に準じ、リスク管理措置等の見直し案の再検討を行う。

(オ) リスク管理措置の実施

　リスク管理者は、リスク管理措置等の見直し案を決定し、決定したリスク管理措置を実施する。なお、(G)(ウ)「リスク管理措置等の見直しの必要性判断」において、既存のリスク管理措置が妥当であると判断した場合は、既存のリスク管理措置を継続して実施する。

11　第一種使用規程の未承認遺伝子組換え農作物の混入への対応に係る標準手順書として、次のとおり示されている。〈H22/8/31 農林水産省消費・安全局農産安全管理課〉

(A) 初期作業

(ア) 国外の開発・栽培状況、リスク管理措置等の情報収集

　リスク管理者は、我が国のリスク管理措置の参考に資するため、遺伝子組換え農作物の国外での開発・栽培状況、リスク管理措置等の情報について、可能な限り幅広い範囲で収集する。収集する情報の種類及び情報源のリストについては、定期的に見直しを行うとともに、個別事案により不備な点が明らかになった場合その他必要のある場合は随時、見直しを行う。また、情報源には、次のものを含める。

① 農林水産省関係組織(本省各局庁、植物防疫所、試験研究独立行政法人等)

② 関係府省(国税庁、文部科学省、厚生労働省、経済産業省、環境省、食品安全委員会、外務省等)

③ 国際機関、海外の政府機関、在外公館等

④ 学会、研究会等

⑤ 地方公共団体(試験研究機関等)

⑥ 農林水産物・食品・生産資材の生産・製造・流通業者

⑦ 消費者団体等

(イ) 情報管理票の作成

　リスク管理者は、(ア)で得られた情報を基に、我が国に持ち込まれるおそれのある未承認遺伝子組換え農作物について、検査方法開発や検査実施に必要な情報等を整理した情報管理票を作成する。また、情報管理票の作成にあたっては、次に掲げる事項に留意する。

　＊「情報管理票」とは、我が国に持ち込まれるおそれのある未承認遺伝子組換え農作物について、導入遺伝子や導入形質等、検査方法の開発や実施等の管理に必要な情報を整理したものをいう。

① 検査方法開発に必要な情報として、導入遺伝子名や塩基配列等の情報について整理すること

② 検査実施に必要な情報として、海外での生産・流通状況のほか、混入する可能性のある品目も含めて検討、整理すること

③ 情報源は明確にして情報を管理するが、企業秘密等、情報源が公開することを望

まない情報は、公開する情報とは別に管理すること

④　情報量が少ない場合には、(ｴ)において優先度が高くなるように考慮すること

(ｳ)　関係者への情報提供

　　リスク管理者は、(ｱ)及び(ｲ)で収集した情報(特に未承認遺伝子組換え農作物に関する情報)について、農林水産物・食品の生産・製造・流通業者等の関係者、農林水産省関係組織及び関係府省に提供し、情報の共有を図る。また、情報提供は、混入する可能性のある品目を考慮して行う。

(ｴ)　リスク管理措置検討の優先順位(優先度付け)

　　リスク管理者は、情報管理票を基に、当該未承認遺伝子組換え農作物が混入等により我が国に持ち込まれるおそれの程度や、我が国へ持ち込まれた場合の我が国への影響等を考慮してリスク管理措置を講じる優先度を検討し、優先度リストを作成する。また、必要に応じて、優先度の検討について学識経験者等に相談する。

(ｵ)　リスク評価方針の策定

　　リスク管理者は、優先度リストに基づき、原則、未承認遺伝子組換え農作物ごとにリスク評価方針を策定する。また、リスク評価方針の策定にあたっては、次に掲げる事項に留意する。

①　リスク評価方針は、その時点における評価に利用可能なデータの蓄積状況を踏まえ、当該未承認遺伝子組換え農作物が混入等により、(ⅰ)我が国に持ち込まれる可能性、(ⅱ)我が国に持ち込まれた場合に生物多様性影響を防止するためのリスク管理措置を行う必要があるかについて評価を依頼するものであること

②　事案の緊急性によっては、リスク評価方針の策定とリスク管理措置の検討が、同時並行で行われる場合もあること

(ｶ)　リスク評価の実施

　　未承認遺伝子組換え農作物について、入手可能な範囲の情報に基づく暫定的なリスク評価を、必要に応じて学識経験者等に相談しつつ、リスク管理者が実施する。

(ｷ)　リスク評価方針及びリスク評価結果に関する意見聴取

　　リスク管理者は、優先度リスト、リスク評価方針及びリスク評価結果の内容が適当かどうかについて関係者から意見を聴取する。

(B)　リスク管理措置の検討・実施

(ｱ)　未承認遺伝子組換え農作物のリスク管理措置の検討

　　リスク管理者は、優先度リスト及びリスク評価方針を踏まえ、未承認遺伝子組換え農作物による生物多様性影響を防止するためのリスク管理措置について検討する。検討にあたってリスク管理者は、必要に応じて学識経験者等の意見を踏まえるものとし、初期作業で収集した国外のリスク管理措置、予算等も考慮しつつ、①未承認遺伝子組換え作物の検査法の開発、水際検査等の流入防止措置、②我が国へ持ち込まれた後の国内での拡散防止措置の両面から、監視・管理を行うために最も効率的かつ効果的な方法を検討する。

　　なお、リスク管理者は、未承認遺伝子組換え農作物の導入遺伝子に関する情報収

集等、必要に応じて、当該未承認遺伝子組換え農作物の開発者の協力も得ながら進めるものとする。

(ｲ) リスク管理措置の実施

リスク管理者は、リスク管理措置を決定し、国外からの未承認遺伝子組換え農作物の持ち込みを未然に防ぐ観点から、国外で混入等が発生した時点から、原則、決定したリスク管理措置を実施する。なお、リスク管理措置の実施にあたっては、一般原則に従い、リスクの大きさに応じた措置を実施する。

また、未承認遺伝子組換え農作物が持ち込まれた場合は、リスク管理者は、別に定める食品安全関係府省緊急時対応基本要綱(平成16年4月15日関係府省申合せ)、農林水産省食品安全緊急時対応基本指針(平成16年2月27日15消安第6530号)に基づき対応する。なお、リスク管理者は、リスク管理措置の実施を決定する際に、必要に応じて学識経験者等の協力を得ながら、当該リスク管理措置の見直し時期や見直しに必要な情報等について定めるものとする。

(ｳ) 「関係者」への情報提供

リスク管理者は、適時適切に関係者への注意喚起・情報提供、開発者への承認申請依頼等を行うものとする。

(C) リスク管理措置等の見直し

(ｱ) リスク管理措置等の見直しに必要な情報収集

リスク管理者は、次に掲げる方法により、リスク管理措置等の見直しに必要な情報を収集する。

① リスク管理者による情報収集

リスク管理者は、国が行う水際検査の結果や、民間による自主的な調査の結果、査読された学術論文等の情報の収集に努める。

② 開発者・当事国からの情報収集

リスク管理者は、当該未承認遺伝子組換え農作物の開発者や事案が発生した当事国(在京大使館等)に対し、当該未承認遺伝子組換え農作物の導入遺伝子、導入形質、生物多様性影響評価、当事国における当該未承認遺伝子組換え農作物やその宿主作物についての管理状況等、必要な情報の提供を求める。

(ｲ) 収集した情報の分析

リスク管理者は、自ら収集した情報及び開発者・当事国から提供された情報を分析し、当該リスクと既存のリスク管理措置のバランスが妥当であるかについて判断するための情報を整理する。また、リスク管理者が得た情報は、特許等の企業秘密以外は公表の対象となり得る。

(ｳ) リスク管理措置等の見直しの必要性判断

リスク管理者は、(B)(ｲ)のリスク管理措置決定時に定めた期間後に、(ｱ)及び(ｲ)の結果を踏まえ、既存のリスク管理措置や情報管理票等が妥当であるかどうかを判断する。リスク管理者はリスク管理措置、リスク評価方針、情報管理票等の見直しの検討にあたって、必要に応じて学識経験者等に相談する。

第2章第1節　遺伝子組換え生物等の第一種使用等

(ｴ)　リスク管理措置等の見直しの判断について意見聴取

　　リスク管理者は、リスク管理措置等の見直し案を見直しの判断に用いた情報とともに公表し、リスク管理措置等の見直し案について関係者から意見聴取する。リスク管理者は、聴取した意見を踏まえ、必要に応じて、(ｳ)「リスク管理措置等の見直しの必要性判断」に準じ、リスク管理措置等の見直し案を再検討する。

(ｵ)　リスク管理措置の実施

　　リスク管理者は、リスク管理措置等の見直し案を決定し、決定したリスク管理措置を実施する。なお、(ｳ)「リスク管理措置等の見直しの必要性判断」において、既存のリスク管理措置が妥当であると判断した場合は、既存のリスク管理措置を継続して実施する。

■第４条第６項■

> 第四項の規定により意見を求められた学識経験者は、第一項の承認の申請に係る第一種使用規程及びその生物多様性影響評価書に関して知り得た秘密を漏らし、又は盗用してはならない。

趣 旨
本規定は、承認申請に際して意見を求められた学識経験者に課される守秘義務について定めたものである。

解 説
1 本規定は、学識経験者が知り得た企業情報について、その保秘を図る観点から設けられたものである。

2 国家公務員たる者に秘密漏えいの行為があった場合は、国家公務員法第100条第1項の『職員は、職務上知ることのできた秘密を漏らしてはならない。その職を退いた後といえども同様とする。』とした規定により処罰される。また、地方公務員たる者に秘密漏えいの行為があった場合は、地方公務員法第34条第1項の『職員は、職務上知り得た秘密を漏らしてはならない。その職を退いた後も、また、同様とする。』とした規定により厳重に処罰されることとなる。

第一種使用規程の承認審査に関与することになる学識経験者は、その職務を果たす上で秘密を知り得ることが多いものの、公務員にあたらない者が選定されることもあり得るため、本法の中に守秘義務に関する規定を設けたものである。

3 「秘密」とは、公に知られていない事実であって、実質的に保護する対象として値するもの、つまり、『一般に知られていない事実であって、他人に知られないことが本人の利益と認められるもの』をさす。具体的にどの情報が秘密に該当するものであるかは、行政が指定することにより決められるものではなく、個々に裁判所が判断することになろう。

4 「盗用」とは、他の研究者のアイディア、分析・解析方法、データ、研究結果、論文又は用語を、当該研究者の了解又は適切な表示なく流用することをいう。

5 本規定(法第9条第4項において準用する場合を含む。)に違反した者は、6月以下の懲役又は50万円以下の罰金に処する。〈法第40条第1号〉

第２章第１節　遺伝子組換え生物等の第一種使用等

■第４条第７項■

前各項に規定するもののほか、第一項の承認に関して必要な事項は、主務省令で定める。

趣旨

　本規定は、第一種使用規程の承認に関して必要な事項は省令で定める旨を明示したものである。

第五条（第一種使用規程の修正等）

■第5条第1項■

　前条第一項の承認の申請に係る第一種使用規程に従って第一種使用等をする場合に生物多様性影響が生ずるおそれがあると認める場合には、主務大臣は、申請者に対し、主務省令で定めるところにより、当該第一種使用規程を修正すべきことを指示しなければならない。ただし、当該第一種使用規程に係る遺伝子組換え生物等の第一種使用等をすることが適当でないと認めるときは、この限りでない。

趣旨

　本規定は、申請に係る第一種使用規程が承認基準を満たさず、生物多様性影響が生ずるおそれがあると認められる場合において、当該第一種使用規程を修正することにより生物多様性への影響を防止できるときは、当該第一種使用規程の修正が指示される旨を定めたものである。

解説

＜本文＞

1　本条の「主務大臣」は、次に掲げる区分に応じ、それぞれに定める大臣のいずれもとする。〈則第40条第1項〉

(ア)　研究開発段階（理事会勧告に準拠して審査がなされることが望ましい遺伝子組換え生物等である物の商業化又は実用化に向けた使用等及び遺伝子治療臨床研究その他の臨床研究として行われる使用等をする段階を除く。）の遺伝子組換え生物等である物に関する事項

① 文部科学大臣

② 環境大臣

(イ)　(ア)に掲げる事項以外の事項

① 物資所管大臣（財務大臣、厚生労働大臣、農林水産大臣又は経済産業大臣であって、当該遺伝子組換え生物等である物の生産又は流通を所管する大臣

② 環境大臣

2　第一種使用規程の修正に関する指示は、文書によりその理由及び期間（法第5条第2項）を付して行うものとする。〈則第11条〉

＜但書＞

3　本但書は、申請に係る第一種使用規程を修正したとしても、生物多様性への影響を防止できないと認められる場合は、当該第一種使用規程の修正指示は行われないものとしている。

第２章第１節　遺伝子組換え生物等の第一種使用等

■第５条第２項■

前項の規定による指示を受けた者が、主務大臣が定める期間内にその指示に基づき第一種使用規程の修正をしないときは、主務大臣は、その者の承認の申請を却下する。

趣 旨

本規定は、第一種使用規程の修正指示を受けたにもかかわらず、所定の期間内に当該第一種使用規程の修正が行われない場合は、承認申請が却下される旨を定めたものである。

解 説

1　「却下」とは、申請に応答する拒否の処分の一つで、申請行為自体が不適法であるがゆえに、申請内容に問題があるかどうかの判断をすることなく否の応答をするときをいう。なお、申請行為は適法であるが、申請内容に問題があるために行政庁が否の応答をするときを『棄却』という。

■第５条第３項■

第一項ただし書に規定する場合においては、主務大臣は、その承認を拒否しなければならない。

趣 旨

本規定は、申請に係る第一種使用規程が承認基準を満たさず、生物多様性影響が生ずるおそれがあると認められる場合において、当該第一種使用規程を修正したとしても生物多様性への影響の防止できないときは、当該第一種使用規程の承認が拒否される旨を定めたものである。

解 説

1　「拒否しなければならない」とあるように、申請に係る第一種使用規程が生物多様性影響を生ずるおそれがないと認められるものでなければ、主務大臣は承認を与えることはできない。このように、第一種使用規程の承認は、承認基準の適合性を踏まえて行われるものであり、主務大臣の裁量行為ではなく、羈束行為に属している。
　＊「裁量行為」とは、行政行為の要件及び内容が法規により厳格には拘束されておらず、行政庁に裁量の自由がある行政行為をいう。
　＊「羈束行為」とは、行政行為の要件及び内容が法規により厳格に拘束され、行政庁に裁量の自由がない行政行為をいう。

2　「拒否」とは、申請に対する処分の一つで、行政庁が"否"の応答をする場合をいう。なお、申請に対して行政庁が"諾"の応答をする場合を『承諾』という。

第六条（承認取得者の義務等）

■第6条第1項■

第四条第一項の承認を受けた者（次項において「承認取得者」という。）は、同条第二項第一号に掲げる事項中に変更を生じたときは、主務省令で定めるところにより、その理由を付してその旨を主務大臣に届け出なければならない。

趣 旨

本規定は、第一種使用規程の承認取得者に対し、その氏名及び住所に変更があった場合には、主務大臣への届出を義務づけたものである。

解 説

1 承認取得者は、その承認に係る遺伝子組換え生物等が生物多様性に及ぼす影響について評価した者であり、当該遺伝子組換え生物等についてもっとも知見を有する者と考えられることから、その住所及び氏名の変更を届出の対象としている。

2 本条の「主務大臣」は、次に掲げる区分に応じ、それぞれに定める大臣のいずれもとする。〈則第40条第1項〉

(ア) 研究開発段階（理事会勧告に準拠して審査がなされることが望ましい遺伝子組換え生物等である物の商業化又は実用化に向けた使用等及び遺伝子治療臨床研究その他の臨床研究として行われる使用等をする段階を除く。）の遺伝子組換え生物等である物に関する事項

① 文部科学大臣

② 環境大臣

(イ) (ア)に掲げる事項以外の事項

① 物資所管大臣（財務大臣、厚生労働大臣、農林水産大臣又は経済産業大臣であって、当該遺伝子組換え生物等である物の生産又は流通を所管する大臣）

② 環境大臣

3 「届出」とは、行政庁に対し一定の事項の通知をする行為（申請に該当するものを除く。）であって、法令により直接に当該通知が義務付けられているものをいう。これには、自己の期待する一定の法律上の効果を発生させるためには当該通知をすべきこととされているものも含まれる。〈行政手続法第2条第7号〉

4 変更の届出は、氏名及び住所（法第4条第2項第1号）に掲げる事項中に変更を生じた日から2週間以内に、様式第二による届出書（住所等変更届出書）を提出して行うものとする。〈則第12条〉

5 本規定（法第9条第4項において準用する場合を含む。）による届出をせず、又は虚偽の届出をした者は、20万円以下の過料に処する。〈法第46条〉

＜厚生労働省関係＞

6 変更の届出は、すみやかに正本1通、副本2通を総合機構を経由して厚生労働大臣宛

てに提出する。その際、届出等の内容を記録した電磁的記録があれば、当該電磁的記録についても提出する。〈H28/7/14 薬生発 0714 第 2 号〉

7 遺伝子治療臨床研究のうち第一種使用等に該当するものに係る変更の届出は、すみやかに厚生労働省大臣官房厚生科学課に提出する。〈H16/2/19 科発第 0219001 号〉

■第 6 条第 2 項■

> 主務大臣は、次条第一項の規定に基づく第一種使用規程の変更又は廃止を検討しようとするときその他当該第一種使用規程に関し情報を収集する必要があるときは、当該第一種使用規程に係る承認取得者に対し、必要な情報の提供を求めることができる。

趣 旨

本規定は、主務大臣は、承認した第一種使用規程の変更又は廃止を検討しようとするときは、その承認取得者に情報提供を求めることができる旨を定めたものである。

解 説

1 第一種使用規程を承認した場合であっても、その後の知見の充実に伴って、主務大臣は、第一種使用規程を変更したり(法第 7 条)、措置命令(法第 10 条)を発動すること等により、承認取得者に必要な管理措置を求めることができる。

承認取得者は、その承認に係る遺伝子組換え生物等が生物多様性に及ぼす影響について評価した者であり、当該遺伝子組換え生物等についてもっとも知見を有する者と考えられることから、主務大臣が知見を充実するための重要な情報源となることを考慮し、本規定が設けられている。

2 「その他当該第一種使用規程に関し情報を収集する必要があるとき」として、次のような場合が考えられる。

○ 第一種使用規程に従った使用をしている中、周辺の生物に対する影響の有無に関する情報を継続して求める必要がある場合

第七条（承認した第一種使用規程の変更等）

■第7条第1項■

　主務大臣は、第四条第一項の承認の時には予想することができなかった環境の変化又は同項の承認の日以降における科学的知見の充実により同項の承認を受けた第一種使用規程に従って遺伝子組換え生物等の第一種使用等がなされるとした場合においてもなお生物多様性影響が生ずるおそれがあると認められるに至った場合は、生物多様性影響を防止するため必要な限度において、当該第一種使用規程を変更し、又は廃止しなければならない。

趣　旨

　本規定は、第一種使用規程の承認後において生物多様性影響が生ずるおそれがあると認められるに至ったときは、当該第一種使用規程が変更又は廃止される旨を定めたものである。

解　説

1　遺伝子組換え生物等による生物多様性への影響は、複雑な生物間の相互作用によって生ずるものであり、適切な生物多様性影響評価を行った場合であっても、なお、知見が不十分であること等により不確実性が残るものである。

　このため、遺伝子組換え生物等の使用開始後において、承認審査の際に想定されなかった知見が新たに得られ、そのまま使用等を継続すると生物多様性影響を生ずるおそれがあることが明らかになった場合、主務大臣は、既に承認している第一種使用規程の変更又は廃止をしなければならないこととしている。

2　本条の「主務大臣」は、次に掲げる区分に応じ、それぞれに定める大臣のいずれもとする。〈則第40条第1項〉

(ア)　研究開発段階（理事会勧告に準拠して審査がなされることが望ましい遺伝子組換え生物等である物の商業化又は実用化に向けた使用等及び遺伝子治療臨床研究その他の臨床研究として行われる使用等をする段階を除く。）の遺伝子組換え生物等である物に関する事項

　　①　文部科学大臣

　　②　環境大臣

(イ)　(ア)に掲げる事項以外の事項

　　①　物資所管大臣（財務大臣、厚生労働大臣、農林水産大臣又は経済産業大臣であって、当該遺伝子組換え生物等である物の生産又は流通を所管する大臣）

　　②　環境大臣

3　「主務大臣は」とあるように、第一種使用規程の変更等はその承認取得者に対して命じられるわけではない。次に掲げるような事情を考慮し、主務大臣が自ら第一種使用規程の変更等を行うこととしている。

(ア)　承認された第一種使用規程は公表の対象となり（法第8条）、当該第一種使用規程に従

って遺伝子組換え生物等を第一種使用等する場合には、あらためて承認を受ける必要がないこと(法第4条第1項但書)

(イ) 承認取得者が既に第一種使用等を行っていないこともあり得るものであり、そのような場合においても承認取得者に対して第一種使用規程の変更等を命ずることは適当でないこと

(ウ) そもそも既に承認取得者が存在していない場合もあり得ること

4 「承認の時には予想することができなかった環境の変化」として、次のような場合が考えられる。

○ 第一種使用等をする場所の周辺に、生物多様性影響を受けるおそれがある生物が新たに定着した場合

5 「承認の日以降における科学的知見の充実」として、次のような場合が考えられる。

○ 科学的知見の充実により、これまで生物多様性影響を受けないと考えられていた遺伝子組換え生物等について、実は生物多様性への影響が生じるおそれのあることが判明した場合

6 「必要な限度において」とあるように、第一種使用規程の変更又は廃止は、あくまで生物多様性影響を防止するために必要な範囲に限られており、本規定はそのような認識の下で運用すべきものである。

■第７条第２項■

主務大臣は、前項の規定による変更又は廃止については、主務省令で定めるところにより[1]、あらかじめ、学識経験者の意見を聴くものとする。

趣 旨

本規定は、主務大臣は、生物多様性影響を防止するため、既に承認した第一種使用規程を変更又は廃止しようとするときは、学識経験者の意見を聴取しなければならない旨を定めたものである。

解 説

1　主務大臣は、学識経験者の意見を聴くときは、学識経験者の名簿に記載されている者の意見を聴くものとする。〈則第13条により準用する第９条〉

第2章第1節　遺伝子組換え生物等の第一種使用等

■第7条第3項■

　前項の規定により意見を求められた学識経験者は、第一項の規定による変更又は廃止に係る第一種使用規程及びその生物多様性影響評価書に関して知り得た秘密を漏らし、又は盗用してはならない。

趣　旨

　本規定は、第一種使用規程の変更又は廃止に際して意見を求められた学識経験者に課される守秘義務について定めたものである。

解　説

1　本規定は、学識経験者が知り得た企業情報について、その保秘を図る観点から設けられたものである。

2　既に承認した第一種使用規程の変更又は廃止にあたって意見を求められた学識経験者は、その職務を果たす上で秘密を知り得ることを考慮し、守秘義務に関する規定が設けられている。

3　「生物多様性影響評価書」とは、第一種使用等による生物多様性影響について評価を行い、その結果を記載した図書をいう。〈法第4条第2項〉

4　本規定(法第9条第4項において準用する場合を含む。)に違反した者は、6月以下の懲役又は50万円以下の罰金に処する。〈法第40条第1号〉

■第7条第4項■

　前三項に規定するもののほか、第一項の規定による変更又は廃止に関して必要な事項は、主務省令で定める。

趣　旨

　本規定は、第一種使用規程の変更又は廃止に関して必要な事項は省令で定める旨を明示したものである。

175

第八条（承認した第一種使用規程等の公表）

■第8条第1項■

　主務大臣は、次の各号に掲げる場合の区分に応じ、主務省令で定めるところにより、遅滞なく、当該各号に定める事項を公表しなければならない。

一　第四条第一項の承認をしたとき　その旨及び承認された第一種使用規程

二　前条第一項の規定により第一種使用規程を変更したとき　その旨及び変更後の第一種使用規程

三　前条第一項の規定により第一種使用規程を廃止したとき　その旨

趣　旨

　本規定は、主務大臣は、その承認に係る第一種使用規程を公表しなければならない旨を定めたものである。

解　説

1　第一種使用規程が承認されると、その承認取得者以外の者であっても、当該第一種使用規程に従って遺伝子組換え生物等を第一種使用等することができるようになるため（法第4条第1項但書）、遺伝子組換え生物等を第一種使用等しようとする者が新たに承認を受ける必要があるかどうかを判断することができるよう、承認に係る第一種使用規程を公表し、周知することとしている。

2　本条の「主務大臣」は、次に掲げる区分に応じ、それぞれに定める大臣のいずれもとする。〈則第40条第1項〉

（ア）研究開発段階（理事会勧告に準拠して審査がなされることが望ましい遺伝子組換え生物等である物の商業化又は実用化に向けた使用等及び遺伝子治療臨床研究その他の臨床研究として行われる使用等をする段階を除く。）の遺伝子組換え生物等である物に関する事項

　①　文部科学大臣

　②　環境大臣

（イ）（ア）に掲げる事項以外の事項

　①　物資所管大臣（財務大臣、厚生労働大臣、農林水産大臣又は経済産業大臣であって、当該遺伝子組換え生物等である物の生産又は流通を所管する大臣）

　②　環境大臣

3　「遅滞なく」とは、時間的に『すぐに』という趣旨を表す。「速やかに」という文言よりも即時性は弱い。

4　「公表」は、官報に掲載して行うものとする。〈則第14条〉

＜第1号＞

5　本号は、第一種使用規程が承認されたときは、その旨及び当該第一種使用規程を公表の対象としている。

第2章第1節　遺伝子組換え生物等の第一種使用等

＜第2号＞

6　本号は、第一種使用規程が変更されたときは、その旨及び変更後の当該第一種使用規程を公表の対象としている。

＜第3号＞

7　本号は、第一種使用規程が廃止されたときは、その旨を公表の対象としている。

■第8条第2項■

前項の規定による公表は、告示[1]により行うものとする。

趣　旨

本規定は、第一種使用規程の公表は告示により行われる旨を定めたものである。

解　説

1　「告示」とは、公の機関が法令の規定又は職務上の権限に基づいて行う指定、決定その他処分事項を広く一般に周知させるため公示することをいう。

第九条（本邦への輸出者等に係る第一種使用規程についての承認）

（平二九法一八・一部改正）

■第９条第１項■

遺伝子組換え生物等を本邦に輸出して他の者に第一種使用等をさせようとする者その他の遺伝子組換え生物等の第一種使用等を他の者にさせようとする者は、主務省令で定めるところにより、遺伝子組換え生物等の種類ごとに第一種使用規程を定め、これにつき主務大臣の承認を受けることができる。

趣 旨

本規定は、遺伝子組換え生物等の第一種使用等を他の者にさせようとする者は、遺伝子組換え生物等の種類ごとに第一種使用規程を定め、主務大臣の承認を受けることができる旨を定めたものである。

解 説

1 第一種使用規程の承認を申請できる者は、法第４条第１項において『遺伝子組換え生物等を作成し又は輸入して第一種使用等をしようとする者その他の遺伝子組換え生物等の第一種使用等をしようとする者』と明記しているように、国内の環境に導入して使用等しようとする開発者、輸入者又は用途転換者に限定されている。

しかし、これでは外国の開発者は自ら承認を受けることができない。また、国内の開発者であっても自ら第一種使用等をしようとしない限り、承認を受けることができないという不合理が生じる。

そこで、本規定により、承認の特例規定を設け、自らが遺伝子組換え生物等の第一種使用等をしない者であっても、第一種使用規程の承認を受けることができるようにしている。

2 「本邦に輸出して他の者に第一種使用等をさせようとする者」の事例として、次のような場合が考えられる。

(ｱ) 遺伝子組換え生物等の外国の開発者が、我が国の市場に流通することになる当該遺伝子組換え生物等の第一種使用規程を定める場合

(ｲ) 輸出者が、自らの輸出する遺伝子組換え生物等について、その輸入者に代わって第一種使用規程を定める場合

⇒ 上記(ｱ)について、外国から輸入される遺伝子組換え生物等に係る第一種使用規程の承認を受けなければならない者は、原則として輸入者となる（法第４条第１項）が、次のような理由から、外国の開発者についても承認を受けることができるようにしている。

① 生物多様性影響評価に必要な遺伝子組換え生物等に関する情報は、一般にその開発者が有していること

② 開発者は多大な費用を投じて開発を行っていることから、一般に遺伝子組換え生物等に関する情報を第三者に提供することを好まないこと

③ 医薬品や農薬等についても、外国の開発者が"ダイレクトアクセス"として法手続を

第2章第1節　遺伝子組換え生物等の第一種使用等

実施する権利が認められていること

⇒　上記(イ)について、本邦に輸出して他の者に第一種使用等をさせようとする場合、基本的には開発者が第一種使用規程の承認手続を実施すればよいものと考えられる。

　　しかし、カルタヘナ議定書においては、輸出者(輸出される改変された生物の手配を行うあらゆる者)がAIA手続の主体として位置づけられており、改変された生物の意図的な国境を越える移動に先立って輸出者から通告(議定書第8条第1項)がなされることもあり得る。議定書の担保法たる本法において、輸出者が法手続の主体に一切なり得ない制度とした場合、議定書との不整合を生じることとなるため、輸出者についても第一種使用規程の承認を受けることができるようにしている。

3　「その他の遺伝子組換え生物等の第一種使用等を他の者にさせようとする者」の事例として、次のような場合が考えられる。

　○　第二種使用等により遺伝子組換え生物等を作成した国内の開発者が、自らは第一種使用等はしないものの、その権利を他者に譲渡するため、第一種使用規程を定める場合

4　本条の「主務大臣」は、次に掲げる区分に応じ、それぞれに定める大臣のいずれもとする。〈則第40条第1項〉

(ア)　研究開発段階(理事会勧告に準拠して審査がなされることが望ましい遺伝子組換え生物等である物の商業化又は実用化に向けた使用等及び遺伝子治療臨床研究その他の臨床研究として行われる使用等をする段階を除く。)の遺伝子組換え生物等である物に関する事項

　①　文部科学大臣

　②　環境大臣

(イ)　(ア)に掲げる事項以外の事項

　①　物資所管大臣(財務大臣、厚生労働大臣、農林水産大臣又は経済産業大臣であって、当該遺伝子組換え生物等である物の生産又は流通を所管する大臣)

　②　環境大臣

5　主務大臣は、第一種使用規程の承認について、関係する他の主務大臣が必要な情報を得られるようにするものとする。〈則第43条第1項〉

6　「承認」とあるが、『自ら使用等しようとする者』に与えられる承認(法第4条第1項)を通常のものとするならば、本規定のものは『自ら使用等しようとしない者』に特例的に与えられる承認と位置づけることができる。そこで、本書においては、通常の承認(法第4条第1項)と区別して用いる場合は、本規定の承認(法第9条第1項)を『特例承認』と呼ぶこととする。

7　通常の承認については、『承認を受けなければならない(法第4条第1項)』としているのに対し、本規定においては、『承認を受けることができる』という表現になっている。

　　これは、特例承認を受けようとする者は遺伝子組換え生物等の第一種使用等をしようとする者ではないため、その無承認使用等を懸念する必要がないことを考慮したものである。遺伝子組換え生物等の無承認使用等に対する罰則(法第39条第1号)は、通常の承認に関する規定(法第4条第1項)のみに設けられていることからも明らかであろう。

179

8　次に掲げる場合には、第一種使用規程の特例承認を受けなくても、遺伝子組換え生物等を使用等することができる。〈法第4条第1項但書〉

(ｱ)　特定遺伝子組換え生物等の第一種使用等をしようとする場合

(ｲ)　主務大臣の承認又は特例承認を受けた第一種使用規程（主務大臣により変更された第一種使用規程については、その変更後のもの）に定める第一種使用等をしようとする場合

(ｳ)　その他主務省令（則第5条）で定める場合

⇒　上記(ｲ)のとおり、遺伝子組換え生物等の第一種使用規程が公表されており、かつ、当該第一種使用規程に従って第一種使用等をしようとする場合には、あらためて第一種使用規程の特例承認を受ける必要はない。

9　ある者が第一種使用規程について主務大臣の承認を受けた場合、他の者は改めて承認を得ずとも、承認を受けた規程に従って遺伝子組換え生物等の第一種使用等をすることができる。これと同様、海外の事業者が遺伝子組換え生物等を輸出して我が国の事業者に使用等させようとする場合に本規程の特例承認を受けていれば、我が国の事業者が個別に承認を得ていなくても、当該遺伝子組換え生物等を輸入して第一種使用等をすることができる。

10　偽りその他不正の手段により本規定の承認を受けた者は、6月以下の懲役もしくは50万円以下の罰金に処し、又はこれを併科する。〈法第39条第2号〉

　また、いわゆる両罰規定の対象となっており、この行為者を使用する法人又は人には50万円以下の罰金刑が科される。〈法第45条〉

第2章第1節　遺伝子組換え生物等の第一種使用等

■第9条第2項■

　前項の承認を受けようとする者が本邦内に住所（法人にあっては、その主たる事務所。以下この項及び第四項において同じ。）を有する者以外の者である場合には、その者は、本邦内において遺伝子組換え生物等の適正な使用等のために必要な措置を執らせるための者を、本邦内に住所を有する者その他主務省令で定める者のうちから、当該承認の申請の際選任しなければならない。

趣旨

　本規定は、第一種使用規程の特例承認を受けようとする者が国内に住所を有さないものである場合には、国内管理人の選任を義務づけたものである。

解説

1　遺伝子組換え生物等の第一種使用等を自らしようとしない者であっても、第一種使用規程の特例承認を受けることができるが、この場合において、特例承認を受けようとする者が国内に住所を有さないものである場合には国内管理人を置くこととし、国内の市場に流通する当該遺伝子組換え生物等について、情報提供など緊急に必要な措置を執らせることとしている。つまりは第一種使用規程の特例承認を受けた外国の開発者及び輸出者は、特定の法的措置を講ずる義務を免れることとなる。

2　「本邦内において遺伝子組換え生物等の適正な使用等のために必要な措置を執らせるための者」は、国内管理人と呼ばれる。〈法第9条第3項〉

3　「主務省令で定める者」は、外国法人で本邦内に事務所を有するものの当該事務所の代表者とする。〈則第15条〉

4　「選任しなければならない」とあるように、国内管理人の選任は、外国の者が特例承認を受ける際の要件となっている。なお、国内の者が特例承認を受けようとする場合は、本規定の対象とはならず、国内管理人を選任する必要はない。

■第9条第3項■

　前項の規定により選任を行った者は、同項の規定により選任した者（以下「国内管理人」という。）を変更したときは、その理由を付してその旨を主務大臣に届け出なければならない。

趣旨

　本規定は、第一種使用規程の特例承認取得者に対し、国内管理人を変更した場合には、主務大臣への届出を義務づけたものである。

■第９条第４項■

第四条第二項から第七項まで、第五条及び前条の規定は第一項の承認について、第六条の
規定は同項の承認を受けた者（その者が本邦内に住所を有する者以外の者である場合にあっ
ては、その者に係る国内管理人）について、第七条の規定は同項の規定により承認を受けた
第一種使用規程について準用する。この場合において、第四条第二項第一号中「氏名及び住
所」とあるのは「第九条第一項の承認を受けようとする者及びその者が本邦内に住所（法人
にあっては、その主たる事務所）を有する者以外の者である場合にあっては同条第二項の規
定により選任した者の氏名及び住所」と、第七条第一項中「第四条第一項」とあるのは「第
九条第一項」と読み替えるものとする。

趣 旨

本規定は、第一種使用規程の特例承認については、承認に関する規定が準用される旨を
明示したものである。

解 説

1　「住所」とは、法人にあっては、その主たる事務所をいう。〈法第９条第２項〉

＜法第４条の準用＞

2　第一種使用規程の特例承認を受けようとする者は、遺伝子組換え生物等の種類ごとに
その第一種使用等による生物多様性影響について主務大臣が定めるところにより評価
を行い、生物多様性影響評価書その他主務省令で定める書類とともに、次の事項を記載
した申請書を主務大臣に提出しなければならない。〈法第４条第２項の準用〉

①　特例承認を受けようとする者及びその者が本邦内に住所（法人にあっては、その主た
る事務所）を有する者以外の者である場合にあっては国内管理人の氏名及び住所（法人
にあっては、その名称、代表者の氏名及び主たる事務所の所在地）

②　第一種使用規程

⇒　上記の「主務省令で定める書類」は、特例承認を受けようとする者による生物多様性
影響の効果的な防止に資する措置の内容を記載した書類とする（主務大臣が必要と認め
る場合に限る。）。〈則第６条〉

⇒　申請書は、様式第一（第一種使用規程承認申請書）とする。〈則第７条〉

⇒　特例承認の申請書等を主務大臣に提出する場合においては、次に掲げる区分に応じ、
それぞれに定める大臣に提出するものとする。〈則第41条第１項〉

(ｱ)　研究開発段階（理事会勧告に準拠して審査がなされることが望ましい遺伝子組換え
生物等である物の商業化又は実用化に向けた使用等及び遺伝子治療臨床研究その他の
臨床研究として行われる使用等をする段階を除く。）の遺伝子組換え生物等である物に
関する事項

○　文部科学大臣

(ｲ)　(ｱ)に掲げる事項以外の事項

○　物資所管大臣Ⅱ（財務大臣、厚生労働大臣、農林水産大臣、経済産業大臣又は環境

大臣であって当該遺伝子組換え生物等である物の生産又は流通を所管する大臣）

⇒ 特例承認の申請書等を提出する大臣（環境大臣を除く。）に申請書等を提出する場合は、その写し1通を添付しなければならない。〈則第41条第2項〉

⇒ 特例承認の申請書等を提出する大臣（環境大臣を除く。）は、申請書等及びその写しを受理したときは、遅滞なく、当該写しを環境大臣に送付するものとする。この場合において、当該申請書等は、大臣（環境大臣を除く。）が受理した日において環境大臣に提出されたものとみなす。〈則第41条第3項〉

3 第一種使用規程は、主務省令で定めるところにより、次の事項について定めるものとする。〈法第4条第3項の準用〉

① 遺伝子組換え生物等の種類の名称

② 遺伝子組換え生物等の第一種使用等の内容及び方法

⇒ 第一種使用規程の記載事項については、次に掲げる区分に応じ、それぞれに定めるところによるものとする。〈則第8条〉

(ｱ) 遺伝子組換え生物等の種類の名称——当該遺伝子組換え生物等の宿主又は親生物の属する分類学上の種の名称及び当該遺伝子組換え生物等の特性等の情報を含めることにより、他の遺伝子組換え生物等と明確に区別できる名称とすること

(ｲ) 遺伝子組換え生物等の第一種使用等の内容——当該遺伝子組換え生物等について行う一連の使用等について定めること

(ｳ) 遺伝子組換え生物等の第一種使用等の方法——当該第一種使用等を行うにあたって執るべき生物多様性影響を防止するための措置について定めること（生物多様性影響を防止するため必要な場合に限る。）

4 主務大臣は、特例承認の申請があった場合には、主務省令で定めるところにより、当該申請に係る第一種使用規程について、学識経験者の意見を聴かなければならない。〈法第4条第4項の準用〉

⇒ 学識経験者の意見を聴くときは、学識経験者の名簿に記載されている者の意見を聴くものとする。〈則第9条〉

5 主務大臣は、学識経験者から聴取した意見の内容及び基本的事項に照らし、特例承認の申請に係る第一種使用規程に従って第一種使用等をする場合に野生動植物の種又は個体群の維持に支障を及ぼすおそれがある影響その他の生物多様性影響が生ずるおそれがないと認めるときは、当該第一種使用規程の承認をしなければならない。〈法第4条第5項の準用〉

6 主務大臣より意見を求められた学識経験者は、特例承認の申請に係る第一種使用規程及びその生物多様性影響評価書に関して知り得た秘密を漏らし、又は盗用してはならない。〈法第4条第6項の準用〉

7 特例承認に関して必要な事項は、主務省令で定める。〈法第4条第7項の準用〉

＜法第5条の準用＞

8 特例承認の申請に係る第一種使用規程に従って第一種使用等をする場合に生物多様性影響が生ずるおそれがあると認める場合には、主務大臣は、申請者に対し、主務省令

で定めるところにより、当該第一種使用規程を修正すべきことを指示しなければならない。ただし、当該第一種使用規程に係る遺伝子組換え生物等の第一種使用等をすることが適当でないと認めるときは、この限りでない。〈法第5条第1項の準用〉

⇒　第一種使用規程の修正に関する指示は、文書によりその理由及び期間を付して行うものとする。〈則第11条〉

9　第一種使用規程の修正指示を受けた者が、主務大臣が定める期間内にその指示に基づき第一種使用規程の修正をしないときは、主務大臣は、その者の特例承認の申請を却下する。〈法第5条第2項の準用〉

10　第一種使用規程に係る遺伝子組換え生物等の第一種使用等をすることが適当でないと認める場合においては、主務大臣は、その特例承認を拒否しなければならない。〈法第5条第3項の準用〉

＜法第6条の準用＞

11　特例承認取得者（その者が本邦内に住所（法人にあっては、その主たる事務所）を有する者以外の者である場合にあっては、その者に係る国内管理人）は、特例承認取得者及び国内管理人の氏名及び住所に変更を生じたときは、主務省令で定めるところにより、その理由を付してその旨を主務大臣に届け出なければならない。〈法第6条第1項の準用〉

⇒　第一種使用規程の変更の届出は、特例承認を受けようとする者及びその者が本邦内に住所を有する者以外の者である場合にあっては国内管理人の氏名及び住所に変更を生じた日から2週間以内に、様式第二による届出書（住所等変更届出書）を提出して行うものとする。〈則第12条〉

＜法第7条の準用＞

12　主務大臣は、特例承認の時には予想することができなかった環境の変化又は特例承認の日以降における科学的知見の充実により特例承認を受けた第一種使用規程に従って遺伝子組換え生物等の第一種使用等がなされるとした場合においてもなお生物多様性影響が生ずるおそれがあると認められるに至った場合は、生物多様性影響を防止するため必要な限度において、当該第一種使用規程を変更し、又は廃止しなければならない。〈法第7条第1項の準用〉

13　主務大臣は、特例承認に係る第一種使用規程の変更又は廃止については、主務省令で定めるところにより、あらかじめ、学識経験者の意見を聴くものとする。〈法第7条第2項の準用〉

⇒　学識経験者の意見を聴くときは、学識経験者の名簿に記載されている者の意見を聴くものとする。〈則第13条により準用する第9条〉

14　主務大臣より意見を求められた学識経験者は、変更又は廃止に係る第一種使用規程及びその生物多様性影響評価書に関して知り得た秘密を漏らし、又は盗用してはならない。〈法第7条第3項の準用〉

15　特例承認に係る第一種使用規程の変更又は廃止に関して必要な事項は、主務省令で定める。〈法第7条第4項の準用〉

＜法第8条の準用＞

第2章第1節　遺伝子組換え生物等の第一種使用等

16　主務大臣は、次に掲げる場合の区分に応じ、主務省令で定めるところにより、遅滞なく、それぞれに定める事項を公表しなければならない。〈法第8条第1項の準用〉

（ア）外国特例承認をしたとき——その旨及び特例承認された第一種使用規程

（イ）第一種使用規程を変更したとき——その旨及び変更後の第一種使用規程

（ウ）第一種使用規程を廃止したとき——その旨

⇒　第一種使用規程の公表は、官報に掲載して行うものとする。〈則第14条〉

17　外国特例承認に係る第一種使用規程の公表は、告示により行うものとする。〈法第8条第2項の準用〉

185

第十条（第一種使用等に関する措置命令）

（平二九法一八・一部改正）

■第１０条第１項■

> 主務大臣は、第四条第一項の規定に違反して遺伝子組換え生物等の第一種使用等をしている者又はした者に対し、生物多様性影響を防止するため必要な限度において、遺伝子組換え生物等の回収を図ることその他の必要な措置を執るべきことを命ずることができる。

趣旨

　本規定は、主務大臣は、第一種使用規程の承認を受けないで遺伝子組換え生物等の第一種使用等をしている者等に対し、回収等の措置命令を下すことができる旨を定めたものである。

解説

1　カルタヘナ法は、議定書の内容を国内担保するために制定されたものであるが、遺伝子組換え生物等により生じた損害に関する「責任及び救済」の分野（議定書第27条）については締結国の義務とはなっていない。しかしながら、国内法整備上、「責任及び救済」に関する条項が必要と判断されたため、我が国独自の判断により、カルタヘナ法制定当初から本規定が設けられている。同様の理由により、本条第2項も法制定当初より設けられている。

2　本条の「主務大臣」は、次に掲げる区分に応じ、それぞれに定める大臣のいずれかとする。〈則第40条第2項〉

（ア）　研究開発段階（理事会勧告に準拠して審査がなされることが望ましい遺伝子組換え生物等である物の商業化又は実用化に向けた使用等及び遺伝子治療臨床研究その他の臨床研究として行われる使用等をする段階を除く。）の遺伝子組換え生物等である物に関する事項

　　①　事業所管大臣（財務大臣、厚生労働大臣、農林水産大臣又は経済産業大臣であって、第一種使用等に関する措置命令（法第10条第1項、第2項）、第一種使用等に関する事故時の応急の措置命令（法第11条第2項）もしくは輸出に関する命令（法第29条）の対象となる者又は第一種使用等に関する事故の届出（法第11条第1項）をする者の行う事業を所管する大臣）

　　②　文部科学大臣

　　③　環境大臣

（イ）　（ア）に掲げる事項以外の事項

　　①　事業所管大臣Ⅱ（財務大臣、文部科学大臣、厚生労働大臣、農林水産大臣又は経済産業大臣であって、第一種使用等に関する措置命令（法第10条第1項、第2項）、第一種使用等に関する事故時の応急の措置命令（法第11条第2項）もしくは輸出に関する命令（法第29条）の対象となる者又は第一種使用等に関する事故の届出（法第11条第1項）をする者の行う事業を所管する大臣）

② 物資所管大臣(財務大臣、厚生労働大臣、農林水産大臣又は経済産業大臣であって、当該遺伝子組換え生物等である物の生産又は流通を所管する大臣)

③ 環境大臣

3　「第四条第一項の規定に違反して」とあるように、第一種使用規程の承認を受けないで遺伝子組換え生物等の第一種使用等をしている者等、公表された第一種使用規程に従わないで第一種使用等をしている者等に対し、遺伝子組換え生物等の回収を図ることその他必要な措置を執ることが命じられる。

4　「規定に違反して」とあるように、『適法』に遺伝子組換え生物等を使用等している者等に対して回収等の措置を命ずることは過度な負担を課すことになるため、『違法』に使用等している者等のみを本規定による措置命令の対象者としている。

5　「している者又はした者」とあるが、これについて次のように整理することができる。

(ｱ)　「している者」とは、遺伝子組換え生物等の第一種使用等を継続している者をいう。

(ｲ)　「した者」とは、過去に遺伝子組換え生物等の第一種使用等をしていたが、現在はしていない者をいう。

(ｳ)　「している者又はした者」とあるが、従前は、『した者、又はしている者』となっていた。これは、第一種使用等で回収措置命令が発動される場合としては、既に使用等した遺伝子組換え生物等が一般環境中に逸失している場合が主に想定されるため、「した者」を「している者」より先に規定していたものである。しかしながら結果的に、本法の各条文において措置命令の対象者の規定順が"バラバラ"になってしまったことから、平成 29 年の法改正により、「している者」→「した者」の規定順に統一化が図られることとなった。

(ｴ)　「している者又はした者」とあるように、『している者若しくはした者又はさせた者』とはしていない。したがって、たとえ特例承認(法第 9 条第 1 項)に係る第一種使用等の場合であっても、本規定の回収措置命令は、特例承認を受けて使用等を『させた者』ではなく、実際に国内で第一種使用等を「している者」又は「した者」に対して発動されることとなる。

6　「必要な限度において」とあるように、遺伝子組換え生物等の回収等の措置命令は、あくまで生物多様性影響を防止するために必要な範囲に限られており、本規定はそのような認識の下で運用すべきものである。

7　「回収を図ること」とあるが、無承認使用等に係る遺伝子組換え生物等のすべてを回収しなければならないという意味ではない。流通の過程で加工されたものなど、客観的に回収が困難な場合は回収しなくてよいものと解すべきであろう。

8　「その他の必要な措置」として、次のような場合が考えられる。

○　植物である遺伝子組換え生物等の伐採

○　動物である遺伝子組換え生物等の殺傷

9　本規定による命令に違反した者は、1 年以下の懲役もしくは 100 万円以下の罰金に処し、又はこれを併科する。〈法第 38 条〉

また、いわゆる両罰規定の対象となっており、この行為者を使用する法人又は人には

100 万円以下の罰金刑が科される。〈法第 45 条〉

⇒ 第一種使用規程の承認を受けていないことを知らないで、譲り受けた遺伝子組換え生物等の第一種使用等をしたような場合は、そもそも法規制の対象としていないため(則第 5 条第 5 号)、回収措置命令(法第 10 条第 1 項)が発動されることはない。当然ながら、上記の罰則が適用されることもない。

第2章第1節　遺伝子組換え生物等の第一種使用等

■第１０条第２項■

　主務大臣は、第七条第一項(前条第四項において準用する場合を含む。)に規定する場合その他特別の事情が生じた場合において、生物多様性影響を防止するため緊急の必要があると認めるとき(次条第一項に規定する場合を除く。)は、生物多様性影響を防止するため必要な限度において、遺伝子組換え生物等の第一種使用等をしている者若しくはした者又はさせた者(特に緊急の必要があると認める場合においては、国内管理人を含む。)に対し、当該第一種使用等を中止することその他の必要な措置を執るべきことを命ずることができる。

趣　旨

　本規定は、主務大臣は、生物多様性影響を防止するため緊急の必要があるときは、遺伝子組換え生物等の第一種使用等をしている者等に対し、使用中止等の措置命令を下すことができる旨を定めたものである。

解　説

1　承認時に予想することができなかった環境の変化又は承認時以降に得られた生物多様性影響に関する科学的知見により、生物多様性への影響が生じることもあり得るものであり、既に生物多様性影響が生じている場合には緊急に対処する必要がある。

　このような状況の場合、主務大臣は職権で第一種使用規程の変更又は廃止することもできるが(法第7条)、そのためには学識経験者の意見を聴取することが求められており、緊急に対処できないおそれがある。

　そこで、学識経験者の意見を聴き、生物多様性影響があると判断される前の段階において、必要な措置命令を発動できるよう本規定が設けられている。

2　本規定の措置命令は、違法、適法にかかわらず、緊急の必要があるときに発動されるものである。

3　「第七条第一項(略)に規定する場合」とは、第一種使用規程の承認の時には予想することができなかった環境の変化又は承認の日以降における科学的知見の充実により承認を受けた第一種使用規程に従って遺伝子組換え生物等の第一種使用等がなされるとした場合においてもなお生物多様性影響が生ずるおそれがあると認められるに至った場合をいう。

4　「前条第四項において準用する場合を含む」とあるように、特例承認時には予想することができなかった環境の変化又は特例承認時以降に得られた生物多様性影響に関する科学的知見の充実により、生物多様性影響を防止するため緊急の必要があると認められる場合にも措置命令が発動される。

5　「その他特別の事情が生じた場合」として、次のような場合が考えられる。

　○　主務大臣により第一種使用規程の変更又は廃止がなされた場合(法第7条)であって、既に使用等している遺伝子組換え生物等をそのまま放置しておくことは適当でなく、必要な措置を命ずる必要がある場合

　○　遺伝子組換え生物等の第一種使用等をするにあたり、第一種使用規程の承認を受ける

必要ないとされている場合(法第4条第1項但書)において、当該遺伝子組換え生物等の使用を継続した場合に生物多様性影響が生ずることが判明したとき

6 「している者若しくはした者又はさせた者」とあるが、これについて次のように整理することができる。

(ア) 「している者若しくはした者」とあるが、第一種使用規程の承認時に予想することができなかった環境の変化、科学的知見の充実により第一種使用等の中止命令が発動される場合としては、現に使用等している場合が主に想定されるため、「している者」を「した者」より先に規定している。

7 「している者若しくはした者」とあるが、従前は、『している者、若しくはした者』となっていた。しかしながら、「若しくは」の前に「、」が打たれる規定の仕方はほとんど用例がないため、平成29年の法改正により、「若しくは」の前に「、」を打たない規定の仕方に改められることとなった。

8 「させた者」とは、第一種使用規程の特定承認(法第9条第1項)を受けて、遺伝子組換え生物等を本邦に輸出して他の者に第一種使用等をさせた者をいう。したがって、本規定の措置命令の対象者には、特定承認を受けた者も含まれることになる。

9 「国内管理人を含む」とあるように、特例承認取得者が選任した国内管理人についても措置命令の対象となるが、国内管理人の役割に合わせ、当該命令は、「特に緊急の必要があると認める場合」に限定して発動されるべきものとしている。

10 「当該第一種使用等を中止すること」とあるが、その者が遺伝子組換え生物等の育成している者であればその育成の中止、譲渡している者であれば譲渡の中止が命じられることになる。なお、国内管理人の場合は、遺伝子組換え生物等の使用等をしている者ではないため中止を命ぜられることはなく、その他の必要な措置として、例えば、当該遺伝子組換え生物に関する情報を主務大臣に提供すること等が命じられることになる。

11 本規定による命令に違反した者は、1年以下の懲役もしくは100万円以下の罰金に処し、又はこれを併科する。〈法第38条〉

また、いわゆる両罰規定の対象となっており、この行為者を使用する法人又は人には100万円以下の罰金刑が科される。〈法第45条〉

第2章第1節　遺伝子組換え生物等の第一種使用等

■第１０条第３項■

環境大臣は、第四条第一項の規定に違反して遺伝子組換え生物等の第一種使用等がなされ
ている場合又はなされた場合において、当該第一種使用等により生ずる影響であって、生物
の多様性（生物の多様性の確保上特に重要なものとして環境省令で定める種又は地域に係る
ものに限る。以下この項において同じ。）を損なうもの又は損なうおそれの著しいものが生じ
たと認めるときは、当該第一種使用等をしている者又はした者に対し、当該影響による生物
の多様性に係る損害の回復を図るため必要な措置を執るべきことを命ずることができる。

趣旨

本規定は、環境大臣は、本法に違反する第一種使用等により生物の多様性が損なわれた
ときは、当該第一種使用等をしている者等に対し、生物の多様性に係る損害の回復を図る
ための措置命令を下すことができる旨を定めたものである。

解説

1　本規定は、平成22年の議定書第5回締約国会議において、「バイオセーフティに関す
るカルタヘナ議定書の責任と救済についての名古屋・クアラルンプール補足議定書」が
採択されたことを受け、平成29年の法改正により新たに盛り込まれたものである。

2　「環境大臣」とあるように、回復措置命令の発動権者は、『主務大臣』ではない。

回復措置命令以外の措置命令については、次のような理由をから、遺伝子組換え生物
等の使用等の実態を把握している『主務大臣』が発動権者となっている。

(ア) 命令の対象が遺伝子組換え生物等であり、その内容も基本的には遺伝子組換え生物
等の使用等の一部、あるいは使用等と深く関連する措置であること

(イ) 命令に伴う措置によって生物の多様性が損なわれることは想定されず、その意味に
おいて、生物の多様性の確保の観点からの配慮は限定的で構わないこと

(ウ) 生物多様性影響の防止の観点から、迅速に命令を発動するべき場合があり得ること

一方、回復措置命令については、遺伝子組換え生物等の使用等により生ずる影響であ
って、生物の多様性を損なうもの又は損なう著しいおそれのあるものが生じたことを認
定し、当該影響による生物多様性に係る損害の回復を図るために必要な措置を命ずるも
のであることから、環境大臣以外が判断を行うことはおよそ困難であるため、環境大臣
のみに発動権が与えられている。

191

＜回復措置命令以外の措置命令の発動権者＞

回復措置命令以外の措置命令の類型			発動権者	
第一種使用等に関するもの （法第10条第1項・第2項、第11第2項）	研究開発段階		主務大臣	・事業所管大臣 ・文部科学大臣 ・環境大臣
	その他の段階		主務大臣	・事業所管大臣Ⅱ ・物資所管大臣 ・環境大臣
第二種使用等に関するもの （法第14条第1項・第2項、第15条第2項）	研究開発目的		主務大臣	・事業所管大臣 ・文部科学大臣 ・環境大臣
	その他の目的		主務大臣	・事業所管大臣Ⅱ ・環境大臣
生物検査に関するもの（法第17条第5項）			主務大臣	・物資所管大臣Ⅱ
譲渡等に関するもの （法第26条第2項）	第一種使用等	研究開発段階	主務大臣	・事業所管大臣 ・文部科学大臣 ・環境大臣
		その他の段階	主務大臣	・事業所管大臣Ⅱ ・物資所管大臣 ・環境大臣
	第二種使用等	研究開発目的	主務大臣	・事業所管大臣 ・文部科学大臣 ・環境大臣
		その他の目的	主務大臣	・事業所管大臣Ⅱ ・環境大臣
輸出に関するもの （法第29条）	研究開発段階		主務大臣	・事業所管大臣 ・文部科学大臣 ・環境大臣
	その他の段階		主務大臣	・事業所管大臣Ⅱ ・物資所管大臣 ・環境大臣

＊「事業所管大臣」とは、本書において、財務大臣、文部科学大臣、厚生労働大臣、農林水産大臣又は経済産業大臣であって、対象者の行う事業等を所管する大臣をいうものとする。

＊「事業所管大臣Ⅱ」とは、本書において、財務大臣、厚生労働大臣、農林水産大臣又は経済産業大臣であって、対象者の行う事業等を所管する大臣をいうものとする。

＊「物資所管大臣」とは、本書において、財務大臣、厚生労働大臣、農林水産大臣又は経済産業大臣であって、対象物の生産又は流通を所管する大臣をいうものとする。

＊「物資所管大臣Ⅱ」とは、本書において、財務大臣、厚生労働大臣、農林水産大臣、経済産業大臣又は環境大臣であって、対象物の生産又は流通を所管する大臣をいうものとする。

第2章第1節　遺伝子組換え生物等の第一種使用等

＜回復措置命令の発動権者＞

回復措置命令の類型	発動権者
第一種使用等に関するもの(法第 10 条第 3 項)	環境大臣
第二種使用等に関するもの(法第 14 条第 3 項)	環境大臣
譲渡等に関するもの(法第 26 条第 3 項)	環境大臣

3　「第四条第一項の規定に違反して」とあるように、第一種使用規程の承認を受けないで遺伝子組換え生物等の第一種使用等をした者等、公表された第一種使用規程に従わないで第一種使用等をした者等に対し、生物多様性の回復措置を執るべきことが命じられる。

4　「生物の多様性」とは、『種内の多様性』や『種間の多様性』のみならず、『生態系の多様性』をも含む概念である。〈法第 2 条第 4 項、生物多様性条約第 2 条〉

　　つまり、地球上では地域ごとの気候や土壌といった物理的な環境と、それぞれの生息・生育環境に適応した様々な生物が相互に影響し合いながら地域に固有の生態系を形成しており、そうしたつながりの総体として生態系の多様性が重要であるといえる。

　　したがって、生物の多様性を確保していくためには、個々の種を保全していくことのみならず、生態系の多様性についても確保する必要がある。そこで、回復措置命令の対象となる生物多様性の範囲の対象を、種内及び種間の多様性の確保の観点から生物の多様性を確保する上で特に重要な「種」に加え、生態系の多様性の確保の観点から生物の多様性を確保する上で特に重要な「地域」としている。

5　「生物の多様性の確保上特に重要なものとして環境省令で定める種又は地域に係るものに限る。」とあるように、回復措置命令の発動対象となる生物多様性の範囲には、『特に重要な種、地域』という制限が設けられている。一方、回復措置命令以外の措置命令の発動対象については、生物多様性の範囲に制限が設けられていない。

6　「環境省令で定める種」は、国内希少野生動植物種とする。〈種地域省令〉

⇒　上記の「国内希少野生動植物種」とは、その個体が本邦に生息し又は生育する絶滅のおそれのある野生動植物の種であって、政令で定めるもの(例：シジュウカラガン、トキ)をいう。〈種の保存法第 4 条第 3 項〉

7　「環境省令で定める(略)地域」は、次に掲げるものとする。〈種地域省令〉

①　国立公園の区域のうち、環境大臣の指定を受けた区域(自然公園法第 20 条第 3 項第 12 号、第 14 号)

②　国立公園の区域のうち、特別保護地区(自然公園法第 21 条第 1 項)

③　原生自然環境保全地域(自然環境保全法第 14 条第 1 項)

④　自然環境保全地域の区域のうち、環境大臣の指定を受けた区域(自然環境保全法第 25 条第 4 項第 4 号、第 5 号)

⑤　生息地等保護区の区域のうち、種の保存法第 37 条第 4 項各号列記以外の部分の規定による環境大臣の指定を受けた区域(同項第 11 号に掲げる行為に係るものに限る。)

⑥ 環境大臣の指定を受けた鳥獣保護区の区域のうち、環境大臣の指定を受けた区域（鳥獣保護法第 29 条第 7 項第 4 号）

8 「損なうもの又は損なうおそれの著しいものが生じたと認めるとき」とあるが、補足議定書が『著しい悪影響』の要素について『合理的な期間内に自然に回復することがない変化として理解される長期的又は恒久的な変化（補足議定書第 2 条第 3 項(a)）』と規定していることを踏まえれば、次のような場合を回復措置命令の発動要件として解すべきである。

(ｱ) 恒久的な変化として野生動植物の種や個体群が絶滅するような状況に至る場合

(ｲ) 長期的な変化として野生動植物の種や個体群が相当程度縮小し、そのまま対策を講ずることなく放置しておけば種や個体群が絶滅に至ってしまうような場合

　例えば、①生態系に侵入して他の野生生物を駆逐してしまうこと、②近縁の野生生物と交雑しその野生生物種を減少させること、③有害物質を産生し周辺の野生生物を減少させること、等により、結果として野生動植物の種や個体群が相当程度縮小し、又は絶滅するような状況に至る場合が該当する。

　回復措置命令の発動要件を満たしているかどうかの評価は、遺伝子組換え生物等による影響が生ずる以前と以後の状態を比較して、保護地域の再生能力や対象生物の生存能力など地域や生物の特性に応じた要素も考慮しつつ判断する。また、その判断に際しては、『著しい悪影響（補足議定書第 2 条第 3 項)』の決定要素も考慮されることとなる。

＜回収・回復措置命令の発動要件＞

回収措置命令	回復措置命令
【法令遵守】 ・違法な使用等に起因する場合	【法令遵守】 ・違法な使用等に起因する場合
【命令を発動できる状態】 ・生物の多様性を損なうおそれのある影響を防止する必要性がある場合 　＊　周辺の野生動植物の種や個体群が絶滅したり相当程度縮小したりする状況には至っていない場合も含まれる。	【命令を発動できる状態】 ・生物の多様性を損なう影響が生じた場合 ・生物の多様性を損なうおそれの著しい影響が生じた場合 　＊　周辺の野生動植物の種や個体群が絶滅したり相当程度縮小した場合が該当する。
【生物多様性の範囲】 ・すべての種、地域	【生物多様性の範囲】 ・生物の多様性の確保上特に重要な種、地域

第2章第1節　遺伝子組換え生物等の第一種使用等

9　「している者又はした者」とあるが、第一種使用等で回復措置命令が発動される場合としては、既に使用等した遺伝子組換え生物等が一般環境中に逸失して生物の多様性が損なわれる場合が主に想定されるため、『した者又はしている者』と規定するべきかもしれない。しかしながら、平成29年の法改正により、措置命令の対象者の規定順を、「している者」→「した者」に統一することとなったため、「している者又はした者」と規定している。

10　「損害」については、『測定又は観察が可能な著しい悪影響（補足議定書第2条第2項(b)）』と規定されているとおり、生物の多様性に係る状況がある程度把握されていることが必要であり、また、回復措置を命じられる使用者等にとってある程度予測可能で明確である必要がある。

⇒　損害とは、生物の多様性の保全及び持続可能な利用への悪影響（人の健康に対する危険も考慮したもの）であって、次のいずれの要件も満たすものをいう。〈補足議定書第2条第2項(b)〉

(ア)　測定することができる悪影響であること、又は人に起因する他の変化及び自然の変化を考慮して権限のある当局が認める科学的に確立された基準が存在する場合には、当該基準を考慮して観察することができる悪影響であること

(イ)　次のような要素に基づいて決定される著しい悪影響であること

①　合理的な期間内に自然に回復することがない変化として理解される長期的又は恒久的な変化

②　生物の多様性の構成要素に悪影響を及ぼす質的又は量的な変化の程度

③　生物の多様性の構成要素が財及びサービスを提供する能力の低下

④　人の健康に及ぼす悪影響（議定書の文脈におけるもの）の程度

11　「生物の多様性に係る損害」とあるが、これについて次のように整理することができる。

(ア)　生物の多様性に係る損害には、人の健康に及ぼす損害については含まれない。

　　とはいえ、人の健康に及ぼす悪影響（議定書の文脈におけるもの）の程度（補足議定書第2条第3項(d)）であれば、復元の対象となる「損害」に間接的に含まれ得ると考えられる。例えば、遺伝子組換え生物等による影響によって鳥の特定種の個体数が減少した場合に、当該種が捕食していた病原ウイルスを媒介する昆虫が増加して罹病する人が増加するおそれがあるのであれば、そのような間接的な人への影響も考慮して当該影響が悪影響であるかどうか及びその悪影響の程度が判断されることになる。

(イ)　生物の多様性に係る損害には、家畜や農作物に及ぼす損害については含まれない。

　　これは、家畜や農作物は人が作り出す環境に適応した動植物であり、生物多様性の構成要素である野生動植物の範囲から除かれているためである。

12　「回復」とは、『復元』及び『緩和(の一部)』の双方を併せ持つ意味で用いられている。

⇒　『復元』とは、損害は発生する前に存在した状態又はこれに相当する最も近い状態に戻すこと、生物多様性の喪失を埋め合わせることをいう。

⇒　『緩和』とは、生じた損害や影響を和らげることをいう。

13　「回復を図るため必要な措置」の内容は、損なわれた生物の多様性の内容等に応じて

個別具体的に判断される。例えば、保護地域内の生物が減少した場合には、次のような措置が考えられる。

○　当該生物の生息・生育環境を整備すること

○　当該生物を人工的に増殖させてその個体をその地域内に再導入すること

⇒　上記に「個別具体的に判断」とあるが、措置の内容と程度は合理的な範囲に限られる。その合理的な範囲の判断にあたっては、主に次の要素が考慮されることとなる。

①　措置の実施にかかる費用、期間、規模

②　措置の実施によって生物の多様性が回復する程度

③　措置の実施によって生じる各種の負の影響の程度

④　対象者の帰責性（過失の程度等）との関係における措置の妥当性、合理性

14　「必要な措置を執るべきことを命ずる」とあるが、次のような事柄を踏まえ、回復措置命令の対象となる生物の多様性は、限定的に運用すべきものと考えられる。

(ｱ)　回復措置命令の対象者は、生じた影響による生物の多様性に係る損害の回復を図るために必要な措置を講ずるという特別の負担を強いられることになること

(ｲ)　補足議定書第2条第2項(b)において、対応措置を講ずべき「損害」とは、生物の多様性の保全及び持続可能な利用への悪影響のうち、「測定することができる悪影響であること、又は人に起因する他の変化及び自然の変化を考慮して権限のある当局が認める科学的に確立された基準が存在する場合には、当該基準を考慮して観察することができる悪影響」であり、かつ、「著しい悪影響」であると定められており、責任及び救済の観点から損害の範囲を限定していること

15　回復措置を命ぜられた者が当該措置を実施するための経済的負担に耐えられない場合に備え、補足議定書第10条では、『締約国は、自国の国内法令において金銭上の保証について定める権利を保持する』としている。

とはいえ、我が国において遺伝子組換え生物等の使用等により生物多様性影響が生じた例はなく、また、仮に生物の多様性に損害が生じたと認められる事案が発生した場合であっても、環境大臣から命じられる回復措置の内容は実行可能で合理的なものとなることをかんがみ、本法において、保証金制度や積立金制度等の金銭上の保証に係る規定は設けられていない。

16　平成29年の改正法の施行日（平成30年3月5日）の前に、遺伝子組換え生物等を第一種使用等した者には、本規定は適用されない。回復措置命令に関する本規定は、平成30年3月5日以後に第一種使用等した者にのみ適用される。〈H29/4/21法律第18号附則第2項〉

17　本規定による命令に違反した者は、1年以下の懲役もしくは100万円以下の罰金に処し、又はこれを併科する。〈法第38条〉

また、いわゆる両罰規定の対象となっており、この行為者を使用する法人又は人には100万円以下の罰金刑が科される。〈法第45条〉

⇒　第一種使用規程の承認を受けていないことを知らないで、譲り受けた遺伝子組換え生物等の第一種使用等をしたような場合は、そもそも法規制の対象としていないため（則第5条第5号）、回復命令（法第10条第3項）が発動されることはない。当然ながら、上記の罰則が適用されることもない。

第２章第１節　遺伝子組換え生物等の第一種使用等

＜回復措置命令の具体例＞

法第 10 条第 3 項の規定	例 1	例 2	例 3
法第 4 条第 1 項の規定に違反して第一種使用等がなされた場合	遺伝子を組み換えたことにより捕食性が増した哺乳類 A が違法に一般環境中に放たれた場合		
当該第一種使用等により生ずる影響であって、生物の多様性を損なうものが生じたと認めるとき	哺乳類 A によって国内希少野生動物種である昆虫 B1 が捕食され、昆虫 B1 の種や個体群が絶滅したとき	哺乳類 A によって植物 C1 が捕食され、これによって植物 C1 が絶滅又は相当程度減少し、植物 C1 を唯一の餌とする国内希少野生動物種である昆虫 B2 の種や個体群が絶滅したとき	哺乳類 A によって国立公園特別保護地区内の植物 C2 が捕食され、植物 C2 の種や個体群が絶滅したとき
当該第一種使用等により生ずる影響であって、生物の多様性を損なうおそれの著しいものが生じたと認めるとき	哺乳類 A によって昆虫 B1 が捕食され、昆虫 B1 の種や個体群が相当程度縮小したとき	哺乳類 A によって植物 C1 が捕食され、これによって植物 C1 が絶滅又は相当程度減少し、昆虫 B2 の種や個体群が相当程度縮小したとき	哺乳類 A によって国立公園特別保護地区内の植物 C2 が捕食され、植物 C2 の種や個体群が相当程度縮小したとき
当該影響による生物の多様性に係る損害の回復を図るため必要な措置を執るべきことを命ずる	○昆虫 B1 の生息環境の整備 ○昆虫 B1 の増殖、導入 ○昆虫 B1 が種として絶滅した場合は昆虫 B1（近縁種を含む。）の再導入、増殖	○昆虫 B2 の生息環境の整備（植物C1の植生の回復を含む。） ○昆虫 B2 の増殖、導入 ○昆虫 B2 が種として絶滅した場合は昆虫 B2(近縁種を含む。)の再導入、増殖	○植物 C2 の生育環境の整備 ○植物 C2 の増殖、導入 ○植物 C2 が種として絶滅した場合は植物 C2（近縁種を含む。）の再導入、増殖

第十一条（第一種使用等に関する事故時の措置）

■第１１条第１項■

遺伝子組換え生物等の第一種使用等をしている者[2]は、事故[3]の発生により当該遺伝子組換え生物等について承認された第一種使用規程に従うことができない場合において、生物多様性影響が生ずるおそれのあるときは、直ちに[4]、生物多様性影響を防止するための応急の措置を執るとともに、速やかにその事故の状況及び執った措置の概要を主務大臣[5]に届け出なければならない。

趣 旨

本規定は、遺伝子組換え生物等の第一種使用等をしている者に対し、事故の発生により第一種使用規程に従うことができず、生物多様性影響が生ずるおそれのあるときは、応急の措置を執るとともに、主務大臣への届出を義務づけたものである。

解 説

1 生物多様性影響を防止するため、第一種使用規程において限定した条件での第一種使用等を定めているのにもかかわらず、事故の発生により遺伝子組換え生物等が環境中に漏出し、その前提となる条件が満たされなくなった場合を想定して本規定が設けられている。

交通事故等の場合、直ちに措置命令（法第10条第2項）を発動することはせず、まずは、本規定により当人に応急の措置を執る義務を課し、承認された第一種使用規程に従うことができる状況に復帰させ、併せて、事故の状況及び執った措置の概要を主務大臣に届け出させることとしている。

2 「している者」とあるように、本規定の届出義務は、遺伝子組換え生物等の第一種使用等をしている者のみに課せられている。これは、事故時においては、遺伝子組換え生物等の使用等をしている者が当該事故の内容を把握することができるためである。

3 「事故」の事例として、次のようなものが考えられる。

○ 交通事故

○ 承認時には想定していなかった天災

4 「直ちに」とは、時間的に『すぐに』という趣旨を表す表現で、「速やかに」と法文上で規定されている場合と比べると時間的即時性が求められており、正当な又は合理的な理由に基づく遅れが許容される余地はより少ないと解される。

5 本条の「主務大臣」は、次に掲げる区分に応じ、それぞれに定める大臣のいずれかとする。〈則第40条第2項〉

(ｱ) 研究開発段階（理事会勧告に準拠して審査がなされることが望ましい遺伝子組換え生物等である物の商業化又は実用化に向けた使用等及び遺伝子治療臨床研究その他の臨床研究として行われる使用等をする段階を除く。）の遺伝子組換え生物等である物に関する事項

第2章第1節　遺伝子組換え生物等の第一種使用等

① 事業所管大臣(財務大臣、厚生労働大臣、農林水産大臣又は経済産業大臣であって、第一種使用等に関する措置命令(法第10条第1項、第2項)、第一種使用等に関する事故時の応急の措置命令(法第11条第2項)もしくは輸出に関する命令(法第29条)の対象となる者又は第一種使用等に関する事故の届出(法第11条第1項)をする者の行う事業を所管する大臣)

② 文部科学大臣

③ 環境大臣

(イ) (ア)に掲げる事項以外の事項

① 事業所管大臣Ⅱ(財務大臣、文部科学大臣、厚生労働大臣、農林水産大臣又は経済産業大臣であって、第一種使用等に関する措置命令(法第10条第1項、第2項)、第一種使用等に関する事故時の応急の措置命令(法第11条第2項)もしくは輸出に関する命令(法第29条)の対象となる者又は第一種使用等に関する事故の届出(法第11条第1項)をする者の行う事業を所管する大臣)

② 物資所管大臣(財務大臣、厚生労働大臣、農林水産大臣又は経済産業大臣であって、当該遺伝子組換え生物等である物の生産又は流通を所管する大臣)

③ 環境大臣

＜厚生労働省関係＞

6 医薬品等の第一種使用等に係る事故の状況及び執った措置の概要の届出等を主務大臣に提出する必要がある場合は、正本1通、副本2通を総合機構を経由して厚生労働大臣あて提出する。その際、届出等の内容を記録した電磁的記録があれば、当該電磁的記録についても提出する必要がある。〈H28/7/14 薬生発 0714 第2号〉

7 遺伝子治療臨床研究のうち第一種使用等に該当するものに係る事故時の措置の届出が必要な場合は、すみやかに厚生労働省大臣官房厚生科学課に提出する。〈H16/2/19 科発第 0219001 号〉

■第１１条第２項■

　主務大臣は、前項に規定する者が同項の応急の措置を執っていないと認めるときは、その者に対し、同項に規定する応急の措置を執るべきことを命ずることができる。

趣　旨

　本規定は、主務大臣は、事故の発生の際に応急の措置が執られていないときは、遺伝子組換え生物等の第一種使用等をしている者に対し、応急の措置命令を下すことができる旨を定めたものである。

解　説

1　交通事故等の場合において、遺伝子組換え生物等の第一種使用等をしている者が応急の措置を執っていないと認めるときは、主務大臣は応急の措置命令を発動するものとし、事故時における生物多様性影響を最小限にするため万全を期することとしている。

2　「応急の措置を執っていないと認めるとき」とあるが、これには、執られた応急措置が不適切であった場合も含まれる。

3　本規定による命令に違反した者は、１年以下の懲役もしくは100万円以下の罰金に処し、又はこれを併科する。〈法第38条〉

　また、いわゆる両罰規定の対象となっており、この行為者を使用する法人又は人には100万円以下の罰金刑が科される。〈法第45条〉

第2章第2節　遺伝子組換え生物等の第二種使用等

第二節　遺伝子組換え生物等の第二種使用等

第十二条（主務省令で定める拡散防止措置の実施）

> 　遺伝子組換え生物等の第二種使用等をする者は、当該第二種使用等に当たって執るべき拡散防止措置が主務省令により定められている場合には、その使用等をする間、当該拡散防止措置を執らなければならない。

趣旨

　本規定は、遺伝子組換え生物等の第二種使用等にあたって執るべき拡散防止措置が主務省令により定められている場合は、当該拡散防止措置を執らなければならない旨を定めたものである。

解説

1　「第二種使用等」とは、施設等の外の大気、水又は土壌中への遺伝子組換え生物等の拡散を防止する意図をもって行う使用等であって、そのことを明示する措置その他の主務省令で定める措置（則第4条第1項）を執って行うものをいう。〈法第2条第6項〉

2　「拡散防止措置」とは、遺伝子組換え生物等の使用等にあたって、施設等を用いることその他必要な方法により施設等の外の大気、水又は土壌中に当該遺伝子組換え生物等が拡散することを防止するために執る措置をいう。〈法第2条第7項〉

3　「執るべき拡散防止措置が主務省令により定められている場合」とあるが、主務省令により定められていない場合は、その執るべき拡散防止措置について主務大臣の確認（法第13条）を受けなければならない。

4　遺伝子組換え生物等の第二種使用等をしようとする者は、その使用等を行う事業所等において生物多様性への影響を防止するための措置を適切に行うことができるよう、遺伝子組換え生物等の特性及び使用等の態様に応じ、遺伝子組換え生物等の安全な取扱いについて検討する委員会等を設置し、あらかじめ遺伝子組換え生物等の安全な取扱いについての検討を行うとともに、遺伝子組換え生物等の取扱いについて経験を有する者の配置、遺伝子組換え生物等の取扱いに関する教育訓練、事故時における連絡体制の整備を行うよう努めることとされている。〈基本的事項告示〉

⇒　上記に「遺伝子組換え生物等の安全な取扱いについて検討する委員会等を設置」、「事故時における連絡体制の整備」とあるが、教育目的実験においては、安全管理が容易であることにかんがみ、これらの措置は求められない。〈H16/2/18 15文科振第946号〉

　　＊「教育目的実験」とは、高等学校等において遺伝子組換え実験に取り組めるよう、安全管理の容易な実験として組換えDNA実験指針（平成16年2月18日廃止）による手続き等を簡略化したものをいう。

5　本条の主務大臣は、次に掲げる区分に応じ、それぞれに定める大臣のいずれもとする。〈則第40条第3項〉

（ｱ）　研究開発に係る遺伝子組換え生物等の第二種使用等（理事会勧告に準拠して審査が

201

なされることが望ましい遺伝子組換え生物等である物の商業化又は実用化に向けた使用等を除く。）に関する事項

① 文部科学大臣

② 環境大臣

(イ) (ア)に掲げる事項以外の事項

① 事業所管大臣Ⅱ（財務大臣、文部科学大臣、厚生労働大臣、農林水産大臣又は経済産業大臣であって、当該遺伝子組換え生物等の第二種使用等をする者の行う事業を所管する大臣）

② 環境大臣

6　主務大臣は、主務省令の制定又は改廃について、関係する他の主務大臣が必要な情報を得られるようにするものとする。〈則第43条第1項〉

7　「主務省令」は、基本的事項告示において、『遺伝子組換え生物等の使用等の実績及び科学的知見を踏まえ、執るべき拡散防止措置をあらかじめ定める』と明記されているとおり、研究開発等に際しての拡散防止措置については従来の文部科学省のガイドライン、産業上の使用等に際しての拡散防止措置については従来の厚生労働省、農林水産省、経済産業省のガイドラインに基づく使用の実績、病原性等に関する科学的知見を踏まえ、その拡散防止措置の内容が明らかなものについて定めている。

8　「主務省令」は、基本的事項告示において、『遺伝子組換え生物等の特性により生物多様性影響を生ずる可能性のある拡散の程度が異なることから、事業等の従事者への影響も考慮しつつ、執るべき拡散防止措置を拡散の程度に応じ段階に分けて定めること』と明記されているとおり、次のような段階に分けて拡散防止措置を定めている。

(A) 研究開発等に際しての拡散防止措置

(ア) 微生物使用実験

① P1 レベル

② P2 レベル

③ P3 レベル

(イ) 大量培養実験

① LSC レベル

② LS1 レベル

③ LS2 レベル

(ウ) 動物使用実験

① P1A レベル

② P2A レベル

③ P3A レベル

④ 特定飼育区画

(エ) 植物等使用実験

① P1P レベル

② P2P レベル

③　P3P レベル

　　　④　特定網室

　　(B)　産業上の使用等に際しての拡散防止措置

　　　①　GILSP

　　　②　カテゴリー1

　　　③　カテゴリー2

　　　④　カテゴリー3

9　「主務省令」は、研究開発等に際しての拡散防止措置(研究開発二種省令)と、産業上の使用等に際しての拡散防止措置(産業利用二種省令)に分けて定められている。

＜研究開発二種省令＞

10　研究開発二種省令は、研究開発等に係る遺伝子組換え生物等の第二種使用等にあたって執るべき拡散防止措置及び執るべき拡散防止措置が定められていない場合の拡散防止措置の確認に関し必要な事項を定め、もって研究開発等に係る遺伝子組換え生物等の第二種使用等の適正な実施を確保することを目的として定められている。

　　＊「研究開発等に係る遺伝子組換え生物等の第二種使用等」とあるが、これには『工業、農業及び環境で組換え体を利用する際の安全性の考察に関する経済協力開発機構理事会勧告(昭和 61 年 7 月 16 日)』に準拠して審査がなされることが望ましい遺伝子組換え生物等である物の商業化又は実用化に向けた使用等は除かれる。

11　実験分類の名称と各実験分類に属する宿主又は核酸供与体は、それぞれ次のとおり定められている。〈研究開発二種省令〉

　　(ア)　クラス 1——微生物、きのこ類及び寄生虫のうち、哺乳動物等に対する病原性がないものであって、文部科学大臣が定めるもの並びに動物(ヒトを含み、寄生虫を除く。)及び植物

　　　＊「哺乳動物等」とは、哺乳綱及び鳥綱に属する動物(ヒトを含む。)をいう。

　　(イ)　クラス 2——微生物、きのこ類及び寄生虫のうち、哺乳動物等に対する病原性が低いものであって、文部科学大臣が定めるもの

　　(ウ)　クラス 3——微生物及びきのこ類のうち、哺乳動物等に対する病原性が高く、かつ、伝播性が低いものであって、文部科学大臣が定めるもの

　　(エ)　クラス 4——微生物のうち、哺乳動物等に対する病原性が高く、かつ、伝播性が高いものであって、文部科学大臣が定めるもの

　⇒　上記(ア)から(エ)までの「文部科学大臣が定めるもの」は、次表に掲げるとおりとする。

　　〈認定宿主ベクター系告示〉

区分	微生物等
［1］(ア)の文部科学大臣が定める微生物等	(1)　原核生物のうち、［2］(1)及び［3］(1)に掲げるもの以外のもの(哺乳動物等に対する病原性がないものに限る。)
	(2)　真菌のうち、［2］(2)及び［3］(2)に掲げるもの以外のもの(哺乳動物等に対する病原性がないものに限る。)
	(3)　原虫のうち、［2］(3)に掲げるもの以外のもの(哺乳動物等に対

	する病原性がないものに限る。)
	(4) 寄生虫のうち、［2］(4)に掲げるもの以外のもの（哺乳動物等に対する病原性がないものに限る。）
	(5) ウイルス及びウイロイドのうち、次に掲げるもの 　① 原核生物を自然宿主とするウイルス（哺乳動物等に対する病原性を、原核生物に持たせないものに限る。） 　　＊「自然宿主」とは、自然界でウイルスが感染し得る生物をいう。 　② 真核生物を自然宿主とするウイルス及びウイロイドのうち、［2］(5)、［3］(3)及び［4］に掲げるもの以外のもの（哺乳動物等に対する病原性がないものに限る。） 　③ ［2］(5)、［3］(3)及び［4］に掲げるもの（Rinderpest virus 及び Vaccinia virus を除き、Vaccinia virus の LC16m8 株を含む。）の承認生ワクチン株 　　＊「承認生ワクチン株」とは、薬機法第 14 条第 1 項（同法第 83 条第 1 項において適用する場合を含む。）の規定により承認を受けた生ワクチン株をいう。
［2］(イ)の文部科学大臣が定める微生物等	(1) 原核生物のうち、次に掲げるもの（哺乳動物等に対する病原性がないものを除く。） 　例 1：Actinobacillus capsulatus 　例 2：Actinobacillus equuli
	(2) 真菌のうち、次に掲げるもの（哺乳動物等に対する病原性がないものを除く。） 　例 1：Aspergillus flavus（毒素産生株に限る。） 　例 2：Aspergillus fumigatus
	(3) 原虫のうち、次に掲げるもの（哺乳動物等に対する病原性がないものを除く。） 　例 1：Acanthamoeba 属全種 　例 2：Babesia 属全種
	(4) 寄生虫のうち、次に掲げるもの（哺乳動物等に対する病原性がないものを除く。） 　例 1：Abbreviata 属全種 　例 2：Acanthoparyphium 属全種
	(5) 真核生物を自然宿主とするウイルスのうち、①及び②に掲げるもの 　① 次に掲げるもの（承認生ワクチン株を除く。） 　　例 1：Adenovirus 　　例 2：Aichi virus 　② 次に掲げるもの

	Rinderpest virus(生ワクチン株に限る。)
	Vaccinia virus(LC16m8 株を除く。)
［３］ (ウ)の文部科学大臣が定める微生物等	(1) 原核生物のうち、次に掲げるもの(哺乳動物等に対する病原性がないものを除く。) 例１：Bacillus anthracis(34F2 株を除く。) 例２：Brucella 属全種
	(2) 真菌のうち、次に掲げるもの(哺乳動物等に対する病原性がないものを除く。) 例１：Blastomyces dermatitidis 例２：Coccidioides immitis
	(3) 真核生物を自然宿主とするウイルスのうち、次に掲げるもの(承認生ワクチン株を除く) 例１：African horse sickness virus 例２：African swine fever virus
［４］ (エ)の文部科学大臣が定める微生物等	真核生物を自然宿主とするウイルスのうち、次に掲げるもの(承認生ワクチン株を除く。) 例１：Bundibugyo ebolavirus 例２：Chapare virus

12 遺伝子組換え実験に係る拡散防止措置の区分及び内容は、それぞれ次のとおり定められている。〈研究開発二種省令〉

(A) 微生物使用実験

(a1) P1 レベル

(ア) 施設等について、実験室が、通常の生物の実験室としての構造及び設備を有すること

(イ) 遺伝子組換え実験の実施にあたり、次に掲げる事項を遵守すること

① 遺伝子組換え生物等を含む廃棄物については、廃棄の前に遺伝子組換え生物等を不活化するための措置を講ずること

＊「廃棄物」には廃液が含まれる。

② 遺伝子組換え生物等が付着した設備、機器及び器具については、廃棄等の前に遺伝子組換え生物等を不活化するための措置を講ずること

＊「廃棄等」とは、廃棄又は再使用(あらかじめ洗浄を行う場合にあっては、当該洗浄)をいう。

③ 実験台については、実験を行った日における実験の終了後、及び遺伝子組換え生物等が付着したときは直ちに、遺伝子組換え生物等を不活化するための措置を講ずること

④ 実験室の扉については、閉じておくこと(実験室に出入りするときを除く。)

⑤ 実験室の窓等については、昆虫等の侵入を防ぐため、閉じておく等の必要な措

置を講ずること

⑥ すべての操作において、エアロゾルの発生を最小限にとどめること

⑦ 実験室以外の場所で遺伝子組換え生物等を不活化するための措置を講じようとするときその他の実験の過程において遺伝子組換え生物等を実験室から持ち出すときは、遺伝子組換え生物等が漏出その他拡散しない構造の容器に入れること

⑧ 遺伝子組換え生物等を取り扱う者に当該遺伝子組換え生物等が付着し、又は感染することを防止するため、遺伝子組換え生物等の取扱い後における手洗い等必要な措置を講ずること

⑨ 実験の内容を知らない者が、みだりに実験室に立ち入らないための措置を講ずること

(a2) P2 レベル

(ア) 施設等について、次に掲げる要件を満たすこと

① (a1)(ア)に掲げる要件

② 実験室に研究用安全キャビネットが設けられていること(エアロゾルが生じやすい操作をする場合に限る。)

③ 遺伝子組換え生物等を不活化するために高圧滅菌器を用いる場合には、実験室のある建物内に高圧滅菌器が設けられていること

(イ) 遺伝子組換え実験の実施にあたり、次に掲げる事項を遵守すること

① (a1)(イ)に掲げる事項

② エアロゾルが生じやすい操作をするときは、研究用安全キャビネットを用いることとし、当該研究用安全キャビネットについては、実験を行った日における実験の終了後に、及び遺伝子組換え生物等が付着したときは直ちに、遺伝子組換え生物等を不活化するための措置を講ずること

③ 実験室の入口及び保管設備に、「P2 レベル実験中」と表示すること

＊「保管設備」とは、遺伝子組換え生物等を実験の過程において保管する設備をいう。

④ 執るべき拡散防止措置が P1 レベル、P1A レベル又は P1P レベルである実験を同じ実験室で同時に行うときは、これらの実験の区域を明確に設定すること、又はそれぞれ P2 レベル、P2A レベルもしくは P2P レベルの拡散防止措置を執ること

(a3) P3 レベル

(ア) 施設等について、次に掲げる要件を満たすこと

① (a1)(ア)に掲げる要件

② 実験室の出入口に前室が設けられていること

＊「前室」は、自動的に閉まる構造の扉が前後に設けられ、かつ、更衣をすることができる広さのものに限られる。

③ 実験室の床、壁及び天井の表面については、容易に水洗及び燻蒸をすることができる構造であること

第2章第2節　遺伝子組換え生物等の第二種使用等

④　実験室又は実験区画については、昆虫等の侵入を防ぎ、及び容易に燻蒸をすることができるよう、密閉状態が維持される構造であること

　　＊「実験区画」とは、実験室及び前室からなる区画をいう。

⑤　実験室又は前室の主な出口に、足もしくは肘で又は自動で操作することができる手洗い設備が設けられていること

⑥　空気が実験室の出入口から実験室の内側へ流れていくための給排気設備が設けられていること

⑦　排気設備については、実験室からの排気（ヘパフィルターでろ過された排気（研究用安全キャビネットからの排気を含む。）を除く。）が、実験室及び実験室のある建物内の他の部屋に再循環されないものであること

⑧　排水設備については、実験室からの排水が、遺伝子組換え生物等を不活化するための措置が講じられた後で排出されるものであること

⑨　実験室に研究用安全キャビネットが設けられていること（エアロゾルが生じ得る操作をする場合に限る。）

⑩　研究用安全キャビネットを設ける場合には、検査、ヘパフィルターの交換及び燻蒸が、当該研究用安全キャビネットを移動しないで実施することができるようにすること

⑪　実験室内に高圧滅菌器が設けられていること

⑫　真空吸引ポンプを用いる場合には、当該実験室専用とされ、かつ、消毒液を用いた捕捉装置が設けられていること

(ｲ)　遺伝子組換え実験の実施にあたり、次に掲げる事項を遵守すること

①　(a1)(ｲ)①から④まで及び⑥から⑨までに掲げる事項

②　実験室においては、作業衣等を着用すること

　　＊「作業衣等」とは、長そでで前の開かない作業衣、保護履物、保護帽、保護眼鏡及び保護手袋をいう。

③　作業衣等については、廃棄等の前に遺伝子組換え生物等を不活化するための措置を講ずること

④　前室の前後に設けられている扉については、両方を同時に開けないこと

⑤　エアロゾルが生じ得る操作をするときは、研究用安全キャビネットを用い、かつ、実験室に出入りをしないこととし、当該研究用安全キャビネットについては、実験を行った日における実験の終了後に、及び遺伝子組換え生物等が付着したときは直ちに、遺伝子組換え生物等を不活化するための措置を講ずること

⑥　実験室の入口及び保管設備に、「P3レベル実験中」と表示すること

⑦　執るべき拡散防止措置のレベルがP3レベル、P3Aレベル又はP3Pレベルより低い実験を同じ実験室で同時に行うときは、それぞれP3レベル、P3Aレベル又はP3Pレベルの拡散防止措置を執ること

(B)　大量培養実験

(b1)　LSCレベル

207

(ア) 施設等について、実験区域が設けられていること

  ＊「実験区域」とは、遺伝子組換え実験を実施する区域であって、それ以外の区域と明確に区別できるものをいう。

(イ) 遺伝子組換え実験の実施にあたり、次に掲げる事項を遵守すること

  ① (a1)(イ)①、②及び⑥から⑨までに掲げる事項。この場合において、これらの規定中「実験室」とあるのは「実験区域」と読み替えるものとする。

  ② 実験区域に、「LSC レベル大量培養実験中」と表示すること

(b2) LS1 レベル

(ア) 施設等について、次に掲げる要件を満たすこと

  ① (b1)(ア)に掲げる要件

  ② 培養設備等については、遺伝子組換え生物等がその外部へ流出しないものであること

  ③ 排気設備については、培養設備等からの排気が、除菌用フィルター又はそれと同等の除菌効果を有する機器を通じて排出されるものであること

(イ) 遺伝子組換え実験の実施にあたり、次に掲げる事項を遵守すること

  ① (b1)(イ)①に掲げる事項

  ② 培養設備等に遺伝子組換え生物等を植菌するとき、培養設備等から遺伝子組換え生物等を試料用として採取するとき、及び培養設備等から遺伝子組換え生物等を他の設備又は機器に移し替えるときは、遺伝子組換え生物等が漏出その他拡散しない構造の容器に入れ、又は同様の構造の配管を用いることとし、培養設備等その他の設備及び機器、当該容器の外壁並びに実験区域の床又は地面に遺伝子組換え生物等が付着したときは、直ちに遺伝子組換え生物等の不活化を行うこと

  ③ 実験区域及び保管設備に、「LS1 レベル大量培養実験中」と表示すること

(b3) LS2 レベル

(ア) 施設等について、次に掲げる要件を満たすこと

  ① (b1)(ア)に掲げる要件

  ② 培養設備等については、遺伝子組換え生物等がその外部に流出されず、かつ、閉じたままでその内部にある遺伝子組換え生物等を不活化するための措置を講ずることができるものであり、及び当該培養設備等に直接接続する回転シール、配管弁その他の部品は、遺伝子組換え生物等がその外部に排出されないものであること

  ③ 排気設備については、培養設備等からの排気が、ヘパフィルター又はこれと同等の除菌効果を有する機器を通じて排出されるものであること

  ④ 実験区域に研究用安全キャビネット等が設けられていること（エアロゾルが生じやすい操作をする場合に限る。）

    ＊「研究用安全キャビネット等」とは、研究用安全キャビネット又はこれと同等の拡散防止の機能を有する装置をいう。

  ⑤ 研究用安全キャビネット等を設ける場合には、検査、ヘパフィルターの交換及

第2章第2節　遺伝子組換え生物等の第二種使用等

び燻蒸が、当該研究用安全キャビネット等を移動しないで実施することができるようにすること

⑥ 遺伝子組換え生物等を不活化するために高圧滅菌器を用いる場合には、実験区域のある建物内に高圧滅菌器が設けられていること

⑦ 培養設備等及びこれと直接接続する機器等については、これらを使用している間の密閉の程度を監視するための装置が設けられていること

(イ) 遺伝子組換え実験の実施にあたり、次に掲げる事項を遵守すること

① (b1)(イ)①及び(b2)(イ)②に掲げる事項

② エアロゾルが生じやすい操作をするときは、研究用安全キャビネット等を用いることとし、当該研究用安全キャビネット等については、実験を行った日における実験の終了後に、及び遺伝子組換え生物等が付着したときは直ちに、遺伝子組換え生物等を不活化するための措置を講ずること

③ 培養設備等及びこれと直接接続する機器等を使用しているときは、これらの密閉の程度について、常時、監視装置により確認すること

④ 実験区域及び保管設備に、「LS2 レベル大量培養実験中」と表示すること

(C) 動物使用実験

(c1) P1A レベル

(ア) 施設等について、次に掲げる要件を満たすこと

① 実験室については、通常の動物の飼育室としての構造及び設備を有すること

② 実験室の出入口、窓その他の組換え動物等の逃亡の経路となる箇所に、当該組換え動物等の習性に応じた逃亡の防止のための設備、機器又は器具が設けられていること

　＊「組換え動物等」とは、動物である遺伝子組換え生物等及び遺伝子組換え生物等を保有している動物をいう。

③ 組換え動物等のふん尿等の中に遺伝子組換え生物等が含まれる場合には、当該ふん尿等を回収するために必要な設備、機器もしくは器具が設けられていること、又は実験室の床が当該ふん尿等を回収することができる構造であること

(イ) 遺伝子組換え実験の実施にあたり、次に掲げる事項を遵守すること

① (a1)(イ)①から⑥まで、⑧及び⑨に掲げる事項

② 実験室以外の場所で遺伝子組換え生物等を不活化するための措置を講じようとするときその他の実験の過程において組換え動物等を実験室から持ち出すときは、遺伝子組換え生物等が逃亡その他拡散しない構造の容器に入れること

③ 組換え動物等を、移入した組換え核酸の種類又は保有している遺伝子組換え生物等の種類ごとに識別することができる措置を講ずること

④ 実験室の入口に、「組換え動物等飼育中」と表示すること

(c2) P2A レベル

(ア) 施設等について、次に掲げる要件を満たすこと

① (a2)(ア)②及び③に掲げる要件

② (c1)(ア)に掲げる要件

(イ) 遺伝子組換え実験の実施にあたり、次に掲げる事項を遵守すること

① (a1)(イ)①から⑥まで、⑧及び⑨並びに(a2)(イ)②及び④に掲げる事項

② (c1)(イ)②及び③に掲げる事項

③ 実験室の入口に、「組換え動物等飼育中(P2)」と表示すること

(c3) P3A レベル

(ア) 施設等について、次に掲げる要件を満たすこと

① (a3)(ア)②から⑫までに掲げる要件

② (c1)(ア)に掲げる要件

(イ) 遺伝子組換え実験の実施にあたり、次に掲げる事項を遵守すること

① (a1)(イ)①から④まで、⑥、⑧及び⑨並びに(a3)(イ)②から⑤まで及び⑦に掲げる事項

② (c1)(イ)②及び③に掲げる事項

③ 実験室の入口に、「組換え動物等飼育中(P3)」と表示すること

(c4) 特定飼育区画

(ア) 施設等について、飼育区画は、組換え動物等の習性に応じた逃亡防止のための設備が二重に設けられていること

＊「飼育区画」とは、組換え動物等を飼育する区画をいう。

(イ) 遺伝子組換え実験の実施にあたり、次に掲げる事項を遵守すること

① (a1)(イ)①、②、④、⑧及び⑨に掲げる事項。この場合において、これらの規定中「実験室」とあるのは「飼育区画」と読み替えるものとする。

② (c1)(イ)②から④までに掲げる事項。この場合において、これらの規定中「実験室」とあるのは「飼育区画」と読み替えるものとする。

(D) 植物等使用実験

(d1) P1P レベル

(ア) 施設等について、次に掲げる要件を満たすこと

① 実験室については、通常の植物の栽培室としての構造及び設備を有すること

② 排気設備については、組換え植物等の花粉等が飛散しやすい操作をする場合には、実験室からの排気中に含まれる当該組換え植物等の花粉等を最小限にとどめるものであること

＊「組換え植物等」とは、植物又はきのこ類である遺伝子組換え生物等及び遺伝子組換え生物等を保有している植物をいう。

(イ) 遺伝子組換え実験の実施にあたり、次に掲げる事項を遵守すること

① (a1)(イ)に掲げる事項

② 実験室の入口に、「組換え植物等栽培中」と表示すること

(d2) P2P レベル

(ア) 施設等について、次に掲げる要件を満たすこと

① (a2)(ア)②及び③に掲げる要件

第2章第2節　遺伝子組換え生物等の第二種使用等

② (d1)(ア)に掲げる要件

(イ) 遺伝子組換え実験の実施にあたり、次に掲げる事項を遵守すること

① (a1)(イ)並びに(a2)(イ)②及び④に掲げる事項

② 実験室の入口に、「組換え植物等栽培中(P2)」と表示すること

(d3) P3P レベル

(ア) 施設等について、次に掲げる要件を満たすこと

① (a3)(ア)②から⑫までに掲げる要件

② (d1)(ア)に掲げる要件

(イ) 遺伝子組換え実験の実施にあたり、次に掲げる事項を遵守すること

① (a1)(イ)①から④まで及び⑥から⑨まで並びに(a3)(イ)②から⑤まで及び⑦に掲げる事項

② 実験室の入口に、「組換え植物等栽培中(P3)」と表示すること

(d4) 特定網室

(ア) 施設等について、次に掲げる要件を満たすこと

① 網室については、外部からの昆虫の侵入を最小限にとどめるため、外気に開放された部分に網その他の設備が設けられていること

　＊「網室」とは、組換え植物等を栽培する施設をいう。

② 屋外から網室に直接出入りすることができる場合には、当該出入口に前室が設けられていること

③ 網室からの排水中に遺伝子組換え生物等が含まれる場合には、当該排水を回収するために必要な設備、機器又は器具が設けられていること、又は網室の床又は地面が当該排水を回収することができる構造であること

(イ) 遺伝子組換え実験の実施にあたり、次に掲げる事項を遵守すること

① (a1)(イ)①、②、④及び⑦から⑨までに掲げる事項。この場合において、これらの規定中「実験室」とあるのは「網室」と読み替えるものとする。

② 組換え植物等の花粉等を持ち出す昆虫の防除を行うこと

③ 組換え植物等の花粉等が飛散する時期に窓を閉じておくことその他の組換え植物等の花粉等が網室の外部に飛散することを防止するための措置を講ずること(組換え植物等の花粉等が網室の外部へ飛散した場合に当該花粉等が交配しないとき、又は発芽しないときを除く。)

④ 網室の入口に、「組換え植物等栽培中」と表示すること

13 研究開発等に係る遺伝子組換え生物等の第二種使用等にあたって執るべき拡散防止措置として、次のとおり定められている。〈研究開発二種省令〉

(A) 遺伝子組換え実験にあたって執るべき拡散防止措置

遺伝子組換え実験にあたって執るべき拡散防止措置は、下表の左欄に掲げる遺伝子組換え実験の種類に応じ、それぞれ右欄に定めるとおりとする。ただし、施行規則第16条第1号、第2号及び第4号に掲げる場合並びに虚偽の情報の提供を受けていたために、第二種使用等にあたって執るべき拡散防止措置を執らないで第二種使用等をす

211

る場合を除く。

＊「組換え核酸」とは、細胞外において核酸を加工する技術であって主務省令で定めるもの（第
　2条第2項第1号）の利用により得られた核酸又はその複製物をいう。
＊「遺伝子組換え実験」とは、組換え核酸を有する遺伝子組換え生物等に係るもの（実験の過程
　において行われる保管及び運搬以外の保管及び運搬を除く。）をいう。

遺伝子組換え実験の種類	拡散防止措置の内容
(ア) 微生物使用実験 ＊「微生物」とは、菌界に属する生物（きのこ類を除く。）、原生生物界に属する生物、原核生物界に属する生物、ウイルス及びウイロイドをいう。 ＊「微生物使用実験」とは、遺伝子組換え実験のうち、微生物である遺伝子組換え生物等に係るもの（大量培養実験、動物使用実験及び植物等使用実験に該当するものを除く。）をいう。	次に掲げる遺伝子組換え生物等の区分に応じ、それぞれ次に定めるところによる。 ① 次の②から④までに掲げる遺伝子組換え生物等以外の遺伝子組換え生物等——宿主の実験分類又は核酸供与体の実験分類のうち、実験分類の名称中の数のいずれか小さくない方がクラス1、クラス2又はクラス3である場合に、それぞれP1レベル、P2レベル又はP3レベルの拡散防止措置とすること ＊「宿主」とは、組換え核酸が移入される生物をいう。 ＊「実験分類」とは、宿主又は核酸供与体について定められる分類であって、遺伝子組換え実験にあたって執るべき拡散防止措置を生物多様性影響が生ずる可能性のある拡散の程度に応じて定める際に用いられるものをいう。 ＊「核酸供与体」とは、供与核酸が由来する生物（ヒトを含む。）をいう。 ② 特定認定宿主ベクター系を用いた遺伝子組換え生物等（③に掲げる遺伝子組換え生物等を除く。）——核酸供与体の実験分類がクラス1及びクラス2である場合にあってはP1レベルの拡散防止措置とし、核酸供与体の実験分類がクラス3である場合にあってはP2レベルの拡散防止措置とすること ＊「ベクター」とは、組換え核酸のうち、移入された宿主内で当該組換え核酸の全部又は一部を複製させるものをいう。 ③ 供与核酸が同定済核酸であり、かつ、哺乳動物等に対する病原性及び伝達性に関係しないことが科学的知見に照らし推定される遺伝子組換え生物等——宿主の実験分類がクラス1又はクラス2である場合に、それぞれP1レベル又はP2レベルの拡散防止措置とすること ＊「供与核酸」とは、組換え核酸のうち、ベクター以外のものをいう。 ＊「同定済核酸」とは、供与核酸であって、次のいずれかに掲げるものをいう。 (i) 遺伝子の塩基配列に基づき、当該供与核酸又は蛋白質その他の当該供与核酸からの生成物の機能が科学的知見に照らし推定されるもの (ii) 当該供与核酸が移入される宿主と同一の分類学上の種に属する生物の核酸又は自然条件において当該宿主の属する分類学上の種との間で核酸を交換する種に属する生物の核酸（当該宿主がウイルス又はウイロイドである場合を除く。） (iii) 自然条件において当該供与核酸が移入される宿主との間で核酸を交換するウイルス又はウイロイドの核酸（当該宿主がウイルス又

	はウイロイドである場合に限る。)
	④ 認定宿主ベクター系を用いていない遺伝子組換え生物等であって、供与核酸が哺乳動物等に対する病原性又は伝達性に関係し、かつ、その特性により宿主の哺乳動物等に対する病原性を著しく高めることが科学的知見に照らし推定されるもの——宿主の実験分類又は核酸供与体の実験分類のうち、実験分類の名称中の数のいずれか小さくない方がクラス1又はクラス2である場合に、それぞれP2レベル又はP3レベルの拡散防止措置とすること
(イ) 大量培養実験 ＊「大量培養実験」とは、遺伝子組換え実験のうち、微生物である遺伝子組換え生物等の使用等であって、培養設備等を用いるものをいう。 ＊「培養設備等」とは、培養又は発酵の用に供する設備（設備の総容量が20リットルを超えるものに限る。）をいう。	次に掲げる遺伝子組換え生物等の区分に応じ、それぞれ次に定めるところによる。 ① 次の②から⑤までに掲げる遺伝子組換え生物等以外の遺伝子組換え生物等——宿主の実験分類又は核酸供与体の実験分類のうち、実験分類の名称中の数のいずれか小さくない方がクラス1又はクラス2である場合に、それぞれLS1レベル又はLS2レベルの拡散防止措置とすること ② (ア)②に掲げる遺伝子組換え生物等（⑤に掲げる遺伝子組換え生物等を除く。）——核酸供与体の実験分類がクラス1及びクラス2である場合にあってはLS1レベルの拡散防止措置とし、核酸供与体の実験分類がクラス3である場合にあってはLS2レベルの拡散防止措置とすること ③ (ア)③に掲げる遺伝子組換え生物等（⑤に掲げる遺伝子組換え生物等を除く。）——宿主の実験分類がクラス1又はクラス2である場合に、それぞれLS1レベル又はLS2レベルの拡散防止措置とすること ④ (ア)④に掲げる遺伝子組換え生物等——宿主の実験分類及び核酸供与体の実験分類がクラス1である場合に、LS2レベルの拡散防止措置とすること ⑤ 次の(i)又は(ii)に掲げる遺伝子組換え生物等——LSCレベルの拡散防止措置とすること 　(i) 認定宿主ベクター系を用いた遺伝子組換え生物等であって、核酸供与体の実験分類がクラス1であるもののうち、供与核酸が同定済核酸であり、かつ、哺乳動物等に対する病原性及び伝達性に関係しないことが科学的知見に照らし推定されるもの 　(i) LSCレベルの拡散防止措置を執ることが適当である遺伝子組換え生物等として文部科学大臣が定めるもの
(ウ) 動物使用実験	次に掲げる遺伝子組換え生物等の区分に応じ、それぞれ次に

	定めるところによる。
＊「動物」とは、動物界に属する生物をいう。 ＊「動物使用実験」とは、動物作成実験及び動物接種実験をいう。 ＊「動物作成実験」とは、遺伝子組換え実験のうち、動物である遺伝子組換え生物等（遺伝子組換え生物等を保有しているものを除く。）に係るものをいう。 ＊「動物接種実験」とは、遺伝子組換え実験のうち、動物により保有されている遺伝子組換え生物等に係るものをいう。	① 次の②から⑤までに掲げる遺伝子組換え生物等以外の遺伝子組換え生物等——動物作成実験に係る遺伝子組換え生物等にあっては宿主の実験分類が、動物接種実験に係る遺伝子組換え生物等（動物により保有されているものに限る。）にあっては宿主の実験分類又は核酸供与体の実験分類のうち実験分類の名称中の数のいずれか小さくない方が、クラス1、クラス2又はクラス3である場合に、それぞれP1Aレベル、P2Aレベル又はP3Aレベルの拡散防止措置とすること ② (ア)②に掲げる遺伝子組換え生物等（⑤に掲げる遺伝子組換え生物等を除く。）——核酸供与体の実験分類がクラス1及びクラス2である場合にあってはP1Aレベルの拡散防止措置とし、核酸供与体の実験分類がクラス3である場合にあってはP2Aレベルの拡散防止措置とすること ③ (ア)③に掲げる遺伝子組換え生物等（⑤に掲げる遺伝子組換え生物等を除く。）——宿主の実験分類がクラス1又はクラス2である場合に、それぞれP1Aレベル又はP2Aレベルの拡散防止措置とすること ④ (ア)④に掲げる遺伝子組換え生物等——動物作成実験に係る遺伝子組換え生物等にあっては宿主の実験分類が、動物接種実験に係る遺伝子組換え生物等（動物に保有されているものに限る。）にあっては宿主の実験分類又は核酸供与体の実験分類のうち実験分類の名称中の数のいずれか小さくない方が、クラス1又はクラス2である場合に、それぞれP2Aレベル又はP3Aレベルの拡散防止措置とすること ⑤ 次の(i)から(iv)までに掲げる要件のいずれにも該当する遺伝子組換え生物等——特定飼育区画の拡散防止措置とすること 　(i) 供与核酸が同定済核酸であり、かつ、哺乳動物等に対する病原性及び伝達性に関係しないことが科学的知見に照らし推定されること 　(ii) 供与核酸が宿主の染色体の核酸に組み込まれており、かつ、転移因子を含まないこと 　(iii) 逃亡に関係する運動能力が宿主と比較して増大しないことが科学的知見に照らし推定されること 　(iv) 微生物である遺伝子組換え生物等を保有していない動物であること
(エ) 植物等使用実験 　＊「植物」とは、植物界に	次に掲げる遺伝子組換え生物等の区分に応じ、それぞれ次に定めるところによる。

第2章第2節　遺伝子組換え生物等の第二種使用等

属する生物をいう。
＊「植物等使用実験」とは、植物作成実験、きのこ作成実験及び植物接種実験をいう。
＊「植物作成実験」とは、遺伝子組換え実験のうち、植物である遺伝子組換え生物等（遺伝子組換え生物等を保有しているものを除く。）に係るものをいう。
＊「きのこ作成実験」とは、遺伝子組換え実験のうち、きのこ類である遺伝子組換え生物等に係るものをいう。
＊「植物接種実験」とは、遺伝子組換え実験のうち、植物により保有されている遺伝子組換え生物等に係るものをいう。

① 次の②から⑤までに掲げる遺伝子組換え生物等以外の遺伝子組換え生物等——植物作成実験に係る遺伝子組換え生物等にあっては宿主の実験分類が、植物接種実験に係る遺伝子組換え生物等（植物により保有されているものに限る。）及びきのこ作成実験に係る遺伝子組換え生物等にあっては宿主の実験分類又は核酸供与体の実験分類のうち実験分類の名称中の数のいずれか小さくない方が、クラス1、クラス2又はクラス3である場合に、それぞれP1Pレベル、P2Pレベル又はP3Pレベルの拡散防止措置とすること

② （ア）②に掲げる遺伝子組換え生物等（⑤に掲げる遺伝子組換え生物等を除く。）——核酸供与体の実験分類がクラス1及びクラス2である場合にあってはP1Pレベルの拡散防止措置とし、核酸供与体の実験分類がクラス3である場合にあってはP2Pレベルの拡散防止措置とすること

③ （ア）③に掲げる遺伝子組換え生物等（⑤に掲げる遺伝子組換え生物等を除く。）——宿主の実験分類がクラス1又はクラス2である場合に、それぞれP1Pレベル又はP2Pレベルの拡散防止措置とすること

④ （ア）④に掲げる遺伝子組換え生物等——植物作成実験に係る遺伝子組換え生物等にあっては宿主の実験分類が、植物接種実験に係る遺伝子組換え生物等（植物により保有されているものに限る。）及びきのこ作成実験に係る遺伝子組換え生物等にあっては宿主の実験分類又は核酸供与体の実験分類のうち実験分類の名称中の数のいずれか小さくない方が、クラス1又はクラス2である場合に、それぞれP2Pレベル又はP3Pレベルの拡散防止措置とすること

⑤ 次の(i)から(iv)までに掲げる要件のいずれにも該当する遺伝子組換え生物等——特定網室の拡散防止措置とすること
　(i) 供与核酸が同定済核酸であり、かつ、哺乳動物等に対する病原性及び伝達性に関係しないことが科学的知見に照らし推定されること
　(ii) 供与核酸が宿主の染色体の核酸に組み込まれており、かつ、転移因子を含まないこと
　(iii) 花粉等の飛散性並びに交雑性が宿主と比較して増大しないことが科学的知見に照らし推定されること
　　＊「花粉等」とは、花粉、胞子及び種子をいう。
　(iv) 微生物である遺伝子組換え生物等を保有していない植物であること

215

＊ 次に掲げる実験は、（A）の遺伝子組換え実験に含まれない。
　［１］微生物使用実験のうち次に掲げる遺伝子組換え生物等に係るもの
　　（1）宿主又は核酸供与体のいずれかが各実験分類に属する宿主又は核酸供与体以外のものである遺伝子組換え生物等（認定宿主ベクター系を用いた遺伝子組換え生物等であって、核酸供与体がウイルス及びウイロイド以外の生物（ヒトを含む。）であるもののうち、供与核酸が同定済核酸であり、かつ、哺乳動物等に対する病原性及び伝達性に関係しないことが科学的知見に照らし推定されるものを除く。）
　　（2）宿主の実験分類又は核酸供与体の実験分類のいずれかがクラス４である遺伝子組換え生物等
　　（3）宿主の実験分類がクラス３である遺伝子組換え生物等
　　（4）認定宿主ベクター系を用いていない遺伝子組換え生物等であって、核酸供与体の実験分類がクラス３であるもののうち、供与核酸が同定済核酸でないもの又は同定済核酸であって哺乳動物等に対する病原性若しくは伝達性に関係し、かつ、その特性により宿主の哺乳動物等に対する病原性を著しく高めることが科学的知見に照らし推定されるもの
　　（5）宿主の実験分類がクラス２である遺伝子組換え生物等（ウイルス又はウイロイドであるものを除く。）であって、供与核酸が薬剤耐性遺伝子（哺乳動物等が当該遺伝子組換え生物等に感染した場合に当該遺伝子組換え生物等に起因する感染症の治療が困難となる性質を当該遺伝子組換え生物等に対し付与するものに限る。）を含むもの
　　（6）自立的な増殖力及び感染力を保持したウイルス又はウイロイド（文部科学大臣が定めるものを除く。）である遺伝子組換え生物等であって、その使用等を通じて増殖するもの
　　　　　＊「文部科学大臣が定めるもの」は、次に掲げるウイルス又はウイロイドをいう。〈認定宿主ベクター系告示〉
　　　　　　①　ウイルスの承認生ワクチン株（当該承認生ワクチン株に対し、核酸の加工を行わずに使用等をする場合に限る。）
　　　　　　② Retrovirus（Human retrovirus を除く。）
　　　　　　③ Baculovirus
　　　　　　④　植物ウイルス及び植物ウイロイド
　　　　　　⑤　原核生物を自然宿主とするウイルス及びこれらの誘導体（哺乳動物等に対する病原性を、原核生物に持たせないものに限る。）
　　（7）供与核酸が、哺乳動物等に対する半数致死量が体重１キログラム当たり100マイクログラム以下である蛋白性毒素に係る遺伝子を含む遺伝子組換え生物等（宿主が大腸菌である認定宿主ベクター系を用いた遺伝子組換え生物等であって、供与核酸が哺乳動物等に対する半数致死量が体重１キログラム当たり100ナノグラムを超える蛋白性毒素に係る遺伝子を含むものを除く。）
　　（8）（1）から（7）までに掲げるもののほか、文部科学大臣が定めるもの
　［２］大量培養実験のうち次に掲げる遺伝子組換え生物等に係るもの
　　（1）　［１］（1）から（7）までに掲げる遺伝子組換え生物等
　　（2）認定宿主ベクター系を用いていない遺伝子組換え生物等であって、宿主の実験分類又は核酸供与体の実験分類がクラス２であるもののうち、供与核酸が哺乳動物等に対する病原性又は伝達性に関係し、かつ、その特性により宿主の哺乳動物等に対する病原性を著しく高めることが科学的知見に照らし推定されるもの
　　（3）特定認定宿主ベクター系を用いていない遺伝子組換え生物等であって、核酸供与体の実験分類がクラス３であるもの（［１］（4）に掲げるものを除く。）
　　（4）（イ）①から③までに掲げる遺伝子組換え生物等であって、その使用等においてLSCレベルの拡散防止措置を執るもの
　　（5）（1）から（4）までに掲げるもののほか、文部科学大臣が定めるもの
　［３］動物使用実験のうち次に掲げる遺伝子組換え生物等に係るもの
　　（1）　［１］（1）から（7）までに掲げる遺伝子組換え生物等
　　（2）宿主が動物である遺伝子組換え生物等であって、供与核酸が哺乳動物等に対する病原性がある微生物の感染を引き起こす受容体（宿主と同一の分類学上の種に属する生物が有していないものに限る。）を宿主に対し付与する遺伝子を含むもの

第2章第2節　遺伝子組換え生物等の第二種使用等

　　(3) (ウ)①から③までに掲げる遺伝子組換え生物等であって、その使用等において特定飼育区画
　　　　の拡散防止措置を執るもの
　　(4) (1)から(3)までに掲げるもののほか、文部科学大臣が定めるもの
　［４］植物等使用実験のうち次に掲げる遺伝子組換え生物等に係るもの
　　(1) ［１］(1)から(7)までに掲げる遺伝子組換え生物等
　　(2) (エ)①から③までに掲げる遺伝子組換え生物等であって、その使用等において特定網室の拡
　　　　散防止措置を執るもの
　　(3) (1)及び(2)に掲げるもののほか、文部科学大臣が定めるもの

(B) 保管にあたって執るべき拡散防止措置

　　研究開発等に係る遺伝子組換え生物等の第二種使用等のうち、保管（遺伝子組換え実
　験又は細胞融合実験の過程において行われる保管を除く。）にあたって執るべき拡散防
　止措置は、次に定めるとおりとする。ただし、施行規則第 16 条第 1 号、第 2 号及び第
　4 号に掲げる場合並びに虚偽の情報の提供を受けていたために、第二種使用等にあた
　って執るべき拡散防止措置を執らないで第二種使用等をする場合を除く。

　　＊「細胞融合実験」とは、研究開発等に係る遺伝子組換え生物等の第二種使用等のうち、異な
　　　る分類学上の科に属する生物の細胞を融合する技術であって主務省令で定めるもの（法第 2
　　　条第 2 項第 2 号）の利用により得られた核酸又はその複製物を有する遺伝子組換え生物等に係
　　　るもの（実験の過程において行われる保管及び運搬以外の保管及び運搬を除く。）をいう。

　　(ア) 遺伝子組換え生物等が漏出、逃亡その他拡散しない構造の容器に入れ、かつ、当
　　　　該容器の見やすい箇所に、遺伝子組換え生物等である旨を表示すること
　　(イ) (ア)の遺伝子組換え生物等を入れた容器は、所定の場所に保管するものとし、保管
　　　　場所が冷蔵庫その他の保管のための設備である場合には、当該設備の見やすい箇所
　　　　に、遺伝子組換え生物等を保管している旨を表示すること

(C) 運搬にあたって執るべき拡散防止措置

　　研究開発等に係る遺伝子組換え生物等の第二種使用等のうち、運搬（遺伝子組換え実
　験又は細胞融合実験の過程において行われる運搬を除く。）にあたって執るべき拡散防
　止措置は、次に定めるとおりとする。ただし、施行規則第 16 条第 1 号、第 2 号及び第
　4 号に掲げる場合並びに虚偽の情報の提供を受けていたために、第二種使用等にあた
　って執るべき拡散防止措置を執らないで第二種使用等をする場合を除く。

　　(ア) 遺伝子組換え生物等が漏出、逃亡その他拡散しない構造の容器に入れること
　　(イ) 当該遺伝子組換え生物等の遺伝子組換え実験又は細胞融合実験にあたって執るべ
　　　　き拡散防止措置が、P1 レベル、P2 レベル、LSC レベル、LS1 レベル、P1A レベル、
　　　　P2A レベル、特定飼育区画、P1P レベル、P2P レベル及び特定網室以外のものである
　　　　場合にあっては、(ア)に規定する措置に加え、(ア)に規定する容器を、通常の運搬
　　　　において事故等により当該容器が破損したとしても当該容器内の遺伝子組換え生物等
　　　　が漏出、逃亡その他拡散しない構造の容器に入れること
　　(ウ) 最も外側の容器（容器を包装する場合にあっては、当該包装）の見やすい箇所に、
　　　　取扱いに注意を要する旨を表示すること

14　解説 13 の「認定宿主ベクター系」とは、特殊な培養条件下以外での生存率が低い宿
　　主と当該宿主以外の生物への伝達性が低いベクターとの組合せであって、文部科学大臣

が定めるものをいう。〈研究開発二種省令〉

⇒　上記の「文部科学大臣が定めるもの」は、次表に掲げるとおりとする。〈認定宿主ベクター系告示〉

区分	名称	宿主及びベクターの組合せ
［1］B1	(1) EK1	Escherichia coli K12 株、B 株、C 株及び W 株又はこれら各株の誘導体を宿主とし、プラスミド又はバクテリオファージの核酸であって、接合等により宿主以外の細菌に伝達されないものをベクターとするもの（［2］(1)の EK2 に該当するものを除く。）
	(2) SC1	Saccharomyces cerevisiae 又はこれと交雑可能な分類学上の種に属する酵母を宿主とし、これらの宿主のプラスミド、ミニクロモソーム又はこれらの誘導体をベクターとするもの（［2］(2)の SC2 に該当するものを除く。）
	(3) BS1	Bacillus subtilis Marburg168 株、この誘導体又は B. licheniformis 全株のうち、アミノ酸若しくは核酸塩基に対する複数の栄養要求性突然変異を有する株又は胞子を形成しない株を宿主とし、これらの宿主のプラスミド(接合による伝達性のないものに限る。)又はバクテリオファージの核酸をベクターとするもの（［2］(3)の BS2 に該当するものを除く。）
	(4) Thermus 属細菌	Thermus 属細菌 (T. thermophilus、T. aquaticus、T. flavus、T. caldophilus 及び T. ruber に限る。)を宿主とし、これらの宿主のプラスミド又はこの誘導体をベクターとするもの
	(5) Rhizobium 属細菌	Rhizobium 属細菌(R. radiobacter(別名 Agrobacterium tumefaciens) 及び R. rhizogenes(別名 Agrobacterium rhizogenes)に限る。)を宿主とし、これらの宿主のプラスミド又は RK2 系のプラスミドをベクターとするもの
	(6) Pseudomonas putida	Pseudomonas putida KT2440 株又はこの誘導体を宿主とし、これら宿主への依存性が高く、宿主以外の細胞に伝達されないものをベクターとするもの
	(7) Streptomyces 属細菌	Streptomyces 属細菌 (S. avermitilis、S. coelicolor ［S. violaceoruber として分類される S. coelicolorA3(2) 株を含む。]、S. lividans、S. parvulus、S. griseus 及び S. kasugaensis に限る。)を宿主とし、これらの宿主のプラスミド、SCP2、SLP1.2、pIJ101、アクチノファージφC31 の核酸又はこれらの誘導体をベクターとするもの
	(8) Neurospora crassa	Neurospora crassa のイノシトール要求性株、分生子離脱変異株又は易水溶性変異株を宿主とし、これらの宿主のプラスミドをベクターとするもの
	(9) Pichia pastoris	Pichia pastoris を宿主とし、この宿主のプラスミドをベクターとするもの

第２章第２節　遺伝子組換え生物等の第二種使用等

	(10) Schizosaccharomyces pombe	Schizosaccharomyces pombe を宿主とし、この宿主のプラスミドをベクターとするもの
	(11) Rhodococcus 属細菌	Rhodococcus erythropolis 又は R.opacus を宿主とし、pRE2895、pRE8428 及び pTNR の核酸又はこれらの誘導体をベクターとするもの
［２］B2	(1) EK2	Escherichia coli K12 株又はこの誘導体のうち、遺伝的欠陥を持つため特殊な培養条件下以外での生存率が極めて低い株を宿主とし、プラスミド又はバクテリオファージの核酸であって接合等により宿主以外の細菌に伝達されないもののうち、宿主への依存性が特に高く、他の細胞への伝達性が極めて低いものをベクターとするものであって、ベクターが移入された宿主の数が特殊な培養条件下以外において24時間経過後1億分の1以下になるものとして次に掲げるもの ① χ1776 を宿主とし、pSC101、pMB9、pBR313、pBR322、pBR325、pBR327、pDH24、pGL101、pHB1、YIp1、YEp2、YEp4、YIp5、YEp6、YRp7、YEp20、YEp21、YEp24、YIp25、YIp26、YIp27、YIp28、YIp29、YIp30、YIp31、YIp32 又は YIp33 をベクターとするもの ② DP50supF 株、χ2447 株又は χ2281 株を宿主とし、λgtWES λB、λgtALO λB、Charon3A、Charon4A、Charon16A、Charon21A、Charon23A 又は Charon24A をベクターとするもの ③ K12 株を宿主とし、λgtZJvir λB をベクターとするもの ④ DP50 株を宿主とし、Charon3A、Charon4A、Charon16A、Charon23A 又は Charon24A をベクターとするもの
	(2) SC2	Saccharomyces cerevisiae の ste—VC9 変異株、SHY1、SHY2、SHY3 又は SHY4 を宿主とし、YIp1、YEp2、YEp4、YIp5、YEp6、YRp7、YEp20、YEp21、YEp24、YIp25、YIp26、YIp27、YIp28、YIp29、YIp30、YIp31、YIp32 又は YIp33 をベクターとするもの
	(3) BS2	Bacillus subtilis の ASB298 株を宿主とし、pUB110、pC194、pS194、pSA2100、pE194、pT127、pUB112、pC221 又は pAB124 をベクターとするもの

15　解説 13 の「特定認定宿主ベクター系」とは、認定宿主ベクター系のうち、特殊な培養条件下以外での生存率が極めて低い宿主と当該宿主以外の生物への伝達性が極めて低いベクターとの組合せであって、文部科学大臣が定めるものをいう。〈研究開発二種省令〉

⇒　上記の「文部科学大臣が定めるもの」は、解説 12 の表の［２］に掲げる認定宿主ベクター系とする。〈認定宿主ベクター系告示〉

＜産業利用二種省令＞

16 産業利用二種省令は、遺伝子組換え生物等の第二種使用等のうち産業上の使用等にあたって執るべき拡散防止措置及び執るべき拡散防止措置が定められていない場合の拡散防止措置の確認に関し必要な事項を定め、もって遺伝子組換え生物等の産業上の使用等の適正な実施を確保することを目的として定められている。

＊「産業上の使用等」とあるが、これには『工業、農業及び環境で組換え体を利用する際の安全性の考察に関する経済協力開発機構理事会勧告(昭和 61 年 7 月 16 日)』に準拠して審査がなされることが望ましい遺伝子組換え生物等である物の商業化又は実用化に向けた使用等が含まれる。

17 遺伝子組換え生物等の第二種使用等のうち産業上の使用等にあたって執るべき拡散防止措置として、次のとおり定められている。〈産業利用二種省令(最近改正：H18/6/6 第 2 号)〉

(A) 遺伝子組換え微生物の生産工程中における使用等にあたって執るべき拡散防止措置

　遺伝子組換え生物等の産業上の使用等のうち、遺伝子組換え微生物の生産工程中における使用等にあたって執るべき拡散防止措置は、下表(産業利用二種省令別表)の左欄に掲げる遺伝子組換え生物等の区分に応じ、それぞれ右欄に定めるとおりとする。ただし、施行規則第 16 条第 1 号、第 2 号及び第 4 号に掲げる場合並びに虚偽の情報の提供を受けていたために、第二種使用等にあたって執るべき拡散防止措置を執らないで第二種使用等をする場合を除く。

＊「遺伝子組換え微生物」とは、細胞外において核酸を加工する技術であって主務省令で定めるもの(法第 2 条第 2 項第 1 号)の利用により得られた核酸又はその複製物を有する遺伝子組換え生物等のうち、菌界に属する生物(きのこ類を除く。)、原生生物界に属する生物、原核生物界に属する生物、ウイルス及びウイロイドをいう。

＊「遺伝子組換え微生物の生産工程中における使用等」とあるが、これには生産工程中における保管及び運搬が含まれる。

＊「施行規則第 16 条第 1 号、第 2 号及び第 4 号に掲げる場合」とは、次に掲げる場合をいう。

(i) 人の生命もしくは身体の保護のための措置又は非常災害に対する応急の措置として、緊急に遺伝子組換え生物等の第二種使用等をする必要がある場合として主務大臣が別に定める場合

(ii) 生物検査(法第 17 条)、収去した遺伝子組換え生物等の検査(法第 31 条、第 32 条)を実施するため、又はその準備を行うため、必要最小限の第二種使用等をする場合

(iii) カルタヘナ法の規定に違反して使用等がなされた遺伝子組換え生物等の拡散を防止するため、必要最小限の第二種使用等をする場合

遺伝子組換え生物等の区分	拡散防止措置の内容
(ア) GILSP 遺伝子組換え微生物(特殊な培養条件下以外では増殖が制限されること、病原性がないこと等のため最小限の拡散防止措置を執ることにより使用等をすることができるものとして財務大臣、厚	① 施設等について、作業区域が設けられていること ＊「作業区域」とは、遺伝子組換え微生物を使用等する区域であって、それ以外の区域と明確に区別できるものをいう。 ② 作業区域内に、遺伝子組換え微生物を利用して製品を製造するための培養又は発酵の用に供する設備が設けられていること ③ 作業区域内に、製造又は試験検査に使用する器具、容器等を洗浄し、又はそれらに付着した遺伝子組換え微生物を不活化するための設備が設けられていること ④ 遺伝子組換え微生物の生物学的性状についての試験検査をするための設備が設けられていること

第2章第2節　遺伝子組換え生物等の第二種使用等

生労働大臣、農林水産大臣、経済産業大臣又は環境大臣が定めるもの)	⑤ 遺伝子組換え微生物を他のものと区別して保管できる設備が設けられていること ⑥ 廃液又は廃棄物は、それに含まれる遺伝子組換え微生物の数を最小限にとどめる措置を執った後、廃棄すること ⑦ 生産工程中において遺伝子組換え微生物を施設等の外に持ち出すときは、遺伝子組換え微生物が漏出しない構造の容器に入れること
(イ)　カテゴリー1 遺伝子組換え微生物((ア)に掲げるもの以外のものであって、病原性がある可能性が低いものとして財務大臣、厚生労働大臣、農林水産大臣、経済産業大臣又は環境大臣が定めるもの)	① (ア)①から⑤まで及び⑦に掲げる事項 ② その外の大気、水又は土壌と遺伝子組換え微生物とを物理的に分離する施設等であること ③ 作業区域内に、事業の従事者が使用する洗浄又は消毒のための設備が設けられていること ④ 必要に応じ、作業区域内に設置された室内における空気中の遺伝子組換え微生物の数を最小限にとどめるための換気設備(遺伝子組換え微生物を捕捉できるものに限る。)が設けられていること ⑤ 設置時及び定期的に、培養設備等の密閉の程度又は性能の検査を行うこと 　＊「培養設備等」とは、培養又は発酵の用に供する設備及び当該設備に直接接続された設備をいう。 ⑥ 培養設備等のうち漏出防止機能に係る部分の改造又は交換を行った場合には、その都度、当該設備の密閉の程度又は性能の検査を行うこと ⑦ 廃液及び廃棄物を不活化すること ⑧ 除菌設備については、交換時、定期検査時及び製造業務内容の変更時に、付着した遺伝子組換え微生物を不活化すること ⑨ 遺伝子組換え微生物を培養又は発酵の用に供する設備に入れ、又はこれから取り出す場合に、遺伝子組換え微生物が施設等から漏出しないよう取り扱うとともに、培養設備等の外面に遺伝子組換え微生物が付着した場合には、直ちに不活化すること ⑩ 作業終了後、使用した培養設備等を洗浄し、又はそれに付着した遺伝子組換え微生物を不活化すること ⑪ 作業区域内を清潔に保ち、げっ歯類、昆虫類等の駆除に努めること ⑫ 教育訓練を受けた事業の従事者以外の者の作業区域への立入りを制限し、仮に立ち入る場合は、事業の従事者の指示に従わせること ⑬ 作業区域には、その見やすいところに「カテゴリー1取扱い中」と表示すること

221

(B) 保管にあたって執るべき拡散防止措置

　　遺伝子組換え生物等の産業上の使用等のうち、保管（生産工程中における保管を除く。）にあたって執るべき拡散防止措置は、次に定めるとおりとする。ただし、施行規則第 16 条第 1 号、第 2 号及び第 4 号に掲げる場合並びに虚偽の情報の提供を受けていたために、第二種使用等にあたって執るべき拡散防止措置を執らないで第二種使用等をする場合を除く。

　(ア) 遺伝子組換え生物等が漏出、逃亡その他拡散しない構造の容器に入れ、かつ、当該容器の見やすい箇所に、遺伝子組換え生物等である旨を表示すること

　(イ) (ア)の遺伝子組換え生物等を入れた容器は、遺伝子組換え生物等以外の生物等と明確に区別して保管することとし、当該保管のための設備の見やすい箇所に、遺伝子組換え生物等を保管している旨を表示すること

(C) 運搬にあたって執るべき拡散防止措置

　　遺伝子組換え生物等の産業上の使用等のうち、運搬（生産工程中における運搬を除く。）にあたって執るべき拡散防止措置は、次に定めるとおりとする。ただし、施行規則第 16 条第 1 号、第 2 号及び第 4 号に掲げる場合並びに虚偽の情報の提供を受けていたために、第二種使用等にあたって執るべき拡散防止措置を執らないで第二種使用等をする場合を除く。

　(ア) 遺伝子組換え生物等が漏出、逃亡その他拡散しない構造の容器等に入れること

　(イ) (ア)の遺伝子組換え生物等を入れた容器（容器を包装する場合にあっては、当該包装）の見やすい箇所に、取扱いに注意を要する旨を表示すること

＜厚生労働省 GILSP 告示＞

18　解説 17 の (A)(ア) の「厚生労働大臣が定める GILSP 遺伝子組換え微生物」として、次に掲げるものが指定されている。〈厚生労働省 GILSP 告示（最近改正：H27/6/23 第 298 号）〉

　＊「GILSP」は、Good Industriallarge Scale Practice の略

① 下表に掲げる宿主及びベクター並びに任意の挿入 DNA を組み合わせて構成された遺伝子組換え微生物

宿主	ベクター
例 1：Escherichia coli B 株及びその由来株	pCZ（pBR322 由来） pET-3a（pBR322 由来） pET-21a(+) pET-22b(+) pET-28a(+) pGEX-5X-1 pW6A pWF6A
例 2：Corynebacterium ammoniagenes	pCG116（pCG11 由来） pRI109

第2章第2節　遺伝子組換え生物等の第二種使用等

挿入 DNA（下記の発現産物等をコードする DNA）	由来生物等
例1：アシル CoA シンテターゼ	Pseudomonas fragi
例2：N-アシルマンノサミンデヒドロゲナーゼ	Flavobacterium sp. 141-8

* 宿主、由来生物等及び挿入 DNA の表記は、慣用名、微生物学用語集（日本細菌学会）及び生化学辞典（日本生化学会）による。
* 宿主の欄に株名の記載がない場合には、病原性及び毒素産生性のない株に限るものとする。
* ベクターには、そのベクターの一部を改変して得た誘導体を含むものとする。ただし、機能上の基本的性質に著しい変化が認められないものに限る。なお、当該改変によって水平伝播を引き起こす可能性のあるものは除く。
* 挿入 DNA は、①由来生物等欄に記載されている生物に由来する DNA、②挿入 DNA の一部を改変して得た DNA であって、当該 DNA から産生される物質の機能上の基本的性質に著しい変化が認められないもの、③①又は②と同一の配列を有する合成 DNA とする。
* 科学的知見の充実等によって、宿主及びベクター並びに任意の挿入 DNA を組み合わせて構成された遺伝子組換え微生物について、環境及び人への健康の安全性を損なう恐れなどが認められた場合は、これらの宿主等は含まれないものとする（カルタヘナ法第 13 条に基づく大臣確認が必要になる）。
* それ自身が有害な影響を及ぼす可能性が低いプロモーターやターミネーター、遺伝子発現やベクターの複製等に関する機能を有しない配列（リンカー、アダプター、クローニングサイト等）は安全性が高いと考えられるので安全性評価の対象としないものとし、表にも記載しないものとする。

② 財務大臣、農林水産大臣、経済産業大臣又は環境大臣が定める GILSP 遺伝子組換え微生物（①に掲げるもの及び経済産業省 GILSP 告示第 2 条に規定するものを除く。）

　　* 「経済産業省 GILSP 告示第 2 条」は、財務大臣、厚生労働大臣、農林水産大臣又は環境大臣が定める GILSP 遺伝子組換え微生物は、経済産業大臣が定めた GILSP 遺伝子組換え微生物とみなすことができるとした規定である。

⇒ 上記の厚生労働省告示に収載されているベクターのうち、タグとなる遺伝子が組み込まれているものを用いた場合、発現産物は、当該タグと挿入 DNA のコードする融合タンパク質となり、これは挿入 DNA がコードするタンパク質と異なるものであるが、当該告示の発現産物の範囲内であると考えて差し支えない。〈H27/7/16 厚生労働省事務連絡〉

⇒ 上記の厚生労働省告示の挿入 DNA は、その部分配列及びその一部の配列が除去されたものも含む。ただし、少なくとも抗原や核酸検出用のプローブ等の機能を有するために適した長さがあることが望ましい。〈H27/7/16 厚生労働省事務連絡〉

⇒ 上記の厚生労働省告示の挿入 DNA がコードするタンパク質は、通常の成熟型タンパク質のほか、その前駆体タンパク質も含む。〈H27/7/16 厚生労働省事務連絡〉

⇒ 上記の厚生労働省告示に掲げる宿主及びベクター並びに挿入 DNA を組み合わせて構成された遺伝子組換え微生物で、最終的にプラスミド DNA 又はその一部が染色体 DNA に組み込まれたものは、GILSP 遺伝子組換え微生物とみなしてよい。〈H27/7/16 厚生労働省事務連絡〉

⇒ 上記の「リンカー」には、融合タンパク質における連結部分のアミノ酸残基をコードする配列も含まれると考えて差し支えない。なお、構成要素の連結に必要とされる制限酵素認識部位など、最小限の長さとすることが望ましい。〈H27/7/16 厚生労働省事務連絡〉

19 GILSP 区分の品目として第二種使用等の拡散防止措置の確認を受けた品目であって、厚生労働省 GILSP 告示に収載されていない品目については、新たに得られた科学的知見

等により、当該告示への収載を申請できる。また、既に当該告示に収載されている品目については、収載内容の変更を申請することができる。これらの希望がある場合は、次に掲げる資料を厚生労働省審査管理課(医薬品、医薬部外品又は化粧品の場合)又は医療機器・再生医療等製品担当参事官室(医療機器、体外診断用医薬品又は再生医療等製品の場合)に提出する。〈H27/6/23 薬食発 0623 第 2 号〉

① 収載希望書(別紙様式)

② 申請時の第二種使用等拡散防止措置確認申請書の様式第一並びに宿主、ベクター及び供与核酸に関する部分の別紙の写し

③ カルタヘナ法の施行以前に「組換え DNA 技術応用医薬品等の製造のための指針について」(昭和 61 年 12 月 11 日薬発第 1051 号)により既に確認されていた品目の場合には、当該申請書(必要部分のみ)の写し

④ 必要に応じて、新たに得られた科学的知見等に関する文献等の写し

20 厚生労働省 GILSP 告示で定められていない遺伝子組換え微生物を用いる場合は、厚生労働大臣に拡散防止措置の確認申請を行う必要があるが、その際、医薬品等の製造に用いる遺伝子組換え微生物に関する情報(宿主の性質、ベクター及び供与核酸の遺伝情報、遺伝子組換え微生物の性質等)等に基づき、遺伝子組換え微生物について、GILSP 並びにカテゴリー1、2 及び 3 の使用区分を選定し、当該区分に対応した拡散防止措置を執る必要がある。〈H16/2/19 薬食発第 0219011 号〉

(ア) GILSP——宿主、供与核酸及びベクター並びに遺伝子組換え微生物が、次に掲げる基準を満たすもの

① 宿主

○ 病原性がないこと

○ 病原性に関係のあるウイルス及びプラスミドを含まないこと

○ 安全に長期間利用した歴史がある又は特殊な培養条件下では増殖するがそれ以外では増殖が制限されていること

② 供与核酸及びベクター

○ 性質が十分に明らかにされており、有害と認められる塩基配列を含まないこと

○ 伝達性に乏しく、かつ、本来耐性を獲得することが知られていない生細胞に耐性マーカーを伝達しないこと

③ 遺伝子組換え微生物

○ 病原性がないこと

○ 宿主と比べて増殖する能力が高くないこと

(イ) カテゴリー1——遺伝子組換え微生物が病原性がある可能性が低く、かつ GILSP に含まれないもの

(ウ) カテゴリー2——遺伝子組換え微生物がヒトに感染性はあるが発症の可能性は少なく、予防対策及び有効な治療法があるもの

(エ) カテゴリー3——遺伝子組換え微生物がヒトに対し病原性があり、取扱う際にかなりの注意を必要とするが、感染・発症してもその危険度は、比較的低く、予防対策及び

有効な治療法があるもの

21 遺伝子組換え微生物を用いて医薬品等を製造する場合の拡散防止措置として、次のとおり示されている。〈H16/2/19 薬食発第 0219011 号〉

(A) GILSP の施設及び設備等

  (a1) 製造

    (ｱ) 施設及び設備

      ① 作業区域が設けられていること

      ② 作業区域内に、遺伝子組換え微生物を利用して医薬品等を製造するための培養又は発酵の用に供するよく整備された装置が設けられていること

      ③ 作業区域内に、製造又は試験検査に使用する器具器械、容器等を洗浄し、又はそれらに付着した遺伝子組換え微生物を不活化するための設備が設けられていること

      ④ 遺伝子組換え微生物の生物学的性状について試験検査をするための設備が設けられていること

      ⑤ 遺伝子組換え微生物を他のものと区別して保管できる設備が設けられていること

      ⑥ 培地等を調整するための設備が設けられていること

      ⑦ 製造従事者の更衣設備が設けられていること

      ⑧ 作業区域内を清潔に保ち、げっ歯類、昆虫類等の駆除に努めること

      ⑨ 作業区域および遺伝子組換え微生物の保管設備には、その見やすいところに、遺伝子組換え微生物の作業レベルに関する必要な事項（例：GILSP 取扱い中）を表示すること

      ⑩ 教育訓練を受けた製造従事者以外の者の作業区域への立入りを作業レベルに応じ制限することとし、仮に立ち入る場合は、製造従事者の指示に従わせること

    (ｲ) 設備管理

      ① 作業終了後、使用した設備・装置を十分に洗浄し、又はそれに付着した遺伝子組換え微生物を不活化すること

      ② 設置時及び定期的に、培養又は発酵の用に供する設備及び当該設備に直接接続された設備並びに除菌装置の密閉の程度又は性能の検査を行うこと

      ③ 設備・装置の機能に係る部分の改造又は交換を行った場合は、その都度、当該設備・装置の密閉の程度又は性能の検査を行うこと

      ④ 除菌装置については、交換時、定期検査時及び製造業務内容の変更時に、付着した遺伝子組換え微生物を不活化すること

    (ｳ) 汚染の防止

      ① 廃液又は廃棄物はそれに含まれる遺伝子組換え微生物の数を最小限にとどめる措置を執った後、廃棄すること

      ② 遺伝子組換え微生物を培養又は発酵の用に供する設備に入れ、又はこれから取

り出す場合に、遺伝子組換え微生物が施設等から漏出しないよう注意すること

③ 遺伝子組換え微生物を含む培養液の大量流出に対する対策及び緊急時の作業手順を確立しておくこと

(a2) 保管

(ア) 遺伝子組換え微生物が漏出しない構造の容器に入れ、かつ、当該容器の見やすい箇所に遺伝子組換え微生物である旨を表示すること

(イ) (ア)の遺伝子組換え微生物を入れた容器は、遺伝子組換え微生物以外の生物と明確に区別して保管することとし、遺伝子組換え微生物を保管している旨を当該保管設備の見やすい箇所に作業レベルに応じて表示(例:GILSP 遺伝子組換え微生物保管中)すること

(ウ) 製造管理者は、遺伝子組換え微生物を含む保管物の明細目録を作成し、保存すること

(a3) 運搬

(ア) 遺伝子組換え微生物を含む材料を作業区域外へ運搬する場合には、遺伝子組換え微生物が漏出しない構造の容器等に入れること

(イ) 遺伝子組換え微生物を含む材料を入れた容器等(容器を包装する場合にあっては、当該包装)の見やすい箇所に取扱いに注意を要する旨を表示すること

(B) カテゴリー1の施設及び設備等

(b1) 製造

(ア) 施設及び設備

① (a1)(ア)①から⑩までに掲げる措置

② その外の大気、水又は土壌と遺伝子組換え微生物とを物理的に分離する施設等であること

③ 作業区域内に、製造従事者が使用する洗浄又は消毒のための設備が設けられていること

④ 必要に応じ、作業区域内に設置された室内における空気中の遺伝子組換え微生物の数を最小限にとどめるための換気設備(遺伝子組換え微生物を捕捉できるものに限る。)が設けられていること

(イ) 設備管理

(a1)(イ)①から④までに掲げる措置

(ウ) 汚染の防止

① (a1)(ウ)①及び③に掲げる措置

② 廃液又は廃棄物は不活化すること

③ 製造従事者は専用の作業着を着用すること

④ 遺伝子組換え微生物を培養又は発酵の用に供する設備に入れ、又はこれから取り出す場合に、遺伝子組換え微生物が施設等から漏出しないよう取り扱うとともに、培養設備等の外面に遺伝子組換え微生物が付着した場合は直ちに不活化すること

第2章第2節　遺伝子組換え生物等の第二種使用等

⑤ 目的の物質を分離する場合であって、その物質がタンパク質等のように失活し
やすいものである時は、培養液の取扱いは、遺伝子組換え微生物の漏出を最小
限にして作業を行うことで差し支えないこと

⑥ 設備・装置からのエアロゾルの漏出を最小限にするよう注意すること

(b2) 保管

(a2)に掲げる措置

(b3) 運搬

(a3)に掲げる措置

(C) カテゴリー2及び3の施設及び設備等

(c1) 製造

(ア) 施設及び設備

① (b1)(ア)①から④までに掲げる措置

② 作業区域内を清潔に保ち、げっ歯類、昆虫類等を防除すること

③ 下表に掲げる措置

		カテゴリー2	カテゴリー3
一	遺伝子組換え微生物を取り扱う工程	閉鎖系	閉鎖系
二	閉鎖系からの排気ガス	遺伝子組換え微生物の漏出を防止	遺伝子組換え微生物の漏出を防止
三	サンプリング、閉鎖系への物質の添加及び他の閉鎖系への遺伝子組換え微生物の移動の場合	遺伝子組換え微生物の漏出を防止	遺伝子組換え微生物の漏出を防止
四	培養液を閉鎖系から開放系に移す場合	遺伝子組換え微生物を不活化してから行う。	遺伝子組換え微生物を不活化してから行う。
五	閉鎖系の密閉のための設計	遺伝子組換え微生物の漏出を防止	遺伝子組換え微生物の漏出を防止
六　閉鎖系を設置する作業区域の条件	バイオハザードの標識	必要	必要
	指定された製造従事者以外の立入り	制限	制限。製造従事者は、エアロックを経由して入ること
	製造従事者の着衣	専用の作業衣	専用の作業衣に完全に交換
	製造従事者が作業区域から退出する際のシャワー設備	場合による	必要
	洗浄設備及びシャワー室からの排水処理設備	場合による	必要

空気の汚染を最小限にするための換気設備	場合による	必要
作業区域が陰圧に保たれていること	場合による	必要
作業区域において、流入・流出する空気が高性能除塵フィルターを通されていること	場合による	必要
作業区域は、閉鎖系内のすべての内容物が漏出してもこれを外部に漏らさないように設計されていること	場合による	必要
作業区域は、燻蒸消毒ができるように設計されていること	場合による	必要

(イ) 設備管理

① (b1)(イ)に掲げる措置

② 製造作業中、培養又は発酵の用に供する設備及び当該設備に直接接続された設備の機能を適切な方法により確認すること

③ 製造に用いられる設備・装置には一連の識別番号を付し、厳重な管理の下に置くこと

(ウ) 汚染の防止

① (b1)(ウ)①から④までに掲げる措置

② 目的の物質を分離する場合であって、その物質がタンパク質等のように失活しやすいものである時は、培養液の取扱いは、その漏出を防止して作業を行うことで差し支えないこと

③ 設備・装置からのエアロゾルの漏出を防止すること

(c2) 保管

(ア) (b2)に掲げる措置

(イ) 作業区域内の保管設備に安全に保管すること

(c3) 運搬

(ア) (b3)に掲げる措置

(イ) 遺伝子組換え微生物を含む材料を作業区域外へ運搬する場合には、容器が万一破損しても内容物が外部に漏出しないようにすること

22 遺伝子組換え微生物を用いて医薬品等を製造する場合の組織及び運営上の遵守事項等として、次のとおり示されている。〈H16/2/19 薬食発第 0219011 号〉

(A) 製造業者

製造業者は、次の任務を果たすこと

＊「製造業者」とは、医薬品等の製造工程において遺伝子組換え微生物を使用等する者をいう。

(a1) 製造所ごとに製造管理者及び製造安全主任者を任命すること

＊「製造管理者」とあるが、医薬部外品、化粧品又は医療機器の場合には、「責任技術者」と

読み替えを行う。

(a2) 製造上の安全性を確保するため製造業者ごとに製造安全委員会を設置し、その委員を任命すること。また、製造安全委員会に、製造業務の安全確保について、調査審議を求めること

(a3) 製造管理者が業務を遂行するにあたって支障を生じることがないようにすること

(B) 製造管理者

製造管理者は、カルタヘナ法、産業利用二種省令及び本通知を熟知し、次の任務を果たすこと

(b1) 製造計画の立案及びその実施に際し、カルタヘナ法、産業利用二種省令及び本通知を十分に遵守し、製造安全主任者との緊密な連絡の下に製造作業全体の適切な管理・監督にあたること

(b2) 製造従事者に対して教育訓練を行うこと

(b3) 製造安全委員会と十分連絡を取るとともに、必要な事項について製造安全委員会に報告すること

(b4) その他製造上の安全性の確保に必要な事項を実施すること

(C) 製造安全主任者

(c1) 製造安全主任者は、遺伝子組換え微生物の使用等に関し、製造管理者を補佐するものであり、製造上の安全性を確保するための知識及び技術に高度に習熟した者であること

(c2) 製造安全主任者は、カルタヘナ法、産業利用二種省令及び本通知を熟知し、次の任務を果たすこと

(ア) 製造がカルタヘナ法、産業利用二種省令及び本通知に従って適正に遂行されていることを確認すること

(イ) 製造管理者に対し助言、報告を行うこと

(ウ) その他製造上の安全性の確保に関し、必要な事項の処理にあたること

(D) 製造従事者

(d1) 製造従事者は、製造管理者の行う教育訓練をあらかじめ受けた者であること

(d2) 製造従事者は、次の事項を遵守すること

(ア) 製造作業を行うにあたって製造上の安全確保について十分に自覚し必要な配慮をすること

(イ) 作業区域内では、作業レベルに応じた作業衣を着用すること

(E) 製造安全委員会

(e1) 製造安全委員会は、高度に専門的な知識及び技術並びに広い視野に立った判断が要求されることを十分に考慮し、適切な分野の者により構成されること

(e2) 製造安全委員会は、製造業者の求めに応じて次の事項について調査審議し、製造業者に報告すること

(ア) 製造作業標準のカルタヘナ法、産業利用二種省令及び本通知に対する適合性

(イ) 製造従事者に対する安全教育訓練及び健康管理の状況

(ウ) 事故発生の際の必要な処置及び改善策

(エ) その他製造上の安全性の確保に関する必要な事項

(e3) 製造安全委員会は、必要に応じて製造管理者又は製造安全主任者から報告を求めることができる。

(F) 教育訓練

製造管理者は、製造作業の開始前に製造従事者に対し、カルタヘナ法、産業利用二種省令及び本通知を熟知させるとともに、次の事項に関する教育訓練を行うこと

(ア) 遺伝子組換え微生物の安全性に関する知識

(イ) 製造に用いる遺伝子組換え微生物の安全な取扱いに関する技術

(ウ) 設備・装置に関する知識及び技術

(エ) 製造工程の安全性に関する知識

(オ) 事故発生時の措置に関する知識

(G) 健康管理

(g1) 製造業者は、製造従事者に対し、定期健康診断を行うとともに、医薬品等を取扱うのに不適当な者を製造作業に従事させないこと

(g2) 製造業者は、製造従事者がカテゴリー2及び3の製造作業に従事する場合は、あらかじめ予防及び治療の方策について検討しておくこと

(g3) 製造業者は、カテゴリー2及び3の製造作業において作業区域内感染のおそれがある場合は、直ちに製造従事者に対し健康診断を行い、適切な措置を採ること。なお、カテゴリー3の製造従事者については、製造従事前に血清をあらかじめ採取し、当該製造従事者が製造に従事することを終えた日から2年間はこれを保存すること

(H) 記録及びその保存

(h1) 製造管理者は、帳簿を備え、次の事項を記載すること

(ア) 遺伝子組換え微生物の名称及びその容器に付された番号

(イ) 遺伝子組換え微生物の保管及び継代の状況

(ウ) 遺伝子組換え微生物の生物学的性状及びその試験検査の年月日

(エ) 遺伝子組換え微生物の譲受けの相手方の氏名及び住所

(オ) 製造従事者の氏名、所属機関、職名、製造業務に従事している期間(カテゴリー1、2及び3の場合に限る。)

(カ) 健康診断の結果

(キ) 製造安全委員会の審議記録(製造作業標準がカルタヘナ法、産業利用二種省令及び本通知に適合していることを確認する根拠となった資料を含む。)

(ク) 設備・装置の定期点検記録及び製造記録

(h2) (h1)の帳簿は、当該医薬品等の製造終了の日から5年間保存すること

(I) 報告

製造業者は、製造に用いる遺伝子組換え微生物に関する情報を収集するとともに、当該遺伝子組換え微生物の評価に影響を及ぼす知見を発見した場合には、すみやかに厚生労働大臣に報告すること

第2章第2節　遺伝子組換え生物等の第二種使用等

＜経済産業省 GILSP 告示＞

23 解説 17 の (A) (ｱ) の「経済産業大臣が定める GILSP 遺伝子組換え微生物」として、次に掲げるものが指定されている。〈経済産業省 GILSP 告示(最近改正：H30/6/15 第 113 号)〉

① 下表に掲げる宿主・ベクターと任意の挿入 DNA を組み合わせて構成された遺伝子組換え微生物

宿主	ベクター
例1：アスペルギルス・ニガー　1208-160 　　　Aspergillus niger 1208-160	pUC19
例2：アスペルギルス・ニガー　変種　マクロスポルス nia2 　　　Aspergillus niger var. macrosporus nia2	pUC118 pUC119／PTptB(←pUC119)

挿入 DNA	由来生物(限定条件)
例1：アセトアミダーゼ(amdS) 　　　Acetamidase(3.5.1.4)	アスペルギルス・ニデュランス Aspergillus nidulans
例2：アセト乳酸合成酵素(ALS) 　　　Acetolactate synthase(2.2.1.6)	イネ

② 財務大臣、厚生労働大臣、農林水産大臣又は環境大臣が定める GILSP 遺伝子組換え微生物は、経済産業大臣が定めた GILSP 遺伝子組換え微生物とみなすことができる。

＜第二種使用使用等に関する行政手続＞

24 第二種使用等に関する行政手続について、次のように整理することができる。

(A) 主務省令で定める拡散防止措置及び大臣確認を受けた拡散防止措置の実施義務

(ｱ) 主務省令で定める拡散防止措置(法第 12 条)

遺伝子組換え生物等の大気等への拡散を防止するために措置は、遺伝子組換え生物等の特性に応じ様々に異なるため、第二種使用等を行う者が講じるべき遺伝子組換え生物等の特性に応じた方法のうち、拡散防止措置をあらかじめ定めておくことが適当な場合には、主務大臣がこれらの遺伝子組換え生物等をリストに載せて主務省令に定める基準に定めておくこととする。第二種使用等を行う者には、当該基準に従って拡散防止装置を講じることが義務づけられる。

(ｲ) 大臣確認を受けた拡散防止措置(法第 13 条)

主務省令で拡散防止措置の定められていない第二種使用等については、遺伝子組換え生物等の第二種使用等をする者が拡散防止措置の案を主務大臣に提出し、当該拡散防止措置が適切である旨の主務大臣の確認を受けた上で第二種使用等を行うこととする。

(B) 適正使用情報(法第 26 条)

遺伝子組換え生物等を譲渡等するときは、その相手方に当該遺伝子組換え生物等の適正使用情報を提供しなければならない。

(C) 主務省令で定める拡散防止措置及び大臣確認を受けた拡散防止措置を遵守させるための措置

(ア) 措置命令(法第14条)

主務省令で定める拡散防止措置及び大臣確認を受けた拡散防止措置に従わずに第二種使用等している場合又は緊急の必要がある場合、主務大臣は必要な措置命令を下すことができる。

(イ) 事故時の措置(法第15条)

第二種使用等をしている者は、事故時においては応急の措置を執るとともに、その概要を主務大臣に届け出なければならない。

第２章第２節　遺伝子組換え生物等の第二種使用等

第十三条（確認を受けた拡散防止措置の実施）

■**第１３条第１項**■

　遺伝子組換え生物等の第二種使用等をする者は、前条の主務省令により当該第二種使用等に当たって執るべき拡散防止措置が定められていない場合[3]（特定遺伝子組換え生物等[2]の第二種使用等をする場合その他主務省令で定める場合を除く。[4]）には、その使用等をする間、あらかじめ主務大臣の確認を受けた拡散防止措置を執らなければならない。[5]

趣　旨

　本規定は、主務省令により拡散防止措置が定められていない第二種使用等をする者は、個別の拡散防止措置について主務大臣の確認を受け、当該措置を執らなければならない旨を定めたものである。

解　説

1　遺伝子組換え生物等の大気等への拡散を防止するための措置は、遺伝子組換え生物等の特性及び使用等の状況に応じて様々に異なるものである。第二種使用等をする者が講じるべき拡散防止措置をあらかじめ定めておくことが適当な場合には、主務大臣がそれらを主務省令に定めておき、第二種使用等をする者に当該省令に従って拡散防止措置を講ずることを義務づけている（法第12条）。

　一方、遺伝子組換え生物等の第二種使用等にあたって執るべき拡散防止措置が主務省令により定められていない場合においては、本規定により、第二種使用等をする者は、その拡散防止措置について主務大臣に申請し、主務大臣による当該拡散防止措置が適当である旨の確認を受けた上で第二種使用等を行うこととしている。

2　「特定遺伝子組換え生物等」とは、その性状等からみて第一種使用等による生物多様性影響が生じないことが明らかな生物として主務大臣が指定する遺伝子組換え生物等をいう。〈法第４条第１項〉　なお、現在のところ指定されたものはない。

3　「主務省令により当該第二種使用等に当たって執るべき拡散防止措置が定められていない場合」とあるが、遺伝子組換え生物等の保管及び運搬にあたって執るべき拡散防止措置については、研究開発二種省令及び産業利用二種省令により定められているため、保管及び運搬に係る第二種使用等をする場合にあっては、主務大臣の確認を受ける必要はない。

4　特定遺伝子組換え生物等を使用等する場合その他主務省令で定める場合は、その拡散防止措置について主務大臣の確認を受ける必要はない。

　「主務省令で定める場合」は、次に掲げる場合とする。〈則第16条〉

（ア）人の生命もしくは身体の保護のための措置又は非常災害に対する応急の措置として、緊急に遺伝子組換え生物等の第二種使用等をする必要がある場合として主務大臣が別に定める場合

（イ）生物検査（法第17条）、収去した遺伝子組換え生物等の検査（法第31条、第32条）を実

施するため、又はその準備を行うため、必要最小限の第二種使用等をする場合

(ウ) 虚偽の情報の提供を受けていたために、拡散防止措置の確認を受けなければならないことを知らないで、第二種使用等をする場合

(エ) 本法の規定に違反して使用等がなされた遺伝子組換え生物等の拡散を防止するため、必要最小限の第二種使用等をする場合

(オ) 植物防疫官が植物防疫所の業務(植物防疫法第8条、第10条)に伴って植物防疫所の施設内において必要最小限の第二種使用等をする場合

(カ) 家畜防疫官が動物検疫所の業務(狂犬病予防法第7条、家畜伝染病予防法第40条・第45条、感染症の予防及び感染症の患者に対する医療に関する法律第55条)に伴って動物検疫所の施設内において必要最小限の第二種使用等をする場合

⇒ 上記(ア)は、医薬品を緊急に使用する必要がある場合など、時間的余裕がない場合には、その拡散防止措置について主務大臣の確認を受けなくてもよいこととしている。

⇒ 上記(イ)は、本法に基づく検査を行う際には未承認の遺伝子組換え生物等が含まれている可能性があるため、そのような場合の使用等を適用除外としている。また、遺伝子組換え生物等が含まれているかどうかの検査に際し、検出しようとしている遺伝子組換え生物等の検出方法をあらかじめ確立する必要があるため、そのような事前準備の段階での使用等についても適用除外とし、本法に基づく検査の迅速かつ的確な実施を確保している。

⇒ 上記(ウ)は、第二種使用等をする遺伝子組換え生物等の譲渡等にあたって提供された情報(法第26条第1項)が誤っていたために、本来であれば主務大臣の確認を受けなければならない遺伝子組換え生物等であることを知らないで第二種使用等する場合等を想定して設けられている。

⇒ 上記(エ)は、本法に違反して使用等がなされている遺伝子組換え生物等の拡散を防止するために廃棄するなど、必要最小限の第二種使用等をする場合を想定して設けられている。

⇒ 上記(オ)及び(カ)は、遺伝子が組換えられた実験動物や植物の輸出入等に際しては、植物防疫法又は家畜伝染病予防法等に基づく検疫等が必要となるが、その際に適切な拡散防止措置が執られた施設で行われる必要最小限の第二種使用等をする場合を想定して設けられている。

5 本条の「主務大臣」は、次に掲げる区分に応じ、それぞれに定める大臣とする。〈則第40条第4項〉

(ア) 研究開発に係る遺伝子組換え生物等の第二種使用等に関する事項

　　○ 文部科学大臣

(イ) (ア)に掲げる事項以外の事項

　　○ 事業所管大臣Ⅲ(財務大臣、文部科学大臣、厚生労働大臣、農林水産大臣、経済産業大臣又は環境大臣であって、当該遺伝子組換え生物等の第二種使用等をする者の行う事業を所管する大臣(当該遺伝子組換え生物等の第二種使用等が事業に係るものとして行われない場合にあっては環境大臣))

第2章第2節　遺伝子組換え生物等の第二種使用等

＊　「事業所管大臣Ⅲ」とは、本書において、財務大臣、文部科学大臣、厚生労働大臣、農林水産大臣、経済産業大臣又は環境大臣であって、対象者の事業を所管する大臣をいうものとする。

⇒　上記(イ)の「(ア)に掲げる事項以外の事項」とは、産業上の第二種使用等に関する事項を意味し、これには商業化又は実用化に向けた使用等に関する事項も含まれる。

　　例えば、研究開発段階を終了し、決められた宿主、供与核酸及びベクターを用いた遺伝子組換え生物を使用して、将来の商業化又は実用化を前提とした設備を用いて実施される商業化又は実用化のためのシステム実験等の段階にあるものは産業利用に該当する。生産規模あるいは商品等としての対価を得ているかどうかは問われない。

⇒　上記(イ)に「又は環境大臣」とあるように、拡散防止措置の確認権者は分野ごとの主務大臣となる。第一種使用規程の承認の場合とは異なり、環境大臣は"分野ごとの主務大臣"の扱いとなる。

6　主務大臣は、拡散防止措置の確認について、関係する他の主務大臣が必要な情報を得られるようにするものとする。〈則第43条第1項〉

7　第一種使用等については『承認』とし、第二種使用等については「確認」としているが、その行政手続上の違いについて、次のように整理することができる。

(ア)　第一種使用等の承認

　　第一種使用等については、外部環境において遺伝子組換え生物等を使用等する形態であることを踏まえ、次に掲げることを考慮して、行政庁が比較的広い裁量を持ち得る「承認」としている。

①　いかなる措置であっても遺伝子組換え生物等の生物多様性への悪影響を防止し、又は極小化するためには十分ではないケースがあり、主務大臣が第一種使用等を認めない場合もあり得ること

②　遺伝子組換え生物等の特性によっては生物多様性への影響を生じる可能性が否定できないこともあるが、第一種使用等によるベネフィットと、管理措置に要するコスト等を比較衡量して判断される場合もあり得ること

③　同じ遺伝子組換え生物等であっても、その利用形態の違いによって、生物多様性への悪影響を防止し、又は極小化するため措置が様々に異なることが想定され、類型化が困難であること

(イ)　第二種使用等の確認

　　第二種使用等については、拡散防止措置を講じた状態で使用等する形態であることを踏まえ、次に掲げることを考慮して、単に、提出された拡散防止措置案が適切であるかどうかの「確認」としている。

①　第二種使用等の場合は、どのような遺伝子組換え生物等であっても、それに応じた適切な拡散防止措置を講ずれば外部環境に影響を与えることはないので、第一種使用等の場合とは異なり、その使用等自体が認められないことがあり得ない。そのため、第二種使用等の可否を判断するのではなく、その執ろうとしている拡散防止措置の適切さのみの判断であること

② これまでの数十年にわたる遺伝子組換え生物等の利用経験やその知見により、拡散防止措置が類型化されてきていること

8 製造者と販売者が異なる場合において、販売者が、遺伝子組換え生物等を含む製品（密閉された状態のもの）を未開封のまま販売するときは、産業利用二種省令の保管（同省令第4条）及び運搬（同省令第5条）に該当するため、それぞれに定められている拡散防止措置を執る必要があり、大臣確認を受ける必要はない。一方、製品を開封し、分注等の作業により小分けにして販売する場合は、産業利用二種省令の使用等に該当するため、GILSP遺伝子組換え微生物でないときは、大臣確認が必要となる。

9 大臣確認に係る施設を移転するときは、使用場所の変更に伴って必要な拡散防止措置も変わることから、あらためて大臣確認の申請を行う必要がある。

10 拡散防止措置の確認を受けようとする者は、遺伝子組換え生物等の使用等をする事業所等において生物多様性への影響を防止するための措置を適切に行うことができるよう、遺伝子組換え生物等の特性及び使用等の態様に応じ、遺伝子組換え生物等の安全な取扱いについて検討する委員会等を設置し、あらかじめ遺伝子組換え生物等の安全な取扱いについての検討を行うとともに、遺伝子組換え生物等の取扱いについて経験を有する者の配置、遺伝子組換え生物等の取扱いに関する教育訓練、事故時における連絡体制の整備を行うよう努めることとされている。〈基本的事項告示〉

11 本規定に違反して確認を受けないで第二種使用等をした者は、50万円以下の罰金に処する。〈法第42条第1号〉
また、いわゆる両罰規定の対象となっており、この行為者を使用する法人又は人には50万円以下の罰金刑が科される。〈法第45条〉

12 偽りその他不正の手段により本規定の確認を受けた者は、50万円以下の罰金に処する。〈法第42条第2号〉
また、いわゆる両罰規定の対象となっており、この行為者を使用する法人又は人には50万円以下の罰金刑が科される。〈法第45条〉

＜厚生労働省関係＞

13 遺伝子組換え生物等を用いて医薬品等を製造する業者は、あらかじめ、厚生労働大臣による第二種使用等の確認を受けなければならない。ただし、厚生労働省GILSP告示により規定されたGILSP遺伝子組換え微生物を用い、産業利用二種省令により定められている拡散防止措置を執って製造を行う場合はこの限りではない。〈H28/7/14 薬生発0714第2号〉

⇒ 上記の「製造」とは、研究開発に係る遺伝子組換え生物等の第二種使用等以外での遺伝子組み換え生物等の第二種使用等をいう。医薬品（体外診断用医薬品を除く。）、医療機器及び再生医療等製品については、治験薬、治験機器及び治験製品の製造を行う前までに、体外診断用医薬品、医薬部外品及び化粧品については、実用化段階での製造（パイロットスケールでの製造及び実生産スケールでの製造）を開始する前までに確認を受けなければならない。〈H28/7/14 薬生発0714第2号〉

＊「治験薬」とは、被験薬及び対照薬（治験に係るものに限る。）をいう。

第2章第2節　遺伝子組換え生物等の第二種使用等

＊「被験薬」とは、治験の対象とされる薬物又は製造販売後臨床試験の対象とされる医薬品をいう。

＊「対照薬」とは、治験又は製造販売後臨床試験において被験薬と比較する目的で用いられる医薬品又は薬物その他の物質をいう。

＊「治験機器」とは、被験機器及び対照機器(治験に係るものに限る。)をいう。

＊「被験機器」とは、治験の対象とされる機械器具等又は製造販売後臨床試験の対象とされる医療機器をいう。

＊「機械器具等」とは、機械器具、歯科材料、医療用品、衛生用品並びにプログラム及びこれを記録した記録媒体をいう。

＊「プログラム」とは、電子計算機に対する指令であって、一の結果を得ることができるように組み合わされたものをいう。

＊「対照機器」とは、治験又は製造販売後臨床試験において被験機器と比較する目的で用いられる医療機器又は機械器具等その他の物質をいう。

＊「被験製品」とは、治験の対象とされる加工細胞等又は製造販売後臨床試験の対象とされる再生医療等製品をいう。

＊「加工細胞等」とは、人もしくは動物の細胞に培養その他の加工を施したもの又は人もしくは動物の細胞に導入され、これらの体内で発現する遺伝子を含有させたものをいう。

＊「対照製品」とは、治験又は製造販売後臨床試験において被験製品と比較する目的で用いられる再生医療等製品又は加工細胞等その他の物質をいう。

＊「治験製品」とは、被験製品及び対照製品(治験に係るものに限る。)をいう。

14　厚生労働省 GILSP 告示は、製造指針に基づいた GILSP 確認の実績及び学識経験者の意見等を踏まえて作成したものであるが、当該告示に収載されているものであっても、宿主によっては糖鎖付加等の翻訳後修飾を生起する場合があるため、安全性を損なうおそれを生じさせるような宿主と挿入 DNA の組み合わせを用いる場合は、大臣確認が必要となる。

　また、当該告示に収載されているものであっても、科学的知見の充実によって、ウイルス、感染性のウイルス様粒子を生じる可能性のある因子、高等生物に伝播する可能性のある因子、水平伝播を引き起こす可能性のある因子を宿主に導入するケースなど、生物多様性影響が生ずるおそれが認められた場合は、大臣確認が必要となる。〈H28/7/14 薬生発 0714 第 2 号〉

■第13条第2項■

前項の確認の申請は、次の事項を記載した申請書を提出して、これをしなければならない。
一　氏名及び住所
二　第二種使用等の対象となる遺伝子組換え生物等の特性
三　第二種使用等において執る拡散防止措置
四　前三号に掲げるもののほか、主務省令で定める事項

趣　旨

　本規定は、第二種使用等に係る拡散防止措置の確認申請書の記載事項について明示したものである。

解　説

1　申請書の様式等は、研究開発等のための使用等と産業上の使用等に分けて、それぞれ研究開発二種省令と産業利用二種省令において定められている。

2　研究開発等に係る遺伝子組換え生物等の第二種使用等にあたって執るべき拡散防止措置が定められていない場合の拡散防止措置の確認に関し、「申請書」の様式は、別記様式(略)のとおりとする。〈研究開発二種省令〉

3　遺伝子組換え生物等の第二種使用等のうち産業上の使用等にあたって執るべき拡散防止措置が定められていない場合の拡散防止措置の確認に関し、「申請書」の様式は、次に掲げる遺伝子組換え生物等の区分に応じ、それぞれに定める様式とする。〈産業利用二種省令(最近改正：H18/6/6第2号)〉
① 遺伝子組換え微生物──様式第一
② 遺伝子組換え動物──様式第二
　　＊「遺伝子組換え動物」とは、細胞外において核酸を加工する技術であって主務省令で定めるもの(法第2条第2項第1号)の利用により得られた核酸又はその複製物を有する遺伝子組換え生物等のうち、動物界に属する生物をいう。
③ 遺伝子組換え植物等──様式第三
　　＊「遺伝子組換え植物等」とは、細胞外において核酸を加工する技術であって主務省令で定めるもの(法第2条第2項第1号)の利用により得られた核酸又はその複製物を有する遺伝子組換え生物等のうち、植物界に属する生物及び菌界に属する生物(きのこ類に限る。)をいう。

4　第二種使用等に関する申請先として、次のような事例が挙げられる。
○ 研究開発に係る遺伝子組換え実験での使用──文部科学省
○ 酒類の生産工程での使用──財務省
○ 実験用動物、動物用医薬品製造微生物の生産工程での使用──農林水産省
○ 工業用酵素、試薬、医薬品中間体の生産工程での使用──経済産業省

＜第1号＞

5　「氏名及び住所」とあるが、法人にあっては、その名称、代表者の氏名及び主たる事務所の所在地をいう。〈法第4条第2項第1号〉

＜第4号＞

第2章第2節　遺伝子組換え生物等の第二種使用等

6　主務大臣は、主務省令の制定又は改廃について、関係する他の主務大臣が必要な情報を得られるようにするものとする。〈則第43条第1項〉

7　研究開発等に係る遺伝子組換え生物等の第二種使用等にあたって執るべき拡散防止措置が定められていない場合の拡散防止措置の確認に関し、「主務省令で定める事項」は、次に掲げる事項とする。〈研究開発二種省令〉

①　第二種使用等の名称

②　第二種使用等をする場所の名称及び所在地

③　第二種使用等の目的及び概要

④　遺伝子組換え生物等を保有している動物又は植物の特性(動物接種実験又は植物接種実験の場合に限る。)

⑤　微生物である遺伝子組換え生物等を保有している細胞等(動物及び植物以外のものに限る。)の特性(微生物である遺伝子組換え生物等を保有している細胞等(動物及び植物以外のものに限る。)を用いる場合に限る。)

8　遺伝子組換え生物等の第二種使用等のうち産業上の使用等にあたって執るべき拡散防止措置が定められていない場合の拡散防止措置の確認に関し、「主務省令で定める事項」は、次に掲げる事項とする。〈産業利用二種省令(最近改正：H18/6/6第2号)〉

①　遺伝子組換え生物等の種類の名称

②　第二種使用等をする場所の名称及び所在地

③　第二種使用等の目的及び概要

＜財務省関係＞

9　財務大臣が所管する事業における確認の申請に関する留意事項として、次のとおり示されている。

(A)　確認申請の手続等に関する事項について

　　確認申請は、第二種使用等をしようとする場所の所在地を管轄する国税局長宛てに申請書等を提出する。なお、その際、申請書等の内容を記録した電磁的記録媒体があればこれと併せて提出する。

　　＊「国税局長」とあるが、沖縄国税事務所長が含まれる。

(B)　拡散防止措置の確認の判断基準について

　　主に次に掲げる事項について確認を行う。

(ア)　使用する遺伝子組換え生物等が、いわゆるGILSP遺伝子組換え微生物に相当するかどうか

　　＊「GILSP遺伝子組換え微生物」とは、特殊な培養条件下以外では増殖が制限されること、病原性がないこと等のため最小限の拡散防止措置を執ることが妥当と考えられる微生物をいう。

(イ)　使用する遺伝子組換え生物等の区分に応じ、産業利用二種省令別表に準じた拡散防止措置を執ることが予定されているか

(C)　申請書等の内容に関する事項について

　　食品衛生法における安全性審査を受けている場合には、申請書の「その他」欄に、

遺伝子組換え生物等の使用に関し得られている知見として、食品衛生法上の安全性審査を受けた際の審査過程及び結果を記載し、必要に応じて審査時に提出した資料等の関連資料を添付する。

(D) その他

(ｱ) 標準処理期間

申請書等が国税庁長官に上申された日から確認(法第13条第1項)を行うまでの標準処理期間は3ヶ月間とする。ただし、申請書等が上申された後にその不備が明らかになり、申請をされる方がこれを修正するために要する期間及び有識者の意見に基づき必要となった追加的な情報又は書類について、その提出を求められてから申請をされる方が当該情報又は書類を提出するまでの期間はこれに含まない。また、事務処理上の困難その他正当な理由があるときは、この限りではない。

(ｲ) 法の対象となる生物及び技術の範囲

申請者は、申請に係る遺伝子組換え生物等が施行規則第1条に規定する細胞等に該当するか否か、また、当該遺伝子組換え生物等を得るために利用された技術が施行規則第2条に規定する技術に該当するか否か等について疑義が生じた場合には、国税局鑑定官室に問い合わせることとする。

(ｳ) 住所又は氏名の変更の報告

申請中の者及び財務大臣の確認を受けた者は、申請に係る住所又は氏名に変更が生じた場合には、すみやかに「住所氏名変更報告書」により国税局長に報告する。

(ｴ) 拡散防止措置の変更の報告

申請中の者で、拡散防止措置に変更を行う場合には、「第二種使用等拡散防止措置の変更報告書」により国税局長に報告する。

＜厚生労働省関係＞

10 申請書は、正本1通、副本2通を総合機構を経由して厚生労働大臣宛てに提出する。その際、申請内容を記録した電磁的記録があれば、当該電磁的記録についても提出する必要がある。〈H28/7/14 薬生発0714第2号〉

11 確認申請の標準的事務処理期間は3か月とする。〈H28/7/14 薬生発0714第2号〉

⇒ 次に掲げる期間は、標準的事務処理期間に含まないものとする。また、申請までに必要に応じて総合機構に相談する等、申請資料に不備がないよう資料整備を十分に行う必要がある。〈H16/3/19 薬食審査発第0319001号(最近改正:H28/7/29 薬生薬審発0729第4号・薬生機審発0729第5号)〉

① 申請書等が提出された後にその不備が明らかになり、申請者がこれを修正するために要する期間

② 学識経験者の意見に基づき必要となった追加的な情報又は書類を申請者が提出するまでの期間

12 海外で製造された遺伝子治療用の遺伝子組換えウイルスを輸入し、産業利用二種省令に従って国内で保管又は運搬のみを行う場合は、第二種使用等に係る拡散防止措置の確認は不要である。ただし、保管した遺伝子組換えウイルスを国内で廃棄する場合は、廃

棄する施設ごとに第二種使用等に係る拡散防止措置の確認が必要となる。〈H27/7/16 厚生労働省事務連絡〉

13 第二種使用等に係る拡散防止措置について、既に経済産業大臣等の確認を受けて製造し、販売しているものを、医薬品等の原材料として転用する場合（転用するにあたって第二種使用等の内容が変わらない場合に限る。）は、あらためて、厚生労働大臣の確認を受ける必要はない。

なお、その場合は、製造開始時の報告（平成27年6月23日薬食審査発0623第1号等）に、経済産業省大臣等の確認を受ける際に申請した資料の写し及び経済産業大臣の確認を受けたことを示す通知書を添付する必要がある。〈H27/7/16 厚生労働省事務連絡〉

14 研究開発段階における第二種使用等について、臨床研究の段階で治験に使用することを想定しておらず、研究開発を所管する文部科学大臣の確認を受けて製造された遺伝子組換えウイルス等を治験薬に転用する場合は、既に製造されたロットに限り転用可能である。次のロットの製造を開始する前には、第二種使用等に係る厚生労働大臣の確認を受ける必要がある。〈H27/7/16 厚生労働省事務連絡〉

15 治験薬の製造を行う前までに第二種使用等の確認を受けなければならないが、国内で治験薬製造の段階を経ずに医薬品の製造を開始する場合は、実用化段階での製造を開始する前までに確認を受ける必要がある。ただし、第二種使用等に係る確認申請に必要な試験を行う場合など、製造工程の確立に向けた検討を行う段階の製造にあっては、産業上の使用等に該当しないため、当該確認を受ける必要はない。〈H27/7/16 厚生労働省事務連絡〉

16 遺伝子組換え微生物の第二種使用等に係る拡散防止措置の確認を受けた後に、拡散防止措置の変更しようとする場合、GILSP 又はカテゴリー1 であって拡散防止措置への影響が軽微であれば、確認の申請は不要とする。その場合、別紙 1（略）の変更届出書に確認事項の新旧対照表を添付して届け出る必要がある。

なお、次に掲げる場合を除き、確認申請書の別紙の内容のみに変更を生じるときは、軽微な変更に該当すると考えられる。〈H27/7/16 厚生労働省事務連絡〉

① 遺伝子組換え生物等の同一性が失われる変更

② 作業区域の拡張（作業区域に付随する空調系及び排水系がいずれも確認内容から変更されない場合を除く。）

③ その他産業利用二種省令別表の拡散防止措置の内容に影響を及ぼす変更

17 次に掲げる事項を変更する場合は、別紙様式3（平成16年2月19日薬食発第0219011号）の変更届をすみやかに提出する必要がある。〈H27/7/16 厚生労働省事務連絡〉

① 製造業者の所在地、名称、代表者の職名・氏名

② 製造所の所在地（実質上の場所の変更がない場合）、名称

③ 製造管理者又は責任技術者の職名・氏名

＜農林水産省関係＞

18 確認申請の手続等に関する事項として、次のとおり示されている。〈H16/10/20 16 消安第 5284 号（最近改正：H28/9/9 28 消安第 1552 号等）〉

(ｱ) 申請書等の提出先等

申請書及びこれに付随する書類の提出先は、農林水産省消費・安全局農産安全管理課とする。なお、その際、申請書等の内容を記録した電磁的記録媒体があればこれと併せて提出することとする。

(ｲ) 学識経験者による拡散防止措置の評価

申請に係る確認を行うにあたっては、拡散防止措置の有効性を評価するために、拡散防止措置に関し専門の学識経験を有する者の意見を聴くこととする。農林水産省消費・安全局長は、農林水産省農林水産技術会議事務局長の同意を得た上で、学識経験者から拡散防止措置の評価を行うにふさわしい者を選定するとともに、当該選定された学識経験者の名簿を作成してこれを公表する。学識経験者の意見を聴くにあたっては、当該名簿に記載されている学識経験者で構成される会議を開催する。また、会議において集約された意見をもって、学識経験者の意見とする。

なお、会議は、動物用医薬品及び動物用再生医療等製品に係る拡散防止措置について意見を聴取する場合には、薬事・食品衛生審議会薬事分科会再生医療等製品・生物由来技術部会長が開催する。それ以外の場合には、農林水産省農林水産技術会議事務局長が開催する。

(ｳ) 申請者による申請書等の説明等

(ｲ)の会議は、拡散防止措置の確認を受けようとする者(申請者)に対し、必要に応じ申請書等の説明及び質問に対する回答を求めることとする。

(ｴ) 標準処理期間

申請書等が農林水産大臣に提出された日から拡散防止措置の確認を行うまでの標準処理期間は3か月とする。ただし、次に掲げる期間は、標準処理期間に含まないものとする。

① 申請書が提出された後にその不備が明らかになり、申請者がこれを修正するために要する期間

② 有識者の意見に基づき必要となった追加的な情報又は書類について、その提出を求められてから申請者が当該情報又は書類を提出するまでの期間

(ｵ) 法の対象となる生物及び技術の範囲

申請者は、申請に係る遺伝子組換え生物等が施行規則第1条に規定する細胞等に該当するか否か、また、当該遺伝子組換え生物等を得るために利用された技術が施行規則第2条に規定する技術に該当するか否か等について疑義が生じた場合には、農林水産省消費・安全局農産安全管理課に問い合わせることとする。

19 確認申請書等の内容に関する事項として、次のとおり示されている。〈H16/10/20 16消安第5284号(最近改正：H28/9/9 28消安第1552号等)〉

(A) 施設・設備に関する事項

(ｱ) 様式において、それぞれ様式第1の備考の20、様式第2の備考の19及び様式第3の備考の23に定める「設備の仕様」には、耐用年数を含めるものとする。

＊「様式」とは、産業利用二種省令第7条に規定する様式第1、様式第2及び様式第3をいう。

（ｲ）　様式の「その他」欄には、それぞれ様式第1の備考の22(3)、様式第2の備考の20(3)及び様式第3の備考の25(3)に定める「事業者における管理体制」として、次に掲げる事項を記載する。

① 施設・設備の保守点検体制

② 経験者の配置及び教育訓練体制（管理責任者等を置く場合には、その旨を記載すること）

③ その他必要な事項（申請に係る第二種使用等による生物多様性影響の防止に関する事項について検討するための委員会を設置する場合には、その旨を記載すること）

（B）　事故時等緊急時における対処方法に関する事項

様式の「その他」欄には、様式第1の備考の22の(2)、様式第2の備考の20(2)及び様式第3の備考の25(2)に定める「事故時等緊急時における対処方法」として、応急の措置（法第15条）に係る次に掲げる事項を記載する。

（ｱ）　実施体制及び責任者

（ｲ）　申請に係る遺伝子組換え生物等を不活化するための具体的な措置の内容

　　　＊「不活化」とは、遺伝子組換え生物等を細胞等（則第1条）以外のものに人為的に変えることをいう。

（ｳ）　農林水産大臣への連絡の方法

（ｴ）　その他必要な事項

20　第二種使用等に係る体制の整備に関する事項として、次のとおり示されている。

〈H16/10/20 16 消安第 5284 号（最近改正：H28/9/9 28 消安第 1552 号等）〉

（ｱ）　委員会の設置

申請者は、申請に係る第二種使用等による生物多様性影響の防止に関する事項について検討するための委員会を設置するよう努めるとともに、設置した場合には、委員の名簿を申請書とともに提出する。

（ｲ）　委員会の構成

（ｱ）の委員会の委員は、次に掲げる者のうちから選定するよう努めるものとする。また、申請者が法人の場合は、可能な限り、当該法人に所属する者以外の者から選定した委員を含むことが望ましい。

① 申請に係る遺伝子組換え生物等の特性に関し専門の知見を有する者

② 申請に係る遺伝子組換え生物等の使用、保管、運搬その他の第二種使用等の実態に関し専門の知見を有する者

③ 申請に係る第二種使用等を行う場所を管理する者

（ｳ）　委員会における検討事項

委員会は次に掲げる事項に関する検討を行う。

① 申請に係る拡散防止措置の方法

② 事故時等緊急時の対処方法の内容

③ 申請に係る第二種使用等を行う者の教育訓練の方法

④ その他申請に係る第二種使用等の拡散防止措置に関する事項

(エ) 管理責任者及び管理主任者の選任

　　　申請者は、遺伝子組換え生物等の使用等に関連する法令に精通し、次に掲げる役割を果たす管理責任者及びこれを補佐する管理主任者を遺伝子組換え生物等の第二種使用等について経験を有する者の中から選任し、事業所に置くよう努める。

① 申請に係る第二種使用等を行う者の教育訓練を実施すること

② 拡散防止措置に係る施設等において破損その他の事故が発生した場合には、事故時等緊急時における対処方法により応急措置を講ずること

③ 施設等の維持管理を行うこと

＜経済産業省関係＞

21　経済産業大臣の確認の手順として、次のとおり示されている。〈H30/1/11 経済産業省商務情報政策局商務・サービスグループ生物化学産業課〉

(A) 独立行政法人製品評価技術基盤機構(NITE)における事前審査

　　　申請予定の事業者等は、NITE において事前審査を受けることが推奨される。事前審査終了時は、NITE よりメール等による連絡が行われる。

(B) 申請書の提出

　　　第二種使用等に係る大臣確認を希望する事業者等は、産業利用二種省令に定められた様式に従って、申請書を 2 部(正本及び副本(副本はコピー可))を作成し、経済産業省商務情報政策局商務・サービスグループ生物化学産業課宛てに提出する。

(C) 拡散防止措置の有効性等に係る審査

　　　申請された拡散防止措置等が適切であるかの審査は、原則として、大臣確認チェックリスト I に基づいて行われる。これには、カテゴリー1 区分の微生物、動物及び植物で、かつ、宿主・ベクター及び拡散防止措置が過去に大臣確認された申請と同一で挿入 DMA のみが異なるものである場合も含まれる。

　　　包括申請された拡散防止措置等については、大臣確認チェックリスト II に基づき審査(必要と認めるときは事前の現場確認も含む。)が行われる。

　　＊「大臣確認チェックリスト I」とは、本書において、第二種使用等に係る大臣確認チェックリスト(個別申請の場合)をいうものとする。

　　＊「大臣確認チェックリスト II」とは、本書において、第二種使用等に係る大臣確認チェックリスト(包括申請の場合)をいうものとする。

(D) 大臣確認の通知

　　　大臣確認を得た案件に関しては、原則として申請書の接受から 2 週間以内に申請者に対し、その旨を通知する。ただし、NITE の事前審査を受けていない場合や宿主等の性質から拡散防止措置等が適切であるかの判断が技術的に難しい場合で、審査にあたって学識経験者の意見聴取等を行うための期間が必要になる場合はこの限りでない。

(E) 大臣確認内容の整理・保存

　　　大臣確認通知が行われた内容等は、経済産業省 GILSP 告示の改定やチェックリストの見直しに活用するため、経済産業省及び NITE においてその情報を整理・保存する。

22　解説 21(C)の「大臣確認チェックリスト I」の内容は、次のとおりである。

（c1）遺伝子組換え生物等の名称

　　〇　過去に申請された名称との重複が無いか。

（c2）使用等の場所

　　〇　場所の名称が工場名又は製造事業所名等（添付図面で確認）

（c3）使用等の概要

　　〇　遺伝子組換え技術の概要の記載

　　〇　使用等の目的及び生産規模の記載

（c4）遺伝子組換え生物等の特性

　（ア）宿主

　　　〇　学名が最新

　　　〇　GILSP リストへの記載の有無

　　　〇　拡散防止措置のバイオ・セーフティー・レベル（BSL）

　　　〇　工業利用等の歴史の有無

　　　〇　過去に同一の宿主が大臣確認を受けていること（大臣確認されたカテゴリー1 区
　　　　分の微生物、動物及び植物に限る。）

　　　　＊　「大臣確認されたカテゴリー1 区分の微生物、動物及び植物」とは、カテゴリー1 区分
　　　　　の微生物、動物及び植物で、かつ、宿主・ベクター及び拡散防止措置が過去に大臣確認
　　　　　された申請と同一で供与核酸のみが異なるものをいう。

　（イ）供与核酸の機能

　　　〇　由来生物のＢＳＬの根拠

　　　〇　供与核酸の有害性の有無（ORF（Open Reading Frame））検索による有害性遺伝子と
　　　　の相同性の有無）

　（ウ）ベクター

　　　〇　GILSP リストへの記載の有無

　　　〇　ベクターの由来と特性に関する情報（伝達性が無いことを確認）

　　　〇　過去に同一のベクターが大臣確認を受けていること（大臣確認されたカテゴリー
　　　　1区分の微生物、動物及び植物に限る。）

　（エ）遺伝子組換え生物

　　　〇　遺伝子組換え生物の構築図と調整方法の記載

　　　〇　供与核酸がベクターにあるか染色体にあるかを記載

　　　〇　宿主との相違を記載

（c5）拡散防止措置の概要

　　　〇　大臣確認された動物及び植物の場合は、下記に限らず、過去に同一の拡散防止措
　　　　置が大臣確認を受けていることとする。

　（ア）使用区分

　　　〇　使用区分（GILSP またはカテゴリー1）及び区分に対応した拡散防止措置を実施す
　　　　る旨を記載

　（イ）作業区域の位置

○ 設備の場所

○ 使用施設等における作業区域設定の有無

(ウ) 設備

① 配置・構造

○ 作業区域内の遺伝子組換え微生物を利用して製品を製造するための培養又は発酵の用に供する設備の設置の有無

○ 作業区域内の製品製造又は試験検査に使用する器具、容器等の洗浄又はそれらに付着した遺伝子組換え微生物を不活化するための設備の有無

○ 遺伝子組換え微生物の生物学的性状についての試験検査をするための設備の有無

○ 遺伝子組換え微生物を他のものと区別して保管できる設備の有無

○ 廃液又は廃棄物に含まれる遺伝子組換え微生物の数を最小限にとどめる措置の概要

○ 生産工程中において遺伝子組換え微生物を施設等の外に持ち出す場合の使用容器の構造

(カテゴリー1は以下の事項も含む)

○ 施設等は大気、水又は土壌と遺伝子組換え微生物とを物理的に分離可能か否か

○ 作業区域内の作業員が使用する洗浄又は消毒のための設備の有無

○ 作業区域内の空気中の遺伝子組換え微生物の数を最小限にとどめるための換気設備の有無

○ 培養設備等の密閉性能の検査状況

○ 培養設備等のうち漏出防止機能に係る部分の改造又は交換を行った場合の当該設備の密閉の程度又は性能の検査状況

○ 廃液及び廃棄物が不活化されるか否か

○ 除菌設備の交換時、定期検査時及び製造業務内容の変更時に、付着した遺伝子組換え微生物を不活化させるための措置

○ 遺伝子組換え微生物を培養又は発酵の用に供する設備に入れ、又はこれから取り出す場合の、遺伝子組換え微生物が施設等から漏出しないための措置。また、培養設備等の外面に遺伝子組換え微生物が付着した場合の不活化の措置

○ 作業終了後、使用した培養設備等を洗浄し、又はそれに付着した遺伝子組換え微生物を不活化させるための措置

○ 作業区域内を清掃及びげっ歯類、昆虫類等の駆除に努めているか否か

○ 作業員以外の者の作業区域への立入り制限の有無

② 生産工程

○ 遺伝子組換え生物の作業区域外における運搬の記載

○ 遺伝子組換え生物の不活化工程の記載

○ 製品への遺伝子組換え生物の含有の有無

第2章第2節　遺伝子組換え生物等の第二種使用等

(c6) 安全管理体制

(ア) 遺伝子組換えを実施する事業所における安全委員会の設置

(イ) 遺伝子組換え生物等の取扱い経験者の有無

23 解説21(C)の「大臣確認チェックリストⅡ」の内容は、次のとおりである。

(c1) 包括申請の対象範囲及び基準

○ 包括申請の対象範囲Ⅰを満たしているか

○ 申請の日以前3年以内に個別に確認3件以上を受けて適切に第二種使用等をした実績を有する者であること、あるいは包括確認を受けた者であることとする基準を満たしているか

(c2) 使用等の場所

○ 場所の名称が工場名又は製造事業所名等(添付図面で確認)

(c3) 使用等の概要

○ 遺伝子組換え技術の概要の記載

○ 使用等の目的及び生産規模の記載

(c4) 遺伝子組換え生物等の特性

(ア) 宿主

○ 学名が最新

○ GILSPリストへの記載の有無

○ 拡散防止措置のバイオ・セーフティー・レベル(BSL)

○ 工業利用等の歴史の有無

(イ) 供与核酸の機能

○ 包括申請の対象範囲Ⅱに該当しているか

(ウ) ベクター

○ GILSPリストへの記載の有無

○ ベクターの由来と特性に関する情報(伝達性が無いことを確認)

(エ) 遺伝子組換え微生物

○ 遺伝子組換え微生物の構築図と調整方法の記載

○ 供与核酸がベクターにあるか染色体にあるかを記載

○ 宿主との相違を記載

(c5) 拡散防止措置の概要

(ア) 使用区分

○ 使用区分(GILSP)に対応した拡散防止措置を実施する旨を記載

(イ) 作業区域の位置

○ 設備の場所

○ 使用施設等における作業区域設定の有無

(ウ) 設備

① 配置・構造

○ 作業区域内の遺伝子組換え微生物を利用して製品を製造するための培養又は

発酵の用に供する設備の設置の有無
- ○ 作業区域内の製品製造又は試験検査に使用する器具、容器等の洗浄又はそれらに付着した遺伝子組換え微生物を不活化するための設備の有無
- ○ 遺伝子組換え微生物の生物学的性状についての試験検査をするための設備の有無
- ○ 遺伝子組換え微生物を他のものと区別して保管できる設備の有無
- ○ 廃液又は廃棄物に含まれる遺伝子組換え微生物の数を最小限にとどめる措置の概要
- ○ 生産工程中において遺伝子組換え微生物を施設等の外に持ち出す場合の使用容器の構造

② 生産工程
- ○ 遺伝子組換え微生物の作業区域外における運搬の記載
- ○ 遺伝子組換え微生物の不活化工程の記載
- ○ 製品への遺伝子組換え微生物の含有の有無

(c6) 安全管理体制

(ｱ) 遺伝子組換えを実施する事業所における安全委員会の設置

(ｲ) 安全委員会における遺伝子組換え微生物の取扱い業務その他これに類する業務に３年以上従事した経験を有する者が２名以上配置

(ｳ) 安全委員会で供与核酸及び遺伝子組換え微生物が包括確認を受けた対象に合致するかの確認や、使用の適否を審議する仕組みとしているか

(c7) 事前の現場確認

事前の現場確認においては、必要に応じて以下の項目を確認する。

(ｱ) 安全管理体制の整備状況

(ｲ) 拡散防止措置の確認

(ｳ) 遺伝子組換え生物等の取扱いに関する教育訓練

(ｴ) 事故時等緊急時における対処方法

(ｵ) 他法令の遵守

⇒ 上記(c1)の「包括申請の対象範囲Ⅰ」とは、宿主、ベクター及び遺伝子組換え微生物が次の基準を満たすことをいう。〈H30/1/11 20171220 商局第１号〉

① 宿主
- ○ 病原性がないこと
- ○ 病原性に関係のあるウイルス及びプラスミドを含まないこと
- ○ 安全に長期間利用した歴史がある又は特殊な培養条件下では増殖するがそれ以外では増殖が制限されていること

② 供与核酸及びベクター
- ○ 性質が十分明らかにされており、有害と認められる塩基配列を含まないこと
- ○ 伝達性に乏しく、かつ、本来耐性を獲得することが知られていない生細胞に耐性マーカーを伝達しないこと

③ 遺伝子組換え微生物
　　〇 病原性がないこと
　　〇 宿主と比べて増殖する能力が高くないこと

⇒　上記(c4)(イ)の「包括申請の対象範囲Ⅱ」とは、次に掲げるとおりである。〈H30/1/11 20171220 商局第1号〉

① 供与核酸の由来生物が、動植物、ヒト又は微生物(バイオセーフティレベルが BSL1 であるものに限る。)であること

② 供与核酸が、以下に該当しないものであって、当該供与核酸からの生成物の機能が動植物及びヒトに対し、最新の科学的知見に照らし安全であることが推定される同定済核酸であること
　　〇 供与核酸が由来生物の病原性に関係するもの
　　〇 供与核酸が由来生物の毒性に関係するもの
　　〇 供与核酸が宿主以外の生物への伝達性に関係するもの
　　〇 遺伝子組換えにより、宿主の病原性、毒性、増殖能力、生残性を変化させる又はヒトに危害を与える生物活性を獲得することにより、有害性を増大させると推定される供与核酸

24 包括申請における経済産業大臣の確認について、次のとおり示されている。〈H30/1/11 20171220 商局第1号〉

(ア) 確認の基準

① 申請の日以前3年以内に個別に確認3件以上を受け、適切に第二種使用等をした実績を有する者であること、又は包括確認を受けた者であることとする。

② 包括申請する者は、生産業務等の安全を確保するために、遺伝子組換えを実施する事務所における安全委員会において、遺伝子組換え微生物経験者を2名以上配置すること。なお、遺伝子組換え微生物経験者には、外部有識者を含むことができる。
　　＊「安全委員会」とは、遺伝子組換え生物等の安全な取扱いについて検討する委員会をいう。
　　＊「遺伝子組換え微生物経験者」とは、遺伝子組換え微生物の取扱い業務その他これに類する業務に3年以上従事した経験を有する者をいう。

(イ) 経済産業大臣による確認の手続
　　経済産業大臣が必要と認めるときには、経済産業省及び NITE が、事前の現場確認による審査を行うものとする。

(ウ) 包括確認を受けた者の行動指針

① 包括確認を受けた者は、遺伝子組換え微生物を産業利用するときは、供与核酸の判定指針に従うものとする。

② 包括確認を受けた者は、生産前に安全委員会において、供与核酸及び遺伝子組換え微生物が包括確認を受けた対象に合致するかを確認し、使用の適否について審議すること

③ 包括確認を受けた者は、毎年度末に、遅滞なく、別紙様式(略)により、第二種使用等における使用実績等を経済産業省に対し、報告すること

25 解説24(ウ)①の「供与核酸の判定指針」として、次のとおり示されている。〈H30/1/11 生物化学産業課〉

(A) はじめに

　　包括申請においては、使用する供与核酸を構成するすべての要素について、最終的な判断として「供与核酸における判定基準」を満たす必要がある。このため、包括確認を受けた事業者は、使用したい遺伝子組換え微生物を作成した場合には、供与核酸に関する要素について確認すると共に、使用する遺伝子組換え微生物そのものが、包括確認された拡散防止措置に合致するかどうかを、下記の判定基準及びチェック項目に従って、安全委員会で判断すること。安全委員会で判断できない場合は、遺伝子組換え微生物毎に個別の申請を行い、経済産業省の大臣確認を受けること

【供与核酸における判定基準】

　　供与核酸の由来生物が、動植物、ヒト又は微生物（バイオセーフティレベルがBSL1であるものに限る。）であること。供与核酸が、以下に該当しないものであって、当該供与核酸からの生成物の機能が動植物及びヒトに対し、最新の科学的知見に照らし安全であることが推定される同定済核酸であること
　　① 供与核酸が由来生物の病原性に関係するもの
　　② 供与核酸が由来生物の毒性に関係するもの
　　③ 供与核酸が宿主以外の生物への伝達性に関係するもの
　　④ 遺伝子組換えにより、宿主の病原性、毒性、増殖能力、生残性を変化させる又はヒトに危害を与える生物活性を獲得することにより、有害性を増大させると推定される供与核酸

(B) チェック項目及び使用区分の判定

(b1) 供与核酸の由来生物における判定基準

　　宿主に移入する核酸のうち、包括確認されたベクターに由来するもの以外のすべての核酸が供与核酸となる。これら供与核酸は、目的遺伝子のほか、その隣接領域及び調節領域の核酸を含むものであり、具体的には、プロモーター、ターミネーター、エンハンサー、オペレーターの核酸がこれに当たる。なお、合成配列からなるリンカー、アダプター、クローニングサイト、スペーサーは、由来生物の判定の対象とはしない。

　　これらすべての供与核酸の由来生物において、動植物及びヒトに対する病原性を以下の検索サイトによって調べ、すべての供与核酸の由来生物が「BSL1」であることを確認すること。データベースによる検索や文献情報の収集は、対象となる供与核酸及び遺伝子組換え微生物の使用の可否を判定する時点における、最新の情報及び知見に基づくものであること。

　　なお、供与核酸の由来生物が動植物及びヒトである場合、バイオセーフティレベ

ル(BSL)の確認は不要なため、(b2)の判定から開始してよい。

【チェック項目】
　供与核酸の由来生物が微生物である場合、バイオセーフティーレベルが「BSL1」
であって、動植物及びヒトに対する病原性が報告されていないこと。なお、由来生
物の種が不明で同属内に病原性があるものが存在する場合には、使用する供与核酸
の由来生物が安全であることを証明する科学的根拠が存在すること

(ア) 第一次検索調査

　　次のような病原体名に基づく検索公開リストをすべて参照し、多面的に病原性
の有無の確認を行うこと

○　独立行政法人製品評価技術基盤機構の微生物有害情報リスト

　　　(http://www.nite.go.jp/nbrc/list/risk/index.html)

○　国立感染症研究所の病原体等安全管理規程、同研究所ホームページ

　　　(http://www0.nih.go.jp/niid/Biosafety/kanrikitei3/)

○　日本細菌学会

　　　(http://jsbac.org/infectious_disease/index.html)

○　農林水産省動物検疫所

　　　(http://www.maff.go.jp/aqs/)

○　DSMZ(Deutsche Sammlung von Mikroorganismen und Zellkulturen GmbH)

　　　Bacterial Nomenclature Up-to-date

　　　(http://www.dsmz.de/bactnom/bactname.htm)

(イ) 第二次検索調査

　　利用する供与核酸の由来生物の種が不明であって、①の第一次検索調査におい
て同属内に病原性があるものが存在する場合は、次に示すような文献検索等によ
り関連資料を収集し、由来生物の安全性が確保できるものであることを論文等の
文献情報により確認すること

○　NCBI National Library of Medicine(医学、生物科学全般)

　　　(http://www.ncbi.nlm.nih.gov/pubmed)

○　科学技術振興機構(JST)科学技術情報 情報発信・流通総合システム(J-STAGE)

　　　(https://www.jstage.jst.go.jp/browse/-char/ja/)

【留意点】

○ 由来生物については、遺伝子組換え微生物の作成が終わった時点での第一次検索調査により最新の学名を検索し、その上でバイオセーフティーレベルの確認や文献検索を行うものとする。

○ 由来生物の種が不明の場合には、由来生物のリボソーム RNA 遺伝子等のシークエンス解析を行って系統分類を行い、可能な限り種を特定して評価する。

○ 種名まで特定できない場合、かつ、同属内に病原性があるものが確認された場合には、文献検索及び系統分類の結果から、目的の供与核酸の由来生物が、病原性のある種ではないことを確認する。

(b2) 構成要素の機能における判定基準

宿主に移入する核酸のうち、包括確認されたベクターに由来するもの以外のものであって、目的遺伝子のほか、その隣接領域及び調節領域の核酸が有する機能がすべての項目において「供与核酸における判定基準」に照らし安全であることを確認すること。

具体的には、目的遺伝子のほか、プロモーター、ターミネーター、エンハンサー、オペレーター、生理活性を有しないリンカー、アダプター、クローニングサイト及びスペーサーの核酸を含んだ構成要素を用いる場合は、その機能と目的に関する情報を論文などの文献で確認することにより、次にに挙げる項目について検索調査し、動植物及びヒトに対して病原性、毒性、もしくは有害と認められる塩基配列を含まず、伝達性に乏しいことを確認すること。

＊「有害と認められる塩基配列を含まず」とは、有害な既知のタンパク質又はポリペプチドをコードする DNA を含まないことを意味する。

＊「伝達性に乏しい」とは、核酸がある生物個体から他の生物個体へ伝達される程度が低いことを意味する。具体的には、微生物から微生物への遺伝子の水平伝達を高頻度にもたらすプラスミドの接合伝達やバクテリオファージによる形質導入等が起こらないことをいう。

○ 供与核酸が遺伝子として有する機能及び物質を生産又は処理する場合に推定される代謝経路等の性質が十分明らかにされており、その性質に照らして有害と認められる塩基配列を含まないことを確認する。

○ 供与核酸の発現産物である酵素もしくは遺伝子組換え微生物を用いて物質生産及び処理を行う場合は、発現産物の機能と推定される宿主の代謝経路について調べ、物質生産又は処理との関係を示し、安全性上の問題がないことを確認する。

○ 伝達性に乏しく、かつ、本来耐性を獲得することが知られていない生細胞に耐性マーカーを伝達しないことを確認する。

なお、包括申請においては、供与核酸の由来生物が病原性を有しない場合のみ判定となるため、当該生物由来の供与核酸は有害でないと判定することが妥当であるとも考えられる。しかしながらこの判定は、宿主及びベクターの性質と合わせて、

第2章第2節　遺伝子組換え生物等の第二種使用等

　供与核酸の性質を個別に考慮することが重要である。例えば、サイトカイン等の生理活性物質や毒物・薬剤の分解・代謝に関わる酵素、細胞壁等の構成成分に対して加水分解活性を示す酵素等は例外的に特段の判定基準を明示することが求められることがある。

　　また、WHOの安全性マニュアル(Laboratory biosafety manual Third edition)によれば、供与核酸が既知の生物活性を有するタンパク質等をコードしており、その産物が危害を生じさせる可能性のある状況において、その発現レベルと併せて評価すべきものとして、トキシン、サイトカイン、ホルモン、発現調節因子、病原性に関わる因子又はエンハンサー、腫瘍形成因子、抗生物質耐性因子、アレルゲンを要注意遺伝子として指摘している。したがって、物質としての安全性だけでなく、その物質を発現した遺伝子組換え微生物としての安全性を確認する必要がある。

　　これらが確認できない場合は、包括申請の範囲内であることが判定できないため、当該供与核酸を含む遺伝子組換え微生物については、個別に申請を行うこと。

【チェック項目】
　各文献検索等の結果、供与核酸における構成要素の機能において、物質を生産又は処理する場合に推定される経路などの性質が明らかになっており、これらの性質が動植物及びヒトに対して病原性や毒性、有害と認められる塩基配列を含まず、かつ、伝達性にも乏しい安全なものであること

　　検索調査として、次の検索サイトを使用して供与核酸が有害な機能を含まないことを確認すること
○　NCBI National Library of Medicine(医学、生物科学全般)
　　　(http://www.ncbi.nlm.nih.gov/pubmed)
○　科学技術振興機構(JST)科学技術情報　情報発信・流通総合システム(J-STAGE)
　　　(https://www.jstage.jst.go.jp/browse/-char/ja/)

【留意点】
○　複数の供与核酸を移入する場合には、それらを組み合わせたことにより発現する機能や活性について考慮すること。例えば酵素などは、サブユニット単体では酵素活性を有しないが、サブユニット同士が会合することにより活性を示す場合がある。
○　供与核酸の病原性については、文部科学省のポジションペーパー「二種省令における病原性等の考え方について(平成16年12月7日遺伝子組換え技術等専門委員会)」(http://www.lifescience.mext.go.jp/bioethics/data/anzen/position_08.pdf)を参考とし、次に挙げる活性が報告されていないかをキーワード検索等により確認する。

- ・トキシン
- ・サイトカイン
- ・ホルモン
- ・発現調節因子
- ・病原性に関わる因子又はエンハンサー
- ・腫瘍形成因子
- ・抗生物質耐性因子
- ・アレルゲン

○ トキシン及び病原性に関係する因子の中には、外毒素等の様に単独で感染宿主に多大な影響を与えるものと、多数の因子と作用し病原性に寄与するものがあることに留意する。供与核酸遺伝子が宿主内で発現した時に、動植物及びヒトにどのような作用を示すのかを各々検索調査し、申請遺伝子を発現させた場合のリスクについて判定する。

○ 発現調節因子のうち、遺伝子発現量の単純な調節を目的としたものは含まない。ただし、当該調節機構により制御を受ける遺伝子の性質が、「供与核酸における判定基準」④に示した宿主の有害性を増大させる可能性がある場合(例：遺伝子の活性化により細胞の癌化等が起きる場合)には、病原性を高める可能性が否定できないものと判定する。

○ 抗生物質耐性因子には、包括確認されたベクター由来のもの、もしくは、GILSPリストに掲載されている薬剤耐性マーカー遺伝子は含まない。ただし、供与核酸遺伝子単独あるいは薬剤耐性マーカー遺伝子を加えて多剤耐性を宿主に付加する可能性がある場合には、「供与核酸における判定基準」④に示した宿主の有害性を増大させる可能性も含めたリスクについて判定する。

○ アレルゲンとは、アレルギーを起こす原因物質(食物・花粉・ダニ・動物・カビ等)のことをいう。例えば、食物アレルゲンについては、消費者庁より、これまで食物アレルギーに係る呼吸困難等の重篤な健康危害が見られた症例から、その際に食した食品の中で明らかに特定された原材料についてアレルギー物質を含む「特定原材料」及び「特定原材料に準ずるもの」を指定しており、これらを参考にして、リスクについて判定する。

　＊「特定原材料」とは、食物アレルギー症状を引き起こすことが明らかになった食品のうち、特に発症数、重篤度から勘案して表示する必要性の高いものを食品表示基準において特定原材料として定め、7品目(えび、かに、小麦、そば、卵、乳、落花生)の表示を義務づけている。

　＊「特定原材料に準ずるもの」とは、食物アレルギー症状を引き起こすことが明らかになった食品のうち、症例数や重篤な症状を呈する者の数が継続して相当数みられるが、特定原材料に比べると少ないものを特定原材料に準ずるものとして、20品目(あわび、いか、いくら、オレンジ、カシューナッツ、キウイフルーツ、牛肉、くるみ、ごま、さけ、さば、大豆、鶏肉、バナナ、豚肉、まつたけ、もも、やまいも、りんご、ゼラチン)を原材料として含む加工食品については、当該食品を原材料として含む旨を可能な限り表示するよう努めることとする。

第2章第2節　遺伝子組換え生物等の第二種使用等

○ 検索でヒットした文献に何らかの病名が出ている場合は、申請遺伝子が病因や疾病の進行に関係しているかどうかを当該文献等に記載されているキーワードを利用して追加で検索調査をする。

○ 当初に検索調査を行ったときから新たに病原性が報告されている場合や、過去に疾病の原因遺伝子とされていても現在の知見ではそうではないというケースもあるため、可能な限り最新の文献で現在の評価を確認する。現在においても評価に決着がついていない場合で疾病との関連が疑わしいものについては、病原性の可能性が否定できないものと判定し、当該供与核酸を含む遺伝子組換え微生物については、個別に申請を行うこと。

　なお、上記キーワード等で文献検索を行い、各因子として文献に記載されたものであっても、当該供与核酸の機能の安全性が他の論文等によって明確に確保されている場合は、安全委員会で使用の可否についての判断を行うことができる。

(b3)　供与核酸の安全性における判定基準

　　供与核酸が目的遺伝子及び調節配列の核酸以外の機能未知なオープンリーディングフレーム(ORF)を含む場合は、供与核酸(周辺配列を含む場合は周辺配列にコードされる ORF を含む。)が既知の病原因子等に有意に類似してしないことを慎重に確認する必要がある。この場合、供与核酸の6つのフレーム(1塩基ずつずらした3フレーム及び逆方向の合計 6 フレーム)について可能な限り新しいアミノ酸配列データベースでホモロジー検索を行い、病原性、毒素、発ガン性、ウイルスなどに関連する遺伝子との相同性の程度を検討することによって、既知の有害な DNA を含まないことを確認すること。

　　具体的には、供与核酸全長内のアミノ酸残基がおおむね 40 残基以上の ORF を対象とし、NCBI の Non-redundant protein sequences(nr)等の最新のデータベースを対象とする blastp("アミノ酸配列"対"アミノ酸配列")検索を行った際に、有意な相同性を持つタンパク質の中に既知の病原因子等がないことを確認する。必要な場合には、有意な相同性を持つタンパク質のアミノ酸配列を使って分子系統解析を行い、目的タンパク質を含むクレード(単系統群)の中に既知の病原因子等が含まれないことを確認する。各系統分類や分子系統解析には Clustal W 等の多重整列・系統解析プログラムを用いることができる。なお、供与核酸が極端に短い場合は、供与核酸を含むベクターの一定領域(300 塩基程度)を選択し、その部分に対して ORF 検索を行うものとする。

　　BLAST 検索の結果については、既知の遺伝子にヒットしないもの、もしくは、既知の有害な DNA にヒットしない場合には、安全であると判定する。なお、供与核酸の有害性については、(b2)の具体例に示した内容に従って判定をすること。

　　既知の有害な DNA にヒットした場合は、ORF 検索及び相同性検索結果のみでは安全であることが判定できないため、個別に申請を行うこと。

【チェック項目】

供与核酸に含まれる ORF の相同性検索において、既知の有害な DNA 配列を含まないこと

検索調査として、次の検索サイトを使用して既知の有害な DNA 配列を含まないことを確認すること

○ NCBI ORF 検索サイト(ORF finder)

(https://www.ncbi.nlm.nih.gov/orffinder/)

○ NCBI Blast 検索サイト(Protein BLAST)

(https://blast.ncbi.nlm.nih.gov/Blast.cgi?PROGRAM=blastp&PAGE_TYPE=BlastSearch&LINK_LOC=blasthome)

(b4) 遺伝子組換え微生物

(b1)から(b3)までに示すチェック項目に基づき、基準を満たすと判定した供与核酸を用い作成した遺伝子組換え微生物について、次に掲げる項目について調査し、包括確認された拡散防止措置の範囲となることを確認すること

(ア) 細胞内に移入した核酸の存在状態及び発現の安定性

① 移入した核酸が遺伝子組換え微生物の染色体に組み込まれているか細胞質内に存在するかを確認すること

② 組換え DNA 分子の安定性については、次の 2 つの方法のどちらかで確認を行い、移入した供与核酸の構成が維持されていることを確認すること

(i) 生産時と同様な培養条件において、組換え DNA 分子の脱落率と変化のしやすさを継代の状況をもとに確認すること。また、組換え DNA 分子を安定化する方法があれば確認すること。

(ii) 挿入遺伝子の発現の程度を酵素活性等によって見積り、その継代変化から安定性についての知見を確認すること

③ 相同組換え等によって移入した核酸が染色体へ組み込まれる場合は、当該挿入 DNA を宿主に導入することによって宿主の性質がリスクを増幅させる方向に変わることがないことを確認すること。具体的には、宿主染色体の挿入される部位についての情報、フレームシフトや新たなフュージョンタンパク質の生起の有無、及び新規な ORF の出現の有無について調査し、意図しない性質の発現がないことを確認する。

(イ) 宿主(又は宿主の属する分類学上の種)との相違

① 増殖の様式の相違点については、遺伝子組換え微生物と宿主の増殖能力の比較結果を確認すること。なお、明確な根拠がある場合には実験的に比較する必要はない。

② 病原性の相違については、遺伝子組換え微生物が新たな病原性を有しているかどう　かについて根拠と共に確認すること

第2章第2節　遺伝子組換え生物等の第二種使用等

③　その他の情報として、遺伝子組換え微生物の宿主(又は宿主の属する分類学上の種)との特性の違いに関する生理学的・生化学的性質、核酸伝達性等の情報を確認すること

④　遺伝子組換え微生物と宿主(又は宿主の属する分類学上の種)との識別を可能とする特徴などを確認すること

(ウ)　当該施設における生産工程の確認

当該遺伝子組換え微生物の生産又は遺伝子組換え微生物を使用して行う物質の生産の工程を確認すること。また、実際に使用する各種機器、バルブの箇所や各工程内容等が包括確認された拡散防止措置の範囲に合致するかを確認すること。

特に遺伝子組換え微生物を不活化する方法について、以下の内容が包括確認された拡散防止措置の範囲内に合致するかを確認すること。

①　製造設備又は試験検査に使用する器具、容器等を洗浄する設備又は、それらに付着した遺伝子組換え微生物を不活化するための設備及びその方法

②　廃液又は廃棄物について、それらに含まれる遺伝子組換え微生物が検出されないレベルにとどめるための措置をとるための方法

【チェック項目】

これらすべての項目において、新たな供与核酸を導入した遺伝子組換え微生物の性質が、元の宿主と比較して、増殖速度の上昇や(不活化用)薬剤に対する生残性の増大等、有害性が増大しておらず、包括確認された拡散防止措置で使用できる範囲内であること

(b1)の「供与核酸の由来生物における判定基準」及び(b2)の「構成要素の機能における判定基準」においては、第二次検索調査における文献調査のほかに、次のような専門の参考文献があるので必要に応じて参照しても良い。

○　日本植物病害大事典(出版：全国農村教育協会)

○　植物病理学事典(出版：養賢堂)

○　改訂・魚病学概論(出版：恒星社厚生閣)

○　魚病学(出版：学窓社)

○　生物農薬・フェロモンガイドブック(出版社：日本植物防疫協会)

○　Bergey's Manual of Systematic Bacteriology(出版：Springer)

○　Fields Virology(出版社：Lippincott Williams & Wilkins)

○　Manual of Clinical Microbiology(出版：American Society for Microbiology Press)

○　The Desk Encyclopedia of Microbiology(出版：Academic Press)

■第１３条第３項■

前二項に規定するもののほか、第一項の確認に関して必要な事項は、主務省令で定める。[1]

趣旨

　本規定は、第二種使用等に係る拡散防止措置の確認に関して必要な事項は主務省令で定める旨を明示したものである。

解説

　1　主務大臣は、主務省令の制定又は改廃について、関係する他の主務大臣が必要な情報を得られるようにするものとする。〈則第43条第1項〉

第２章第２節　遺伝子組換え生物等の第二種使用等

第十四条（第二種使用等に関する措置命令）

（平二九法一八・一部改正）

■第１４条第１項■

　主務大臣は、第十二条又は前条第一項の規定に違反して遺伝子組換え生物等の第二種使用等をしている者又はした者に対し、第十二条の主務省令で定める拡散防止措置を執ることその他の必要な措置を執るべきことを命ずることができる。

趣 旨

　本規定は、主務大臣は、主務省令で定める拡散防止措置又は主務大臣の確認を受けた拡散防止措置に従わないで遺伝子組換え生物等の第二種使用等をしている者等に対し、当該拡散防止措置の遵守等の措置命令を下すことができる旨を定めたものである。

解 説

1　カルタヘナ法は、議定書の内容を国内担保するために制定されたものであるが、遺伝子組換え生物等により生じた損害に関する「責任及び救済」の分野（議定書第 27 条）については締結国の義務とはなっていない。しかしながら、国内法整備上、「責任及び救済」に関する条項が必要と判断されたため、我が国独自の判断により、カルタヘナ法制定当初から本規定が設けられている。同様の理由により、本条第 2 項も法制定当初より設けられている。

2　本条の「主務大臣」は、次に掲げる区分に応じ、それぞれに定める大臣のいずれかとする。〈則第 40 条第 5 項〉

（ア）研究開発に係る遺伝子組換え生物等の第二種使用等に関する事項

　①　事業所管大臣（財務大臣、厚生労働大臣、農林水産大臣又は経済産業大臣であって、第二種使用等に関する措置命令（法第 14 条第 1 項、第 2 項）もしくは第二種使用等に関する事故時の応急の措置命令（法第 15 条第 2 項）の対象となる者又は第二種使用等に関する事故の届出（法第 15 条第 1 項）をする者の行う事業を所管する大臣）

　②　文部科学大臣

　③　環境大臣

（イ）（ア）に掲げる事項以外の事項

　①　事業所管大臣Ⅱ（財務大臣、文部科学大臣、厚生労働大臣、農林水産大臣又は経済産業大臣であって、第二種使用等に関する措置命令（法第 14 条第 1 項、第 2 項）もしくは第二種使用等に関する事故時の応急の措置命令（法第 15 条第 2 項）の対象となる者又は第二種使用等に関する事故の届出（法第 15 条第 1 項）をする者の行う事業を所管する大臣）

　②　環境大臣

3　「第十二条又は前条第一項の規定に違反して」とあるように、主務省令で定める拡散防止措置（法第 12 条）又は主務大臣の確認を受けた拡散防止措置（法第 13 条第 1 項）を執らないで第二種使用等をしている者等に対し、施設等の外への遺伝子組換え生物等の拡散を

259

防止するための必要な措置を執ることが命じられる。

4　「している者又はした者」とあるが、第二種使用等で拡散防止措置命令が発動される場合としては、現に使用等されている施設等において適切な拡散防止措置が執られていない場合が主に想定されるため、「している者」を「した者」より先に規定している。

5　「している者又はした者」とあるが、従前は、『している者、又はした者』となっていた。しかしながら、「又は」の前に「、」が打たれる規定の仕方はほとんど用例がないため、平成 29 年の法改正により、「又は」の前に「、」を打たない規定の仕方に改められることとなった。

6　本規定による命令に違反した者は、1 年以下の懲役もしくは 100 万円以下の罰金に処し、又はこれを併科する。〈法第 38 条〉

　また、いわゆる両罰規定の対象となっており、この行為者を使用する法人又は人には 100 万円以下の罰金刑が科される。〈法第 45 条〉

⇒　虚偽の情報の提供を受けていたために拡散防止措置の確認を受けなければならないことを知らないで、譲り受けた遺伝子組換え生物等の第二種使用等をしたような場合は、そもそも法規制の対象としていないため(則第 16 条第 3 号)、措置命令(法第 14 条第 1 項)が発動されることはない。当然ながら、上記の罰則が適用されることもない。

第２章第２節　遺伝子組換え生物等の第二種使用等

■第１４条第２項■

> 　主務大臣は、第十二条の主務省令の制定又は前条第一項の確認の日以降における遺伝子組換え生物等に関する科学的知見の充実により施設等の外への遺伝子組換え生物等の拡散を防止するため緊急の必要があると認めるに至ったときは、第十二条の主務省令により定められている拡散防止措置を執って遺伝子組換え生物等の第二種使用等をしている者若しくはした者又は前条第一項の確認を受けた者に対し、当該拡散防止措置を改善するための措置を執ることその他の必要な措置を執るべきことを命ずることができる。

趣　旨

　本規定は、遺伝子組換え生物等の施設外への拡散を防止するため緊急の必要があるときは、遺伝子組換え生物等の第二種使用等をしている者等に対し、拡散防止措置の改善等の措置命令を下すことができる旨を定めたものである。

解　説

1　拡散防止措置を主務省令で定めた後、あるいは主務大臣が拡散防止措置の確認を行った後に新たな知見が得られ、その第二種使用等を継続すると遺伝子組換え生物等が施設等の外に拡散してしまう可能性がある場合、既存の拡散防止措置を執り続けることは適当でないことから、そのような場合に当該拡散防止措置の改善等を命ずることができるようにしている。

2　「制定」とあり、『制定若しくは改廃』としていないが、主務省令の改正又は廃止の日以降における遺伝子組換え生物等に関する科学的知見の充実についても当然に包含されるものと解される。

3　「している者若しくはした者」とあるが、主務省令で定められている拡散防止措置（法第12条）に従って行われる第二種使用等について、拡散防止措置の改善命令が発動される場合としては、現に使用等されている場合が主に想定されるため、「している者」を「した者」より先に規定している。

4　「確認を受けた者」とは、主務大臣の確認を受けた拡散防止措置（法第13条第1項）に従って第二種使用等を『している者』又は『した者』をいう。

5　本規定による命令に違反した者は、1年以下の懲役もしくは100万円以下の罰金に処し、又はこれを併科する。〈法第38条〉

　また、いわゆる両罰規定の対象となっており、この行為者を使用する法人又は人には100万円以下の罰金刑が科される。〈法第45条〉

261

■第１４条第３項■

> 　環境大臣は、第十二条又は前条第一項の規定に違反して遺伝子組換え生物等の第二種使用等がなされている場合又はなされた場合において、当該第二種使用等により生ずる影響であって、生物の多様性（生物の多様性の確保上特に重要なものとして環境省令で定める種又は地域に係るものに限る。以下この項において同じ。）を損なうもの又は損なうおそれの著しいものが生じたと認めるときは、当該第二種使用等をしている者又はした者に対し、当該影響による生物の多様性に係る損害の回復を図るため必要な措置を執るべきことを命ずることができる。

趣 旨

　本規定は、環境大臣は、本法に違反する第二種使用等により生物の多様性が損なわれたときは、当該第二種使用等をしている者等に対し、生物の多様性に係る損害の回復を図るための措置命令を下すことができる旨を定めたものである。

解 説

1　本規定は、平成 22 年の議定書第 5 回締約国会議において、「バイオセーフティに関するカルタヘナ議定書の責任と救済についての名古屋・クアラルンプール補足議定書」が採択されたことを受け、平成 29 年の法改正により新設されたものである。

2　「第十二条又は前条第一項の規定に違反して」とあるように、主務省令で定める拡散防止措置（法第 12 条）又は主務大臣の確認を受けた拡散防止措置（法第 13 条第 1 項）を執らないで第二種使用等をした者等に対し、生物多様性の回復措置を執るべきことが命じられる。

3　「環境省令で定める種」は、国内希少野生動植物種とする。〈種地域省令〉

⇒　上記の「国内希少野生動植物種」とは、その個体が本邦に生息し又は生育する絶滅のおそれのある野生動植物の種であって、政令で定めるもの（例：シジュウカラガン、トキ）をいう。〈種の保存法第 4 条第 3 項〉

4　「環境省令で定める（略）地域」は、次に掲げるものとする。〈種地域省令〉

① 国立公園の区域のうち、環境大臣の指定を受けた区域（自然公園法第 20 条第 3 項第 12 号、第 14 号）

② 国立公園の区域のうち、特別保護地区（自然公園法第 21 条第 1 項）

③ 原生自然環境保全地域（自然環境保全法第 14 条第 1 項）

④ 自然環境保全地域の区域のうち、環境大臣の指定を受けた区域（自然環境保全法第 25 条第 4 項第 4 号、第 5 号）

⑤ 生息地等保護区の区域のうち、種の保存法第 37 条第 4 項各号列記以外の部分の規定による環境大臣の指定を受けた区域（同項第 11 号に掲げる行為に係るものに限る。）

⑥ 環境大臣の指定を受けた鳥獣保護区の区域のうち、環境大臣の指定を受けた区域（鳥獣保護法第 29 条第 7 項第 4 号）

5　「している者又はした者」とあるが、第二種使用等で回復措置命令が発動される場合

第2章第2節 遺伝子組換え生物等の第二種使用等

としては、既に使用等した遺伝子組換え生物等が一般環境中に逸失して生物の多様性が損なわれる場合が主に想定されるため、『した者又はしている者』と規定するべきかもしれない。しかしながら、平成29年の法改正により、措置命令の対象者の規定順を、「している者」→「した者」に統一することとなったため、「している者又はした者」と規定している。

6 平成29年の改正法の施行日（平成30年3月5日）の前に、遺伝子組換え生物等を第二種使用等した者には、本規定は適用されない。回復措置命令に関する本規定は、平成30年3月5日以後に第二種使用等した者にのみ適用される。〈H29/4/21 法律第18号附則第2項〉

7 本規定による命令に違反した者は、1年以下の懲役もしくは100万円以下の罰金に処し、又はこれを併科する。〈法第38条〉

　また、いわゆる両罰規定の対象となっており、この行為者を使用する法人又は人には100万円以下の罰金刑が科される。〈法第45条〉

⇒　虚偽の情報の提供を受けていたために拡散防止措置の確認を受けなければならないことを知らないで、譲り受けた遺伝子組換え生物等の第二種使用等をしたような場合は、そもそも法規制の対象としていないため(則第16条第3号)、回復命令(法第14条第3項)が発動されることはない。当然ながら、上記の罰則が適用されることもない。

第十五条（第二種使用等に関する事故時の措置）

■第15条第1項■

遺伝子組換え生物等の第二種使用等をしている者[2]は、拡散防止措置に係る施設等において破損その他の事故が発生し、当該遺伝子組換え生物等について第十二条の主務省令で定める拡散防止措置又は第十三条第一項の確認を受けた拡散防止措置を執ることができないときは、直ちに、その事故について応急の措置を執るとともに、速やかにその事故の状況及び執った措置の概要を主務大臣[3]に届け出なければならない。

趣旨

本規定は、遺伝子組換え生物等の第二種使用等をしている者に対し、施設等の破損により所定の拡散防止措置を執ることができないときは、応急の措置を執るとともに、主務大臣への届出を義務づけたものである。

解説

1 拡散防止措置に用いられている施設等に破損等の事故が起こり、主務省令で定める拡散防止措置（法第12条）又は主務大臣の確認を受けた拡散防止措置（法第13条第1項）を執ることができず、又は執ることができないおそれが生じたときには適切に対処する必要がある。

この場合、直ちに措置命令（法第14条第2項）を発動することはせず、まずは、本規定により当人に応急の措置（例：破損した施設の修復）を執る義務を課し、主務省令で定める拡散防止措置又は確認を受けた拡散防止措置を執ることができる状況に復帰させ、併せて、事故の状況及び執った措置の概要を主務大臣に届け出させることとしている。

2 「している者」とあるように、本規定の届出義務は、遺伝子組換え生物等の第二種使用等をしている者のみに課せられている。これは、事故時においては、遺伝子組換え生物等の使用等をしている者が当該事故の内容を把握することができるためである。

3 本条の「主務大臣」は、次に掲げる区分に応じ、それぞれに定める大臣のいずれかとする。〈則第40条第5項〉

(ア) 研究開発に係る遺伝子組換え生物等の第二種使用等に関する事項

① 事業所管大臣（財務大臣、厚生労働大臣、農林水産大臣又は経済産業大臣であって、第二種使用等に関する措置命令（法第14条第1項、第2項）もしくは第二種使用等に関する事故時の応急の措置命令（法第15条第2項）の対象となる者又は第二種使用等に関する事故の届出（法第15条第1項）をする者の行う事業を所管する大臣）

② 文部科学大臣

③ 環境大臣

(イ) (ア)に掲げる事項以外の事項

① 事業所管大臣Ⅱ（財務大臣、文部科学大臣、厚生労働大臣、農林水産大臣又は経済産業大臣であって、第二種使用等に関する措置命令（法第14条第1項、第2項）もしく

は第二種使用等に関する事故時の応急の措置命令(法第 15 条第 2 項)の対象となる者
又は第二種使用等に関する事故の届出(法第 15 条第 1 項)をする者の行う事業を所管
する大臣)

② 環境大臣

■第15条第2項■

　主務大臣は、前項に規定する者が同項の応急の措置を執っていないと認めるときは、その
者に対し、同項に規定する応急の措置を執るべきことを命ずることができる。

趣　旨

　本規定は、主務大臣は、施設等の破損の際に応急の措置が執られていないときは、遺伝
子組換え生物等の第二種使用等をしている者に対し、応急の措置命令を下すことができる
旨を定めたものである。

解　説

1　拡散防止措置に用いられている施設等の破損等の事故時において、遺伝子組換え生物
　等の第二種使用等をしている者が応急の措置を執っていないと認めるときは、主務大臣
　は、応急の措置命令を発動するものとし、事故時における生物多様性影響を最小限にす
　るため万全を期すこととしている。

2　「応急の措置を執っていないと認めるとき」とあるが、これには、執られた応急措置
　が不適切であった場合も含まれる。

3　本規定による命令に違反した者は、1 年以下の懲役もしくは 100 万円以下の罰金に処
　し、又はこれを併科する。〈法第 38 条〉
　　また、いわゆる両罰規定の対象となっており、この行為者を使用する法人又は人には
　100 万円以下の罰金刑が科される。〈法第 45 条〉

第三節　生物検査

第十六条（輸入の届出）

生産地の事情その他の事情からみて、その使用等により生物多様性影響が生ずるおそれがないとはいえない遺伝子組換え生物等をこれに該当すると知らないで輸入するおそれが高い場合その他これに類する場合であって主務大臣が指定する場合に該当するときは、その指定に係る輸入をしようとする者は、主務省令で定めるところにより、その都度その旨を主務大臣に届け出なければならない。

趣　旨

本規定は、生物多様性影響が生ずるおそれがないとはいえない遺伝子組換え生物等であると知らずに輸入するおそれが高いとして主務大臣が指定する場合においては、これを輸入しようとする者に対し、主務大臣への届出を義務づけたものである。

解　説

1　遺伝子組換え生物等を作成又は輸入して第一種使用等をしようとする者には、第一種使用規程の承認(法第4条第1項)を受けることが義務づけられている。しかしながら、我が国において承認されていない遺伝子組換え生物等が外国において実用化され、相当程度普及しているようなケースにおいては、未承認遺伝子組換え生物等が、他の遺伝子組換え生物等や遺伝子組換え生物等でないものと容易に区別し難い場合がある。

そのような場合、輸入者の遵法意識にかかわらず、当該未承認遺伝子組換え生物等をそうとは知らずに輸入してしまい、承認を受けないまま第一種使用等がなされる事態があり得るであろう。

また、たとえ我が国で承認を受けている遺伝子組換え生物等であっても、生物多様性影響を防止するための遵守事項があるようなものをそうとは知らずに輸入してしまった場合には、必要な情報提供がなされないまま国内に流通し、結果的に生物多様性影響を引き起こしてしまうおそれも否定できない。

そこで、未承認遺伝子組換え生物等が混入している可能性が高いものを輸入するような場合であって、主務大臣が指定する場合に該当するときは、輸入者はその輸入ごとに主務大臣への届出を義務づけることとしている。これにより主務大臣は、必要に応じてその輸入時に生物検査(法第17条第1項)を受けるべきことを届出者に命ずることができるようにしている。

2　「生産地の事情その他の事情からみて、その使用等により生物多様性影響が生ずるおそれがないとはいえない遺伝子組換え生物等をこれに該当すると知らないで輸入するおそれが高い場合」として、次のような場合が考えられる。

○　国内未承認の遺伝子組換え大豆が国外のある地域で栽培されており、栽培現場で交雑してしまう可能性、あるいはその流通過程で一般の大豆に混入してしまう可能性があ

第2章第3節　生物検査

　　る場合

3　「主務大臣」は、物資所管大臣Ⅱ（財務大臣、厚生労働大臣、農林水産大臣、経済産業大臣又は環境大臣であって、検査対象生物である物の生産又は流通を所管する大臣）とする。〈則第40条第6項〉

4　「主務大臣が指定する場合」とあるように、届出対象の範囲には制限が設けられている。遺伝子組換え生物等とそれ以外の区別がつきがたい場合が多いことを考慮すれば、観念的には範囲を設けずに届出の対象とすべきかもしれないが、生物多様性影響とのバランスからみて過大な規制とならないよう、主務大臣が指定する場合に限って届出義務の対象としている。

　　なお、主務大臣の指定は、輸入される地域、生物の種類、具体的な検査方法、検査に必要となる手数料の額（法第24条）、届出の期日等が告示によって行われる。

5　「主務大臣が指定する場合に該当するとき」は、次に掲げる手続を経ることになる。

①　指定に係る地域から指定に係る生物を輸入する場合は、定められた期日までに輸入の届出を行う（則第17条）。

②　主務大臣は必要に応じて生物検査を命じる（法第17条第1項）。

③　生物検査命令を受けた輸入者は、主務大臣又は登録検査機関に生物検査を依頼する（則第19条）。

④　輸入者は、検査結果が出るまでの間は主務大臣が指定する使用条件を遵守する（法第17条第3項）。

6　輸入の届出は、主務大臣が別に定める期日までに、様式第三による届出書（輸入届出書）を提出して行うものとする。〈則第17条〉

7　本規定による届出をせず、又は虚偽の届出をして輸入した者は、50万円以下の罰金に処する。〈法第42条第3号〉

　　また、いわゆる両罰規定の対象となっており、この行為者を使用する法人又は人には50万円以下の罰金刑が科される。〈法第45条〉

第十七条（生物検査命令）

■第１７条第１項■

主務大臣[1]は、主務省令で定めるところにより[4]、前条の規定による届出をした者に対し、その者が行う輸入に係る生物（第三項及び第五項において「検査対象生物」という。）につき、主務大臣又は主務大臣の登録を受けた者[2]（以下「登録検査機関」という。）から、同条の指定の理由となった遺伝子組換え生物等であるかどうかについての検査[3]（以下「生物検査」という。）を受けるべきことを命ずることができる。

趣 旨

本規定は、主務大臣は、遺伝子組換え生物等の輸入の届出（法第 16 条）をした者に対し、当該輸入に係る生物について、生物検査命令を下すことができる旨を定めたものである。

解 説

1　本条の「主務大臣」は、物資所管大臣 II（財務大臣、厚生労働大臣、農林水産大臣、経済産業大臣又は環境大臣であって、検査対象生物である物の生産又は流通を所管する大臣）とする。〈則第 40 条第 6 項〉

2　「主務大臣又は主務大臣の登録を受けた者」とあるが、これについて次のように整理することができる。

(ｱ)　取引量が多い生物の輸入が主務大臣の指定（法第 16 条）の対象となったときは、生物検査の対象物が多数にのぼり、主務大臣のみによる対応では十分な措置を講じることができないおそれがある。また、知られている未承認の遺伝子組換え生物等であるかどうかについては、一定の検査機器と導入された核酸を検出するための情報等があれば適切に判断できることから、民間の検査機関が実施し得ないものでもない。

　　　このため、登録検査機関検査機関においても生物検査を実施できるものとしている。

　　　＊「導入された核酸を検出するための情報」は、プライマー情報とも呼ばれる。

(ｲ)　登録検査機関の存在しない地方の空港又は海港等にあっては、輸入者に著しい不便を強いるおそれがあることをかんがみ、登録検査機関だけでなく、主務大臣による生物検査の実施についても確保することとしている。

(ｳ)　主務大臣と登録検査機関の生物検査を受けるべきかは、主務大臣の生物検査命令の中で明らかとなる。

3　「同条の指定の理由となった遺伝子組換え生物等であるかどうかについての検査」とあるが、これを具体的に表現すれば、その取扱いについて万全を期すことができるようにする必要があると考えられる特定の遺伝子組換え生物等であるかどうか、あるいはそれが混入しているかどうかの検査となる。

4　生物検査命令は、文書により条件（法第 17 条第 3 項）を付して行うものとする。〈則第 18 条〉

5　「検査（略）を受けるべきことを命ずることができる」とあるが、生物検査の結果に基

第2章第3節　生物検査

づく判定は、法律的又は行政的な判断ではなく、純粋に科学的な検査の結果に基づくものであるため、その処分の性格上、行政庁の不利益処分等に対して行われる不服申立ては認められていない。

■第17条第2項■

主務大臣は、前項の規定による命令は、前条の規定による届出を受けた後直ちにしなければならない。

趣旨

本規定は、生物検査命令は、遺伝子組換え生物等の輸入の届出（法第16条）がなされた後、直ちに行われるものであることを明らかにしたものである。

■第17条第3項■

第一項の規定による命令を受けた者は、生物検査を受け、その結果についての通知を受けるまでの間は、施設等を用いることその他の主務大臣の指定する条件に基づいて検査対象生物の使用等をしなければならず、また、検査対象生物を譲渡し、又は提供してはならない。

趣旨

本規定は、生物検査命令を受けた遺伝子組換え生物等の輸入者に対し、生物検査を受けることを義務づけたものである。また、その検査結果を受けるまでの間は、主務大臣の指定する条件に基づいて検査対象生物の使用等をしなければならず、検査対象生物の譲渡等もできない旨を定めたものである。

解説

1 「生物検査」とは、主務大臣の指定（法第16条）の理由となった遺伝子組換え生物等であるかどうかについての検査をいう。〈法第17条第1項〉

2 「通知」とは、ある一定の事実、処分又は意見を特定の相手方に知らせることをいう。

3 主務大臣は、登録検査機関が行う通知の記載が適当でないと認めるときは、その登録検査機関に対し、生物検査を実施すべきこと又は生物検査の方法その他の業務の方法の改善に関し必要な措置を執るべきことを命ずることができる。〈法第21条第2項〉

4 生物検査の求めは、様式第四による依頼書（生物検査依頼書）を提出して行うものとする。〈則第19条第1項〉

⇒ 上記の「依頼書」には、生物検査の命令文書（則第18条）の写しを添えなければならない。〈則第19条第2項〉

5 「検査対象生物」とは、その使用等により生物多様性影響が生ずるおそれがないとはいえない遺伝子組換え生物等に該当すると知らないで輸入するおそれが高い場合等として主務大臣が指定する場合に行われる輸入の届出に係る生物をいう。〈法第17条第1項〉

第2章第3節　生物検査

■第１７条第４項■

前項の通知であって登録検査機関がするものは、主務大臣を経由してするものとする。

趣旨

　本規定は、登録検査機関から輸入者への検査結果の通知は、主務大臣を経由して行われる旨を定めたものである。

解説

1　「登録検査機関」とは、生物検査を実施する者として主務大臣の登録を受けた者をいう。〈法第 17 条第 1 項〉

■第１７条第５項■

主務大臣は、第三項に規定する者が同項の規定に違反していると認めるときは、その者に対し、同項の条件に基づいて検査対象生物の使用等をすることその他の必要な措置を執るべきことを命ずることができる。

趣旨

　本規定は、生物検査命令を受けた遺伝子組換え生物等の輸入者が条件(法第 17 条第 3 項)に基づくことなく検査対象生物の使用等をしていると認められるときは、主務大臣は、当該条件の遵守等の措置命令を下すことができる旨を定めたものである。

解説

1　本規定による命令に違反した者は、1 年以下の懲役もしくは 100 万円以下の罰金に処し、又はこれを併科する。〈法第 38 条〉

　また、いわゆる両罰規定の対象となっており、この行為者を使用する法人又は人には 100 万円以下の罰金刑が科される。〈法第 45 条〉

第十八条（登録検査機関）

（平一七法八七・平二九法四一・一部改正）

■第１８条第１項■

前条第一項の登録(以下この節において「登録」という。)は、生物検査を行おうとする者の申請により行う。

趣 旨

本規定は、登録検査機関の登録は、生物検査の業務を行おうとする者の申請に基づいて行われる旨を定めたものである。

解 説

1 「登録」とは、公証の一つで、関係人が申請する所定の事項について行政機関の備える特定の帳簿に記帳される行為をいう。登録という行政行為が行われた結果、種々の法律的効果が生じることになる。

2 登録の申請は、様式第五による申請書(登録検査機関登録申請書)を提出して行うものとする。〈則第 20 条第 1 項〉

3 申請書には、次に掲げる書類を添えなければならない。〈則第 20 条第 2 項〉

① 定款もしくは寄附行為及び登記事項証明書又はこれらに準ずるもの

② 申請の日の属する事業年度の直前の事業年度の貸借対照表及び当該事業年度末の財産目録又はこれらに準ずるもの(申請の日の属する事業年度に設立された法人にあっては、その設立時における財産目録)

③ 申請者が登録基準(法第 18 条第 3 項第 1 号から第 3 号まで)に適合することを説明した書類

④ 申請者が現に行っている業務の概要を記載した書類

⑤ ①から④までに掲げるもののほか、その他参考となる事項を記載した書類

4 登録検査機関が検査申請書を受けた場合、当該申請書に不備がないかどうかを確認した後、①検査のために必要な試料を採取し、②当該試料から核酸(DNA)を抽出し、③未承認の遺伝子組換え生物等その他指定が行われた原因である遺伝子組換え生物等の DNA が存在するかどうか確認することにより、検査を行うこととなる。

＜農林水産省関係＞

5 登録検査機関の登録要領として、次のとおり示されている。〈H17/2/23 16 消安第 9084 号(最近改正：H18/5/1 18 消安第 903 号)〉

(A) 登録申請の方法

登録を受けようとする者は、登録申請書に必要事項を記載した上で、添付書類を添えて、農林水産省消費・安全局農産安全管理課に提出する。なお、その際、これらの書類の内容を記録した電磁的記録があれば、当該電磁的記録についても提出する。

(B) 申請書の記載事項等

(b1) 登録の申請書については、次によることとする。

申請書に記載する検査対象生物の種類の名称は和名とし、複数の検査対象生物に

第2章第3節　生物検査

ついて申請を行う場合には、当該申請書の「検査対象生物の種類の名称」欄に一括して記載する。

(b2) 添付書類については、次によることとする。

(ｱ) 法第18条第3項第1号に定める機器を有することを説明する書類は、機器ごとに、製造メーカー、購入(譲渡)年、台数及びその機器を特定できるような情報(年式、型番等)が記載されているものであること。また、事業所における機器の所在が明らかとなるよう、検査を行う事業所ごとに、機器の配置を記した事業所の見取り図を添付する。

(ｲ) 該当者が2名以上であることを説明する書類には、検査を行う事業所ごとに、その者の履歴書を添付する。なお、履歴書の記載事項及び該当者の要件は以下のとおりとする。

　＊「該当者」とは、法第18条第3項第2号のイからハまでに規定する該当者をいう。

① 履歴書は、少なくとも、生年月日、最終学歴(学科名まで記載)及び職歴(理化学的検査に従事した旨、もしくは従事している旨)が記載されているものであること

② 該当者は、当該検査機関において、検査方法並びに結果を点検する業務を兼務してはならないこと

③ 法第18条第3項第2号のイ及びロに規定する「相当する課程」及び同号のハに規定する「同等以上の者」とは、次によるものであること

　(ⅰ) 「相当する課程」とは、化学系列課程または食品(栄養)関係系列課程とすること

　(ⅱ) 「同等以上の者」とは、学校教育法に基づく高等学校又は旧中等学校令に基づく中等学校を卒業した者であって、5年以上検査の業務に従事した経験を有する者であること

　　＊「旧中等学校令」とは、昭和18年勅令第36号をいう。

(ｳ) 登録申請者が、法第18条第3項第3号のイからハまでに規定する者に該当しないことを説明する書類には、登録申請者(法人にあっては、その代表権を有する役員)及び登録申請者の役員(持分会社にあっては、業務を執行する社員)の履歴書を添付すること

(ｴ) 登録申請者が現に行っている業務の概要については、検査業務の内容として、検査品の種類、検査項目及び処理件数が具体的に記されているものであること

(ｵ) その他、次に掲げる書類を添付すること

① 当該検査機関の業務の管理について定めた文書

② 検査の信頼性を確保する方法を記載した文書

③ 業務の管理に関する内部点検の方法を記載した文書

④ 精度管理の方法を記載した文書

⑤ 外部精度管理調査を定期的に受けるための計画を記載した文書

⑥ 別添に基づき、又はJIS Q 17025「試験所及び校正機関の能力に関する一般的

273

事項」に準じて生物検査の業務の管理を行い、機械器具の保守管理、試薬等の管理、検体の取扱い及び検査の実施について取りまとめた標準作業書

　(C) 標準処理期間

　　　登録に係る標準処理期間は 90 日間とする。

⇒　上記(B)(オ)⑥の「別添」として、『農林水産大臣がその生産又は流通を所管する遺伝子組換え生物等の生物検査に係る作業管理等要領』が示されている。〈H17/2/23 16 消安第 9084 号(最近改正：H18/5/1 18 消安第 903 号)〉

　(A) 目的

　　　登録検査機関は、生物検査を実施するにあたり、登録検査機関における生物検査に係る作業の管理等について細則を定め、生物検査の信頼性を確保するものとする。

　(B) 組織

　　(ア) 登録検査機関の長は、検査責任者をあらかじめ指名し、当該業務を行わせること

　　　＊「検査責任者」とは、生物検査に係る作業書の作成及び管理、検査業務全般の管理を行う者をいう。

　　(イ) 登録検査機関の長は、検査責任者の業務が適切に遂行されているか否かを確認すること

　(C) 機械器具の管理

　　(ア) 検査責任者は、機械器具の管理にあたっては、次表に定めるところにより機械器具保守管理標準作業書を作成の上、適切な管理を実施すること。なお、機械器具保守管理標準作業書の作成又は改定については、別紙の 1 及び 2 に留意すること

作成すべき標準作業書の種類	記載すべき事項
機械器具保守管理標準作業書	1　機械器具の名称 2　常時行うべき保守点検(計器にあっては、校正を含む。)の方法 3　定期的な保守点検に関する計画 4　故障が起こった場合の対応(測定中に故障が起こった場合にあっては、検体の取扱いを含む。)の方法 5　機械器具の保守管理に関する記録の作成要領 6　作成及び改定年月日
試薬等管理標準作業書	1　試薬等の容器にすべき表示の方法 2　試薬等の管理に関する注意事項 3　試薬等の管理に関する記録の作成要領 4　作成及び改定年月日
検体取扱標準作業書	1　検体の採取、搬送及び受領にあたっての注意事項 2　検体の管理の方法 3　検体の管理に関する記録の作成要領 4　作成及び改定年月日

検査実施標準作業書	1 検体の種類
	2 検査の実施の方法(検査法の名称、検査の具体的な手順等)
	3 試薬等の選択及び調製の方法
	4 試料の調製の方法
	5 検査に用いる機械器具の操作の方法(機械器具の選択または使用に関する注意事項、機械器具の洗浄の方法を含む。)
	6 検査にあたっての注意事項(試料等の処理または反応条件、試料採取後の検体又は試料溶液残部の保存方法等)
	7 検査によって得られた値の処理の方法
	8 検査に関する記録の作成要領
	9 作成及び改定年月日

　(ｲ) 検査責任者は、機械器具保守管理標準作業書に従い、個別の機械器具について管理を担当する検査員を定め、次の事項の確認を行うこと

　　① 機械器具について、常時行うべき保守点検(計器にあっては、校正を含む。)及び定期的な保守点検を実施し、不備を発見した場合にあっては、必要な整備又は修理を行い、その記録を作成し保存すること

　　② 機械器具について、検査の方法に最も適したものを使用し、使用後は直ちに洗浄、消毒、滅菌、清掃等を行い、適切に乾燥、保管、廃棄等を行うこと

　(D) 試薬等の管理

　(ｱ) 検査責任者は、試薬等の管理にあたっては、別表に定めるところにより試薬等管理標準作業書を作成の上、適切な管理を実施すること。なお、試薬等管理標準作業書の作成及び改定については、別紙の1及び3に留意すること

　　＊「試薬等」とは、試薬、試液、標準品、標準液等をいう。

　(ｲ) 検査責任者は、試薬等管理標準作業書に従い、試薬等について管理を担当する検査員を定め、次の事項の確認を行うこと

　　① 試薬、試液及び標準液については、その容器に名称、純度又は濃度、保存方法、調製年月日、使用期限等を表示し、適切に保存すること。また、変質したもの、使用期限を経過したものを使用しないこと

　　② 標準品については、その容器に名称、純度又は濃度、保存方法、入手源、入手年月日、使用期限のほか、必要に応じ製造年月日等を表示すること。また、変質を防止するために適切な条件下に保存し、適切なものを検査に使用すること

　　③ 試薬等を調製した場合は、その記録を作成し保存すること。

　(E) 有害な物質及び危険物の管理

　(ｱ) 検査責任者は、毒物、劇物、高圧ガスその他の有害物質及び危険物の保管、設置等について関係法令を遵守して適切に管理すること

　(ｲ) 検査責任者は、検査に用いられた検体、試薬、試液等の廃棄にあたっては、これら廃棄物を安全かつ衛生的に管理すること

(F) 検体の取扱い

(ア) 検査責任者は、検体の取扱いの管理にあたっては、別表に定めるところにより検体取扱標準作業書を作成の上、適切な管理を実施すること。なお、検体取扱標準作業書の作成及び改定については、別紙の1及び4に留意すること

(イ) 検体を採取する検査員は、次の事項を遵守すること

① 検査対象生物等を代表するよう採取すること

② ロットによる区分けが必要な場合は、ロットを混同しないよう採取すること

③ 他物の混入及び汚染がないよう採取すること

④ 採取量、採取目的、採取年月日、採取者等その他必要な事項の記録を保存すること

⑤ 検体を入れる容器は、検体の種類、形状及び検査の目的に適したものであって、搬送、洗浄及び滅菌が容易なものを用いること

(ウ) 検体を搬送する者は、次の事項を遵守すること

① 他物の混入及び汚染がないよう搬送すること

② 検査に支障を及ぼさないように保存すること

③ 検体の搬送条件及び保存条件を適切な方法を用いて確認すること

④ 運搬業者等に検体の搬送を委託する場合は、上記①から③までの条件に合う方法で搬送されることを確認するとともに、搬送中に開梱等が行われないように封印等を用いて梱包を行うこと

(エ) 検体を受領する者は、次の事項を確認するとともに、その記録を作成し保存すること

① 生物検査依頼書等の関連書類の記載事項と検体に同一性があること

② 検体の状態が検査の目的に適切であること

③ 検体の量が検査に十分な量であること

④ 検体の搬送が(ウ)の要件を満たす形で適正に行われていること。

(オ) 検査責任者は、検体の取扱いについて次の事項が遵守されていることを確認すること

① 検体の保管にあたっては、検体を保管する容器ごとに検体番号等を表示するとともに、期限表示がされているものについてはその年月日、特定の保存条件が必要なものについてはその条件をそれぞれ表示すること

＊「検体番号」とは、検体の識別に用いる記号又は番号をいう。

② 検体が温度、湿度、害虫等により変質しないように適切な設備に保存すること

③ 検体の分割及び登録検査機関の事業所内の検体の移動にあたっては、汚染や品質低下のおそれがない方法で行い、検体番号等必要な表示を行うとともに、検体の分割又は移動の年月日その他必要な事項を検体ごとに記録し保存すること

④ 検体の輸送、運搬及び保管にあたって、検体の取り違え、紛失等を防ぐため、必要に応じて関連書類との照合、関連書類の確認等を行うこと

(G) 検査の方法

第2章第3節　生物検査

(ｱ) 検査の方法は、当該検査項目に関する関係通知等で定められた方法とすること

(ｲ) 検査責任者は、検査の実施にあたっては、別表に定めるところにより検査実施標準作業書を作成の上、適切な管理を実施すること。検査実施標準作業書の作成及び改定については、別紙の1及び5に留意するとともに、具体的な操作の手順の設定に当たっては、最新の知見を踏まえて行うこと。また、同一の検査項目であっても、検体の種類ごとに操作手順等が異なる場合には、当該検体の種類ごとに作成すること

(H) 検査の結果の処理

(ｱ) 検査員は、検査終了後、その内容が検査の目的を十分に満たしたものであることを点検の上、必要な事項を結果表に記入すること

(ｲ) 検査員は、結果表にデータ、標本等を添えて、検査責任者に提出すること

(ｳ) 検査責任者は、結果表等の提出を受け、次の事項を確認すること

① 検査員の氏名

② 検査の実施の方法

③ データ

④ 結果を算出した根拠(結果を算出するための計算方法を含む。)

⑤ 検出限界又は定量限界

⑥ 標準作業書からの逸脱とその検査結果への影響

⑦ 過去に実施された類似の検査結果との関係

⑧ 検査中の予期し得なかった事項とその検査結果への影響

⑨ その他の必要な事項

(ｴ) 検査責任者は、確認終了後、検査の結果に疑義がないと認める場合には、結果表に検査が完了した旨とともに検査終了年月日及び検査の結果を確認した旨を記入し、検査結果通知書を作成する者に回付すること

(ｵ) 検査責任者は、確認終了後、検査の結果に疑義があると認める場合には、他の検査員に再検査を行わせる等必要な措置を講じること。この場合において、検査責任者は、その経過を詳細に記録し保存すること

(ｶ) 検査責任者は、検査の信頼性に悪影響を及ぼす疑いのある事態について、その内容及び講じられた改善措置を記録し保存すること

(ｷ) 検査責任者は、検査の過程で得られた標本を保存すること。ただし、その状態を維持することが困難な場合には、この限りでない。

(I) 検査結果通知書

(ｱ) 検査結果通知書は、次の事項を記載し、検体ごとに作成すること

① 検査年月日(検体を採取した日と分析試験を行った日が異なる場合はその両方を記載する。)

② 検査を依頼した者の氏名及び住所(法人にあっては、その氏名及び主たる事務所の所在地)

③ 検査命令書の発行年月日及び番号

④ 検査対象生物等の名称並びに数量及び重量

⑤ 検査対象生物等の生産地

⑥ 検査対象生物等の輸入届出年月日

⑦ 検査対象生物等の本邦への到着年月日

⑧ 検体の数量及び重量

⑨ 検査項目

⑩ 検査の方法(出典及び根拠を含む。)

⑪ 検査結果(検出限界又は定量下限の記載を含む。)

⑫ 検査結果通知書の作成又は発行年月日並びに番号

⑬ 検査実施施設の名称及び所在地

⑭ 本通知書に関する連絡担当者の氏名

⑮ その他

(イ) 登録検査機関の長は、検査結果通知書が適正に作成されていることを確認し、発行について承認すること

(J) 検体の保存

検査に用いた検体については、その一部を当該試験検査に係る検査結果通知書の発行後少なくとも3か月間(可能な場合は1年間)、適切な条件の下に保存すること。ただし、その状態を維持することが困難な場合にあってはこの限りでない。

(K) 内部点検

(ア) 検査責任者は、検査の業務の管理に関する内部点検の方法を記載した文書に基づき内部点検を行い、又はあらかじめ指定した者に行わせ、次の事項を含む記録を作成し保存すること

① 点検を行った年月日

② 点検項目

③ 点検結果

④ 必要な改善措置又は指導の内容

⑤ 確認を行った改善措置又は指導の内容及びその年月日

(L) 精度管理

(ア) 検査責任者は、検査員について、次の事項の評価を定期的に行うこと

① 通常の検体を用いて、定められた方法により検査結果の再現性を維持できる技能

② 添加量が明らかな検体を用いて、定められた方法により検査する技能

③ 真値を伏せた特別な検体を用いて、定められた方法により検査する技能

(イ) (ア) を行うに当たって、検査責任者は、①から③の結果及び必要に応じこれに基づく改善措置を記録すること

(ウ) 登録検査機関の長は、精度管理が適切に行われているか確認するとともに、必要に応じて検査責任者に対し改善等を指示すること

(M) 外部精度管理調査

(ア) 検査責任者は、外部精度管理調査について、外部機関が実施している精度管理プ

ログラム等(GIPSA、CSL、ISTA 等)を活用し、その定期的な参加計画を作成すること

(ｲ) 検査責任者は、外部精度管理調査の結果をとりまとめ、改善措置が必要な場合には、その内容を記録し保存すること

(ｳ) 登録検査機関の長は、外部精度管理調査が適切に行われているか確認するとともに、必要に応じて検査責任者に対し改善等を指示すること

(N) データの作成

(ｱ) 検査中に得られるデータの作成は、次により行うこと

① 読み易く、かつ、容易に消すことのできない方法で作成すること

② 作成の年月日を記載し、検査員等の署名又は捺印を行うこと

(ｲ) データの内容を変更する場合にあっては、変更前の内容を不明瞭にしない方法で行うとともに、変更の理由及び年月日を記入し、変更者の署名又は捺印を行うこと

(ｳ) コンピュータ等により直接データの作成を行い、保存する場合にあっては、次の事項を確認すること

① データの処理、記録、伝送、保存等の完全性並びに機密保持等に関して、データ保護のための手法が確立されていること

② 使用するソフトウエアが十分な信頼性を有すること

③ コンピュータその他の設備が適切な方法で保守管理されていること

④ 電磁的記録のバックアップ及び保護の手法並びに記録への無許可のアクセス又は修正を防止する手法が確立されていること

⑤ データの内容を変更する場合にあっては、変更前のデータを残すとともに、変更者の氏名、年月日、変更理由を明確にすること

(O) 検体、データ等の保存

(ｱ) データ等は、適切に保存すること。なお、検体、データ等を別々の施設に保存する場合は、検体、データ等の保存場所を確認可能とすること

＊「データ等」とは、検体及びデータ、記録、報告書の控え等をいう。

(ｲ) 検査責任者は、データ等の保存に際し担当者を定め、索引を付ける等、検索に便利な方法で整理するとともに、データ等の損傷又は品質の変化を最小限にとどめるよう適切に措置すること

(ｳ) データ等の保存期間は、次表のとおりとすること

事項	保存期間
・洗浄剤、害虫駆除及び消毒剤の使用に関する記録 ・機械器具の保守管理に関する記録 ・試薬等の管理に関する記録 ・検体の管理に関する記録 ・検査に関する記録 ・検査結果表 ・検査結果に疑義のある場合に講じられた措置の記録	3年間

・検査の信頼性に悪影響を及ぼす疑いのある事態の内容とその改善措置に関する記録 ・内部点検の内容、結果及び指導とそれに対して講じられた改善措置に関する記録 ・精度管理の内容及び結果並びにこれに基づく改善措置に関する記録 ・外部精度管理調査の内容及び結果並びにこれに基づく改善措置に関する記録	

［別紙］標準作業書の作成又は改定に当たり留意する事項

1　一般的事項

(1) 標準作業書の作成にあたっては、それが実行可能であることを確認し、その記録を保存すること

(2) 標準作業書は、使用者に周知され、いつでも使用できるようそれぞれ適切な場所に備え付けられていること

(3) 検査に対しての継続的な適切さと適合性を確実にするため、標準作業書の定期的な見直しを行い、必要に応じて改定すること

(4) 標準作業書の作成及び改定ごとにその年月日及び理由を明記すること。また、これを管理するためのリスト(改廃履歴)を作成すること

(5) 標準作業書の改定が行われた場合には、旧文書の誤使用を防止するため、旧文書を速やかに撤去する等の措置を講じること

2　機械器具保守管理標準作業書の作成にあたっては、次の点に留意すること

(1) 「常時行うべき保守点検(計器にあっては、校正を含む。)の方法」として、次の事項が含まれていること。

① 計器の校正方法、校正頻度及び校正項目

② 機械器具の使用開始時及び使用時の保守点検の方法

③ 機械器具の使用終了後の保守点検(洗浄、乾燥、滅菌、保管、廃棄等)の方法

(2) 「定期的な保守点検に関する計画」として、各機器ごとに保守点検の日時、保守点検を行う者の氏名等を記載した計画表が作成されていること

(3) 「故障が起こった場合の対応(測定中に故障が起こった場合にあっては、検体の取扱いを含む。)の方法」として、次の事項が含まれていること

① 機械器具に故障が起こった場合の修理の方法及び修理業者の連絡先

② 故障時において検査していた検体の取扱いの方法

(4) 「機械器具の保守管理に関する記録の作成要領」として、帳簿への次の記載事項が含まれていること

① 機械器具の名称

② 保守点検の日時

③ 保守点検を行った者(修理を行う業者等を含む。)の氏名

④ 保守点検の結果

⑤ 整備、修理等の日時、実施者及びその内容

3 試薬等管理標準作業書の作成にあたっては、次に留意すること
(1) 「試薬等の容器にすべき表示の方法」として、次の事項を適切に表示できる方法が含まれていること
① 入手年月日、調製年月日又は開封年月日
② 入手源
③ 調製を行った者の氏名
④ 名称
⑤ ロット番号(ロットを構成しない試薬等については、製造番号)
⑥ 純度又は濃度
⑦ 保存方法(常温、冷蔵及び冷凍の別等)
⑧ 使用期限
(2) 「試薬等の管理に関する注意事項」として、試薬等の保存の方法その他試薬等の管理を行う上で注意すべき具体的事項が含まれていること
(3) 「試薬等の管理に関する記録の作成要領」には、次の帳簿への記載事項のうち必要なものが含まれていること
① 入手年月日及び調製年月日
② 入手源
③ 名称
④ ロット番号
⑤ 純度又は濃度
⑥ 保存方法
⑦ 試薬等の調製の記録
⑧ 試薬等を使用した量、年月日、検査員の氏名

4 検体取扱標準作業書の作成に当たっては、次の事項に留意すること。
(1) 「検体の採取、搬送及び受領に当たっての注意事項」として、次の事項が含まれていること
① 検体の採取に際し輸入届出書等に基づき確認すべき事項
(i) 検査対象生物等の名称
(ii) 検査対象生物等の数量及びロット
(iii) 検体の採取、保存及び搬送の方法について必要な事項
(iv) 検体の採取量
(v) 検体の採取日又は予定日
(vi) 検査の目的
(vii) 検査方法
(viii) 被検査者の名称、所在地等
(ix) その他検査の実施に必要な事項
② 検体の採取に際し留意すべき事項

③ 検体の容器の条件について必要な事項

④ 検体の搬送に際し留意すべき事項

⑤ 検体の受領に際し確認すべき事項

   （i） 輸入生物等に関する記載事項と検体の同一性があること

   （ii） 検体の状態が検査の目的に適切であること

   （iii） 検体の量が検査に十分な量であること

   （iv） 検体の搬送が前記④の事項について適正に取り扱われていること

(2) 「検体の管理の方法」としては、次の事項が含まれていること

① 受領した検体の表示の方法

② 検体の保存の方法及び期間

③ 検体の分割の方法

④ 登録検査機関又は施設内における検体の移動及び確認の方法

(3) 「検体の管理に関する記録の作成要領」には、次の帳簿への記載事項が含まれていること

① 検体の採取の記録

   （i） 採取量

   （ii） 採取年月日

   （iii） 採取を行った者の氏名

   （iv） 検体の外観における異常の有無

   （v） 検体の包装における表示事項

   （vi） 採取の方法

   （vii） 検体の保存の状態

② 検体の受領の記録

   （i） 輸入届出書等の記載事項と検体が合致している旨の確認

   （ii） 検体の状態が検査の目的に適当である旨の確認

   （iii） 検体の量が検査に十分なものである旨の確認

   （iv） 上記（i）から（iii）までに定めるほか、検体の採取及び搬送に際し留意すべき事項が遵守されている旨の確認

   （v） 受領年月日及び検体番号

③ その他の検体の管理の記録

   （i） 検体の保存の記録

   （ii） 検体の分割の記録

   （iii） 登録検査機関又は施設内における移動の記録

5　検査実施標準作業書の作成に当たっては、次に留意すること

(1) 次の事項に関する記載が含まれていること

① 検体の種類

② 検査の実施の方法(検査法の名称、検査の具体的な手順等)

③ 試薬等の選択及び調製の方法

（ i ） 試薬及び試液の調製の方法

（ ii ） 標準品の選択及び標準液の調製の方法

（ iii ） その他試薬等の選択又は使用に関する注意事項

④ 試料の調製の方法

（ i ） 試料採取の方法(採取量を含む。)

（ ii ） 前処理の方法

（ iii ） 試料溶液の調製の方法

⑤ 検査に用いる機械器具の操作の方法(機械器具の選択又は使用に関する注意事項、機械器具の洗浄の方法等を含む。)

⑥ 検査にあたっての注意事項(試料等の処理又は反応条件、試料採取後の試験品又は試料溶液残部の保存方法等)

⑦ 検査によって得られた値の処理の方法

（ i ） 結果を算出するための計算方法(回収率を算出するための計算方法を含む。)

（ ii ） 結果の評価方法(検出限界又は定量限界等の設定、空試験又は対照試験との関係を含む。)

(2) 「検査に関する記録の作成要領」には、次の帳簿への記載事項が含まれていること。ただし、⑧から⑰までの事項については、帳簿とは別にデータ等としてその記録を保存する場合には内容を確認した旨の記載で差し支えないこと

① 検査を受けた者の氏名及び住所(法人の場合は、その名称及び所在地)

② 検査を行った年月日

③ 検査を行った生物等の名称

④ 検査を行った検体の数量

⑤ 検査を実施した検査員の氏名

⑥ 検体番号

⑦ 検査の方法の名称、具体的な手順等

⑧ 試薬等の選択又は使用の記録

⑨ 標準品の選択及び標準液の調製の記録

⑩ 試料採取の記録

⑪ 前処理の記録

⑫ 試料溶液の調製の記録

⑬ 機械器具の選択、使用、洗浄等の記録

⑭ 結果を算出するための計算の記録

⑮ 結果の評価の記録

⑯ 検査実施中の異常及びその対応に関する記録(データの記録及び保管を含む。)

⑰ 検査の結果

■第18条第2項■

次の各号のいずれかに該当する者は、登録¹を受けることができない²。
一　この法律に規定する罪を犯して刑に処せられ⁴、その執行を終わり⁵、又はその執行を受け⁶ることがなくなった日から起算して二年を経過しない者であること。⁷
二　第二十一条第四項又は第五項の規定により登録を取り消され、その取消しの日から起算¹¹して二年を経過しない者であること。
三　法人であって、その業務を行う役員のうちに前二号のいずれかに該当する者があること。

趣旨

　本規定は、登録検査機関の登録申請について、登録拒否事由を明示したものである。

解説

　1　「登録」とは、登録検査機関の登録をいう。〈法第18条第1項〉

　2　「登録を受けることができない」とあるように、本規定各号に明示した登録拒否事由に抵触していると認められるときは、絶対に登録を受けることができない。

〈第1号〉

　3　本号は、2年以内に本法の規定に違反して刑に処せられていた者を申請者の欠格事項の一つとしたものである。刑に処せられても一定の期間が経過すれば、再度同様の違反行為を行う可能性は低くなっているものと考えられることから、2年を経過した場合には登録の適格者とすることとしている。

　4　「刑」とは、科料以上のものをいう。したがって、過料は「刑」にあたらないため、法第46条から第48条までの規定により過料に処されたとしても、本号には該当しない。

　5　「刑に処せられ」た者とは、刑の判決が確定した者をいい、公判中の者又は控訴もしくは上告中の者はこれに含まれない。

　6　「執行を終わり」とあるが、これは刑の執行が完了したときをいう。刑の執行猶予中又は仮出獄等の場合は、刑の執行が終わったことにはならない。

　7　「執行を受けることがなくなった」とは、刑の執行免除（恩赦法第8条）、外国において既に刑の執行を受けたときの刑の執行免除（刑法第5条但書）、時効による刑の執行免除（刑法第31条）により、刑の執行が免除されたことをいう。

　8　刑の執行猶予の言い渡しを取り消されることなく猶予の期間を経過した者は、刑の言い渡し自体が効力を失うため、本号の欠格事項には該当しない。

　9　主務大臣は、登録検査機関が本号に該当するに至ったときは、登録を取り消さなければならない。〈法第21条第4項〉

〈第2号〉

　10　本号は、2年以内に登録検査機関の登録を取り消された者を申請者の欠格事項の一つとしたものである。登録を取り消されても一定の期間が経過すれば、再度同様の違反行為を行う可能性は低くなっているものと考えられることから、2年を経過した場合には

登録の適格者とすることとしている。

11　「取消」とは、法律行為の効力を一方的意思表示によって消滅させることをいう。
公法上は、成立に瑕疵がなく、その後発生した事由により、その効力を持続させることが適当でない場合に将来に向かってその効力を失わせることを意味する。

＜第3号＞

12　本号は、登録申請者が法人の場合、その業務を行う役員のうちに、第1号又は第2号のいずれかに該当する者があることを申請者の欠格事項の一つとしたものである。

13　主務大臣は、登録検査機関が本号に該当するに至ったときは、登録を取り消さなければならない。〈法第21条第4項〉

■第18条第3項■

　　主務大臣[2]は、登録の申請をした者(以下この項において「登録申請者」という。)が次の各号のいずれにも適合しているときは、その登録をしなければならない[3]。この場合において、登録に関して必要な手続は、主務省令で定める。

一　凍結乾燥器、粉砕機、天びん、遠心分離機、分光光度計、核酸増幅器及び電気泳動装置を有すること[9]。

二　次のいずれかに該当する者が生物検査を実施し、その人数が生物検査を行う事業所ごとに二名以上であること。

　イ　学校教育法(昭和二十二年法律第二十六号)に基づく大学(短期大学を除く。)、旧大学令(大正七年勅令第三百八十八号)に基づく大学又は旧専門学校令(明治三十六年勅令第六十一号)に基づく専門学校において医学、歯学、薬学、獣医学、畜産学、水産学、農芸化学、応用化学若しくは生物学の課程[11]又はこれらに相当する課程を修めて卒業した後、一年以上分子生物学的検査の業務に従事した経験を有する者であること[12]。

　ロ　学校教育法に基づく短期大学[13](同法に基づく専門職大学の前期課程[14]を含む。)又は高等専門学校において工業化学若しくは生物学の課程[11]又はこれらに相当する課程を修めて卒業した後(同法に基づく専門職大学の前期課程にあっては、修了した後)、三年以上分子生物学的検査の業務に従事した経験を有する者であること[15]。

　ハ　イ及びロに掲げる者と同等以上の知識経験を有する者[16]であること。

三　登録申請者が、業として遺伝子組換え生物等の使用等をし、又は遺伝子組換え生物等を譲渡し、若しくは提供している者(以下この号において「遺伝子組換え生物使用業者等」という。)に支配されているものとして次のいずれかに該当するものでないこと。

　イ　登録申請者が株式会社である場合にあっては、遺伝子組換え生物使用業者等がその親法人(会社法(平成十七年法律第八十六号)第八百七十九条第一項に規定する親法人[19]をいう。)であること。

　ロ　登録申請者の役員(持分会社(会社法第五百七十五条第一項に規定する持分会社[21]をいう。)にあっては、業務を執行する社員)に占める遺伝子組換え生物使用業者等の役員又は職員(過去二年間にその遺伝子組換え生物使用業者等の役員又は職員であった者を含む。)の割合が二分の一を超えていること。

　ハ　登録申請者(法人にあっては、その代表権を有する役員)が、遺伝子組換え生物使用業者等の役員又は職員(過去二年間にその遺伝子組換え生物使用業者等の役員又は職員であった者を含む。)であること。

趣旨

　　本規定は、登録検査機関の登録申請について、登録の基準を明示したものである。

解説

1　登録検査機関は、生物検査の業務を行うことから、中立かつ公正なものでなければならず、そのため、一定の基準を設けることにより中立性及び公正性を担保することとし

ている。

2 「主務大臣」は、物資所管大臣Ⅱ（財務大臣、厚生労働大臣、農林水産大臣、経済産業大臣又は環境大臣であって、検査対象生物である物の生産又は流通を所管する大臣）とする。〈則第40条第6項〉

3 「登録をしなければならない」とあるように、本規定各号に明示した基準のすべてに適合しているのであれば、登録検査機関として登録されることになる。このように登録は、主務大臣の裁量行為ではなく、羈束（きそく）行為に属している。

4 法人に限らず、自然人であっても登録検査機関の登録を受けることができる。これは、生物検査の業務の内容は限定されており、基準に適合する個人をあえて排除する必然性が乏しいためである。

5 主務大臣は、登録検査機関が本規定各号のいずれかに適合しなくなったと認めるときは、その登録検査機関に対し、これらの規定に適合するため必要な措置を執るべきことを命ずることができる。〈法第21条第1項〉

6 主務大臣は、登録検査機関が不正の手段により登録を受けたときは、その登録を取り消し、又は期間を定めて生物検査の業務の全部もしくは一部の停止を命ずることができる。〈法第21条第5項第5号〉

⇒ 上記の業務停止命令に違反したときは、その違反行為をした登録検査機関の役員又は職員は、6月以下の懲役又は50万円以下の罰金に処する。〈法第41条〉

＜第1号＞

7 本号は、登録検査機関の設備要件を定めたものである。

8 遺伝子組換え生物は、通常、見かけの形態だけでは遺伝子組換えが行われていないものと区別することはできない。そのため、遺伝子組換えにより移入された核酸の塩基配列が遺伝子組換え生物ごとに異なることに着目し、生物検査においては、その塩基配列を直接分析することにより、遺伝子組換え生物の同定を行うこととしている。

9 「凍結乾燥器、粉砕機、天びん、遠心分離機、分光光度計、核酸増幅器及び電気泳動装置を有すること」とあるが、これらが登録検査機関の設備要件となっている理由は、それぞれに掲げるとおりである。

(ｱ) 凍結乾燥器

　　核酸の分析に生物を供するためには、まず、当該生物をすり潰し、それに含まれている水分を飛ばして乾燥した試料とする。その際、核酸は熱に弱いため、凍結乾燥を行うことから、凍結乾燥器はそのために必要な設備となっている。

(ｲ) 粉砕機

　　乾燥した試料には、核酸の分析にあたって取り除く必要のある様々な物質（例：タンパク質、脂質）が含まれている。これらの物質は有機溶媒に溶解させて取り除くが、その際、試料をあらかじめ粉砕して粉末状しておくことから、粉砕機はそのために必要な設備となっている。

(ｳ) 天びん

　　核酸を分析するためには、様々な化学物質との調合を正確な比率で行うことから、

天びんはそのために必要な設備となっている。

(エ) 遠心分離機

有機溶媒に溶解させたタンパク質や脂質を核酸と分離するため、遠心分離機は必要な設備となっている。

(オ) 分光光度計

核酸を増幅する工程に先立ち、その増幅に必要な一定濃度以上の核酸が試料中に存在するかどうかを確認する必要がある。分離し、抽出した核酸に光を当ててその濃度を測定するため、分光光度計は必要な設備となっている。

(カ) 核酸増幅器

生物から分離し抽出した核酸は微量であるため、核酸の塩基配列を特定するためには、その核酸を増幅させ、一定量以上に増量しておく必要があるが、核酸増幅器(DNA増幅器、サーマルサイクラーともいう。)はそのために必要な設備となっている。

なお、核酸の増幅は、次に掲げる物質を溶液の中に入れ、酵素反応を促すことにより行われる。

① 特定したい生物から抽出した核酸(遺伝子組換えにより移入された核酸を含む。)

② 移入された核酸と対になる核酸の断片

＊「移入された核酸と対になる核酸の断片」は、遺伝子組換えにより移入された核酸のみを増幅するために必要となる。

③ 核酸を合成する酵素

④ 核酸の元となる物質等

(キ) 電気泳動装置

核酸はマイナスの電荷を帯びているため、板状に整形したゲルに電圧をかけることにより、ゲルの中をプラスの方向に移動(泳動)していくという性質がある。その際、核酸の長さによって泳動する距離が異なることから、電気泳動装置は、検査対象の核酸が存在するかどうかを確認するために必要な設備となっている。

<生物検査の手順>

試料を凍結乾燥機で乾燥させる
↓
乾燥させた試料を粉砕機で粉砕する
↓
粉砕した試料のうち一定量を天びんで計量し、有機溶媒を用いて核酸を抽出する
↓
抽出した核酸を溶液中から分離するため、遠心分離器にかける
↓
分離した核酸のうち、検査対象の核酸(改変された部分)を核酸増幅器で増幅する
↓
増幅した核酸の濃度を分光光度計で測定する
↓
増幅した核酸を電気泳動装置で泳動させ、検査対象の核酸が存在するかどうかを確認する

第2章第3節　生物検査

＜第2号＞

10　本号は、登録検査機関の人的要件を定めたものである。

11　本号イ、ロに「生物学の課程」とあるが、本法における理化学的検査(特定の核酸の存在の確認)においては、生物全般を対象とする可能性があることを考慮し、生物学を修めた者についても検査実施者の資格要件に加えている。

12　本号イに「一年以上分子生物学的検査の業務に従事した経験」とあるが、大学等においては、専門課程で2年程度の専門的な応用実験等に携わっており、生物検査の業務に習熟するためには、見習いの形で1年程度携われば十分であると考えられたため、このように定められている。

13　「専門職大学」とは、大学のうち、深く専門の学芸を教授研究し、専門性が求められる職業を担うための実践的かつ応用的な能力を展開させることを目的とするものをいう。〈学校教育法第83条の2第1項〉

14　「前期課程」とあるが、専門職大学の課程について、次のとおり定められている。〈学校教育法第87条の2〉

　(ア)　専門職大学の課程は、これを前期2年の前期課程及び後期2年の後期課程又は前期3年の前期課程及び後期1年の後期課程(修業年限を4年を超えるものとする学部にあっては、前期2年の前期課程及び後期2年以上の後期課程又は前期3年の前期課程及び後期1年以上の後期課程)に区分することができる。

　(イ)　専門職大学の前期課程における教育は、専門職大学の目的(学校教育法第83条の2第1項)のうち、専門性が求められる職業を担うための実践的かつ応用的な能力を育成することを実現するために行われるものとする。

　(ウ)　専門職大学の後期課程における教育は、前期課程における教育の基礎の上に、専門職大学の目的(学校教育法第83条の2第1項)を実現するために行われるものとする。

　(エ)　前期課程及び後期課程に区分された専門職大学の課程においては、当該前期課程を修了しなければ、当該前期課程から当該後期課程に進学することができないものとする。

15　本号ロに「三年以上分子生物学的検査の業務に従事した経験」とあるが、短大等において携わる実験等は基礎的なものにとどまり、大学等において実験等に携わった者と同程度に生物検査の業務に習熟するためには、これらの者より2年程度多い実務経験が必要と考えられたため、このように定められている。

16　本号ハの「同等以上の知識経験を有する者」に該当するものとして、次のような者が考えられるが、具体的には各主務大臣の判断に委ねられる。

　○　5年程度の生物検査の実務経験を有する者

＜第3号＞

17　本号は、登録検査機関に求められる公正性要件を定めたものである。

　登録検査機関が遺伝子組換え生物等の使用等を業として行う者の子会社である場合等にあっては、公正な検査が行われないおそれがあることから、業として遺伝子組換え生物等の使用等をしている者等に支配されていないことを要件としている。

18 本号イは、登録申請者の親法人が遺伝子組換え生物使用業者等でないことを求めたものである。

19 「親法人」とは、株式会社の総株主(株主総会において決議をすることができる事項の全部につき議決権を行使することができない株主を除く。)の議決権の過半数を有する法人をいう。〈会社法第879条第1項〉

20 本号ロは、登録申請者の役員の過半数が遺伝子組換え生物使用業者等の役員又は職員でないことを求めたものである。

21 「持分会社」とは、合名会社、合資会社又は合同会社を総称する用語である。〈会社法第575条〉

22 本号ハは、登録申請者が遺伝子組換え生物使用業者等の役員又は職員でないことを求めたものである。

■第18条第4項■

登録は、登録検査機関登録簿に次に掲げる事項を記載してするものとする。
一　登録の年月日及び番号
二　登録を受けた者の氏名及び住所[1]
三　前二号に掲げるもののほか、主務省令で定める事項[2]

趣 旨
本規定は、録検査機関登録簿への登録事項を明示したものである。

解 説
＜第2号＞

1 「氏名及び住所」とあるが、法人にあっては、その名称、代表者の氏名及び主たる事務所の所在地をいう。〈法第4条第2項第1号〉

＜第3号＞

2 「主務省令で定める事項」は、検査対象生物の種類の名称とする。〈則第21条〉

第2章第3節　生物検査

第十九条（遵守事項等）

（平一七法八七・一部改正）

■第19条第1項■

> 登録検査機関は、生物検査を実施することを求められたときは、正当な理由がある場合を除き、遅滞なく、生物検査を実施しなければならない。

趣　旨

本規定は、登録検査機関に対し、生物検査を行うことを求められたときは、遅滞なく、生物検査を実施することを義務づけたものである。

解　説

1　登録検査機関は、行政の代わりに生物検査という公的な業務を行うことから、生物検査の求めがあったときは遅滞なく実施すべき責務を担う者であることを明確にするため、本規定が設けられている。

2　生物検査を適切に行わせるため、登録検査機関に対し、次に掲げる義務を課すこととしている。

(ｱ)　生物検査の実施義務(法第19条第1項)

(ｲ)　公正かつ主務省令で定める方法による実施義務(法第19条第2項)

(ｳ)　事業所の所在地に係る変更の届出義務(法第19条第3項)

(ｴ)　業務の実施に関する規程について主務大臣の認可を受ける義務(法第19条第4項)

(ｵ)　毎事業年度経過後3月以内に、財務諸表等を作成し、5年間事業所に備える義務(法第19条第5項)

(ｶ)　登録検査機関の帳簿を備え、保存する義務(法第19条第7項)

(ｷ)　業務の全部又は一部の休廃止について主務大臣の許可を受ける義務(法第19条第8項)

(ｸ)　役職員の守秘義務(法第20条第1項)

3　主務大臣は、登録検査機関が本規定に違反していると認めるときは、その登録検査機関に対し、生物検査を実施すべきこと又は生物検査の方法その他の業務の方法の改善に関し必要な措置を執るべきことを命ずることができる。〈法第21条第2項〉

291

■第１９条第２項■

登録検査機関は、公正に、かつ、主務省令で定める方法により生物検査を実施しなければならない。

趣 旨

本規定は、登録検査機関に対し、生物検査の業務を公正かつ適正に実施することを義務づけたものである。

解 説

1 「公正」とは、生物検査の業務が、行政の代わって行われる公的なものであることをかんがみ、生物検査の依頼者の経営上の都合を斟酌することなく行われるべきことを意味するものと考えられる。

2 「主務省令で定める方法」は、検査対象生物の種類等を勘案して主務大臣が別に定める方法とする。〈則第22条〉

3 主務大臣は、登録検査機関が本規定に違反していると認めるときは、その登録検査機関に対し、生物検査を実施すべきこと又は生物検査の方法その他の業務の方法の改善に関し必要な措置を執るべきことを命ずることができる。〈法第21条第2項〉

■第１９条第３項■

登録検査機関は、生物検査を実施する事業所の所在地を変更しようとするときは、変更しようとする日の二週間前までに、主務大臣に届け出なければならない。

趣 旨

本規定は、登録検査機関に対し、生物検査を実施する事業所の所在地を変更しようとするときは、主務大臣への事前の届出を義務づけたものである。

解 説

1 変更の届出は、様式第六による届出書(所在地変更届出書)を提出して行うものとする。〈則第23条〉

2 主務大臣は、登録検査機関が本規定に違反したときは、その登録を取り消し、又は期間を定めて生物検査の業務の全部もしくは一部の停止を命ずることができる。〈法第21条第5項第1号〉

⇒ 上記の業務停止命令に違反したときは、その違反行為をした登録検査機関の役員又は職員は、6月以下の懲役又は50万円以下の罰金に処する。〈法第41条〉

第2章第3節　生物検査

■第19条第4項■

登録検査機関は、その生物検査の業務の開始前に、主務省令で定めるところにより、その生物検査の業務の実施に関する規程を定め、主務大臣の認可を受けなければならない。これを変更しようとするときも、同様とする。

趣 旨

本規定は、登録検査機関が生物検査の業務を行うにあたっては、業務規程の認可を受けなければならず、また、業務規程を変更しようとするときには、その変更の認可を受けなければならない旨を定めたものである。

解 説

1　「生物検査の業務の実施に関する規程」は、業務規程と呼ばれる。

2　「開始前」とあるように、登録検査機関は、生物検査の業務を開始する前に、必ず業務規程の認可を受けなければならない。

3　本条の「主務大臣」は、物資所管大臣Ⅱ（財務大臣、厚生労働大臣、農林水産大臣、経済産業大臣又は環境大臣であって、検査対象生物である物の生産又は流通を所管する大臣）とする。〈則第40条第6項〉

4　「認可」とは、行政庁が是とすることにより、当事者の法律効果が発生する場合における行政行為をいう。本規定の場合、主務大臣が業務規程を認可することにより、初めて、登録検査機関の行う検査業務の法律的効力が発生することとなる。逆にいえば、業務規程の認可を受けないで行った生物検査の業務は無効である。

5　生物検査の業務の実施に関する規程は、次に掲げる事項について定めるものとする。〈則第24条〉

① 生物検査を行う時間及び休日に関する事項

② 生物検査を行う事務所に関する事項

③ 生物検査の実施体制に関する事項

④ 手数料の収納に関する事項

⑤ 生物検査に関する秘密の保持に関する事項

⑥ 生物検査に関する帳簿、書類等の管理に関する事項

⑦ ①から⑥までに掲げるもののほか、その他生物検査の実施に関し必要な事項

6　生物検査の業務の実施に関する規程の認可を受けようとするときは、様式第七による申請書（規程認可申請書）に生物検査の業務の実施に関する規程を添えて、これを主務大臣に提出しなければならない。〈則第25条第1項〉

7　変更の認可を受けようとするときは、様式第八による申請書（規程変更認可申請書）を主務大臣に提出しなければならない。〈則第25条第2項〉

8　主務大臣は、業務規程が生物検査の公正な実施上不適当となったと認めるときは、その規程を変更すべきことを命ずることができる。〈法第21条第3項〉

9　主務大臣は、登録検査機関が本規定に違反したときは、その登録を取り消し、又は期

間を定めて生物検査の業務の全部もしくは一部の停止を命ずることができる。〈法第 21 条第 5 項第 1 号〉

　　また、主務大臣は、登録検査機関が業務規程によらないで生物検査を実施したときは、その登録を取り消し、又は期間を定めて生物検査の業務の全部もしくは一部の停止を命ずることができる。〈法第 21 条第 5 項第 2 号〉

⇒　上記の業務停止命令に違反したときは、その違反行為をした登録検査機関の役員又は職員は、6 月以下の懲役又は 50 万円以下の罰金に処する。〈法第 41 条〉

＜農林水産省関係＞

10　生物検査の業務の実施に関する規程の認可要領として、次のとおり示されている。〈H17/2/23 16 消安第 9084 号(最近改正：H18/5/1 18 消安第 903 号)〉

(A)　業務規程の認可の申請

　　業務規程の認可を受けようとする登録検査機関は、認可申請書に必要事項を記載し上で、業務規程を添えて、農林水産省消費・安全局農産安全管理課に提出する。なお、その際、これらの書類の内容を記録した電磁的記録があれば、当該電磁的記録についても提出する。なお、業務規程の認可の申請は、登録の申請と合わせて行うことができる。

(B)　業務規程の認可の申請に関する事項

　　業務規程の認可の申請に際しては、以下の事項に留意する。

(ア)　その他生物検査の実施に関し必要な事項(則第 24 条第 7 号)は、次に掲げるものとする。

①　1 日に処理が可能な検査の件数に関する事項

②　検査業務に付随する出張業務に関する事項

(イ)　(ア)に規定するもののほか、検査業務に関して細則を定めている場合又は申請者が定めている他の規程等の規定を業務規程に準用している場合は、その細則又は準用している規程等を添付すること

(C)　標準処理期間

　　業務規程の認可に係る標準処理期間は 90 日間とする。

第2章第3節　生物検査

■第19条第5項■

登録検査機関は、毎事業年度経過後三月以内に、その事業年度の財産目録、貸借対照表及び損益計算書又は収支計算書並びに事業報告書(その作成に代えて電磁的記録(電子的方式、磁気的方式その他の人の知覚によっては認識することができない方式で作られる記録であって、電子計算機による情報処理の用に供されるものをいう。以下この項及び次項において同じ。)の作成がされている場合における当該電磁的記録を含む。以下「財務諸表等」という。)を作成し、五年間事業所に備えて置かなければならない。

趣 旨

本規定は、登録検査機関に対し、毎事業年度経過後3カ月以内に財務諸表等を作成し、その事業所に5年間備え付けることを義務づけたものである。

解 説

1　登録検査機関は、登録の基準(法第18条第3項)を満たし、かつ、登録拒否事由(法第18条第2項)に該当しないものとして登録を受けた者であり、その生物検査業務については公正性及び適格性が確保されているといえよう。その一方で、登録検査機関の経理状況に関しては、登録基準及び拒否事由のいずれにおいても触れられていない。

したがって、もしかすれば財務基盤が脆弱で事業の継続性に難のある者が登録を受けている可能性も考えられる。そこで、生物検査を受けようとする者その他の利害関係人が登録検査機関を選択する際の判断に資するよう、登録検査機関にあっては、自らの財務諸表等を作成し、閲覧又は謄写等の請求に備えておくことが求められている。

2　民間事業者等が、財務諸表等を書面の保存に代えて当該書面に係る電磁的記録の保存を行う場合は、次に掲げる方法のいずれかにより行わなければならない。〈e-文書法施行規則〉

(ア)　作成された電磁的記録を民間事業者等の使用に係る電子計算機に備えられたファイル又は磁気ディスク等をもって調製するファイルにより保存する方法

　＊「磁気ディスク等」とは、磁気ディスク、シー・ディー・ロムその他これらに準ずる方法により一定の事項を確実に記録しておくことができる物をいう。

(イ)　書面に記載されている事項をスキャナ(これに準ずる画像読取装置を含む。)により読み取ってできた電磁的記録を民間事業者等の使用に係る電子計算機に備えられたファイル又は磁気ディスク等をもって調製するファイルにより保存する方法

⇒　上記の「民間事業者等」とは、法令の規定により書面又は電磁的記録の保存等をしなければならないものとされている民間事業者その他の者をいう。ただし、次に掲げる者を除く。〈電子文書法第2条第1号〉

① 国の機関

② 地方公共団体及びその機関

③ 次に掲げるもの

　(ⅰ) 独立行政法人

295

(ii) 地方独立行政法人

(iii) 法律により直接に設立された法人、特別の法律により特別の設立行為をもって設立された法人(独立行政法人を除く。)又は特別の法律により設立され、かつ、その設立に関し行政庁の認可を要する法人(地方独立行政法人を除く。)のうち、政令で定めるもの

　＊「政令」とは、『行政手続等における情報通信の技術の利用に関する法律施行令(平成15年1月31日政令第27号)』をいう。

(iv) 行政庁が法律の規定に基づく試験、検査、検定、登録その他の行政上の事務について当該法律に基づきその全部又は一部を行わせる者を指定した場合におけるその指定を受けた者

(v) (i)から(iv)までに掲げる者((iv)に掲げる者については、当該者が法人である場合に限る。)の長

3　民間事業者等が、電磁的記録の保存を行う場合は、必要に応じ電磁的記録に記録された事項を出力することにより、直ちに整然とした形式及び明瞭な状態で使用に係る電子計算機その他の機器に表示及び書面を作成できなければならない。〈e-文書法施行規則〉

4　主務大臣は、登録検査機関が本規定に違反したときは、その登録を取り消し、又は期間を定めて生物検査の業務の全部もしくは一部の停止を命ずることができる。〈法第21条第5項第1号〉

⇒　上記の業務停止命令に違反したときは、その違反行為をした登録検査機関の役員又は職員は、6月以下の懲役又は50万円以下の罰金に処する。〈法第41条〉

5　本規定に違反して財務諸表等を備えて置かず、財務諸表等に記載すべき事項を記載せず、又は虚偽の記載をしたときは、その違反行為をした登録検査機関の役員又は職員は、20万円以下の過料に処する。〈法第47条第1号〉

第2章第3節　生物検査

■第19条第6項■

　生物検査を受けようとする者その他の利害関係人は、登録検査機関の業務時間内は、いつでも、次に掲げる請求をすることができる。ただし、第二号又は第四号の請求をするには、登録検査機関の定めた費用を支払わなければならない。

一　財務諸表等が書面をもって作成されているときは、当該書面の閲覧又は謄写の請求
二　前号の書面の謄本又は抄本の請求
三　財務諸表等が電磁的記録をもって作成されているときは、当該電磁的記録に記録された事項を主務省令で定める方法により表示したものの閲覧又は謄写の請求
四　前号の電磁的記録に記録された事項を電磁的方法であって主務省令で定めるものにより提供することの請求又は当該事項を記載した書面の交付の請求

趣旨

　本規定は、生物検査を受けようとする者その他の利害関係人は、登録検査機関に対して財務諸表等の閲覧又は謄写等を請求できる旨を定めたものである。

解説

1　「請求」とは、ある行為をするように相手方に求めることをいう。

2　主務大臣は、登録検査機関が正当な理由がないのに本規定各号の請求を拒んだときは、その登録を取り消し、又は期間を定めて生物検査の業務の全部もしくは一部の停止を命ずることができる。〈法第21条第5項第3号〉

⇒　上記の業務停止命令に違反したときは、その違反行為をした登録検査機関の役員又は職員は、6月以下の懲役又は50万円以下の罰金に処する。〈法第41条〉

3　正当な理由がないのに本規定各号による請求を拒んだときは、その違反行為をした登録検査機関の役員又は職員は、20万円以下の過料に処する。〈法第47条第2号〉

＜第1号＞

4　「財務諸表等」とは、登録検査機関の財産目録、貸借対照表及び損益計算書又は収支計算書並びに事業報告書(その作成に代えて電磁的記録の作成がされている場合における当該電磁的記録を含む。)をいう。〈法第19条第5項〉

5　「謄写」とは、原本の内容を写しとることをいう。通常、複写機を用いてコピーを行うが、手で書き写すこと、カメラで接写することも含まれる。

6　民間事業者等が、財務諸表等を書面の縦覧等に代えて当該書面に係る電磁的記録に記録されている事項の縦覧等を行う場合は、当該事項を民間事業者等の事務所に備え置く電子計算機の映像面における表示又は当該事項を記載した書類により行わなければならない。〈e-文書法施行規則〉

　＊「縦覧等」とは、民間事業者等が書面又は電磁的記録に記録されている事項を縦覧もしくは閲覧に供し、又は謄写をさせることをいう。ただし、裁判手続等において行うものを除く。

＜第2号＞

7　「謄本」とは、原本の内容のすべてを写したものであって、その原本の内容を証明す

297

る書面をいう。

8 「抄本」とは、原本の内容の一部を写したものであって、その原本の内容の必要部分を証明する書面をいう。

9 民間事業者等が、財務諸表等の謄本又は抄本の書面の交付等に代えて当該書面に係る電磁的記録に記録されている事項の交付等を行う場合は、次に掲げる方法により行わなければならない。〈e-文書法施行規則〉

(ア) 電子情報処理組織を使用する方法のうち①又は②に掲げるもの

① 民間事業者等の使用に係る電子計算機と交付等の相手方の使用に係る電子計算機とを接続する電気通信回線を通じて送信し、受信者の使用に係る電子計算機に備えられたファイルに記録する方法

② 民間事業者等の使用に係る電子計算機に備えられたファイルに記録された書面に記載すべき事項を電気通信回線を通じて交付等の相手方の閲覧に供し、当該相手方の使用に係る電子計算機に備えられたファイルに当該事項を記録する方法(電磁的方法(電子文書法第6条第1項)による交付等を受ける旨の承諾又は受けない旨の申出をする場合にあっては、民間事業者等の使用に係る電子計算機に備えられたファイルにその旨を記録する方法)

(イ) 磁気ディスク等をもって調整するファイルに書面に記載すべき事項を記録したものを交付する方法

10 財務諸表等の謄本又は抄本の書面の交付等に代えて当該書面に係る電磁的記録に記録されている事項の交付等を行う方法は、交付等の相手方がファイルへの記録を出力することによる書面を作成することができるものでなければならない。〈e-文書法施行規則〉

11 民間事業者等は、財務諸表等の謄本又は抄本の書面の交付等に代えて当該書面に係る電磁的記録に記録されている事項の交付等を行おうとするときは、あらかじめ、当該交付等の相手方に対し、その用いる電磁的方法の種類及び内容を示し、書面又は電磁的方法による承諾を得なければならない。〈電子文書法施行令第2条第1項〉

⇒ 上記の「電磁的方法の種類及び内容」は、次に掲げる事項とする。〈e-文書法施行規則〉

① 電磁的記録に記録されている事項の交付等を行う方法のうち民間事業者等が使用するもの

② ファイルへの記録の方式

＜第3号＞

12 「電磁的記録」とは、電子的方式、磁気的方式その他の人の知覚によっては認識することができない方式で作られる記録であって、電子計算機による情報処理の用に供されるものをいう。〈法第19条第5項〉

13 「主務省令で定める方法」は、当該電磁的記録に記録された事項を紙面又は出力装置の映像面に表示する方法とする。〈則第26条第1項〉

＜第4号＞

14 「主務省令で定めるもの」は、次に掲げる電磁的方法とする。〈則第26条第2項〉

(ア) 送信者の使用に係る電子計算機と受信者の使用に係る電子計算機とを電気通信回線

第2章第3節　生物検査

で接続した電子情報処理組織を使用する方法であって、当該電気通信回線を通じて情報が送信され、受信者の使用に係る電子計算機に備えられたファイルに当該情報が記録されるもの
（イ）磁気ディスクその他これに準ずる方法により一定の情報を確実に記録しておくことができる物をもって調製するファイルに情報を記録したものを交付する方法
⇒　上記（ア）及び（イ）に掲げる方法は、受信者がファイルへの記録を出力することによる書面を作成することができるものでなければならない。〈則第26条第3項〉

■第１９条第７項■

　登録検査機関は、主務省令で定めるところにより、帳簿を備え、生物検査に関し主務省令で定める事項を記載し、これを保存しなければならない。

趣旨

　本規定は、登録検査機関に対し、帳簿を備えて生物検査に関する事項を記載し、これを保存しておくことを義務づけたものである。

解説

1　帳簿の備付は、監督官庁が登録検査機関の業務の状況を把握することにより適切な監視指導を行うことができるようにし、登録検査機関の適正な検査業務の運営に資するものと考えられる。

2　「主務省令で定める事項」は、次に掲げるものとする。〈則第27条〉

①　生物検査の求めをした者の氏名及び住所（法人にあっては、その名称、代表者の氏名及び主たる事務所の所在地）

②　生物検査の求めを受けた年月日

③　検査対象生物の種類の名称

④　生物検査の結果

⑤　生物検査の結果を通知した年月日

3　民間事業者等が、帳簿を書面の作成に代えて当該書面に係る電磁的記録の作成を行う場合は、民間事業者等の使用に係る電子計算機に備えられたファイルに記録する方法又は磁気ディスク等をもって調製する方法により作成を行わなければならない。〈e-文書法施行規則〉

4　民間事業者等が、帳簿を書面の保存に代えて当該書面に係る電磁的記録の保存を行う場合は、次に掲げる方法のいずれかにより行わなければならない。〈e-文書法施行規則〉

（ｱ）　作成された電磁的記録を民間事業者等の使用に係る電子計算機に備えられたファイル又は磁気ディスク等をもって調製するファイルにより保存する方法

（ｲ）　書面に記載されている事項をスキャナ（これに準ずる画像読取装置を含む。）により読み取ってできた電磁的記録を民間事業者等の使用に係る電子計算機に備えられたファイル又は磁気ディスク等をもって調製するファイルにより保存する方法

5　主務大臣は、登録検査機関が本規定に違反したときは、その登録を取り消し、又は期間を定めて生物検査の業務の全部もしくは一部の停止を命ずることができる。〈法第21条第5項第1号〉

⇒　上記の業務停止命令に違反したときは、その違反行為をした登録検査機関の役員又は職員は、6月以下の懲役又は50万円以下の罰金に処する。〈法第41条〉

6　本規定に違反して、本規定の事項の記載をせず、もしくは虚偽の記載をし、又は帳簿を保存しなかったときは、その違反行為をした登録検査機関の役員又は職員は、30万円以下の罰金に処する。〈法第44条第1号〉

第2章第3節　生物検査

■第19条第8項■

> 登録検査機関は、主務大臣の許可[1]を受けなければ、その生物検査の業務の全部又は一部を休止し、又は廃止してはならない。

趣旨

　本規定は、生物検査の業務を休止又は廃止しようとするときは、主務大臣の許可を受けなければならない旨を定めたものである。

解説

1　登録検査機関は、行政の代わりに生物検査という公的な業務を担うことから、その業務を行政のあずかり知らぬところで勝手に休止し、又は廃止することは、生物検査に支障を来すこととなり認められない。そこで、検査業務の休止又は廃止にあたっては、主務大臣の許可を要するものとしている。

2　「許可」とは、一般的に禁止されている行為について、特定の場合に解除する行政庁の行為をいう。

3　登録検査機関は、生物検査の業務の休廃止の許可を受けようとするときは、様式第九による申請書（業務休止（廃止）許可申請書）を主務大臣に提出しなければならない。〈則第28条〉

4　主務大臣は、登録検査機関が本規定に違反したときは、その登録を取り消し、又は期間を定めて生物検査の業務の全部もしくは一部の停止を命ずることができる。〈法第21条第5項第1号〉

⇒　上記の業務停止命令に違反したときは、その違反行為をした登録検査機関の役員又は職員は、6月以下の懲役又は50万円以下の罰金に処する。〈法第41条〉

5　本規定の許可を受けないで生物検査の業務の全部を廃止したときは、その違反行為をした登録検査機関の役員又は職員は、30万円以下の罰金に処する。〈法第44条第2号〉

第二十条（秘密保持義務等）

■第20条第1項■

登録検査機関の役員若しくは職員又はこれらの職にあった者は、その生物検査に関し知り得た秘密を漏らしてはならない。

趣 旨

本規定は、登録検査機関の役員又は職員に課される守秘義務について定めたものである。

解 説

1　本規定は、生物検査により登録検査機関が知り得た企業情報について、その保秘を図る観点から設けられたものである。

2　「これらの職にあった者」とあるように、現職にある者だけでなく、過去に登録検査機関の役員又は職員であった者についても守秘義務の対象としている。

3　本規定に違反した者は、6月以下の懲役又は50万円以下の罰金に処する。〈法第40条第2号〉

■第20条第2項■

生物検査に従事する登録検査機関の役員又は職員は、刑法（明治四十年法律第四十五号）その他の罰則の適用については、法令により公務に従事する職員とみなす。

趣 旨

本規定は、登録検査機関の役員又は職員のうち生物検査に従事する者は、みなし公務員として刑法の適用を受けることになる旨を定めたものである。

解 説

1　本規定は、生物検査という極めて公的な性格を有する業務の公正性を確保する観点から設けられたものである。

2　「公務に従事する職員とみなす」とあるように、生物検査に従事する登録検査機関の役員又は職員は、みなし公務員と位置づけることとしている。

⇒　上記の「みなし公務員」とは、公務員ではないものの、その職務の内容が公益性や公共性を有していること、あるいは公務員の職務を代行していることから、刑法その他の罰則の適用について公務員に準じる扱いを受ける者をいう。

　したがって、生物検査に従事する登録検査機関の役員又は職員については、公正かつ適正な検査業務の実施を担保するため、刑法の公務員職権乱用罪及び収賄罪の主体となり、公務執行妨害罪及び職務強要罪の客体となる。また、登録検査機関の文書に関しては公文書偽造罪、その印章に関しては公印偽造罪などが適用される。

第2章第3節　生物検査

第二十一条（適合命令等）

■第21条第1項■

主務大臣[2]は、登録検査機関が第十八条第三項各号のいずれかに適合しなくなったと認める
ときは、その登録検査機関に対し、これらの規定に適合するため必要な措置を執るべきこと
を命ずることができる。

趣　旨

本規定は、登録検査機関が登録基準(法第18条第3項)のいずれかに適合しなくなった場
合には、主務大臣は、登録検査機関に対し、その基準への適合命令を下すことができる旨
を定めたものである。

解　説

1　登録検査機関の登録にあたっては、法第18条第3項各号のいずれにも適合している
　　ことが求められているが、これを登録後においても担保するため、本規定が設けられて
　　いる。

2　本条の「主務大臣」は、物資所管大臣II(財務大臣、厚生労働大臣、農林水産大臣、
　　経済産業大臣又は環境大臣であって、検査対象生物である物の生産又は流通を所管する
　　大臣)とする。〈則第40条第6項〉

3　主務大臣は、登録検査機関に生物検査を適切に行わせるため、次に掲げる命令を下す
　　ことができる。

　(ｱ)　登録基準への適合命令(法第21条第1項)

　(ｲ)　生物検査業務の実施命令(法第21条第2項)

　(ｳ)　業務方法の改善命令(法第21条第2項)

　(ｴ)　業務規程の変更命令(法第21条第3項)

　(ｵ)　登録検査機関の登録の取消(法第21条第4項、第5項)

　(ｶ)　業務の全部又は一部の停止命令(法第21条第5項)

4　主務大臣は、登録検査機関が本規定による命令に違反したときは、その登録を取り消
　　し、又は期間を定めて生物検査の業務の全部もしくは一部の停止を命ずることができる。
　　〈法第21条第5項第4号〉

⇒　上記の業務停止命令に違反したときは、その違反行為をした登録検査機関の役員又は
　　職員は、6月以下の懲役又は50万円以下の罰金に処する。〈法第41条〉

■**第２１条第２項**■

　主務大臣は、登録検査機関が第十九条第一項若しくは第二項の規定に違反していると認めるとき、又は登録検査機関が行う第十七条第三項の通知の記載が適当でないと認めるときは、その登録検査機関に対し、生物検査を実施すべきこと又は生物検査の方法その他の業務の方法の改善に関し必要な措置を執るべきことを命ずることができる。

趣　旨

　本規定は、登録検査機関が生物検査の実施の求めに応じない場合に、主務大臣が当該登録検査機関に対し、生物検査業務の実施命令を下し得る旨を定めたものである。また、登録検査機関が行う業務が公正かつ適正でない場合、あるいは生物検査の結果の通知の記載が適当でない場合には、主務大臣は当該登録検査機関に対し、その業務の方法の改善命令を下すことができるとしている。

解　説

1　登録検査機関の遵守事項として次のようなものが定められているが、本規定は、これらの履行を担保するために設けられたものである。

(ｱ)　生物検査の実施の求めに応じること(法第19条第1項)

(ｲ)　公正かつ適正に生物検査を実施すること(法第19条第2項)

(ｳ)　生物検査の結果を通知すること(法第17条第3項)

2　主務大臣は、登録検査機関が本規定による命令に違反したときは、その登録を取り消し、又は期間を定めて生物検査の業務の全部もしくは一部の停止を命ずることができる。

〈法第21条第5項第4号〉

⇒　上記の業務停止命令に違反したときは、その違反行為をした登録検査機関の役員又は職員は、6月以下の懲役又は50万円以下の罰金に処する。〈法第41条〉

第２章第３節　生物検査

■第２１条第３項■

　　主務大臣は、第十九条第四項の規程[1]が生物検査の公正な実施上不適当となったと認めるときは、その規程を変更すべきことを命ずることができる。[2]

趣　旨

　　本規定は、いったんは認可された業務規程であっても、検査業務の実態をかんがみ、公正な生物検査を行うために適当でないと認めるに至ったときは、主務大臣は登録検査機関に対し、その業務規程の変更を命ずることができる旨を定めたものである。

解　説

1　「第十九条第四項の規程」とは、生物検査の業務の実施に関する規程（業務規程）をいう。

2　「公正な実施上不適当となったと認めるとき」とは、業務規程に定められた内容（例：生物検査の実施方法、費用、実施場所）が実態にそぐわなくなり、検査の公正性を阻害している状況となった場合をいう。

3　主務大臣は、登録検査機関が本規定による命令に違反したときは、その登録を取り消し、又は期間を定めて生物検査の業務の全部もしくは一部の停止を命ずることができる。
〈法第21条第5項第4号〉

⇒　上記の業務停止命令に違反したときは、その違反行為をした登録検査機関の役員又は職員は、6月以下の懲役又は50万円以下の罰金に処する。〈法第41条〉

■第２１条第４項■

　　主務大臣は、登録検査機関が第十八条第二項第一号又は第三号[2]に該当するに至ったとき
は、登録を取り消さなければならない。

趣　旨

　　本規定は、登録検査機関が登録拒否事由(法第 18 条第 2 項)に該当するに至ったときは、
その登録が取り消される旨を定めたものである。

解　説

1　　登録検査機関の登録については拒否事由が設けられているが、その登録後に登録検査
　　機関が本法の規定に違反して刑に処せられ、登録拒否事由に該当するに至った場合には、
　　裁量の余地なく、登録が取り消されることとしている。

2　　「第十八条第二項第一号又は第三号」とあるように、法第 18 条第 2 項 2 号の登録拒
　　否事由『登録検査機関が登録を取り消され、その取消しの日から起算して 2 年を経過し
　　ない者』は含まれていない。これは、当該登録拒否事由に該当する者は、そもそも登録
　　検査機関の登録を受けることができないため、本規定の登録取消事由になり得ないため
　　である。

第２章第３節　生物検査

■**第２１条第５項**■

> 　主務大臣は、登録検査機関が次の各号のいずれかに該当するときは、その登録を取り消し、
> 又は期間を定めて生物検査の業務の全部若しくは一部の停止を命ずることができる。
> 一　第十九条第三項から第五項まで、第七項又は第八項の規定に違反したとき。
> 二　第十九条第四項の規程によらないで生物検査を実施したとき。
> 三　正当な理由がないのに第十九条第六項各号の規定による請求を拒んだとき。
> 四　第一項から第三項までの規定による命令に違反したとき。
> 五　不正の手段により登録を受けたとき。

趣 旨

　本規定は、登録検査機関の登録取消及び生物検査業務の停止命令について、その発動条件を明示したものである。

解 説

1　登録検査機関に生物検査業務を行わせることが不適当と認められる場合には、主務大臣がその登録を取り消し、又は業務停止を命ずることができるようにするため、本規定が設けられている。

2　本規定による生物検査の業務の停止の命令に違反したときは、その違反行為をした登録検査機関の役員又は職員は、6 月以下の懲役又は 50 万円以下の罰金に処する。〈法第41 条〉

＜第1号＞

3　本号は、次の義務に違反したときを、本規定の発動条件としたものである。

(ｱ)　生物検査を実施する事業所の所在地を変更しようとする場合における事前の届出の義務(法第 19 条第 3 項)

(ｲ)　生物検査の業務の開始前に業務規程(その変更を含む。)の認可を受ける義務(法第 19 条第 4 項)

(ｳ)　財務諸表等の作成及び備付けの義務(法第 19 条第 5 項)

(ｴ)　帳簿に生物検査に関する事項を記載し、保存する義務(法第 19 条第 7 項)

(ｵ)　生物検査の業務を休廃止する前に許可を受ける義務(法第 19 条第 8 項)

＜第2号＞

4　本号は、認可を受けた業務規程によらないで生物検査を実施したときを、本規定の発動条件としたものである。

＜第3号＞

5　本号は、登録検査機関が財務諸表等の閲覧等の請求を正当な理由なく拒んだときを、本規定の発動条件としたものである。

＜第4号＞

6　本号は、次の命令に違反したときを、本規定の発動条件としたものである。

(ｱ)　登録検査機関が登録基準に適合しなくなった場合における当該基準への適合命令

(法第 21 条第 1 項)

(イ) ①登録検査機関が生物検査の実施の求めに応じない場合における生物検査業務の実施命令、②登録検査機関が行う業務が公正かつ適正でない場合における当該業務の方法の改善命令、③生物検査の結果の通知の記載が適当でない場合における当該記載の改善命令(法第 21 条第 2 項)

(ウ) 生物検査の公正な実施上不適当となった場合における業務規程の変更命令(法第 21 条第 3 項)

＜第 5 号＞

7 本号は、不正の手段により登録検査機関の登録を受けたときを、本規定の発動条件としたものである

第２章第３節　生物検査

第二十二条（報告徴収及び立入検査）

〈平二九法一八・一部改正〉

■第２２条第１項■

　　主務大臣は、この節の規定の施行に必要な限度において、登録検査機関に対し、その生物検査の業務に関し報告を求め、又は当該職員に、登録検査機関の事務所に立ち入り、登録検査機関の帳簿、書類その他必要な物件を検査させ、若しくは関係者に質問させることができる。

趣　旨

　　本規定は、主務大臣は、生物検査に関する規定の施行に必要な限度において、登録検査機関に対して立入検査等をすることができる旨を定めたものである。

解　説

1　登録検査機関の登録に付随する業務の遵守状況等を確認し、適切な監視指導事務を行うため、本規定が設けられている。

2　本条の「主務大臣」は、物資所管大臣Ⅱ（財務大臣、厚生労働大臣、農林水産大臣、経済産業大臣又は環境大臣であって、検査対象生物である物の生産又は流通を所管する大臣）とする。〈則第40条第6項〉

3　「当該職員」とは、検査対象生物である物の生産又は流通を所管する行政庁（財務省、厚生労働省、農林水産省、経済産業省又は環境省）の職員をさす。なお、当該職員には司法警察権が与えられていないため、司法処分が必要と認めるときは、検察当局へ告発する必要がある。

4　「立ち入り」とあるが、これには立入先の同意を必要としない。

5　本規定による報告をせず、もしくは虚偽の報告をし、又は本規定による立入りもしくは検査を拒み、妨げ、もしくは忌避し、もしくは質問に対して陳述をせず、もしくは虚偽の陳述をしたときは、その違反行為をした登録検査機関の役員又は職員は、30万円以下の罰金に処する。〈法第44条第3号〉

■第２２条第２項■

前項の規定による立入検査をする当該職員は、その身分を示す証明書[2]を携帯し、関係者に提示しなければならない。

趣 旨

本規定は、立入検査をする行政庁の職員は、身分証明書を携帯し、これを提示しなければならない旨を定めたものである。

解 説

1　検査対象生物である物の生産又は流通を所管する行政庁の職員には立入検査の権限が付与されているが、これは事務所への立入りという強制手段を用いたものであることから、立入検査の手続の適正を確保するため、本規定が設けられている。

2　「証明書」の様式は、様式第一〇のとおりとする。〈則第29条〉

第2章第3節　生物検査

■第22条第3項■

第一項の規定による立入検査の権限[3]は、犯罪捜査のために認められたものと解釈してはならない[4]。

趣　旨

本規定は、行政庁の職員に立入検査をさせることができるとした主務大臣の権限は、登録検査機関の登録に不随する業務の遵守状況等を確認するためのものであって、犯罪捜査のために認められたものではないことを明示したものである。

解　説

1　検査対象生物である物の生産又は流通を所管する行政庁の職員には立入検査の権限が付与されているが、これは事務所への立入りという強制手段を用いたものであることから、立入検査の手続の適正を確保するため、本規定が設けられている。

2　憲法第35条第1項において、『何人も、その住居、書類及び所持品について、侵入、捜索及び押収を受けることのない権利は、現行犯として逮捕される場合を除いては、正当な理由に基いて発せられ、且つ捜索する場所及び押収する物を明示する令状がなければ、侵されない。』とし、その第2項において、『捜索又は押収は、権限を有する司法官憲が発する各別の令状により、これを行ふ。』としている。

住居の不可侵を定めたこの憲法条文は、住居侵入を伴う捜査は裁判所の令状に基づくものでなければならないという刑事手続に関する規定であり、行政手続に直接適用されるものではないと解釈される。

3　「第一項の規定による立入検査の権限」とは、立入先の同意もなく、また、裁判所の令状もなく、強制的に、行政庁の職員に登録検査機関の事業所に立ち入り、帳簿書類等を検査させ、関係者に質問させる権限である。

4　「解釈してはならない」とあるように、立入検査(法第22条第1項)は、生物検査に関する規定の適切な履行を確保する見地から行われるべきものであり、犯罪捜査のためのものではないことを入念に確認したものである。

第二十三条（公示）

主務大臣[2]は、次に掲げる場合には、その旨を官報[3]に公示[4]しなければならない。

一　登録をしたとき。

二　第十九条第三項の規定による届出があったとき。

三　第十九条第八項の許可をしたとき。

四　第二十一条第四項若しくは第五項の規定により登録を取り消し、又は同項の規定により生物検査の業務の全部若しくは一部の停止を命じたとき。

趣 旨

本規定は、登録検査機関に関し、公示の対象となる事柄を明示したものである。

解 説

1　登録検査機関は、行政に代わって生物検査の業務を行うことから、これを登録したという事実など必要な事項を国民に周知しておく必要があるため、本規定が設けられている。

2　「主務大臣」は、物資所管大臣Ⅱ（財務大臣、厚生労働大臣、農林水産大臣、経済産業大臣又は環境大臣であって、検査対象生物である物の生産又は流通を所管する大臣）とする。〈則第40条第6項〉

3　「官報」は、政府情報の公的な伝達手段として位置づけられている。行政機関の休日を除いて内閣府が毎日発行しており、政府や各府省が国民に広く知らせるために発表する公文や公告、民法や会社法等に基づく法定公告等が掲載されている。

4　「公示」とは、公機関が公表することをいう。

＜第1号＞

5　本号は、登録検査機関の登録をした旨を公示事項としたものである。

＜第2号＞

6　本号は、生物検査を実施する事業所の所在地が変更された旨を公示事項としたものである。

＜第3号＞

7　本号は、生物検査の業務の休止又は廃止の許可をした旨を公示事項としたものである。

＜第4号＞

8　本号は、登録検査機関の登録を取り消した旨、生物検査の業務の停止命令を発動している旨を公示事項としたものである。

第2章第3節　生物検査

第二十四条（手数料）

■第24条第1項■

　生物検査を受けようとする者は、実費を勘案して政令で定める[2][3]額の手数料[4]を国（登録検査機関が生物検査を行う場合にあっては、登録検査機関）に納めなければならない。

趣　旨

　本規定は、生物検査を受けようとする者には、当該生物検査の実施者に手数料を納付する義務があることを明らかにしたものである。

解　説

1　生物検査の実施にあたっては相当程度の人件費及び物件費の発生が見込まれる。これらの費用については、検査を受けることにより事業が可能となる生物検査の依頼者が負担することが適当であるため、本規定により手数料の納付について定めている。

2　「実費を勘案して政令で定める額」とあるように、生物検査の手数料の額は、登録検査機関や行政庁の都合により決められるものではなく、生物検査の実施のために必要となる人件費及び経費等の要素を踏まえて政令で定めることとしている。

3　「政令で定める額」は、1件につき8万5千円を超えない範囲内において主務大臣が検査対象生物の種類ごとに定める額とする。〈H16/2/12政令第21号〉

　これは、遺伝子組換え生物等の特性によって適当な生物検査の方法が異なるため、政令により手数料の上限額を一律に8万5千円と定め、その範囲内において主務大臣が検査方法に応じた実費を定めることとしたものである。

4　「手数料」とは、他人の請求等に応じて行った特定の行為に対する報償として収受する金銭をいう。

5　生物検査に関する手数料については、国に納付する場合にあっては依頼書（則第19条第1項）に当該手数料の額に相当する額の収入印紙をはることにより、登録検査機関に納付する場合にあっては生物検査の業務の実施に関する規程（法第19条第4項）で定めるところにより納付しなければならない。〈則第30条第1項〉

6　納付された手数料は、これを返還しない。〈則第30条第2項〉

■第24条第2項■

前項の規定により登録検査機関に納められた手数料は、登録検査機関の収入とする。

趣 旨

　本規定は、登録検査機関に納められた手数料は、登録検査機関の収入となることを明らかにしたものである。

解 説

1　本規定に明示されていないが、国に収められた手数料は、国庫の収入となる。

⇒　上記の「国庫」とは、国の財政活動の結果として生じた現金等の財産を保有・管理するものをいう。

　＊「国の財政活動」とは、公共サービスや公共財の提供のために必要な財源調達や支出等の活動をいう。

第2章第4節　情報の提供

第四節　情報の提供

第二十五条（適正使用情報）

■第25条第1項■

主務大臣は、第四条第一項又は第九条第一項の承認を受けた第一種使用規程に係る遺伝子組換え生物等について、その第一種使用等がこの法律に従って適正に行われるようにするため、必要に応じ、当該遺伝子組換え生物等を譲渡し、若しくは提供し、若しくは委託してその第一種使用等をさせようとする者がその譲渡若しくは提供を受ける者若しくは委託を受けてその第一種使用等をする者に提供すべき情報（以下「適正使用情報」という。）を定め、又はこれを変更するものとする。

趣　旨

本規定は、主務大臣は、承認を受けた第一種使用規程に係る遺伝子組換え生物等について、その第一種使用等が本法に従って適正に行われるようにするため、適正使用情報を定めることとしたものである。

解　説

1　遺伝子組換え生物等は、外見上、それが遺伝子組換え生物等であるかどうか判然としない場合が多いため、その譲渡にあたっては、それが遺伝子組換え生物等であると分かっている譲渡者から、分からない譲受者に対して必要な情報提供を行わせる必要がある。

とりわけ環境導入して使用等されるものについては、これを譲り受ける者はそれが遺伝子組換え生物等であることを知らないケースも多々あることから、その譲渡時には、少なくとも遺伝子組換え生物等であること、さらには第一種使等を適正に行うために必要な情報を提供することが求められる。

例えば、遺伝子組換え作物の栽培にあたって圃場外に花粉が飛散し近縁種と交雑するといった生物多様性影響を防止するための措置が必要な場合、第一種使用規程には、使用の方法として『一定の隔離距離を設けること』が定められる。その第一種使用規程が公表（法第8条）されると、遺伝子組換え生物等を第一種使用等しようとする者は、当該第一種使用規程に従って使用等することになるが、自らが使用等しようとしている遺伝子組換え生物等そのものに『一定の隔離距離を設けること』という使用方法が明示されていなければ、実際に第一種使用規程に従って使用等することの実効性はなかなか上がらないといえよう。

そこで、遺伝子組換え生物等を第一種使用等をしようとする者に確実に伝達したい、確実に守ってもらいたい使用方法については、適正使用情報として主務大臣が定め、遺伝子組換え生物等を譲渡等する場合には、相手方にその適正使用情報を伝えることとしている。

＊「圃場」とは、田、畑、果樹園、牧草地など農産物を栽培する場所をいう。

2　本条の「主務大臣」は、次に掲げる区分に応じ、それぞれに定める大臣のいずれもとする。〈則第 40 条第 1 項〉

(ｱ)　研究開発段階（理事会勧告に準拠して審査がなされることが望ましい遺伝子組換え生物等である物の商業化又は実用化に向けた使用等及び遺伝子治療臨床研究その他の臨床研究として行われる使用等をする段階を除く。）の遺伝子組換え生物等である物に関する事項

①　文部科学大臣

②　環境大臣

(ｲ)　(ｱ)に掲げる事項以外の事項

①　物資所管大臣（財務大臣、厚生労働大臣、農林水産大臣又は経済産業大臣であって、当該遺伝子組換え生物等である物の生産又は流通を所管する大臣）

②　環境大臣

3　「第四条第一項又は第九条第一項の承認を受けた第一種使用規程に係る遺伝子組換え生物等」とあるように、本規定の適正使用情報は、第一種使用等するために譲渡等される遺伝子組換え生物等に関するものであり、第二種使用等するために譲渡等されるものは含まれない。

これは、第二種使用等をするために遺伝子組換え生物等を譲り受ける者は、拡散防止措置を執って使用等をしようとする者であることから、第一種使用等をするために譲り受ける者とは違って、それが遺伝子組換え生物等であることを知っている筈であり、必要となる情報の内容が異なること等によるためである。

第2章第4節　情報の提供

■第25条第2項■

　主務大臣は、前項の規定により適正使用情報[1]を定め、又はこれを変更したときは、主務省令で定めるところにより[2]、遅滞なく、その内容を公表しなければならない。

趣　旨

　本規定は、適正使用情報の内容は公表される旨を定めたものである。

解　説

1　「適正使用情報」とは、第一種使用規程に係る遺伝子組換え生物等を譲渡し提供し、又は委託して第一種使用等をさせようとする者が、当該第一種使用等をする者に提供すべき情報をいう。〈法第25条第1項〉

2　適正使用情報の公表は、遺伝子組換え生物等の種類の名称を明示して、官報に掲載して行うものとする。〈則第31条〉

■第25条第3項■

　前項の規定による公表は、告示により行うものとする。

趣　旨

　本規定は、適正使用情報の公表は、告示により行われる旨を定めたものである。

第二十六条（情報の提供）

（平二九法一八・一部改正）

■第２６条第１項■

遺伝子組換え生物等を譲渡し、若しくは提供し、又は委託して使用等をさせようとする者は、主務省令で定めるところにより、その譲渡若しくは提供を受ける者又は委託を受けてその使用等をする者に対し、適正使用情報その他の主務省令で定める事項に関する情報を文書の交付その他の主務省令で定める方法により提供しなければならない。

趣旨

本規定は、遺伝子組換え生物等を譲渡し提供し、又は委託して使用等をさせようとする者は、その譲渡を受け提供を受ける者又は委託を受けてその使用等をする者に対し、適正使用情報や主務省令で定める情報を文書等により提供しなければならない旨を定めたものである。

解説

1　本規定は、承認を受けた第一種使用規程に係る遺伝子組換え生物等のみならず、法第25条の対象とならない遺伝子組換え生物等についても対象としている。

例えば、遺伝子組換え生物等を譲り受けた者が第二種使用等をしようとする者である場合、拡散防止措置の選択に必要な情報の提供を受け、その特性を理解することにより、主務省令で定める拡散防止措置（法第12条）を執るか、主務大臣の確認を受けた拡散防止措置（法第13条第1項）を執るべきであるかを判断することができる。

2　製造者と販売者が異なる場合において、販売者が、遺伝子組換え生物等を含む製品（密閉された状態のもの）を未開封のまま販売するときであっても、本規定による情報提供の対象となる。

3　「譲渡」とは、ある物の所有権を有する者の意思をもって、その所有権を他の者に移転させることをいう。

4　「提供」とは、ある物を他の者が利用し得る状態に置くことをいう。これには契約や法令上の義務に基づくものであるかどうかは考慮されない。

5　「委託」とは、ある行為をすることを他の者に依頼することをいう。

6　「その譲渡若しくは提供を受ける者」とは、自己の利益のために遺伝子組換え生物等を利用し得る状態に置いて、使用等する者を意味している。

7　「委託を受けてその使用等をする者」とは、単に物を取り扱い得る状態に置いて、遺伝子組換え生物等を使用等する者を意味している。言い換えれば、「提供」に該当しないような形で物を渡され、委託を受けて使用等する者をいう。

運搬、保管に携わる者がこの代表的な事例となるが、例えば、畜産農家が旅行に行くため、その飼育している遺伝子組換えブタをペットショップに預ける場合、そのペットショップも「委託を受けてその使用等をする者」に該当する。

8　本規定の主務大臣は、次に掲げる区分に応じ、それぞれに定める大臣のいずれもとす

第2章第4節　情報の提供

る。〈則第40条第7項〉

(A) 遺伝子組換え生物等の第一種使用等に係る事項

　(ｱ) 研究開発段階の遺伝子組換え生物等である物に関する事項

　　① 文部科学大臣

　　② 環境大臣

　(ｲ) (ｱ)に掲げる事項以外の事項

　　① 物資所管大臣(財務大臣、厚生労働大臣、農林水産大臣又は経済産業大臣であって、当該遺伝子組換え生物等である物の生産又は流通を所管する大臣)

　　② 環境大臣

(B) 遺伝子組換え生物等の第二種使用等に係る事項

　(ｱ) 研究開発に係る遺伝子組換え生物等の第二種使用等に関する事項

　　① 文部科学大臣

　　② 環境大臣

　(ｲ) (ｱ)に掲げる事項以外の事項

　　① 事業所管大臣Ⅱ(財務大臣、文部科学大臣、厚生労働大臣、農林水産大臣又は経済産業大臣であって、当該遺伝子組換え生物等の第二種使用等をする者の行う事業を所管する大臣)

　　② 環境大臣

9　「主務省令で定める事項」は、次に掲げる場合の区分に応じ、それぞれに定める事項とする。〈則第33条〉

(ｱ) 第一種使用等をしている遺伝子組換え生物等を譲渡し、もしくは提供し、又は委託して使用等をさせようとする場合

　① 遺伝子組換え生物等の種類の名称(名称がないとき又は不明であるときは、その旨)

　② 当該遺伝子組換え生物等の第一種使用等に係る第一種使用規程が主務大臣の承認を受けている旨又は承認の適用除外(則第5条第1号、第2号、第6号)に基づく使用等をしている旨

　③ 適正使用情報(適正使用情報が定められている場合に限る。)

　④ 譲渡者等の氏名及び住所(法人にあっては、その名称並びに担当責任者の氏名及び連絡先)

(ｲ) 第二種使用等をしている遺伝子組換え生物等を譲渡し、もしくは提供し、又は委託して使用等をさせようとする場合

　① 遺伝子組換え生物等の第二種使用等をしている旨

　② 遺伝子組換え生物等の宿主又は親生物の名称及び細胞外において核酸を加工する技術であって主務省令で定めるもの(法第2条第2項第1号)の利用により得られた核酸又はその複製物の名称(名称がないとき又は不明であるときは、その旨)

　③ 譲渡者が確認の適用除外(則第16条第1号、第2号、第4号)に基づく使用等をしている場合にはその旨

　④ 譲渡者等の氏名及び住所(法人にあっては、その名称並びに担当責任者の氏名及び

319

連絡先)

⇒ 上記(ア)①について、例えば、『除草剤グルホシネート抵抗性ダイズ WOW123-45』のように記載する。

⇒ 上記(ア)②について、譲渡等する遺伝子組換え生物が承認を受けているもので、適正使用情報が定められている場合には『承認を受けている旨』とする。一方、承認を受けていない遺伝子組換え生物等を、緊急使用等する場合(則第5条第1号)、生物検査のために使用等する場合(則第5条第2号)、違反物の処分のために使用等する場合(則第5条第6号)には、『承認の適用除外に基づく使用等をしている旨』とする。

⇒ 上記(イ)について、第二種使用等をしている遺伝子組換え生物等を譲渡等する場合には、原則としてすべての場合において情報の提供が求められる。その譲渡等の際には、相手方に当該遺伝子組換え生物等がどのような特性のものであるかという情報を伝え、相手方がどのような拡散防止措置を執って使用等すればよいのか、あるいは主務大臣の確認が必要になるのかを判断できるようにする必要がある。

⇒ 上記(イ)①の「第二種使用等をしている旨」の情報の提供を受けなかった場合、『遺伝子組換え生物等の拡散を防止する意図をもって行う使用等(法第2条第6項)』にあたらないため第二種使用等をしていることとはならず、"無承認第一種使用等"とみなされ得る。

⇒ 上記(イ)②について、例えば、宿主については『大腸菌▲▲』、核酸については『ヒト▲▲遺伝子』のように記載する。なお、上記(イ)③のように確認の適用除外の目的で譲渡等する場合においては、その名称が明らかでないこともあるかもしれないが、そのような場合の名称は不明としてかまわない。

10 「主務省令で定める方法」は、次のいずれかとする。〈則第34条〉

(ア) 文書の交付

(イ) 遺伝子組換え生物等又はその包装もしくは容器への表示

(ウ) ファクシミリ装置を利用する送信

(エ) 譲渡者等の使用に係る電子計算機と譲受者等の使用に係る電子計算機とを電気通信回線で接続した電子情報処理組織を利用する送信であって、当該電気通信回線を通じて定められた事項(則第33条各号)が送信され、譲受者等の使用に係る電子計算機に備えられたファイルに当該事項が記録されるもの

⇒ 上記(ア)について、通常、遺伝子組換え生物等を運搬する際に文書を添付することが考えられる。文書のみを別途郵送することでも差し支えないが、遺伝子組換え生物等の譲渡に先立って情報が提供されていなければ、譲受者が適正な使用等を行うことができないおそれがあることを留意しておく必要がある。

⇒ 上記(イ)について、例えば、遺伝子組換え生物等そのもの(例:動物、植物)にタグを付けて表示することもできる。また、微生物をチューブに入れて譲渡等する場合には、そのチューブに直接記入することも含まれる。

⇒ 上記(エ)は、電子メールを使って情報提供できることとしたものである。

11 情報の提供は、次に掲げる場合以外の場合において、遺伝子組換え生物等の譲渡等の都度行うものとする。〈則第32条第1項〉

＊「譲渡等」とは、譲渡もしくは提供又は委託をいう。

(ｱ) 第一種使用規程が定められている遺伝子組換え生物等を譲渡し、もしくは提供し、又は委託して使用等をさせようとする場合であって、適正使用情報が定められていないとき

(ｲ) 遺伝子組換え生物等を委託して運搬をさせようとする場合

(ｳ) 譲渡者等の当該遺伝子組換え生物等の使用等が承認の適用除外(則第5条第3号から第5号まで)又は確認の適用除外(則第16条第3号)に該当する場合

＊「譲渡者等」とは、遺伝子組換え生物等を譲渡し、もしくは提供し、又は委託して使用等をさせようとする者をいう。

(ｴ) 譲渡者等の遺伝子組換え生物等の第二種使用等が、虚偽の情報の提供を受けていたために、第二種使用等にあたって執るべき拡散防止措置を執らずにされている場合

(ｵ) 特定遺伝子組換え生物等の譲渡等をする場合

⇒ 上記(ｱ)は、承認を受けた第一種使用規程に係る遺伝子組換え生物等を譲渡等する場合であっても、適正使用情報が定められていないときは、情報提供義務が免除されることとしたものである。

⇒ 上記(ｲ)として、例えば、宅配便で遺伝子組換え生物等の運搬を行う場合が考えられる。
　このような場合に情報提供義務が免除される理由は、第二種使用等に係る遺伝子組換え生物等の運搬の場合にあっては、運搬に関する拡散防止措置を譲渡者がとっていれば運搬者が運搬の場面で特別の注意を必要としないこと、及び、譲渡者から譲受者に直接情報提供がなされることにより情報提供義務を課している趣旨が担保されるためである。
　また、承認を受けた第一種使用規程に係る遺伝子組換え生物等の運搬の場合にあっては、これは環境中での使用等が認められているものであり、運搬の際に特別の注意を要しないことによる。

⇒ 上記(ｳ)は、次に掲げる場合に情報提供義務が免除されることとしたものである。

① 輸入された生物に遺伝子組換え生物等が混入しており、第一種使用規程に従わないで又は第一種使用規程の承認を受けないで第一種使用等をすることを避けることができない場合(則第5条第3号)

② 人が体内に遺伝子組換え生物等を有することにより日常生活において当該遺伝子組換え生物等の第一種使用等をする場合(則第5条第4号)

③ 承認を受けた第一種使用規程に従っていないこと、第一種使用規程の承認を受けていないことを知らないで、第一種使用等をする場合(則第5条第5号)

④ 虚偽の情報の提供を受けていたために、拡散防止措置の確認を受けなければならないことを知らないで、第二種使用等をする場合(則第16条第3号)

⇒ 上記(ｴ)は、虚偽の情報の提供を受けていたために譲渡者等が、あるべき拡散防止措置を執らずに使用等をしている場合には、情報提供義務が免除されることとしたものである。

⇒ 上記(ｵ)は、特定遺伝子組換え生物等については、その性状等からみて第一種使用等による生物多様性影響が生じないことが明らかな生物であることを踏まえ、情報提供義務

が免除されることとしたものである。

12 同一の情報を提供すべき譲受者等に対し、二回以上にわたって当該遺伝子組換え生物等の譲渡等をする場合において、当該遺伝子組換え生物等の譲受者等が承知しているときは、その最初の譲渡等に際してのみ情報の提供を行うものとする。〈則第32条第2項〉

　このように、同一の提供内容で済むような遺伝子組換え生物等を複数回にわたって譲渡等する場合であって、譲受者等が承知しているときは、二回目以降は情報提供をする必要がないこととしている。

　　＊「譲受者等」とは、遺伝子組換え生物等の譲渡もしくは提供を受ける者又は委託を受けて当該遺伝子組換え生物等の使用等をする者をいう。

13 本規定による情報の提供をせず、又は虚偽の情報を提供して遺伝子組換え生物等を譲渡し、もしくは提供し、又は委託して使用等をさせた者は、50万円以下の罰金に処する。〈法第42条第4号〉

　また、いわゆる両罰規定の対象となっており、この行為者を使用する法人又は人には50万円以下の罰金刑が科される。〈法第45条〉

第2章第4節　情報の提供

■第26条第2項■

　主務大臣[3]は、前項の規定に違反して遺伝子組換え生物等の譲渡若しくは提供又は委託による使用等がなされた場合において、生物多様性影響が生ずるおそれがあると認めるときは、生物多様性影響を防止するため必要な限度において、当該遺伝子組換え生物等を譲渡し、若[5]しくは提供し、又は委託して使用等をさせた者[4]に対し、遺伝子組換え生物等の回収を図ること[6]その他の必要な措置を執るべきことを命ずることができる。

趣　旨

　本規定は、主務大臣は、必要な情報を提供しないで遺伝子組換え生物等の譲渡等がなされた場合において、生物多様性影響が生ずるおそれがあると認めるときは、当該遺伝子組換え生物等を譲渡等した者に対し、遺伝子組換え生物等の回収等の措置命令を下すことができる旨を定めたものである。

解　説

1　遺伝子組換え生物等を譲り受けした者に必要な情報が伝わらなければ、その譲受者は必要な措置を執ることができない。そうした場合、適切な拡散防止措置が執られないなど、結果として生物多様性影響を生じるおそれがある。そこで、必要な情報を提供しないで遺伝子組換え生物等を譲渡等した者に対し、主務大臣が遺伝子組換え生物等の回収の措置や必要な情報を提供することを命ずることができるようにするため、本規定が設けられている。

2　カルタヘナ法は、議定書の内容を国内担保するために制定されたものであるが、遺伝子組換え生物等により生じた損害に関する「責任及び救済」の分野（議定書第27条）については締結国の義務とはなっていない。しかしながら、国内法整備上、「責任及び救済」に関する条項が必要と判断されたため、我が国独自の判断により、カルタヘナ法制定当初から本規定が設けられている。

3　「主務大臣」は、次に掲げる区分に応じ、それぞれに定める大臣のいずれかとする。

〈則第40条第8項〉

(A)　遺伝子組換え生物等の第一種使用等に係る事項

　(ｱ)　研究開発段階（理事会勧告に準拠して審査がなされることが望ましい遺伝子組換え生物等である物の商業化又は実用化に向けた使用等及び遺伝子治療臨床研究その他の臨床研究として行われる使用等をする段階を除く。）の遺伝子組換え生物等である物に関する事項

　　①　事業所管大臣（財務大臣、厚生労働大臣、農林水産大臣又は経済産業大臣であって、情報提供をしなかった場合の措置命令（法第26条第2項）、報告徴収（法第30条）又は立入検査等（法第31条第1項）の対象となる者の行う事業を所管する大臣）

　　②　文部科学大臣

　　③　環境大臣

　(ｲ)　(ｱ)に掲げる事項以外の事項

　　　　① 事業所管大臣 II（財務大臣、文部科学大臣、厚生労働大臣、農林水産大臣又は経
　　　　　済産業大臣であって、情報提供をしなかった場合の措置命令（法第 26 条第 2 項）、
　　　　　報告徴収（法第 30 条）又は立入検査等（法第 31 条第 1 項）の対象となる者の行う事業を
　　　　　所管する大臣）
　　　　② 物資所管大臣（財務大臣、厚生労働大臣、農林水産大臣又は経済産業大臣であっ
　　　　　て、遺伝子組換え生物等である物の生産又は流通を所管する大臣）
　　　　③ 環境大臣
　　(B) 遺伝子組換え生物等の第二種使用等に係る事項
　　　(ア) 研究開発に係る遺伝子組換え生物等の第二種使用等に関する事項
　　　　① 事業所管大臣（財務大臣、厚生労働大臣、農林水産大臣又は経済産業大臣であっ
　　　　　て、情報提供をしなかった場合の措置命令（法第 26 条第 2 項）、報告徴収（法第 30 条）
　　　　　又は立入検査等（法第 31 条第 1 項）の対象となる者の行う事業を所管する大臣）
　　　　② 文部科学大臣
　　　　③ 環境大臣
　　　(イ) (ア)に掲げる事項以外の事項
　　　　① 事業所管大臣 II（財務大臣、文部科学大臣、厚生労働大臣、農林水産大臣又は経
　　　　　済産業大臣であって、情報提供をしなかった場合の措置命令（法第 26 条第 2 項）、
　　　　　報告徴収（法第 30 条）又は立入検査等（法第 31 条第 1 項）の対象となる者の行う事業を
　　　　　所管する大臣）
　　　　② 環境大臣

4　　「前項の規定に違反して当該遺伝子組換え生物等を譲渡し、若しくは提供し、又は委
　　託して使用等をさせた者」とあるように、適正使用情報や主務省令で定める情報（則第 33
　　条）の提供を怠った遺伝子組換え生物等の譲渡者、提供者又は委託者に対して、遺伝子組
　　換え生物等の回収を図ること等の措置を執るべきことが命じられる。

5　　「必要な限度において」とあるように、本規定による遺伝子組換え生物等の回収措置
　　命令は、あくまで生物多様性影響を防止するために必要な範囲に限られており、そのよ
　　うな認識の下で運用すべきものである。

6　　「回収を図ること」とあるが、違法に使用等された遺伝子組換え生物等のすべてを回
　　収しなければならないという意味ではない。流通の過程で加工されたものなど、客観的
　　に回収が困難な場合は回収しなくてよいものと解すべきであろう。

7　　本規定による命令に違反した者は、1 年以下の懲役もしくは 100 万円以下の罰金に処
　　し、又はこれを併科する。〈法第 38 条〉
　　　　また、いわゆる両罰規定の対象となっており、この行為者を使用する法人又は人には
　　100 万円以下の罰金刑が科される。〈法第 45 条〉
⇒　　第一種使用規程の承認を受けていないこと、虚偽の情報の提供を受けていたために拡
　　散防止措置の確認を受けなければならないことを知らないで、譲り受けた遺伝子組換え
　　生物等の使用等をしたような場合は、そもそも法規制の対象としていないため（則第 32
　　条第 1 項第 3 号）、回収措置命令（法第 26 条第 2 項）が発動されることはない。当然ながら、
　　上記の罰則が適用されることもない。

第2章第4節　情報の提供

■第26条第3項■

　環境大臣は、前項に規定する場合において、遺伝子組換え生物等の使用等により生ずる影響であって、生物の多様性（生物の多様性の確保上特に重要なものとして環境省令で定める種又は地域に係るものに限る。以下この項において同じ。）を損なうもの又は損なうおそれの著しいものが生じたと認めるときは、当該遺伝子組換え生物等を譲渡し、若しくは提供し、又は委託して使用等をさせた者に対し、当該影響による生物の多様性に係る損害の回復を図るため必要な措置を執るべきことを命ずることができる。

趣　旨

　本規定は、環境大臣は、本法に違反して遺伝子組換え生物等の譲渡等がなされ、遺伝子組換え生物等の回収等の措置命令が下された場合において、生物の多様性が損なわれたときは、当該遺伝子組換え生物等の譲渡者等に対し、生物の多様性に係る損害の回復を図るための措置命令を下すことができる旨を定めたものである。

解　説

1　本規定は、平成22年の議定書第5回締約国会議において、「バイオセーフティに関するカルタヘナ議定書の責任と救済についての名古屋・クアラルンプール補足議定書」が採択されたことを受け、平成29年の法改正により新設されたものである。

2　「前項に規定する場合において」とあるように、必要な情報を提供しないで遺伝子組換え生物等の譲渡等がなされたことにより主務大臣による遺伝子組換え生物等の回収措置命令が発動された場合において、環境大臣から生物多様性の回復措置を執るべきことが命じられる。

3　「環境省令で定める種」は、国内希少野生動植物種とする。〈種地域省令〉

⇒　上記の「国内希少野生動植物種」とは、その個体が本邦に生息し又は生育する絶滅のおそれのある野生動植物の種であって、政令で定めるもの（例：シジュウカラガン、トキ）をいう。〈種の保存法第4条第3項〉

4　「環境省令で定める（略）地域」は、次に掲げるものとする。〈種地域省令〉

①　国立公園の区域のうち、環境大臣の指定を受けた区域（自然公園法第20条第3項第12号、第14号）

②　国立公園の区域のうち、特別保護地区（自然公園法第21条第1項）

③　原生自然環境保全地域（自然環境保全法第14条第1項）

④　自然環境保全地域の区域のうち、環境大臣の指定を受けた区域（自然環境保全法第25条第4項第4号、第5号）

⑤　生息地等保護区の区域のうち、種の保存法第37条第4項各号列記以外の部分の規定による環境大臣の指定を受けた区域（同項第11号に掲げる行為に係るものに限る。）

⑥　環境大臣の指定を受けた鳥獣保護区の区域のうち、環境大臣の指定を受けた区域（鳥獣保護法第29条第7項第4号）

5　平成29年の改正法の施行日（平成30年3月5日）の前に、遺伝子組換え生物等を譲渡

等した者には、本規定は適用されない。回復措置命令に関する本規定は、平成 30 年 3 月 5 日以後に譲渡等した者にのみ適用される。〈H29/4/21 法律第 18 号附則第 2 項〉

6　本規定による命令に違反した者は、1 年以下の懲役もしくは 100 万円以下の罰金に処し、又はこれを併科する。〈法第 38 条〉

　　また、いわゆる両罰規定の対象となっており、この行為者を使用する法人又は人には 100 万円以下の罰金刑が科される。〈法第 45 条〉

⇒　第一種使用規程の承認を受けていないこと、虚偽の情報の提供を受けていたために拡散防止措置の確認を受けなければならないことを知らないで、譲り受けた遺伝子組換え生物等の使用等をしたような場合は、そもそも法規制の対象としていないため(則第 32 条第 1 項第 3 号)、回復命令(法第 26 条第 3 項)が発動されることはない。当然ながら、上記の罰則が適用されることもない。

第3章　輸出に関する措置

第三章　輸出に関する措置

第二十七条（輸出の通告）
<small>（平二五法八四・一部改正）</small>

　遺伝子組換え生物等を輸出しようとする者は、主務省令で定めるところにより、輸入国に対し、輸出しようとする遺伝子組換え生物等の種類の名称その他主務省令で定める事項を通告しなければならない。ただし、専ら動物のために使用されることが目的とされている医薬品（医薬品、医療機器等の品質、有効性及び安全性の確保等に関する法律（昭和三十五年法律第百四十五号）第二条第一項の医薬品をいう。以下この条において同じ。）以外の医薬品を輸出する場合その他主務省令で定める場合は、この限りでない。

趣　旨

　本規定は、遺伝子組換え生物等を輸出しようとする者は、輸入国に対して、その遺伝子組換え生物等の種類の名称等を通告しなければならない旨を定めたものである。

解　説

1　輸出される改変された生物の利用等による生物多様性への影響は、輸入国において生じることから、その輸入の可否の決定及び適正な管理の確保は輸入国側で実施することになるが、そのために必要となる措置については輸入国側ですべてを準備することが原則となっている。

　しかしながら、当該改変された生物の生物多様性への影響を評価するための情報は輸出者しか所有していないことも多く、また、輸入国自らが実験等により必要な情報のすべてを自ら収集することは時間的にも費用的にも困難といえる。また、その外見から遺伝子の組換えが行われていない生物との区別が難しい場合も多く、輸入される改変された生物が評価済みのものであるかどうか、評価不要のものであるかどうかをその輸入時に確実に判別することも困難である。

　このため、輸出される改変された生物を輸入国が適正に評価し、その結果に基づく決定を行うためには、輸入に先立ち、それらに関する真正で必要な情報の提供を輸出者から受ける必要がある。また、輸入される改変された生物が評価済みのものであるかどうか、評価不要のものであるかどうかを輸入時に確実に見分け、適正な管理を行うためには、当該改変された生物の名称、用途、取扱い方法等の必要な情報が明示されていることが重要である。

　仮に輸出国側からの情報の提供や表示が不適切で、改変された生物の取扱いに関する情報が不十分であったために、それに起因する生物多様性への悪影響が輸入国側において発生した場合には、輸入国から輸出国に適切な措置を要請する事態も予想されることから、輸出国が自国の輸出者に対して適切な措置を講ずるよう命ずることができるようにしておくことも必要である。

　このように、輸出国側においても輸出者に対して必要な措置を行わせることができる

327

ようにすることにより、国際的な協力関係の下で、相互に必要な情報が提供される仕組みを構築し、輸入国側の措置と相まって、生物の多様性の確保が十分可能なものとなるようにしている。

2　我が国からの遺伝子組換え生物等の輸出が適正に行われることを確保するため、本法では、次に掲げる規定を設けている。

(ｱ)　輸出の通告(法第 27 条)

　　輸入国が遺伝子組換え生物等の生物多様性への影響の評価を的確に行うことができるようにするため、遺伝子組換え生物等を輸出しようとする者に対し、輸入国に当該遺伝子組換え生物等の名称、特性、利用の目的及び条件等に関する真正な内容を事前に通告することを義務づけている。

(ｲ)　輸出の際の表示(法第 28 条)

　　遺伝子組換え生物等は、その外見からは遺伝子組換え生物等であるかどうかは判然としないことを考慮し、輸入国における輸入手続が円滑に行われるよう、次に掲げる分類に応じた表示の様式を定め、その様式に従った表示したものでなければ輸出ができないこととしている。

①　拡散防止措置の下での利用を目的とする場合

②　食料用、飼料用、加工用とすることを目的とする場合

③　環境への意図的な導入を目的とする場合

(ｳ)　輸出に関する命令(法第 29 条)

　　我が国からの不法な輸出に対して、輸入国より現状回復の要求があった場合に、輸出者に対して必要な措置命令を下すことができるようにし、国際的な協力の下で生物の多様性の確保を図ることとしている。

＜本文＞

3　本規定では、遺伝子組換え生物等を輸出しようとする者に対し、輸出しようとする遺伝子組換え生物等の種類の名称等の通告を義務づけている。これは、カルタヘナ議定書において、次に掲げるように輸入国に対して輸出の通告を行うことを求めている(議定書第 8 条第 1 項)ことを担保したものである。

(ｱ)　環境への意図的な導入を目的とする改変された生物(食料用、飼料用及び加工用のものを除く。)の輸出に際して、輸出国又は輸出者は、輸入国に対して、次の内容の通告を事前に行うこと

①　輸出者の氏名(又は名称)、住所(又は所在地)及び連絡のための詳細

②　輸者の氏名(又は名称)、住所(又は所在地)及び連絡のための詳細

③　親生物、DNA 供与生物、ベクター、挿入 DNA の特性

④　改変された生物の特性その他

(ｲ)　輸出者の提供する情報を正確なものとするための法的要件が輸出国に存在すること

4　本規定の「主務大臣」は、次に掲げる区分に応じ、それぞれに定める大臣のいずれもとする。〈則第 40 条第 1 項〉

(ｱ)　研究開発段階(理事会勧告に準拠して審査がなされることが望ましい遺伝子組換え

第3章　輸出に関する措置

生物等である物の商業化又は実用化に向けた使用等及び遺伝子治療臨床研究その他の
臨床研究として行われる使用等をする段階を除く。)の遺伝子組換え生物等である物に
関する事項

① 文部科学大臣

② 環境大臣

(ｲ) (ｱ)に掲げる事項以外の事項

① 物資所管大臣(財務大臣、厚生労働大臣、農林水産大臣又は経済産業大臣であって、
当該遺伝子組換え生物等である物の生産又は流通を所管する大臣)

② 環境大臣

5　「輸出」とは、内国貨物を外国に向けて送り出すことをいう。〈関税法第2条第1項第2号〉

6　輸出の通告は、輸入締約国の権限のある当局(議定書第8条第1項)に対し、様式第一一
により行うものとする。〈則第35条〉

7　本規定による通告をせず、又は虚偽の通告をして輸出した者は、50万円以下の罰金に
処する。〈法第42条第5号〉

また、いわゆる両罰規定の対象となっており、この行為者を使用する法人又は人には
50万円以下の罰金刑が科される。〈法第45条〉

<但書>

8　本但書は、医薬品(動物用医薬品を除く。)を輸出する場合など、相手国に通告する必
要のない場合について定めたものである。

9　「専ら動物のために使用されることが目的とされている医薬品」は、動物用医薬品と
呼ばれる。なお、「専ら」とあるように、人にも動物にも用いられるものは動物用医薬品
に含まれない。

10　「専ら動物のために使用されることが目的とされている医薬品(略)以外の医薬品を輸
出する場合」とあるが、医薬品(動物用医薬品を除く。)の国境を越える移動については、
別途の証明制度が設けられているため、通告の適用除外の対象としている。

11　「医薬品」とは、次に掲げる物をいう。〈薬機法第2条第1項〉

(ｱ) 日本薬局方に収められている物

(ｲ) 人又は動物の疾病の診断、治療又は予防に使用されることが目的とされている物で
あって、機械器具等でないもの(医薬部外品及び再生医療等製品を除く。)

(ｳ) 人又は動物の身体の構造又は機能に影響を及ぼすことが目的とされている物であっ
て、機械器具等でないもの(医薬部外品、化粧品及び再生医療等製品を除く。)

⇒　上記(ｱ)の「日本薬局方」は、我が国において繁用され、又は重要な医薬品について、
その性状品質を定めた基準書である。これに収載されている物は、当然に医薬品となる
が、その使用目的が食品用、化学工業用等に限定される場合には、解釈上、医薬品から
除外される。

⇒　上記(ｲ)の「動物」とは、牛、馬、豚、犬、猫、鶏、カナリヤ、タイ、ハマチ、コイ、
ランチュウ、蚕をはじめとした家畜、家禽、ペット等のいわゆる有用動物をいう。

⇒　上記(ｲ)の「診断」を目的として使用される医薬品として、例えば、胃のエックス線撮

影用の硫酸バリウム、放射性物質を利用した体内・体外診断用医薬品がある。

⇒ 上記(イ)の「治療」を目的として使用される医薬品として、例えば、解熱鎮痛剤のアスピリンがあり、社会通念上いわゆる医薬品と認識される物の多くが該当する。

⇒ 上記(イ)の「予防」を目的として使用される医薬品として、例えば、コレラワクチン等のワクチン類、ジフテリアトキソイド等のトキソイド類のほか、殺菌消毒剤、殺虫殺鼠剤があり、いわゆる防疫用薬剤等が該当する。

⇒ 上記(イ)に「機械器具等でないもの」とあるように、機械器具、歯科材料、医療用品、衛生用品並びにプログラム及びこれを記録した記録媒体については、別途、医療機器として規制されるため、医薬品の範囲から除外される。

⇒ 上記(イ)に「医薬部外品及び再生医療等製品を除く。」とあるように、医薬部外品及び再生医療等製品については、別途、医薬部外品又は再生医療等製品として規制されるため、医薬品の範囲からは除外される。

⇒ 上記(イ)に「プログラム」とあるが、これは汎用のパソコン等にインストールすることにより、医療機器としての性能を発揮するプログラムのことである。薬機法では、プログラム単体であっても医療機器として規制の対象としている。

⇒ 上記(ウ)の「構造又は機能に影響を及ぼすこと」を目的として使用される医薬品として、例えば、嫌酒剤や催乳剤、避妊薬がある。なお、食品については、人の身体の構造又は機能に影響を及ぼすことを直接に目的としているわけではなく、いわゆる食べ物として摂取される物であるので、この限りにおいては解釈上医薬品には該当しない。

⇒ 上記(ウ)に「医薬部外品、化粧品及び再生医療等製品を除く。」とあるように、医薬部外品、化粧品及び再生医療等製品については、別途、医薬部外品、化粧品又は再生医療等製品として規制されるため、医薬品の範囲からは除外される。

12 「医薬品、医療機器等の品質、有効性及び安全性の確保等に関する法律」とあるが、これは、薬事法等の一部を改正する法律(平成25年11月27日法律第84号)により、『薬事法』という題名から改称されたものである。

なお、医薬品、医療機器等の品質、有効性及び安全性の確保等に関する法律という題名は、医薬品医療機器等法、医薬品医療機器法、あるいは薬機法と略称される。

13 「主務省令で定める場合」は、次のとおりとする。〈則第36条〉

(ア) 議定書の締約国以外の国に遺伝子組換え生物等を輸出する場合

(イ) 輸入国において当該輸入国が定める基準に従い拡散防止措置を執って使用等が行われるものとして遺伝子組換え生物等を輸出する場合

(ウ) 輸入国において食用、飼料用又は加工用に供されるものとして遺伝子組換え生物等を輸出する場合

(エ) 輸入国が議定書第13条第1項(b)に掲げる事項に該当するものとしてバイオセーフティに関する情報交換センター(議定書第20条)に通報している輸入に該当する遺伝子組換え生物等を輸出する場合

(オ) 輸入国にとって最初の遺伝子組換え生物等の輸入に該当しない遺伝子組換え生物等を輸出する場合

第 3 章 輸出に関する措置

⇒ 　上記(ア)は、議定書の非締約国に輸出する場合のことで、通告の相手方が不明であるため、通告の適用除外の対象としている。

⇒ 　上記(イ)は、拡散防止措置を執って利用等するために輸出する場合をいう。通常の利用等では生物多様性への影響が生じず、また、議定書においても輸入国への通告が求められていないため、通告の適用除外の対象としている。なお、輸出の通告は不要であっても、輸出の際の表示(法第 28 条)は必要となる。

⇒ 　上記(ウ)は、食用用、飼料用、加工用にするために輸出する場合をいう。通常の利用等では生物多様性への影響が生じず、また、議定書においても輸入国への通告が求められていないため、通告の適用除外の対象としている。

⇒ 　上記(エ)は、輸入国が通告不要としているものを輸出する場合をいう。輸出国が通告の必要ないことを表明しているものであるため、通告の適用除外の対象としている。

　　なお、「議定書第 13 条第 1 項(b)に掲げる事項に該当するもの」とは、自国への改変された生物の輸入であって事前の情報に基づく合意の手続を免除されるものをいう。

⇒ 　上記(オ)は、当該輸入国において 2 回目以降の輸入に該当するものを輸出する場合をいう。輸入国において既に生物多様性への影響の評価が行われたものであるため、通告の適用除外の対象としている。

⇒ 　上記(ア)、(エ)及び(オ)に該当するかどうかについては、BCH に確認する必要がある。国内では環境省に J-BCH が開設され、BCH と連携して議定書や本法の内容、遺伝子組換え生物等に関する情報を提供している。

　　＊「J-BCH」とは、Japan Biosafety Clearing House の略。日本版バイオセイフティクリアリングハウスと呼ばれる。

331

第二十八条（輸出の際の表示）

> 遺伝子組換え生物等は、主務省令で定めるところにより[4]、当該遺伝子組換え生物等又はその包装、容器若しくは送り状に当該遺伝子組換え生物等の使用等の態様その他主務省令で定める事項を表示したものでなければ、輸出してはならない。この場合において、前条ただし書の規定は、本条の規定による輸出について準用する。

趣 旨

本規定は、法定事項の表示のない遺伝子組換え生物等については、輸出が禁止される旨を定めたものである。

解 説

1 遺伝子組換え生物等の輸出国への輸送中に生じるおそれがある生物多様性への影響を防止するためには、その取扱い方法等の必要な情報を記載しておくことが重要となる。そこで、輸出される遺伝子組換え生物等にはそのよう情報の表示を義務づけることとしている。

＜前段＞

2 本規定では、遺伝子組換え生物等を輸出する場合には、所定の情報を別送ではなく、遺伝子組換え生物等の包装等に必ず表示させることとしている。これは、議定書において、改変された生物の輸出に際し、次の区分に従って、それぞれに掲げる情報を含んだ文書を添付することを求めている（議定書第 18 条第 2 項）ことを担保したものである。

(ア) 食料用、飼料用又は加工用に供される改変された生物
　① 改変された生物を「含む可能性がある」こと
　② 環境への意図的な導入を目的とするものではないこと
　③ 追加の情報のための連絡先

(イ) 拡散防止措置の下での利用を目的とする改変された生物
　① 改変された生物であること
　② 安全な取扱い、保管、輸送及び利用のために要件
　③ 追加の情報のための連絡先

(ウ) その他の改変された生物
　① 改変された生物であること
　② 改変された生物の識別のための情報及びその特性
　③ 安全な取扱い、保管、輸送及び利用のための要件
　④ 追加の情報のための連絡先

3 本規定の「主務大臣」は、次に掲げる区分に応じ、それぞれに定める大臣のいずれもとする。〈則第 40 条第 1 項〉

(ア) 研究開発段階（理事会勧告に準拠して審査がなされることが望ましい遺伝子組換え生物等である物の商業化又は実用化に向けた使用等及び遺伝子治療臨床研究その他の

第3章　輸出に関する措置

臨床研究として行われる使用等をする段階を除く。）の遺伝子組換え生物等である物に関する事項

　　① 文部科学大臣

　　② 環境大臣

　（イ）（ア）に掲げる事項以外の事項

　　① 物資所管大臣（財務大臣、厚生労働大臣、農林水産大臣又は経済産業大臣であって、当該遺伝子組換え生物等である物の生産又は流通を所管する大臣）

　　② 環境大臣

4　輸出の際の表示は、次に掲げる区分に応じ、それぞれに定める様式により行うものとする。〈則第37条〉

　（ア）輸入国において当該輸入国が定める基準に従い拡散防止措置を執って使用等が行われる遺伝子組換え生物等として輸出されるもの

　　　──様式第一二

　（イ）輸入国において食用、飼料用又は加工用に供される遺伝子組換え生物等として輸出されるもの（（ア）に掲げるものを除く。）

　　　──様式第一三

　（ウ）（ア）及び（イ）のいずれにも該当しない遺伝子組換え生物等として輸出されるもの

　　　──様式第一四

⇒　上記（ア）は、拡散防止措置の下での利用を目的とする場合について定めたものである。

⇒　上記（ア）の「様式第一二」の記載方法として、次のとおり示されている。

　（i）第1欄には、遺伝子組換え生物等の名称を括弧書で記入すること。また、OECDにおいて商業化段階にある遺伝子組換え植物に適用されるものとして開発された識別記号等の国際的な識別記号が付されているものにあっては、その記号を括弧内に記入すること

　　　＊「OECD」とは、Organisation for Economic Co-operation and Development の略。経済協力開発機構と呼ばれる。

　　　＊「国際的な識別記号」とは、OECD においてシステム化された商業化段階にある遺伝子組換え植物に適用されるものをいう。

　（ii）第2欄には、輸出しようとしている遺伝子組換え生物等が、危険物輸送に関する国連勧告、国際植物防疫条約又は国際獣疫事務局における国際家畜衛生規約において措置が求められているものである場合には、これらの勧告等における区分又は措置の内容を記入すること。これらの措置が求められていない場合には、その旨記入すること

　（iii）第3欄の輸入者の項には、輸入者が仕向先と異なる場合には、その仕向先である個人又は団体の氏名又は名称、住所又は所在地及び連絡先についての詳細を併せて記入すること

　　　＊「仕向先」とは、貨物等の発送先をいう。

⇒　上記（ア）の「様式第一二」及び（ウ）の「様式第一四」については、平成16年のカルタヘナ議定書第1回締約国会議において、①拡散防止措置の下での利用を目的とした遺伝子組換え生物等、②環境への導入を目的とした遺伝子組換え生物等を輸出する際の表示事

333

項の詳細が決議されたことを受け、平成 17 年の施行規則改正により改められた。

⇒　上記(イ)は、食料もしくは飼料として直接利用し又は加工することを目的とする場合について定めたものである。

⇒　上記(イ)の「様式第一三」の記載方法として、次のとおり示されている。

(ⅰ) 第 1 欄には、分別生産流通管理等により遺伝子組換え生物等を含むことが確実である積荷にあっては「①(遺伝子組換え生物等を「含む」こと及び環境への意図的な導入を目的とするものではないこと)」を、分別生産流通管理等が行われておらず遺伝子組換え生物等を含む可能性がある積荷にあっては「②(遺伝子組換え生物等を「含む可能性がある」こと及び環境への意図的な導入を目的とするものではないこと)」を選択して記載すること

(ⅱ) 第 2 欄には、OECD において商業化段階にある遺伝子組換え植物に適用されるものとして開発された識別記号等の国際的な識別記号が付されているものにあっては、その記号を括弧内に記入すること

(ⅲ) 第 3 欄には、バイオセーフティに関する情報交換センター(議定書第 20 条)に関連する情報が掲載されている場合に、そのホームページアドレスを記入すること

⇒　上記(イ)の「様式第一三」については、平成 18 年のカルタヘナ議定書第 3 回締約国会議において、食用、飼料用又は加工用に供される遺伝子組換え生物等を輸出する際に、分別生産流通管理等により遺伝子組換え生物等を含むことが確実である積荷については『遺伝子組換え生物等を含む』、分別生産流通管理等が行われておらず遺伝子組換え生物等を含む可能性がある積荷については『遺伝子組換え生物等を含む可能性がある』旨を記述すること等が決議されたことを受け、平成 18 年の施行規則改正により改められた。

⇒　上記(ウ)は、例えば、輸入国の環境への意図的な導入を目的とする場合について定めたものである

⇒　上記(ウ)の「様式第一四」の記載方法として、次のとおり示されている。

(ⅰ) 第 1 欄には、遺伝子組換え生物等の名称を括弧書で記入すること。また、OECD において商業化段階にある遺伝子組換え植物に適用されるものとして開発された識別記号等の国際的な識別記号が付されているものにあっては、その記号を括弧内に記入すること

(ⅱ) 第 2 欄には、輸出しようとしている遺伝子組換え生物等が、危険物輸送に関する国連勧告、国際植物防疫条約又は国際獣疫事務局における国際家畜衛生規約において措置が求められているものである場合には、これらの勧告等における区分又は措置の内容を記入すること。これらの措置が求められていない場合には、その旨記入すること

5　本規定による表示をせず、又は虚偽の表示をして輸出した者は、50 万円以下の罰金に処する。〈法第 42 条第 6 号〉

また、いわゆる両罰規定の対象となっており、この行為者を使用する法人又は人には 50 万円以下の罰金刑が科される。〈法第 45 条〉

＜後段＞

6　本但書は、動物用医薬品以外の医薬品を輸出する場合その他主務省令で定める場合は、

第 3 章　輸出に関する措置

輸出の際の表示が必要ないものとしている。〈法第 27 条但書の準用〉

⇒　「動物用医薬品以外の医薬品を輸出する場合」とあるが、医薬品（動物用医薬品を除く。）の国境を越える移動については、別途の証明制度が設けられているため、輸出の際の表示の適用除外の対象としている。

⇒　「動物用医薬品以外の医薬品」とあるが、ワーキングセルバンク等の遺伝子組換え生物等は、これに該当しないことから輸出の際の表示が必要となる。〈H16/10/18 薬食審査発第 1018003 号〉

　　＊「ワーキングセルバンク」とは、マスターセルバンクの一個又は複数個をプールして得た細胞を十分に安定であることを確認した条件下でさらに培養させ、複数のアンプルに分注したものをいう。

　　＊「マスターセルバンク」とは、すべての製造用細胞シードの元になる種株を一定の培養条件下で最低限の継代数を経て増殖させ、複数のアンプルに分注したものをいう。

⇒　上記の「主務省令で定める場合」は、議定書の締約国以外の国に遺伝子組換え生物等を輸出する場合（則第 36 条第 1 号）とする。〈則第 38 条〉

　　これは、カルタヘナ法の非締約国に輸出する場合のことで、表示をしてもそれが活用されることが期待できないため、輸出の際の表示の適用除外の対象としている。

335

第二十九条（輸出に関する命令）

主務大臣[3][4]は、前二条の規定に違反して遺伝子組換え生物等の輸出が行われた場合において、生物多様性影響が生ずるおそれがあると認めるときは、生物多様性影響を防止するため必要な限度において[5]、当該遺伝子組換え生物等を輸出した者に対し、当該遺伝子組換え生物等の回収を図ることその他の必要な措置を執るべきことを命ずることができる。

趣 旨

本規定は、所定の通告や表示がなされることなく遺伝子組換え生物等の輸出が行われた場合、主務大臣は、当該遺伝子組換え生物等を輸出した者に対して回収等の措置命令を下すことができる旨を定めたものである。

解 説

1 締約国は、議定書を実施するための自国の国内措置に違反して行われる改変された生物の国境を越える移動を"不法"とみなすこととしている（議定書第 25 条第 1 項）。

また、不法な国境を越える移動があった場合には、その影響を受けた締約国は、輸出国に対し、当該輸出国の負担で、送還又は死滅させることにより、適切に処理するよう要請することができるとしている（議定書第 25 条第 2 項）。

2 遺伝子組換え生物等の輸出者には、輸出の通告（法第 27 条）及び輸出の際の表示（法第 28 条）の義務が課せられているが、これらの義務に違反していることが判明した場合、輸出国の行政庁は自国の輸出者に対して輸出の停止を命ずる必要がある。

また、輸出の際の表示をせずに遺伝子組換え生物等の輸出をしたため、その適正な取扱い方法が分からず、輸入国の領海内を輸送中に事故が起こり、輸入国の生物多様性に影響を生じるおそれがでた場合、輸入国からの要請を受け、輸出国の行政庁は、輸出した者に対して回収等の措置を命ずることができるようにしている。

3 「主務大臣」は、当該遺伝子組換え生物等の性状、その使用等の内容等を勘案して財務省令・文部科学省令・厚生労働省令・農林水産省令・経済産業省令・環境省令で定める区分に応じ、財務大臣、文部科学大臣、厚生労働大臣、農林水産大臣、経済産業大臣又は環境大臣とする。〈主務大臣政令〉

4 「主務大臣」は、次に掲げる区分に応じ、それぞれに定める大臣のいずれかとする。〈則第 40 条第 2 項〉

(ア) 研究開発段階（理事会勧告に準拠して審査がなされることが望ましい遺伝子組換え生物等である物の商業化又は実用化に向けた使用等及び遺伝子治療臨床研究その他の臨床研究として行われる使用等をする段階を除く。）の遺伝子組換え生物等である物に関する事項

① 事業所管大臣（財務大臣、厚生労働大臣、農林水産大臣又は経済産業大臣であって、第一種使用等に関する措置命令（法第 10 条第 1 項、第 2 項）、第一種使用等に関する事故時の応急の措置命令（法第 11 条第 2 項）もしくは輸出に関する命令（法第 29 条）の対象

第3章　輸出に関する措置

　　　　となる者又は第一種使用等に関する事故の届出(法第 11 条第 1 項)をする者の行う事
　　　　業を所管する大臣)
　　② 文部科学大臣
　　③ 環境大臣
(イ) (ア)に掲げる事項以外の事項
　　① 事業所管大臣 II (財務大臣、文部科学大臣、厚生労働大臣、農林水産大臣又は経済
　　　　産業大臣であって、第一種使用等に関する措置命令(法第 10 条第 1 項、第 2 項)、第一
　　　　種使用等に関する事故時の応急の措置命令(法第 11 条第 2 項)もしくは輸出に関する
　　　　命令(法第 29 条)の対象となる者又は第一種使用等に関する事故の届出(法第 11 条第 1
　　　　項)をする者の行う事業を所管する大臣)
　　② 物資所管大臣(財務大臣、厚生労働大臣、農林水産大臣又は経済産業大臣であって、
　　　　当該遺伝子組換え生物等である物の生産又は流通を所管する大臣)
　　③ 環境大臣

5　「必要な限度において」とあるように、本規定による遺伝子組換え生物等の回収等の
　　措置命令は、あくまで生物多様性影響を防止するために必要な範囲に限られており、そ
　　のような認識の下で運用すべきものである。

6　本法には、従前より、「回収」の措置命令に関する条項(法第 10 条第 1 項、第 26 条第 2 項、
　　第 29 条)が設けられていた。さらに、平成 29 年の法改正により、『回復』の措置命令に
　　関する条項(法第 10 条第 3 項、第 14 条第 3 項、第 26 条第 3 項)が新設されることとなったが、
　　本条には追加されなかった。

　　　これは、遺伝子組換え生物等の回収の措置命令については遺伝子組換え生物等の危険
　　性等を評価して命令の判断を行うことは可能であるが、生物多様性の損害回復の措置命
　　令については海外の土地で生じた損害を評価して講ずべき措置を判断することになり、
　　こうした評価及び判断を我が国の政府が行うことは実態上困難であることによる。また、
　　そもそも補足議定書第 3 条第 5 項では、『この補足議定書は、締約国の管轄の下にある区
　　域において生じた損害について適用する。』と規定しており、海外で生じた損害への対応
　　を講ずることを締結国の義務としていないためである。

<カルタヘナ法に設けられた回収・回復の措置命令>

法第 10 条	第 1 項	違法な第一種使用等に係る「回収」の措置命令
	第 3 項	違法な第一種使用等に係る『回復』の措置命令
法第 14 条	第 3 項	違法な第二種使用等に係る『回復』の措置命令
法第 26 条	第 2 項	違法な譲渡等に係る「回収」の措置命令
	第 3 項	違法な譲渡等に係る『回復』の措置命令
法第 29 条		違法な輸出に係る「回収」の措置命令

7　本規定による命令に違反した者は、1 年以下の懲役もしくは 100 万円以下の罰金に処し、又はこれを併科する。〈法第 38 条〉

　　また、いわゆる両罰規定の対象となっており、この行為者を使用する法人又は人には 100 万円以下の罰金刑が科される。〈法第 45 条〉

第4章　雑則

第四章　雑則

第三十条（報告徴収）

（平二九法一八・一部改正）

> 　主務大臣[2][3]は、この法律の施行に必要な限度において、遺伝子組換え生物等（遺伝子組換え生物等であることの疑いのある生物を含む。以下この条、次条第一項及び第三十二条第一項において同じ。）の使用等をしている者又はした者、遺伝子組換え生物等を譲渡し、又は提供した者、国内管理人、遺伝子組換え生物等を輸出した者その他の関係者からその行為の実施状況その他必要な事項の報告を求めることができる。

趣　旨

　本規定は、主務大臣は、遺伝子組換え生物等を取り扱う関係者からその行為の実施状況の報告を求めることができる旨を定めたものである。

解　説

1　行政庁が遺伝子組換え生物等を取り扱う関係者に対して報告徴収を行うことができるようにし、その使用等が適切に行われることを確保するとともに、生物の多様性を確保するために必要な措置を適切に実施できるようにするため、本規定が設けられている。

2　「主務大臣」は、当該遺伝子組換え生物等の性状、その使用等の内容等を勘案して財務省令・文部科学省令・厚生労働省令・農林水産省令・経済産業省令・環境省令で定める区分に応じ、財務大臣、文部科学大臣、厚生労働大臣、農林水産大臣、経済産業大臣又は環境大臣とする。〈主務大臣政令〉

3　「主務大臣」は、次に掲げる区分に応じ、それぞれに定める大臣のいずれかとする。〈則第40条第8項〉

（A）遺伝子組換え生物等の第一種使用等に係る事項

　（ア）研究開発段階（理事会勧告に準拠して審査がなされることが望ましい遺伝子組換え生物等である物の商業化又は実用化に向けた使用等及び遺伝子治療臨床研究その他の臨床研究として行われる使用等をする段階を除く。）の遺伝子組換え生物等である物に関する事項

　　① 事業所管大臣（財務大臣、厚生労働大臣、農林水産大臣又は経済産業大臣であって、情報提供をしなかった場合の措置命令（法第26条第2項）、報告徴収（法第30条）又は立入検査等（法第31条第1項）の対象となる者の行う事業を所管する大臣）

　　② 文部科学大臣

　　③ 環境大臣

　（イ）（ア）に掲げる事項以外の事項

　　① 事業所管大臣Ⅱ（財務大臣、文部科学大臣、厚生労働大臣、農林水産大臣又は経済産業大臣であって、情報提供をしなかった場合の措置命令（法第26条第2項）、報告徴収（法第30条）又は立入検査等（法第31条第1項）の対象となる者の行う事業を

所管する大臣）

　　② 物資所管大臣（財務大臣、厚生労働大臣、農林水産大臣又は経済産業大臣であっ
　　　て、遺伝子組換え生物等である物の生産又は流通を所管する大臣）

　　③ 環境大臣

(B) 遺伝子組換え生物等の第二種使用等に係る事項

　(ア) 研究開発に係る遺伝子組換え生物等の第二種使用等に関する事項

　　① 事業所管大臣（財務大臣、厚生労働大臣、農林水産大臣又は経済産業大臣であっ
　　　て、情報提供をしなかった場合の措置命令（法第26条第2項）、報告徴収（法第30条）
　　　又は立入検査等（法第31条第1項）の対象となる者の行う事業を所管する大臣）

　　② 文部科学大臣

　　③ 環境大臣

　(イ) (ア)に掲げる事項以外の事項

　　① 事業所管大臣Ⅱ（財務大臣、文部科学大臣、厚生労働大臣、農林水産大臣又は経
　　　済産業大臣であって、情報提供をしなかった場合の措置命令（法第26条第2項）、
　　　報告徴収（法第30条）又は立入検査等（法第31条第1項）の対象となる者の行う事業を
　　　所管する大臣）

　　② 環境大臣

⇒　環境大臣の権限は、地方環境事務所長に委任する。ただし、環境大臣が自らその権限
　を行うことを妨げない。〈則第44条〉

4　本規定による報告をせず、又は虚偽の報告をした者は、30万円以下の罰金に処する。
〈法第43条第1号〉

　　また、いわゆる両罰規定の対象となっており、この行為者を使用する法人又は人には
30万円以下の罰金刑が科される。〈法第45条〉

＜厚生労働省関係＞

5　遺伝子治療用製品等及び遺伝子組換え生物等に関する報告について、次のとおり示さ
れている。〈H27/6/23薬食審査発0623第1号・薬食機参発0623第1号〉

　(ア) 次に掲げる者は、遺伝子治療用製品等又は遺伝子組換え生物等に関する情報を収集
　　し、自らが取り扱う遺伝子治療用製品等又は遺伝子組換え生物等の評価に影響を及ぼ
　　す知見を発見した場合には、様式1(略)により、すみやかにその内容を報告すること

　　　＊「遺伝子治療用製品等」とは、遺伝子治療の目的に使用される再生医療等製品又は遺伝子組
　　　　換え生ワクチンその他の医薬品をいう。

　　　＊「遺伝子組換え生物等」とは、医薬品、医薬部外品、化粧品、医療機器、体外診断用医薬品
　　　　又は再生医療等製品の製造に用いる遺伝子組換え生物等をいう。

　　① 遺伝子治療用製品等の製造販売又は治験の実施を目的として製造又は輸入をする者

　　② 遺伝子組換え生物等について、その製造販売又は治験の実施を目的として第二種使
　　　用等をする者

　(イ) (ア)①及び②に掲げる者は、様式2-1(略)又は様式2-2(略)により、その製造もしく
　　は輸入又は第二種使用等の状況を報告すること。製造もしくは輸入又は第二種使用等
　　をする品目が、遺伝子治療用製品等及び遺伝子組換え生物等のいずれにも該当する場

第4章　雑則

合は、それぞれについて報告すること
（ｳ）遺伝子治療用製品等又は遺伝子組換え生物等について、その製造販売又は治験の実
施を目的として製造又は輸入をする者は、次に掲げる事項に変更のあるときは、様式
3(略)により、すみやかに変更届を提出すること
①　製造又は輸入をする者の名称、所在地及び代表者の氏名
②　製造所の名称又は所在地

第三十一条（立入検査等）

（平二九法一八・一部改正）

■第31条第1項■

> 主務大臣は、この法律の施行に必要な限度において、当該職員に、遺伝子組換え生物等の使用等をしている者又はした者、遺伝子組換え生物等を譲渡し、又は提供した者、国内管理人、遺伝子組換え生物等を輸出した者その他の関係者がその行為を行う場所その他の場所に立ち入らせ、関係者に質問させ、遺伝子組換え生物等、施設等その他の物件を検査させ、又は検査に必要な最少限度の分量に限り遺伝子組換え生物等を無償で収去させることができる。

趣 旨

本規定は、主務大臣は、当該職員に、遺伝子組換え生物等を取り扱う関係者に対して、立入検査等をさせることができる旨を定めたものである。

解 説

1 行政庁が遺伝子組換え生物等を取り扱う関係者に対して立入検査等を行うことができるようにし、遺伝子組換え生物等の使用等が適切に行われることを確保するとともに、生物の多様性を確保するために必要な措置を適切に実施できるようにするため、本規定が設けられている。

2 「主務大臣」は、当該遺伝子組換え生物等の性状、その使用等の内容等を勘案して財務省令・文部科学省令・厚生労働省令・農林水産省令・経済産業省令・環境省令で定める区分に応じ、財務大臣、文部科学大臣、厚生労働大臣、農林水産大臣、経済産業大臣又は環境大臣とする。〈主務大臣政令〉

3 「主務大臣」は、次に掲げる区分に応じ、それぞれに定める大臣のいずれかとする。〈則第40条第8項〉

(A) 遺伝子組換え生物等の第一種使用等に係る事項

(ア) 研究開発段階（理事会勧告に準拠して審査がなされることが望ましい遺伝子組換え生物等である物の商業化又は実用化に向けた使用等及び遺伝子治療臨床研究その他の臨床研究として行われる使用等をする段階を除く。）の遺伝子組換え生物等である物に関する事項

① 事業所管大臣（財務大臣、厚生労働大臣、農林水産大臣又は経済産業大臣であって、情報提供をしなかった場合の措置命令（法第26条第2項）、報告徴収（法第30条）又は立入検査等（法第31条第1項）の対象となる者の行う事業を所管する大臣）

② 文部科学大臣

③ 環境大臣

(イ) (ア)に掲げる事項以外の事項

① 事業所管大臣II（財務大臣、文部科学大臣、厚生労働大臣、農林水産大臣又は経済産業大臣であって、情報提供をしなかった場合の措置命令（法第26条第2項）、

報告徴収(法第30条)又は立入検査等(法第31条第1項)の対象となる者の行う事業を所管する大臣)

② 物資所管大臣(財務大臣、厚生労働大臣、農林水産大臣又は経済産業大臣であって、遺伝子組換え生物等である物の生産又は流通を所管する大臣)

③ 環境大臣

(B) 遺伝子組換え生物等の第二種使用等に係る事項

(ア) 研究開発に係る遺伝子組換え生物等の第二種使用等に関する事項

① 事業所管大臣(財務大臣、厚生労働大臣、農林水産大臣又は経済産業大臣であって、情報提供をしなかった場合の措置命令(法第26条第2項)、報告徴収(法第30条)又は立入検査等(法第31条第1項)の対象となる者の行う事業を所管する大臣)

② 文部科学大臣

③ 環境大臣

(イ) (ア)に掲げる事項以外の事項

① 事業所管大臣II(財務大臣、文部科学大臣、厚生労働大臣、農林水産大臣又は経済産業大臣であって、情報提供をしなかった場合の措置命令(法第26条第2項)、報告徴収(法第30条)又は立入検査等(法第31条第1項)の対象となる者の行う事業を所管する大臣)

② 環境大臣

⇒ 環境大臣の権限は、地方環境事務所長に委任する。ただし、環境大臣が自らその権限を行うことを妨げない。〈則第44条〉

4 「遺伝子組換え生物等」とあるが、これには遺伝子組換え生物等であることの疑いのある生物が含まれる。〈法第30条〉

⇒ 遺伝子組換え生物等は、外見からは遺伝子組換え生物等であるかどうかが明確でない場合もあり、遺伝子組換え生物等であることが明らかである生物のみを立入検査等の対象とした場合、未承認の遺伝子組換え生物等の国内流通が疑われるとき等において適切な措置を講ずることができないおそれがあるため、遺伝子組換え生物等である疑いがある生物についても立入検査等の対象としている。

5 「無償」とあるように、遺伝子組換え生物等の収去の際には対価は支払われない。

6 「収去」とは、行政処分の一つで、ある物をある場所から強制的に取り去ることをいう。このように収去は所有権の剥奪を意味し、憲法第29条第1項の『財産権の不可侵性』に抵触することも考えられるが、「試験のため必要な最少分量に限り、」と明記されているとおり、その分量については極度の制限が設けられているため、『財産権は公共の福祉により制限されうる』とする憲法第29条第2項の規定に沿うものとみなされる。

⇒ 遺伝子組換え生物等は、外見のみでは他の物と区別がつかないことが多いことをかんがみ、導入された遺伝子が存在するかどうかを検査して確認するため、検査試料として必要な量の遺伝子組換え生物等を収去できるようにしている。

7　本規定による立入り、検査もしくは収去を拒み、妨げ、もしくは忌避し、又は質問に対して陳述をせず、もしくは虚偽の陳述をした者は、30万円以下の罰金に処する。〈法第43条第2号〉

　　また、いわゆる両罰規定の対象となっており、この行為者を使用する法人又は人には30万円以下の罰金刑が科される。〈法第45条〉

第4章　雑則

■第３１条第２項■

　当該職員は、前項の規定による立入り、質問、検査又は収去（以下「立入検査等」という。）をする場合には、その身分を示す証明書を携帯し、関係者に提示しなければならない。

趣旨

　本規定は、主務省庁の職員が立入検査等をする場合には、身分証明書を携帯し、これを提示しなければならない旨を定めたものである。

解説

1　行政庁の職員には立入検査等の権限が付与されているが、これは事務所への立入り及び収去という強制手段を用いたものであることから、立入検査等の手続の適正を確保するため、本規定が設けられている。

2　「立入検査等」とは、次に掲げる者がその行為を行う場所等に立ち入り、関係者に質問し、遺伝子組換え生物等、施設等その他の物件を検査し、又は検査に必要な最少限度の分量に限り遺伝子組換え生物等を無償で収去することをいう。〈法第31条第1項〉

① 遺伝子組換え生物等の使用等をしている者又は使用等をした者

② 遺伝子組換え生物等を譲渡又は提供した者

③ 国内管理人

④ 遺伝子組換え生物等を輸出した者

⑤ その他の関係者

3　「証明書」の様式は、様式第一五のとおりとする。〈則第39条〉

■第３１条第３項■

第一項の規定による立入検査等の権限^{2}は、犯罪捜査のため認められたものと解釈してはならない^3。

趣 旨

　本規定は、当該職員に立入検査等をさせることができるとした主務大臣の権限は、本法による規制の実効性を確保するためのものであって、犯罪捜査のために認められたものではないことを明示したものである。

解 説

1　行政庁の職員には立入検査等の権限が付与されているが、これは事務所への立入り及び収去という強制手段を用いたものであることから、立入検査等の手続の適正を確保するため、本規定が設けられている。

2　「第一項の規定による立入検査等の権限」とは、立入先の同意もなく、また、裁判所の令状もなく、強制的に、行政庁の職員に事業所等に立ち入らせ、関係者に質問させ、物件を検査させ、遺伝子組換え生物等を収去させる権限である。

3　「解釈してはならない」とあるように、立入検査等(法第31条第1項)は、本法による規制の実効性を確保する見地から行われるべきものであり、犯罪捜査のためのものではないことを入念に確認したものである。

第4章　雑則

第三十二条（センター等による立入検査等）

（平一四法一九二（平一五法九七）・平一九法八・平二六法六七・平二七法七〇・平二九法一八・一部改正）

■第３２条第１項■

農林水産大臣、経済産業大臣又は厚生労働大臣は、前条第一項の場合において必要があると認めるときは、独立行政法人農林水産消費安全技術センター、独立行政法人家畜改良センター、国立研究開発法人農業・食品産業技術総合研究機構、国立研究開発法人水産研究・教育機構、独立行政法人製品評価技術基盤機構又は独立行政法人医薬品医療機器総合機構（以下「センター等」という。）に対し、次に掲げるセンター等の区分に応じ、遺伝子組換え生物等の使用等をしている者又はした者、遺伝子組換え生物等を譲渡し、又は提供した者、国内管理人、遺伝子組換え生物等を輸出した者その他の関係者がその行為を行う場所その他の場所に立ち入らせ、関係者に質問させ、遺伝子組換え生物等、施設等その他の物件を検査させ、又は検査に必要な最少限度の分量に限り遺伝子組換え生物等を無償で収去させることができる。

一　独立行政法人農林水産消費安全技術センター、独立行政法人家畜改良センター、国立研究開発法人農業・食品産業技術総合研究機構及び国立研究開発法人水産研究・教育機構　農林水産大臣

二　独立行政法人製品評価技術基盤機構　経済産業大臣

三　独立行政法人医薬品医療機器総合機構　厚生労働大臣

趣　旨

本規定は、農林水産大臣、経済産業大臣又は厚生労働大臣は、センター等に、立入検査等の事務を行わせることができることとしたものである。

解　説

1　遺伝子組換え生物等の使用等の関係者に対して行われる立入検査等の事務は、相当の労力及び時間を必要とするが、当該事務を遅滞なく行い、合理的な事務の執行を図る観点から、主務大臣が行うこととされている立入検査等の事務を類似の業務を実施している法人に行わせることができるようにするため、本規定が設けられている。

2　「独立行政法人」とは、国民生活及び社会経済の安定等の公共上の見地から確実に実施されることが必要な事務及び事業であって、国が自ら主体となって直接に実施する必要のないもののうち、民間の主体に委ねた場合には必ずしも実施されないおそれがあるもの又は一の主体に独占して行わせることが必要であるものを効率的かつ効果的に行わせることを目的として、独立行政法人通則法及び個別法の定めるところにより設立される法人をいう。〈独立行政法人通則法第２条第１項〉

3　「独立行政法人農林水産消費安全技術センター」は、一般消費者の利益の保護に資するため、農林水産物、飲食料品及び油脂の品質及び表示に関する調査及び分析、農林物資等の検査等を行うことにより、これらの物資の品質及び表示の適正化を図るとともに、肥料、農薬、飼料及び飼料添加物並びに土壌改良資材の検査等を行うことにより、これ

347

らの資材の品質の適正化及び安全性の確保を図ることを目的としている。〈独立行政法人農林水産消費安全技術センター法第3条〉

　なお、独立行政法人農林水産消費安全技術センターは、FAMICとも呼ばれる。

　＊「FAMIC」とは、Food and Agricultural Materials Inspection Center の略

⇒　『独立行政法人に係る改革を推進するための独立行政法人農林水産消費技術センター法及び独立行政法人森林総合研究所法の一部を改正する法律（平成19年3月30日法律第8号）』により、『独立行政法人農林水産消費技術センター』という法人の名称が「独立行政法人農林水産消費安全技術センター」に改められた。

　また、農林水産大臣が所管するセンター等として、従前、『独立行政法人肥飼料検査所』及び『独立行政法人農薬検査所』が含まれていたが、同法（平成19年3月30日法律第8号）により解散となり、これらの業務が「独立行政法人農林水産消費安全技術センター」に承継されることとなった。

4　「独立行政法人家畜改良センター」は、家畜の改良及び増殖並びに飼養管理の改善、飼料作物の増殖に必要な種苗の生産及び配布等を行うことにより、優良な家畜の普及及び飼料作物の優良な種苗の供給の確保を図ること目的としている。〈独立行政法人家畜改良センター法第3条〉

5　「国立研究開発法人」とは、公共上の事務等のうち、その特性に照らし、一定の自主性及び自律性を発揮しつつ、中長期的な視点に立って執行することが求められる科学技術に関する試験、研究又は開発に係るものを主要な業務として国が中長期的な期間について定める業務運営に関する目標を達成するための計画に基づき行うことにより、我が国における科学技術の水準の向上を通じた国民経済の健全な発展その他の公益に資するため研究開発の最大限の成果を確保することを目的とする独立行政法人として、個別法で定めるものをいう。〈独立行政法人通則法第2条第3項〉

6　「国立研究開発法人農業・食品産業技術総合研究機構」は、①農業及び食品産業に関する技術（蚕糸に関する技術を含む。）上の試験及び研究等を行うことにより、農業等に関する技術の向上に寄与するとともに、生物系特定産業技術に関する基礎的な試験及び研究を行うことにより、生物系特定産業技術の高度化に資すること、②農業機械化促進法に基づき、農業機械化の促進に資するための農機具の改良に関する試験及び研究等の業務を行うこと、③種苗法に基づき適正な農林水産植物の品種登録の実施を図るための栽培試験を行うとともに、優良な種苗の流通の確保を図るための農作物の種苗の検査並びにばれいしょ及びさとうきびの増殖に必要な種苗の生産及び配布を行うことを目的としている。〈国立研究開発法人農業・食品産業技術総合研究機構法第4条〉

　なお、国立研究開発法人農業・食品産業技術総合研究機構は、NAROとも呼ばれる。

　＊「NARO」とは、National Agriculture and Food Research Organization の略

⇒　農林水産大臣が所管するセンター等として、従前、『独立行政法人種苗管理センター』が含まれていたが、『独立行政法人に係る改革を推進するための農林水産省関係法律の整備に関する法律（平成27年9月18日法律第70号）』により解散となり、その権利及び義務が「国立研究開発法人農業・食品産業技術総合研究機構」に承継されることとなった。

第4章　雑則

7　「国立研究開発法人水産研究・教育機構」は、①水産に関する技術の向上に寄与するための試験及び研究等を行うとともに、さけ類及びます類のふ化及び放流を行うほか、水産業を担う人材の育成を図るための水産に関する学理及び技術の教授を行うこと、②海洋水産資源開発促進法に規定する海洋水産資源の開発及び利用の合理化のための調査等を行うことを目的としている。〈国立研究開発法人水産研究・教育機構法第3条〉

⇒　『独立行政法人通則法の一部を改正する法律の施行に伴う関係法律の整備に関する法律（平成26年6月13日法律第67号）』により、『独立行政法人水産総合研究センター』という法人の名称が『国立研究開発法人水産総合研究センター』に改められた。

　　さらに、『独立行政法人に係る改革を推進するための農林水産省関係法律の整備に関する法律（平成27年9月18日法律第70号）』により、『国立研究開発法人水産総合研究センター』から「国立研究開発法人水産研究・教育機構」に改称された

8　「独立行政法人製品評価技術基盤機構」は、工業製品等に関する技術上の評価等を行うとともに、工業製品等の品質に関する情報の収集、評価、整理及び提供等を行うことにより、工業製品等の品質の向上、安全性の確保及び取引の円滑化のための技術的な基盤の整備を図り、もって経済及び産業の発展並びに鉱物資源及びエネルギーの安定的かつ効率的な供給の確保に資することを目的としている。〈独立行政法人製品評価技術基盤機構法第3条〉

　　なお、独立行政法人製品評価技術基盤機構は、NITE とも呼ばれる。

　　＊「NITE」とは、National Institute of Technology and Evaluation の略

9　「独立行政法人医薬品医療機器総合機構」は、許可医薬品等の副作用又は許可生物由来製品等を介した感染等による健康被害の迅速な救済を図り、並びに医薬品等の品質、有効性及び安全性の向上に資する審査等の業務を行い、もって国民保健の向上に資することを目的としている。〈独立行政法人医薬品医療機器総合機構法第3条〉

　　なお、独立行政法人医薬品医療機器総合機構は、PMDA、総合機構とも呼ばれる。

　　＊「PMDA」とは、Pharmaceutical and Medical Devices Agency の略

⇒　『独立行政法人医薬品医療機器総合機構法（平成14年12月20日法律第192号）』により、前身となる『医薬品副作用被害救済・研究振興調査機構』が解散され、その後継として「独立行政法人医薬品医療機器総合機構」が設立された。

　　これに伴い、本法附則（平成15年6月18日法律第97号）において、厚生労働大臣が所管するセンター等として、「独立行政法人医薬品医療機器総合機構」が加えられた。

10　「遺伝子組換え生物等」とあるが、これには遺伝子組換え生物等であることの疑いのある生物が含まれる。〈法第30条〉

11　本規定による立入り、検査もしくは収去を拒み、妨げ、もしくは忌避し、又は質問に対して陳述をせず、もしくは虚偽の陳述をした者は、30万円以下の罰金に処する。〈法第43条第2号〉

　　また、いわゆる両罰規定の対象となっており、この行為者を使用する法人又は人には30万円以下の罰金刑が科される。〈法第45条〉

■**第３２条第２項**■

農林水産大臣、経済産業大臣又は厚生労働大臣は、前項の規定によりセンター等に立入検査等を行わせる場合には、同項各号に掲げるセンター等の区分に応じ、センター等に対し、立入検査等を行う期日、場所その他必要な事項を示してこれを実施すべきことを指示するものとする。

趣 旨

本規定は、農林水産大臣、経済産業大臣又は厚生労働大臣は、センター等に立入検査等の事務を行わせる場合には、立入検査等を行う期日及び場所等を示して実施を指示することとしたものである。

解 説

1 「センター等」とは、次に掲げる法人をいう。〈法第32条第1項〉
① 独立行政法人農林水産消費安全技術センター
② 独立行政法人家畜改良センター
③ 国立研究開発法人農業・食品産業技術総合研究機構
④ 国立研究開発法人水産研究・教育機構
⑤ 独立行政法人製品評価技術基盤機構
⑥ 独立行政法人医薬品医療機器総合機構

第4章　雑則

■第32条第3項■

> センター等は、前項の規定による指示に従って第一項の規定による立入検査等をする場合には、遺伝子組換え生物等に関し知識経験を有する職員であって、同項各号に掲げるセンター等の区分に応じ当該各号に定める大臣が発する命令で定める条件に適合するものに行わせなければならない。

趣　旨

　本規定は、農林水産大臣、経済産業大臣又は厚生労働大臣の指示に従ってセンター等が立入検査等をする場合には、知識経験を有するセンター等の職員であって所定の条件に適合する者に行わせなければならないこととしたものである。

解　説

＜農林水産大臣＞

1　農林水産大臣が発する命令で定める条件は、次のいずれかに該当する者であることとする。〈農林水産省立入検査省令〉

(ｱ)　学校教育法に基づく大学(短期大学を除く。)、旧大学令に基づく大学又は旧専門学校令に基づく専門学校において医学、歯学、薬学、農学、獣医学、畜産学、水産学、化学、農芸化学、応用化学もしくは生物学の課程又はこれらに相当する課程を修めて卒業した後、1年以上、次の①から④までに掲げる区分に応じ、それぞれに規定する業務に従事した経験を有する者

　　＊「旧大学令」とは、大正7年12月6日勅令第388号をいう。
　　＊「旧専門学校令」とは、明治36年3月27日勅令第61号をいう。

①　独立行政法人農林水産消費安全技術センターの職員──農林物資の検査の業務又は肥料、農薬、飼料及び飼料添加物もしくは土壌改良資材の検査の業務その他これらに類する業務

②　国立研究開発法人農業・食品産業技術総合研究機構の職員──農作物(飼料作物を除く。)の種苗の検査の業務その他これに類する業務

③　独立行政法人家畜改良センターの職員──家畜の改良及び増殖の業務又は飼料作物の種苗の検査の業務その他これらに類する業務

④　国立研究開発法人水産研究・教育機構の職員──水産に関する試験及び研究、調査、分析並びに鑑定の業務その他これに類する業務

(ｲ)　学校教育法に基づく短期大学又は高等専門学校において農学、化学、工業化学もしくは生物学の課程又はこれらに相当する課程を修めて卒業した後、3年以上、(ｱ)①から④までに掲げる区分に応じ、それぞれに規定する業務に従事した経験を有する者

(ｳ)　(ｱ)及び(ｲ)に掲げる者と同等以上の知識経験を有する者

＜経済産業大臣＞

2　経済産業大臣が発する命令で定める条件は、次のいずれかに該当する者であることとする。〈経済産業省立入検査省令〉

(ｱ) 学校教育法に基づく大学又は高等専門学校において、医学、歯学、薬学、獣医学、畜産学、水産学、農芸化学、応用化学もしくは生物学の課程又はこれらに相当する課程を修めて卒業した者（これらの課程を修めて同法に基づく専門職大学の前期課程を修了した者を含む。）

(ｲ) 学校教育法に基づく高等学校を卒業した後、3年以上分子生物学的検査の業務その他これに類する業務に従事した経験を有する者

＜厚生労働大臣＞

3 厚生労働大臣が発する命令で定める条件は、次のいずれかに該当する者であることとする。〈厚生労働省立入検査省令〉

(ｱ) 学校教育法に基づく大学（短期大学を除く。）、旧大学令に基づく大学又は旧専門学校令に基づく専門学校において医学、歯学、薬学、獣医学、畜産学、水産学、農芸化学、応用化学、生物学、理学もしくは工学の課程又はこれらに相当する課程を修めて卒業した者であって、遺伝子組換え生物等の使用等について十分の知識経験を有するもの

(ｲ) 学校教育法に基づく短期大学又は高等専門学校において工業化学もしくは生物学の課程又はこれらに相当する課程を修めて卒業した後、3年以上分子生物学的検査の業務に従事した経験を有する者

(ｳ) (ｱ)及び(ｲ)に掲げる者と同等以上の知識経験を有する者

第4章　雑則

■第３２条第４項■

> センター等は、第二項の規定による指示に従って第一項の規定による立入検査等を行った
> ときは、農林水産省令、経済産業省令又は厚生労働省令で定めるところにより、同項の規定
> により得た検査の結果を同項各号に掲げるセンター等の区分に応じ、農林水産大臣、経済産
> 業大臣又は厚生労働大臣に報告しなければならない。

趣　旨

　本規定は、センター等は、農林水産大臣、経済産業大臣又は厚生労働大臣の指示に従っ
て立入検査等を行ったときは、その結果をそれぞれの大臣に報告しなければならないこと
としたものである。

解　説

＜農林水産大臣＞

1　農林水産大臣への報告は、遅滞なく、次に掲げる事項を記載した書面を提出してしな
ければならない。〈農林水産省立入検査省令〉

① 立入検査等の相手方の氏名及び住所（法人にあっては、その名称、代表者の氏名及び
主たる事務所の所在地）

② 立入検査等を行った年月日

③ 立入検査等を行った場所

④ 立入検査等に係る遺伝子組換え生物等の種類

⑤ 立入検査等の結果

⑥ その他参考となるべき事項

＜経済産業産大臣＞

2　経済産業大臣への報告は、遅滞なく、次に掲げる事項を記載した書面を提出してしな
ければならない。〈経済産業省立入検査省令〉

① 立入検査等を行った遺伝子組換え生物等の使用等をしている者、又はした者、遺伝子
組換え生物等を譲渡し、又は提供した者、国内管理人、遺伝子組換え生物等を輸出し
た者その他の関係者の氏名及び住所（法人にあっては、その名称、代表者の氏名及び主
たる事務所の所在地）

② 立入検査等を行った年月日

③ 立入検査等を行った場所

④ 立入検査等に係る遺伝子組換え生物等の種類の名称

⑤ 立入検査等の結果

⑥ その他参考となるべき事項

＜厚生労働大臣＞

3　厚生労働大臣への報告は、遅滞なく、次に掲げる事項を記載した書面を提出してしな
ければならない。〈厚生労働省立入検査省令〉

① 立入検査等の相手方の氏名及び住所（法人にあっては、その名称、代表者の氏名及び

353

主たる事務所の所在地）

② 立入検査等を行った年月日

③ 立入検査等を行った場所

④ 立入検査等に係る遺伝子組換え生物等の種類の名称

⑤ 立入検査等の結果

⑥ その他参考となるべき事項

■第３２条第５項■

第一項の規定による立入検査等については、前条第二項及び第三項の規定を準用する。

趣 旨

　本規定は、センター等が行う立入検査等については、主務大臣による立入検査等に関する規定が準用して適用される旨を定めたものである。

解 説

1　センター等の職員は、立入検査等をする場合には、その身分を示す証明書を携帯し、関係者に提示しなければならない。〈法第 31 条第 2 項の準用〉

⇒　農林水産省令において、立入検査等をする職員の携帯する身分を示す証明書は、別記様式(略)によるものとされている。〈農林水産省立入検査省令〉

⇒　経済産業省令において、独立行政法人製品評価技術基盤機構がその職員に携帯させる証明は、別記様式(略)によるものとされている。〈経済産業省立入検査省令〉

⇒　厚生労働省令において、立入検査等を行う総合機構の職員が携帯する身分を示す証明書は、別記様式(略)によるものとされている。〈厚生労働省立入検査省令〉

2　センター等が行う立入検査等の権限は、犯罪捜査のため認められたものと解釈してはならない。〈法第 31 条第 3 項の準用〉

第4章 雑則

第三十三条（センター等に対する命令）

（平一四法一九二（平一五法九七）・一部改正）

農林水産大臣、経済産業大臣又は厚生労働大臣は、前条第一項の規定による立入検査等の業務の適正な実施を確保するため必要があると認めるときは、同項各号に掲げるセンター等の区分に応じ、センター等に対し、当該業務に関し必要な命令をすることができる。

趣 旨

本規定は、農林水産大臣、経済産業大臣又は厚生労働大臣は、立入検査等の業務の適正な実施のため、センター等に対して必要な命令をすることができることとしている。

解 説

1 本規定による命令に違反した場合には、その違反行為をしたセンター等の役員は、20万円以下の過料に処する。〈法第48条〉

第三十四条（科学的知見の充実のための措置）

> 国は、遺伝子組換え生物等及びその使用等により生ずる生物多様性影響に関する科学的知見の充実を図るため、これらに関する情報の収集、整理及び分析並びに研究の推進その他必要な措置を講ずるよう努めなければならない。

趣 旨

本規定は、遺伝子組換え生物等及びその使用等により生ずる生物多様性影響に関する情報の収集等及び研究の推進に努めることを国の責務としたものである。

解 説

1　本規定は、遺伝子組換え生物等の使用等により生物の多様性にどのような影響が生ずるか未だ不明な点が多いことを踏まえ、予防的観点から、遺伝子組換え生物等及びその使用等により生ずる生物多様性影響に関する知見を収集することによって、生物多様性影響評価を円滑かつ適切に実施していくことを目的としている。

2　組換え DNA 技術の確立が 1973 年、環境中の利用に関しては遺伝子組換えトマトの実用化が 1994 年であり、遺伝子組換え生物等については、一般の農作物等と比較して経験年数が短く、知見の蓄積が十分でない状況にある。

　　また、研究利用を中心とした第二種使用等についてはそれなりに長い経験があるにしても、生物多様性との関係が深い第一種使用等については、歴史が浅く、科学的知見の蓄積を図る必要性が特に高いといえる。

　　生物多様性影響の評価等を円滑かつ適切に実施するためには、生物多様性影響に関する情報を収集し、整理し、分析し、そして研究を積極的に推進していく必要があることから科学的知見を充実させるための措置を講じていくことを国の責務として位置づけている。

3　本規定に基づき、農林水産省では承認した遺伝子組み換えセイヨウナタネにより生物多様性への影響が生じないことを確認するため、セイヨウナタネの輸入港の周辺地域において、その生育状況や近縁種との交雑の程度等の調査を行っている。

第4章　雑則

第三十五条（国民の意見の聴取）

国は、この法律に基づく施策に国民の意見を反映し、関係者相互間の情報及び意見の交換の促進を図るため、生物多様性影響の評価に係る情報、前条の規定により収集し、整理し及び分析した情報その他の情報を公表し、広く国民の意見を求めるものとする。

趣旨

本規定は、国が整理し、分析した生物多様性影響に関する情報は、公表の対象とし、広く国民の意見を求めることとしたものである。

解説

1　本法は、遺伝子組換え生物等が現代のバイオテクノロジーにより遺伝子を組み換えられたものであることに着目して、その利用にあたって生物多様性の影響に関するリスク評価を義務づけたもの等ということができる。したがって、本法に基づく諸規定は、科学を基本とするとともに、当該領域における科学技術の進展の著しさを考慮すると常に最新の科学的知見と幅広い環境情報を反映させていくことが求められる。

そのため、第一種使用規程の承認の際には学識経験者の意見を聴く（法第4条第4項）こととするほか、国自身が科学的知見の充実に努める（法第34条）とともに、国民の知見を集約し、本法に基づく措置等に反映させていることが必要といえる。また、遺伝子組換え生物等が生物多様性に及ぼす影響を防止するためには、実際に使用等する者に必要な情報が伝達され（法第26条）、管理措置が適正に行われなければならない。

遺伝子組換え生物等が国民に広く利用されていくことを考えると、遺伝子組換え生物等に関する国民各層における理解が深まることが、その適正な使用等を促すために望ましいといえる。そこで、本規定では、国が整理し分析した生物多様性影響に関する情報を公表し、国民の間で情報及び意見の活発な交換を促し、それらの意見を施策に反映させていることを国の責務として位置づけている。

2　「関係者相互間の情報及び意見の交換の促進」とあるが、これは、本法に基づく諸規定が科学を基本としており、その領域の科学の進展が著しいという実情を踏まえ、本法に基づく措置を適切に行っていくためには、学識経験者、国、事業者等の関係者間で広く情報及び意見の効果を行い、知見を集約していることが重要になることを念頭に置いたものである。

3　「公表」とは、一定の事実を広く世間に発表することをいう。

4　本規定に基づき、国では日本版バイオセイフティクリアリングハウス（J-BCH）を設置し、そのホームページを通じて、承認された遺伝子組換え生物等の第一種使用規程の内容、適正使用情報の内容、生物多様性影響評価の概要等の情報を提供している。

第三十五条の二（主務大臣への協議）

（平二九法一八・追加）

環境大臣は、次に掲げる場合には、主務大臣に協議しなければならない。

一 第三条第四号、第十条第三項、第十四条第三項又は第二十六条第三項の環境省令を制定
し、又は改廃しようとするとき。

二 第十条第三項、第十四条第三項又は第二十六条第三項の規定による命令をしようとする
とき。

趣　旨

本規定は、環境大臣は、①生物の多様性の確保上特に重要な種又は地域を定める環境省
令を制定又は改廃しようとするとき、②生物の多様性に係る損害の回復を図るための措置
命令をしようとするときは、主務大臣と協議しなければならないこととしたものである。

解　説

■　本規定は、平成22年の議定書第5回締約国会議において、「バイオセーフティに関す
るカルタヘナ議定書の責任と救済についての名古屋・クアラルンプール補足議定書」が
採択されたことを受け、平成29年の法改正により新設されたものである。

＜第1号＞

1　本号は、環境大臣が、生物の多様性の確保上特に重要な種又は地域を定める環境省令
を制定又は改廃しようとする場合について、主務大臣と協議することを求めている。

これは、回復措置命令（法第10条第3項、第14条第3項、第26条第3項）に関し、生物多
様性への影響が生じる原因は遺伝子組換え生物等の使用等であり、そうした使用等と完
全に切り離して「種又は地域に係る環境省令」を定めることは適当でないことによる。

したがって、遺伝子組換え生物等の使用等について知見を有する主務大臣との連携が
重要であることを踏まえ、環境大臣は回復措置命令の発動に先立ち、主務大臣と協議す
ることとしている。

2　本号における主務大臣は、次に掲げる大臣のいずれもとする。〈則第40条第9項〉

① 財務大臣

② 文部科学大臣

③ 厚生労働大臣

④ 農林水産大臣

⑤ 経済産業大臣

3　「制定し、又は改廃」とあるように、環境省令の制定に加え、これを改正又は廃止し
ようとするときについても主務大臣との事前の協議が必要となる。

＜第2号＞

4　本号は、環境大臣が、生物の多様性に係る損害の回復を図るための措置命令をしよう
とする場合について、主務大臣と協議することを求めている。

5　回復措置命令が発動される原因は、遺伝子組換え生物等の使用等又は譲渡等にあるこ

とから、これらの行為について知見を有する主務大臣との連携が重要であることを踏まえ、当該措置命令の発動に先立ち、環境大臣は主務大臣と協議する仕組みとなっている。

6 本号における主務大臣は、次に掲げる区分に応じ、それぞれに定める大臣のいずれもとする。〈則第40条第10項〉

(A) 回復措置命令(法第10条第3項)に係る事項

　(ｱ) 研究開発段階の遺伝子組換え生物等である物に関する事項

　　① 事業所管大臣(財務大臣、厚生労働大臣、農林水産大臣又は経済産業大臣であって回復措置命令の対象となる者の行う事業を所管する大臣)

　　② 文部科学大臣

　(ｲ) (ｱ)に掲げる事項以外の事項

　　① 事業所管大臣Ⅱ(財務大臣、文部科学大臣、厚生労働大臣、農林水産大臣又は経済産業大臣であって、回復措置命令の対象となる者の行う事業を所管する大臣)

　　② 物資所管大臣(財務大臣、厚生労働大臣、農林水産大臣又は経済産業大臣であって、当該遺伝子組換え生物等である物の生産又は流通を所管する大臣)

(B) 回復措置命令(法第14条第3項)に係る事項

　(ｱ) 研究開発に係る遺伝子組換え生物等の第二種使用等に関する事項

　　① 事業所管大臣(財務大臣、厚生労働大臣、農林水産大臣又は経済産業大臣であって、回復措置命令の対象となる者の行う事業を所管する大臣)

　　② 文部科学大臣

　(ｲ) (ｱ)に掲げる事項以外の事項

　　○ 事業所管大臣Ⅱ(財務大臣、文部科学大臣、厚生労働大臣、農林水産大臣又は経済産業大臣であって、回復措置命令の対象となる者の行う事業を所管する大臣)

(C) 回復措置命令(法第26条第3項)に係る事項

　(c1) 遺伝子組換え生物等の第一種使用等に係る事項

　　(ｱ) 研究開発段階の遺伝子組換え生物等である物に関する事項

　　　① 事業所管大臣(財務大臣、厚生労働大臣、農林水産大臣又は経済産業大臣であって、回復措置命令の対象となる者の行う事業を所管する大臣)

　　　② 文部科学大臣

　　(ｲ) (ｱ)に掲げる事項以外の事項

　　　① 事業所管大臣Ⅱ(財務大臣、文部科学大臣、厚生労働大臣、農林水産大臣又は経済産業大臣であって、回復措置命令の対象となる者の行う事業を所管する大臣)

　　　② 物資所管大臣(財務大臣、厚生労働大臣、農林水産大臣又は経済産業大臣であって、当該遺伝子組換え生物等である物の生産又は流通を所管する大臣)

　(c2) 遺伝子組換え生物等の第二種使用等に係る事項

　　(ｱ) 研究開発に係る遺伝子組換え生物等の第二種使用等に関する事項

　　　① 事業所管大臣(財務大臣、厚生労働大臣、農林水産大臣又は経済産業大臣であって、回復措置命令の対象となる者の行う事業を所管する大臣)

②　文部科学大臣

(ｲ)　(ｱ)に掲げる事項以外の事項

○　事業所管大臣Ⅱ（財務大臣、文部科学大臣、厚生労働大臣、農林水産大臣又は経済産業大臣であって、回復措置命令の対象となる者の行う事業を所管する大臣）

＜回復措置命令の協議受け大臣＞

回復措置命令の類型			協議受け大臣	
第一種使用等に関するもの（法第 10 条第 3 項）	研究開発段階		主務大臣	・事業所管大臣 ・文部科学大臣
	その他の段階		主務大臣	・事業所管大臣Ⅱ ・物資所管大臣
第二種使用等に関するもの（法第 14 条第 3 項）	研究開発目的		主務大臣	・事業所管大臣 ・文部科学大臣
	その他の目的		主務大臣	・事業所管大臣Ⅱ
譲渡等に関するもの（法第 26 条第 3 項）	第一種使用等	研究開発段階	主務大臣	・事業所管大臣 ・文部科学大臣
		その他の段階	主務大臣	・事業所管大臣Ⅱ ・物資所管大臣
	第二種使用等	研究開発目的	主務大臣	・事業所管大臣 ・文部科学大臣
		その他の目的	主務大臣	・事業所管大臣Ⅱ

＊「事業所管大臣」とは、本書において、財務大臣、厚生労働大臣、農林水産大臣又は経済産業大臣であって、対象者の行う事業等を所管する大臣をいうものとする。

＊「事業所管大臣Ⅱ」とは、本書において、財務大臣、文部科学大臣、厚生労働大臣、農林水産大臣又は経済産業大臣であって、対象者の行う事業等を所管する大臣をいうものとする。

＊「物資所管大臣」とは、本書において、財務大臣、厚生労働大臣、農林水産大臣又は経済産業大臣であって、対象物の生産又は流通を所管する大臣をいうものとする。

第4章　雑則

第三十六条（主務大臣等）

■第３６条第１項■

　この法律における主務大臣は、政令で定めるところにより、財務大臣、文部科学大臣、厚生労働大臣、農林水産大臣、経済産業大臣又は環境大臣とする。

趣　旨

　本規定は、本法の主務大臣は、財務大臣、文部科学大臣、厚生労働大臣、農林水産大臣、経済産業大臣又は環境大臣とする旨を定めたものである。

解　説

1　本法第1章における主務大臣は、財務大臣、文部科学大臣、厚生労働大臣、農林水産大臣、経済産業大臣及び環境大臣とする。〈主務大臣政令〉

2　本法第2章から第4章（法第36条を除く。）までにおける主務大臣は、当該遺伝子組換え生物等の性状、その使用等の内容等を勘案して財務省令・文部科学省令・厚生労働省令・農林水産省令・経済産業省令・環境省令で定める区分に応じ、財務大臣、文部科学大臣、厚生労働大臣、農林水産大臣、経済産業大臣又は環境大臣とする。〈主務大臣政令〉

3　法第2章第1節（第10条及び第11条を除く。）、第25条及び第3章（第29条を除く。）における主務大臣は、次に掲げる区分に応じ、それぞれに定める大臣のいずれもとする。〈則第40条第1項〉

（ア）研究開発段階（理事会勧告に準拠して審査がなされることが望ましい遺伝子組換え生物等である物の商業化又は実用化に向けた使用等及び遺伝子治療臨床研究その他の臨床研究として行われる使用等をする段階を除く。）の遺伝子組換え生物等である物に関する事項

　　＊「理事会勧告」とは、『工業、農業及び環境で組換え体を利用する際の安全性の考察に関する経済協力開発機構理事会勧告（昭和61年7月16日）』をいう。『1986年のOECD理事会勧告』とも呼ばれる。

　　① 文部科学大臣

　　② 環境大臣

（イ）（ア）に掲げる事項以外の事項

　　① 物資所管大臣（財務大臣、厚生労働大臣、農林水産大臣又は経済産業大臣であって、当該遺伝子組換え生物等である物の生産又は流通を所管する大臣）

　　② 環境大臣

⇒　主務大臣の分担について、本法成立以前において、研究開発段階のものについてはNIHのガイドラインをベースに設けられた文部科学省のガイドラインに従っていたこと、産業利用するものは1986年のOECD理事会勧告の文書『組換えDNA技術の安全性の考察』をベースに設けられた厚生労働省、農林水産省、経済産業省のガイドラインに従っていたことを考慮し、理事会勧告の対象となっているものとそれ以外のものに分け、主務大臣を定めている。

＊「NIH」とは、National Institutes of Health の略。米国国立衛生研究所とも呼ばれる。

⇒　第一種使用等においては、研究開発段階かそれ以外かで分け、その遺伝子組換え生物等の生産又は流通を所管している大臣を主務大臣としている。すなわち、研究開発段階の物の承認を行う主務大臣は文部科学大臣及び環境大臣とし、産業利用する物の承認を行う主務大臣はその物を所管する大臣及び環境大臣となる。

なお、研究開発段階の遺伝子組換え生物等であっても、商業化・実用化段階に向けた使用等をするもの、遺伝子治療の臨床研究に使うものの主務大臣については、その遺伝子組換え生物等の生産・流通を所管する大臣となる。

4　法第 10 条、第 11 条及び第 29 条における主務大臣は、次に掲げる区分に応じ、それぞれに定める大臣のいずれかとする。〈則第 40 条第 2 項〉

(ア)　研究開発段階（理事会勧告に準拠して審査がなされることが望ましい遺伝子組換え生物等である物の商業化又は実用化に向けた使用等及び遺伝子治療臨床研究その他の臨床研究として行われる使用等をする段階を除く。）の遺伝子組換え生物等である物に関する事項

①　事業所管大臣（財務大臣、厚生労働大臣、農林水産大臣又は経済産業大臣であって、第一種使用等に関する措置命令（法第 10 条第 1 項、第 2 項）、第一種使用等に関する事故時の応急の措置命令（法第 11 条第 2 項）もしくは輸出に関する命令（法第 29 条）の対象となる者又は第一種使用等に関する事故の届出（法第 11 条第 1 項）をする者の行う事業を所管する大臣）

②　文部科学大臣

③　環境大臣

(イ)　(ア)に掲げる事項以外の事項

①　事業所管大臣Ⅱ（財務大臣、文部科学大臣、厚生労働大臣、農林水産大臣又は経済産業大臣であって、第一種使用等に関する措置命令（法第 10 条第 1 項、第 2 項）、第一種使用等に関する事故時の応急の措置命令（法第 11 条第 2 項）もしくは輸出に関する命令（法第 29 条）の対象となる者又は第一種使用等に関する事故の届出（法第 11 条第 1 項）をする者の行う事業を所管する大臣）

②　物資所管大臣（財務大臣、厚生労働大臣、農林水産大臣又は経済産業大臣であって、当該遺伝子組換え生物等である物の生産又は流通を所管する大臣）

③　環境大臣

⇒　第一種使用等の措置命令と輸出に関する命令をする主務大臣を定めたものである。

措置命令等を行うにあたっては、遺伝子組換え生物等を使用等する事業を所管する大臣がその実状を把握しているケースがあると考えられるため、当該事業を所管する大臣を主務大臣に加えている。

5　法第 2 章第 2 節（第 13 条第 1 項、第 14 条及び第 15 条を除く。）における主務大臣は、次に掲げる区分に応じ、それぞれに定める大臣のいずれもとする。〈則第 40 条第 3 項〉

(ア)　研究開発に係る遺伝子組換え生物等の第二種使用等（理事会勧告に準拠して審査がなされることが望ましい遺伝子組換え生物等である物の商業化又は実用化に向けた使

第4章　雑則

用等を除く。)に関する事項

　① 文部科学大臣

　② 環境大臣

(イ) (ア)に掲げる事項以外の事項

　① 事業所管大臣Ⅱ(財務大臣、文部科学大臣、厚生労働大臣、農林水産大臣又は経済産業大臣であって、当該遺伝子組換え生物等の第二種使用等をする者の行う事業を所管する大臣)

　② 環境大臣

⇒　あらかじめ執るべき拡散防止措置が定められている第二種使用等に関する主務大臣を定めたものである。

　研究開発の場合の主務大臣は文部科学大臣及び環境大臣とし、産業利用の場合は第二種使用等をする者の事業を所管する大臣及び環境大臣を主務大臣としている。

6　法第 13 条第 1 項における主務大臣は、次に掲げる区分に応じ、それぞれに定める大臣とする。〈則第 40 条第 4 項〉

(ア) 研究開発に係る遺伝子組換え生物等の第二種使用等に関する事項

　○ 文部科学大臣

(イ) (ア)に掲げる事項以外の事項

　○ 事業所管大臣Ⅲ(財務大臣、文部科学大臣、厚生労働大臣、農林水産大臣、経済産業大臣又は環境大臣であって、当該遺伝子組換え生物等の第二種使用等をする者の行う事業を所管する大臣(当該遺伝子組換え生物等の第二種使用等が事業に係るものとして行われない場合にあっては環境大臣))

⇒　第二種使用等にあたって拡散防止措置の確認を行う主務大臣を定めたものである。

　研究開発の場合の主務大臣は文部科学大臣とし、産業利用の場合は第二種使用等をする者の行う事業を所管する大臣を主務大臣としている。なお、事業を所管する大臣がいない場合は、環境大臣が拡散防止措置の確認を行うこととなる。

7　法第 14 条及び第 15 条における主務大臣は、次に掲げる区分に応じ、それぞれに定める大臣のいずれかとする。〈則第 40 条第 5 項〉

(ア) 研究開発に係る遺伝子組換え生物等の第二種使用等に関する事項

　① 事業所管大臣(財務大臣、厚生労働大臣、農林水産大臣又は経済産業大臣であって、第二種使用等に関する措置命令(法第 14 条第 1 項、第 2 項)もしくは第二種使用等に関する事故時の応急の措置命令(法第 15 条第 2 項)の対象となる者又は第二種使用等に関する事故の届出(法第 15 条第 1 項)をする者の行う事業を所管する大臣)

　② 文部科学大臣

　③ 環境大臣

(イ) (ア)に掲げる事項以外の事項

　① 事業所管大臣Ⅱ(財務大臣、文部科学大臣、厚生労働大臣、農林水産大臣又は経済産業大臣であって、第二種使用等に関する措置命令(法第 14 条第 1 項、第 2 項)もしくは第二種使用等に関する事故時の応急の措置命令(法第 15 条第 2 項)の対象となる者

363

又は第二種使用等に関する事故の届出(法第 15 条第 1 項)をする者の行う事業を所管する大臣)

② 環境大臣

⇒ 第二種使用等における措置命令を行う大臣を定めたものである。

8 法第 2 章第 3 節における主務大臣は、物資所管大臣Ⅱ(財務大臣、厚生労働大臣、農林水産大臣、経済産業大臣又は環境大臣であって、検査対象生物である物の生産又は流通を所管する大臣)とする。〈則第 40 条第 6 項〉

⇒ 生物検査に関する主務大臣を定めたものである。

9 法第 26 条第 1 項における主務大臣は、次に掲げる区分に応じ、それぞれに定める大臣のいずれもとする。〈則第 40 条第 7 項〉

(A) 遺伝子組換え生物等の第一種使用等に係る事項

(ア) 研究開発段階の遺伝子組換え生物等である物に関する事項

① 文部科学大臣

② 環境大臣

(イ) (ア)に掲げる事項以外の事項

① 物資所管大臣(財務大臣、厚生労働大臣、農林水産大臣又は経済産業大臣であって、当該遺伝子組換え生物等である物の生産又は流通を所管する大臣)

② 環境大臣

(B) 遺伝子組換え生物等の第二種使用等に係る事項

(ア) 研究開発に係る遺伝子組換え生物等の第二種使用等に関する事項

① 文部科学大臣

② 環境大臣

(イ) (ア)に掲げる事項以外の事項

① 事業所管大臣Ⅱ(財務大臣、文部科学大臣、厚生労働大臣、農林水産大臣又は経済産業大臣であって、当該遺伝子組換え生物等の第二種使用等をする者の行う事業を所管する大臣)

② 環境大臣

⇒ 第一種使用等の情報提供にあたっては、研究開発の場合の主務大臣は文部科学大臣及び環境大臣とし、産業利用の場合はその遺伝子組換え生物等の生産・流通を所管する大臣及び環境大臣としている。

⇒ 第二種使用等の情報提供にあたっては、研究開発の場合の主務大臣は文部科学大臣及び環境大臣とし、産業利用の場合はその遺伝子組換え生物等の事業を所管する大臣及び環境大臣としている。

10 法第 26 条第 2 項、第 30 条及び第 31 条における主務大臣は、次に掲げる区分に応じ、それぞれに定める大臣のいずれかとする。〈則第 40 条第 8 項〉

(A) 遺伝子組換え生物等の第一種使用等に係る事項

(ア) 研究開発段階(理事会勧告に準拠して審査がなされることが望ましい遺伝子組換え生物等である物の商業化又は実用化に向けた使用等及び遺伝子治療臨床研究その

他の臨床研究として行われる使用等をする段階を除く。)の遺伝子組換え生物等である物に関する事項

　① 事業所管大臣(財務大臣、厚生労働大臣、農林水産大臣又は経済産業大臣であって、情報提供をしなかった場合の措置命令(法第26条第2項)、報告徴収(法第30条)又は立入検査等(法第31条第1項)の対象となる者の行う事業を所管する大臣)

　② 文部科学大臣

　③ 環境大臣

(イ) (ア)に掲げる事項以外の事項

　① 事業所管大臣Ⅱ(財務大臣、文部科学大臣、厚生労働大臣、農林水産大臣又は経済産業大臣であって、情報提供をしなかった場合の措置命令(法第26条第2項)、報告徴収(法第30条)又は立入検査等(法第31条第1項)の対象となる者の行う事業を所管する大臣)

　② 物資所管大臣(財務大臣、厚生労働大臣、農林水産大臣又は経済産業大臣であって、遺伝子組換え生物等である物の生産又は流通を所管する大臣)

　③ 環境大臣

(B) 遺伝子組換え生物等の第二種使用等に係る事項

(ア) 研究開発に係る遺伝子組換え生物等の第二種使用等に関する事項

　① 事業所管大臣(財務大臣、厚生労働大臣、農林水産大臣又は経済産業大臣であって、情報提供をしなかった場合の措置命令(法第26条第2項)、報告徴収(法第30条)又は立入検査等(法第31条第1項)の対象となる者の行う事業を所管する大臣)

　② 文部科学大臣

　③ 環境大臣

(イ) (ア)に掲げる事項以外の事項

　① 事業所管大臣Ⅱ(財務大臣、文部科学大臣、厚生労働大臣、農林水産大臣又は経済産業大臣であって、情報提供をしなかった場合の措置命令(法第26条第2項)、報告徴収(法第30条)又は立入検査等(法第31条第1項)の対象となる者の行う事業を所管する大臣)

　② 環境大臣

⇒　情報提供にあたっての措置命令、使用者からの報告徴収、立入検査に関する主務大臣を定めたものである。

■第３６条第２項■

　　この法律における主務省令は、主務大臣の発する命令とする。

趣　旨

　本規定は、主務省令は主務大臣の発する命令とする旨を定めたものである。

解　説

1　「命令」とは、法律の委任によって国の行政機関が制定する法規をいい、省令のほか、政令、府令がある。

　　なお、措置命令（法第 10 条、第 14 条）、生物検査命令（法第 17 条）、適合命令（法第 21 条）、輸出に関する命令（法第 29 条）、センター等に対する命令（法第 33 条）の『命令』は、本規定の「命令」とは異なり、行政機関が特定の人又は法人に対して一定の義務を課すことになる具体的な処分を意味する。

2　主務大臣は、命令をしようとするときは、他の主務大臣に連絡するものとし、必要な場合は、共同して、当該命令をするものとする。〈則第 43 条第 2 項〉

366

第4章　雑則

第三十六条の二（権限の委任）

（平一七法三三・追加）

> この法律に規定する主務大臣の権限²は、主務省令で定めるところにより、地方支分部局の長に委任³することができる。

趣 旨

　権限の委任とは、法令で定める行政庁の権限を変更するものであるから、法令に特別の規定がない限りその権限を委任することができない。本規定は、本法に規定する主務大臣の権限は、省令で地方支分部局の長に委任することができる旨を定めたものである。

解 説

1　『環境省設置法の一部を改正する法律（平成 17 年 4 月 27 日法律第 33 号）』により、環境省に地方支分部局として地方環境事務所を置くこととし、環境大臣の権限を地方環境事務所長に委任することができるようにされたことに伴い、報告徴収（法第 30 条）及び立入検査等（法第 31 条）に関する環境大臣の権限を地方環境事務所長に委任できるようにするため、本条が新たに設けられた。

2　「主務大臣」は、当該遺伝子組換え生物等の性状、その使用等の内容等を勘案して財務省令・文部科学省令・厚生労働省令・農林水産省令・経済産業省令・環境省令で定める区分に応じ、財務大臣、文部科学大臣、厚生労働大臣、農林水産大臣、経済産業大臣又は環境大臣とする。〈主務大臣政令〉

3　「権限」の「委任」とは、行政庁が法令上定められた自己の権限を他の行政庁に移譲することをいう。権限の委任は、代理権の授与ではなく、職権の授与であることから、委任を受けた行政庁はその権限に属する事務を自己の職権として行うこととなる。

4　報告徴収（法第 30 条）及び立入検査等（法第 31 条第 1 項）に規定する環境大臣の権限は、地方環境事務所長に委任する。ただし、環境大臣が自らその権限を行うことを妨げない。〈則第 44 条〉

⇒　但書にあるとおり、環境大臣の当該権限が地方環境事務所長に委任された場合であっても、依然として、環境大臣が当該事務を行うこともできる。

第三十七条（経過措置）

　この法律の規定に基づき命令を制定し、又は改廃する場合においては、その命令で、その制定又は改廃に伴い合理的に必要と判断される範囲内において、所要の経過措置（罰則に関する経過措置を含む。）を定めることができる。

趣　旨

　本規定は、本法に基づく規制の制定又は改廃に際し、合理的な範囲内において、ある程度の猶予期間をおく必要があると考えられるものについては、罰則を含め、所要の経過措置を定めることができることとしたものである。

第5章　罰則

第五章　罰則

第三十八条
(平二九法一八・一部改正)

第十条第一項から第三項まで、第十一条第二項、第十四条第一項から第三項まで、第十五条第二項、第十七条第五項、第二十六条第二項若しくは第三項又は第二十九条の規定による命令に違反した者は、一年以下の懲役若しくは百万円以下の罰金に処し、又はこれを併科する。

趣　旨
　本規定は、次に掲げる場合、その違反行為をした者を、1年以下の懲役もしくは100万円以下の罰金に処し、又はこれを併科することを定めたものである。
　　○　違法な第一種使用等に係る回収措置命令(法第10条第1項)に違反した場合
　　○　緊急時の第一種使用等に係る使用中止措置命令(法第10条第2項)に違反した場合
　　○　違法な第一種使用等に係る回復措置命令(法第10条第3項)に違反した場合
　　○　事故時の第一種使用等に係る応急措置命令(法第11条第2項)に違反した場合
　　○　違法な第二種使用等に係る拡散防止措置命令(法第14条第1項)に違反した場合
　　○　緊急時の第二種使用等に係る改善措置命令(法第14条第2項)に違反した場合
　　○　違法な第二種使用等に係る回復措置命令(法第14条第3項)に違反した場合
　　○　事故時の第二種使用等に係る応急措置命令(法第15条第2項)に違反した場合
　　○　検査対象生物に係る条件遵守措置命令(法第17条第5項)に違反した場合
　　○　違法な譲渡等に係る回収措置命令(法第26条第2項)に違反した場合
　　○　違法な譲渡等に係る回復措置命令(法第26条第3項)に違反した場合
　　○　違法な輸出に係る回収措置命令(法第29条)に違反した場合

解　説
1　行政の措置命令の遵守を担保するため、本規定が設けられている。

2　「命令に違反した者」とあるが、命令違反を教唆、幇助等した者は、共犯(刑法第1編第11章)として処罰される。

3　本規定は、いわゆる両罰規定の対象となっており、この行為者を使用する法人又は人には100万円以下の罰金刑が科される。〈法第45条〉

369

第三十九条

次の各号のいずれかに該当する者は、六月以下の懲役若しくは五十万円以下の罰金に処し、又はこれを併科する。

一　第四条第一項の規定に違反して第一種使用等をした者

二　偽りその他不正の手段により第四条第一項又は第九条第一項の承認を受けた者

趣　旨

本規定は、次に掲げる場合、その該当者を、6月以下の懲役もしくは50万円以下の罰金に処し、又はこれを併科することを定めたものである。

　○　第一種使用規程の承認(法第4条第1項)を受けないで第一種使用等をした場合

　○　不正に第一種使用規程の承認(法第4条第1項)又は特例承認(法第9条第1項)を受けた場合

解　説

1　本規定は、いわゆる両罰規定の対象となっており、この行為者を使用する法人又は人には50万円以下の罰金刑が科される。〈法第45条〉

第5章　罰則

第四十条

次の各号のいずれかに該当する者は、六月以下の懲役又は五十万円以下の罰金に処する。

一　第四条第六項又は第七条第三項(これらの規定を第九条第四項において準用する場合を含む。)の規定に違反した者

二　第二十条第一項の規定に違反した者

趣旨

本規定は、次に掲げる場合、その違反行為をした者を、6月以下の懲役又は50万円以下の罰金に処することを定めたものである。

○　承認申請に際して意見を求められた学識経験者が、第一種使用規程及びその生物多様性影響評価書に関する秘密の保持義務(法第4条第6項)に違反した場合

○　特例承認の申請に際して意見を求められた学識経験者が、第一種使用規程及びその生物多様性影響評価書に関する秘密の保持義務(法第9条第4項)に違反した場合

○　承認の変更又は廃止に際して意見を求められた学識経験者が、第一種使用規程及びその生物多様性影響評価書に関する秘密の保持義務(法第7条第3項)に違反した場合

○　特例承認の変更又は廃止に際して意見を求められた学識経験者が、第一種使用規程及びその生物多様性影響評価書に関する秘密の保持義務(法第9条第4項)に違反した場合

○　登録検査機関の役員もしくは職員又はこれらの職にあった者が、生物検査に関する秘密の保持義務(法第20条第1項)に違反した場合

第四十一条

第二十一条第五項の規定による生物検査の業務の停止の命令に違反したときは、その違反行為をした登録検査機関の役員又は職員は、六月以下の懲役又は五十万円以下の罰金に処する。

趣 旨

本規定は、次に掲げる場合、その違反行為をした登録検査機関の役員又は職員を、6月以下の懲役又は50万円以下の罰金に処することを定めたものである。

○ 登録検査機関が、生物検査業務の停止命令(法第21条第5項)に違反した場合

第5章　罰則

第四十二条

> 　次の各号のいずれかに該当する者は、五十万円以下の罰金に処する。
> 一　第十三条第一項の規定に違反して確認を受けないで第二種使用等をした者
> 二　偽りその他不正の手段により第十三条第一項の確認を受けた者
> 三　第十六条の規定による届出をせず、又は虚偽の届出をして輸入した者
> 四　第二十六条第一項の規定による情報の提供をせず、又は虚偽の情報を提供して遺伝子組換え生物等を譲渡し、若しくは提供し、又は委託して使用等をさせた者
> 五　第二十七条の規定による通告をせず、又は虚偽の通告をして輸出した者
> 六　第二十八条の規定による表示をせず、又は虚偽の表示をして輸出した者

趣　旨

　本規定は、次に掲げる場合、その該当者を、50万円以下の罰金に処することを定めたものである。

　　○　拡散防止措置の確認(法第13条第1項)を受けないで第二種使用等をした場合

　　○　不正に拡散防止措置の確認(法第13条第1項)を受けた場合

　　○　輸入の届出(法第16条)をせず、不正に遺伝子組換え生物等の輸入をした場合

　　○　情報の提供(法第26条)をせず、不正に遺伝子組換え生物等の譲渡等をした場合

　　○　輸出の通告(法第27条)をせず、不正に遺伝子組換え生物等の輸出をした場合

　　○　輸出の際の表示(法第28条)をせず、不正に遺伝子組換え生物等の輸出をした場合

解　説

1　本規定は、いわゆる両罰規定の対象となっており、この行為者を使用する法人又は人には50万円以下の罰金刑が科される。〈法第45条〉

第四十三条

次の各号のいずれかに該当する者は、三十万円以下の罰金に処する。
一　第三十条に規定する報告をせず、又は虚偽の報告をした者
二　第三十一条第一項又は第三十二条第一項の規定による立入り、検査若しくは収去を拒
　み、妨げ、若しくは忌避し、又は質問に対して陳述をせず、若しくは虚偽の陳述をした者

趣　旨

　本規定は、次に掲げる場合、その該当者を、30万円以下の罰金に処することを定めたも
のである。
　　○　遺伝子組換え生物等の使用等をしている者又はした者、遺伝子組換え生物等を譲渡し、
　　　又は提供した者、国内管理人、遺伝子組換え生物等を輸出した者その他の関係者が、
　　　厚生労働大臣の求めにもかかわらず報告等(法第30条)をしなかった場合
　　○　行政庁による立入検査等(法第31条第1項)の妨害等をした場合
　　○　センター等による立入検査等(法第32条第1項)の妨害等をした場合

解　説

　1　本規定は、いわゆる両罰規定の対象となっており、この行為者を使用する法人又は人
　には30万円以下の罰金刑が科される。〈法第45条〉

第5章　罰則

第四十四条

　　次の各号のいずれかに該当するときは、その違反行為をした登録検査機関の役員又は職員は、三十万円以下の罰金に処する。

一　第十九条第七項の規定に違反して、同項に規定する事項の記載をせず、若しくは虚偽の記載をし、又は帳簿を保存しなかったとき。

二　第十九条第八項の許可を受けないで生物検査の業務の全部を廃止したとき。

三　第二十二条第一項に規定する報告をせず、若しくは虚偽の報告をし、又は同項の規定による立入り若しくは検査を拒み、妨げ、若しくは忌避し、若しくは質問に対して陳述をせず、若しくは虚偽の陳述をしたとき。

趣　旨

　　本規定は、次に掲げる場合、その違反行為をした登録検査機関の役員又は職員を、30万円以下の罰金に処することを定めたものである。

　　○　登録検査機関が、帳簿を備えて生物検査に関する事項を記載等せず、又は帳簿を保存（法第19条第7項）しなかった場合

　　○　登録検査機関が、許可（法第19条第8項）を受けないで生物検査の業務の全部を廃止した場合

　　○　登録検査機関が、主務大臣の求めにもかかわらず報告等をせず、又は立入検査等（法第22条第1項）の妨害等をした場合

第四十五条

> 　法人の代表者又は法人若しくは人の代理人、使用人その他の従業者が、その法人又は人の業務に関し、第三十八条、第三十九条、第四十二条又は第四十三条の違反行為をしたときは、行為者を罰するほか、その法人又は人に対しても、各本条の罰金刑を科する。

趣 旨

　本規定は、いわゆる両罰規定を定めたものである。

　法人の代表者又は法人もしくは人の代理人、使用人その他の従業者が、その法人又は人の業務に関して法第38条、第39条、第42条又は第43条の違反行為をしたときは、行為者を罰するほか、その法人又は人に対してもそれぞれの罰金刑を科すこととしている。

解 説

1　両罰規定は、事業主たる法人の代表者でない従業者の違反行為につき、当該法人に行為者の選任、監督その他違反行為を防止するために必要な注意を尽さなかった過失の存在を推定したものと解されるもので、事業主において注意を尽したことの証明がなされない限り、事業主もまた刑責を免れないとする法意である。〈S40/3/26 最高裁・判決〉

2　「代表者」とは、法令等により法人を代表する権限を有する者をいう。例えば、株式会社の代表取締役(会社法第349条)が該当する。

3　「代理人」とは、法令等により事業主を代理する権限を有する者をいう。例えば、支配人(会社法第11条)が該当する。

4　「使用人」とは、事業主との雇用関係に基づいて業務に従事する者をいう。

5　「その他の従業者」とは、法人又は人の代理人・使用人以外の者で、組織内にあって直接、間接に事業主の指揮監督を受けて事業主の業務に従事している者をいう。事業主との間の雇用関係の有無は問われないため、雇用関係にある従業員(例：正社員、契約社員、嘱託社員、パート社員、アルバイト社員)のみならず、取締役、執行役、理事、監査役、監事、派遣社員等も含まれる。

　なお、事業主から業務の委託を受けた業者の従業員については、その者が臨時に直接、当該事業主の指揮下に入って事業に従事している等の特段の事情がない限り、一般には当該事業主の従業者とは認め難い。

6　「業務に関し」とあるように、事業主が処罰されるのは、従業者の違反行為が当該事業主の業務に関して行われた場合に限られる。従業者の内心の意図が私的な利益追求であってもよいが、外形的に事業主の業務と関連して行われる場合に本規定の罰則が適用される。

第5章　罰則

第四十六条

第六条第一項(第九条第四項において準用する場合を含む。)の規定による届出をせず、又は虚偽の届出をした者は、二十万円以下の過料に処する。

趣 旨

本規定は、次に掲げる場合、その該当者を、20万円以下の過料に処することを定めたものである。

○ 第一種使用規程の承認取得者が、その氏名及び住所の変更の届出等(法第6条第1項)をしなかった場合

○ 第一種使用規程の特例承認取得者又は国内管理人が、それぞれの氏名及び住所の変更の届出等(法第9条第4項)をしなかった場合

解 説

1　「過料」は、行政上の秩序罰のことで、比較的軽微な行政上の義務違反に対し、行政庁により監督権に基づいて科される。ただし、罰金や科料のような刑事罰ではないので、刑事訴訟法の適用を受けない。当然、逮捕されたり、前科が付くこともない。

377

第四十七条

次の各号のいずれかに該当するときは、その違反行為をした登録検査機関の役員又は職員は、二十万円以下の過料に処する。
一　第十九条第五項の規定に違反して財務諸表等を備えて置かず、財務諸表等に記載すべき事項を記載せず、又は虚偽の記載をしたとき。
二　正当な理由がないのに第十九条第六項各号の規定による請求を拒んだとき。

趣 旨

本規定は、次に掲げる場合、その違反行為をした登録検査機関の役員又は職員を、20万円以下の過料に処することを定めたものである。

○　登録検査機関が、事業所に財務諸表等を備えて置かず、又は財務諸表等に記載すべき事項を記載等(法第19条第5項)しなかった場合
○　登録検査機関が、財務諸表等の閲覧又は謄写等の請求(法第19条第6項)を拒んだ場合

第四十八条

第三十三条の規定による命令に違反した場合には、その違反行為をしたセンター等の役員は、二十万円以下の過料に処する。

趣 旨

本規定は、次に掲げる場合、その違反行為をしたセンター等の役員を、20万円以下の過料に処することを定めたものである。

○　センター等が、農林水産大臣、経済産業大臣又は厚生労働大臣の命令(法第33条)に違反した場合

関係法令

議定書

○生物の多様性に関する条約のバイオセーフティに関するカルタヘナ議定書

(平成十五年十一月二十七日)

(条約第七号)

この議定書の締約国は、

生物の多様性に関する条約(以下「条約」という。)の締約国として、

条約第十九条3及び4、第八条(g)並びに第十七条の規定を想起し、

また、特に、事前の情報に基づく合意のための適当な手続を検討のために示しつつ、現代のバイオテクノロジーにより改変された生物であって生物の多様性の保全及び持続可能な利用に悪影響を及ぼす可能性のあるものの国境を越える移動に特に焦点を合わせたバイオセーフティに関する議定書を作成するとの条約の締約国会議による千九百九十五年十一月十七日の決定第五号(第二回会合)を想起し、

環境及び開発に関するリオ宣言の原則15に規定する予防的な取組方法を再確認し、

現代のバイオテクノロジーが急速に拡大していること及び現代のバイオテクノロジーが生物の多様性に及ぼす可能性のある悪影響(人の健康に対する危険も考慮したもの)について公衆の懸念が増大していることを認識し、

環境及び人の健康のための安全上の措置が十分にとられた上で開発され及び利用されるならば、現代のバイオテクノロジーは人類の福祉にとって多大な可能性を有することを認識し、

また、起原の中心及び遺伝的多様性の中心が人類にとって決定的に重要であることを認識し、

改変された生物に係る既知の及び潜在的な危険の性質及び規模に対処するための多くの国、特に開発途上国の能力は限られていることを考慮し、

貿易及び環境に関する諸協定が持続可能な開発を達成するために相互に補完的であるべきことを認識し、

この議定書が現行の国際協定に基づく締約国の権利及び義務を変更することを意味するものと解してはならないことを強調し、

このことは、この議定書を他の国際協定に従属させることを意図するものではないことを了解して、次のとおり協定した。

第一条 目的

この議定書は、環境及び開発に関するリオ宣言の原則15に規定する予防的な取組方法に従い、特に国境を越える移動に焦点を合わせて、現代のバイオテクノロジーにより改変された生物であって生物の多様性の保全及び持続可能な利用に悪影響(人の健康に対する危険も考慮したもの)を及ぼす可能性のあるものの安全な移送、取扱い及び利用の分野において十分な水準の保護を確保することに寄与することを目的とする。

第二条 一般規定

1 締約国は、この議定書に基づく義務を履行するため、必要かつ適当な法律上の措置、行政上の措置その他の措置をとる。

2 締約国は、人の健康に対する危険も考慮して、改変された生物の作成、取扱い、輸送、利用、移送及び放出が生物の多様性に対する危険を防止し又は減少させる方法で行われることを確保する。

3 この議定書のいかなる規定も、国際法に従って確立している領海に対する国の主権、国際法に従い排他的経済水域及び大陸棚において国が有する主権的権利及び管轄権並びに国際法に定められ及び関連する国際文書に反映されている航行上の権利及び自由をすべての国の船舶及び航空機が行使することに何ら影響を及ぼすものではない。

4 この議定書のいかなる規定も、締約国が生物の多様性の保全及び持続可能な利用につきこの議定書に定める措置に比し一層の保護を与える措置をとる権利を制限するものと解してはならない。ただし、そのような措置がこの議定書の目的及び規定に適合し、かつ、国際法に基づく当該締約国の他の義務に従うものであることを

381

条件とする。

5 締約国は、専門知識、文書及び人の健康に対する危険の分野において権限を有する国際的な場で行われる作業であって利用可能なものを適宜考慮することを奨励される。

第三条 用語

この議定書の適用上、

(a) 「締約国会議」とは、条約の締約国会議をいう。

(b) 「拡散防止措置の下での利用」とは、施設、設備その他の物理的な構造物の中で行われる操作であって、外部の環境との接触及び外部の環境に対する影響を効果的に制限する特定の措置によって制御されている改変された生物に係るものをいう。

(c) 「輸出」とは、一の締約国から他の締約国への意図的な国境を越える移動をいう。

(d) 「輸出者」とは、改変された生物の輸出を行う法人又は自然人であって輸出締約国の管轄の下にあるものをいう。

(e) 「輸入」とは、一の締約国への他の締約国からの意図的な国境を越える移動をいう。

(f) 「輸入者」とは、改変された生物の輸入を行う法人又は自然人であって輸入締約国の管轄の下にあるものをいう。

(g) 「改変された生物」とは、現代のバイオテクノロジーの利用によって得られる遺伝素材の新たな組合せを有する生物をいう。

(h) 「生物」とは、遺伝素材を移転し又は複製する能力を有するあらゆる生物学上の存在（不稔性の生物、ウイルス及びウイロイドを含む。）をいう。

(i) 「現代のバイオテクノロジー」とは、自然界における生理学上の生殖又は組換えの障壁を克服する技術であって伝統的な育種及び選抜において用いられない次のものを適用することをいう。

    a 生体外における核酸加工の技術（組換えデオキシリボ核酸（組換え DNA）の技術及び細胞又は細胞小器官に核酸を直接注入する

ことを含む。）

    b 異なる分類学上の科に属する生物の細胞の融合

(j) 「地域的な経済統合のための機関」とは、特定の地域の主権国家によって構成される機関であって、この議定書が規律する事項に関しその加盟国から権限の委譲を受け、かつ、その内部手続に従いこの議定書の署名、批准、受諾若しくは承認又はこれへの加入について正当な委任を受けたものをいう。

(k) 「国境を越える移動」とは、第十七条及び第二十四条の規定の適用上締約国と非締約国との間の移動について適用される場合を除くほか、改変された生物の一の締約国から他の締約国への移動をいう。

第四条 適用範囲

この議定書は、生物の多様性の保全及び持続可能な利用に悪影響（人の健康に対する危険も考慮したもの）を及ぼす可能性のあるすべての改変された生物の国境を越える移動、通過、取扱い及び利用について適用する。

第五条 医薬品

この議定書は、前条の規定にかかわらず、他の関連する国際協定又は国際機関において取り扱われる人のための医薬品である改変された生物の国境を越える移動については、適用しない。もっとも、締約国が輸入の決定に先立ちすべての改変された生物を危険性の評価の対象とする権利を害するものではない。

第六条 通過及び拡散防止措置の下での利用

1 事前の情報に基づく合意の手続に関するこの議定書の規定は、第四条の規定にかかわらず、改変された生物の通過については、適用しない。もっとも、通過国である締約国がその領域を通過する改変された生物の輸送を規制する権利及び特定の改変された生物の当該領域の通過について行われる決定であって第二条3の規定に従うものをバイオセーフティに関する情報交換センターに提供する権利を害するものではない。

2　事前の情報に基づく合意の手続に関するこの議定書の規定は、第四条の規定にかかわらず、輸入締約国の基準に従って行われる拡散防止措置の下での利用を目的とする改変された生物の国境を越える移動については、適用しない。もっとも、締約国が輸入の決定に先立ちすべての改変された生物を危険性の評価の対象とする権利及びその管轄内における拡散防止措置の下での利用のための基準を設定する権利を害するものではない。

第七条　事前の情報に基づく合意の手続の適用

1　次条から第十条まで及び第十二条に定める事前の情報に基づく合意の手続は、第五条及び前条の規定に従うことを条件として、輸入締約国の環境への意図的な導入を目的とする改変された生物の最初の意図的な国境を越える移動に先立って適用する。

2　1にいう「環境への意図的な導入」は、食料若しくは飼料として直接利用し又は加工することを目的とする改変された生物についていうものではない。

3　食料若しくは飼料として直接利用し又は加工することを目的とする改変された生物については、その最初の国境を越える移動に先立って、第十一条の規定を適用する。

4　事前の情報に基づく合意の手続は、この議定書の締約国の会合としての役割を果たす締約国会議の決定により、生物の多様性の保全及び持続可能な利用に悪影響（人の健康に対する危険も考慮したもの）を及ぼすおそれがないものとして特定された改変された生物の意図的な国境を越える移動については、適用しない。

第八条　通告

1　輸出締約国は、前条1の規定の対象となる改変された生物の意図的な国境を越える移動に先立ち、輸入締約国の権限のある当局に対して書面により当該移動について通告し、又は輸出者がその通告を確実に行うよう義務付ける。その通告には、少なくとも附属書Ⅰに定める情報を

含める。

2　輸出締約国は、輸出者の提供する情報を正確なものとするための法的要件を設けることを確保する。

第九条　通告の受領の確認

1　輸入締約国は、通告を受領してから九十日以内に、当該通告をした者に対して書面により当該通告の受領を確認する。

2　1に規定する確認には、次の事項を記載する。

(a)　通告の受領の日

(b)　通告が前条に規定する情報を一応含むものであるか否か。

(c)　輸入締約国の国内規制の枠組み又は次条に定める手続のいずれに従って処理するか。

3　2(c)の国内規制の枠組みは、この議定書に適合するものでなければならない。

4　輸入締約国が通告の受領を確認しないことは、当該輸入締約国が意図的な国境を越える移動について同意することを意味するものではない。

第十条　決定手続

1　輸入締約国による決定は、第十五条の規定に従って行う。

2　輸入締約国は、前条に定める期間内に、通告をした者に対して次のいずれかのことを書面により通報する。

(a)　自国が書面による同意を与えた後においてのみ、意図的な国境を越える移動を行うことができること。

(b)　少なくとも九十日を経過した後、その後の書面による同意なしに意図的な国境を越える移動を行うことができること。

3　輸入締約国は、2(a)の通報を行ったときは、通告の受領の日から二百七十日以内に、次のいずれかの決定につき、通告をした者及びバイオセーフティに関する情報交換センターに対して書面により通報する。

(a)　条件付又は無条件で輸入を承認すること（この決定が同一の改変された生物の二回目以降の輸入についてどのように適用されるか

ということを含む。)。

(b) 輸入を禁止すること。

(c) 自国の国内規制の枠組み又は附属書Ⅰの規定に基づいて追加的な関連情報を要請すること。この場合において、輸入締約国が回答すべき期限の計算に当たっては、当該輸入締約国が追加的な関連情報を待たなければならない日数は、算入しない。

(d) 通告をした者に対しこの3に定める期限を特定の期間延長することを通報すること。

4 3に規定する決定には、無条件の同意である場合を除くほか、その決定の理由を明示する。

5 輸入締約国が通告の受領の日から二百七十日以内にその決定を通報しないことは、当該輸入締約国が意図的な国境を越える移動について同意することを意味するものではない。

6 改変された生物が輸入締約国における生物の多様性の保全及び持続可能な利用に及ぼす可能性のある悪影響(人の健康に対する危険も考慮したもの)の程度に関し、関連する科学的な情報及び知識が不十分であるために科学的な確実性のないことは、当該輸入締約国がそのような悪影響を回避し又は最小にするため、適当な場合には、当該改変された生物の輸入について3に規定する決定を行うことを妨げるものではない。

7 この議定書の締約国の会合としての役割を果たす締約国会議は、その第一回会合において、輸入締約国の意思決定を容易にするための適当な手続及び制度について決定する。

第十一条　食料若しくは飼料として直接利用し又は加工することを目的とする改変された生物のための手続

1 食料若しくは飼料として直接利用し又は加工することを目的として行われる国境を越える移動の対象となり得る改変された生物の国内利用(市場取引に付することを含む。)について最終的な決定を行う締約国は、当該決定から十五日以内に、バイオセーフティに関する情報交換センターを通じて当該決定を他の締約国に通報する。その通報には、少なくとも附属書Ⅱに定める情報を含

める。当該締約国は、同センターを利用することができないことを事前に事務局に通報した締約国の中央連絡先に対して、書面により通報の写しを提供する。この1の規定は、屋外試験についての決定については、適用しない。

2 1に規定する決定を行う締約国は、当該決定に係る申請者の提供する情報を正確なものとするための法的要件を設けることを確保する。

3 いずれの締約国も、附属書Ⅱ(b)の当局に対し追加的な情報を要請することができる。

4 締約国は、この議定書の目的に適合する自国の国内規制の枠組みに従い、食料若しくは飼料として直接利用し又は加工することを目的とする改変された生物の輸入について決定することができる。

5 締約国は、可能な場合には、食料若しくは飼料として直接利用し又は加工することを目的とする改変された生物の輸入について適用される国内法令及び国の指針の写しをバイオセーフティに関する情報交換センターに対して利用可能にする。

6 開発途上締約国又は移行経済締約国は、4の国内規制の枠組みがない場合であって自国の国内管轄権を行使するときは、食料若しくは飼料として直接利用し又は加工することを目的とする改変された生物であって1の規定により情報が提供されたものの最初の輸入に先立ち、次の事項に従って決定する旨をバイオセーフティに関する情報交換センターを通じて宣言することができる。

(a) 附属書Ⅲの規定に従って行う危険性の評価

(b) 二百七十日を超えない予測可能な期間内で行う決定

7 締約国が6の規定による決定を通報しないことは、当該締約国による別段の定めがない限り、当該締約国が食料若しくは飼料として直接利用し又は加工することを目的とする改変された生物の輸入について同意し又は拒否することを意味するものではない。

8 改変された生物が輸入締約国における生物の

多様性の保全及び持続可能な利用に及ぼす可能性のある悪影響(人の健康に対する危険も考慮したもの)の程度に関し、関連する科学的な情報及び知識が不十分であるために科学的な確実性のないことは、当該輸入締約国がそのような悪影響を回避し又は最小にするため、適当な場合には、食料若しくは飼料として直接利用し又は加工することを目的とする当該改変された生物の輸入について決定することを妨げるものではない。

9　締約国は、食料若しくは飼料として直接利用し又は加工することを目的とする改変された生物についての財政上及び技術上の支援並びに能力の開発に関するニーズを表明することができる。締約国は、第二十二条及び第二十八条の規定に従い、これらのニーズを満たすために協力する。

第十二条　決定の再検討

1　輸入締約国は、生物の多様性の保全及び持続可能な利用に及ぼす可能性のある悪影響(人の健康に対する危険も考慮したもの)に関する新たな科学的な情報に照らし、意図的な国境を越える移動についての決定をいつでも再検討し、変更することができる。そのような場合には、当該輸入締約国は、三十日以内に、先に当該決定に係る改変された生物の移動について通告をした者及びバイオセーフティに関する情報交換センターに通報するとともに、その変更についての決定の理由を明示する。

2　輸出締約国又は通告をした者は、次のいずれかのことがあると認める場合には、輸入締約国に対し、当該輸入締約国が第十条の規定に従って自国について行った決定を再検討するよう要請することができる。

　(a)　当該決定の基礎となった危険性の評価の結果に影響を及ぼし得る状況の変化が生じたこと。

　(b)　追加的な関連の科学的又は技術的な情報が利用可能となったこと。

3　輸入締約国は、2に規定する要請に対する決定を九十日以内に書面により回答するとともに、

当該決定の理由を明示する。

4　輸入締約国は、その裁量により、二回目以降の輸入について危険性の評価を実施することを義務付けることができる。

第十三条　簡易な手続

1　輸入締約国は、改変された生物の意図的な国境を越える移動が安全に行われることをこの議定書の目的に従って確保するために適当な措置が適用されることを条件として、事前に次の事項を特定し、バイオセーフティに関する情報交換センターに通報することができる。

　(a)　意図的な国境を越える移動についての自国への通告と同時に自国への当該移動が行われることのできる事例

　(b)　自国への改変された生物の輸入であって事前の情報に基づく合意の手続を免除されるもの

　(a)　の通告は、同一の輸入締約国へのその後の同様の移動について適用することができる。

2　1(a)の通告において提供される意図的な国境を越える移動に関する情報は、附属書Ⅰに定めるものとする。

第十四条　二国間の、地域的な及び多数国間の協定及び取決め

1　締約国は、改変された生物の意図的な国境を越える移動に関する二国間の、地域的な及び多数国間の協定及び取決めであってこの議定書の目的に適合するものを締結することができる。ただし、これらの協定及び取決めがこの議定書に定める保護の水準よりも低い水準の保護を与えることにならないことを条件とする。

2　締約国は、1に規定する二国間の、地域的な及び多数国間の協定及び取決めであってこの議定書の効力発生の日の前又は後に締結したもののすべてを、バイオセーフティに関する情報交換センターを通じて相互に通報する。

3　この議定書の規定は、1に規定する協定又は取決めの締約国がこれらの協定又は取決めにより行う意図的な国境を越える移動に影響を及ぼすものではない。

4 締約国は、自国の国内規制を自国への特定の輸入について適用することを決定することができるものとし、その決定をバイオセーフティに関する情報交換センターに通報する。

第十五条　危険性の評価

1 この議定書に従って行われる危険性の評価は、附属書Ⅲの規定に従い、認められた危険性の評価の技術を考慮して、科学的に適正な方法で実施する。そのような危険性の評価は、改変された生物が生物の多様性の保全及び持続可能な利用に及ぼす可能性のある悪影響(人の健康に対する危険も考慮したもの)を特定し及び評価するため、少なくとも、第八条の規定により提供される情報及びその他の入手可能な科学的な証拠に基づいて実施する。

2 輸入締約国は、危険性の評価が第十条の規定に従って行われる決定のために実施されることを確保する。輸入締約国は、輸出者に対し危険性の評価を実施することを要求することができる。

3 危険性の評価の費用は、輸入締約国が要求する場合には、通告をした者が負担する。

第十六条　危険の管理

1 締約国は、条約第八条の規定を考慮して、この議定書の危険性の評価に関する規定によって特定された危険であって、改変された生物の利用、取扱い及び国境を越える移動に係るものを規制し、管理し及び制御するための適当な制度、措置及び戦略を定め及び維持する。

2 危険性の評価に基づく措置は、輸入締約国の領域内において、改変された生物が生物の多様性の保全及び持続可能な利用に及ぼす悪影響(人の健康に対する危険も考慮したもの)を防止するために必要な範囲内でとる。

3 締約国は、改変された生物の意図的でない国境を越える移動を防止するため、改変された生物の最初の放出に先立って危険性の評価を実施することを義務付ける措置等の適当な措置をとる。

4 締約国は、2の規定の適用を妨げることなく、輸入されたものか国内で作成されたものかを問わず、改変された生物が意図された利用に供される前にその生活環又は世代時間に相応する適当な期間観察されることを確保するよう努める。

5 締約国は、次のことのために協力する。

(a) 生物の多様性の保全及び持続可能な利用に悪影響(人の健康に対する危険も考慮したもの)を及ぼす可能性のある改変された生物又はその具体的な形質を特定すること。

(b) (a)の改変された生物の取扱い又はその具体的な形質に係る取扱いについて適当な措置をとること。

第十七条　意図的でない国境を越える移動及び緊急措置

1 締約国は、生物の多様性の保全及び持続可能な利用に著しい悪影響(そのような影響を受け又は受ける可能性のある国における人の健康に対する危険も考慮したもの)を及ぼすおそれのある改変された生物の意図的でない国境を越える移動につながり又はつながる可能性のある放出をもたらす事態が自国の管轄下において生じたことを知った場合には、これらの国、バイオセーフティに関する情報交換センター及び適当な場合には関連する国際機関に通報するための適当な措置をとる。その通報は、締約国がそのような状況を知ったときは、できる限り速やかに行う。

2 締約国は、この議定書が自国について効力を生ずる日までに、この条の規定に基づく通報を受領するための自国の連絡先が明示されている関連事項をバイオセーフティに関する情報交換センターに対して利用可能にする。

3 1の規定に基づく通報には、次の事項を含めるべきである。

(a) 改変された生物の推定される量及び関連する特性又は形質に関する入手可能な関連情報

(b) 放出の状況及びその推定される日並びに当該放出が生じた締約国における改変された生物の利用に関する情報

(c) 生物の多様性の保全及び持続可能な利用に及ぼす可能性のある悪影響(人の健康に対す

る危険も考慮したもの)並びに危険の管理の
ためにとり得る措置に関する入手可能な情報
   (d) その他の関連情報
   (e) 追加的な情報のための連絡先
4   締約国は、その管轄下において1に規定する
改変された生物の放出が生じたときは、生物の
多様性の保全及び持続可能な利用に及ぼす著し
い悪影響(人の健康に対する危険も考慮したも
の)を最小にするため、そのような悪影響を受け
又は受ける可能性のある国が適切な対応を決定
し及び緊急措置を含む必要な行動を開始するこ
とができるよう、これらの国と直ちに協議する。

第十八条   取扱い、輸送、包装及び表示

1   締約国は、生物の多様性の保全及び持続可能
な利用に及ぼす悪影響(人の健康に対する危険
も考慮したもの)を回避するため、関連する国際
的な規則及び基準を考慮して、意図的な国境を
越える移動の対象となる改変された生物であっ
てこの議定書の対象とされるものが安全な状況
の下で取り扱われ、包装され及び輸送されるこ
とを義務付けるために必要な措置をとる。
2   締約国は、次のことを義務付ける措置をとる。
   (a) 食料若しくは飼料として直接利用し又は加
工することを目的とする改変された生物に添
付する文書において、改変された生物を「含
む可能性がある」こと及び環境への意図的な
導入を目的とするものではないこと並びに追
加的な情報のための連絡先を明確に表示する
こと。このため、この議定書の締約国の会合
としての役割を果たす締約国会議は、この議
定書の効力発生の日から二年以内に、これら
の改変された生物の識別についての情報及び
統一された識別記号を明記することを含む表
示に関する詳細な要件について決定する。
   (b) 拡散防止措置の下での利用を目的とする改
変された生物に添付する文書において、これ
らが改変された生物であることを明確に表示
し、並びに安全な取扱い、保管、輸送及び利
用に関する要件並びに追加的な情報のための
連絡先(これらの改変された生物の仕向先で

ある個人又は団体の氏名又は名称及び住所を
含む。)を明記すること。
   (c) 輸入締約国の環境への意図的な導入を目的
とする改変された生物及びこの議定書の対象
とされるその他の改変された生物に添付する
文書において、これらが改変された生物であ
ることを明確に表示し、並びにその識別につ
いての情報及び関連する形質又は特性、安全
な取扱い、保管、輸送及び利用に関する要件、
追加的な情報のための連絡先並びに適当な場
合には輸入者及び輸出者の氏名又は名称及び
住所を明記し、また、当該文書にこれらの改
変された生物の移動が輸出者に適用されるこ
の議定書の規定に従って行われるものである
旨の宣言を含めること。
3   この議定書の締約国の会合としての役割を果
たす締約国会議は、他の関連する国際機関と協
議して、表示、取扱い、包装及び輸送の方法に
関する基準を作成する必要性及び態様について
検討する。

第十九条   国内の権限のある当局及び中央連絡先

1   締約国は、自国を代表して事務局との連絡に
ついて責任を負う国内の一の中央連絡先を指定
する。また、締約国は、この議定書により必要
とされる行政上の任務を遂行する責任を有し及
びこれらの任務について自国を代表して行動す
ることを認められる一又は二以上の国内の権限
のある当局を指定する。締約国は、中央連絡先
及び権限のある当局の双方の任務を遂行する単
一の組織を指定することができる。
2   締約国は、この議定書が自国について効力を
生ずる日までに、事務局に対し、自国の中央連
絡先及び権限のある当局の名称及び所在地を通
報する。締約国は、二以上の権限のある当局を
指定する場合には、その通報と共にこれらの当
局のそれぞれの責任に関する関連情報を事務局
に送付する。当該関連情報においては、可能な
場合には、少なくとも、どの権限のある当局が
どの種類の改変された生物について責任を負う
かを特定する。締約国は、中央連絡先の指定の

変更又は権限のある当局の名称及び所在地若し
くはその責任の変更を直ちに事務局に通報する。

3　事務局は、2の規定に基づいて受領した通報
を直ちに締約国に送付するものとし、また、バ
イオセーフティに関する情報交換センターを通
じてその通報による情報を利用可能にする。

第二十条　情報の共有及びバイオセーフティに関する情報交換センター

1　バイオセーフティに関する情報交換センター
は、条約第十八条3の規定に基づく情報交換の仕
組みの一部として、次のことのために設置する。

(a)　改変された生物に関する科学上、技術上、
環境上及び法律上の情報の交換並びに改変さ
れた生物に係る経験の交流を促進すること。

(b)　開発途上締約国(特にこれらの締約国のう
ちの後発開発途上国及び島嶼国)及び移行経
済国並びに起原の中心である国及び遺伝的多
様性の中心である国の特別のニーズを考慮し
て、締約国がこの議定書を実施することを支
援すること。

2　バイオセーフティに関する情報交換センター
は、1の規定を実施するため、情報を利用可能
なものとする媒体としての役割を果たす。同セ
ンターは、締約国により利用可能とされる情報
であってこの議定書の実施に関連するものの利
用の機会を提供するものとし、また、可能な場
合には、改変された生物の安全性に関する情報
交換についての他の国際的な制度の利用の機会
を提供する。

3　締約国は、秘密の情報の保護を妨げられるこ
となく、この議定書によりバイオセーフティに
関する情報交換センターに対して利用可能にす
ることが必要とされている情報及び次のものを
同センターに提供する。

(a)　この議定書の実施のための現行の法令及び
指針並びに事前の情報に基づく合意の手続の
ために締約国が必要とする情報

(b)　二国間の、地域的な及び多数国間の協定及
び取決め

(c)　改変された生物についての危険性の評価又

は環境面での検討であって、自国の規制の過程
で得られ及び第十五条の規定に従って実施さ
れたものの概要。この概要には、適当な場合に
は、当該改変された生物に係る産品、すなわち、
当該改変された生物に由来する加工された素
材であって、現代のバイオテクノロジーの利用
によって得られる複製可能な遺伝素材の新た
な組合せ(検出することのできるもの)を有す
るものに関する関連情報を含める。

(d)　改変された生物の輸入又は放出についての
自国の最終的な決定

(e)　自国が第三十三条の規定に従って提出する
報告(事前の情報に基づく合意の手続の実施
に関するものを含む。)

4　バイオセーフティに関する情報交換センター
の活動の態様(その活動に関する報告を含む。)
については、この議定書の締約国の会合として
の役割を果たす締約国会議の第一回会合におい
て検討し及び決定し、その後継続して検討する。

第二十一条　秘密の情報

1　輸入締約国は、通告をした者に対し、この議
定書の手続に従って提出された情報又はこの議
定書に定める事前の情報に基づく合意の手続の
一部として当該輸入締約国が必要とする情報で
あって、秘密のものとして取り扱われるべきも
のを特定することを認める。その特定が行われ
る場合において、当該輸入締約国が要請すると
きは、その理由が示されるものとする。

2　輸入締約国は、通告をした者が秘密のものと
して特定した情報がそのような取扱いの対象と
はならないと認める場合には、当該通告をした
者と協議し、開示に先立ち当該通告をした者に
対し自国の決定を通報する。そのような通報を
行う場合には、輸入締約国は、当該通告をした
者の要請に応じて当該決定の理由を示し、並び
に開示に先立ち協議の機会及び当該決定につい
ての内部における検討の機会を提供する。

3　締約国は、この議定書に定める事前の情報に
基づく合意の手続において受領した秘密の情報
等この議定書に基づいて受領した秘密の情報を

保護する。締約国は、そのような情報を保護する手続を有することを確保し、及び国内で生産される改変された生物に関する秘密の情報の取扱いよりも不利でない方法でそのような情報の秘密性を保護する。

4　輸入締約国は、通告をした者の書面による同意がある場合を除くほか、秘密の情報を商業上の目的のために利用してはならない。

5　輸入締約国は、通告をした者がその通告を撤回する場合又は既に撤回している場合には、研究及び開発に関する情報、その秘密性について自国及び当該通告をした者の意見が一致しない情報等の商業上及び産業上の情報の秘密性を尊重する。

6　次の情報は、5の規定の適用を妨げることなく、秘密のものとはみなさない。

　(a)　通告をした者の氏名又は名称及び住所

　(b)　改変された生物に関する一般的な説明

　(c)　生物の多様性の保全及び持続可能な利用に及ぼす影響(人の健康に対する危険も考慮したもの)についての危険性の評価の概要

　(d)　緊急事態に対応するための方法及び計画

第二十二条　能力の開発

1　締約国は、開発途上締約国(特にこれらの締約国のうちの後発開発途上国及び島嶼国)及び移行経済締約国におけるこの議定書の効果的な実施のため、既存の世界的な、地域的な、小地域的な及び国内の団体及び組織を通ずる方法、適当な場合には民間部門の関与を促進するとの方法等により、改変された生物の安全性のために必要な範囲内で、バイオテクノロジーに関するものを含め改変された生物の安全性に関する人的資源及び制度的能力を開発し又は強化することに協力する。

2　1に規定する協力を実施するため、条約の関連規定に基づく資金並びに技術及びノウハウの取得の機会の提供及び移転に関する開発途上締約国(特にこれらの締約国のうちの後発開発途上国及び島嶼国)のニーズは、改変された生物の安全性に関する能力の開発に当たり十分に考慮

される。能力の開発における協力には、各締約国の異なる状況、能力及び必要に応じ、バイオテクノロジーの適切かつ安全な管理並びに改変された生物の安全性のための危険性の評価及び危険の管理を行う上での科学的及び技術的な訓練並びに改変された生物の安全性に関する技術的及び制度的な能力の強化を含める。また、そのような能力の開発に関する移行経済締約国のニーズも、十分に考慮される。

第二十三条　公衆の啓発及び参加

1　締約国は、次のことを行う。

　(a)　生物の多様性の保全及び持続可能な利用に関し、人の健康に対する危険も考慮して、改変された生物の安全な移送、取扱い及び利用に係る公衆の啓発、教育及び参加を促進し、及び容易にすること。これらのことを行うに当たり、締約国は、適当な場合には、他の国及び国際的な団体と協力する。

　(b)　公衆の啓発及び教育には、この議定書に従って特定される改変された生物であって輸入される可能性のあるものに関する情報の取得の機会の提供を含めることを確保するよう努めること。

2　締約国は、第二十一条の規定に従って秘密の情報を尊重しつつ、自国の法令に従って改変された生物についての意思決定の過程において公衆の意見を求め、当該意思決定の結果を公衆が知ることのできるようにする。

3　締約国は、バイオセーフティに関する情報交換センターを利用する方法について自国の公衆に周知させるよう努力する。

第二十四条　非締約国

1　締約国と非締約国との間の改変された生物の国境を越える移動は、この議定書の目的に適合するものでなければならない。締約国は、そのような国境を越える移動に関する二国間の、地域的な及び多数国間の協定及び取決めを非締約国との間で締結することができる。

2　締約国は、非締約国に対し、この議定書に参

加し及び当該非締約国の管轄の下にある区域において放出され又は当該区域に若しくは当該区域から移動する改変された生物に関する適当な情報をバイオセーフティに関する情報交換センターに提供することを奨励する。

第二十五条　不法な国境を越える移動

1　締約国は、この議定書を実施するための自国の国内措置に違反して行われる改変された生物の国境を越える移動を防止し及び適当な場合には処罰するための適当な国内措置をとる。そのような移動は、不法な国境を越える移動とする。

2　不法な国境を越える移動があった場合には、その影響を受けた締約国は、当該移動が開始された締約国に対し、当該改変された生物を当該移動が開始された締約国の負担で適宜送り返し又は死滅させることによって処分することを要請することができる。

3　締約国は、自国についての不法な国境を越える移動の事例に関する情報をバイオセーフティに関する情報交換センターに対して利用可能にする。

第二十六条　社会経済上の配慮

1　締約国は、この議定書又はこの議定書を実施するための国内措置に従い輸入について決定するに当たり、特に原住民の社会及び地域社会にとっての生物の多様性の価値との関連において、改変された生物が生物の多様性の保全及び持続可能な利用に及ぼす影響に関する社会経済上の配慮を自国の国際的な義務に即して考慮することができる。

2　締約国は、改変された生物の社会経済的な影響(特に原住民の社会及び地域社会に及ぼすもの)に関する研究及び情報交換について協力することを奨励される。

第二十七条　責任及び救済

この議定書の締約国の会合としての役割を果たす締約国会議は、その第一回会合において、改変された生物の国境を越える移動から生ずる損害についての責任及び救済の分野における国

際的な規則及び手続を適宜作成することに関する方法を、これらの事項につき国際法の分野において進められている作業を分析し及び十分に考慮しつつ採択し、並びにそのような方法に基づく作業を四年以内に完了するよう努める。

第二十八条　資金供与の制度及び資金

1　締約国は、この議定書の実施のための資金について検討するに当たり、条約第二十条の規定を考慮する。

2　条約第二十一条の規定により設けられた資金供与の制度は、その運営を委託された制度的組織を通じ、この議定書の資金供与の制度となる。

3　この議定書の締約国の会合としての役割を果たす締約国会議は、第二十二条に規定する能力の開発に関し、締約国会議による検討のために2の資金供与の制度についての指針を提供するに当たり、資金に関する開発途上締約国(特にこれらの締約国のうちの後発開発途上国及び島嶼国)のニーズを考慮する。

4　1の規定に関し、締約国は、この議定書を実施するために必要な能力の開発に関する要件を特定し及び満たすための開発途上締約国(特にこれらの締約国のうちの後発開発途上国及び島嶼国)及び移行経済締約国の努力におけるこれらの国のニーズも考慮する。

5　締約国会議の関連する決定(この議定書が採択される前に合意されたものを含む。)における条約の資金供与の制度に関する指針は、この条の規定について準用する。

6　先進締約国は、また、二国間の、地域的な及び多数国間の経路を通じて、この議定書の実施のための資金及び技術を供与することができるものとし、開発途上締約国及び移行経済締約国は、これらを利用することができる。

第二十九条　この議定書の締約国の会合としての役割を果たす締約国会議

1　締約国会議は、この議定書の締約国の会合としての役割を果たす。

2　条約の締約国であってこの議定書の締約国で

ないものは、この議定書の締約国の会合としての役割を果たす締約国会議の会合の議事にオブザーバーとして参加することができる。締約国会議がこの議定書の締約国の会合としての役割を果たすときは、この議定書に基づく決定は、この議定書の締約国のみが行う。

3 締約国会議がこの議定書の締約国の会合としての役割を果たすときは、条約の締約国であってその時点でこの議定書の締約国でないものを代表する締約国会議の議長団の構成員は、この議定書の締約国によってこの議定書の締約国のうちから選出された構成員によって代わられる。

4 この議定書の締約国の会合としての役割を果たす締約国会議は、この議定書の実施状況を定期的に検討し、及びその権限の範囲内でこの議定書の効果的な実施を促進するために必要な決定を行う。この議定書の締約国の会合としての役割を果たす締約国会議は、この議定書により与えられる任務を遂行し、及び次のことを行う。

(a) この議定書の実施のために必要な事項について勧告すること。

(b) この議定書の実施のために必要と認められる補助機関を設置すること。

(c) 適当な場合には、能力を有する国際機関並びに政府間及び非政府の団体による役務、協力及び情報の提供を求め、並びにこれらを利用すること。

(d) 第三十三条の規定に従って提出される情報の送付のための形式及び間隔を決定すること並びにそのような情報及び補助機関により提出される報告を検討すること。

(e) 必要に応じ、この議定書の実施のために必要と認められるこの議定書及びその附属書の改正並びにこの議定書の追加附属書を検討し、及び採択すること。

(f) この議定書の実施のために必要なその他の任務を遂行すること。

5 締約国会議の手続規則及び条約の財政規則は、この議定書の下で準用する。ただし、この議定書の締約国の会合としての役割を果たす締約国

会議がコンセンサス方式により別段の決定を行う場合を除く。

6 この議定書の締約国の会合としての役割を果たす締約国会議の第一回会合は、この議定書の効力発生の日の後に開催される最初の締約国会議の会合と併せて事務局が招集する。この議定書の締約国の会合としての役割を果たす締約国会議のその後の通常会合は、この議定書の締約国の会合としての役割を果たす締約国会議が別段の決定を行わない限り、締約国会議の通常会合と併せて開催する。

7 この議定書の締約国の会合としての役割を果たす締約国会議の特別会合は、この議定書の締約国の会合としての役割を果たす締約国会議が必要と認めるとき又はいずれかの締約国から書面による要請のある場合において事務局がその要請を締約国に通報した後六箇月以内に締約国の少なくとも三分の一がその要請を支持するときに開催する。

8 国際連合、その専門機関及び国際原子力機関並びにこれらの国際機関の加盟国又はオブザーバーであって条約の締約国でないものは、この議定書の締約国の会合としての役割を果たす締約国会議の会合にオブザーバーとして出席することができる。この議定書の対象とされている事項について認められた団体又は機関（国内若しくは国際の又は政府若しくは非政府のもののいずれであるかを問わない。）であって、この議定書の締約国の会合としての役割を果たす締約国会議の会合にオブザーバーとして出席することを希望する旨事務局に通報したものは、当該会合に出席する締約国の三分の一以上が反対しない限り、オブザーバーとして出席することを認められる。オブザーバーの出席については、この条に別段の定めがある場合を除くほか、5に規定する手続規則に従う。

第三十条　補助機関

1 条約によって設置された補助機関は、この議定書の締約国の会合としての役割を果たす締約国会議の決定に基づきこの議定書のためにその

任務を遂行することができる。この場合には、この議定書の締約国の会合は、当該補助機関がどの任務を遂行するかを特定する。

2　条約の締約国であってこの議定書の締約国でないものは、1に規定する補助機関の会合の議事にオブザーバーとして参加することができる。条約の補助機関がこの議定書の補助機関としての役割を果たすときは、この議定書に基づく決定は、この議定書の締約国のみが行う。

3　条約の補助機関がこの議定書に関する事項についてその任務を遂行するときは、条約の締約国であってその時点でこの議定書の締約国でないものを代表する当該補助機関の議長団の構成員は、この議定書の締約国によってこの議定書の締約国のうちから選出された構成員によって代わられる。

第三十一条　事務局

1　条約第二十四条の規定によって設置された事務局は、この議定書の事務局としての役割を果たす。

2　事務局の任務に関する条約第二十四条1の規定は、この議定書について準用する。

3　この議定書のために提供される事務局の役務に係る費用は、区別することができる範囲において、この議定書の締約国が負担する。このため、この議定書の締約国の会合としての役割を果たす締約国会議は、その第一回会合において必要な予算措置について決定する。

第三十二条　条約との関係

条約における議定書に関する規定は、この議定書に別段の定めがある場合を除くほか、この議定書について適用する。

第三十三条　監視及び報告

締約国は、この議定書に基づく自国の義務の履行状況を監視し、及びこの議定書を実施するためにとった措置につき、この議定書の締約国の会合としての役割を果たす締約国会議が決定する一定の間隔で、この議定書の締約国の会合としての役割を果たす締約国会議に報告する。

第三十四条　遵守

この議定書の締約国の会合としての役割を果たす締約国会議は、その第一回会合において、この議定書の規定を遵守することを促進し及び不履行の事案に対処するための協力についての手続及びそのための組織的な制度を検討し、及び承認する。これらの手続及び制度には、適当な場合には、助言又は支援を行うための規定を含める。これらの手続及び制度は、条約第二十七条に定める紛争解決のための手続及び制度とは別個のものであり、また、これらに影響を及ぼすものではない。

第三十五条　評価及び再検討

この議定書の締約国の会合としての役割を果たす締約国会議は、この議定書の効力発生の五年後に及びその後は少なくとも五年ごとに、この議定書の有効性についての評価(この議定書の手続及び附属書についての評価を含む。)を行う。

第三十六条　署名

この議定書は、二千年五月十五日から二十六日まではナイロビにある国際連合事務所において、二千年六月五日から二千一年六月四日まではニューヨークにある国際連合本部において、国及び地域的な経済統合のための機関による署名のために開放しておく。

第三十七条　効力発生

1　この議定書は、条約の締約国である国又は地域的な経済統合のための機関による五十番目の批准書、受諾書、承認書又は加入書の寄託の日の後九十日目の日に効力を生ずる。

2　この議定書は、1の規定に基づいて効力が生じた後にこれを批准し、受諾し若しくは承認し又はこれに加入する国又は地域的な経済統合のための機関については、当該国又は機関が批准書、受諾書、承認書若しくは加入書を寄託した日の後九十日目の日又は条約が当該国若しくは機関について効力を生ずる日のいずれか遅い日に効力を生ずる。

3　地域的な経済統合のための機関によって寄託

される文書は、１及び２の規定の適用上、当該機関の構成国によって寄託されたものに追加して数えてはならない。

第三十八条　留保

この議定書には、いかなる留保も付することができない。

第三十九条　脱退

1　締約国は、この議定書が自国について効力を生じた日から二年を経過した後いつでも、寄託者に対して書面による脱退の通告を行うことにより、この議定書から脱退することができる。

2　1の脱退は、寄託者が脱退の通告を受領した日の後一年を経過した日又はそれよりも遅い日であって脱退の通告において指定される日に効力を生ずる。

第四十条　正文

アラビア語、中国語、英語、フランス語、ロシア語及びスペイン語をひとしく正文とするこの議定書の原本は、国際連合事務総長に寄託する。

以上の証拠として、下名は、正当に委任を受けてこの議定書に署名した。

二千年一月二十九日にモントリオールで作成した。

附属書Ⅰ　第八条、第十条及び第十三条の規定により通告において必要とされる情報

(a) 輸出者の氏名又は名称、住所及び連絡先についての詳細

(b) 輸入者の氏名又は名称、住所及び連絡先についての詳細

(c) 改変された生物の名称及びその識別についての情報並びに改変された生物の安全性の水準について輸出国における国内の分類がある場合にはその分類

(d) 国境を越える移動が予定される日が判明している場合にはその日

(e) 改変された生物の安全性に関連する受容体生物又は親生物の分類学上の位置、一般名称、採集され又は取得された場所及び特性

(f) 受容体生物又は親生物の起原の中心及び遺伝的多様性の中心が判明している場合にはそれらの中心並びにこれらの生物が存続し又は繁殖する可能性のある生息地に関する説明

(g) 改変された生物の安全性に関連する供与体生物の分類学上の位置、一般名称、採集され又は取得された場所及び特性

(h) 導入された核酸又は改変、使用された技術及びこれらの結果改変された生物に生じた特性に関する説明

(i) 改変された生物又はこれに係る産品（改変された生物に由来する加工された素材であって、現代のバイオテクノロジーの利用によって得られる複製可能な遺伝素材の新たな組合せ（検出することのできるもの）を有するもの）の予定される用途

(j) 移送される改変された生物の数量又は容積

(k) 附属書Ⅲの規定に適合する既存の危険性の評価に関する報告

(l) 適当な場合には、包装、ラベル等による表示、文書の添付、処分及び緊急時の手続を含む安全な取扱い、保管、輸送及び利用の方法についての提案

(m) 輸出国内における改変された生物の規制の状況（例えば、当該改変された生物が輸出国において禁止されているか否か、他に制限があるか否か又は当該改変された生物の一般的な放出が承認されているか否か）及び当該改変された生物が輸出国において禁止されている場合にはその禁止の理由

(n) 移送される改変された生物に関し輸出者が他の国に対して行った通告の結果及び目的

(o) (a)から(n)までの情報が事実関係について正確であることの宣言

附属書Ⅱ　第十一条の規定により食料若しくは飼料として直接利用し又は加工することを目的とする改変された生物に関して必要とされる情報

(a) 国内利用に係る決定についての申請を行う者の氏名又は名称及び連絡先についての詳細

(b) (a)の決定について責任を有する当局の名称及び連絡先についての詳細

(c) 改変された生物の名称及びその識別についての情報

(d) 遺伝子の改変、使用された技術及びこれらの結果改変された生物に生じた特性に関する説明

(e) 改変された生物の統一された識別記号

(f) 改変された生物の安全性に関連する受容体生物又は親生物の分類学上の位置、一般名称、採集され又は取得された場所及び特性

(g) 受容体生物又は親生物の起原の中心及び遺伝的多様性の中心が判明している場合にはそれらの中心並びにこれらの生物が存続し又は繁殖する可能性のある生息地に関する説明

(h) 改変された生物の安全性に関連する供与体生物の分類学上の位置、一般名称、採集され又は取得された場所及び特性

(i) 改変された生物の承認された用途

(j) 附属書Ⅲの規定に適合する危険性の評価に関する報告

(k) 適当な場合には、包装、ラベル等による表示、文書の添付、処分及び緊急時の手続を含む安全な取扱い、保管、輸送及び利用の方法についての提案

附属書Ⅲ　危険性の評価

目的

1　この議定書に基づく危険性の評価は、改変された生物が潜在的な受容環境において生物の多様性の保全及び持続可能な利用に及ぼす可能性のある悪影響(人の健康に対する危険も考慮したもの)を特定し及び評価することを目的とする。

危険性の評価の利用

2　危険性の評価は、特に、権限のある当局が改変された生物について情報に基づく意思決定を行うために用いる。

一般原則

3　危険性の評価は、科学的に適正かつ透明性のある方法で実施されるべきであり、関連する国際機関の専門的な助言及びこれらの機関によって作成された指針を考慮することができる。

4　科学的な知識又は科学的な意見の一致がないことは、必ずしも、特定の水準の危険があること、危険がないこと又は危険が許容することのできるものであることを示すと解すべきではない。

5　改変された生物又はこれに係る産品(改変された生物に由来する加工された素材であって、現代のバイオテクノロジーの利用によって得られる複製可能な遺伝素材の新たな組合せ(検出することのできるもの)を有するもの)に係る危険は、改変されていない受容体生物又は親生物が潜在的な受容環境において及ぼす危険との関係において考慮すべきである。

6　危険性の評価は、個々にその事例に応じて実施すべきである。必要とされる情報の性質及び詳細の程度は、関係する改変された生物、その予定される用途及び潜在的な受容環境に応じて事例ごとに異なり得る。

方法

7　危険性の評価の過程では、一方において、特定の事項に関する追加的な情報であって評価の過程で特定され及び要請される可能性のあるものが必要となることがあり、他方において、その他の事項についての情報が場合によっては関係のないものとなることがある。

8　危険性の評価は、その目的を達成するために適宜次の手順により実施する。

(a) 潜在的な受容環境における生物の多様性に悪影響(人の健康に対する危険も考慮したもの)を及ぼす可能性のある改変された生物に係る新たな遺伝子型及び表現型の特性の特定

(b) 潜在的な受容環境の改変された生物への曝露の程度及び種類を考慮した上での(a)の悪影響が現実のものとなる可能性についての評価

(c) (a)の悪影響が現実のものとなった場合の結果についての評価

(d) 特定された悪影響が現実のものとなる可能性及び現実のものとなった場合の結果についての評価に基づく改変された生物が及ぼす全般的な危険についての評価

(e) 危険が許容することのできるものであるか否か又は管理することのできるものであるか否かについての勧告であって、必要な場合にはこれらの危険を管理するための戦略の特定を含むもの

(f) 危険の水準が確実でない場合には、特定の関心事項に関する追加的な情報を要請し又は受容環境において適当な危険の管理の戦略を実施し若しくは改変された生物を監視することによって対応することができる。

考慮すべき点

9 危険性の評価は、事例に応じ、次のものの特性について関連する技術的及び科学的な詳細を考慮する。

(a) 受容体生物又は親生物受容体生物又は親生物の生物学的な特性（分類学上の位置、一般名称、起原、起原の中心及び遺伝的多様性の中心が判明している場合にはそれらの中心に関する情報並びにこれらの生物が存続し又は繁殖する可能性のある生息地に関する説明を含む。）

(b) 供与体生物供与体生物の分類学上の位置、一般名称、出所及び関連する生物学的な特性

(c) ベクターベクターの特性（識別についての情報がある場合にはその情報、出所又は起原及び宿主域を含む。）

(d) 導入された核酸又は改変の特性導入された核酸の遺伝的な特性及び導入された核酸によって示される機能又は導入された改変の特性

(e) 改変された生物改変された生物の識別についての情報及び改変された生物の生物学的な特性と受容体生物又は親生物の生物学的な特性との間の差異

(f) 改変された生物の検出及び識別改変された生物を検出し及び識別する方法についての提案並びにこれらの方法の特異性、感度及び信頼性

(g) 予定される用途に関する情報改変された生物の予定される用途に関する情報（受容体生物又は親生物との比較において新たな又は変更された用途を含む。）

(h) 受容環境位置並びに地理的な、気候の及び生態学的な特性に関する情報（潜在的な受容環境の生物の多様性及び起原の中心に関する関連情報を含む。）

〇バイオセーフティに関するカルタヘナ議定書の責任及び救済に関する名古屋・クアラルンプール補足議定書

（平成二十九年十二月八日）

（条約第三十一号）

この補足議定書の締約国は、

生物の多様性に関する条約のバイオセーフティに関するカルタヘナ議定書(以下「議定書」という。)の締約国として、

環境及び開発に関するリオ宣言の原則 13 を考慮し、

環境及び開発に関するリオ宣言の原則 15 に規定する予防的な取組方法を再確認し、

損害がある場合又は損害の可能性が高い場合における適当な対応措置について議定書に適合するよう定めることの必要性を認識し、

議定書第二十七条の規定を想起して、次のとおり協定した。

第一条　目的

この補足議定書は、改変された生物に関する責任及び救済の分野における国際的な規則及び手続を定めることにより、人の健康に対する危険も考慮しつつ、生物の多様性の保全及び持続可能な利用に寄与することを目的とする。

第二条　用語

1　生物の多様性に関する条約(以下「条約」という。)第二条及び議定書第三条に定める用語は、この補足議定書について適用する。

2　さらに、この補足議定書の適用上、

（a）「議定書の締約国の会合としての役割を果たす締約国会議」とは、議定書の締約国の会合としての役割を果たす条約の締約国会議をいう。

（b）「損害」とは、生物の多様性の保全及び持続可能な利用への悪影響(人の健康に対する危険も考慮したもの)であって、次のいずれの要件も満たすものをいう。

（i）測定することができる悪影響であること、又は人に起因する他の変化及び自然の変化を考慮して権限のある当局が認める科学的に確立された基準が存在する場合には、当該基準を考慮して観察することができる悪影響であること。

（ii）3 に規定する著しい悪影響であること。

（c）「管理者」とは、改変された生物を直接又は間接に管理する者をいい、適当な場合には、国内法令によって決定するところに従い、特に、許可を受けた者、改変された生物を市場取引に付した者、開発者、生産者、通告をした者、輸出者、輸入者、運送者又は供給者を含むことができる。

（d）「対応措置」とは、次のことを行うための合理的な行為をいう。

（i）状況に応じ、損害を防止し、最小限にし、封じ込め、緩和し、又は他の方法で回避すること。

（ii）次の優先順位によりとられる行為を通じて生物の多様性を復元すること。

a　損害が発生する前に存在した状態又はこれに相当する最も近い状態に生物の多様性を復元すること。

b　権限のある当局が a に定める復元が可能でないと決定する場合には、生物の多様性の喪失について、特に、同一の場所又は適当な場合にはこれに代替する場所において、同一又は他の目的で利用される生物の多様性の他の構成要素によって当該喪失を埋め合わせることにより、生物の多様性を復元すること。

3　「著しい」悪影響は、次のような要素に基づいて決定される。

（a）合理的な期間内に自然に回復することがない変化として理解される長期的又は

恒久的な変化

(b) 生物の多様性の構成要素に悪影響を及ぼす質的又は量的な変化の程度

(c) 生物の多様性の構成要素が財及びサービスを提供する能力の低下

(d) 人の健康に及ぼす悪影響(議定書の文脈におけるもの)の程度

第三条　適用範囲

1　この補足議定書は、国境を越える移動に起源を有する改変された生物から生ずる損害について適用する。当該改変された生物は、次のものとする。

(a) 食料若しくは飼料として直接利用し、又は加工することを目的とするもの

(b) 拡散防止措置の下での利用を目的とするもの

(c) 環境への意図的な導入を目的とするもの

2　この補足議定書は、意図的な国境を越える移動に関しては、1に定める改変された生物の認められた利用から生ずる損害について適用する。

3　この補足議定書は、議定書第十七条に規定する意図的でない国境を越える移動から生ずる損害及び議定書第二十五条に規定する不法な国境を越える移動から生ずる損害についても適用する。

4　この補足議定書は、改変された生物の国境を越える移動が自国の管轄内へ行われた締約国については、この補足議定書が当該締約国について効力を生じた後に開始した当該国境を越える移動から生ずる損害について適用する。

5　この補足議定書は、締約国の管轄の下にある区域において生じた損害について適用する。

6　締約国は、自国の管轄の下において生ずる損害に対処するために自国の国内法令に定める基準を用いることができる。

7　この補足議定書を実施する国内法令は、非締約国からの改変された生物の国境を越える移動から生ずる損害についても適用する。

第四条　因果関係

損害と問題となる改変された生物との間の因果関係は、国内法令に従って確定される。

第五条　対応措置

1　締約国は、損害が生ずる場合には、一又は二以上の適当な管理者に対し、権限のある当局の求めに応じて次のことを行うよう要求する。

(a) 権限のある当局に直ちに報告すること。

(b) 損害を評価すること。

(c) 適当な対応措置をとること。

2　権限のある当局は、次のことを行う。

(a) 損害を引き起こした管理者を特定すること。

(b) 損害を評価すること。

(c) 管理者がとるべき対応措置を決定すること。

3　時宜を得た対応措置がとられない場合には損害が生ずる可能性が高いことを関連情報(利用可能な科学的な情報及びバイオセーフティに関する情報交換センターにおいて利用可能な情報を含む。)が示すときは、管理者は、当該損害を回避するために適当な対応措置をとることを要求される。

4　権限のある当局は、特に管理者が適当な対応措置をとることができなかった場合を含め、適当な対応措置をとることができる。

5　権限のある当局は、損害の評価及び4に規定する適当な対応措置の実施により生じ、又はこれらに付随する費用及び経費を管理者から回収する権利を有する。もっとも、締約国は、自国の国内法令において、管理者がそれらの費用及び経費を負担することを要求されない場合について定めることができる。

6　管理者に対し対応措置をとることを要求
する権限のある当局の決定は、理由を示す
べきである。当該決定は、当該管理者に通
告すべきである。国内法令は、救済措置（当
該決定の行政上又は司法上の見直しのため
の機会を含む。）について定める。権限のあ
る当局は、また、国内法令に従い、利用可
能な救済措置について当該管理者に通知す
る。当該救済措置の請求は、国内法令に別
段の定めがある場合を除くほか、権限のあ
る当局が適当な状況の下において対応措置
をとることを妨げてはならない。

7　締約国は、この条の規定を実施するに当
たり、権限のある当局が要求し、又はとる
特定の対応措置を決定するため、適当な場
合には、民事上の責任に関する自国の国内
法令において対応措置について既に定めら
れているか否かについて評価することがで
きる。

8　対応措置については、国内法令に従って
実施する。

第六条　免責

1　締約国は、自国の国内法令において、次
の場合における免責について定めることが
できる。
　(a)　天災又は不可抗力の場合
　(b)　戦争又は国内争乱の場合

2　締約国は、自国の国内法令において、適
当と認めるその他の場合における免責又は
責任の緩和について定めることができる。

第七条　期限

締約国は、自国の国内法令において、次
の事項について定めることができる。
　(a)　相対的又は絶対的な期限（対応措置に
　　　関連する行為に係るものを含む。）
　(b)　期限を適用する期間の開始

第八条　限度額

締約国は、自国の国内法令において、対
応措置に関連する費用及び経費の回収に係
る限度額について定めることができる。

第九条　求償の権利

この補足議定書は、管理者が他の者に対
して有する求償又は補償についての権利を
限定し、又は制限するものではない。

第十条　金銭上の保証

1　締約国は、自国の国内法令において金銭
上の保証について定める権利を保持する。

2　締約国は、議定書前文の第九段落から第
十一段落までの規定を考慮しつつ、国際法
に基づく自国の権利及び義務に反しない方
法で1に規定する権利を行使する。

3　この補足議定書の効力発生の後最初に開
催される議定書の締約国の会合としての役
割を果たす締約国会議の会合は、事務局に
対し、特に次の事項を対象とする包括的な
研究を行うことを要請する。
　(a)　金銭上の保証の仕組みの態様
　(b)　金銭上の保証の仕組みの環境上、経済
　　　上及び社会上の影響（特に開発途上国に
　　　対するもの）の評価
　(c)　金銭上の保証を提供する適当な主体の
　　　特定

第十一条　国際的に不法な行為についての国家の責任

この補足議定書は、国際的に不法な行為
についての国家の責任に関する一般国際法
の規則に基づく国家の権利及び義務に影響
を及ぼすものではない。

第十二条　履行及び民事上の責任との関係

1　締約国は、自国の国内法令において、損
害に対処するための規則及び手続について
定める。締約国は、この義務を履行するた
め、この補足議定書に従って対応措置につ
いて定めるものとし、適当な場合には、次
のいずれかのことを行うことができる。
　(a)　自国の既存の国内法令（適用可能な場
　　　合には、民事上の責任に関する規則及び

398

手続であって、一般的なものを含む。)を
適用すること。

(b) 民事上の責任に関する規則及び手続で
あって、特に当該義務を履行するための
ものを適用し、又は定めること。

(c) (a)に規定する国内法令を適用し、かつ、
(b)に規定する規則及び手続を適用し、又
は定めること。

2　締約国は、民事上の責任に関する自国の
国内法令において第二条2(b)に定義する
損害に関連する物的又は人的な損害につい
ての適当な規則及び手続を定めることを目
指して、次のいずれかのことを行う。

(a) 民事上の責任に関する自国の既存の法
令であって、一般的なものを引き続き適
用すること。

(b) 民事上の責任に関する法令であって、
特に当該規則及び手続を定めるものを制定
の上適用し、又は引き続き適用すること。

(c) (a)に規定する法令を引き続き適用し、
かつ、(b)に規定する法令を制定の上適用し、
又は引き続き適用すること。

3　締約国は、1(b)若しくは(c)又は2(b)
若しくは(c)に定める民事上の責任に関す
る法令を制定する際は、状況に応じて、特
に次の要素を取り扱う。

(a) 損害

(b) 責任の基準(厳格責任、過失に基づく責
任等)

(c) 適当な場合における責任の所在の特定

(d) 請求を行う権利

第十三条　評価及び再検討

議定書の締約国の会合としての役割を果
たす締約国会議は、この補足議定書の効力
発生の五年後に及びその後は五年ごとに、
この補足議定書の有効性についての再検討
を行う。ただし、当該再検討の必要性を示
す情報が締約国によって提供されている場
合に限る。当該再検討は、この補足議定書
の締約国が別段の決定を行わない限り、議

定書第三十五条に規定する議定書の評価及
び再検討の文脈において行う。最初の再検
討は、第十条及び前条の規定の有効性につ
いての再検討を含む。

第十四条　議定書の締約国の会合としての役割を果たす締約国会議

1　議定書の締約国の会合としての役割を果
たす締約国会議は、条約第三十二条2の規
定に従うことを条件として、この補足議定
書の締約国の会合としての役割を果たす。

2　議定書の締約国の会合としての役割を果
たす締約国会議は、この補足議定書の実施
状況を定期的に検討し、及びその権限の範
囲内でこの補足議定書の効果的な実施を促
進するために必要な決定を行う。議定書の
締約国の会合としての役割を果たす締約国
会議は、この補足議定書により与えられる
任務を遂行し、並びに議定書第二十九条4
(a)及び(f)の規定により与えられる任務に
必要な変更を加えたものを遂行する。

第十五条　事務局

条約第二十四条の規定によって設置され
た事務局は、この補足議定書の事務局とし
ての役割を果たす。

第十六条　条約及び議定書との関係

1　この補足議定書は、議定書を補足するも
のとし、議定書を修正し、又は改正するも
のではない。

2　この補足議定書は、この補足議定書の締
約国の条約及び議定書に基づく権利及び義
務に影響を及ぼすものではない。

3　条約及び議定書は、この補足議定書に別
段の定めがある場合を除くほか、この補足
議定書について準用する。

4　この補足議定書は、国際法に基づく締約
国の権利及び義務に影響を及ぼすものでは
ない。ただし、3の規定の適用を妨げるも
のではない。

第十七条　署名

　この補足議定書は、二千十一年三月七日から二千十二年三月六日まで、ニューヨークにある国際連合本部において、議定書の締約国による署名のために開放しておく。

第十八条　効力発生

1　この補足議定書は、議定書の締約国である国又は地域的な経済統合のための機関による四十番目の批准書、受諾書、承認書又は加入書の寄託の日の後九十日目の日に効力を生ずる。

2　この補足議定書は、1に規定する四十番目の批准書、受諾書、承認書又は加入書の寄託の後にこれを批准し、受諾し、若しくは承認し、又はこれに加入する国又は地域的な経済統合のための機関については、当該国若しくは機関が批准書、受諾書、承認書若しくは加入書を寄託した日の後九十日目の日又は議定書が当該国若しくは機関について効力を生ずる日のいずれか遅い日に効力を生ずる。

3　地域的な経済統合のための機関によって寄託される文書は、1及び2の規定の適用上、当該機関の構成国によって寄託されたものに追加して数えてはならない。

第十九条　留保

　この補足議定書には、いかなる留保も付することができない。

第二十条　脱退

1　締約国は、この補足議定書が自国について効力を生じた日から二年を経過した後いつでも、寄託者に対して書面による脱退の通告を行うことにより、この補足議定書から脱退することができる。

2　1の脱退は、寄託者が脱退の通告を受領した日の後一年を経過した日又はそれよりも遅い日であって脱退の通告において指定される日に効力を生ずる。

3　議定書第三十九条の規定に従って議定書から脱退する締約国は、この補足議定書からも脱退したものとみなす。

第二十一条　正文

　アラビア語、中国語、英語、フランス語、ロシア語及びスペイン語をひとしく正文とするこの補足議定書の原本は、国際連合事務総長に寄託する。

　以上の証拠として、下名は、正当に委任を受けてこの補足議定書に署名した。

　二千十年十月十五日に名古屋で作成した。

○遺伝子組換え生物等の使用等の規制による生物の多様性の確保に関する法律

（平成十五年六月十八日）

（法律第九十七号）

最近改正：平成二九年五月三一日法律第四一号

第一章　総則

（目的）

第一条　この法律は、国際的に協力して生物の多様性の確保を図るため、遺伝子組換え生物等の使用等の規制に関する措置を講ずることにより生物の多様性に関する条約のバイオセーフティに関するカルタヘナ議定書（以下「議定書」という。）及びバイオセーフティに関するカルタヘナ議定書の責任及び救済に関する名古屋・クアラルンプール補足議定書（以下「補足議定書」という。）の的確かつ円滑な実施を確保し、もって人類の福祉に貢献するとともに現在及び将来の国民の健康で文化的な生活の確保に寄与することを目的とする。

（平二九法一八・一部改正）

（定義）

第二条　この法律において「生物」とは、一の細胞（細胞群を構成しているものを除く。）又は細胞群であって核酸を移転し又は複製する能力を有するものとして主務省令で定めるもの、ウイルス及びウイロイドをいう。

2　この法律において「遺伝子組換え生物等」とは、次に掲げる技術の利用により得られた核酸又はその複製物を有する生物をいう。

一　細胞外において核酸を加工する技術であって主務省令で定めるもの

二　異なる分類学上の科に属する生物の細胞を融合する技術であって主務省令で定めるもの

3　この法律において「使用等」とは、食用、飼料用その他の用に供するための使用、栽培その他の育成、加工、保管、運搬及び廃棄並びにこれらに付随する行為をいう。

4　この法律において「生物の多様性」とは、生物の多様性に関する条約第二条に規定する生物の多様性をいう。

5　この法律において「第一種使用等」とは、次項に規定する措置を執らないで行う使用等をいう。

6　この法律において「第二種使用等」とは、施設、設備その他の構造物（以下「施設等」という。）の外の大気、水又は土壌中への遺伝子組換え生物等の拡散を防止する意図をもって行う使用等であって、そのことを明示する措置その他の主務省令で定める措置を執って行うものをいう。

7　この法律において「拡散防止措置」とは、遺伝子組換え生物等の使用等に当たって、施設等を用いることその他必要な方法により施設等の外の大気、水又は土壌中に当該遺伝子組換え生物等が拡散することを防止するために執る措置をいう。

（基本的事項の公表）

第三条　主務大臣は、議定書及び補足議定書の的確かつ円滑な実施を図るため、次に掲げる事項（以下「基本的事項」という。）を定めて公表するものとする。これを変更したときも、同様とする。

一　遺伝子組換え生物等の使用等により生ずる影響であって、生物の多様性を損なうおそれのあるもの（以下「生物多様性影響」という。）を防止するための施策の実施に関する基本的な事項

二　遺伝子組換え生物等の使用等をする者がその行為を適正に行うために配慮しなければならない基本的な事項

三　前二号に掲げるもののほか、遺伝子組換え生物等の使用等が適正に行われることを確保するための重要な事項

四　遺伝子組換え生物等の使用等により生ずる影響であって、生物の多様性（生物の多様性の確保上特に重要なものとして環境省令で定める種又は地域に係るものに限る。以下この号において同じ。）を損なうもの又は損なうおそれの著しいものが生じた場合における当該影響による生物の多様性に係る損害の回復を図

るための施策の実施に関する基本的な事項

(平二九法一八・一部改正)

第二章　国内における遺伝子組換え生物等の使用等の規制に関する措置

(平二九法一八・改称)

第一節　遺伝子組換え生物等の第一種使用等

（遺伝子組換え生物等の第一種使用等に係る第一種使用規程の承認）

第四条　遺伝子組換え生物等を作成し又は輸入して第一種使用等をしようとする者その他の遺伝子組換え生物等の第一種使用等をしようとする者は、遺伝子組換え生物等の種類ごとにその第一種使用等に関する規程(以下「第一種使用規程」という。)を定め、これにつき主務大臣の承認を受けなければならない。ただし、その性状等からみて第一種使用等による生物多様性影響が生じないことが明らかな生物として主務大臣が指定する遺伝子組換え生物等(以下「特定遺伝子組換え生物等」という。)の第一種使用等をしようとする場合、この項又は第九条第一項の規定に基づき主務大臣の承認を受けた第一種使用規程(第七条第一項(第九条第四項において準用する場合を含む。)の規定に基づき主務大臣により変更された第一種使用規程については、その変更後のもの)に定める第一種使用等をしようとする場合その他主務省令で定める場合は、この限りでない。

2　前項の承認を受けようとする者は、遺伝子組換え生物等の種類ごとにその第一種使用等による生物多様性影響について主務大臣が定めるところにより評価を行い、その結果を記載した図書(以下「生物多様性影響評価書」という。)その他主務省令で定める書類とともに、次の事項を記載した申請書を主務大臣に提出しなければならない。

一　氏名及び住所(法人にあっては、その名称、代表者の氏名及び主たる事務所の所在地。第十三条第二項第一号及び第十八条第四項第二

号において同じ。)

二　第一種使用規程

3　第一種使用規程は、主務省令で定めるところにより、次の事項について定めるものとする。

一　遺伝子組換え生物等の種類の名称

二　遺伝子組換え生物等の第一種使用等の内容及び方法

4　主務大臣は、第一項の承認の申請があった場合には、主務省令で定めるところにより、当該申請に係る第一種使用規程について、生物多様性影響に関し専門の学識経験を有する者(以下「学識経験者」という。)の意見を聴かなければならない。

5　主務大臣は、前項の規定により学識経験者から聴取した意見の内容及び基本的事項に照らし、第一項の承認の申請に係る第一種使用規程に従って第一種使用等をする場合に野生動植物の種又は個体群の維持に支障を及ぼすおそれがある影響その他の生物多様性影響が生ずるおそれがないと認めるときは、当該第一種使用規程の承認をしなければならない。

6　第四項の規定により意見を求められた学識経験者は、第一項の承認の申請に係る第一種使用規程及びその生物多様性影響評価書に関して知り得た秘密を漏らし、又は盗用してはならない。

7　前各項に規定するもののほか、第一項の承認に関して必要な事項は、主務省令で定める。

（第一種使用規程の修正等）

第五条　前条第一項の承認の申請に係る第一種使用規程に従って第一種使用等をする場合に生物多様性影響が生ずるおそれがあると認める場合には、主務大臣は、申請者に対し、主務省令で定めるところにより、当該第一種使用規程を修正すべきことを指示しなければならない。ただし、当該第一種使用規程に係る遺伝子組換え生物等の第一種使用等をすることが適当でないと認めるときは、この限りでない。

2　前項の規定による指示を受けた者が、主務大臣が定める期間内にその指示に基づき第一種使用規程の修正をしないときは、主務大臣は、そ

の者の承認の申請を却下する。

3　第一項ただし書に規定する場合においては、主務大臣は、その承認を拒否しなければならない。

（承認取得者の義務等）

第六条　第四条第一項の承認を受けた者（次項において「承認取得者」という。）は、同条第二項第一号に掲げる事項中に変更を生じたときは、主務省令で定めるところにより、その理由を付してその旨を主務大臣に届け出なければならない。

2　主務大臣は、次条第一項の規定に基づく第一種使用規程の変更又は廃止を検討しようとするときその他当該第一種使用規程に関し情報を収集する必要があるときは、当該第一種使用規程に係る承認取得者に対し、必要な情報の提供を求めることができる。

（承認した第一種使用規程の変更等）

第七条　主務大臣は、第四条第一項の承認の時には予想することができなかった環境の変化又は同項の承認の日以降における科学的知見の充実により同項の承認を受けた第一種使用規程に従って遺伝子組換え生物等の第一種使用等がなされるとした場合においてもなお生物多様性影響が生ずるおそれがあると認められるに至った場合は、生物多様性影響を防止するため必要な限度において、当該第一種使用規程を変更し、又は廃止しなければならない。

2　主務大臣は、前項の規定による変更又は廃止については、主務省令で定めるところにより、あらかじめ、学識経験者の意見を聴くものとする。

3　前項の規定により意見を求められた学識経験者は、第一項の規定による変更又は廃止に係る第一種使用規程及びその生物多様性影響評価書に関して知り得た秘密を漏らし、又は盗用してはならない。

4　前三項に規定するもののほか、第一項の規定による変更又は廃止に関して必要な事項は、主務省令で定める。

（承認した第一種使用規程等の公表）

第八条　主務大臣は、次の各号に掲げる場合の区分に応じ、主務省令で定めるところにより、遅滞なく、当該各号に定める事項を公表しなければならない。

一　第四条第一項の承認をしたとき　その旨及び承認された第一種使用規程

二　前条第一項の規定により第一種使用規程を変更したとき　その旨及び変更後の第一種使用規程

三　前条第一項の規定により第一種使用規程を廃止したとき　その旨

2　前項の規定による公表は、告示により行うものとする。

（本邦への輸出者等に係る第一種使用規程についての承認）

第九条　遺伝子組換え生物等を本邦に輸出して他の者に第一種使用等をさせようとする者その他の遺伝子組換え生物等の第一種使用等を他の者にさせようとする者は、主務省令で定めるところにより、遺伝子組換え生物等の種類ごとに第一種使用規程を定め、これにつき主務大臣の承認を受けることができる。

2　前項の承認を受けようとする者が本邦内に住所（法人にあっては、その主たる事務所。以下この項及び第四項において同じ。）を有する者以外の者である場合には、その者は、本邦内において遺伝子組換え生物等の適正な使用等のために必要な措置を執らせるための者を、本邦内に住所を有する者その他主務省令で定める者のうちから、当該承認の申請の際選任しなければならない。

3　前項の規定により選任を行った者は、同項の規定により選任した者（以下「国内管理人」という。）を変更したときは、その理由を付してその旨を主務大臣に届け出なければならない。

4　第四条第二項から第七項まで、第五条及び前条の規定は第一項の承認について、第六条の規定は同項の承認を受けた者（その者が本邦内に住所を有する者以外の者である場合にあっては、その者に係る国内管理人）について、第七条の規定は同項の規定により承認を受けた第一種使用

規程について準用する。この場合において、第四条第二項第一号中「氏名及び住所」とあるのは「第九条第一項の承認を受けようとする者及びその者が本邦内に住所（法人にあっては、その主たる事務所）を有する者以外の者である場合にあっては同条第二項の規定により選任した者の氏名及び住所」と、第七条第一項中「第四条第一項」とあるのは「第九条第一項」と読み替えるものとする。

（平二九法一八・一部改正）

（第一種使用等に関する措置命令）

第十条　主務大臣は、第四条第一項の規定に違反して遺伝子組換え生物等の第一種使用等をしている者又はした者に対し、生物多様性影響を防止するため必要な限度において、遺伝子組換え生物等の回収を図ることその他の必要な措置を執るべきことを命ずることができる。

2　主務大臣は、第七条第一項（前条第四項において準用する場合を含む。）に規定する場合その他特別の事情が生じた場合において、生物多様性影響を防止するため緊急の必要があると認めるとき（次条第一項に規定する場合を除く。）は、生物多様性影響を防止するため必要な限度において、遺伝子組換え生物等の第一種使用等をしている者若しくはした者又はさせた者（特に緊急の必要があると認める場合においては、国内管理人を含む。）に対し、当該第一種使用等を中止することその他の必要な措置を執るべきことを命ずることができる。

3　環境大臣は、第四条第一項の規定に違反して遺伝子組換え生物等の第一種使用等がなされている場合又はなされた場合において、当該第一種使用等により生ずる影響であって、生物の多様性（生物の多様性の確保上特に重要なものとして環境省令で定める種又は地域に係るものに限る。以下この項において同じ。）を損なうもの又は損なうおそれの著しいものが生じたと認めるときは、当該第一種使用等をしている者又はした者に対し、当該影響による生物の多様性に係る損害の回復を図るため必要な措置を執るべ

きことを命ずることができる。

（平二九法一八・一部改正）

（第一種使用等に関する事故時の措置）

第十一条　遺伝子組換え生物等の第一種使用等をしている者は、事故の発生により当該遺伝子組換え生物等について承認された第一種使用規程に従うことができない場合において、生物多様性影響が生ずるおそれのあるときは、直ちに、生物多様性影響を防止するための応急の措置を執るとともに、速やかにその事故の状況及び執った措置の概要を主務大臣に届け出なければならない。

2　主務大臣は、前項に規定する者が同項の応急の措置を執っていないと認めるときは、その者に対し、同項に規定する応急の措置を執るべきことを命ずることができる。

　　　　第二節　遺伝子組換え生物等の第二種使用等

（主務省令で定める拡散防止措置の実施）

第十二条　遺伝子組換え生物等の第二種使用等をする者は、当該第二種使用等に当たって執るべき拡散防止措置が主務省令により定められている場合には、その使用等をする間、当該拡散防止措置を執らなければならない。

（確認を受けた拡散防止措置の実施）

第十三条　遺伝子組換え生物等の第二種使用等をする者は、前条の主務省令により当該第二種使用等に当たって執るべき拡散防止措置が定められていない場合（特定遺伝子組換え生物等の第二種使用等をする場合その他主務省令で定める場合を除く。）には、その使用等をする間、あらかじめ主務大臣の確認を受けた拡散防止措置を執らなければならない。

2　前項の確認の申請は、次の事項を記載した申請書を提出して、これをしなければならない。

一　氏名及び住所

二　第二種使用等の対象となる遺伝子組換え生物等の特性

三　第二種使用等において執る拡散防止措置

四　前三号に掲げるもののほか、主務省令で定める事項

3　前二項に規定するもののほか、第一項の確認に関して必要な事項は、主務省令で定める。

（第二種使用等に関する措置命令）

第十四条　主務大臣は、第十二条又は前条第一項の規定に違反して遺伝子組換え生物等の第二種使用等をしている者又はした者に対し、第十二条の主務省令で定める拡散防止措置を執ることその他の必要な措置を執るべきことを命ずることができる。

2　主務大臣は、第十二条の主務省令の制定又は前条第一項の確認の日以降における遺伝子組換え生物等に関する科学的知見の充実により施設等の外への遺伝子組換え生物等の拡散を防止するため緊急の必要があると認めるに至ったときは、第十二条の主務省令により定められている拡散防止措置を執って遺伝子組換え生物等の第二種使用等をしている者若しくはした者又は前条第一項の確認を受けた者に対し、当該拡散防止措置を改善するための措置を執ることその他の必要な措置を執るべきことを命ずることができる。

3　環境大臣は、第十二条又は前条第一項の規定に違反して遺伝子組換え生物等の第二種使用等がなされている場合又はなされた場合において、当該第二種使用等により生ずる影響であって、生物の多様性（生物の多様性の確保上特に重要なものとして環境省令で定める種又は地域に係るものに限る。以下この項において同じ。）を損なうもの又は損なうおそれの著しいものが生じたと認めるときは、当該第二種使用等をしている者又はした者に対し、当該影響による生物の多様性に係る損害の回復を図るため必要な措置を執るべきことを命ずることができる。

（平二九法一八・一部改正）

（第二種使用等に関する事故時の措置）

第十五条　遺伝子組換え生物等の第二種使用等を

している者は、拡散防止措置に係る施設等において破損その他の事故が発生し、当該遺伝子組換え生物等について第十二条の主務省令で定める拡散防止措置又は第十三条第一項の確認を受けた拡散防止措置を執ることができないときは、直ちに、その事故について応急の措置を執るとともに、速やかにその事故の状況及び執った措置の概要を主務大臣に届け出なければならない。

2　主務大臣は、前項に規定する者が同項の応急の措置を執っていないと認めるときは、その者に対し、同項に規定する応急の措置を執るべきことを命ずることができる。

　　　　第三節　生物検査

（輸入の届出）

第十六条　生産地の事情その他の事情からみて、その使用等により生物多様性影響が生ずるおそれがないとはいえない遺伝子組換え生物等をこれに該当すると知らないで輸入するおそれが高い場合その他これに類する場合であって主務大臣が指定する場合に該当するときは、その指定に係る輸入をしようとする者は、主務省令で定めるところにより、その都度その旨を主務大臣に届け出なければならない。

（生物検査命令）

第十七条　主務大臣は、主務省令で定めるところにより、前条の規定による届出をした者に対し、その者が行う輸入に係る生物（第三項及び第五項において「検査対象生物」という。）につき、主務大臣又は主務大臣の登録を受けた者（以下「登録検査機関」という。）から、同条の指定の理由となった遺伝子組換え生物等であるかどうかについての検査（以下「生物検査」という。）を受けるべきことを命ずることができる。

2　主務大臣は、前項の規定による命令は、前条の規定による届出を受けた後直ちにしなければならない。

3　第一項の規定による命令を受けた者は、生物検査を受け、その結果についての通知を受けるまでの間は、施設等を用いることその他の主務

大臣の指定する条件に基づいて検査対象生物の使用等をしなければならず、また、検査対象生物を譲渡し、又は提供してはならない。

4　前項の通知であって登録検査機関がするものは、主務大臣を経由してするものとする。

5　主務大臣は、第三項に規定する者が同項の規定に違反していると認めるときは、その者に対し、同項の条件に基づいて検査対象生物の使用等をすることその他の必要な措置を執るべきことを命ずることができる。

（登録検査機関）

第十八条　前条第一項の登録（以下この節において「登録」という。）は、生物検査を行おうとする者の申請により行う。

2　次の各号のいずれかに該当する者は、登録を受けることができない。

　一　この法律に規定する罪を犯して刑に処せられ、その執行を終わり、又はその執行を受けることがなくなった日から起算して二年を経過しない者であること。

　二　第二十一条第四項又は第五項の規定により登録を取り消され、その取消しの日から起算して二年を経過しない者であること。

　三　法人であって、その業務を行う役員のうちに前二号のいずれかに該当する者があること。

3　主務大臣は、登録の申請をした者（以下この項において「登録申請者」という。）が次の各号のいずれにも適合しているときは、その登録をしなければならない。この場合において、登録に関して必要な手続は、主務省令で定める。

　一　凍結乾燥器、粉砕機、天びん、遠心分離機、分光光度計、核酸増幅器及び電気泳動装置を有すること。

　二　次のいずれかに該当する者が生物検査を実施し、その人数が生物検査を行う事業所ごとに二名以上であること。

　　イ　学校教育法（昭和二十二年法律第二十六号）に基づく大学（短期大学を除く。）、旧大学令（大正七年勅令第三百八十八号）に基づく大学又は旧専門学校令（明治三十六年勅

令第六十一号）に基づく専門学校において医学、歯学、薬学、獣医学、畜産学、水産学、農芸化学、応用化学若しくは生物学の課程又はこれらに相当する課程を修めて卒業した後、一年以上分子生物学的検査の業務に従事した経験を有する者であること。

　　ロ　学校教育法に基づく短期大学（同法に基づく専門職大学の前期課程を含む。）又は高等専門学校において工業化学若しくは生物学の課程又はこれらに相当する課程を修めて卒業した後（同法に基づく専門職大学の前期課程にあっては、修了した後）、三年以上分子生物学的検査の業務に従事した経験を有する者であること。

　　ハ　イ及びロに掲げる者と同等以上の知識経験を有する者であること。

　三　登録申請者が、業として遺伝子組換え生物等の使用等をし、又は遺伝子組換え生物等を譲渡し、若しくは提供している者（以下この号において「遺伝子組換え生物使用業者等」という。）に支配されているものとして次のいずれかに該当するものでないこと。

　　イ　登録申請者が株式会社である場合にあっては、遺伝子組換え生物使用業者等がその親法人（会社法（平成十七年法律第八十六号）第八百七十九条第一項に規定する親法人をいう。）であること。

　　ロ　登録申請者の役員（持分会社（会社法第五百七十五条第一項に規定する持分会社をいう。）にあっては、業務を執行する社員）に占める遺伝子組換え生物使用業者等の役員又は職員（過去二年間にその遺伝子組換え生物使用業者等の役員又は職員であった者を含む。）の割合が二分の一を超えていること。

　　ハ　登録申請者（法人にあっては、その代表権を有する役員）が、遺伝子組換え生物使用業者等の役員又は職員（過去二年間にその遺伝子組換え生物使用業者等の役員又は職員であった者を含む。）であること。

4　登録は、登録検査機関登録簿に次に掲げる事

項を記載してするものとする。

一　登録の年月日及び番号

二　登録を受けた者の氏名及び住所

三　前二号に掲げるもののほか、主務省令で定める事項

（平一七法八七・平二九法四一・一部改正）

（遵守事項等）

第十九条　登録検査機関は、生物検査を実施することを求められたときは、正当な理由がある場合を除き、遅滞なく、生物検査を実施しなければならない。

2　登録検査機関は、公正に、かつ、主務省令で定める方法により生物検査を実施しなければならない。

3　登録検査機関は、生物検査を実施する事業所の所在地を変更しようとするときは、変更しようとする日の二週間前までに、主務大臣に届け出なければならない。

4　登録検査機関は、その生物検査の業務の開始前に、主務省令で定めるところにより、その生物検査の業務の実施に関する規程を定め、主務大臣の認可を受けなければならない。これを変更しようとするときも、同様とする。

5　登録検査機関は、毎事業年度経過後三月以内に、その事業年度の財産目録、貸借対照表及び損益計算書又は収支計算書並びに事業報告書（その作成に代えて電磁的記録（電子的方式、磁気的方式その他の人の知覚によっては認識することができない方式で作られる記録であって、電子計算機による情報処理の用に供されるものをいう。以下この項及び次項において同じ。）の作成がされている場合における当該電磁的記録を含む。以下「財務諸表等」という。）を作成し、五年間事業所に備えて置かなければならない。

6　生物検査を受けようとする者その他の利害関係人は、登録検査機関の業務時間内は、いつでも、次に掲げる請求をすることができる。ただし、第二号又は第四号の請求をするには、登録検査機関の定めた費用を支払わなければならない。

一　財務諸表等が書面をもって作成されている

ときは、当該書面の閲覧又は謄写の請求

二　前号の書面の謄本又は抄本の請求

三　財務諸表等が電磁的記録をもって作成されているときは、当該電磁的記録に記録された事項を主務省令で定める方法により表示したものの閲覧又は謄写の請求

四　前号の電磁的記録に記録された事項を電磁的方法であって主務省令で定めるものにより提供することの請求又は当該事項を記載した書面の交付の請求

7　登録検査機関は、主務省令で定めるところにより、帳簿を備え、生物検査に関し主務省令で定める事項を記載し、これを保存しなければならない。

8　登録検査機関は、主務大臣の許可を受けなければ、その生物検査の業務の全部又は一部を休止し、又は廃止してはならない。

（平一七法八七・一部改正）

（秘密保持義務等）

第二十条　登録検査機関の役員若しくは職員又はこれらの職にあった者は、その生物検査に関し知り得た秘密を漏らしてはならない。

2　生物検査に従事する登録検査機関の役員又は職員は、刑法（明治四十年法律第四十五号）その他の罰則の適用については、法令により公務に従事する職員とみなす。

（適合命令等）

第二十一条　主務大臣は、登録検査機関が第十八条第三項各号のいずれかに適合しなくなったと認めるときは、その登録検査機関に対し、これらの規定に適合するため必要な措置を執るべきことを命ずることができる。

2　主務大臣は、登録検査機関が第十九条第一項若しくは第二項の規定に違反していると認めるとき、又は登録検査機関が行う第十七条第三項の通知の記載が適当でないと認めるときは、その登録検査機関に対し、生物検査を実施すべきこと又は生物検査の方法その他の業務の方法の改善に関し必要な措置を執るべきことを命ずる

ことができる。

3　主務大臣は、第十九条第四項の規程が生物検査の公正な実施上不適当となったと認めるときは、その規程を変更すべきことを命ずることができる。

4　主務大臣は、登録検査機関が第十八条第二項第一号又は第三号に該当するに至ったときは、登録を取り消さなければならない。

5　主務大臣は、登録検査機関が次の各号のいずれかに該当するときは、その登録を取り消し、又は期間を定めて生物検査の業務の全部若しくは一部の停止を命ずることができる。

一　第十九条第三項から第五項まで、第七項又は第八項の規定に違反したとき。

二　第十九条第四項の規程によらないで生物検査を実施したとき。

三　正当な理由がないのに第十九条第六項各号の規定による請求を拒んだとき。

四　第一項から第三項までの規定による命令に違反したとき。

五　不正の手段により登録を受けたとき。

（報告徴収及び立入検査）

第二十二条　主務大臣は、この節の規定の施行に必要な限度において、登録検査機関に対し、その生物検査の業務に関し報告を求め、又は当該職員に、登録検査機関の事務所に立ち入り、登録検査機関の帳簿、書類その他必要な物件を検査させ、若しくは関係者に質問させることができる。

2　前項の規定による立入検査をする当該職員は、その身分を示す証明書を携帯し、関係者に提示しなければならない。

3　第一項の規定による立入検査の権限は、犯罪捜査のために認められたものと解釈してはならない。

（平二九法一八・一部改正）

（公示）

第二十三条　主務大臣は、次に掲げる場合には、その旨を官報に公示しなければならない。

一　登録をしたとき。

二　第十九条第三項の規定による届出があったとき。

三　第十九条第八項の許可をしたとき。

四　第二十一条第四項若しくは第五項の規定により登録を取り消し、又は同項の規定により生物検査の業務の全部若しくは一部の停止を命じたとき。

（手数料）

第二十四条　生物検査を受けようとする者は、実費を勘案して政令で定める額の手数料を国（登録検査機関が生物検査を行う場合にあっては、登録検査機関）に納めなければならない。

2　前項の規定により登録検査機関に納められた手数料は、登録検査機関の収入とする。

第四節　情報の提供

（適正使用情報）

第二十五条　主務大臣は、第四条第一項又は第九条第一項の承認を受けた第一種使用規程に係る遺伝子組換え生物等について、その第一種使用等がこの法律に従って適正に行われるようにするため、必要に応じ、当該遺伝子組換え生物等を譲渡し、若しくは提供し、若しくは委託してその第一種使用等をさせようとする者がその譲渡若しくは提供を受ける者若しくは委託を受けてその第一種使用等をする者に提供すべき情報（以下「適正使用情報」という。）を定め、又はこれを変更するものとする。

2　主務大臣は、前項の規定により適正使用情報を定め、又はこれを変更したときは、主務省令で定めるところにより、遅滞なく、その内容を公表しなければならない。

3　前項の規定による公表は、告示により行うものとする。

（情報の提供）

第二十六条　遺伝子組換え生物等を譲渡し、若しくは提供し、又は委託して使用等をさせようとする者は、主務省令で定めるところにより、そ

の譲渡若しくは提供を受ける者又は委託を受けてその使用等をする者に対し、適正使用情報その他の主務省令で定める事項に関する情報を文書の交付その他の主務省令で定める方法により提供しなければならない。

2　主務大臣は、前項の規定に違反して遺伝子組換え生物等の譲渡若しくは提供又は委託による使用等がなされた場合において、生物多様性影響が生ずるおそれがあると認めるときは、生物多様性影響を防止するため必要な限度において、当該遺伝子組換え生物等を譲渡し、若しくは提供し、又は委託して使用等をさせた者に対し、遺伝子組換え生物等の回収を図ることその他の必要な措置を執るべきことを命ずることができる。

3　環境大臣は、前項に規定する場合において、遺伝子組換え生物等の使用等により生ずる影響であって、生物の多様性（生物の多様性の確保上特に重要なものとして環境省令で定める種又は地域に係るものに限る。以下この項において同じ。）を損なうもの又は損なうおそれの著しいものが生じたと認めるときは、当該遺伝子組換え生物等を譲渡し、若しくは提供し、又は委託して使用等をさせた者に対し、当該影響による生物の多様性に係る損害の回復を図るため必要な措置を執るべきことを命ずることができる。

（平二九法一八・一部改正）

第三章　輸出に関する措置

（輸出の通告）

第二十七条　遺伝子組換え生物等を輸出しようとする者は、主務省令で定めるところにより、輸入国に対し、輸出しようとする遺伝子組換え生物等の種類の名称その他主務省令で定める事項を通告しなければならない。ただし、専ら動物のために使用されることが目的とされている医薬品（医薬品、医療機器等の品質、有効性及び安全性の確保等に関する法律（昭和三十五年法律第百四十五号）第二条第一項の医薬品をいう。以下この条において同じ。）以外の医薬品を輸出する場合その他主務省令で定める場合は、この限

りでない。

（平二五法八四・一部改正）

（輸出の際の表示）

第二十八条　遺伝子組換え生物等は、主務省令で定めるところにより、当該遺伝子組換え生物等又はその包装、容器若しくは送り状に当該遺伝子組換え生物等の使用等の態様その他主務省令で定める事項を表示したものでなければ、輸出してはならない。この場合において、前条ただし書の規定は、本条の規定による輸出について準用する。

（輸出に関する命令）

第二十九条　主務大臣は、前二条の規定に違反して遺伝子組換え生物等の輸出が行われた場合において、生物多様性影響が生ずるおそれがあると認めるときは、生物多様性影響を防止するため必要な限度において、当該遺伝子組換え生物等を輸出した者に対し、当該遺伝子組換え生物等の回収を図ることその他の必要な措置を執るべきことを命ずることができる。

第四章　雑則

（報告徴収）

第三十条　主務大臣は、この法律の施行に必要な限度において、遺伝子組換え生物等（遺伝子組換え生物等であることの疑いのある生物を含む。以下この条、次条第一項及び第三十二条第一項において同じ。）の使用等をしている者又はした者、遺伝子組換え生物等を譲渡し、又は提供した者、国内管理人、遺伝子組換え生物等を輸出した者その他の関係者からその行為の実施状況その他必要な事項の報告を求めることができる。

（平二九法一八・一部改正）

（立入検査等）

第三十一条　主務大臣は、この法律の施行に必要な限度において、当該職員に、遺伝子組換え生物等の使用等をしている者又はした者、遺伝子組換え生物等を譲渡し、又は提供した者、国内管理人、遺伝子組換え生物等を輸出した者その

他の関係者がその行為を行う場所その他の場所に立ち入らせ、関係者に質問させ、遺伝子組換え生物等、施設等その他の物件を検査させ、又は検査に必要な最少限度の分量に限り遺伝子組換え生物等を無償で収去させることができる。

2　当該職員は、前項の規定による立入り、質問、検査又は収去(以下「立入検査等」という。)をする場合には、その身分を示す証明書を携帯し、関係者に提示しなければならない。

3　第一項の規定による立入検査等の権限は、犯罪捜査のため認められたものと解釈してはならない。

(平二九法一八・一部改正)

(センター等による立入検査等)

第三十二条　農林水産大臣、経済産業大臣又は厚生労働大臣は、前条第一項の場合において必要があると認めるときは、独立行政法人農林水産消費安全技術センター、独立行政法人家畜改良センター、国立研究開発法人農業・食品産業技術総合研究機構、国立研究開発法人水産研究・教育機構、独立行政法人製品評価技術基盤機構又は独立行政法人医薬品医療機器総合機構(以下「センター等」という。)に対し、次に掲げるセンター等の区分に応じ、遺伝子組換え生物等の使用等をしている者又はした者、遺伝子組換え生物等を譲渡し、又は提供した者、国内管理人、遺伝子組換え生物等を輸出した者その他の関係者がその行為を行う場所その他の場所に立ち入らせ、関係者に質問させ、遺伝子組換え生物等、施設等その他の物件を検査させ、又は検査に必要な最少限度の分量に限り遺伝子組換え生物等を無償で収去させることができる。

一　独立行政法人農林水産消費安全技術センター、独立行政法人家畜改良センター、国立研究開発法人農業・食品産業技術総合研究機構及び国立研究開発法人水産研究・教育機構　農林水産大臣

二　独立行政法人製品評価技術基盤機構　経済産業大臣

三　独立行政法人医薬品医療機器総合機構　厚生労働大臣

2　農林水産大臣、経済産業大臣又は厚生労働大臣は、前項の規定によりセンター等に立入検査等を行わせる場合には、同項各号に掲げるセンター等の区分に応じ、センター等に対し、立入検査等を行う期日、場所その他必要な事項を示してこれを実施すべきことを指示するものとする。

3　センター等は、前項の規定による指示に従って第一項の規定による立入検査等をする場合には、遺伝子組換え生物等に関し知識経験を有する職員であって、同項各号に掲げるセンター等の区分に応じ当該各号に定める大臣が発する命令で定める条件に適合するものに行わせなければならない。

4　センター等は、第二項の規定による指示に従って第一項の規定による立入検査等を行ったときは、農林水産省令、経済産業省令又は厚生労働省令で定めるところにより、同項の規定により得た検査の結果を同項各号に掲げるセンター等の区分に応じ、農林水産大臣、経済産業大臣又は厚生労働大臣に報告しなければならない。

5　第一項の規定による立入検査等については、前条第二項及び第三項の規定を準用する。

(平一四法一九二(平一五法九七)・平一九法八・平二六法六七・平二七法七〇・平二九法一八・一部改正)

(センター等に対する命令)

第三十三条　農林水産大臣、経済産業大臣又は厚生労働大臣は、前条第一項の規定による立入検査等の業務の適正な実施を確保するため必要があると認めるときは、同項各号に掲げるセンター等の区分に応じ、センター等に対し、当該業務に関し必要な命令をすることができる。

(平一四法一九二(平一五法九七)・一部改正)

(科学的知見の充実のための措置)

第三十四条　国は、遺伝子組換え生物等及びその使用等により生ずる生物多様性影響に関する科学的知見の充実を図るため、これらに関する情報の収集、整理及び分析並びに研究の推進その他必要

な措置を講ずるよう努めなければならない。

（国民の意見の聴取）

第三十五条　国は、この法律に基づく施策に国民の意見を反映し、関係者相互間の情報及び意見の交換の促進を図るため、生物多様性影響の評価に係る情報、前条の規定により収集し、整理し及び分析した情報その他の情報を公表し、広く国民の意見を求めるものとする。

（主務大臣への協議）

第三十五条の二　環境大臣は、次に掲げる場合には、主務大臣に協議しなければならない。

一　第三条第四号、第十条第三項、第十四条第三項又は第二十六条第三項の環境省令を制定し、又は改廃しようとするとき。

二　第十条第三項、第十四条第三項又は第二十六条第三項の規定による命令をしようとするとき。

（平二九法一八・追加）

（主務大臣等）

第三十六条　この法律における主務大臣は、政令で定めるところにより、財務大臣、文部科学大臣、厚生労働大臣、農林水産大臣、経済産業大臣又は環境大臣とする。

2　この法律における主務省令は、主務大臣の発する命令とする。

（権限の委任）

第三十六条の二　この法律に規定する主務大臣の権限は、主務省令で定めるところにより、地方支分部局の長に委任することができる。

（平一七法三三・追加）

（経過措置）

第三十七条　この法律の規定に基づき命令を制定し、又は改廃する場合においては、その命令で、その制定又は改廃に伴い合理的に必要と判断される範囲内において、所要の経過措置（罰則に関する経過措置を含む。）を定めることができる。

　　　第五章　罰則

第三十八条　第十条第一項から第三項まで、第十一条第二項、第十四条第一項若しくは第二項、第十五条第二項、第十七条第五項、第二十六条第二項若しくは第三項又は第二十九条の規定による命令に違反した者は、一年以下の懲役若しくは百万円以下の罰金に処し、又はこれを併科する。

（平二九法一八・一部改正）

第三十九条　次の各号のいずれかに該当する者は、六月以下の懲役若しくは五十万円以下の罰金に処し、又はこれを併科する。

一　第四条第一項の規定に違反して第一種使用等をした者

二　偽りその他不正の手段により第四条第一項又は第九条第一項の承認を受けた者

第四十条　次の各号のいずれかに該当する者は、六月以下の懲役又は五十万円以下の罰金に処する。

一　第四条第六項又は第七条第三項（これらの規定を第九条第四項において準用する場合を含む。）の規定に違反した者

二　第二十条第一項の規定に違反した者

第四十一条　第二十一条第五項の規定による生物検査の業務の停止の命令に違反したときは、その違反行為をした登録検査機関の役員又は職員は、六月以下の懲役又は五十万円以下の罰金に処する。

第四十二条　次の各号のいずれかに該当する者は、五十万円以下の罰金に処する。

一　第十三条第一項の規定に違反して確認を受けないで第二種使用等をした者

二　偽りその他不正の手段により第十三条第一項の確認を受けた者

三　第十六条の規定による届出をせず、又は虚偽の届出をして輸入した者

四　第二十六条第一項の規定による情報の提供をせず、又は虚偽の情報を提供して遺伝子組換え生物等を譲渡し、若しくは提供し、又は委託して使用等をさせた者

五　第二十七条の規定による通告をせず、又は
　虚偽の通告をして輸出した者
六　第二十八条の規定による表示をせず、又は
　虚偽の表示をして輸出した者

第四十三条　次の各号のいずれかに該当する者は、
三十万円以下の罰金に処する。
一　第三十条に規定する報告をせず、又は虚偽
　の報告をした者
二　第三十一条第一項又は第三十二条第一項の
　規定による立入り、検査若しくは収去を拒み、
　妨げ、若しくは忌避し、又は質問に対して陳
　述をせず、若しくは虚偽の陳述をした者

第四十四条　次の各号のいずれかに該当するとき
は、その違反行為をした登録検査機関の役員又
は職員は、三十万円以下の罰金に処する。
一　第十九条第七項の規定に違反して、同項に
　規定する事項の記載をせず、若しくは虚偽の
　記載をし、又は帳簿を保存しなかったとき。
二　第十九条第八項の許可を受けないで生物検
　査の業務の全部を廃止したとき。
三　第二十二条第一項に規定する報告をせず、
　若しくは虚偽の報告をし、又は同項の規定に
　よる立入り若しくは検査を拒み、妨げ、若し
　くは忌避し、若しくは質問に対して陳述をせ
　ず、若しくは虚偽の陳述をしたとき。

第四十五条　法人の代表者又は法人若しくは人の
代理人、使用人その他の従業者が、その法人又
は人の業務に関し、第三十八条、第三十九条、
第四十二条又は第四十三条の違反行為をしたと
きは、行為者を罰するほか、その法人又は人に
対しても、各本条の罰金刑を科する。

第四十六条　第六条第一項（第九条第四項におい
て準用する場合を含む。）の規定による届出をせ
ず、又は虚偽の届出をした者は、二十万円以下
の過料に処する。

第四十七条　次の各号のいずれかに該当するとき
は、その違反行為をした登録検査機関の役員又
は職員は、二十万円以下の過料に処する。

一　第十九条第五項の規定に違反して財務諸表
　等を備えて置かず、財務諸表等に記載すべき
　事項を記載せず、又は虚偽の記載をしたとき。
二　正当な理由がないのに第十九条第六項各号
　の規定による請求を拒んだとき。

第四十八条　第三十三条の規定による命令に違反
した場合には、その違反行為をしたセンター等
の役員は、二十万円以下の過料に処する。

附則　抄
（施行期日）
第一条　この法律は、議定書が日本国について効
力を生ずる日から施行する。ただし、次の各号
に掲げる規定は、当該各号に定める日から施行
する。
（効力を生ずる日＝平成一六年二月一九日）
一　次条から附則第六条まで及び附則第十五条
　の規定（次号に掲げる改正規定を除く。）　公
　布の日
（経過措置）
第二条　第四条第一項又は第九条第一項の承認を
受けようとする者は、施行日前においても、第
四条又は第九条の規定の例により、その承認の
申請をすることができる。
2　主務大臣は、前項の規定により承認の申請が
あった場合には、施行日前においても、第四条
又は第九条の規定の例により、その承認をする
ことができる。この場合において、これらの規
定の例により承認を受けたときは、施行日にお
いて第四条第一項又は第九条第一項の規定によ
り承認を受けたものとみなす。
3　この法律の施行の際現に遺伝子組換え生物等
の第一種使用等をしている者であって、当該第
一種使用等について第四条第一項又は第九条第
一項の承認がなされていないものは、施行日か
ら六月間、当該第一種使用等に係る承認がな
されたものとみなす。その期間が満了するまで
に当該第一種使用等に係る第一種使用規程の承
認の申請がなされた場合において、その期間を
経過したときは、その申請に係る承認又は承認

412

の申請の却下若しくは承認の拒否の処分がある日まで、同様とする。

第三条　第十三条第一項の確認を受けようとする者は、施行日前においても、同条の規定の例により、その確認の申請をすることができる。

2　主務大臣は、前項の規定により確認の申請があった場合には、施行日前においても、第十三条の規定の例により、その確認をすることができる。この場合において、同条の規定の例により確認を受けたときは、施行日において同条第一項の規定により確認を受けたものとみなす。

3　この法律の施行の際現に第十三条第一項に規定する第二種使用等をしている者であって、同項の確認を受けた拡散防止措置を執っていないものは、施行日から六月間は、当該確認を受けた拡散防止措置を執っているものとみなす。その者がその期間が満了するまでに当該確認の申請をした場合において、その期間を経過したときは、その申請に基づく確認又は確認の拒否の処分がある日まで、同様とする。

第四条　第十八条第一項の登録を受けようとする者は、施行日前においても、その申請を行うことができる。

2　主務大臣は、前項の規定により申請があった場合には、施行日前においても、第十八条の規定の例により、登録をすることができる。この場合において、同条の規定の例により登録を受けたときは、施行日において同条第一項の規定によりその登録を受けたものとみなす。

第五条　第十九条第四項の規程の認可を受けようとする者は、施行日前においても、その申請を行うことができる。

2　主務大臣は、前項の規定により申請があった場合には、施行日前においても、第十九条第四項の規定の例により、認可をすることができる。この場合において、同項の規定の例により認可を受けたときは、施行日において同項の規定によりその認可を受けたものとみなす。

（政令への委任）

第六条　第二条から前条に定めるもののほか、こ

の法律の施行に関して必要な経過措置は、政令で定める。

（検討）

第七条　政府は、この法律の施行後五年を経過した場合において、この法律の施行の状況について検討を加え、必要があると認めるときは、その結果に基づいて所要の措置を講ずるものとする。

附則（平成一四年一二月二〇日法律第一九二号）　抄
（施行期日等）

第一条　この法律は、平成十六年四月一日から施行する。ただし、第三十九条、附則第四条、附則第十二条から第十四条まで及び附則第三十三条の規定は、平成十五年十月一日から施行する。

（政令への委任）

第三十三条　附則第三条、附則第四条、附則第六条から第二十条まで、附則第二十二条から第二十四条まで及び附則第二十七条に定めるもののほか、機構の設立に伴い必要な経過措置その他この法律の施行に関し必要な経過措置は、政令で定める。

附則（平成一七年四月二七日法律第三三号）　抄
（施行期日）

第一条　この法律は、平成十七年十月一日から施行する。

（経過措置）

第二十四条　この法律による改正後のそれぞれの法律の規定に基づき命令を制定し、又は改廃する場合においては、その命令で、その制定又は改廃に伴い合理的に必要と判断される範囲内において、所要の経過措置（罰則に関する経過措置を含む。）を定めることができる。

────────────

○会社法の施行に伴う関係法律の整備等に関する法律（平成一七法律八七）　抄
（罰則に関する経過措置）

第五百二十七条　施行日前にした行為及びこの法律の規定によりなお従前の例によることとされる場合における施行日以後にした行為に対する罰則の適用については、なお従前の例による。

（政令への委任）

第五百二十八条　この法律に定めるもののほか、この法律の規定による法律の廃止又は改正に伴い必要な経過措置は、政令で定める。

附則（平成一七年七月二六日法律第八七号）　抄

この法律は、会社法の施行の日から施行する。

（施行の日＝平成一八年五月一日）

────────────────

附則（平成一九年三月三〇日法律第八号）　抄

（施行期日）

第一条　この法律は、平成十九年四月一日から施行する。ただし、附則第四条第二項及び第三項、第五条、第七条第二項並びに第二十二条の規定は、公布の日から施行する。

（罰則に関する経過措置）

第二十一条　施行日前にした行為及び附則第十条の規定によりなお従前の例によることとされる場合における施行日以後にした行為に対する罰則の適用については、なお従前の例による。

（政令への委任）

第二十二条　この附則に規定するもののほか、この法律の施行に関し必要な経過措置は、政令で定める。

附則（平成二五年一一月二七日法律第八四号）　抄

（施行期日）

第一条　この法律は、公布の日から起算して一年を超えない範囲内において政令で定める日から施行する。

（平成二六年政令第二六八号で平成二六年一一月二五日から施行）

（罰則に関する経過措置）

第百一条　この法律の施行前にした行為及びこの法律の規定によりなお従前の例によることとされる場合におけるこの法律の施行後にした行為に対する罰則の適用については、なお従前の例による。

（平二五法一〇三・旧第百条繰下）

附則（平成二五年一二月一三日法律第一〇三号）　抄

（施行期日）

第一条　この法律は、公布の日から起算して六月を超えない範囲内において政令で定める日から施行する。ただし、次の各号に掲げる規定は、当該各号に定める日から施行する。

一　略

二　附則第十七条の規定　薬事法等の一部を改正する法律（平成二十五年法律第八十四号）の公布の日又はこの法律の公布の日のいずれか遅い日

（この法律の公布の日＝平成二五年一二月一三日）

附則（平成二六年六月一三日法律第六七号）　抄

（施行期日）

第一条　この法律は、独立行政法人通則法の一部を改正する法律（平成二十六年法律第六十六号。以下「通則法改正法」という。）の施行の日から施行する。ただし、次の各号に掲げる規定は、当該各号に定める日から施行する。

（施行の日＝平成二七年四月一日）

一　附則第十四条第二項、第十八条及び第三十条の規定　公布の日

（処分等の効力）

第二十八条　この法律の施行前にこの法律による改正前のそれぞれの法律（これに基づく命令を含む。）の規定によってした又はすべき処分、手続その他の行為であってこの法律による改正後のそれぞれの法律（これに基づく命令を含む。以下この条において「新法令」という。）に相当の規定があるものは、法律（これに基づく政令を含む。）に別段の定めのあるものを除き、新法令の相当の規定によってした又はすべき処分、手続その他の行為とみなす。

（罰則に関する経過措置）

第二十九条　この法律の施行前にした行為及びこの附則の規定によりなおその効力を有することとされる場合におけるこの法律の施行後にした行為に対する罰則の適用については、なお従前の例による。

（その他の経過措置の政令等への委任）

第三十条　附則第三条から前条までに定めるもののほか、この法律の施行に関し必要な経過措置

（罰則に関する経過措置を含む。）は、政令（人事院の所掌する事項については、人事院規則）で定める。

附則（平成二七年九月一八日法律第七〇号）　抄

（施行期日）

第一条　この法律は、平成二十八年四月一日から施行する。

附則（平成二九年四月二一日法律第一八号）

（施行期日）

1　この法律は、バイオセーフティに関するカルタヘナ議定書の責任及び救済に関する名古屋・クアラルンプール補足議定書が日本国について効力を生ずる日から施行する。ただし、附則第三項の規定は、公布の日から施行する。

（効力を生ずる日＝平成三〇年三月五日）

（経過措置）

2　この法律による改正後の遺伝子組換え生物等の使用等の規制による生物の多様性の確保に関する法律第十条第三項、第十四条第三項及び第二十六条第三項の規定は、この法律の施行の日以後に、遺伝子組換え生物等の使用等の規制による生物の多様性の確保に関する法律第二条第二項に規定する遺伝子組換え生物等の同条第五項に規定する第一種使用等又は同条第六項に規定する第二種使用等をしている者又はした者及び同法第二十六条第一項の規定による譲渡若しくは提供又は委託をした者について適用する。

（政令への委任）

3　前項に定めるもののほか、この法律の施行に関し必要な経過措置（罰則に関する経過措置を含む。）は、政令で定める。

附則（平成二九年五月三一日法律第四一号）　抄

（施行期日）

第一条　この法律は、平成三十一年四月一日から施行する。ただし、次条及び附則第四十八条の規定は、公布の日から施行する。

（政令への委任）

第四十八条　この附則に規定するもののほか、この法律の施行に関し必要な経過措置は、政令で定める。

〇遺伝子組換え生物等の使用等の規制による生物の多様性の確保に関する法律施行規則

（平成十五年十一月二十一日）

（財務省、文部科学省、厚生労働省、農林水産省、
　　　経済産業省、環境省令第一号）

最近改正：平成二九年一二月一日省令第一号

（生物の定義）

第一条　遺伝子組換え生物等の使用等の規制による生物の多様性の確保に関する法律（以下「法」という。）第二条第一項の主務省令で定める一の細胞（細胞群を構成しているものを除く。）又は細胞群（以下「細胞等」という。）は、次に掲げるもの以外のものとする。

　一　ヒトの細胞等

　二　分化する能力を有する、又は分化した細胞等（個体及び配偶子を除く。）であって、自然条件において個体に成育しないもの

（遺伝子組換え生物等を得るために利用される技術）

第二条　法第二条第二項第一号の主務省令で定める技術は、細胞、ウイルス又はウイロイドに核酸を移入して当該核酸を移転させ、又は複製させることを目的として細胞外において核酸を加工する技術であって、次に掲げるもの以外のものとする。

　一　細胞に移入する核酸として、次に掲げるもののみを用いて加工する技術

　　イ　当該細胞が由来する生物と同一の分類学上の種に属する生物の核酸

　　ロ　自然条件において当該細胞が由来する生物の属する分類学上の種との間で核酸を交換する種に属する生物の核酸

　二　ウイルス又はウイロイドに移入する核酸として、自然条件において当該ウイルス又はウイロイドとの間で核酸を交換するウイルス又はウイロイドの核酸のみを用いて加工する技術

第三条　法第二条第二項第二号の主務省令で定める技術は、異なる分類学上の科に属する生物の細胞を融合する技術であって、交配等従来から用いられているもの以外のものとする。

（第二種使用等であることを明示する等の措置）

第四条　法第二条第六項の主務省令で定める措置は、次の各号に掲げる場合の区分に応じ、当該各号に定めるとおりとする。

　一　遺伝子組換え生物等の使用等（運搬を除く。）の場合　次のいずれかに該当する施設等を用いること。

　　イ　施設等の外の大気、水又は土壌中への遺伝子組換え生物等の拡散を防止する機能（以下この項において「拡散防止機能」という。）を有する実験室（研究開発に係る動物の飼育室及び植物の栽培室を含む。）

　　ロ　拡散防止機能を有する培養又は発酵の用に供する設備及びこれらに付随して用いられる拡散防止機能を有する設備

　　ハ　イ及びロに掲げるもののほか、拡散防止機能を有する施設等であってその外の大気、水又は土壌中への遺伝子組換え生物等の拡散を防止する意図をもって行う使用等である旨を記載した標識が見やすい箇所に掲げられている施設等

　二　遺伝子組換え生物等の運搬の場合　前号に掲げる施設等を用いた遺伝子組換え生物等の使用等のための運搬の用に供されるふたをし、又は封を施した試験管その他の施設等であって拡散防止機能を有するものを用いること。

2　前項各号に規定する措置を執る場合であっても、法第四条第一項ただし書の規定に該当するときは、当該措置は、前項の規定にかかわらず、法第二条第六項に規定する措置としない。

（主務大臣の承認の適用除外）

第五条　法第四条第一項ただし書の主務省令で定める場合は、次に掲げる場合とする。

　一　人の生命若しくは身体の保護のための措置又は非常災害に対する応急の措置として、緊急に遺伝子組換え生物等の第一種使用等をする必要がある場合として主務大臣が別に定める場合

二 法第十七条、第三十一条又は第三十二条に基づく検査を実施するため、又はその準備を行うため、必要最小限の第一種使用等をする場合

三 輸入された生物に遺伝子組換え生物等が混入していた場合(輸入された生物の使用等に際し法第四条第一項若しくは第九条第一項の規定に基づき主務大臣の承認を受けた第一種使用規程(法第七条第一項(法第九条第四項において準用する場合を含む。)の規定に基づき主務大臣により変更された第一種使用規程については、その変更後のもの。以下「承認を受けた第一種使用規程」という。)に従わないで、又は第一種使用規程の承認を受けないで当該遺伝子組換え生物等の第一種使用等をすることを避けることができない場合のうち、主務大臣が別に定める場合に限る。)

四 人が体内に遺伝子組換え生物等を有することにより日常生活において当該遺伝子組換え生物等の第一種使用等をする場合

五 承認を受けた第一種使用規程に従っていないこと又は第一種使用規程の承認を受けていないことを知らないで、譲渡若しくは提供を受けた遺伝子組換え生物等の第一種使用等をする場合又は委託を受けて遺伝子組換え生物等の第一種使用等をする場合

六 承認を受けた第一種使用規程に従わないで又は第一種使用規程の承認を受けないで第一種使用等がなされた遺伝子組換え生物等に係る生物多様性影響を防止するため、必要最小限の第一種使用等をする場合

（申請書の添付書類）

第六条 法第四条第二項(法第九条第四項において準用する場合を含む。次条及び第四十一条において同じ。)の主務省令で定める書類は、法第四条第一項又は第九条第一項の承認を受けようとする者による生物多様性影響の効果的な防止に資する措置の内容を記載した書類とする(主務大臣が必要と認める場合に限る。)。

（申請書の様式）

第七条 法第四条第二項に規定する申請書の様式は、様式第一のとおりとする。

（第一種使用規程の記載事項）

第八条 第一種使用規程に定める法第四条第三項各号(法第九条第四項において準用する場合を含む。)に掲げる事項については、次の各号に掲げる区分に応じ、当該各号に定めるところによるものとする。

一 遺伝子組換え生物等の種類の名称 当該遺伝子組換え生物等の宿主(法第二条第二項第一号に掲げる技術の利用により得られた核酸又はその複製物が移入される生物をいう。以下同じ。)又は親生物(法第二条第二項第二号に掲げる技術の利用により得られた核酸又はその複製物が由来する生物をいう。以下同じ。)の属する分類学上の種の名称及び当該遺伝子組換え生物等の特性等の情報を含めることにより、他の遺伝子組換え生物等と明確に区別できる名称とすること。

二 遺伝子組換え生物等の第一種使用等の内容 当該遺伝子組換え生物等について行う一連の使用等について定めること。

三 遺伝子組換え生物等の第一種使用等の方法 当該第一種使用等を行うに当たって執るべき生物多様性影響を防止するための措置について定めること(生物多様性影響を防止するため必要な場合に限る。)。

（学識経験者からの意見聴取）

第九条 主務大臣は、法第四条第四項(法第九条第四項において準用する場合を含む。)の規定により学識経験者の意見を聴くときは、次条の学識経験者の名簿に記載されている者の意見を聴くものとする。

（学識経験者の名簿）

第十条 主務大臣は、生物多様性影響に関し専門の学識経験を有する者を選定して、学識経験者の名簿を作成し、これを公表するものとする。

（第一種使用規程の修正に関する指示）

第十一条　法第五条第一項(法第九条第四項にお
　いて準用する場合を含む。)の規定による指示は、
　文書によりその理由及び法第五条第二項(法第
　九条第四項において準用する場合を含む。)に規
　定する期間を付して行うものとする。

(変更の届出)
第十二条　法第六条第一項(法第九条第四項にお
　いて準用する場合を含む。)の規定による届出は、
　法第四条第二項第一号(法第九条第四項におい
　て準用する場合を含む。)に掲げる事項中に変更
　を生じた日から二週間以内に、様式第二による
　届出書を提出して行うものとする。

(第一種使用規程の変更等に係る学識経験者か
らの意見聴取)
第十三条　第九条の規定は、法第七条第二項(法第
　九条第四項において準用する場合を含む。)の規
　定により学識経験者の意見を聴く場合について
　準用する。この場合において、「次条」とあるの
　は「第十条」と読み替えるものとする。

(第一種使用規程の公表の方法)
第十四条　法第八条第一項(法第九条第四項にお
　いて準用する場合を含む。)の規定による公表は、
　官報に掲載して行うものとする。

(適正な使用等のために必要な措置を執らせる
ための者)
第十五条　法第九条第二項の主務省令で定める者
　は、外国法人で本邦内に事務所を有するものの
　当該事務所の代表者とする。

(主務大臣の確認の適用除外)
第十六条　法第十三条第一項の主務省令で定める
　場合は、次に掲げる場合とする。
　一　人の生命若しくは身体の保護のための措置
　　又は非常災害に対する応急の措置として、緊
　　急に遺伝子組換え生物等の第二種使用等をす
　　る必要がある場合として主務大臣が別に定め
　　る場合
　二　法第十七条、第三十一条又は第三十二条に基
　　づく検査を実施するため、又はその準備を行う

　　ため、必要最小限の第二種使用等をする場合
　三　虚偽の情報の提供を受けていたために、拡
　　散防止措置の確認を受けなければならないこ
　　とを知らないで、第二種使用等をする場合
　四　法の規定に違反して使用等がなされた遺伝
　　子組換え生物等の拡散を防止するため、必要
　　最小限の第二種使用等をする場合
　五　植物防疫官が植物防疫法(昭和二十五年法律
　　第百五十一号)第八条又は第十条に基づく植物
　　防疫所の業務に伴って植物防疫所の施設内に
　　おいて必要最小限の第二種使用等をする場合
　六　家畜防疫官が狂犬病予防法(昭和二十五年法
　　律第二百四十七号)第七条、家畜伝染病予防法
　　(昭和二十六年法律第百六十六号)第四十条若
　　しくは第四十五条又は感染症の予防及び感染
　　症の患者に対する医療に関する法律(平成十年
　　法律第百十四号)第五十五条に基づく動物検疫
　　所の業務に伴って動物検疫所の施設内におい
　　て必要最小限の第二種使用等をする場合
(平一八財文科厚労農水経産環省令一・一部改正)

(輸入の届出)
第十七条　法第十六条の規定による届出は、主務
　大臣が別に定める期日までに、様式第三による
　届出書を提出して行うものとする。

(生物検査命令)
第十八条　法第十七条第一項の規定による命令は、
　文書により同条第三項に規定する条件を付して
　行うものとする。

(生物検査命令を受けた者の検査の求め)
第十九条　生物検査の求めは、様式第四による依
　頼書を提出して行うものとする。
2　前項に規定する依頼書には、前条に規定する
　文書の写しを添えなければならない。

(登録検査機関の登録の申請等)
第二十条　法第十八条第一項の規定による登録の
　申請は、様式第五による申請書を提出して行う
　ものとする。
2　前項に規定する申請書には、次に掲げる書類

418

を添えなければならない。

一　定款若しくは寄附行為及び登記事項証明書又はこれらに準ずるもの

二　申請の日の属する事業年度の直前の事業年度の貸借対照表及び当該事業年度末の財産目録又はこれらに準ずるもの（申請の日の属する事業年度に設立された法人にあっては、その設立時における財産目録）

三　申請者が法第十八条第三項第一号から第三号までの規定に適合することを説明した書類

四　申請者が現に行っている業務の概要を記載した書類

五　前各号に掲げるもののほか、その他参考となる事項を記載した書類

（平一七財文科厚労農水経産環省令一・一部改正）

（登録検査機関登録簿に記載する事項）

第二十一条　法第十八条第四項第三号の主務省令で定める事項は、検査対象生物の種類の名称とする。

（生物検査の実施の方法）

第二十二条　法第十九条第二項の主務省令で定める方法は、検査対象生物の種類等を勘案して主務大臣が別に定める方法とする。

（変更の届出）

第二十三条　法第十九条第三項の規定による届出は、様式第六による届出書を提出して行うものとする。

（生物検査の業務の実施に関する規程の記載事項）

第二十四条　法第十九条第四項の生物検査の業務の実施に関する規程は、次に掲げる事項について定めるものとする。

一　生物検査を行う時間及び休日に関する事項

二　生物検査を行う事務所に関する事項

三　生物検査の実施体制に関する事項

四　手数料の収納に関する事項

五　生物検査に関する秘密の保持に関する事項

六　生物検査に関する帳簿、書類等の管理に関する事項

七　前各号に掲げるもののほか、その他生物検査の実施に関し必要な事項

（生物検査の業務の実施に関する規程の認可の申請等）

第二十五条　登録検査機関は、法第十九条第四項前段の規定による認可を受けようとするときは、様式第七による申請書に生物検査の業務の実施に関する規程を添えて、これを主務大臣に提出しなければならない。

2　登録検査機関は、法第十九条第四項後段の規定による認可を受けようとするときは、様式第八による申請書を主務大臣に提出しなければならない。

（電磁的方法）

第二十六条　法第十九条第六項第三号の主務省令で定める方法は、当該電磁的記録に記録された事項を紙面又は出力装置の映像面に表示する方法とする。

2　法第十九条第六項第四号の主務省令で定める電磁的方法は、次に掲げるものとする。

一　送信者の使用に係る電子計算機と受信者の使用に係る電子計算機とを電気通信回線で接続した電子情報処理組織を使用する方法であって、当該電気通信回線を通じて情報が送信され、受信者の使用に係る電子計算機に備えられたファイルに当該情報が記録されるもの

二　磁気ディスクその他これに準ずる方法により一定の情報を確実に記録しておくことができる物をもって調製するファイルに情報を記録したものを交付する方法

3　前項各号に掲げる方法は、受信者がファイルへの記録を出力することによる書面を作成することができるものでなければならない。

（帳簿）

第二十七条　法第十九条第七項の主務省令で定める事項は、次に掲げるものとする。

一　生物検査の求めをした者の氏名及び住所（法人にあっては、その名称、代表者の氏名及び主たる事務所の所在地）

二　生物検査の求めを受けた年月日

三　検査対象生物の種類の名称

四　生物検査の結果

五　生物検査の結果を通知した年月日

（生物検査の業務の休廃止の許可の申請）

第二十八条　登録検査機関は、法第十九条第八項の規定による許可を受けようとするときは、様式第九による申請書を主務大臣に提出しなければならない。

（法第二十二条第二項の証明書の様式）

第二十九条　法第二十二条第二項の証明書の様式は、様式第十のとおりとする。

（生物検査に関する手数料の納付）

第三十条　法第二十四条に規定する手数料については、国に納付する場合にあっては第十九条第一項に規定する依頼書に当該手数料の額に相当する額の収入印紙をはることにより、登録検査機関に納付する場合にあっては法第十九条第四項に規定する生物検査の業務の実施に関する規程で定めるところにより納付しなければならない。

2　前項の規定により納付された手数料は、これを返還しない。

（適正使用情報の公表の方法）

第三十一条　法第二十五条第二項の規定による公表は、遺伝子組換え生物等の種類の名称を明示して、官報に掲載して行うものとする。

（情報の提供）

第三十二条　法第二十六条第一項の規定による情報の提供は、次に掲げる場合以外の場合において、遺伝子組換え生物等の譲渡若しくは提供又は委託（以下「譲渡等」という。）の都度行うものとする。

一　第一種使用規程が定められている遺伝子組換え生物等を譲渡し、若しくは提供し、又は委託して使用等をさせようとする場合であって、適正使用情報が定められていないとき

二　遺伝子組換え生物等を委託して運搬をさせようとする場合

三　遺伝子組換え生物等を譲渡し、若しくは提供し、又は委託して使用等をさせようとする者（以下「譲渡者等」という。）の当該遺伝子組換え生物等の使用等が第五条第三号から第五号まで又は第十六条第三号に掲げる場合に該当する場合

四　譲渡者等の遺伝子組換え生物等の第二種使用等が、虚偽の情報の提供を受けていたために、第二種使用等に当たって執るべき拡散防止措置を執らずにされている場合

五　特定遺伝子組換え生物等の譲渡等をする場合

2　前項の規定にかかわらず、同一の情報を提供すべき遺伝子組換え生物等の譲渡若しくは提供を受ける者又は委託を受けて当該遺伝子組換え生物等の使用等をする者（以下「譲受者等」という。）に対し、二回以上にわたって当該遺伝子組換え生物等の譲渡等をする場合において、当該遺伝子組換え生物等の譲受者等が承知しているときは、その最初の譲渡等に際してのみ情報の提供を行うものとする。

（情報の内容）

第三十三条　法第二十六条第一項の主務省令で定める事項は、次の各号に掲げる場合の区分に応じ、当該各号に定める事項とする。

一　第一種使用等をしている遺伝子組換え生物等を譲渡し、若しくは提供し、又は委託して使用等をさせようとする場合　次のイからニまでに掲げる事項

イ　遺伝子組換え生物等の種類の名称（名称がないとき又は不明であるときは、その旨）

ロ　当該遺伝子組換え生物等の第一種使用等に係る第一種使用規程が主務大臣の承認を受けている旨又は第五条第一号、第二号若しくは第六号に基づく使用等をしている旨

ハ　適正使用情報（適正使用情報が定められている場合に限る。）

ニ　譲渡者等の氏名及び住所（法人にあっては、その名称並びに担当責任者の氏名及び連絡先）

二　第二種使用等をしている遺伝子組換え生物

施行規則

等を譲渡し、若しくは提供し、又は委託して使用等をさせようとする場合　次のイからニまでに掲げる事項

イ　遺伝子組換え生物等の第二種使用等をしている旨

ロ　遺伝子組換え生物等の宿主又は親生物の名称及び法第二条第二項第一号に規定する技術の利用により得られた核酸又はその複製物の名称（名称がないとき又は不明であるときは、その旨）

ハ　譲渡者が第十六条第一号、第二号又は第四号に基づく使用等をしている場合にはその旨

ニ　譲渡者等の氏名及び住所（法人にあっては、その名称並びに担当責任者の氏名及び連絡先）

（情報の提供の方法）

第三十四条　法第二十六条第一項の主務省令で定める方法は、次の各号のいずれかとする。

一　文書の交付

二　遺伝子組換え生物等又はその包装若しくは容器への表示

三　ファクシミリ装置を利用する送信

四　譲渡者等の使用に係る電子計算機と譲受者等の使用に係る電子計算機とを電気通信回線で接続した電子情報処理組織を利用する送信であって、当該電気通信回線を通じて前条各号に定める事項が送信され、譲受者等の使用に係る電子計算機に備えられたファイルに当該事項が記録されるもの

（輸出の通告の方法）

第三十五条　法第二十七条の規定による輸出の通告は、生物の多様性に関する条約のバイオセーフティに関するカルタヘナ議定書（次条において「議定書」という。）第八条１の輸入締約国の権限のある当局に対し、様式第十一により行うものとする。

（輸出の通告の適用除外）

第三十六条　法第二十七条ただし書の主務省令で定める場合は、次のとおりとする。

一　議定書の締約国以外の国に遺伝子組換え生物等を輸出する場合

二　輸入国において当該輸入国が定める基準に従い拡散防止措置を執って使用等が行われるものとして遺伝子組換え生物等を輸出する場合

三　輸入国において食用、飼料用又は加工用に供されるものとして遺伝子組換え生物等を輸出する場合

四　輸入国が議定書第十三条　１(b)に掲げる事項に該当するものとして議定書第二十条に規定するバイオセーフティに関する情報交換センターに通報している輸入に該当する遺伝子組換え生物等を輸出する場合

五　輸入国にとって最初の遺伝子組換え生物等の輸入に該当しない遺伝子組換え生物等を輸出する場合

（輸出の際の表示の内容及び方法）

第三十七条　法第二十八条に規定する輸出の際の表示は、次の各号に掲げる区分に応じ、当該各号に定める様式により行うものとする。

一　輸入国において当該輸入国が定める基準に従い拡散防止措置を執って使用等が行われる遺伝子組換え生物等として輸出されるもの　様式第十二

二　輸入国において食用、飼料用又は加工用に供される遺伝子組換え生物等として輸出されるもの（前号に掲げるものを除く。）　様式第十三

三　前二号のいずれにも該当しない遺伝子組換え生物等として輸出されるもの　様式第十四

（輸出の際の表示の適用除外）

第三十八条　法第二十八条において準用する法第二十七条ただし書の主務省令で定める場合は、第三十六条第一号に掲げる場合とする。

（法第三十一条第二項の証明書の様式）

第三十九条　法第三十一条第二項に規定する証明書の様式は、様式第十五のとおりとする。

（主務大臣）

第四十条　法第二章第一節（第十条及び第十一条

421

を除く。）、第二十五条及び第三章（第二十九条を除く。）における主務大臣は、次の各号に掲げる区分に応じ、当該各号に定める大臣とする。

一　研究開発段階（千九百八十六年七月十六日の工業、農業及び環境で組換え体を利用する際の安全性の考察に関する経済協力開発機構理事会勧告（第三項において「理事会勧告」という。）に準拠して審査がなされることが望ましい遺伝子組換え生物等である物の商業化又は実用化に向けた使用等及び遺伝子治療臨床研究その他の臨床研究として行われる使用等をする段階を除く。以下この条及び次条において同じ。）の遺伝子組換え生物等である物に関する事項　文部科学大臣及び環境大臣

二　前号に掲げる事項以外の事項　財務大臣、厚生労働大臣、農林水産大臣又は経済産業大臣であって当該遺伝子組換え生物等である物の生産又は流通を所管する大臣及び環境大臣

2　法第十条、第十一条及び第二十九条における主務大臣は、次の各号に掲げる区分に応じ、当該各号に定める大臣とする。

一　研究開発段階の遺伝子組換え生物等である物に関する事項　財務大臣、厚生労働大臣、農林水産大臣若しくは経済産業大臣であって法第十条第一項若しくは第二項、第十一条第二項若しくは第二十九条の規定による命令の対象となる者若しくは第十一条第一項の規定による届出をする者の行う事業を所管する大臣、文部科学大臣又は環境大臣

二　前号に掲げる事項以外の事項　財務大臣、文部科学大臣、厚生労働大臣、農林水産大臣若しくは経済産業大臣であって法第十条第一項若しくは第二項、第十一条第二項若しくは第二十九条の規定による命令の対象となる者若しくは第十一条第一項の規定による届出をする者の行う事業を所管する大臣若しくは財務大臣、厚生労働大臣、農林水産大臣若しくは経済産業大臣であって当該遺伝子組換え生物等である物の生産若しくは流通を所管する大臣又は環境大臣

3　法第二章第二節（第十三条第一項、第十四条及び第十五条を除く。）における主務大臣は、次の各号に掲げる区分に応じ、当該各号に定める大臣とする。

一　研究開発に係る遺伝子組換え生物等の第二種使用等（理事会勧告に準拠して審査がなされることが望ましい遺伝子組換え生物等である物の商業化又は実用化に向けた使用等を除く。以下この条において同じ。）に関する事項　文部科学大臣及び環境大臣

二　前号に掲げる事項以外の事項　財務大臣、文部科学大臣、厚生労働大臣、農林水産大臣又は経済産業大臣であって当該遺伝子組換え生物等の第二種使用等をする者の行う事業を所管する大臣及び環境大臣

4　法第十三条第一項における主務大臣は、次の各号に掲げる区分に応じ、当該各号に定める大臣とする。

一　研究開発に係る遺伝子組換え生物等の第二種使用等に関する事項　文部科学大臣

二　前号に掲げる事項以外の事項　財務大臣、文部科学大臣、厚生労働大臣、農林水産大臣、経済産業大臣又は環境大臣であって、当該遺伝子組換え生物等の第二種使用等をする者の行う事業を所管する大臣（当該遺伝子組換え生物等の第二種使用等が事業に係るものとして行われない場合にあっては環境大臣）

5　法第十四条及び第十五条における主務大臣は、次の各号に掲げる区分に応じ、当該各号に定める大臣とする。

一　研究開発に係る遺伝子組換え生物等の第二種使用等に関する事項　財務大臣、厚生労働大臣、農林水産大臣若しくは経済産業大臣であって法第十四条第一項若しくは第二項若しくは第十五条第二項の規定による命令の対象となる者若しくは同条第一項の規定による届出をする者の行う事業を所管する大臣、文部科学大臣又は環境大臣

二　前号に掲げる事項以外の事項　財務大臣、文部科学大臣、厚生労働大臣、農林水産大臣若しくは経済産業大臣であって法第十四条第

一項若しくは第二項若しくは第十五条第二項の規定による命令の対象となる者若しくは同条第一項の規定による届出をする者の行う事業を所管する大臣又は環境大臣

6　法第二章第三節における主務大臣は、財務大臣、厚生労働大臣、農林水産大臣、経済産業大臣又は環境大臣であって、検査対象生物である物の生産又は流通を所管する大臣とする。

7　法第二十六条第一項における主務大臣は、次の各号に掲げる区分に応じ、当該各号に定める大臣とする。

　一　遺伝子組換え生物等の第一種使用等に係る事項　次に掲げる区分に応じ、それぞれ次に定める大臣

　　イ　研究開発段階の遺伝子組換え生物等である物に関する事項　文部科学大臣及び環境大臣

　　ロ　イに掲げる事項以外の事項　財務大臣、厚生労働大臣、農林水産大臣又は経済産業大臣であって当該遺伝子組換え生物等である物の生産又は流通を所管する大臣及び環境大臣

　二　遺伝子組換え生物等の第二種使用等に係る事項　次に掲げる区分に応じ、それぞれ次に定める大臣

　　イ　研究開発に係る遺伝子組換え生物等の第二種使用等に関する事項　文部科学大臣及び環境大臣

　　ロ　イに掲げる事項以外の事項　財務大臣、文部科学大臣、厚生労働大臣、農林水産大臣又は経済産業大臣であって当該遺伝子組換え生物等の第二種使用等をする者の行う事業を所管する大臣及び環境大臣

8　法第二十六条第二項、第三十条及び第三十一条における主務大臣は、次の各号に掲げる区分に応じ、当該各号に定める大臣とする。

　一　遺伝子組換え生物等の第一種使用等に係る事項　次に掲げる区分に応じ、それぞれ次に定める大臣

　　イ　研究開発段階の遺伝子組換え生物等である物に関する事項　財務大臣、厚生労働大臣、農林水産大臣若しくは経済産業大臣であって法第二十六条第二項の規定による命令、法第三十条の規定による報告徴収若しくは法第三十一条第一項の規定による立入検査等の対象となる者の行う事業を所管する大臣、文部科学大臣又は環境大臣

　　ロ　イに掲げる事項以外の事項　財務大臣、文部科学大臣、厚生労働大臣、農林水産大臣若しくは経済産業大臣であって法第二十六条第二項の規定による命令、法第三十条の規定による報告徴収若しくは法第三十一条第一項の規定による立入検査等の対象となる者の行う事業を所管する大臣若しくは財務大臣、厚生労働大臣、農林水産大臣若しくは経済産業大臣であって遺伝子組換え生物等である物の生産若しくは流通を所管する大臣又は環境大臣

　二　遺伝子組換え生物等の第二種使用等に係る事項　次に掲げる区分に応じ、それぞれ次に定める大臣

　　イ　研究開発に係る遺伝子組換え生物等の第二種使用等に関する事項　財務大臣、厚生労働大臣、農林水産大臣若しくは経済産業大臣であって法第二十六条第二項の規定による命令、法第三十条の規定による報告徴収若しくは法第三十一条第一項の規定による立入検査等の対象となる者の行う事業を所管する大臣、文部科学大臣又は環境大臣

　　ロ　イに掲げる事項以外の事項　財務大臣、文部科学大臣、厚生労働大臣、農林水産大臣若しくは経済産業大臣であって法第二十六条第二項の規定による命令、法第三十条の規定による報告徴収若しくは法第三十一条第一項の規定による立入検査等の対象となる者の行う事業を所管する大臣又は環境大臣

9　法第三十五条の二第一号に掲げる場合における主務大臣は、財務大臣、文部科学大臣、厚生労働大臣、農林水産大臣及び経済産業大臣とする。

10　法第三十五条の二第二号に掲げる場合におけ

423

る主務大臣は、次の各号に掲げる区分に応じ、当該各号に定める大臣とする。

一　法第十条第三項の規定による命令に係る事項　次に掲げる区分に応じ、それぞれ次に定める大臣

　イ　研究開発段階の遺伝子組換え生物等である物に関する事項　財務大臣、厚生労働大臣、農林水産大臣又は経済産業大臣であって法第十条第三項の規定による命令の対象となる者の行う事業を所管する大臣及び文部科学大臣

　ロ　イに掲げる事項以外の事項　財務大臣、文部科学大臣、厚生労働大臣、農林水産大臣又は経済産業大臣であって法第十条第三項の規定による命令の対象となる者の行う事業を所管する大臣及び財務大臣、厚生労働大臣、農林水産大臣又は経済産業大臣であって当該遺伝子組換え生物等である物の生産又は流通を所管する大臣

二　法第十四条第三項の規定による命令に係る事項　次に掲げる区分に応じ、それぞれ次に定める大臣

　イ　研究開発に係る遺伝子組換え生物等の第二種使用等に関する事項　財務大臣、厚生労働大臣、農林水産大臣又は経済産業大臣であって法第十四条第三項の規定による命令の対象となる者の行う事業を所管する大臣及び文部科学大臣

　ロ　イに掲げる事項以外の事項　財務大臣、文部科学大臣、厚生労働大臣、農林水産大臣又は経済産業大臣であって法第十四条第三項の規定による命令の対象となる者の行う事業を所管する大臣

三　法第二十六条第三項の規定による命令に係る事項　次に掲げる区分に応じ、それぞれ次に定める大臣

　イ　遺伝子組換え生物等の第一種使用等に係る事項　次に掲げる区分に応じ、それぞれ次に定める大臣

　　(1)　研究開発段階の遺伝子組換え生物等で

ある物に関する事項　財務大臣、厚生労働大臣、農林水産大臣又は経済産業大臣であって法第二十六条第三項の規定による命令の対象となる者の行う事業を所管する大臣及び文部科学大臣

　　(2)　(1)に掲げる事項以外の事項　財務大臣、文部科学大臣、厚生労働大臣、農林水産大臣又は経済産業大臣であって法第二十六条第三項の規定による命令の対象となる者の行う事業を所管する大臣及び財務大臣、厚生労働大臣、農林水産大臣又は経済産業大臣であって当該遺伝子組換え生物等である物の生産又は流通を所管する大臣

　ロ　遺伝子組換え生物等の第二種使用等に係る事項　次に掲げる区分に応じ、それぞれ次に定める大臣

　　(1)　研究開発に係る遺伝子組換え生物等の第二種使用等に関する事項　財務大臣、厚生労働大臣、農林水産大臣又は経済産業大臣であって法第二十六条第三項の規定による命令の対象となる者の行う事業を所管する大臣及び文部科学大臣

　　(2)　(1)に掲げる事項以外の事項　財務大臣、文部科学大臣、厚生労働大臣、農林水産大臣又は経済産業大臣であって法第二十六条第三項の規定による命令の対象となる者の行う事業を所管する大臣

（平二九財文科厚労農水経産環省令一・一部改正）

（申請書等の提出）

第四十一条　法第四条第二項の規定に基づき申請書その他の書類(以下この条において「申請書等」という。)を主務大臣に提出する場合においては、次の各号に掲げる区分に応じ、当該各号に定める大臣に提出するものとする。

一　研究開発段階の遺伝子組換え生物等である物に関する事項　文部科学大臣

二　前号に掲げる事項以外の事項　財務大臣、厚生労働大臣、農林水産大臣、経済産業大臣又は環境大臣であって当該遺伝子組換え生物

等である物の生産又は流通を所管する大臣

2　前項の規定により同項各号に定める大臣（環境大臣を除く。以下この条において同じ。）に申請書等を提出する場合は、その写し一通を添付しなければならない。

3　第一項各号に定める大臣は、申請書等及びその写しを受理したときは、遅滞なく、当該写しを環境大臣に送付するものとする。この場合において、当該申請書等は、同項各号に定める大臣が受理した日において環境大臣に提出されたものとみなす。

（その他の事項）

第四十二条　法第十二条並びに第十三条第二項及び第三項の主務省令は、別に定めるところによる。

（連絡等）

第四十三条　主務大臣は、前条の省令の制定又は改廃、法第四条第一項又は法第九条第一項の規定に基づく承認及び法第十三条第一項の規定に基づく確認について、関係する他の主務大臣が必要な情報を得られるようにするものとする。

2　主務大臣は、法の規定による命令をしようとするときは、他の主務大臣に連絡するものとし、必要な場合は、共同して、当該命令をするものとする。

（権限の委任）

第四十四条　法第三十条及び第三十一条第一項に規定する環境大臣の権限は、地方環境事務所長に委任する。ただし、環境大臣が自らその権限を行うことを妨げない。

（平一七財文科厚労農水経産環省令二・追加）

附則

この省令は、法の施行の日から施行する。

（施行の日＝平成一六年二月一九日）

附則（平成一七年三月七日財務省、文部科学省、厚生労働省、農林水産省、経済産業省、環境省令第一号）

この省令は、不動産登記法の施行に伴う関係法律の整備等に関する法律の施行の日（平成十七年三月七日）から施行する。

附則（平成一七年九月二〇日財務省、文部科学省、厚生労働省、農林水産省、経済産業省、環境省令第二号）

この省令は、平成十七年十月一日から施行する。

附則（平成一八年一一月六日財務省、文部科学省、厚生労働省、農林水産省、経済産業省、環境省令第一号）

この省令は、平成十八年十二月一日から施行する。

附則（平成一九年四月二〇日財務省、文部科学省、厚生労働省、農林水産省、経済産業省、環境省令第一号）

（施行期日）

第一条　この省令は、公布の日から施行する。

（経過措置）

第二条　この省令の施行の際現にあるこの省令による改正前の遺伝子組換え生物等の使用等の規制による生物の多様性の確保に関する法律施行規則の様式（次項において「旧様式」という。）により使用されている書類は、この省令による改正後の遺伝子組換え生物等の使用等の規制による生物の多様性の確保に関する法律施行規則の様式によるものとみなす。

2　この省令の施行の際現にある旧様式により調製した用紙は、この省令の施行後においても当分の間、これを取り繕って使用することができる。

附則（平成二九年一二月一日財務省、文部科学省、厚生労働省、農林水産省、経済産業省、環境省令第一号）

この省令は、遺伝子組換え生物等の使用等の規制による生物の多様性の確保に関する法律の一部を改正する法律（平成二十九年法律第十八号）の施行の日から施行する。

（施行の日＝平成三〇年三月五日）

様式第1から15まで　略

〇研究開発等に係る遺伝子組換え生物等の第二種
使用等に当たって執るべき拡散防止措置等を定
める省令

（平成十六年一月二十九日）

（文部科学省、環境省令第一号）

（目的）

第一条　この省令は、研究開発等に係る遺伝子組
換え生物等の第二種使用等（千九百八十六年七
月十六日の工業、農業及び環境で組換え体を利
用する際の安全性の考察に関する経済協力開発
機構理事会勧告に準拠して審査がなされること
が望ましい遺伝子組換え生物等である物の商業
化又は実用化に向けた使用等を除く。以下同
じ。）に当たって執るべき拡散防止措置及び執る
べき拡散防止措置が定められていない場合の拡
散防止措置の確認に関し必要な事項を定め、も
って研究開発等に係る遺伝子組換え生物等の第
二種使用等の適正な実施を確保することを目的
とする。

（定義）

第二条　この省令において、次の各号に掲げる用
語の意義は、それぞれ当該各号に定めるところ
による。

　一　遺伝子組換え実験　研究開発等に係る遺伝
子組換え生物等の第二種使用等のうち、遺伝
子組換え生物等の使用等の規制による生物の
多様性の確保に関する法律（以下「法」とい
う。）第二条第二項第一号に掲げる技術の利用
により得られた核酸又はその複製物（以下「組
換え核酸」という。）を有する遺伝子組換え生
物等に係るもの（実験の過程において行われ
る保管及び運搬以外の保管及び運搬を除く。）
をいう。

　二　微生物使用実験　遺伝子組換え実験のうち、
微生物（菌界に属する生物（きのこ類を除く。）、
原生生物界に属する生物、原核生物界に属す
る生物、ウイルス及びウイロイドをいう。以
下同じ。）である遺伝子組換え生物等に係るも
の（次号から第五号までに掲げるものを除

く。）をいう。

　三　大量培養実験　遺伝子組換え実験のうち、
微生物である遺伝子組換え生物等の使用等で
あって、培養又は発酵の用に供する設備（設備
の総容量が二十リットルを超えるものに限る。
以下「培養設備等」という。）を用いるものを
いう。

　四　動物使用実験　遺伝子組換え実験のうち、
動物（動物界に属する生物をいう。以下同じ。）
である遺伝子組換え生物等（遺伝子組換え生
物等を保有しているものを除く。）に係るもの
（以下「動物作成実験」という。）及び動物によ
り保有されている遺伝子組換え生物等に係る
もの（以下「動物接種実験」という。）をいう。

　五　植物等使用実験　遺伝子組換え実験のうち、
植物（植物界に属する生物をいう。以下同じ。）
である遺伝子組換え生物等（遺伝子組換え生
物等を保有しているものを除く。）に係るもの
（以下「植物作成実験」という。）、きのこ類で
ある遺伝子組換え生物等に係るもの（以下「き
のこ作成実験」という。）及び植物により保有
されている遺伝子組換え生物等に係るもの
（以下「植物接種実験」という。）をいう。

　六　細胞融合実験　研究開発等に係る遺伝子組
換え生物等の第二種使用等のうち、法第二条
第二項第二号に掲げる技術の利用により得ら
れた核酸又はその複製物を有する遺伝子組換
え生物等に係るもの（実験の過程において行
われる保管及び運搬以外の保管及び運搬を除
く。）をいう。

　七　宿主　組換え核酸が移入される生物をいう。

　八　ベクター　組換え核酸のうち、移入された
宿主内で当該組換え核酸の全部又は一部を複
製させるものをいう。

　九　供与核酸　組換え核酸のうち、ベクター以
外のものをいう。

　十　核酸供与体　供与核酸が由来する生物（ヒ
トを含む。）をいう。

　十一　実験分類　宿主又は核酸供与体について
定められる分類であって、遺伝子組換え実験

に当たって執るべき拡散防止措置を生物多様性影響が生ずる可能性のある拡散の程度に応じて定める際に用いられるものをいう。

十二　同定済核酸　供与核酸であって、次のイからハまでのいずれかに掲げるものをいう。

イ　遺伝子の塩基配列に基づき、当該供与核酸又は蛋白質その他の当該供与核酸からの生成物の機能が科学的知見に照らし推定されるもの

ロ　当該供与核酸が移入される宿主と同一の分類学上の種に属する生物の核酸又は自然条件において当該宿主の属する分類学上の種との間で核酸を交換する種に属する生物の核酸（当該宿主がウイルス又はウイロイドである場合を除く。）

ハ　自然条件において当該供与核酸が移入される宿主との間で核酸を交換するウイルス又はウイロイドの核酸（当該宿主がウイルス又はウイロイドである場合に限る。）

十三　認定宿主ベクター系　特殊な培養条件下以外での生存率が低い宿主と当該宿主以外の生物への伝達性が低いベクターとの組合せであって、文部科学大臣が定めるものをいう。

（実験分類）

第三条　実験分類の名称は次の表の上欄に、各実験分類に属する宿主又は核酸供与体は同表の下欄に、それぞれ定めるとおりとする。

一　クラス1	微生物、きのこ類及び寄生虫のうち、哺（ほ）乳綱及び鳥綱に属する動物（ヒトを含む。以下「哺乳動物等」という。）に対する病原性がないものであって、文部科学大臣が定めるもの並びに動物（ヒトを含み、寄生虫を除く。）及び植物
二　クラス2	微生物、きのこ類及び寄生虫のうち、哺乳動物等に対する病原性が低いものであって、文部科学大臣が定めるもの
三　クラス3	微生物及びきのこ類のうち、哺乳動物等に対する病原性が高く、かつ、伝播性が低いものであって、文部科学大臣が定めるもの
四　クラス4	微生物のうち、哺乳動物等に対する病原性が高く、かつ、伝播性が高いものであって、文部科学大臣が定めるもの

（遺伝子組換え実験に係る拡散防止措置の区分及び内容）

第四条　遺伝子組換え実験（別表第一に掲げるものを除く。次条において同じ。）に係る拡散防止措置の区分及び内容は、次の各号に掲げる遺伝子組換え実験の種類に応じ、それぞれ当該各号に定めるとおりとする。

一　微生物使用実験　別表第二の上欄に掲げる拡散防止措置の区分について、それぞれ同表の下欄に掲げる拡散防止措置の内容

二　大量培養実験　別表第三の上欄に掲げる拡散防止措置の区分について、それぞれ同表の下欄に掲げる拡散防止措置の内容

三　動物使用実験　別表第四の上欄に掲げる拡散防止措置の区分について、それぞれ同表の下欄に掲げる拡散防止措置の内容

四　植物等使用実験　別表第五の上欄に掲げる拡散防止措置の区分について、それぞれ同表の下欄に掲げる拡散防止措置の内容

（遺伝子組換え実験に当たって執るべき拡散防止措置）

第五条　遺伝子組換え実験に当たって執るべき拡散防止措置は、次の各号に掲げる遺伝子組換え実験の種類に応じ、それぞれ当該各号に定めるとおりとする（遺伝子組換え生物等の使用等の規制による生物の多様性の確保に関する法律施行規則（平成十五年財務省、文部科学省、厚生労働省、農林水産省、経済産業省、環境省令第一号。以下「施行規則」という。）第十六条第一号、第二号及び第四号に掲げる場合並びに虚偽の情報の提供を受けていたために、第二種使用等に

当たって執るべき拡散防止措置を執らないで第
二種使用等をする場合を除く。)。

一　微生物使用実験　次に掲げる遺伝子組換え
　生物等の区分に応じ、それぞれ次に定めると
　ころによる。

　イ　次のロからニまでに掲げる遺伝子組換え
　　生物等以外の遺伝子組換え生物等　宿主の
　　実験分類又は核酸供与体の実験分類のうち、
　　実験分類の名称中の数のいずれか小さくな
　　い方がクラス1、クラス2又はクラス3で
　　ある場合に、それぞれ別表第二に掲げるP1
　　レベル、P2レベル又はP3レベルの拡散防
　　止措置とすること。

　ロ　特定認定宿主ベクター系(認定宿主ベク
　　ター系のうち、特殊な培養条件下以外での
　　生存率が極めて低い宿主と当該宿主以外の
　　生物への伝達性が極めて低いベクターとの
　　組合せであって、文部科学大臣が定めるも
　　のをいう。以下同じ。)を用いた遺伝子組換
　　え生物等(ハに掲げる遺伝子組換え生物等
　　を除く。)　核酸供与体の実験分類がクラス
　　1及びクラス2である場合にあっては別表
　　第二に掲げるP1レベルの拡散防止措置と
　　し、核酸供与体の実験分類がクラス3であ
　　る場合にあっては別表第二に掲げるP2レ
　　ベルの拡散防止措置とすること。

　ハ　供与核酸が同定済核酸であり、かつ、哺
　　乳動物等に対する病原性及び伝達性に関係
　　しないことが科学的知見に照らし推定され
　　る遺伝子組換え生物等　宿主の実験分類が
　　クラス1又はクラス2である場合に、それ
　　ぞれ別表第二に掲げるP1レベル又はP2レ
　　ベルの拡散防止措置とすること。

　ニ　認定宿主ベクター系を用いていない遺伝
　　子組換え生物等であって、供与核酸が哺乳
　　動物等に対する病原性又は伝達性に関係し、
　　かつ、その特性により宿主の哺乳動物等に
　　対する病原性を著しく高めることが科学的
　　知見に照らし推定されるもの　宿主の実験
　　分類又は核酸供与体の実験分類のうち、実

験分類の名称中の数のいずれか小さくない
方がクラス1又はクラス2である場合に、
それぞれ別表第二に掲げるP2レベル又は
P3レベルの拡散防止措置とすること。

二　大量培養実験　次に掲げる遺伝子組換え生
　物等の区分に応じ、それぞれ次に定めるとこ
　ろによる。

　イ　次のロからホまでに掲げる遺伝子組換え
　　生物等以外の遺伝子組換え生物等　宿主の
　　実験分類又は核酸供与体の実験分類のうち、
　　実験分類の名称中の数のいずれか小さくな
　　い方がクラス1又はクラス2である場合に、
　　それぞれ別表第三に掲げるLS1レベル又は
　　LS2レベルの拡散防止措置とすること。

　ロ　第一号ロに掲げる遺伝子組換え生物等
　　(ホに掲げる遺伝子組換え生物等を除く。)
　　　核酸供与体の実験分類がクラス1及びク
　　ラス2である場合にあっては別表第三に掲
　　げるLS1レベルの拡散防止措置とし、核酸
　　供与体の実験分類がクラス3である場合に
　　あっては別表第三に掲げるLS2レベルの拡
　　散防止措置とすること。

　ハ　第一号ハに掲げる遺伝子組換え生物等
　　(ホに掲げる遺伝子組換え生物等を除く。)
　　　宿主の実験分類がクラス1又はクラス2
　　である場合に、それぞれ別表第三に掲げる
　　LS1レベル又はLS2レベルの拡散防止措置
　　とすること。

　ニ　第一号ニに掲げる遺伝子組換え生物等
　　　宿主の実験分類及び核酸供与体の実験分
　　類がクラス1である場合に、別表第三に掲
　　げるLS2レベルの拡散防止措置とすること。

　ホ　次の(1)又は(2)に掲げる遺伝子組換え生
　　物等　別表第三に掲げるLSCレベルの拡散
　　防止措置とすること。

　(1)認定宿主ベクター系を用いた遺伝子組
　　換え生物等であって、核酸供与体の実験
　　分類がクラス1であるもののうち、供与
　　核酸が同定済核酸であり、かつ、哺乳動
　　物等に対する病原性及び伝達性に関係し

ないことが科学的知見に照らし推定され
るもの

(2) 別表第三に掲げる LSC レベルの拡散防
止措置を執ることが適当である遺伝子組
換え生物等として文部科学大臣が定める
もの

三　動物使用実験　次に掲げる遺伝子組換え生
物等の区分に応じ、それぞれ次に定めるとこ
ろによる。

イ　次のロからホまでに掲げる遺伝子組換え
生物等以外の遺伝子組換え生物等　動物作
成実験に係る遺伝子組換え生物等にあって
は宿主の実験分類が、動物接種実験に係る
遺伝子組換え生物等（動物により保有され
ているものに限る。）にあっては宿主の実験
分類又は核酸供与体の実験分類のうち実験
分類の名称中の数のいずれか小さくない方
が、クラス 1、クラス 2 又はクラス 3 であ
る場合に、それぞれ別表第四に掲げる P1A
レベル、P2A レベル又は P3A レベルの拡散
防止措置とすること。

ロ　第一号ロに掲げる遺伝子組換え生物等
（ホに掲げる遺伝子組換え生物等を除く。）
核酸供与体の実験分類がクラス 1 及びク
ラス 2 である場合にあっては別表第四に掲
げる P1A レベルの拡散防止措置とし、核酸
供与体の実験分類がクラス 3 である場合に
あっては別表第四に掲げる P2A レベルの拡
散防止措置とすること。

ハ　第一号ハに掲げる遺伝子組換え生物等
（ホに掲げる遺伝子組換え生物等を除く。）
宿主の実験分類がクラス 1 又はクラス 2
である場合に、それぞれ別表第四に掲げる
P1A レベル又は P2A レベルの拡散防止措置
とすること。

ニ　第一号ニに掲げる遺伝子組換え生物等
動物作成実験に係る遺伝子組換え生物等
にあっては宿主の実験分類が、動物接種実
験に係る遺伝子組換え生物等（動物に保有
されているものに限る。）にあっては宿主の

実験分類又は核酸供与体の実験分類のうち
実験分類の名称中の数のいずれか小さくな
い方が、クラス 1 又はクラス 2 である場合
に、それぞれ別表第四に掲げる P2A レベル
又は P3A レベルの拡散防止措置とすること。

ホ　次の(1)から(4)までに掲げる要件のいず
れにも該当する遺伝子組換え生物等　別表
第四に掲げる特定飼育区画の拡散防止措置
とすること。

(1) 供与核酸が同定済核酸であり、かつ、
哺乳動物等に対する病原性及び伝達性に
関係しないことが科学的知見に照らし推
定されること。

(2) 供与核酸が宿主の染色体の核酸に組み
込まれており、かつ、転移因子を含まな
いこと。

(3) 逃亡に関係する運動能力が宿主と比較
して増大しないことが科学的知見に照ら
し推定されること。

(4) 微生物である遺伝子組換え生物等を保
有していない動物であること。

四　植物等使用実験　次に掲げる遺伝子組換え
生物等の区分に応じ、それぞれ次に定めると
ころによる。

イ　次のロからホまでに掲げる遺伝子組換え
生物等以外の遺伝子組換え生物等　植物作
成実験に係る遺伝子組換え生物等にあって
は宿主の実験分類が、植物接種実験に係る
遺伝子組換え生物等（植物により保有され
ているものに限る。）及びきのこ作成実験に
係る遺伝子組換え生物等にあっては宿主の
実験分類又は核酸供与体の実験分類のうち
実験分類の名称中の数のいずれか小さくな
い方が、クラス 1、クラス 2 又はクラス 3
である場合に、それぞれ別表第五に掲げる
P1P レベル、P2P レベル又は P3P レベルの拡
散防止措置とすること。

ロ　第一号ロに掲げる遺伝子組換え生物等
（ホに掲げる遺伝子組換え生物等を除く。）
核酸供与体の実験分類がクラス 1 及びク

ラス2である場合にあっては別表第五に掲
げるP1Pレベルの拡散防止措置とし、核酸
供与体の実験分類がクラス3である場合に
あっては別表第五に掲げるP2Pレベルの拡
散防止措置とすること。

ハ　第一号ハに掲げる遺伝子組換え生物等
（ホに掲げる遺伝子組換え生物等を除く。）

宿主の実験分類がクラス1又はクラス2
である場合に、それぞれ別表第五に掲げる
P1Pレベル又はP2Pレベルの拡散防止措置
とすること。

ニ　第一号ニに掲げる遺伝子組換え生物等

植物作成実験に係る遺伝子組換え生物等
にあっては宿主の実験分類が、植物接種実
験に係る遺伝子組換え生物等（植物により
保有されているものに限る。）及びきのこ作
成実験に係る遺伝子組換え生物等にあって
は宿主の実験分類又は核酸供与体の実験分
類のうち実験分類の名称中の数のいずれか
小さくない方が、クラス1又はクラス2で
ある場合に、それぞれ別表第五に掲げる
P2Pレベル又はP3Pレベルの拡散防止措置
とすること。

ホ　次の(1)から(4)までに掲げる要件のいず
れにも該当する遺伝子組換え生物等　別表
第五に掲げる特定網室の拡散防止措置とす
ること。

（1）供与核酸が同定済核酸であり、かつ、
哺乳動物等に対する病原性及び伝達性に
関係しないことが科学的知見に照らし推
定されること。

（2）供与核酸が宿主の染色体の核酸に組み
込まれており、かつ、転移因子を含まな
いこと。

（3）花粉、胞子及び種子（以下「花粉等」と
いう。）の飛散性並びに交雑性が宿主と比
較して増大しないことが科学的知見に照
らし推定されること。

（4）微生物である遺伝子組換え生物等を保
有していない植物であること。

（保管に当たって執るべき拡散防止措置）

第六条　研究開発等に係る遺伝子組換え生物等の
第二種使用等のうち、保管（遺伝子組換え実験又
は細胞融合実験の過程において行われる保管を
除く。）に当たって執るべき拡散防止措置は、次
に定めるとおりとする（施行規則第十六条第一
号、第二号及び第四号に掲げる場合並びに虚偽
の情報の提供を受けていたために、第二種使用
等に当たって執るべき拡散防止措置を執らない
で第二種使用等をする場合を除く。）。

一　遺伝子組換え生物等が漏出、逃亡その他拡
散しない構造の容器に入れ、かつ、当該容器
の見やすい箇所に、遺伝子組換え生物等であ
る旨を表示すること。

二　前号の遺伝子組換え生物等を入れた容器は、
所定の場所に保管するものとし、保管場所が
冷蔵庫その他の保管のための設備である場合
には、当該設備の見やすい箇所に、遺伝子組
換え生物等を保管している旨を表示すること。

（運搬に当たって執るべき拡散防止措置）

第七条　研究開発等に係る遺伝子組換え生物等の
第二種使用等のうち、運搬（遺伝子組換え実験又
は細胞融合実験の過程において行われる運搬を
除く。）に当たって執るべき拡散防止措置は、次
に定めるとおりとする（施行規則第十六条第一
号、第二号及び第四号に掲げる場合並びに虚偽
の情報の提供を受けていたために、第二種使用
等に当たって執るべき拡散防止措置を執らない
で第二種使用等をする場合を除く。）。

一　遺伝子組換え生物等が漏出、逃亡その他拡
散しない構造の容器に入れること。

二　当該遺伝子組換え生物等の遺伝子組換え実
験又は細胞融合実験に当たって執るべき拡散
防止措置が、P1レベル、P2レベル、LSCレベ
ル、LS1レベル、P1Aレベル、P2Aレベル、特
定飼育区画、P1Pレベル、P2Pレベル及び特定
網室以外のものである場合にあっては、前号
に規定する措置に加え、前号に規定する容器
を、通常の運搬において事故等により当該容
器が破損したとしても当該容器内の遺伝子組

換え生物等が漏出、逃亡その他拡散しない構造の容器に入れること。

三　最も外側の容器（容器を包装する場合にあっては、当該包装）の見やすい箇所に、取扱いに注意を要する旨を表示すること。

（申請書の記載事項）
第八条　法第十三条第二項第四号の主務省令で定める事項は、次に掲げる事項とする。

一　第二種使用等の名称

二　第二種使用等をする場所の名称及び所在地

三　第二種使用等の目的及び概要

四　遺伝子組換え生物等を保有している動物又は植物の特性（動物接種実験又は植物接種実験の場合に限る。）

五　微生物である遺伝子組換え生物等を保有している細胞等（動物及び植物以外のものに限る。以下この号において同じ。）の特性（微生物である遺伝子組換え生物等を保有している細胞等を用いる場合に限る。）

（申請書の様式）
第九条　法第十三条第二項に規定する申請書の様式は、別記様式のとおりとする。

附則

この省令は、法の施行の日（平成十六年二月十九日）から施行する。

別表第一（第四条関係）

一　微生物使用実験のうち次のイからチまでに掲げる遺伝子組換え生物等に係るもの

イ　宿主又は核酸供与体のいずれかが第三条の表各号の下欄に掲げるもの以外のものである遺伝子組換え生物等（認定宿主ベクター系を用いた遺伝子組換え生物等であって、核酸供与体がウイルス及びウイロイド以外の生物（ヒトを含む。）であるもののうち、供与核酸が同定済核酸であり、かつ、哺乳動物等に対する病原性及び伝達性に関係しないことが科学的知見に照らし推定されるも

のを除く。）

ロ　宿主の実験分類又は核酸供与体の実験分類のいずれかがクラス４である遺伝子組換え生物等

ハ　宿主の実験分類がクラス３である遺伝子組換え生物等

ニ　認定宿主ベクター系を用いていない遺伝子組換え生物等であって、核酸供与体の実験分類がクラス３であるもののうち、供与核酸が同定済核酸でないもの又は同定済核酸であって哺乳動物等に対する病原性若しくは伝達性に関係し、かつ、その特性により宿主の哺乳動物等に対する病原性を著しく高めることが科学的知見に照らし推定されるもの

ホ　宿主の実験分類がクラス２である遺伝子組換え生物等（ウイルス又はウイロイドであるものを除く。）であって、供与核酸が薬剤耐性遺伝子（哺乳動物等が当該遺伝子組換え生物等に感染した場合に当該遺伝子組換え生物等に起因する感染症の治療が困難となる性質を当該遺伝子組換え生物等に対し付与するものに限る。）を含むもの

ヘ　自立的な増殖力及び感染力を保持したウイルス又はウイロイド（文部科学大臣が定めるものを除く。）である遺伝子組換え生物等であって、その使用等を通じて増殖するもの

ト　供与核酸が、哺乳動物等に対する半数致死量が体重一キログラム当たり百マイクログラム以下である蛋白性毒素に係る遺伝子を含む遺伝子組換え生物等（宿主が大腸菌である認定宿主ベクター系を用いた遺伝子組換え生物等であって、供与核酸が哺乳動物等に対する半数致死量が体重一キログラム当たり百ナノグラムを超える蛋白性毒素に係る遺伝子を含むものを除く。）

チ　イからトまでに掲げるもののほか、文部科学大臣が定めるもの

二　大量培養実験のうち次のイからホまでに掲

げる遺伝子組換え生物等に係るもの

イ　第一号イからトまでに掲げる遺伝子組換え生物等

ロ　認定宿主ベクター系を用いていない遺伝子組換え生物等であって、宿主の実験分類又は核酸供与体の実験分類がクラス２であるもののうち、供与核酸が哺乳動物等に対する病原性又は伝達性に関係し、かつ、その特性により宿主の哺乳動物等に対する病原性を著しく高めることが科学的知見に照らし推定されるもの

ハ　特定認定宿主ベクター系を用いていない遺伝子組換え生物等であって、核酸供与体の実験分類がクラス３であるもの（第一号ニに掲げるものを除く。）

ニ　第五条第二号イからハまでに掲げる遺伝子組換え生物等であって、その使用等において別表第三に掲げるLSCレベルの拡散防止措置を執るもの

ホ　イからニまでに掲げるもののほか、文部科学大臣が定めるもの

三　動物使用実験のうち次のイからニまでに掲げる遺伝子組換え生物等に係るもの

イ　第一号イからトまでに掲げる遺伝子組換え生物等

ロ　宿主が動物である遺伝子組換え生物等であって、供与核酸が哺乳動物等に対する病原性がある微生物の感染を引き起こす受容体（宿主と同一の分類学上の種に属する生物が有していないものに限る。）を宿主に対し付与する遺伝子を含むもの

ハ　第五条第三号イからハまでに掲げる遺伝子組換え生物等であって、その使用等において別表第四に掲げる特定飼育区画の拡散防止措置を執るもの

ニ　イからハまでに掲げるもののほか、文部科学大臣が定めるもの

四　植物等使用実験のうち次のイからハまでに掲げる遺伝子組換え生物等に係るもの

イ　第一号イからトまでに掲げる遺伝子組換

え生物等

ロ　第五条第四号イからハまでに掲げる遺伝子組換え生物等であって、その使用等において別表第五に掲げる特定網室の拡散防止措置を執るもの

ハ　イ及びロに掲げるもののほか、文部科学大臣が定めるもの

別表第二（第四条第一号関係）

拡散防止措置の区分	拡散防止措置の内容
一　P1レベル	イ　施設等について、実験室が、通常の生物の実験室としての構造及び設備を有すること。 ロ　遺伝子組換え実験の実施に当たり、次に掲げる事項を遵守すること。 （1）遺伝子組換え生物等を含む廃棄物（廃液を含む。以下同じ。）については、廃棄の前に遺伝子組換え生物等を不活化するための措置を講ずること。 （2）遺伝子組換え生物等が付着した設備、機器及び器具については、廃棄又は再使用（あらかじめ洗浄を行う場合にあっては、当該洗浄。以下「廃棄等」という。）の前に遺伝子組換え生物等を不活化するための措置を講ずること。 （3）実験台については、実験を行った日における実験の終了後、及び遺伝子組換え生物等が付着したときは直ちに、遺伝子組換え生物等を不活化するための措置を講ずること。 （4）実験室の扉については、閉じておくこと（実験室に出入りするときを除く。）。 （5）実験室の窓等については、昆虫等の侵入を防ぐため、閉

研究開発二種省令

	じておく等の必要な措置を講ずること。 (6) すべての操作において、エアロゾルの発生を最小限にとどめること。 (7) 実験室以外の場所で遺伝子組換え生物等を不活化するための措置を講じようとするときその他の実験の過程において遺伝子組換え生物等を実験室から持ち出すときは、遺伝子組換え生物等が漏出その他拡散しない構造の容器に入れること。 (8) 遺伝子組換え生物等を取り扱う者に当該遺伝子組換え生物等が付着し、又は感染することを防止するため、遺伝子組換え生物等の取扱い後における手洗い等必要な措置を講ずること。 (9) 実験の内容を知らない者が、みだりに実験室に立ち入らないための措置を講ずること。
二　P2レベル	イ　施設等について、次に掲げる要件を満たすこと。 (1) 前号イに掲げる要件 (2) 実験室に研究用安全キャビネットが設けられていること（エアロゾルが生じやすい操作をする場合に限る。）。 (3) 遺伝子組換え生物等を不活化するために高圧滅菌器を用いる場合には、実験室のある建物内に高圧滅菌器が設けられていること。 ロ　遺伝子組換え実験の実施に当たり、次に掲げる事項を遵守すること。 (1) 前号ロに掲げる事項
	(2) エアロゾルが生じやすい操作をするときは、研究用安全キャビネットを用いることとし、当該研究用安全キャビネットについては、実験を行った日における実験の終了後に、及び遺伝子組換え生物等が付着したときは直ちに、遺伝子組換え生物等を不活化するための措置を講ずること。 (3) 実験室の入口及び遺伝子組換え生物等を実験の過程において保管する設備（以下「保管設備」という。）に、「P2レベル実験中」と表示すること。 (4) 執るべき拡散防止措置がP1レベル、P1Aレベル又はP1Pレベルである実験を同じ実験室で同時に行うときは、これらの実験の区域を明確に設定すること、又はそれぞれP2レベル、P2Aレベル若しくはP2Pレベルの拡散防止措置を執ること。
三　P3レベル	イ　施設等について、次に掲げる要件を満たすこと。 (1) 第一号イに掲げる要件 (2) 実験室の出入口に前室（自動的に閉まる構造の扉が前後に設けられ、かつ、更衣をすることができる広さのものに限る。以下同じ。）が設けられていること。 (3) 実験室の床、壁及び天井の表面については、容易に水洗及び燻蒸をすることができる構造であること。 (4) 実験室又は実験区画（実験室及び前室からなる区画をいう。以下同じ。）については、

昆虫等の侵入を防ぎ、及び容易に燻蒸をすることができるよう、密閉状態が維持される構造であること。

(5) 実験室又は前室の主な出口に、足若しくは肘で又は自動で操作することができる手洗い設備が設けられていること。

(6) 空気が実験室の出入口から実験室の内側へ流れていくための給排気設備が設けられていること。

(7) 排気設備については、実験室からの排気（ヘパフィルターでろ過された排気（研究用安全キャビネットからの排気を含む。）を除く。）が、実験室及び実験室のある建物内の他の部屋に再循環されないものであること。

(8) 排水設備については、実験室からの排水が、遺伝子組換え生物等を不活化するための措置が講じられた後で排出されるものであること。

(9) 実験室に研究用安全キャビネットが設けられていること（エアロゾルが生じ得る操作をする場合に限る。）。

(10) 研究用安全キャビネットを設ける場合には、検査、ヘパフィルターの交換及び燻蒸が、当該研究用安全キャビネットを移動しないで実施することができるようにすること。

(11) 実験室内に高圧滅菌器が設けられていること。

(12) 真空吸引ポンプを用いる場合には、当該実験室専用とされ、かつ、消毒液を用いた捕捉

装置が設けられていること。

ロ 遺伝子組換え実験の実施に当たり、次に掲げる事項を遵守すること。

(1) 第一号ロ(1)から(4)まで及び(6)から(9)までに掲げる事項

(2) 実験室においては、長そでで前の開かない作業衣、保護履物、保護帽、保護眼鏡及び保護手袋（以下「作業衣等」という。）を着用すること。

(3) 作業衣等については、廃棄等の前に遺伝子組換え生物等を不活化するための措置を講ずること。

(4) 前室の前後に設けられている扉については、両方を同時に開けないこと。

(5) エアロゾルが生じ得る操作をするときは、研究用安全キャビネットを用い、かつ、実験室に出入りをしないこととし、当該研究用安全キャビネットについては、実験を行った日における実験の終了後に、及び遺伝子組換え生物等が付着したときは直ちに、遺伝子組換え生物等を不活化するための措置を講ずること。

(6) 実験室の入口及び保管設備に、「P3 レベル実験中」と表示すること。

(7) 執るべき拡散防止措置のレベルが P3 レベル、P3A レベル又は P3P レベルより低い実験を同じ実験室で同時に行うときは、それぞれ P3 レベル、P3A レベル又は P3P レベルの拡散防止措置を執ること。

434

別表第三（第四条第二号関係）

拡散防止措置の区分	拡散防止措置の内容
一　LSC レベル	イ　施設等について、実験区域（遺伝子組換え実験を実施する区域であって、それ以外の区域と明確に区別できるもの。以下同じ。）が設けられていること。 ロ　遺伝子組換え実験の実施に当たり、次に掲げる事項を遵守すること。 　(1)　別表第二第一号ロ(1)、(2)及び(6)から(9)までに掲げる事項。この場合において、これらの規定中「実験室」とあるのは「実験区域」と読み替えるものとする。 　(2)　実験区域に、「LSC レベル大量培養実験中」と表示すること。
二　LS1 レベル	イ　施設等について、次に掲げる要件を満たすこと。 　(1)　前号イに掲げる要件 　(2)　培養設備等については、遺伝子組換え生物等がその外部へ流出しないものであること。 　(3)　排気設備については、培養設備等からの排気が、除菌用フィルター又はそれと同等の除菌効果を有する機器を通じて排出されるものであること。 ロ　遺伝子組換え実験の実施に当たり、次に掲げる事項を遵守すること。 　(1)　前号ロ(1)に掲げる事項 　(2)　培養設備等に遺伝子組換え生物等を植菌するとき、培養設備等から遺伝子組換え生物等を試料用として採取するとき、及び培養設備等から遺伝子組換え生物等を他の設備又は機器に移し替えるときは、遺伝子組換え生物等が漏出その他拡散しない構造の容器に入れ、又は同様の構造の配管を用いることとし、培養設備等その他の設備及び機器、当該容器の外壁並びに実験区域の床又は地面に遺伝子組換え生物等が付着したときは、直ちに遺伝子組換え生物等の不活化を行うこと。 　(3)　実験区域及び保管設備に、「LS1 レベル大量培養実験中」と表示すること。
三　LS2 レベル	イ　施設等について、次に掲げる要件を満たすこと。 　(1)　第一号イに掲げる要件 　(2)　培養設備等については、遺伝子組換え生物等がその外部に流出されず、かつ、閉じたままでその内部にある遺伝子組換え生物等を不活化するための措置を講ずることができるものであり、及び当該培養設備等に直接接続する回転シール、配管弁その他の部品は、遺伝子組換え生物等がその外部に排出されないものであること。 　(3)　排気設備については、培養設備等からの排気が、ヘパフィルター又はこれと同等の除菌効果を有する機器を通じて排出されるものであること。 　(4)　実験区域に研究用安全キャビネット又はこれと同等の拡散防止の機能を有する装置（以下「研究用安全キャビネット等」という。）が設けられていること（エアロゾルが生じやすい

操作をする場合に限る。)。

(5) 研究用安全キャビネット等を設ける場合には、検査、ヘパフィルターの交換及び燻蒸が、当該研究用安全キャビネット等を移動しないで実施することができるようにすること。

(6) 遺伝子組換え生物等を不活化するために高圧滅菌器を用いる場合には、実験区域のある建物内に高圧滅菌器が設けられていること。

(7) 培養設備等及びこれと直接接続する機器等については、これらを使用している間の密閉の程度を監視するための装置が設けられていること。

ロ 遺伝子組換え実験の実施に当たり、次に掲げる事項を遵守すること。

(1) 第一号ロ(1)及び前号ロ(2)に掲げる事項

(2) エアロゾルが生じやすい操作をするときは、研究用安全キャビネット等を用いることとし、当該研究用安全キャビネット等については、実験を行った日における実験の終了後に、及び遺伝子組換え生物等が付着したときは直ちに、遺伝子組換え生物等を不活化するための措置を講ずること。

(3) 培養設備等及びこれと直接接続する機器等を使用しているときは、これらの密閉の程度について、常時、監視装置により確認すること。

(4) 実験区域及び保管設備に、「LS2レベル大量培養実験中」と表示すること。

別表第四（第四条第三号関係）

拡散防止措置の区分	拡散防止措置の内容
一 P1Aレベル	イ 施設等について、次に掲げる要件を満たすこと。 (1) 実験室については、通常の動物の飼育室としての構造及び設備を有すること。 (2) 実験室の出入口、窓その他の動物である遺伝子組換え生物等及び遺伝子組換え生物等を保有している動物(以下「組換え動物等」という。)の逃亡の経路となる箇所に、当該組換え動物等の習性に応じた逃亡の防止のための設備、機器又は器具が設けられていること。 (3) 組換え動物等のふん尿等の中に遺伝子組換え生物等が含まれる場合には、当該ふん尿等を回収するために必要な設備、機器若しくは器具が設けられていること、又は実験室の床が当該ふん尿等を回収することができる構造であること。 ロ 遺伝子組換え実験の実施に当たり、次に掲げる事項を遵守すること。 (1) 別表第二第一号ロ(1)から(6)まで、(8)及び(9)に掲げる事項 (2) 実験室以外の場所で遺伝子組換え生物等を不活化するための措置を講じようとするときその他の実験の過程において組換え動物等を実験室から持ち出すときは、遺伝子組換え生物等が逃亡その他拡散しない構造の容器に入れること。 (3) 組換え動物等を、移入した

拡散防止措置の区分	拡散防止措置の内容
	組換え核酸の種類又は保有している遺伝子組換え生物等の種類ごとに識別することができる措置を講ずること。 (4) 実験室の入口に、「組換え動物等飼育中」と表示すること。
二 P2A レベル	イ 施設等について、次に掲げる要件を満たすこと。 (1) 別表第二第二号イ(2)及び(3)に掲げる要件 (2) 前号イに掲げる要件 ロ 遺伝子組換え実験の実施に当たり、次に掲げる事項を遵守すること。 (1) 別表第二第一号ロ(1)から(6)まで、(8)及び(9)並びに第二号ロ(2)及び(4)に掲げる事項 (2) 前号ロ(2)及び(3)に掲げる事項 (3) 実験室の入口に、「組換え動物等飼育中(P2)」と表示すること。
三 P3A レベル	イ 施設等について、次に掲げる要件を満たすこと。 (1) 別表第二第三号イ(2)から(12)までに掲げる要件 (2) 第一号イに掲げる要件 ロ 遺伝子組換え実験の実施に当たり、次に掲げる事項を遵守すること。 (1) 別表第二第一号ロ(1)から(4)まで、(6)、(8)及び(9)並びに第三号ロ(2)から(5)まで及び(7)に掲げる事項 (2) 第一号ロ(2)及び(3)に掲げる事項 (3) 実験室の入口に、「組換え動物等飼育中(P3)」と表示すること。
四 特定飼育区画	イ 施設等について、組換え動物等を飼育する区画(以下「飼育区画」という。)は、組換え動物等の習性に応じた逃亡防止のための設備が二重に設けられていること。 ロ 遺伝子組換え実験の実施に当たり、次に掲げる事項を遵守すること。 (1) 別表第二第一号ロ(1)、(2)、(4)、(8)及び(9)に掲げる事項。この場合において、これらの規定中「実験室」とあるのは「飼育区画」と読み替えるものとする。 (2) 第一号ロ(2)から(4)までに掲げる事項。この場合において、これらの規定中「実験室」とあるのは「飼育区画」と読み替えるものとする。

別表第五(第四条第四号関係)

拡散防止措置の区分	拡散防止措置の内容
一 P1P レベル	イ 施設等について、次に掲げる要件を満たすこと。 (1) 実験室については、通常の植物の栽培室としての構造及び設備を有すること。 (2) 排気設備については、植物又はきのこ類である遺伝子組換え生物等及び遺伝子組換え生物等を保有している植物(以下「組換え植物等」という。)の花粉等が飛散しやすい操作をする場合には、実験室からの排気中に含まれる当該組換え植物等の花粉等を最小限にとどめるものであること。 ロ 遺伝子組換え実験の実施に当たり、次に掲げる事項を遵守す

		ること。 (1) 別表第二第一号ロに掲げる事項 (2) 実験室の入口に、「組換え植物等栽培中」と表示すること。
二　P2Pレベル	イ	施設等について、次に掲げる要件を満たすこと。 (1) 別表第二第二号イ(2)及び(3)に掲げる要件 (2) 前号イに掲げる要件
	ロ	遺伝子組換え実験の実施に当たり、次に掲げる事項を遵守すること。 (1) 別表第二第一号ロ並びに第二号ロ(2)及び(4)に掲げる事項 (2) 実験室の入口に、「組換え植物等栽培中(P2)」と表示すること。
三　P3Pレベル	イ	施設等について、次に掲げる要件を満たすこと。 (1) 別表第二第三号イ(2)から(12)までに掲げる要件 (2) 第一号イに掲げる要件
	ロ	遺伝子組換え実験の実施に当たり、次に掲げる事項を遵守すること。 (1) 別表第二第一号ロ(1)から(4)まで及び(6)から(9)まで並びに第三号ロ(2)から(5)まで及び(7)に掲げる事項 (2) 実験室の入口に、「組換え植物等栽培中(P3)」と表示すること。
四　特定網室	イ	施設等について、次に掲げる要件を満たすこと。 (1) 組換え植物等を栽培する施設(以下「網室」という。)については、外部からの昆虫の侵入を最小限にとどめるため、外気に開放された部分に網その他の設備が設けられていること。 (2) 屋外から網室に直接出入りすることができる場合には、当該出入口に前室が設けられていること。 (3) 網室からの排水中に遺伝子組換え生物等が含まれる場合には、当該排水を回収するために必要な設備、機器又は器具が設けられていること、又は網室の床又は地面が当該排水を回収することができる構造であること。
	ロ	遺伝子組換え実験の実施に当たり、次に掲げる事項を遵守すること。 (1) 別表第二第一号ロ(1)、(2)、(4)及び(7)から(9)までに掲げる事項。この場合において、これらの規定中「実験室」とあるのは「網室」と読み替えるものとする。 (2) 組換え植物等の花粉等を持ち出す昆虫の防除を行うこと。 (3) 組換え植物等の花粉等が飛散する時期に窓を閉じておくことその他の組換え植物等の花粉等が網室の外部に飛散することを防止するための措置を講ずること(組換え植物等の花粉等が網室の外部へ飛散した場合に当該花粉等が交配しないとき、又は発芽しないときを除く。)。 (4) 網室の入口に、「組換え植物等栽培中」と表示すること。

別記様式　略

○遺伝子組換え生物等の第二種使用等のうち産業
　上の使用等に当たって執るべき拡散防止措置等
　を定める省令

　　　　　　　　（平成十六年一月二十九日）
（財務省、厚生労働省、農林水産省、経済産業省、
　　　　　　　　　　　　　　環境省令第一号）

　　最近改正：平成一八年六月六日省令第二号

（目的）
第一条　この省令は、遺伝子組換え生物等の第二
　種使用等のうち産業上の使用等（千九百八十六
　年七月十六日の工業、農業及び環境で組換え体
　を利用する際の安全性の考察に関する経済協力
　開発機構理事会勧告に準拠して審査がなされる
　ことが望ましい遺伝子組換え生物等である物の
　商業化又は実用化に向けた使用等を含む。以下
　同じ。）に当たって執るべき拡散防止措置及び執
　るべき拡散防止措置が定められていない場合の
　拡散防止措置の確認に関し必要な事項を定め、
　もって遺伝子組換え生物等の産業上の使用等の
　適正な実施を確保することを目的とする。

（定義）
第二条　この省令において、次の各号に掲げる用
　語の意義は、それぞれ当該各号に定めるところ
　による。
　一　遺伝子組換え微生物　遺伝子組換え生物等
　　の使用等の規制による生物の多様性の確保に
　　関する法律（以下「法」という。）第二条第二項
　　第一号に掲げる技術の利用により得られた核
　　酸又はその複製物を有する遺伝子組換え生物
　　等のうち、菌界に属する生物（きのこ類を除
　　く。）、原生生物界に属する生物、原核生物界に
　　属する生物、ウイルス及びウイロイドをいう。
　二　遺伝子組換え動物　法第二条第二項第一号
　　に掲げる技術の利用により得られた核酸又は
　　その複製物を有する遺伝子組換え生物等のう
　　ち、動物界に属する生物をいう。
　三　遺伝子組換え植物等　法第二条第二項第一
　　号に掲げる技術の利用により得られた核酸又
　　はその複製物を有する遺伝子組換え生物等の

　　うち、植物界に属する生物及び菌界に属する
　　生物（きのこ類に限る。）をいう。
（平一八財厚労農水経産環省令二・一部改正）

（遺伝子組換え微生物の生産工程中における使
　用等に当たって執るべき拡散防止措置）
第三条　遺伝子組換え生物等の産業上の使用等の
　うち、遺伝子組換え微生物の生産工程中におけ
　る使用等（生産工程中における保管及び運搬を
　含む。別表において同じ。）に当たって執るべき
　拡散防止措置は、別表の上欄に掲げる遺伝子組
　換え生物等の区分に応じ、それぞれ同表の下欄
　に定めるとおりとする（遺伝子組換え生物等の
　使用等の規制による生物の多様性の確保に関す
　る法律施行規則（平成十五年財務省、文部科学省、
　厚生労働省、農林水産省、経済産業省、環境省
　令第一号。以下「施行規則」という。）第十六条
　第一号、第二号及び第四号に掲げる場合並びに
　虚偽の情報の提供を受けていたために、第二種
　使用等に当たって執るべき拡散防止措置を執ら
　ないで第二種使用等をする場合を除く。）。

（保管に当たって執るべき拡散防止措置）
第四条　遺伝子組換え生物等の産業上の使用等の
　うち、保管（生産工程中における保管を除く。）
　に当たって執るべき拡散防止措置は、次に定め
　るとおりとする（施行規則第十六条第一号、第二
　号及び第四号に掲げる場合並びに虚偽の情報の
　提供を受けていたために、第二種使用等に当た
　って執るべき拡散防止措置を執らないで第二種
　使用等をする場合を除く。）。
　一　遺伝子組換え生物等が漏出、逃亡その他拡
　　散しない構造の容器に入れ、かつ、当該容器
　　の見やすい箇所に、遺伝子組換え生物等であ
　　る旨を表示すること。
　二　前号の遺伝子組換え生物等を入れた容器は、
　　遺伝子組換え生物等以外の生物等と明確に区
　　別して保管することとし、当該保管のための
　　設備の見やすい箇所に、遺伝子組換え生物等
　　を保管している旨を表示すること。

（運搬に当たって執るべき拡散防止措置）

第五条 遺伝子組換え生物等の産業上の使用等のうち、運搬(生産工程中における運搬を除く。)に当たって執るべき拡散防止措置は、次に定めるとおりとする(施行規則第十六条第一号、第二号及び第四号に掲げる場合並びに虚偽の情報の提供を受けていたために、第二種使用等に当たって執るべき拡散防止措置を執らないで第二種使用等をする場合を除く。)。

一 遺伝子組換え生物等が漏出、逃亡その他拡散しない構造の容器等に入れること。

二 前号の遺伝子組換え生物等を入れた容器(容器を包装する場合にあっては、当該包装)の見やすい箇所に、取扱いに注意を要する旨を表示すること。

(申請書の記載事項)

第六条 法第十三条第二項第四号の主務省令で定める事項は、次に掲げる事項とする。

一 遺伝子組換え生物等の種類の名称

二 第二種使用等をする場所の名称及び所在地

三 第二種使用等の目的及び概要

(申請書の様式)

第七条 法第十三条第二項に規定する申請書の様式は、次の各号に掲げる遺伝子組換え生物等の区分に応じ、それぞれ当該各号に定める様式とする。

一 遺伝子組換え微生物 様式第一

二 遺伝子組換え動物 様式第二

三 遺伝子組換え植物等 様式第三

(平一八財厚労農水経産環省令二・一部改正)

附則

この省令は、法の施行の日(平成十六年二月十九日)から施行する。

附則(平成一八年六月六日財務省、厚生労働省、農林水産省、経済産業省、環境省令第二号)

この省令は、公布の日から施行する。

別表(第三条関係)

遺伝子組換え生物等の区分	拡散防止措置の内容
一 GILSP遺伝子組換え微生物(特殊な培養条件下以外では増殖が制限されること、病原性がないこと等のため最小限の拡散防止措置を執ることにより使用等をすることができるものとして財務大臣、厚生労働大臣、農林水産大臣、経済産業大臣又は環境大臣が定めるもの)	イ 施設等について、作業区域(遺伝子組換え微生物を使用等する区域であって、それ以外の区域と明確に区別できるもの。以下同じ。)が設けられていること。 ロ 作業区域内に、遺伝子組換え微生物を利用して製品を製造するための培養又は発酵の用に供する設備が設けられていること。 ハ 作業区域内に、製造又は試験検査に使用する器具、容器等を洗浄し、又はそれらに付着した遺伝子組換え微生物を不活化するための設備が設けられていること。 ニ 遺伝子組換え微生物の生物学的性状についての試験検査をするための設備が設けられていること。 ホ 遺伝子組換え微生物を他のものと区別して保管できる設備が設けられていること。 ヘ 廃液又は廃棄物は、それに含まれる遺伝子組換え微生物の数を最小限にとどめる措置をとった後、廃棄すること。 ト 生産工程中において遺伝子組換え微生物を施設等の外に持ち出すときは、遺伝子組換え微生物が漏出しない構造の容器に入れること。
二 カテゴリー1遺伝子組換え微生物(前号に掲げるも	イ 前号イからホまで及びトに掲げる事項 ロ その外の大気、水又は土壌と遺伝子組換え微生物とを

産業利用二種省令

の以外のものであって、病原性がある可能性が低いものとして財務大臣、厚生労働大臣、農林水産大臣、経済産業大臣又は環境大臣が定めるもの)	物理的に分離する施設等であること。 ハ　作業区域内に、事業の従事者が使用する洗浄又は消毒のための設備が設けられていること。 ニ　必要に応じ、作業区域内に設置された室内における空気中の遺伝子組換え微生物の数を最小限にとどめるための換気設備(遺伝子組換え微生物を捕捉できるものに限る。)が設けられていること。 ホ　設置時及び定期的に、培養又は発酵の用に供する設備及び当該設備に直接接続された設備(以下「培養設備等」という。)の密閉の程度又は性能の検査を行うこと。 ヘ　培養設備等のうち漏出防止機能に係る部分の改造又は交換を行った場合には、その都度、当該設備の密閉の程度又は性能の検査を行うこと。 ト　廃液及び廃棄物を不活化すること。 チ　除菌設備については、交換時、定期検査時及び製造業務内容の変更時に、付着した遺伝子組換え微生物を不活化すること。 リ　遺伝子組換え微生物を培養又は発酵の用に供する設備に入れ、又はこれから取り出す場合に、遺伝子組換え微生物が施設等から漏出しないよう取り扱うとともに、培養設備等の外面に遺伝子組換え微生物が付着した場合には、直ちに不活化すること。

	ヌ　作業終了後、使用した培養設備等を洗浄し、又はそれに付着した遺伝子組換え微生物を不活化すること。 ル　作業区域内を清潔に保ち、げっ歯類、昆虫類等の駆除に努めること。 ヲ　教育訓練を受けた事業の従事者以外の者の作業区域への立入りを制限し、仮に立ち入る場合は、事業の従事者の指示に従わせること。 ワ　作業区域には、その見やすいところに「カテゴリー1取扱い中」と表示すること。

様式第一から三まで　略

〇遺伝子組換え生物等の使用等の規制による生物の多様性の確保に関する法律第三条の規定に基づく基本的事項

（平成十五年十一月二十一日）
（財務省、文部科学省、厚生労働省、農林水産省、経済産業省、環境省告示第一号）

最近改正：平成二九年一二月四日告示第二号

　現代のバイオテクノロジーが急速に拡大するとともに、現代のバイオテクノロジーが生物の多様性に及ぼす可能性のある悪影響についての懸念が増大しており、安全上の措置が十分に執られた上で開発され及び利用されるならば現代のバイオテクノロジーは人類の福祉にとって多大な可能性を有するとの認識の下、遺伝子組換え生物等に関し、特に国境を越える移動に着目した国際的な枠組みが必要とされ、平成十二年一月に生物の多様性に関する条約のバイオセーフティに関するカルタヘナ議定書（以下「議定書」という。）が採択された。

　我が国では、遺伝子組換え生物等の使用等について、文部科学省、厚生労働省、農林水産省及び経済産業省がそれぞれ策定したガイドラインに基づき運用がなされてきたところであるが、遺伝子組換え生物等による生物多様性影響の防止に向けた国際的な取組の重要性にかんがみ、議定書の的確かつ円滑な実施を確保することを目的とした遺伝子組換え生物等の使用等の規制による生物の多様性の確保に関する法律（以下「法」という。）を制定した。

　また、議定書第二十七条の規定に基づき、遺伝子組換え生物等の国境を越える移動から生ずる損害についての責任及び救済の分野における国際的な規則及び手続を規定する、バイオセーフティに関するカルタヘナ議定書の責任及び救済に関する名古屋・クアラルンプール補足議定書（以下「補足議定書」という。）が、平成二十二年十月に採択された。

　我が国では、法の規定に基づき遺伝子組換え生物等の使用等に係る生物多様性影響の防止を図っているところであるが、遺伝子組換え生物等に係る責任及び救済の分野における国際的な取組の重要性に鑑み、補足議定書の円滑な実施を確保することを目的として、遺伝子組換え生物等の使用等の規制による生物の多様性の確保に関する法律の一部を改正する法律（平成二十九年法律第十八号）を制定した。

　本事項は、法第三条の規定に基づき、議定書及び補足議定書の的確かつ円滑な実施を図るため、必要な事項を定めるものである。

第一　遺伝子組換え生物等の使用等により生ずる影響であって、生物の多様性を損なうおそれのあるものを防止するための施策の実施に関する基本的な事項

　1　遺伝子組換え生物等の第一種使用等に係る基本的な事項

　　遺伝子組換え生物等を作成し又は輸入して第一種使用等をしようとする者その他の遺伝子組換え生物等の第一種使用等をしようとする者が、既に公表された第一種使用規程に従った第一種使用等をする場合等を除き、受けなければならない第一種使用規程の承認に係る手続については、次によること。

　(1)　第一種使用規程の承認の申請

　　イ　第一種使用規程の承認の申請に当たり提出すべき生物多様性影響評価書は、次に掲げる事項に留意して主務大臣が定める評価の方法に従って作成すること。

　　　①　生物多様性影響の評価に際して着目すべき点は、遺伝子組換え生物等の特性によって様々であることから、植物（植物界に属する生物及び菌界に属する生物のうちきのこ類をいう。）、動物（動物界に属する生物をいう。）及び微生物（菌界に属する生物（きのこ類を除く。）、原生生物界に属する生物、原核生物界に属する生物、ウイルス及びウイロイドをいう。）ごとに評価の項目を定めること。

　　　②　生物多様性影響の評価に必要とされる情報は、最新の科学的知見によることとし、遺伝子組換え生物等の第一種使用等の目的、内容及び方法に応じ、当該遺伝子組換え生物等の宿主（法第

二条第二項第一号に掲げる技術の利用により得られた核酸又はその複製物が移入される生物をいう。以下同じ。）又は当該宿主の属する分類学上の種に関する情報、遺伝子組換え生物等の調製等に関する情報及び遺伝子組換え生物等の使用等に関する情報とすること。

③　生物多様性影響の評価は、議定書附属書Ⅲに規定された方法に沿って、影響を受ける可能性のある野生動植物等の特定、影響の具体的内容の評価、影響の生じやすさの評価、生物多様性影響が生じるおそれの有無等の判断の手順によること。

④　②の遺伝子組換え生物等の使用等に関する情報には、必要に応じ、承認を受けようとする者による第一種使用等の開始後における情報収集、生物多様性影響が生ずるおそれのある場合における生物多様性影響を防止するための措置、実験室等での使用等又は第一種使用等が予定されている環境と類似の環境での使用等（原則として遺伝子組換え生物等の生活環又は世代時間に相応する適当な期間行われるものをいう。(2)ロ②において同じ。）の結果等を含むこと。

ロ　第一種使用規程の承認の申請に当たり申請書とともに提出する書類は、生物多様性影響評価書のほか、承認を受けようとする者による生物多様性影響の効果的な防止に資する措置（当該承認を受けようとする者による第一種使用等の開始後における情報収集及び生物多様性影響が生ずるおそれのある場合における生物多様性影響を防止するための措置を含む。(2)ロ③において同じ。）の内容を記載した書類とすること（主務大臣が必要と認める場合に限る。）。

(2)　第一種使用規程の承認の審査

イ　学識経験者からの意見聴取

学識経験者については、第一種使用等

をする遺伝子組換え生物等の特性に関し知見を有する専門家及び遺伝子組換え生物等の第一種使用等によって影響を受ける可能性のある生物、生態系等に関し知見を有する専門家から選定すること。

ロ　第一種使用規程の承認の基準

第一種使用規程の承認の申請が次の①から③までのいずれにも適合しているときは、生物多様性影響が生ずるおそれがないものとして、第一種使用規程の承認をするものとする。

①　当該第一種使用規程が、次のいずれかに該当するものであること。

（イ）生物多様性影響評価書及び学識経験者から聴取した意見の内容に照らし、当該第一種使用規程に従って第一種使用等をした場合に影響を受ける可能性があると特定された野生動植物の種又は個体群の維持に支障を及ぼすおそれがないと認められる遺伝子組換え生物等に係る第一種使用規程であること。

（ロ）その宿主又は宿主の属する分類学上の種について我が国での長期間の使用等の経験のある遺伝子組換え生物等であって、生物多様性影響評価書及び学識経験者から聴取した意見の内容に照らし、当該宿主又は宿主の属する分類学上の種と比較して、生物多様性に及ぼす影響の程度が高まっていないと認められるものに係る第一種使用規程であること。

②　当該遺伝子組換え生物等の特性又はその第一種使用等の内容及び方法に応じ、実験室等での使用等又は第一種使用等が予定されている環境と類似の環境での使用等をすることにより、生物多様性影響を評価するための情報が得られていること。

③　当該遺伝子組換え生物等の特性又はその第一種使用等の内容及び方法に応

じ、生物多様性影響の評価に際し勘案した生物多様性影響の効果的な防止に資する措置が確実に講じられるものであること。

ハ 国民の意見の聴取

遺伝子組換え生物等の使用等により生ずる生物多様性影響について国民各層の関心が高いことから、主務大臣は、第一種使用規程の承認に当たって、第一種使用等の内容及び方法に応じ、国民に対し当該承認の申請に係る第一種使用規程等を公表し、それに対して提出された意見及び情報を考慮すること。

ニ 第一種使用規程の承認に当たって考慮すべき事項

主務大臣は第一種使用規程の承認に当たって、遺伝子組換え生物等の第一種使用等による人の健康に対する影響を考慮するとともに、食品として国内で第一種使用等をすることが第一種使用規程の承認申請書で示されているものにあっては、食品、添加物等の規格基準(昭和三十四年十二月厚生省告示第三百七十号)の規定による安全性審査との整合性、飼料として国内で第一種使用等をすることが第一種使用規程の承認申請書で示されているものにあっては、飼料及び飼料添加物の成分規格等に関する省令(昭和五十一年農林省令第三十五号)の規定による安全性についての確認との整合性を考慮すること。

(3) 承認取得者等による情報の収集等

イ 承認取得者は、生物多様性影響の評価に際し勘案した第一種使用等の開始後における情報収集及び生物多様性影響が生ずるおそれのある場合における生物多様性影響を防止するための措置を執る必要があること。

ロ 承認取得者は、主務大臣が法第六条第二項の規定に基づき必要な情報の提供を求めた場合に対応できるよう、第一種使用規程の承認を受けた遺伝子組換え生物

等について、当該遺伝子組換え生物等の第一種使用等をする者に対し、その第一種使用等の状況、第一種使用等により生ずる影響に関する情報の収集を求めることも含め、第一種使用等の状況、第一種使用等により生ずる影響に関する情報の収集に努めること。

ハ 遺伝子組換え生物等の第一種使用等(環境への意図的な導入を目的とするものに限る。)をする者は、当該第一種使用等の状況を把握し、第一種使用等により生ずる影響に関する情報の収集に努めるとともに、必要に応じて関係する行政機関に連絡するよう努めること。

2 遺伝子組換え生物等の第二種使用等に係る基本的な事項

遺伝子組換え生物等の第二種使用等に関し、執るべき拡散防止措置を主務省令により定める場合の考え方及び拡散防止措置の確認の手続については、次によること。

(1) 執るべき拡散防止措置を主務省令により定める場合の考え方

主務大臣は、遺伝子組換え生物等の使用等の実績及び科学的知見を踏まえ、執るべき拡散防止措置をあらかじめ定めることができると判断される第二種使用等について定め、必要に応じ見直しを行うこと。

その際、遺伝子組換え生物等の特性により生物多様性影響を生ずる可能性のある拡散の程度が異なることから、事業等の従事者への影響も考慮しつつ、執るべき拡散防止措置を拡散の程度に応じ段階に分けて定めること。

(2) 主務大臣による拡散防止措置の確認に係る手続

主務大臣は、第二種使用等をしようとする遺伝子組換え生物等について、その特性及び使用等の態様に応じ、用いようとする施設等及び管理方法がその拡散を効果的に防止するものであることを確認すること。

3 遺伝子組換え生物等の輸出入に係る基本的

基本的事項告示

な事項
(1) 遺伝子組換え生物等の輸入に係る手続等
　環境への意図的な導入を目的とした遺伝子組換え生物等の輸入に係る手続等については、次によること。
　イ　権限のある当局
　　我が国の議定書における権限のある当局は、環境省であること。
　ロ　輸入に係る通告の受領及び連絡
　　環境大臣は、環境への意図的な導入を目的とした遺伝子組換え生物等の輸出について書面による通告を受領したときは、当該書面の写しを遺伝子組換え生物等の使用等の規制による生物の多様性の確保に関する法律施行規則(平成十五年財務省、文部科学省、厚生労働省、農林水産省、経済産業省、環境省令第一号)第四十条第一項各号に定める大臣(環境大臣を除く。)に送付するとともに、当該書面に記載された輸入予定者に対し、通告があった旨及び法に基づく第一種使用規程の承認の必要の有無について連絡を行うこと。
　ハ　輸入に係る通告者に対する通報
　　環境大臣は、通告を受領した日から九十日以内に、議定書第九条2に掲げられた事項及び議定書第十条2に規定された情報を、当該通告をした者に対して書面により通報すること。その際、必要に応じ、予定される使用等に関連する他法令についての情報を提供すること。
　ニ　輸入に係る通告に関する決定
　　環境大臣は、通告を受領した日から二百七十日以内に、我が国における使用等に係る決定を、当該通告をした者及び議定書第二十条に規定するバイオセーフティに関する情報交換センター(以下「情報交換センター」という。)に対して書面により通報すること。なお、当該通告をした者に対する通報に際し、必要に応じ、予定される使用等に関連する他法令についての情報を提供すること。

(2) 遺伝子組換え生物等の輸出に係る手続
　遺伝子組換え生物等の輸出に係る手続については、次によること。
　イ　輸入締約国の環境への意図的な導入を目的とする遺伝子組換え生物等の輸出について
　①　輸出に係る通告
　　遺伝子組換え生物等を議定書の締約国(以下「締約国」という。)に対し輸出しようとする者は、当該締約国の権限のある当局に対して、法第二十七条の規定に基づき書面により通告を行うこと。
　　なお、当該締約国がいかなる遺伝子組換え生物等について通告を必要とするか、当該締約国の権限のある当局がどこであるか等については、情報交換センターの情報により判断すること。
　②　追加的な関連情報の提供
　　締約国に通告を行った場合、当該締約国から追加的な関連情報を求められたときは、輸出しようとする者は、議定書の趣旨を踏まえ、必要な情報を提供すること。
　③　危険性の評価
　　締約国に通告を行った場合、当該締約国から議定書第十五条2の規定に基づき危険性の評価の実施及びその費用の負担を求められたときは、輸出しようとする者は、議定書の趣旨を踏まえ、必要な対応を行うこと。
　④　輸入に係る締約国の意思の尊重
　　締約国に通告を行った場合、輸出しようとする者は、当該締約国における輸入についての決定に従うこと。
　⑤　表示
　　輸出しようとする者は、法第二十八条の規定に基づき必要な表示をした上で、輸出を行うこと。
　⑥　違法な輸出に対する措置
　　主務大臣は、遺伝子組換え生物等の輸出が違法に行われた場合には、措置

445

命令の適切な発動等を通じ、生物の多様性の確保を図ること。

⑦　秘密情報の取扱い

輸出しようとする者は、①に基づき通告した情報（議定書第二十一条6に掲げる情報を除く。）又は②に基づき提供した追加的な関連情報であって、秘密のものとして取り扱われるべきものを特定することができること。この場合において、輸入に係る締約国が要請するときは、当該締約国に対し、理由を示す必要があること。また、特定した情報であっても、議定書第二十一条2の規定に基づき、当該締約国が、そのような取扱いの対象としないと決定する場合もあることに留意すること。

ロ　食料若しくは飼料として直接利用し又は加工することを目的とする遺伝子組換え生物等の輸出について

①　輸入に係る締約国の意思の尊重

輸出しようとする者は、輸入に係る締約国が議定書第十一条4の規定に基づき、当該締約国の国内規制の枠組みに従い、輸入に関する決定を行っている場合又は同条6の規定に基づき、情報交換センターを通じて危険性の評価等に従って輸入について決定することを宣言している場合については、これらの決定に従うこと。

②　表示

輸出しようとする者は、法第二十八条の規定に基づき必要な表示をした上で、輸出を行うこと。

③　違法な輸出に対する措置

主務大臣は、遺伝子組換え生物等の輸出が違法に行われた場合には、措置命令の適切な発動等を通じ、生物の多様性の確保を図ること。

ハ　拡散防止措置の下での利用を目的とする遺伝子組換え生物等の輸出について

①　表示

輸出しようとする者は、法第二十八条の規定に基づき必要な表示をした上で、輸出を行うこと。

②　違法な輸出に対する措置

主務大臣は、遺伝子組換え生物等の輸出が違法に行われた場合には、措置命令の適切な発動等を通じ、生物の多様性の確保を図ること。

第二　遺伝子組換え生物等の使用等をする者がその行為を適正に行うために配慮しなければならない基本的な事項

1　他法令の遵守に関する事項

遺伝子組換え生物等の使用等を行う者は、法の規定によるほか、人の健康の保護を図ることを目的とした法令等予定される使用等に関連する他法令を遵守すること。

2　遺伝子組換え生物等の取扱いに係る体制の整備に関する事項

第一種使用規程（第一種使用等の場所を限定する等生物多様性影響を防止するために第一種使用等の方法を限定する場合に限る。4において同じ。）の承認を受けようとする者又は第二種使用等をしようとする者は、遺伝子組換え生物等の使用等をする事業所等において生物多様性への影響を防止するための措置を適切に行うことができるよう、遺伝子組換え生物等の特性及び使用等の態様に応じ、遺伝子組換え生物等の安全な取扱いについて検討する委員会等を設置し、第一種使用規程の承認若しくは拡散防止措置の確認を受けるに当たり又は第二種使用等を行うに当たり、あらかじめ遺伝子組換え生物等の安全な取扱いについての検討を行うとともに、遺伝子組換え生物等の取扱いについて経験を有する者の配置、遺伝子組換え生物等の取扱いに関する教育訓練、事故時における連絡体制の整備を行うよう努めること。

3　情報の提供に関する事項

譲渡者等は、譲受者等に対し、主務省令で定められる情報を提供する際、遺伝子組換え

生物等の性状等に応じて、譲受者等が当該遺伝子組換え生物等を適切に取り扱うために提供することが望ましいと判断される情報を有する場合には、当該情報についても提供するよう努めること。

4　記録の保管に関する事項

　　第一種使用規程の承認取得者及び第二種使用等をする者は、使用等の態様、2の委員会等における検討結果、譲渡等に際して提供した又は提供を受けた情報等を記録し、保管するよう努めること。

第三　その他遺伝子組換え生物等の使用等が適正に行われることを確保するための重要事項

1　科学的知見の充実のための措置に関する事項

　　国は、遺伝子組換え生物等及びその使用等により生ずる生物多様性影響に関する科学的知見の充実を図るため、遺伝子組換え生物等の使用等による影響の監視を実施する等、これらに関する情報の収集、整理及び分析並びに研究の推進その他必要な措置を講ずるよう努めること。

2　情報の提供及び国民の意見の聴取に関する事項

　　国は、法を的確に運用するため、承認を受けた第一種使用規程に関する情報、国外で使用等が認められている遺伝子組換え生物等に関する情報、生物多様性影響についての新しい知見に関する情報等、遺伝子組換え生物等の使用等をする者にとって必要とされる情報を幅広く提供するよう努めること。

　　また、国は、法に基づく施策に国民の意見を反映し、関係者相互間の情報及び意見の交換の促進を図るため、関係各省それぞれに蓄積される情報を集積し、提供するバイオセーフティに関する共通の情報基盤を整備し、情報提供を幅広く行い、広く国民の意見を求めること。

3　秘密情報等に関する事項

　　国は、情報の提供及び国民の意見の聴取に当たっては、行政機関の保有する情報の公開に関する法律（平成十一年法律第四十二号）の規定

に基づき、第一種使用規程の承認の申請をした者、使用等をする者等の秘密情報（秘密として管理されている事業活動又は研究活動に有用な技術上の情報であって公然と知られていないものをいう。）等の提供は行わないこと。

4　関係者相互間の連携に関する事項

　　主務大臣は、法を的確に運用するため、2のバイオセーフティに関する共通の情報基盤を活用して、第一種使用規程の承認、拡散防止措置の確認等に関する情報の共有化を図るとともに、相互の連絡をとることにより、遺伝子組換え生物等の使用等をする者等に対する指導等を円滑に行うこと。

5　国際協力に関する事項

　　国は、開発途上締約国及び移行経済締約国における議定書の効果的な実施のため、議定書事務局の管理する専門家の名簿に専門家を登録すること等により、開発途上国及び移行経済締約国における遺伝子組換え生物等の安全な使用等に関して知見を有する者の養成及び遺伝子組換え生物等の安全な使用等のための国内制度の充実に協力すること。

第四　遺伝子組換え生物等の使用等により生ずる影響であって、生物の多様性（生物の多様性の確保上特に重要なものとして環境省令で定める種又は地域に係るものに限る。以下同じ。）を損なうもの又は損なうおそれの著しいものが生じた場合における当該影響による生物の多様性に係る損害の回復を図るための施策の実施に関する基本的な事項

　　法第十条第三項、第十四条第三項又は第二十六条第三項の規定に基づく、法の規定に違反して遺伝子組換え生物等の使用等がなされている場合又はなされた場合における遺伝子組換え生物等の使用等により生ずる影響であって、生物の多様性を損なうもの又は損なうおそれの著しいものが生じた場合における当該影響による生物の多様性に係る損害の回復を図るための施策の実施に当たっては、次によること。

1　遺伝子組換え生物等の使用等により生ずる影響による生物の多様性に係る損害の回復を

図るための措置命令の要件に関する事項

(1) 「遺伝子組換え生物等の使用等により生ずる影響」の認定

環境大臣は、「遺伝子組換え生物等の使用等により生ずる影響」の認定に当たっては、遺伝子組換え生物等の使用等と生じた影響との間に因果関係が認められること及び遺伝子組換え生物等の遺伝子の組換えにより、競合における優位性、有害物質の産生性、捕食性、寄生性、交雑性その他の性質の変化が生じたことに起因して当該影響が生じたと認められることにより判断すること。

(2) 「影響であって、生物の多様性を損なうもの又は損なうおそれの著しいものが生じた」ことの認定

環境大臣は、「影響であって、生物の多様性を損なうもの又は損なうおそれの著しいものが生じた」ことの認定に当たっては、種又は地域の特性を考慮し、遺伝子組換え生物等の使用等による影響が生ずる前後の種又は地域の状態を比較し、野生動植物の種や個体群の相当程度の縮小や絶滅に至るような状況等が生じているかどうかを個別具体的に判断すること。その判断に当たっては、種については、生育密度若しくは生息密度の低下、生育地若しくは生息地の面積の減少又は生育環境若しくは生息環境の悪化等が測定され、又は観察されるかどうかを、地域については、当該地域に生育し、若しくは生息する野生動植物の種若しくは個体群、生育地若しくは生息地又は生育環境若しくは生息環境等に係る著しい変化が測定され、又は観察されるかどうかを判断基準の一つとすること。

(3) 「法の規定に違反して遺伝子組換え生物等の使用等がなされている」こと又は「なされた」ことの認定

環境大臣は、遺伝子組換え生物等の使用等が法の規定に違反して行われたかどうかを個別具体的に判断して「法の規定に違反して遺伝子組換え生物等の使用等がなされている」こと又は「なされた」ことを認定すること。

2 損害の回復を図るために必要な措置の内容に関する事項

環境大臣は、「影響による生物の多様性に係る損害の回復を図るため必要な措置」の内容について、生育環境又は生息環境の整備、個体の増殖その他の損害の内容を踏まえた合理的な措置とすること。措置の合理性については、措置の実施に要する費用及び期間、措置の効果及びその程度、措置の実施によって生じ得る影響の内容及びその程度並びに命令を受けた者の帰責性の程度を考慮するとともに、損害に応じて個別具体的に判断する。

3 その他

(1) 主務大臣から環境大臣への情報提供

環境大臣以外の主務大臣が法の規定に違反する遺伝子組換え生物等の使用等の事実を把握し、この使用等によって、遺伝子組換え生物等の使用等により生ずる影響であって、生物の多様性を損なうもの又は損なうおそれの著しいものが生ずる可能性があると判断した場合には、当該主務大臣は環境大臣に対して、速やかに当該事案について情報提供すること。

(2) 環境大臣から主務大臣への協議等

環境大臣は、法第三十五条の二第二号の規定に基づく主務大臣への協議に当たっては、第十条第三項、第十四条第三項又は第二十六条第三項の規定による措置命令が必要と判断する根拠等を示すこと。また、環境大臣は、措置命令をしようとするときは、必要に応じて専門家の意見を聴取すること。

評価要領一種告示

〇遺伝子組換え生物等の第一種使用等による生物
　多様性影響評価実施要領

　　　　　　　　（平成十五年十一月二十一日）
（財務省、文部科学省、厚生労働省、農林水産省、
　　　　　　経済産業省、環境省告示第二号）

第一　趣旨
　　本要領は、遺伝子組換え生物等の使用等の規制
による生物の多様性の確保に関する法律（以下「法」
という。）第四条第二項の規定に基づき同条第一項
の承認を受けようとする者が行う生物多様性影響
の評価が、科学的かつ適正に行われ、またその結
果を記載した生物多様性影響評価書が適正に作成
されるよう、必要な事項を定めるものである。
　　本要領は、遺伝子組換え生物等の使用等により
生ずる生物多様性影響に関する今後の科学的知見
の充実又は当該生物多様性影響の評価に関する国
際的動向等を踏まえ、必要に応じて見直しを行う。

第二　生物多様性影響の評価に必要とされる情報
　　生物多様性影響の評価は、別表第一に掲げられ
た情報を収集した上で、これらの情報を用いて行
う。ただし、同表に掲げられた情報の一部を用い
る必要がないと考える合理的な理由がある場合に
は、それらの情報を収集しなくてもよい。
　　また、別表第三に定める生物多様性影響の評価
の手順に沿って評価を行う際、別表第一に掲げる
情報以外の情報を収集する必要が生じた場合には、
当該情報を追加して収集した上で、評価を行う。

第三　生物多様性影響の評価の項目及び手順
　　生物多様性影響の評価は、別表第二の上欄に掲
げる遺伝子組換え生物等の区分に応じ、それぞれ
同表の下欄に掲げる評価の項目ごとに、別表第三
に定める生物多様性影響の評価の手順に沿って行
い、その評価の結果を踏まえ、生物多様性影響が
生ずるおそれがあるか否かを総合的に判断する。

第四　生物多様性影響評価書の記載
　　生物多様性影響評価書は、別表第四に定める項
目に沿って記載する。

別表第一（第二関係）
1　宿主（法第二条第二項第一号に掲げる技術の
　利用により得られた核酸又はその複製物が移入
　される生物をいう。以下同じ。）又は宿主の属す
　る分類学上の種に関する情報
　（1）分類学上の位置付け及び自然環境における
　　分布状況
　（2）使用等の歴史及び現状
　（3）生理学的及び生態学的特性
　　　イ　基本的特性
　　　ロ　生息又は生育可能な環境の条件
　　　ハ　捕食性又は寄生性
　　　ニ　繁殖又は増殖の様式
　　　ホ　病原性
　　　ヘ　有害物質の産生性
　　　ト　その他の情報
2　遺伝子組換え生物等の調製等に関する情報
　（1）供与核酸（法第二条第二項第一号に掲げる
　　技術の利用により得られた核酸又はその複製
　　物のうち、移入された宿主内でその全部又は
　　一部を複製させるもの（以下「ベクター」とい
　　う。）以外のものをいう。以下同じ。）に関する
　　情報
　　　イ　構成及び構成要素の由来
　　　ロ　構成要素の機能
　（2）ベクターに関する情報
　　　イ　名称及び由来
　　　ロ　特性
　（3）遺伝子組換え生物等の調製方法
　　　イ　宿主内に移入された核酸全体の構成
　　　ロ　宿主内に移入された核酸の移入方法
　　　ハ　遺伝子組換え生物等の育成の経過
　（4）細胞内に移入した核酸の存在状態及び当該
　　核酸による形質発現の安定性
　（5）遺伝子組換え生物等の検出及び識別の方法
　　並びにそれらの感度及び信頼性
　（6）宿主又は宿主の属する分類学上の種との相違
3　遺伝子組換え生物等の使用等に関する情報
　（1）使用等の内容
　（2）使用等の方法

449

(3) 承認を受けようとする者による第一種使用
　等の開始後における情報収集の方法
(4) 生物多様性影響が生ずるおそれのある場合に
　おける生物多様性影響を防止するための措置
(5) 実験室等での使用等又は第一種使用等が予
　定されている環境と類似の環境での使用等
　（原則として遺伝子組換え生物等の生活環又
　は世代時間に相応する適当な期間行われるも
　のをいう。）の結果
(6) 国外における使用等に関する情報

別表第二（第三関係）

遺伝子組換え生物等の区分	評価の項目（生物多様性影響を生じさせる可能性のある遺伝子組換え生物等の性質）
植物（植物界に属する生物及び菌界に属する生物のうちきのこ類をいう。）	競合における優位性（野生植物と栄養分、日照、生育場所等の資源を巡って競合し、それらの生育に支障を及ぼす性質）
	有害物質の産生性（野生動植物又は微生物（以下「野生動植物等」という。）の生息又は生育に支障を及ぼす物質を産生する性質）
	交雑性（近縁の野生植物と交雑し、法が対象とする技術により移入された核酸をそれらに伝達する性質）
	その他の性質（右に掲げる性質以外の性質であって、生態系の基盤を改変させることを通じて間接的に野生動植物等に影響を与える性質等生物多様性影響の評価を行うことが適切であると考えられるもの）
動物（動物界に属する生物をいう。）	競合における優位性（野生動物と食物、営巣場所、生息場所等の資源を巡って競合し、それらの生息に支障を及ぼす性質）
	捕食性又は寄生性（野生動植物等を捕食し、又は野生動植物に寄生することにより野生動植物の生息又は生育に支障を及ぼす性質）
	有害物質の産生性（野生動植物等の生息又は生育に支障を及ぼす物質を産生する性質）
	交雑性（近縁の野生動物と交雑し、法が対象とする技術により移入された核酸をそれらに伝達する性質）
	その他の性質（右に掲げる性質以外の性質であって、生態系の基盤を改変させることを通じて間接的に野生動植物等に影響を与える性質等生物多様性影響の評価を行うことが適切であると考えられるもの）
微生物（菌界に属する生物（きのこ類を除く。）、原生生物界に属する生物、原核生物界に属する生物、ウイルス及びウイロイドをいう。）	他の微生物を減少させる性質（競合、有害物質の産生等により他の微生物を減少させる性質）
	病原性（野生動植物に感染し、それらの野生動植物の生息又は生育に支障を及ぼす性質）
	有害物質の産生性（野生動植物の生息又は生育に支障を及ぼす物質を産生する性質）
	核酸を水平伝達する性質（法が対象とする技術により移入された核酸を野生動植物又は他の微生物に伝達する性質）
	その他の性質（右に掲げる性質以外の性質であって、生態系の基盤を変化させることを通じて間接的に野生動植物等に影響を与える性質等生物多様性影響の評価を行うことが適切であると考えられるもの）

別表第三（第三関係）

生物多様性影響の評価の手順	評価の実施の方法
一　影響を受ける可能性のあ	別表第二の下欄に掲げられた評価の項目である遺伝子組換え生物等の性質により影響を受けると考えられる野生動植物等の種類を、

450

評価要領一種告示

る野生動植物等の特定	分類学上の種その他の属性により特定する。 なお、当該野生動植物等の種類の数が多数に上る場合は、それらの種の生育又は生息環境、当該第一種使用等に係る遺伝子組換え生物等が産生する有害物質への感受性、当該遺伝子組換え生物等との近縁性等を勘案し、二から四までに定められた評価等を行う対象とすることが適当であると考えられる野生動植物等の種を選定することができる。 ただし、その宿主又は宿主の属する分類学上の種について我が国での長期間の使用等の経験のある遺伝子組換え生物等に関しては、別表第二の下欄に掲げられた評価の項目である遺伝子組換え生物等の性質のすべてについて当該遺伝子組換え生物等と宿主又は宿主の属する分類学上の種との間で異なるところがない場合には、影響を受ける可能性のある野生動植物等を特定しなくてもよい。	四 生物多様性影響が生ずるおそれの有無等の判断	当該野生動植物等の種又は個体群の維持に支障を及ぼすおそれがあるか否かを判断する。 なお、その宿主又は宿主の属する分類学上の種について我が国での長期間の使用等の経験がある遺伝子組換え生物等に関しては、当該宿主又は宿主の属する分類学上の種と比較して影響の程度が高まっているか否かにより判断することができる。
二 影響の具体的内容の評価	一で特定又は選定された野生動植物等が遺伝子組換え生物等から受ける影響の具体的内容について、当該野生動植物等の個体の反応についての実験を行うこと、関連する情報を収集すること等により評価する。		
三 影響の生じやすさの評価	第一種使用規程に従って第一種使用等をした場合に、一で特定又は選定された野生動植物等が遺伝子組換え生物等から受ける影響の生じやすさについて、当該野生動植物等の生息又は生育する場所又は時期その他の関連する情報を収集することにより評価する。		

別表第四（第四関係）

1　生物多様性影響の評価に当たり収集した情報

　　第二の規定に従い収集した情報を別表第一に掲げられた項目に沿って記載する。その際、当該情報の出典（当該情報が学識経験者又は評価を行う者の有する知識又は経験に基づくものである場合は、その旨）が明らかになるように記載する。

2　項目ごとの生物多様性影響の評価

　　別表第二に掲げられた評価の項目ごとに、別表第三に定める生物多様性影響の評価の手順に従い実施した評価の内容を記載する。その際、評価を行うに当たり用いられた情報の出典（当該情報が学識経験者又は評価を行う者の有する知識又は経験に基づくものである場合は、その旨）が明らかになるように記載する。また、評価を行う者が行った判断については、その判断の根拠を明らかにする。

3　生物多様性影響の総合的評価

　　2の項目ごとの評価結果の概要及びこれらの評価結果を踏まえた総合的な判断の結果を記載する。

451

索 引

＜ア行＞

網室　211

過料　377

安全委員会　249

委託　318

一の細胞　24

一般使用　159

移転　25

遺伝子組換えカイコ　146

遺伝子組換え技術　33

遺伝子組換え実験　212

遺伝子組換え樹木　79

遺伝子組換え植物　99

遺伝子組換え植物等　238

遺伝子組換え生物　29

遺伝子組換え生物使用業者等　286

遺伝子組換え動物　238

遺伝子組換え生物等　28

遺伝子組換え生ワクチン　112

遺伝子組換え農作物　153

遺伝子組換え微生物　220

遺伝子組換え微生物経験者　249

遺伝素材　24

医薬品　329

医薬品医療機器法　2

医薬品医療機器等法　2

ウイルス　25

ウイロイド　25

栄養生殖　27

遠心分離機　288

親生物　148

親法人　290

＜カ行＞

科　7, 32

回復　195

改変された生物　1

核酸　29

核酸供与体　212

核酸増幅器　288

拡散防止措置　41

核酸を加工する技術　30

核酸を直接注入する技術　28

学識経験者　150

隔離飼育区画　128

隔離飼育区画試験　128

隔離圃場試験　77, 80, 158

加工細胞等　237

化性　137

花粉等　215

関係者　157

官報　312

機械器具等　237

覊束行為　169

規程　58

議定書　1, 43

きのこ作成実験　215

基本的事項　42

却下　169

旧専門学校令　351

旧大学令　351

教育目的実験　201

供与核酸　66, 212

許可　301

許認可等　70

拒否　169

緊急措置　78

組換え核酸　212

組換え植物等　210

組換え動物等　209

組換え DNA 技術　28

クワコ　127

刑　284

研究用安全キャビネット等　208

権限の委任　367

検査責任者　274

検査対象生物　268

現代のバイオテクノロジー　6

検体番号　276

公示　312

公正　292

後代系統　77

公表　357

告示　177

国内管理人　181

国立研究開発法人　348

国立研究開発法人水産研究・教育機構　349

国立研究開発法人農業・食品産業技術総合研
　究機構　348

個体群　152

国庫　314

＜サ行＞

細胞群　24

細胞小器官　28

細胞等　25

細胞の融合　28

細胞融合実験　217

財務諸表等　295

裁量行為　169

作業衣等　207

作業区域　220

作成　57

三倍体　27

飼育管理区画　110

飼育区画　210

飼育ケージ　124

磁気ディスク等　295

事業所管大臣　192

事業所管大臣 II　192

事業所管大臣 III　235

自然宿主　204

実験区域　208

実験区画　207

実験分類　212

仕向先　333

試薬等　275

種　7, 152

収去　343

縦覧等　297

種間交雑系統　78

宿主　148, 212

使用条件　154

譲渡　318

使用等　34

消毒薬　123

譲渡者等　321

譲渡等　321

承認　59

使用人　376

承認取得者　170

承認生ワクチン株　204

情報管理票　162

情報交換センター　47

抄本　298

植物　44

植物作成実験　215

植物接種実験　215

植物等使用実験　215

申請　70

申請書等　70

スタック系統　77

生殖　6

製造　236

製造管理者　228

索引

製造業者　228

生物　6, 24

生物検査　268

生物多様性影響　42

生物多様性影響評価書　65

生物多様性条約　1

生物の多様性　1, 35

接種動物　100, 114

セルフクローニング　31

前期課程　289

センター等　347

専門職大学　289

総合機構　71

属　7

その他の従業者　376

損害　195

＜夕行＞

ターミネーター遺伝子　27

第一種使用規程　55

第一種使用等　36, 154

対照機器　237

対照製品　237

対照薬　237

大臣確認チェックリストⅠ　244

大臣確認チェックリストⅡ　244

第二種使用等　38

代表者　376

代理人　376

大量培養実験　213

直ちに　198

立入検査等　345

治験　101

治験機器　237

治験製品　237

治験薬　236

遅滞なく　176

注入セット　124

治療施設　115

治療室　124

治療溶液　123

通知　270

提供　318

締約国　47

データ等　279

適正使用情報　315

手数料　313

電気泳動装置　288

電磁的記録　295

天びん　287

凍結乾燥器　287

謄写　297

同定済核酸　212

動物　44, 330

動物作成実験　214

動物使用実験　214

動物接種実験　214

謄本　297

盗用　166

登録　272

登録検査機関　268

登録申請者　286

特定遺伝子組換え生物等　55, 61, 233

特定原材料　254

特定原材料に準ずるもの　254

特定認定宿主ベクター系　219

独立行政法人　347

独立行政法人医薬品医療機器総合機構　349

独立行政法人家畜改良センター　348

独立行政法人製品評価技術基盤機構　349

独立行政法人農林水産消費安全技術センター
　347

特例承認　179

届出　170

取消　285

＜ナ行＞

ナチュラルオカレンス　31

日本薬局方　329

認可　293

認定宿主ベクター系　217

能力　26

＜ハ行＞

廃棄等　205

配偶子　26

培養設備等　213, 221

発現カセット　82

被験機器　237

被験製品　237

被験薬　237

微生物　44

微生物使用実験　212

秘密　166

秘密情報　50

評価及び管理に関するガイダンス　154

評価書　80, 155

品種　30

不活化　78, 102, 128, 243

複製　25

物資所管大臣　192

物資所管大臣Ⅱ　192

不妊虫放飼　27

不稔性の生物　24

プロウイルス　26

プログラム　237, 330

分光光度計　288

粉砕機　287

ベクター　28, 66, 212

保管設備　206

圃場　315

補足議定書　1, 43

哺乳動物等　203

＜マ行＞

マスターセルバンク　335

みなし公務員　302

民間事業者等　295

眠性　137

命令　366

模擬環境試験　101

持分会社　290

モニタリング　78

＜ヤ行＞

野生　152

薬機法　2

雄性不稔系統　27

輸出　11, 329

輸出者　11

譲受者等　322

輸入　6, 57

用途変換者　58

＜ラ・ワ行＞

ラムサール条約　6

理事会勧告　361

リスク　153

リスク管理　153

リスク管理者　153

リスク評価　155

リスク評価方針　155

リスクコミュニケーション　157

リスク分析　157

ワーキングセルバンク　335

ワシントン条約　6

＜アルファベット＞

AIA　9

BCH　11

CT室　124

DNA　29

DNAワクチン　58

FAMIC　348

GILSP　222

GILSP遺伝子組換え微生物　239

ICTV　101

ICZN　128

J-BCH　331

LMO　1

NARO　348

NIH　362

NITE　349

OECD　333

PMDA　349

RNA　29

●本書の内容に関するご質問にはお答えできません。あらかじめ、ご了承ください。

團野　浩（だんの　ひろし）　ドーモ代表取締役

　　主な著書

　　　逐条解説　医薬品医療機器法（ぎょうせい）

　　　逐条解説　食品衛生法（ぎょうせい）

　　　逐条解説　化審法（ぎょうせい）

　　　カラー図解　よくわかる薬機法（薬事日報社）

　　　カラー図解　よくわかる一般用医薬品（薬事日報社）

　　　登録販売者試験テキスト＆要点整理（薬事日報社）

　　　登録販売者試験対策問題集（薬事日報社）

　　　全国登録販売者試験過去問正解（薬事日報社）

　　　詳説　薬機法（ドーモ）

　　　詳説　再生医療法（ドーモ）

　　　詳説　臨床研究法（ドーモ）

　　　詳説　個人情報保護法（ドーモ）

詳説　カルタヘナ法

発行　　　　　　　　　　　　　　　　　　2019 年　4 月　3 日

編著　　團　野　　浩

出版　　　株式会社ドーモ　　　http://do-mo.jp/
　　　　　東京都千代田区永田町 2-9-6
　　　　　電話 03-5510-7923

印刷　　　昭和情報プロセス株式会社

ISBN978-4-909712-05-9 C3032